LES
GRANDS ÉCRIVAINS
DE LA FRANCE

NOUVELLES ÉDITIONS
PUBLIÉES SOUS LA DIRECTION
DE M. AD. REGNIER
membre de l'Institut

SUR LES MANUSCRITS, LES COPIES LES PLUS AUTHENTIQUES
ET LES PLUS ANCIENNES IMPRESSIONS
AVEC VARIANTES, NOTES, NOTICES, PORTRAITS, ETC.

J. DE LA FONTAINE

TOME II

PARIS
LIBRAIRIE HACHETTE ET Cie
BOULEVARD SAINT-GERMAIN, 79

M DCCC LXXXIV

LES
GRANDS ÉCRIVAINS
DE LA FRANCE

NOUVELLES ÉDITIONS

PUBLIÉES SOUS LA DIRECTION

DE M. AD. REGNIER
Membre de l'Institut

OEUVRES

DE

J. DE LA FONTAINE

TOME II

PARIS. — IMPRIMERIE A. LAHURE
Rue de Fleurus, 9

OEUVRES
DE
J. DE LA FONTAINE

NOUVELLE ÉDITION

REVUE SUR LES PLUS ANCIENNES IMPRESSIONS
ET LES AUTOGRAPHES

ET AUGMENTÉE

de variantes, de notices, de notes, d'un lexique des mots
et locutions remarquables, de portraits, de fac-simile, etc.

PAR M. HENRI REGNIER

TOME DEUXIÈME

PARIS
LIBRAIRIE HACHETTE ET Cie
BOULEVARD SAINT-GERMAIN, 79

1884

AVERTISSEMENT.

Nous aurions désiré que les *Fables* tinssent en deux volumes ; mais il eût fallu pour cela être infidèle au plan, exposé et motivé dans l'Avertissement du tome I, qui a été suivi pour les premiers livres, resserrer, appauvrir les notices et le commentaire, les explications, rapprochements, accompagnements divers, que comporte, à notre avis, cette partie des écrits de la Fontaine la plus admirée à bon droit, et par suite la plus étudiée. On comprendra que nous nous soyons décidé à faire trois volumes au lieu de deux, pour ne pas ôter à notre travail, en changeant de méthode, le nécessaire mérite de l'uniformité.

Nous n'avons pas à dire ici, car nous l'avons fait en tête du tome I pour tout l'ensemble des Fables, quelle est dans ce travail la part de MM. Girard et Desfeuilles, ni quelle reconnaissance nous continuons de devoir à notre bien-aimé directeur pour son attentive et vigilante révision. Il nous reste seulement à remercier notre auxiliaire M. Georges Lequesne, déjà nommé dans plus d'une des préfaces de la Collection. Il nous a prêté le concours le plus actif pour la collation des textes, la correction des épreuves, et suggéré maint utile rapprochement.

C'est aussi le lieu d'acquitter deux autres dettes de gratitude.

D'une part, le P. Ingold, bibliothécaire de l'Oratoire, nous a très-obligeamment communiqué des papiers venant du P. Adry, qui nous permettront de joindre à la *Notice bibliographique* quelques détails sur la composition du relevé des sources inséré, à la suite de chaque fable, dans les deux volumes publiés, en 1825, par A. C. M. Robert, qui ont été depuis d'un très-grand secours aux éditeurs de la Fontaine.

D'autre part, M. le marquis de Queux de Saint-Hilaire nous a donné accès, avec la plus libérale bonne grâce, à sa précieuse bibliothèque. Elle contient, entre autres ouvrages et documents curieux, la sténographie du cours, souvent cité dans nos notices, que Saint-Marc Girardin a fait à la Sorbonne sur le grand fabuliste en 1858-1859. Nous l'avons comparée au texte des leçons, telles que l'auteur les a fait imprimer en 1867, et ce rapprochement nous a fourni un petit nombre d'additions intéressantes. Une autre communication du même très-obligeant érudit nous a délivré d'un regret et d'un souci. On parlait de manuscrits relatifs à la Fontaine trouvés dans l'héritage de l'ancien inspecteur général de l'Université Noël, et que l'on supposait pouvoir être une riche mine de notes, de recherches. Nous avions en vain fait tout notre possible pour découvrir ce qu'ils étaient devenus, quand M. le marquis de Queux de Saint-Hilaire nous a appris qu'il les avait acquis. Malheureusement, en les mettant à notre disposition, il nous a appris, en outre, qu'ils auraient pour nous peu de prix. Ce n'est, en effet, qu'une collection de fables latines, écrites du quinzième au dix-huitième siècle, que Noël a tirées de recueils imprimés et copiées de sa main avec une patience qui étonne. La comparaison que nous en avons faite, quand le sujet était le même, avec celles de la Fontaine ne nous a à peu près rien fourni pour notre annotation que nous ne connussions déjà.

AVERTISSEMENT.

Il a paru récemment, quand ce tome II était presque entièrement imprimé, deux volumes qui forment la 1re partie, relative à Phèdre et à ses anciens imitateurs, d'un ouvrage intitulé : *Les Fabulistes latins depuis le siècle d'Auguste jusqu'à la fin du moyen âge* (Paris, 1884), par Léopold Hervieux. Bien que ce travail de sérieuse érudition ne se rapporte qu'indirectement au nôtre, nous regrettons de l'avoir vu trop tard pour profiter des occasions qui se sont offertes de le citer, et de n'avoir pu y renvoyer que dans l'*Appendice*. Nous ne connaissons M. Hervieux que par son livre, mais sommes heureux de lui rendre ici ce témoignage, que nous avons rencontré peu d'œuvres philologiques qui soient preuve de si courageuse et si infatigable diligence, peu d'auteurs auxquels puisse mieux s'appliquer, pour chacune des recherches à faire, le vers de Lucain (livre II, vers 657) :

Nil actum credens quum quid superesset agendum.

Nous faisons des vœux sincères pour que cette étude approfondie ait la suite que fait espérer la préface [1].

Henri R<small>EGNIER</small>.

[1]. Si nous avions lu à temps la dissertation de M. Hervieux (tome I, p. 434-452) sur l'Anonyme de Nevelet, nous n'aurions pas rédigé comme nous l'avons fait la note 1 de la page 28. Il faut renoncer à faire honneur affirmativement à un *Ugobardus Sulmonensis* de ces fables latines en vers élégiaques, et substituer à ce nom, avec grande vraisemblance, celui de Walther l'Anglais, chapelain du roi d'Angleterre Henri II.

LIVRE SIXIÈME.

FABLES I ET II.

LE PÂTRE ET LE LION[1].

LE LION ET LE CHASSEUR.

Fable I. — Ésope, fab. 131, Βουκόλος (Coray, p. 73, 332 et 333, sous quatre formes). — Babrius, fab. 23, Βοηλάτης ταῦρον ἀπολέσας. — Faërne, fab. 75, *Armentarius.* — Haudent, 1re partie, fab. 106, *d'un Bouvier et de son Veau.* — Hégémon, fab. 21, *d'un Pasteur et du Lyon.* *Mythologia æsopica Neveleti,* p. 195.

Les fables ne sont pas ce qu'elles semblent être[2];
Le plus simple animal nous y tient lieu de maître.
Une morale nue apporte de l'ennui :
Le conte fait passer le précepte avec lui[3].

---

1. Dans les éditions originales, le titre de cette fable et celui de la suivante sont ainsi réunis, comme dans le vers 18 du petit prologue qui les précède. On a vu rapprochés de même, au tome précédent, les titres des fables xv et xvi du livre I, des fables xi et xii du livre II, et des fables xv et xvi du livre IV; nous conservons encore cette disposition, ci-après, pour les fables iv et v du livre VII.

2. *Sed diligenter intuere has nenias :*
Quantam sub illis utilitatem reperies!
Non semper ea sunt quæ videntur....
        (Phèdre, livre IV, fable i, vers 14-16; dans d'autres éditions, fable ii, vers 3-5.)

3. Voyez le développement de cette pensée dans la fable i de Florian, *la Fable et la Vérité.* — Saint-Marc Girardin, dans sa xie leçon (tome I, p. 384), dit à propos de ces deux vers : « La

En ces sortes de feinte⁴ il faut instruire et plaire⁵, 5
Et conter pour conter me semble peu d'affaire⁶.
C'est par cette raison qu'égayant leur esprit,
Nombre de gens fameux en ce genre ont écrit.
Tous ont fui l'ornement et le trop d'étendue :
On ne voit point chez eux de parole perdue. 10

Fontaine, qui partout dans ses ouvrages aime à faire confidence à ses lecteurs de ses goûts et de son humeur, nous donne ici, si je ne me trompe, le secret de sa supériorité comme fabuliste. Sa supériorité est dans le récit. Les autres fabulistes ne font leur récit que pour amener leur leçon. La Fontaine s'intéresse d'abord à son récit ; il nous représente ses animaux, leurs périls, leurs joies, leurs colères, leurs peurs, leurs ruses ; il fait son drame et son tableau ; la leçon arrive ensuite, presque toujours à propos, mais parfois d'une façon un peu imprévue et comme font quelquefois les dénoûments de Molière. »

4. Dans les premières éditions, 1668 in-4° et in-12, et quelques-unes des suivantes, il y a *feintes*, qu'on pourrait trouver préférable pour le sens, mais qui fausse le vers. La faute est corrigée dans le texte*a* de 1678 (non dans celui de 1678 A).

5. Pour Horace, parlant des poëtes en général, c'est là, non le devoir de tous, mais la condition, pour tous, de la perfection :

> *Omne tulit punctum qui miscuit utile dulci*
> *Lectorem delectando pariterque monendo.*
> (*Art poétique*, vers 343 et 344.)

6. « Voici encore un prologue, dit Chamfort, mais moins piquant et moins agréable que celui du livre précédent ; cependant on y reconnait toujours la Fontaine, ne fût-ce qu'à ce joli vers :

> Et conter pour conter me semble peu d'affaire.

Ce vers devrait être la devise de tous ceux qui font des fables et même des contes. » — Est-ce bien vrai pour toute espèce de conte ? Plaire parfois n'y peut-il pas suffire ? Pour la fable, la Fontaine a raison (bien que lui-même s'y soit quelquefois laissé distraire du soin de l'un par le soin de l'autre : voyez la note 3 ci-dessus) : instruire et plaire est la règle du genre.

a Dans l'*Avertissement* du tome I, à la fin de la page 5, aux mots : « la première par 1678 A, la seconde par 1678 B », substituez ceux-ci : « la première par 1678, la seconde par 1678 A ». — 1678, sans lettre annexe, désigne la véritable édition de cette date ; 1678 A la réimpression avec fausses dates.

Phèdre étoit si succinct[7] qu'aucuns l'en ont blâmé[8] ;
Ésope en moins de mots s'est encore exprimé.
Mais sur tous certain Grec[9] renchérit, et se pique
D'une élégance laconique ;
Il renferme toujours son conte en quatre vers : 15
Bien ou mal, je le laisse à juger aux experts.
Voyons-le[10] avec Ésope en un sujet semblable :
L'un amène un chasseur, l'autre un pâtre, en sa fable.
J'ai suivi leur projet quant à l'événement,
Y cousant en chemin quelque trait seulement. 20
Voici comme à peu près Ésope le raconte[11] :

7. L'orthographe de la Fontaine est *succint*.
8. C'est ce qu'il nous apprend lui-même à la fin d'un de ses plus longs récits, mais qui se trouve n'être rien moins qu'une fable :

Hæc exsecutus sum propterea pluribus,
Brevitate nimia quoniam quosdam offendimus.
(Livre III, fable x, vers 59 et 60.)

9. Gabrias. (*Note de la Fontaine.*) — Les manuscrits désignent par les noms tantôt de *Babrias*, tantôt de *Gabrias* ou *Gobrias* (qui n'est qu'une corruption des formes *Babrias* ou *Babrius*), l'auteur d'un recueil de fables mises, comme va le dire la Fontaine, en quatrains. Nevelet, dans sa *Mythologie ésopique* (1610), a deux séries de ces quatrains grecs, qu'il met les uns sous le nom de Gabrias, les autres, jusque-là inédits, sous celui de Babrias, ne les donnant d'ailleurs, à la fin de sa Préface, que pour l'œuvre d'un abréviateur, du neuvième siècle, Ignatius Diaconus ou Magister. Les vraies fables de Babrias ont été retrouvées, en 1840, par Minoïdès Minas, dans un couvent du Mont-Athos, et éditées par Boissonade en 1844. Le titre du manuscrit qui les contient donne à l'auteur le nom de *Balebrias* ou *Balebrius*, auquel Boissonade a substitué, dans son édition, la forme, à désinence latine, *Babrius*, qui répond à la grecque de Nevelet, *Babrias*.

10. Geruzez rappelle le vers 10 de la fable III du livre V, où il y a une élision semblable :

Mettons-le en notre gibecière.

11. Tout ce prologue de vingt et un vers manque dans l'édition de 1679 (Amsterdam).

Un Pâtre, à ses brebis trouvant quelque mécompte [12],
Voulut à toute force attraper le larron.
Il s'en va près d'un antre, et tend à l'environ [13]
Des lacs à prendre loups, soupçonnant cette engeance.
  « Avant que partir [14] de ces lieux,
Si tu fais, disoit-il, ô monarque des Dieux,
Que le drôle à ces lacs se prenne en ma présence,
    Et que je goûte ce plaisir,
    Parmi vingt veaux je veux choisir   30
    Le plus gras, et t'en faire offrande. »
A ces mots, sort de l'antre un Lion grand et fort;
Le Pâtre se tapit, et dit, à demi mort :
« Que l'homme ne sait guère, hélas! ce qu'il demande [15]!
Pour trouver le larron qui détruit mon troupeau   35
Et le voir en ces lacs pris avant que je parte,
Ô monarque des Dieux, je t'ai promis un veau :
Je te promets un bœuf si tu fais qu'il s'écarte [16]. »

12. Telle est l'orthographe des anciennes éditions; nous la conservons à la rime.

13. .... On se cache, on tremble à l'environ.
                (Livre II, fable IX, vers 16.)

14. Littré, à l'article AVANT, 8°, donne de nombreux exemples du tour *avant que*, devant 'infinitif, équivalant à *avant que de*. Dans la fable VI du livre VII, vers 26, nous trouverons : « Avant que de partir. » *Devant que* est construit également sans *de*, au vers 8 de la fable XVI du livre VI.

15. Faërne place à la fin de la fable, comme morale (vers 13 et 14), ce que la Fontaine met ici dans la bouche du Pâtre :

  Humana mens, ignara sortis abditæ,
  Nocitura sæpe pro salubribus petit.

16. *Tibique, inquit, hædum voveram, alme Juppiter,*
  Si repperissem furem : opimum nunc bovem
  Polliceor, ejus si manus evasero.
                (FAËRNE, vers 10-12.)

— Dans les fables grecques (Babrius excepté) et dans celle de Faërne, le Bouvier demande, non pas à prendre, mais seulement à trouver son voleur; Hégémon, qui leur a emprunté son récit, l'a

C'est ainsi que l'a dit le principal auteur :
Passons à son imitateur [17].

40

rendu plus frappant, et il a ajouté à la dernière invocation un trait naïf et plaisant : l'abandon de l'agneau au terrible larron, qui déjà s'en repait. Le Pasteur, dit-il, se mettant, peu après son premier vœu, à la recherche de l'agneau dérobé,

> Trouva sur un cousteau penchant
> Le Lyon à gueule bée,
> Qui le tenant le devoroit,
> Et en fureur le regardoit;
> Dont effrayé, et en sueur,
> Les mains au ciel vint estendre,
> Disant : « Ô Iupiter Seigneur,
> Promis t'avois un Veau tendre....
> Mais maintenant ie te promets
> De t'offrir Bœuf et Genisse,
> Si de ta bonté tu permets
> Que sain sauver ie me puisse
> De ce cruel Lyon (mais beau !);
> Et si luy donne mon Aigneau. »

17. « Cette fable et la suivante semblent être la même et n'offrir qu'une seule moralité. Il y a cependant des différences à observer. Dans la première, c'est un paysan qu'on ne peut accuser que d'imprudence, quand il suppose que sa brebis n'a pu être mangée que par un loup. Il se croit assez fort pour combattre cet animal, et trouve à décompter quand il voit qu'il a affaire à un lion. Il n'en est pas de même de la fable suivante. Celui qui en est le héros sait très-bien qu'il va combattre un lion, et cependant il est saisi de frayeur quand il voit le lion paraître. C'est un fanfaron, qui l'est, pour ainsi dire, de bonne foi et en se trompant lui-même. Il convenait, ce me semble, que la Fontaine exprimât cette différence, et donnât deux moralités diverses. Le paysan n'est nullement ridicule, et le chasseur l'est beaucoup. Je crois que la morale du premier apologue aurait pu être : « Connaissez bien la nature du péril dans « lequel vous allez vous engager ; » et la morale du second : « Con- « naissez-vous vous-même, ne soyez pas votre dupe, et ne vous en « rapportez pas au faux instinct d'un courage qui n'est qu'un pre- « mier mouvement. » (CHAMFORT.)

FABLE II. — Ésope, fab. 175, Δειλὸς Κυνηγὸς καὶ Δρυοτόμος (Coray, p. 108). — Babrius, fab. 92, Κυνηγὸς δειλός. — Gabrias (Ignatius Magister), quatrain 36, Περὶ δειλοῦ Κυνηγοῦ καὶ Ποιμένος (Coray, même page 108).
Mythologia æsopica Neveleti, p. 234, p. 375.

De Gabrias, qu'il nomme (p. 3, note 8) comme son guide, pour cette seconde fable, la Fontaine emprunte le personnage du Chasseur, le Berger, le Lion, et l'idée, non la forme de la morale. Dans les diverses fables grecques (Ésope, Babrius, Gabrias), le Chasseur demande à un Bûcheron, ou à un Berger, de lui montrer les traces du Lion, et quand on lui répond qu'on va lui montrer le Lion lui-même, il s'écrie, tout tremblant, qu'il n'a demandé à voir que les traces. De là le proverbe : « Tu cherches les traces du Lion, » τοῦ Λέοντος ἴχνη ζητεῖς, *Leonis vestigia quæris*.

> Un fanfaron, amateur de la chasse,
> Venant de perdre un chien de bonne race,
> Qu'il soupçonnoit dans le corps d'un Lion,
> Vit un berger : « Enseigne-moi, de grâce,
> De mon voleur, lui dit-il, la maison, 5
> Que de ce pas je me fasse raison. »
> Le Berger dit : « C'est vers cette montagne.
> En lui payant de tribut un mouton
> Par chaque mois, j'erre dans la campagne
> Comme il me plaît, et je suis en repos. » 10
> Dans le moment qu'ils tenoient ces propos,
> Le Lion sort, et vient d'un pas agile.
> Le fanfaron aussitôt d'esquiver[1] :
> « Ô Jupiter, montre-moi quelque asile,
> S'écria-t-il, qui me puisse sauver ! » 15

1. J'esquive doucement et m'en vais à grands pas.
(REGNIER, satire VIII, vers 219.)

La Fontaine lui-même avait déjà employé neutralement (fable VI du livre IV, vers 55) ce verbe habituellement réfléchi :

> Les petits, en toute affaire,
> Esquivent fort aisément;

La vraie épreuve de courage [2]
N'est que dans le danger que l'on touche du doigt :
Tel le cherchoit, dit-il, qui, changeant de langage,
S'enfuit aussitôt qu'il le voit [3].

et Boileau, dans la satire VI, vers 67 :

Je saute vingt ruisseaux, j'esquive, je me pousse.

2. Dans les deux éditions de 1668, in-4° et in-12, copiées par celles de 1679 (Amsterdam), de 1682 et de 1729, on lit : *du courage*. Les deux textes de 1678, reproduits par ceux de la Haye, 1688, et de Londres, 1708, portent : *de courage*.

3. C'est ce que dit énergiquement Lucrèce (livre III, vers 55-58) :

.... In dubiis hominem spectare periclis
Convenit, adversisque in rebus noscere quid sit :
Nam veræ voces tum demum pectore ab imo
Eliciuntur; et eripitur persona, manet res.

FABLE III.

PHÉBUS[1] ET BORÉE.

Ésope, fab. 306, Ἥλιος καὶ Βορρᾶς, Ἥλιος, Βορρᾶς καὶ Ἄνθρωπος (Coray, p. 200-202, sous quatre formes). — Babrius, fab. 18, Βορέας καὶ Ἥλιος. — Avianus, fab. 4, *Boreas et Sol;* voyez aussi le *Novus Avianus* et le *Novus Avianus vindobonensis* (édition d'Éd. du Méril, p. 265 et 266, et p. 269 et 270). Dans ces fables latines, et dans la fable III d'*Ysopet-Avionnet* citée par Robert (tome II, p. 6 et 7), le cadre est différent : c'est devant Jupiter ou devant les Dieux que la lutte s'engage entre Borée ou le Vent de bise et le Soleil. — Haudent, 1re partie, fab. 185, *du Soleil et d'Aquilon.* — Verdizotti, fab. 18, *del Sole e Borea.*

Mythologia æsopica Neveleti, p. 456.

Athénée a recueilli (§ LXXXII du livre XIII) une épigramme de Sophocle contre Euripide où il y a une allusion évidente à la fable du *Soleil et Borée.* — Plutarque a traité ce sujet dans les *Préceptes conjugaux*, § XII. Il fait une ingénieuse application de l'allégorie à la conduite des maris envers leurs femmes : ils les guériront plus aisément du luxe et des vaines dépenses, réussiront mieux à leur faire ôter leurs belles robes par la douce persuasion que par la violence. Hégémon a cousu cette moralité conjugale à sa fable 6, intitulée *du Soleil et de la Bise.* — L'emblème 27 de Corrozet commence par ce quatrain, qui résume la fable :

> Contre la froidure du vent
> L'homme se tient clos et se serre ;
> Mais le soleil le plus souuent
> Luy fait mettre sa robbe à terre.

— « Voici une des meilleures fables. L'auteur y est poëte et grand poëte, c'est-à-dire grand peintre, comme sans dessein et en suivant le mouvement de son sujet. Les descriptions agréables et brillantes y sont nécessaires au récit du fait. Observons.... ce vers imitatif :

> Siffle, souffle, tempête....

N'oublions pas surtout ce trait qui donne tant à penser :

> .... Fait périr maint bateau,
> Le tout au sujet d'un manteau ;

---

1. *Phœbus*, dans les éditions originales.

enfin la moralité de la fable, exprimée en un seul vers :
> Plus fait douceur que violence.

Je n'y vois à critiquer que les deux mauvaises rimes de *paroles* et d'*épaules*². » (CHAMFORT.)

Borée³ et le Soleil virent un voyageur
  Qui s'étoit muni par bonheur
Contre le mauvais temps. On entroit dans l'automne,
Quand la précaution aux voyageurs est bonne :
Il pleut, le soleil luit, et l'écharpe d'Iris⁴   5
  Rend ceux qui sortent avertis
Qu'en ces mois le manteau leur est fort nécessaire ;
Les Latins les nommoient douteux⁵, pour cette affaire.
Notre homme s'étoit donc à la pluie attendu :
Bon manteau bien doublé, bonne étoffe bien forte⁶. 10
« Celui-ci, dit le Vent, prétend avoir pourvu
A tous les accidents ; mais il n'a pas prévu
  Que je saurai souffler de sorte
Qu'il n'est bouton qui tienne ; il faudra, si je veux,
  Que le manteau s'en aille au diable.   15
L'ébattement pourroit nous en être agréable :
Vous plaît-il de l'avoir⁷ ? — Eh bien, gageons nous deux,
  Dit Phébus, sans tant de paroles,
A qui plus tôt aura dégarni les épaules

---

2. Comparez les rimes *saules* et *paroles*, des vers 42 et 43 de la fable I du livre II.

3. Le vent du nord ; Hérodote (livre VII, 189) rapporte qu'il avait un temple au bord de l'Ilissus.

4. L'arc-en-ciel. Ovide, dans ses *Métamorphoses* (livre XI, vers 589 et 590), en revêt de même la messagère de Junon :

> ....*Induitur velamina mille colorum*
> *Iris, et arquato cœlum curvamine signans*....

5. *Incertis mensibus*, dit Virgile, parlant de l'automne et du printemps (*Géorgiques*, livre I, vers 115).

6. Voyez, p. 17 et note 9, un autre genre d'ellipse de verbe.

7. Ce tour si poli, cette courtoise façon d'inviter, suggère à

Du Cavalier que nous voyons.   20
Commencez : je vous laisse obscurcir mes rayons. »
Il n'en fallut pas plus. Notre souffleur à gage⁸
Se gorge de vapeurs, s'enfle comme un ballon,
  Fait un vacarme de démon⁹,
Siffle, souffle, tempête, et brise, en son passage,   25
Maint toit qui n'en peut mais¹⁰, fait périr maint bateau,
  Le tout au sujet d'un manteau¹¹.
Le Cavalier eut soin d'empêcher que l'orage
  Ne se pût engouffrer dedans ;
Cela le préserva. Le Vent perdit son temps :   30
Plus il se tourmentoit, plus l'autre tenoit ferme ;

M. Taine (p. 109 et 110) la remarque suivante : « Écoutons Borée qui propose au Soleil de dépouiller un voyageur de son manteau. Je ne sache rien qui peigne mieux l'air dégagé et noble, la politesse élégante et digne.... Il ne propose pas rondement et nettement la partie de plaisir ; vis-à-vis d'un gentilhomme l'air réservé est toujours d'obligation ; il faut que l'invité puisse se dégager sans effort ; on ne doit lui vauter un amusement qu'avec mesure et doute, ne pas l'entraîner, ne pas marquer un trop fort désir, ne pas le contraindre à la complaisance. »

8. C'est-à-dire soufflant comme s'il était payé pour cela, et comme devant l'être en effet s'il gagne la gageure. Littré fait remarquer avec raison que la Fontaine s'est écarté de l'usage en mettant le singulier : on dit d'ordinaire : *à gages*, au pluriel. — Bien que, dans le nom, le sens du radical *gage* soit tout différent de celui qu'il a dans *gager*, on peut se demander si ce n'est pas l'emploi fait plus haut de ce verbe qui amène ici cette locution : *à gage*.

9. « Il emprunte au peuple ses comparaisons, dit M. Taine (p. 301), même quand il s'agit d'un dieu, de Borée. »

10. « La Fontaine avait vu ce trait.... dans le *Cymbalum mundi* de des Perriers, » dit Nodier ; et il cite ce passage[a] du dialogue 1ᵉʳ (vers la fin), où l'un des deux compagnons qui viennent de dérober à Mercure le livre de Jupiter, dit plaisamment à l'autre : « Ie ne crains que une chose : c'est que si Iupiter le voit et qu'il trouve son livre perdu, il n'en fouldroye et abysme tout ce poure monde icy, qui n'en peut mais, pour la punition de notre forfait. »

11. *Du manteau* dans l'impression de 1678 A.

[a] Déjà cité en partie, au tome I, p. 157.

LIVRE VI.

Il eut beau faire agir le collet et les plis [12].
  Sitôt qu'il fut au bout du terme
  Qu'à la gageure on avoit mis,
  Le Soleil dissipe la nue,
Récrée [13], et puis pénètre enfin le Cavalier [14],
  Sous son balandras [15] fait qu'il sue,
  Le contraint de s'en dépouiller :
Encor n'usa-t-il pas de toute sa puissance.
  Plus fait douceur [16] que violence [17].

12. *Ille magis duplicem lateri circumdat amictum*
  Turbida summotos qua trahit aura sinus.
      (AVIANUS, vers 9 et 10.)
13. Réchauffe, ranime.
14. Chez Haudent, le Soleil a deux moyens successifs de dépouiller le Voyageur. Avant de le pénétrer, à cette fin, de ses rayons, de « ses raidz clers et luysants, » comme dit Corrozet, il fait tomber une grande pluie qui le force, une première fois, à ôter son manteau mouillé.
15. Espèce de long manteau, casaque de campagne. Regnier (satire XIV, vers 134) a employé la forme espagnole *balandran*, qui correspond à l'italien *palandrana*, au bas latin (treizième siècle) *balandrana*.
16. « La persuasion, » dit la fable de Babrius, ainsi que la plupart des fables grecques : πειθοῖ μᾶλλον ἢ βίᾳ.
17. Dans *Ysopet-Avionnet* :

  On sieult (*latin* « solet ») par debonnaireté
  Vaincre plus que par cruaulté.

— On a déduit de la fable un sens moral tout différent, mais qui, ce nous semble, en sort beaucoup moins bien : « La raison et la constance soutiennent un homme contre tous les efforts de la malice et de la mauvaise fortune ; mais dans la bonace on perd le courage et la fermeté faute d'occasion de les exercer. » (*Les Fables d'Ésope et de plusieurs autres excellents mythologistes, accompagnées du sens moral et des réflexions du chevalier Lestrange, traduites de l'anglois,* Amsterdam, 1714, in-4°, p. 84.) — L'*emblème* de Corrozet est sous la rubrique : « Plus par doulceur que par force, » et la morale diffère à peine de celle de la Fontaine :

  Ainsi amytié et doulceur
  Fait plus que force et violence.

FABLE IV.

JUPITER ET LE MÉTAYER [1].

Faërne, fab. 98, *Rusticus et Jupiter*. — Verdizotti, fab. 99, *del Contadino e Giove*. — La fable 265 d'Ésope, Πατὴρ καὶ Θυγατέρες (Coray, p. 175 et 176, p. 394, sous trois formes), qu'on a rapprochée de celle-ci, n'a, pour l'action comme pour la morale, presque aucun rapport avec elle ; c'est Florian qui, en imitant la fable d'Esope dans son *Prêtre de Jupiter*, y a accommodé la morale nouvelle citée plus loin (note dernière). — Dans Faërne, l'action est double : après la déconvenue du Métayer, Jupiter reprend le gouvernement des saisons, et la moisson prospère, les greniers regorgent. Son récit ne nous montre pas, comme celui de la Fontaine, le Métayer, les yeux fermés sur les belles récoltes de ses voisins, s'obstinant, une autre année encore, dans sa présomption.

Cette fable a été reproduite dans le *Recueil de poésies chrétiennes et diverses* (1671), tome III, p. 360 (par erreur, pour p. 364).

Jupiter eut jadis une ferme à donner.
Mercure en fit l'annonce[2], et gens se présentèrent,
  Firent des offres, écoutèrent :
  Ce ne fut pas sans bien tourner ;
  L'un alléguoit que l'héritage   5
Étoit frayant[3] et rude, et l'autre un autre si[4].

 1. Le Paysan de Faërne est aussi un métayer au sens propre : les fruits doivent être partagés par moitié (voyez ci-après la fin de la note 8).
 2. « Le crieur des Dieux est Mercure ; c'est un de ses cent métiers. » (*Psyché*, livre II, tome III de M. Marty-Laveaux, p. 122.)
 3. Demandait beaucoup de frais, de dépenses, coûterait gros à mettre en valeur. « Ce terme, dit l'abbé Guillon (en 1803), n'est usité que dans les provinces de Picardie et de Champagne. » Le *Dictionnaire de Littré* donne des exemples, des quatorzième et quinzième siècles, d'un verbe *frayer*, se mettre en frais.
 4. Une autre objection, une autre difficulté. M. Taine, rassem-

Pendant qu'ils marchandoient ainsi,
Un d'eux, le plus hardi, mais non pas le plus sage,
Promit d'en rendre tant, pourvu que Jupiter
    Le laissât disposer de l'air,   10
    Lui donnât saison à sa guise,
Qu'il eût du chaud, du froid, du beau temps, de la bise,
    Enfin du sec et du mouillé[5],
    Aussitôt qu'il auroit bâillé[6].
Jupiter y consent. Contrat passé[7]; notre homme   15
Tranche du roi des airs, pleut, vente[8], et fait en somme

blant tous les traits dont se compose le personnage du Paysan chez la Fontaine, a relevé celui-ci : « Ils sont réfléchis en affaires, dit-il (p. 155), difficultueux, retors.... Ils ne concluent un marché qu'après des préliminaires et des chicanes d'avocat. »

5. *Nunc uvidum, nunc sudum aera*, dit Faërne (vers 10).

6. C'est-à-dire aussitôt qu'il aurait ouvert la bouche, sans même avoir besoin de parler. Dans les éditions originales, ainsi que dans le *Recueil de poésies chrétiennes et diverses*, l'orthographe du mot est *baaillé*; on a donc eu tort, dans quelques éditions, d'écrire *baillé*, et de faire venir ce participe d'un verbe *bailler*, qu'on explique par *passer bail*, et qu'on trouve en vieux français au sens de « donner à bail », mais non, croyons-nous, dans celui de « prendre à bail ».

7. Ce vers est ainsi ponctué dans toutes les éditions originales. Le sens est : « Le contrat est passé; et notre homme.... » Le texte de 1679 (Amsterdam) et bon nombre d'éditions modernes n'ont qu'une virgule après *Contrat passé*, ce qui donne une tournure de même sens que celle du vers 15 de *la Tortue et les deux Canards* (fable II du livre X), où on lit dans l'édition originale (1679) :

    Marché fait, les oiseaux forgent une machine
      Pour transporter la pèlerine.

8. « Ces mots *pleut*, *vente*, pour dire *fait pleuvoir*, *fait venter*, ne sont pas français en ce sens, dit Chamfort. Ce sont de ces verbes que les grammairiens appellent impersonnels, parce que personne n'agit par eux; mais la Fontaine a si bien préparé ces deux expressions par ce mot : *tranche du roi des airs*; ces mots *pleut*, *vente* semblent en cette occasion si naturels et si nécessaires, qu'il y aurait de la pédanterie à les critiquer. L'auteur brave la langue française et a l'air de l'enrichir. Ce sont de ces fautes qui ne réussissent qu'aux grands maîtres. » — *Faute* n'est certes pas le vrai mot; c'est une

Un climat pour lui seul : ses plus proches voisins
Ne s'en sentoient non plus que les Américains[9].
Ce fut leur avantage : ils eurent bonne année,
      Pleine moisson, pleine vinée[10].
Monsieur le Receveur[11] fut très-mal partagé.
    L'an suivant, voilà tout changé :
    Il ajuste d'une autre sorte
    La température des cieux.
    Son champ ne s'en trouve pas mieux ;
Celui de ses voisins fructifie et rapporte.
Que fait-il? Il recourt au monarque des Dieux,
    Il confesse son imprudence.
Jupiter en usa comme un maître fort doux.
      Concluons que la Providence
      Sait ce qu'il nous faut mieux que nous[12].

hardiesse de tour imitée des anciens. Les Grecs ont dit : Ζεὺς ὕει,
et en latin Faërne (vers 4 et 5) a donné l'exemple à la Fontaine :

    Fundum colendum Rusticus quondam ab Jove
    Conduxit æqua parte cum illo fructuum,
    Hac lege, ut omnem ad ipsius nutum Deus,
    Ad Rustici, inquam, jussa, summus Juppiter
    Plueret, serena faceret, auras mitteret.

9. Que des Américains. (1668, in-4⁰ et in-12, 71, 79 Amsterdam, 82, 1729.)

10. *Vinée*, récolte de vin, vendange. Voyez les exemples du seizième siècle, de Marot et d'Olivier de Serre, cités par Littré.

11. *Le Receveur*, le métayer, qui, avec sa propre part, récoltait celle du Dieu. « Je suis ravie de n'avoir plus de receveur, » dit Mme de Sévigné dans un sens analogue (tome X, p. 123).

12. « Hélas! que nous savons peu ce que nous faisons, quand nous ne laissons pas au Ciel le soin des choses qu'il nous faut! »
      (Molière, *Dom Juan*, acte IV, scène IV.)

    Jupiter, mieux que nous, sait bien ce qu'il nous faut;
    Prétendre le guider serait folie extrême.
    Sachons prendre le temps comme il veut l'envoyer.
      (Florian, livre V, fable x, *le Prêtre de Jupiter*.)

— De la fable IV du livre IX, *le Gland et la Citrouille*, se déduit une morale qui a grand rapport avec celle-ci.

FABLE V.

LE COCHET, LE CHAT, ET LE SOURICEAU.

Abstemius, fab. 67, *de Mure quæ* (sic) *cum Fele amicitiam contrahere volebat.* — Verdizotti, fab. 21, *del Topo giovine, la Gatta, e'l Galletto. Mythologia æsopica Neveleti*, p. 562.

Les vieux prédicateurs affectionnaient cette fable. Elle est ainsi résumée dans le sermon de Menot pour la 4ᵉ férie après le 1ᵉʳ dimanche du carême (Tours, sans date, fº XXXVIII, colonne 3, lignes 19 et suivantes) : *Cattus erat in horreo, et Mus habebat nidum ibi. Vidit Gallum, timuit, et ponebat se juxta illum bonum hominem* le Chat. « *O, dicit mater, si eatis juxta illum quem vocatis* le bon homme *et vocatis* Mitis[1], *comedet vos; alius autem non.* » — Elle se lit un peu plus développée dans un sermon, pour la 4ᵉ férie après le 2ᵈ dimanche du carême, de Gabriel Barleta (Venise, 1571, tome I, fº 90 rº) : *Facetia de incessu cum collo torto. Fuerunt in fovea pulli Murum, qui, antequam exirent a patre et matre, edocti fuere quod si quando exire vellent de fovea, et aliquid viderent, patri et matri primo nunciarent. Una dierum viderunt Gallum. Aiunt patri :* « *Vidimus animal cum corona in capite, cum calcaribus ad pedes.* — *Non timeatis, aiunt, quia est socialis et vobiscum comedet.* » *Alia vice viderunt animal quasi mortuum in terra, cum capite inclinato. Aiunt patri :* « *Vidimus sic et sic.* — *O videatis bene, est noster inimicus, ille est Catus.* » *Ad propositum : de hypocritarum capitibus tortis abstinendum est.* — Voyez aussi l'extrait de Jacques de Lenda (quinzième siècle) donné par Robert (tome I, p. CIX, note 1). — Ailleurs Robert (tome II, p. 12 et 13) cite deux fables, l'une en vers latins fort incorrects, l'autre en vieux vers français. Elles ont grand rapport entre elles; le sujet est traité dans toutes deux sous forme de conseils donnés par la mère Souris à sa fille, avant que celle-ci sorte de son trou. Le Chat y est un hypocrite marmottant des prières dans la cendre du foyer. Le Coq, désigné dans la pièce française, comme chez la Fontaine, par le diminutif *Cochet*, est un « Chevalier », *Miles*. — Le *Minnesinger*

---

1. Sur ce nom de *Mitis*, voyez au tome I, p. 257, note 10.

de Zurich a raconté la même fable dans le même esprit, plus longuement, mais avec d'intéressants détails, sous le titre : *des Bégards* (n° 43). — « Voici encore une de ces fables qui peuvent passer pour un chef-d'œuvre. La narration et la morale se trouvent dans le dialogue des personnages, et l'auteur s'y montre à peine, si ce n'est dans cinq ou six vers, qui sont de la plus grande simplicité. Le discours du Souriceau, la peinture qu'il fait du jeune Coq, cette petite vanité :

Que moi, qui, grâce aux Dieux, de courage me pique,

ce beau raisonnement, cette logique de l'enfance : *il sympathise avec les Rats*,

.... car il a des oreilles
En figure aux nôtres pareilles,

tout cela est excellent, et le discours de la mère est parfait. Pas un mot de trop dans toute la fable, et pas une seule négligence. » (CHAMFORT.) — Benserade a mis cette fable en quatrain (n° CXVII) et noté qu'elle avait fourni le sujet d'un groupe de figures pour le *Labyrinthe* de Versailles.

Un Souriceau tout jeune, et qui n'avoit rien vu,
    Fut presque pris au dépourvu.
Voici comme il conta l'aventure à sa mère :
« J'avois franchi les monts qui bornent cet État²,
    Et trottois comme un jeune rat   5
    Qui cherche à se donner carrière,
Lorsque deux animaux m'ont arrêté les yeux :
    L'un doux, bénin³, et gracieux,
Et l'autre turbulent et plein d'inquiétude⁴ ;
    Il a la voix perçante et rude,   10
    Sur la tête un morceau de chair,
Une sorte de bras dont il s'élève en l'air
    Comme pour prendre sa volée,

---

2. M. Taine (p. 142 et 143) a fait remarquer le début épique de ce récit du Souriceau. Comparez, dans la fable IX du livre VIII, le voyage du Rat pour qui, de même, les taupinées deviennent monts.

3. C'est l'épithète d'un ermite dans le conte XV de la IIe partie, vers 64. — *Benignum*, chez Abstemius : voyez ci-après la note 7.

4. *Inquiétude*, au sens propre : défaut de repos, agitation.

La queue en panache étalée⁵. »
Or c'étoit un Cochet dont notre Souriceau
    Fit à sa mère le tableau⁶,
Comme d'un animal venu de l'Amérique.
« Il se battoit, dit-il, les flancs avec ses bras,
    Faisant tel bruit et tel fracas,
Que moi, qui, grâce aux Dieux, de courage me pique,
    En ai pris la fuite de peur,
    Le maudissant de très-bon cœur.
Sans lui j'aurois fait connoissance
Avec cet animal qui m'a semblé si doux⁷ :
    Il est velouté comme nous,
Marqueté⁸, longue queue, une humble contenance,
Un modeste regard, et pourtant l'œil luisant⁹.
    Je le crois fort sympathisant¹⁰
Avec Messieurs les Rats¹¹ ; car il a des oreilles
    En figure aux nôtres pareilles.
Je l'allois aborder, quand d'un son plein d'éclat

5. M. Taine (p. 194 et 195) cite cette description du Coq comme exemple de peinture expressive. C'est dans la suivante surtout, celle du Chat, que le poëte « accommode le moral avec le physique,... et les met d'accord, » de la manière la plus heureuse.
6. Un tableau. (1679 Amsterdam.)
7. *Hoc animal benignum admodum et mite videtur; vultu enim ipso sanctimoniam quamdam præfert.* (ABSTEMIUS.) — L'*humble contenance* du vers 26 est aussi dans la fable latine : *capite demisso et tristi vultu recumbebat.*
8. Voyez la fable III du livre IX, vers 8.
9. Le tour est remarquable, très-clair à la fois et dégagé : à la suite des participes *velouté*, *marqueté*, une série de substantifs en apposition, prenant par ellipse le sens possessif : « ayant une longue queue, etc. » Comparez ci-dessus, p. 9, fable III, vers 10.
10. « Nous sympathisons vous et moi, » dit Molière dans *les Précieuses ridicules*, scène IX (tome II, p. 97).
11. Déjà, au vers 5, le Souriceau s'est nommé lui-même « jeune rat ». Cette confusion, qui le grandit, agrée à sa vanité et est, au reste, fort naturelle : pour les yeux, le rat est une grande souris.

J. DE LA FONTAINE. II

L'autre m'a fait prendre la fuite.
— Mon fils, dit la Souris, ce doucet est un Chat,
Qui, sous son minois hypocrite[12],
Contre toute ta parenté
D'un malin vouloir[13] est porté.
L'autre animal, tout au contraire,
Bien éloigné de nous mal faire,
Servira quelque jour peut-être à nos repas.
Quant au Chat, c'est sur nous qu'il fonde sa cuisine.
Garde-toi, tant que tu vivras,
De juger des gens sur la mine[14]. »

12. « Le chat est l'hypocrite de religion, dit M. Taine, comme le renard est l'hypocrite de cour » : voyez tout le portrait, p. 189 et 190. M. Taine rappelle les noms d'archipatelin, de tartufe, de saint homme, que la Fontaine donne au chat (livre IX, fable XIV, vers 3; livre VII, fable XVI, vers 34).

13. « Le vouloir, pour la volonté, est un terme qui a vieilli[a], dit Vaugelas, et qui, n'étant plus reçu dans la prose, est néanmoins encore employé dans la poésie par ceux même qui excellent aujourd'hui en cet art. » (*Remarques sur la langue françoise*, tome II, p. 748, édition de 1697.) Dans *le Florentin*, scène XII, la Fontaine emploie le mot, avec le même adjectif, au pluriel :

De vos malins vouloirs voilà la digne issue.

14. Dans la fable d'Abstemius, qui finit d'une manière tragique, les Rats, en voyant un des leurs mangé par le Chat, s'écrient : *Non est profecto, non est vultui temere credendum.*

a Puis rajeuni, pouvons-nous ajouter.

FABLE VI.

LE RENARD, LE SINGE, ET LES ANIMAUX.

Ésope, fab. 29, Ἀλώπηξ καὶ Πίθηκος (Coray, p. 20, p. 295) : comparez la fable 53, Ταὼς καὶ Κολοιός, *le Paon et le Choucas*, où les Oiseaux sont substitués aux Quadrupèdes (Coray, p. 32, p. 308, sous trois formes, dont la dernière est empruntée au recueil de Syntipas et intitulée Πτηνῶν βουλή, « le Parlement des Oiseaux »; c'est celle qu'a suivie Corrozet, fable 63, *du Pan et de la Pie*, et, dans sa 106°, Lestrange, dont la réflexion, p. 212, est à lire). — Faërne, fab. 81, *Simius et Vulpes*. — Haudent, 2° partie, fab. 21, *d'un Singe et d'un Regnard* (voyez à l'*Appendice*).

Mythologia æsopica Neveleti, p. 113.

Dans la fable 28 de Fénelon, *l'Assemblée des Animaux pour choisir un roi*, le Singe prétend à la couronne, comme agréable, ingénieux, propre à divertir ses sujets, et ressemblant à l'homme; mais il n'est pas élu : on lui préfère l'Éléphant. — Dans la fable 22 de Marie de France, *li Parlemens des Oiseax por faire Roi*, et dans le précieux *Esopo volgare* imprimé, pour la première fois, à Lucques, en 1864 : *Gli uccelli feciono parlamento a chiamare uno signiore* (p. 48-51), les deux personnages, le premier fort comique, sont le Coucou et la Mésange.

Comme source première, mais sans applications morales analogues, on a comparé l'allégorie biblique de l'élection par les Arbres : *Livre des Juges*, chapitre IX, versets 8-15.

Chamfort est bien exigeant : « Cette fable, dit-il, écrite purement, et où le fait est bien raconté, a, ce me semble, le défaut de n'avoir qu'un but vague, incertain, et qu'on a de la peine à saisir.

A peu de gens convient le diadème,

dit la Fontaine; mais il y avait bien d'autres choses renfermées dans cet apologue. La sottise des animaux, qui décernent la couronne aux talents d'un bateleur, devait être punie par quelque catastrophe, et il ne leur en arrive aucun mal. Les animaux restent sans roi; l'assemblée se sépare donc sans rien faire. Le lecteur ne sait où il en est, ainsi que les animaux que l'auteur introduit dans cette fable. »

FABLES.

Les Animaux, au décès d'un Lion,
En son vivant prince de la contrée,
Pour faire un roi s'assemblèrent, dit-on.
De son étui la couronne est tirée :
Dans une chartre¹ un dragon la gardoit². 5
Il se trouva que, sur tous essayée,
A pas un d'eux elle ne convenoit :
Plusieurs avoient la tête trop menue,
Aucuns trop grosse, aucuns même cornue.
Le Singe aussi fit l'épreuve en riant ; 10
Et par plaisir la tiare³ essayant,
Il fit autour force grimaceries⁴,
Tours de souplesse, et mille singeries,
Passa dedans ainsi qu'en un cerceau⁵.
Aux Animaux cela sembla si beau, 15
Qu'il fut élu : chacun lui fit hommage.
Le Renard seul regretta⁶ son suffrage,
Sans toutefois montrer son sentiment.
Quand il eut fait son petit compliment,

1. Lieu clos, secret; proprement, dans la vieille langue, prison; le mot s'est conservé en ce sens dans la locution « chartre privée ».
2. Le gardoit. (1679 Amsterdam.)
3. Ce terme nous transporte en Orient : on nommait la coiffure des rois de Perse de ce nom, appliqué ensuite à la couronne papale.
4. Ce substantif *grimacerie*, dont Littré, en effet, ne cite pas d'autre exemple que celui de cette fable, « ne se trouve, dit Geruzez, que dans notre poëte, et il est si bien placé, qu'on oublie qu'il a été inventé pour la rime. »
5. Dans la fable grecque, c'est par sa danse que le Singe gagne tous les suffrages : ὠρχήσατο.
6. Regretta d'avoir à donner, donna à regret. — M. Taine (p. 105 et 106) apprécie spirituellement tout le rôle du Renard, du Courtisan : « Il sait tout supporter, même le triomphe d'un imbécile. Point de colère : il fléchit, à l'instant, le genou et appelle le nouveau roi par ses titres ; il a même voté pour lui. Il est sans humeur comme sans honneur : lorsqu'on veut se venger, on n'a pas le loisir de s'indigner. Il fait « son petit compliment » au Saltimbanque qui

Il dit au Roi : « Je sais, Sire, une cache [7], 20
Et ne crois pas qu'autre que moi la sache.
Or tout trésor, par droit de royauté [8],
Appartient, Sire, à Votre Majesté. »
Le nouveau roi bâille après [9] la finance [10];

est devenu monarque, lui représente ses droits royaux en bon sujet et en légiste exact, l'attire dans un piége, et, à l'instant, changeant de ton, le tutoie, le ravale jusqu'à la place infime d'où le pauvre hère n'eût jamais dû sortir. »

7.   Et qui vous a cette cache montrée?
(Conte VI de la III° partie, vers 87.)

— « Une cache fidèle, » dit l'Avare de Molière, acte I, scène IV (tome VII, p. 70 et note 5). — Dans notre fable, le mot, on le voit par ce qui suit, implique idée de trésor.

8. La fable grecque, où le trésor est de la chair, mentionne également le droit royal : τῷ Βασιλεῖ γὰρ τοῦτον (τὸν θησαυρὸν) ὁ νόμος δίδωσι. Faërne dit de même (vers 4 et 5) :

.... Thesaurum, qui lege et moribus ipsi
Deberetur, uti regi rerumque potenti.

— « Au moyen âge, les *trésors* enfouis s'appelaient *fortunes d'or et d'argent :* ils appartenaient au seigneur dans les domaines duquel on les trouvait, comme les troupeaux errants et les débris de la tempête.... Richard Cœur de Lion périt devant le château de Chalus, en réclamant comme suzerain un *trésor* trouvé par le seigneur de ce château. Saint Louis dit dans ses *Établissements* (livre I, chapitre XCIV) : « Nuns n'a *fortune d'or* se il n'est rois. Et les *fortunes d'argent* si « sunt aus barons et a ceus qui ont grant joutise en lor terres[a]. » (M. Chéruel, *Dictionnaire historique des institutions, mœurs et coutumes de la France*, 2ᵈᵉ partie, article Trésor.)

9. *Bâille* (dans les éditions originales *baaille*) *après*, aspire à. C'est toujours le sens d'ouvrir la bouche, que ce soit l'ennui ou le désir qui produise cet effet. Dans le dernier sens, les Latins disent aussi *inhiare*. Voyez, dans ce même livre, la fable IV, vers 14, et dans le livre II, la fable XIII, vers 46. Dans tous ces passages on se servirait plutôt aujourd'hui de *bayer*, non moins familier, et de même origine que *béant*.

10. *La finance*, l'argent : voyez livres VII, VI, 37, et X, IV, 2.

[a] Texte de l'édition de M. Viollet (1881) : *Les Établissements de saint Louis*, tome II, p. 152 et 153.

Lui-même y court pour n'être pas trompé. 25
C'étoit un piége : il y fut attrapé.
Le Renard dit, au nom de l'assistance :
« Prétendrois-tu nous gouverner encor,
Ne sachant pas te conduire toi-même? »
Il fut démis[11]; et l'on tomba d'accord 30
Qu'à peu de gens convient le diadème[12].

11. Déposé, destitué. *Démettre*, en ce sens, n'est guère resté dans la langue que comme verbe réfléchi : *se démettre* (de ses fonctions); cependant la dernière édition du *Dictionnaire de l'Académie* (1878) donne encore cet exemple : « On l'a démis de son emploi. »

12. Le quatrain de Benserade (n° XXXIII), inscrit au bas d'un groupe de figures qui ornait le *Labyrinthe* de Versailles, est, sans avoir rien de bien plaisant, d'un tour assez net :

> Le Singe fut fait roi des autres animaux,
> Parce que devant eux il faisoit mille sauts :
> Il donna dans le piége ainsi qu'une autre bête,
> Et le Renard lui dit : « Sire, il faut de la tête. »

FABLE VII.

LE MULET SE VANTANT DE SA GÉNÉALOGIE.

Ésope, fab. 140, Ἡμίονος (Coray, p. 82 et 83, p. 338, sous cinq formes, dont l'une est empruntée à Plutarque, le *Banquet des sept sages*, § IV : cité ci-dessous, note 1). — Babrius, fab. 62, même titre. — Faërne, fab. 30, *Mulus*. — Corrozet, fab. 86, *de la Mule superbe*. — Haudent, 2ᵉ partie, fab. 24, *d'une Mule se décongnoissant*. — Verdizotti, fab. 5, *del Mulo*.

Mythologia æsopica Neveleti, p. 202.

Menot a égayé de l'histoire du Mulet, racontée à sa manière, l'un de ses sermons pour le dimanche de la Septuagésime (Tours, f° VI, colonne 4, et f° VII, colonne 1). Appartenant aussi à un homme d'Église, fier du harnais doré qu'il porte, rempli de plus de suffisance encore à l'idée de son brillant parentage, ce Mulet s'échappe un jour et s'en va fourrager dans les blés; la fourche d'un paysan l'arrête; forcé de détaler, il proteste contre l'avanie, et, pensant se faire avantageusement connaître, il nomme ses cousins, qui servent, ont charge à la cour de l'Évêque et du Roi; mais il ne fait pas de retour sur lui-même, et c'est le paysan, ou peut-être plutôt le prédicateur, qui, dans une apostrophe, rappelle le néant de ces fils de l'Ane, devenus si superbes. *Historia* de maistre Mulet. *Iste Mulus habebat frenum aureum, ut ecclesiastici habent in suis frenis : non ad dandum Ecclesiæ, sed ad ornandum bestiam. Ecce iste Mulus sic ornatus, superbiens, dedit dorsum domino fugiens in bladum domini; et Agricola comminando et furcam accipiendo dixit :* « *O domine maistre villain : et sic vastatis bladum meum?* » *O cæpit dorsum dare et improperare, dicens :* « *Ecce cognatus meus est super quem sedet Episcopus : et alius super quem sedet Rex est de sanguine meo.* » *Et finaliter recessit. O et quid? debetis ita superbire? Ecce estis filius unius asini a lupis comesti; et mater vestra fuit una equa* etc., *et in stabulo fuisti in paupertate nutritus. O ecce non est tibi occasio superbiendi.*

Le Mulet d'un prélat[1] se piquoit de noblesse,

1. Ici c'est par son maître que se recommande le Mulet, ce qui

FABLES.

> Et ne parloit incessamment[2]
> Que de sa mère la Jument[3],
> Dont il contoit mainte prouesse :
> Elle avoit fait ceci, puis avoit été là.   5
> Son fils prétendoit pour cela
> Qu'on le dût mettre dans l'histoire.
> Il eût cru s'abaisser servant un médecin.
> Étant devenu vieux, on le mit au moulin :
> Son père l'Ane alors lui revint en mémoire[4].   10
> Quand le malheur ne seroit bon
> Qu'à mettre un sot à la raison,
> Toujours seroit-ce à juste cause
> Qu'on le dit bon à quelque chose[5].

donne lieu à la gradation descendante : prélat, médecin, meunier. Chez Plutarque, c'est par sa patrie : il est né dans l'opulente Lydie.

2. Sans cesse. Nous avons déjà vu ce mot dans ce sens, au livre III, fable VI, vers 9.

3. Ceci rappelle à M. Taine (p. 138) les Sotenville, la maison de la Prudoterie où « le ventre anoblit. » Voyez Molière, *George Dandin*, acte I, scène IV (tome VI, p. 520). — Dans la fable de Babrius et deux autres des grecques, le Mulet est, de même, noble par sa mère. Dans les autres et dans celle de Faërne, il sait moins bien sa généalogie, et croit successivement avoir pour père un cheval, puis un âne. — Dans un court récit, tout satirique, du *Castoiement*[a], que cite M. Soullié (p. 170 et 171), le Renard, interrogeant obstinément le Mulet sur son père, n'en peut à la fin obtenir que le nom de son noble oncle le Cheval (tome II, p. 71, du recueil de Barbazan et Méon); ce trait se retrouve dans la première des fables *extravagantes*, analysée par Robert, tome I, p. xcv.

4. Et la pensée d'autrui est conforme à la sienne. « Il a beau faire, dit encore M. Taine (p. 142), ou devine son père l'Ane. » — Benserade, chez qui c'est d'une Mule qu'il s'agit, dit avec une assez fine atténuation (quatrain CLXXI) :

> Elle eut quelque soupçon qu'un Ane étoit son père.

5. « Fable très-bonne dans le genre le plus simple et presque sans ornements. » (CHAMFORT.)

[a] Voyez ci-après la notice de la fable XIII.

FABLE VIII.

LE VIEILLARD ET L'ÂNE.

Phèdre, livre I, fab. 15, *Asinus ad senem pastorem*. — Abstemius, fab. 8, *de Asino et Vitulo*. — Haudent, 2ᵉ partie, fab. 69, *d'un Asne et d'un Veau*.

Mythologia æsopica Neveleti, p. 398, p. 538.

Cette fable est au *Manuscrit de Sainte-Geneviève*.

Dans la fable d'Abstemius, imitée par Haudent, l'action se passe entre un Ane et un Veau : « Fuis, dit l'Ane au Veau ; on te tuerait et te mangerait. Moi, je reste : ma condition sera toujours de porter mon fardeau. »

Un Vieillard sur son Ane aperçut, en passant,
    Un pré plein d'herbe et fleurissant :
Il y lâche sa bête, et le Grison se rue[1]
      Au travers de l'herbe menue,
        Se vautrant, grattant, et frottant[2],   5
        Gambadant, chantant, et broutant,
      Et faisant mainte place nette.
      L'ennemi vient sur l'entrefaite[3].

---

1. Le *Manuscrit de Sainte-Geneviève* donne ainsi ces trois premiers vers :

      Un Vieillard, en chemin fesant,
        Aperçut un pré verdoyant :
    Il y lâche son âne, et le Baudet se rue.

2. Le pronom *se* dépend à la fois des trois participes. — Dans le *Manuscrit de Sainte-Geneviève*, le vers est ainsi construit :

    Se grattant, vautrant, et frottant.

3. Littré intitule Entrefaites, au pluriel, l'article de ce mot, tout en convenant, avec raison, que le singulier, dans les locutions « sur l'entrefaite, sur cette entrefaite, » n'est point passé d'usage.

« Fuyons, dit alors le Vieillard.
— Pourquoi ? répondit le paillard[4] : 10
Me fera-t-on porter double bât, double charge ?
— Non pas, dit le Vieillard, qui prit d'abord le large.
— Et que m'importe donc, dit l'Âne, à qui je sois[5] ?
Sauvez-vous, et me laissez paître.
Notre ennemi, c'est notre maître[6] : 15

4. *Paillard*, au dix-septième siècle, avait encore, outre le sens qui seul lui reste aujourd'hui, celui de vigoureux gaillard et de méchant fripon. On pourrait être tenté de lui donner ici sa signification étymologique de misérable qui couche sur la paille (voyez le *Dictionnaire de Littré*). Peut-être aussi que la Fontaine, se souvenant de l'emploi que Rabelais a fait du dérivé *se paillarder*[a], a voulu rendre quelque chose du mot *lentus* qu'il lisait ici chez Phèdre (voyez la note suivante ; *lentus in herba*, a dit aussi Virgile). *Paillard*, ainsi expliqué, caractériserait bien la bête qui aime par-dessus tout à se rouler, vautrer, *paillarder*, qui, d'après le récit même, vient de se donner à cœur joie de ce plaisir, et qu'on se représenterait bien renversée encore sur *l'herbe menue*.

5. *At ille lentus :* « *Quæso, num binas mihi*
Clitellas impositurum victorem putas ? »
Senex negavit. « *Ergo quid refert mea*
Cui serviam, clitellas dum portem meas ? »
(Phèdre, vers 7-10.)

6. « On ne cesse de s'étonner de trouver un pareil vers dans la Fontaine, lui qui dit ailleurs (livre I, fable xiv, vers 1 et 2) :

On ne peut trop louer trois sortes de personnes :
Les Dieux, sa maîtresse, et son roi ;

lui qui a dit dans une autre fable (livre III, fable ii, vers 1 et 2) :

Je devois par la royauté
Avoir commencé mon ouvrage.

On ne lui passerait pas maintenant un vers tel que celui-là, et on ne voit pas pourtant qu'on le lui ait reproché sous Louis XIV. Les

[a] Parlant du jeune Gargantua, peu pressé de se tirer du lit : « Puis se guambayoit, penadoit, et paillardoit parmy le lict quelque temps, pour mieulx esbaudir ses esperitz animaulx. » (Chapitre xxi, édition Marty-Laveaux, tome I, p. 77.)

Je vous le dis en bon françois. »

écrivains de nos jours qu'on a le plus accusés d'audace n'ont pas poussé la hardiesse aussi loin.... » (CHAMFORT.) — M. Crouslé, dans une intéressante conférence sur notre poëte, publiée par la *Revue des cours littéraires* du 25 janvier 1868, va (p. 130) jusqu'à conclure de ce passage que « la Fontaine, au fond, n'aime pas l'autorité royale. » Ce n'est, croyons-nous, bien comprendre ni ce passage, ni le tour d'esprit du bonhomme. Il a seulement voulu exprimer cette vérité banale, qu'à voir soit le passé, soit le présent, soit l'avenir probable, c'était surtout par les charges que le gouvernement, quel qu'il fût, se faisait sentir aux pauvres gens, et que, par suite, peu leur importait qui les fît peser sur eux. Phèdre parle plutôt de république que de monarchie lorsqu'il dit (vers 1 et 2) :

In principatu commutando civium
Nil præter domini nomen mutant pauperes.

FABLE IX.

LE CERF SE VOYANT DANS L'EAU.

Ésope, fab. 181, Ἔλαφος καὶ Λέων, Ἔλαφος καὶ Θηρευταί (Coray, p. 111-113, p. 364-366, sous huit formes). — Babrius, fab. 43, Ἔλαφος καὶ Κυνηγέται. — Aphthonius, fab. 18, *Fabula Cervi, admonens ut differatur judicium de aliqua re priusquam ejus factum sit periculum.* — Phèdre, livre I, fab. 12, *Cervus ad fontem.* — Romulus, livre III, fab. 7, même titre. — Anonyme de Nevelet[1], fab. 47, *de Cervo et Venatore.* — Marie de France, fab. 32, *dou Cerf ki vit ses cornes en l'iaue tantdis que il béveit.* — Corrozet, fab. 36, *du Cerf qui se veid en la fontaine.* — Haudent, 1ʳᵉ partie, fab. 147, *d'un Cerf se mirant en une fontaine.* — Le Noble, conte 73, *du Cerf qui loue ses cornes. Le mauvais discernement.*

Mythologia æsopica Neveleti, p. 238, p. 336, p. 396, p. 520.

  Dans le cristal d'une fontaine
  Un Cerf se mirant autrefois
  Louoit la beauté de son bois,
  Et ne pouvoit qu'avecque peine
  Souffrir ses jambes de fuseaux[2],   5

1. Nous continuerons de le citer ainsi, mais devons ajouter, ce qui eût dû trouver place au tome I, dès la première mention de ce poëte qui a mis *Romulus* en vers, que l'on a découvert un manuscrit où il est appelé *Ugobardus Sulmonensis*. C'est sous ce nom que l'a publié Dressler, en 1838, comme appendice à Phèdre, en laissant aux fables les chiffres d'ordre qu'elles ont chez Nevelet; nous nous conformerons, dans nos citations, au texte de Dressler. Au sujet de ce fabuliste, demeuré si longtemps anonyme, très-goûté de J.-C. Scaliger, qui l'appelle Accius, peu de Lessing, voyez, outre les préfaces de Dressler, Robert (tome I, p. LXXXI; il le nomme Galfredus ou Gaufredus), l'édition de *Phèdre* de Schwabe (tome I, p. 172; réimpression de Gail, tome II, p. 235-241), et, au tome I de l'édition de *la Fontaine* de M. Moland, l'*Introduction sur la Fable*, p. XXXII-XXXIV.

2. Voltaire, dans une lettre au maréchal de Richelieu, du 12 fé-

Dont il voyoit l'objet³ se perdre dans les eaux.
« Quelle proportion de mes pieds à ma tête ?
Disoit-il en voyant leur ombre avec douleur :
Des taillis les plus hauts mon front atteint le faîte ;
  Mes pieds ne me font point d'honneur. » 10
   Tout en parlant de la sorte,
   Un limier le fait partir⁴.
   Il tâche à se garantir ;
   Dans les forêts il s'emporte.
  Son bois, dommageable ornement, 15
   L'arrêtant à chaque moment,
  Nuit à l'office⁵ que lui rendent
  Ses pieds, de qui ses jours dépendent.
Il se dédit alors, et maudit les présents
  Que le Ciel lui fait tous les ans⁶. 20

Nous faisons cas du beau, nous méprisons l'utile⁷ ;

vrier 1773 (tome LXVIII, p. 147), a employé, au même sens, le tour inverse : « Mes deux fuseaux de jambes sont devenus gros comme des tonneaux. » — L'Anonyme de Nevelet (vers 4) se sert d'une autre figure : *Tibia macra pedum;* au vers précédent, la beauté du bois est *ramosæ gloria frontis.*

3. L'image qui s'offrait à lui, au sens où Cicéron a dit (*I^{res} Académiques*, livre II, chapitre XVI) : *Visum objectum est.... dormienti.* Molière a de même employé le mot pour *idée offerte à l'esprit :*

  Ce n'est pas que l'ingrate aux yeux de mon rival
  N'ait fait contre mes feux un aveu trop fatal,
  Et témoigné pour lui des excès de tendresse
  Dont le cruel objet me reviendra sans cesse.
(*Dom Garcie de Navarre*, acte IV, scène VI, vers 1198-1201.)

4. Dans quatre des fables grecques, ce n'est pas, comme ici et presque partout, soit un chien ou des chiens, soit un ou plusieurs chasseurs, mais un lion qui fait partir le Cerf.

5. *Office*, service, secours ; *opem*, dans l'Anonyme de Nevelet :

  Culpati cruris adorat opem.

6. On sait que le bois du cerf tombe et se renouvelle tous les ans.

7. La moralité de la fable XLIV d'*Ysopet I*, citée par Robert (tome II, p. 19-21), exprime la même idée :

> Et le beau souvent nous détruit.
> Ce Cerf blâme ses pieds, qui le rendent agile;
> Il estime un bois qui lui nuit [8].

> > Souvent fuions ce qui nous faut,
> > Et de nostre bien ne nous chaut.

L'Anonyme la rend en ces termes :

> *Quod fugimus prodest, et quod amamus obest.*

— Dans deux des huit fables grecques de Coraÿ, il y a une tout autre application : « Souvent, dans les dangers, les amis que nous soupçonnions deviennent nos sauveurs, et ceux en qui nous avions le plus de confiance nous trahissent. »

8. « C'est là un des apologues de la Fontaine dont la moralité a le plus d'applications, et qu'il faut le plus souvent répéter à notre vanité, qui est, comme il dit ailleurs,

> Le pivot sur qui tourne aujourd'hui notre vie[a]. »
> > > > (CHAMFORT.)

— Le passage suivant de la fable XXXII d'*Ysopet II*, citée aussi, mais très-inexactement, par Robert (tome II, p. 21-22), se rapproche beaucoup de ces deux derniers vers de la Fontaine :

> > Ses iambes desprisoit
> > Et petit les amoit (*peu les aimait*),
> > Dont pris eust confort (*dont il eût reçu secours*);
> > Ses cornes trop amoit
> > Et looit et prisoit,
> > Par qui il eut la mort.

— Chez Phèdre et dans la fable de Neckam (édition du Méril, p. 203), c'est, de même que dans la plupart des fables grecques, le Cerf lui-même qui s'écrie :

> *O me infelicem, qui nunc demum intelligo*
> *Utilia mihi quam fuerint quæ despexeram,*
> *Et, quæ laudaram, quantum luctus habuerint!*
> > > > (PHÈDRE, vers 13-15.)

> *Quæ me juverunt, mihi crura nocere putabam;*
> *Cornua laudabam quæ nocuere mihi.*
> *Sic quæ nos perdunt vitiorum monstra probamus,*
> *Et bona virtutum maxima despicimus.*
> > > > (NECKAM, vers 9-12.)

[a] La Fontaine a dit (fable I du livre V, vers 19-20) :
> La sotte vanité jointe avecque l'envie,
> Deux pivots sur qui roule aujourd'hui notre vie.

FABLE X.

LE LIÈVRE ET LA TORTUE.

Ésope, fab. 287, Χελώνη καὶ Λαγωός (Coray, p. 187-189, p. 398, sous quatre formes). — Tzetzès, chiliade VII, 105. — Corrozet, fab. 94, *du Lieure et de la Tortue*. — Haudent, 2ᵉ partie, fab. 40, *d'un Lieure et d'un Lymaçon*.

Mythologia æsopica Neveleti, p. 316.

Haudent, on le voit, a substitué à la Tortue un Limaçon; Libanius, dans la version de la fable que Coray cite de lui (2ᵈᵒ de la page 188), a remplacé le Lièvre par un Cheval. — La Bruyère (*de l'Homme*, n° 137, tome II, p. 64) a ainsi développé l'idée morale de cette fable : « La plupart des hommes, pour arriver à leurs fins, sont plus capables d'un grand effort que d'une longue persévérance : leur paresse ou leur inconstance leur fait perdre le fruit des meilleurs commencements ; ils se laissent souvent devancer par d'autres qui sont partis après eux, et qui marchent lentement, mais constamment. » — La maxime de sagesse pratique qui termine les fables grecques est qu'il ne suffit pas d'être bien né, qu'il faut encore aider la nature par le travail. « Enfant, dit Libanius, ne t'endors pas, te fiant à ta nature ; mais crois qu'il faut aussi du travail ; sinon, cet autre, moins bien né, te dépassera facilement. » — Benserade a mis cette fable en quatrain (n° LXVII), et noté qu'elle avait fourni le sujet d'un groupe de figures pour le *Labyrinthe* de Versailles.

Rien ne sert de courir; il faut partir à point[1] :

---

[1]. Rabelais a dit de même (chapitre XXI, tome I, p. 78) : « Ce n'est du tout l'auantaige de courir bien toust, mais bien de partir de bonne heure. » Et le prédicateur Menot (*feria Vᵃ post Cineres*, folio V verso, colonne 2), modifiant un peu l'idée : *Frustra velociter currit qui prius quam ad metam venerit deficit*. — Dans la fable II de Desmay, *le Serpent et la Tortue*, ou *le Cœur double et le sin-*

Le Lièvre et la Tortue en sont un témoignage.
« Gageons, dit celle-ci, que vous n'atteindrez point
Sitôt que moi ce but. — Sitôt? Êtes-vous sage?
  Repartit l'animal léger :
  Ma commère, il vous faut purger
  Avec quatre grains d'ellébore[2].
 — Sage ou non, je parie encore. »
  Ainsi fut fait; et de tous deux
  On mit près du but les enjeux :
  Savoir quoi, ce n'est pas l'affaire,
  Ni de quel juge l'on convint[3].

cère, il y a une leçon d'un tout autre sens, mais non moins juste ; la Tortue répond au Serpent, qui la plaint de sa lenteur :

Souvent on croit aller droit au but où l'on tend,
Et par de faux-fuyants souvent on s'en éloigne.

2. C'est-à-dire : « vous êtes quelque peu folle ; » les anciens, comme l'on sait, employaient l'ellébore (l'espèce dite *orientalis*, plante de la Grèce) dans le traitement de la folie. Voyez, par exemple, Horace, *Art poétique*, vers 300[a]. *Medetur.... insanientibus...*, dit Pline (livre XXV, § XXII). *Trahit alvum et bilem pituitasque.* — Grain doit sans doute s'entendre ici du tout petit poids employé en pharmacie. Chez Molière, Sosie veut six grains, au lieu de quatre (*Amphitryon*, janvier 1668, acte II, scène II) :

Elle a besoin de six grains d'ellébore,
Monsieur, son esprit est tourné.

3. M. Taine (p. 270) fait, à l'occasion de ce passage, la remarque suivante : « La Fontaine nous a donné lui-même son secret dans la fable du Lièvre et de la Tortue. Il nous y fait voir comment il rapporte tout à l'ensemble, et pourquoi il rejette certains traits de son original. Dans Ésope, après que la Tortue a défié le Lièvre, elle dit : « Qui est-ce qui nous marquera le but et nous donnera le « prix? » Le plus sage des animaux, le Renard, marqua la fin et le commencement de la carrière.... *Ce n'est pas l'affaire*, dit la Fontaine, *de savoir qui fut juge;* et il blâme dans Ésope un détail inutile ; il en a retranché bien d'autres qui contredisaient la conclusion. Le

[a] A l'imitation d'Horace, Regnier a dit (satire XV, vers 18) :
Il n'est point d'ellébore assez en Anticyre.

Notre Lièvre n'avoit que quatre pas à faire,
J'entends de ceux qu'il fait lorsque, prêt d'être atteint [4],
Il s'éloigne des chiens, les renvoie aux calendes [5], 15
    Et leur fait arpenter les landes.
Ayant, dis-je, du temps de reste pour brouter,
    Pour dormir [6], et pour écouter
D'où vient le vent [7], il laisse la Tortue
    Aller son train de sénateur. 20

    Elle part, elle s'évertue,
    Elle se hâte avec lenteur [8].

bonhomme était plus réfléchi qu'on ne pense. S'il avait la verve facile d'un poëte, il avait le travail assidu d'un écrivain ; il corrigeait, épurait, ajoutait, choisissait, et ses compositions, sous une apparente négligence, étaient aussi bien liées que celles des plus fameux raisonneurs. »

4. Nous avons déjà rencontré plus d'une fois cet emploi, jadis très-commun, de *prêt* avec *de* : voyez, par exemple, au livre IV, les vers 10 et 27 de la fable XVIII, le vers 13 de la fable XIX ; et comparez les divers *Lexiques* de la Collection.

5. La locution complète et ordinaire (populaire, peut-on même dire avec Nodier) est : *renvoyer aux calendes grecques*, c'est-à-dire attraper, en renvoyant à ce qui n'existe pas, puisque c'étaient les Romains, et non les Grecs, qui commençaient leurs mois par les calendes. « Mais.... quand serez-vous, dit Rabelais, hors de debtes? — Es Calendes Grecques,... lors que tout le monde sera content, et que serez heritier de vous mesmes. » (Chapitre III du tiers livre, tome II, p. 25.) *Calendes grecques* est une façon de parler qui nous vient des Latins. Suétone, dans sa *Vie d'Auguste* (chapitre LXXXVII), dit que cet empereur l'employait souvent en parlant des mauvais débiteurs.

6. Dans les fables grecques, le Lièvre prend de même du temps pour dormir. Dans l'une d'elles, on a trouvé piquant de le faire si bien dépasser par la Tortue, qu'elle a le temps, à son tour, de s'endormir avant qu'il arrive au but : εὗρε τὴν Χελώνην ὑπνοῦσαν.

7. « Expression prise, dit Aimé-Martin, de l'habitude du lièvre, qui, par instinct, s'arrête souvent et se dresse pour écouter d'où vient le vent, c'est-à-dire d'où vient le bruit, afin de mettre en défaut ses ennemis. »

8. C'est le proverbe latin : *Festina lente;* Auguste le citait souvent

Lui cependant méprise une telle victoire
    Tient la gageure à peu de gloire,
      Croit qu'il y va de son honneur   25
De partir tard. Il broute, il se repose,
    Il s'amuse à toute autre chose
Qu'à la gageure. A la fin, quand il vit
Que l'autre touchoit presque au bout de la carrière,
Il partit comme un trait; mais les élans qu'il fit   30
Furent vains[9] : la Tortue arriva la première.
« Eh bien! lui cria-t-elle[10], avois-je pas raison?
    De quoi vous sert votre vitesse ?
    Moi l'emporter! et que seroit-ce
    Si vous portiez une maison[11] ? »   35

en grec : Σπεῦδε βραδέως, comme nous l'apprend encore Suétone (*Vie d'Auguste*, chapitre xxv). On connait le précepte de Boileau (*Art poétique*, chant I, vers 171 et 172) :

    Hâtez-vous lentement, et sans perdre courage
    Vingt fois sur le métier remettez votre ouvrage.

9. Geruzez admire beaucoup ce rejet, et l'appelle « une des plus heureuses rencontres de l'harmonie imitative. » Chamfort aussi avait dit : « La coupe de ce vers et ce monosyllabe au troisième pied expriment à merveille l'inutilité de l'effort que fait le Lièvre. »

10. Un mot, *crier*, suffit au poëte pour marquer que le Lièvre est encore à bonne distance du but; c'est ce que remarque finement Nodier : « Elle crie : observez qu'il est encore loin. » — Dans son livre sur l'*Art de la lecture* (4e partie, III, p. 289 et 290), M. Legouvé prête à Samson la découverte, qu'en effet il peut bien avoir faite de son côté, de cette même habileté de style, et rapporte le vif entretien qu'il eut, à ce sujet, avec le célèbre comédien.

11. « Trait admirable : la Tortue, non contente d'être victorieuse, brave encore le vaincu. C'est dans la joie qui suit un avantage remporté que l'amour-propre s'épanche plus librement.... Louez une jolie pièce de vers, il est bien rare que l'auteur n'ajoute : « Je n'ai mis qu'une heure, un jour, » plus ou moins; et s'il s'abstient de dire cette sottise,... c'est qu'il remporte une victoire sur lui-même, c'est qu'il craint le ridicule. » (CHAMFORT.)

FABLE XI.

L'ÂNE ET SES MAÎTRES.

Ésope, fab. 45, Ὄνος καὶ Κηπωρός, Ὄνος καὶ Βυρσοδέψης (Coray, p. 29, p. 304). — Faërne, fab. 69, *Asinus Dominos mutans*. — Corrozet, fab. 65, *de l'Asne et de ses Maistres*. — Haudent, 1re partie, fab. 175, *de l'Asnesse d'un Jardinier*.
Mythologia æsopica Neveleti, p. 127.

Dans les deux fables grecques et dans la fable latine de Faërne, les trois maîtres successifs sont un jardinier, un potier, un corroyeur. Jupiter y tient la place du Sort ou Destin de notre fable, où le roi des Dieux n'est nommé que tout à la fin.

L'Ane d'un Jardinier se plaignoit au Destin
De ce qu'on le faisoit lever devant l'aurore [1].
« Les coqs, lui disoit-il, ont beau chanter matin,
    Je suis plus matineux encore.
Et pourquoi? pour porter des herbes au marché :   5
Belle nécessité d'interrompre mon somme! »
    Le Sort, de sa plainte touché,
Lui donne un autre maître, et l'animal de somme
Passe du Jardinier aux mains d'un Corroyeur.
La pesanteur des peaux et leur mauvaise odeur [2]   10
Eurent bientôt choqué l'impertinente bête.
« J'ai regret, disoit-il, à mon premier seigneur :
    Encor, quand il tournoit la tête,
    J'attrapois, s'il m'en souvient bien,

---

[1]. Molière (*Amphitryon*, acte II, scène II, vers 936) a employé la même locution, précédée d'une préposition : « Dès devant l'aurore. »

[2].   .... *Onustus fœtidis*
   Fratrum suorum affiniumque pellibus.
        (Faërne, vers 11 et 12.)

Quelque morceau de chou qui ne me coûtoit rien ; 15
Mais ici point d'aubaine ; ou, si j'en ai quelqu'une,
C'est de coups³. » Il obtint changement de fortune,
  Et sur l'état d'un Charbonnier⁴
  Il fut couché tout le dernier.
Autre plainte. « Quoi donc? dit le Sort en colère⁵, 20
  Ce baudet-ci m'occupe autant
  Que cent monarques pourroient faire.

3. A cela se joint, dans les fables ésopiques et chez Faërne, une crainte bien naturelle, vu l'industrie de son maître, pour sa peau après décès :

> .... *Ubi me labore occiderit*,
> *Corium quoque exercere perget mortui.*
> (FAËRNE, vers 15 et 16.)

Benserade, qui n'a eu garde de négliger ce trait, termine son quatrain (le CXLIX^e) par ce jeu de mots :

> Et sous la cruauté de ce tyran nouveau
> Eut lieu plus que jamais de craindre pour sa peau.

4. Les rois, les princes, les grands seigneurs avaient une maison, dont les divers officiers étaient portés sur une liste, un tableau qui s'appelait *l'État*ᵃ. On voit ce qu'a de plaisant ici cette expression : « l'état d'un charbonnier. » Par un contraste inverse, et non moins plaisante, Rabelais avait dit (au début du chapitre XXXIII du tiers livre, tome II, p. 161) : « On temps.... que Iuppiter feit l'estat de sa maison Olympicque et le calendrier de tous ses Dieux et Déesses, ayant establi à vn chascun iour et saison de sa feste, etc. »

5. « Il faut convenir que l'Ane n'a pas tout à fait tort de se plaindre. Le Destin, dans cette fable-ci, a presque autant d'humeur que Jupiter dans la fable des Grenouilles, du Soliveau et de l'Hydre ᵇ. Mais j'ai déjà observé que la morale de la résignation est toujours excellente à prêcher aux hommes : bien entendu que le mal est sans remède. » (CHAMFORT.)

ᵃ On publiait autrefois des annuaires ayant ce mot pour titre. Ainsi en 1649 : « Estat des officiers, domestiques et commençaux (*sic*) du Roy, de la Reyne, etc. »
ᵇ Dans la fable IV du livre III, qui a pour titre *les Grenouilles qui demandent un roi*. « Il faut convenir, avait dit Chamfort au vers 14, que la conduite de Jupiter, dans cet apologue, n'est point du tout raisonnable. Il est très-simple de désirer un autre roi qu'un Soliveau, et très-naturel que les Grenouilles ne veuillent pas d'une Grue qui les croque. »

Croit-il être le seul qui ne soit pas content?
N'ai-je en l'esprit que son affaire? »
Le Sort avoit raison⁶. Tous gens sont ainsi faits :
Notre condition jamais ne nous contente;
La pire est toujours la présente;
Nous fatiguons le Ciel à force de placets.
Qu'à chacun Jupiter accorde sa requête,
Nous lui romprons encor la tête⁷.

6. « L'Ane n'avait pas tort non plus, dit à son tour Geruzez; car, à chaque changement de maître, sa condition s'aggravait réellement, et le Sort se moquait de lui en feignant d'exaucer ses vœux. » Nodier, à une remarque analogue, ajoute : « L'affabulation serait bien autrement utile, si l'Ane avait gagné à tous les changements sans cesser de se plaindre, et cependant elle ne serait pas moins vraie. » C'est, au reste, l'idée impliquée dans les deux dernières phrases de la fable.

7. Voyez la 1ʳᵉ *satire* du livre Iᵉʳ d'Horace, qui débute par le développement de cette idée de l'inconstance et de l'inguérissable mécontentement des hommes. On y trouve, par hypothèse (vers 20 et 21), Jupiter en colère, comme l'est ici le Sort :

Quid causæ est merito quin illis Juppiter ambas
Iratus buccas inflet...?

et, immédiatement avant (vers 15-19), le Dieu, comme il est supposé à la fin de notre fable, accorde ce qu'on lui demande, sans réussir à contenter personne.

FABLE XII.

LE SOLEIL ET LES GRENOUILLES.

Ésope, fab. 35o, Βάτραχοι καὶ Ἥλιος, Ἥλιος γαμῶν καὶ Βάτραχοι (Coray, p. 226 et 227, p. 407, sous trois formes). — Babrius, fab. 24, Γάμοι Ἡλίου. — Phèdre, livre I, fab. 6, *Ranæ ad Solem*. — Romulus, livre I, fab. 7, même titre. — Anonyme de Nevelet, fab. 7, *de Femina et Fure*. — Marie de France, fab. 6, *dou Solaus qui volst fame prendre*. — Boursault, *les Fables d'Ésope* ou *Ésope à la ville*, acte IV, scène v, *les Colombes et le Vautour* (c'est le même sujet avec d'autres personnages).

Mythologia æsopica Neveleti, p. 365, p. 393, p. 491.

Comparez ci-dessous la 1re des deux fables additionnelles qui suivent le livre XII.

Aux noces d'un tyran[1] tout le peuple en liesse[2]
    Noyoit son souci dans les pots.
Ésope seul trouvoit que les gens étoient sots
    De témoigner tant d'allégresse.
« Le Soleil, disoit-il, eut dessein autrefois   5
    De songer à l'hyménée[3].
Aussitôt on ouït, d'une commune voix,

1. Dans la fable de Phèdre, de Romulus, de l'Anonyme, de même que dans la 17e de Neckam (édition du Méril, p. 189), et dans les *Ysopet I* et *II* de Robert (tome II, p. 28-31), c'est le mariage d'un voleur, d'un brigand, qui est l'occasion de l'apologue. Il en est de même chez le *Minnesinger* de Zurich (n° 10); mais dans l'apologue de ce dernier, c'est la Terre qui s'épouvante du mariage du Soleil, et c'est à Dieu qu'elle adresse ses plaintes.—Les fables grecques n'ont pas cette application de l'allégorie à un tyran ou à un brigand. L'une d'elles parle aussi d'un festin, mais que donne le Soleil : ἠγάλλοντο μεγάλως ἐπὶ τῇ λαμπρᾷ τραπέζῃ τοῦ Ἡλίου; et celle de Babrius, des joyeux festins qu'en l'honneur du Dieu célèbrent tous les animaux.

2. Même locution au conte xv de la IIe partie, vers 203.

3. Vers de sept syllabes, que reprend Geruzez, et qu'on peut bien dire boiteux, parmi les autres de la fable, de douze, de dix et de huit.

Se plaindre de leur destinée
Les citoyennes des étangs⁴.
« Que ferons-nous, s'il lui vient des enfants? 10
« Dirent-elles au Sort : un seul Soleil à peine
« Se peut souffrir; une demi-douzaine ⁵
« Mettra la mer à sec et tous ses habitants.
« Adieu joncs et marais : notre race est détruite;
« Bientôt on la verra réduite 15
« A l'eau du Styx⁶. » Pour un pauvre animal⁷,
Grenouilles, à mon sens, ne raisonnoient pas mal⁸.

4. *Stagni incola*, dit Phèdre, au singulier (vers 6). — Dans sa fable et dans les grecques la foule des Grenouilles ne se plaint pas, mais se réjouit; c'est l'une d'elles seulement, plus sage que les autres, qui prévoit la conséquence fatale. Chez Babrius (vers 4), c'est un Crapaud (φρῦνος) qui joue ce rôle de rabat-joie.

5. Dans la plupart des autres fables, on ne prévoit qu'un fils. Phèdre, sans déterminer plaisamment le nombre comme la Fontaine, dit au pluriel : *liberos*.

6. De cette périphrase, si bien appropriée aux personnages, on peut rapprocher le vers 18 de la fable xx du livre XII, non moins justement appliqué à des arbres mutilés par la serpe :

Ils iront assez tôt border le noir rivage.

Comparez encore, comme expression mythologique de la mort (descente aux Enfers), les vers 23-24 des *Vautours et les Pigeons* (fable VIII du livre VII) :

Tout élément remplit de citoyens
Le vaste enclos qu'ont les royaumes sombres.

7. Avec *Grenouilles*, qui suit, le pluriel *animaux*, en toute rigueur de grammaire, serait, comme dit l'abbé Guillon, plus correct; mais cette licence en vue de la rime n'a rien qui choque et laisse le sens parfaitement clair.

8. « Voici une de ces vérités épineuses qui ne veulent être dites qu'avec finesse et avec mesure. La Fontaine y en met beaucoup; et ce dernier vers, malgré son apparente simplicité, laisse entrevoir tout ce qu'il ne dit pas. Cela vaut mieux que (livre VI, fable VIII, vers 15) :

Notre ennemi, c'est notre maître. »
(CHAMFORT.)

FABLE XIII.

LE VILLAGEOIS ET LE SERPENT.

Ésope, fab. 170, Γεωργὸς καὶ Ὄφις (Coray, p. 104 et 105, sous deux formes); Ὁδοιπόρος καὶ Ἔχις, Ἔχις καὶ Ἀνήρ (Coray, p. 357). — Phèdre, livre IV, fab. 18, *Homo et Colubra*. — Romulus, livre I, fab. 10, même titre. — Anonyme de Nevelet, fab. 10, *de Rustico et Colubro*. — Gilberti Cognati *Narrationum sylva*, p. 42, même titre. — Corrozet, fab. 7, *du Rusticque et de la Couleuure*. — Haudent, 1re partie, fab. 118, *d'un Rusticque et d'une Couleuure*. — Le Noble, conte 13, *du Paysan et du Serpent. L'ingratitude*.

Mythologia æsopica Neveleti, p. 230, p. 379, p. 438, p. 492.

Ce sujet est encore traité dans les *Balades de Moralitez* d'*Eustache Deschamps* (édition Didot, 1878, tome I, p. 120 et 121); et, comme l'indique M. Soullié (p. 170), dans le poëme du moyen âge intitulé *le Castoiement*, traduction ou plutôt imitation en vers français du *Disciplina clericalis* de Pierre Alphonse (conte IV, tome II, p. 73, du recueil de Barbazan et Méon). — Dans le *Pantschatantra* indien il y a un récit tout différent (le 4e du livre V, tome II de M. Benfey, p. 332-334), d'où se déduit la même morale. Ce sont des Brahmanes qui, par leur puissance magique, rendent la vie à un lion mort, lequel, à peine ranimé, les met en pièces. — En outre, pour la morale, l'abbé Guillon rapproche justement du *Villageois et le Serpent* les fables ésopiques 117 et 273, *la Poule et l'Hirondelle*, et *le Berger et les Louveteaux* (Coray, p. 64 et 323, Ὄρνις καὶ Χελιδών; p. 180, Ποιμὴν καὶ Λυκιδεῖς; Nevelet, p. 183, p. 307).

Ésope conte qu'un Manant[1],
Charitable autant que peu sage,
Un jour d'hiver se promenant
A l'entour de son héritage,

---

1. Un paysan : voyez livre I, fable VIII, vers 8.

Aperçut un Serpent sur la neige étendu,
Transi, gelé, perclus, immobile rendu², 5
  N'ayant pas à vivre un quart d'heure.
Le villageois le prend, l'emporte en sa demeure;
Et, sans considérer quel sera le loyer³
  D'une action de ce mérite, 10
  Il l'étend le long du foyer⁴,
  Le réchauffe, le ressuscite.
L'animal engourdi sent à peine le chaud,
Que l'âme⁵ lui revient avecque la colère;
Il lève un peu la tête, et puis siffle aussitôt⁶; 15
Puis fait un long repli, puis tâche à faire un saut
Contre son bienfaiteur⁷, son sauveur, et son père⁸.

 2. Il y a une virgule entre *immobile* et *rendu* dans l'impression de 1729; quelques éditeurs modernes ont reproduit cette ponctuation.
 3. La récompense, le salaire, comme il est dit plus bas, au vers 18.
 4. Dans les fables anciennes, il est encore plus charitable et moins sage : il le réchauffe dans son sein. *Sinuque fovit*, dit Phèdre (vers 3), et il ajoute : *contra se ipse misericors*.
 5. La vie, le souffle, *anima*. Le mot a évidemment le même sens dans ce passage d'une des élégies de notre auteur *à Clymène* (tome V de M. Marty-Laveaux, p. 88) :

  Je respire à regret, l'âme m'est inutile;
  J'aimerois autant être une cendre infertile,
  Que d'enfermer un cœur par vos traits méprisé.

— Geruzez voit dans ce vers une transposition d'idées : « C'est la colère, dit-il, qui lui revient avec l'âme. » Mais *avec* s'explique fort bien sans transposition : « l'âme accompagnée de la colère qui lui est habituelle et comme inhérente. » Ἀναλαβὼν τὴν ἰδίαν φύσιν, « reprenant sa nature propre, » dit l'une des fables grecques.
 6. Le Noble, dans le distique latin qui précède sa fable française, peint de même le reptile :

  Sibilat ereptus morti, mortemque minatur
  Serpens....

 7. *Bienfaicteur*, dans l'édition de 1679 Amsterdam.
 8. Solvet trouve que ce dernier terme de la gradation « dit peut-être un peu trop. » Il ne lui avait pas donné, mais redonné la vie.

« Ingrat, dit le Manant, voilà donc mon salaire !
Tu mourras ! » A ces mots, plein d'un juste courroux,
Il vous prend sa cognée, il vous tranche la bête [9] ;   20
  Il fait trois serpents de deux coups,
  Un tronçon, la queue, et la tête.
L'insecte [10] sautillant cherche à se réunir,

 9. Dans les fables d'Ésope et de Phèdre, et de même dans la fable x d'*Ysopet I*, citée par Robert (tome II, p. 33 et 34), le Serpent, au lieu d'être tué, mord et tue le Villageois qui, chez Ésope, dit en mourant : « Je souffre justement, pour avoir eu pitié du pervers. » — Phèdre (vers 6) a eu l'idée singulière de mettre la morale dans la bouche du reptile ; un autre serpent lui demandant la cause de ce méfait : « C'est, répondit-il, pour qu'on n'apprenne pas à faire du bien aux méchants, »

  .... *Ne quis discat prodesse improbis.*

— Dans une fable du *Livre des lumières*, imitée par la Fontaine dans l'une de ses plus belles (la première du livre X, sous le titre de *l'Homme et la Couleuvre*), le Serpent sauvé par l'homme, et prêt, comme ici, à se jeter sur son bienfaiteur, allègue du moins de sa rage un motif plus naturel (p. 205) : « Je ne ferai en cela, dit-il, que ce que vous-mêmes exercez tous les jours. » — Chez Lessing [a], qui a tiré de cette fable une fable toute nouvelle, en y associant une idée prise de l'apologue du *Lion abattu par l'Homme* [b], un Serpent à qui on reproche ce même crime d'ingratitude, commis par l'un de ses ancêtres, l'en justifie pleinement : le fait a été dénaturé par les hommes ; il s'en réfère aux traditions, aux historiens de sa propre race ; la vérité est que le prétendu sauveur croyait le Serpent mort et avait envie de sa peau. Et l'ingénieux fabuliste fait entendre que ce récit ne mérite pas non plus peut-être une foi entière ; car quel ingrat a jamais été embarrassé de trouver une excuse ? Cependant, ajoute-t-il, on peut croire que de véritables bienfaiteurs (voyez ci-après la note 12) n'ont que rarement obligé des ingrats ; et s'il en est qui placent leurs bienfaits à intérêt, ceux-là méritent bien de n'être payés que d'ingratitude.

 10. Les Dictionnaires de Furetière et de Trévoux admettent cette extension de sens du mot *insecte*. « On a aussi appelé *insectes*, » dit Furetière (1690), et Trévoux l'a copié, « les animaux qui vivent

 [a] Voyez la fable III de son livre II, *le Jeune Garçon et le Serpent*.
 [b] Fable x de notre livre III.

Mais il ne put y parvenir[11].

Il est bon d'être charitable :
Mais envers qui ? c'est là le point[12].
Quant aux ingrats, il n'en est point
Qui ne meure enfin misérable[13].

après qu'ils sont coupés en plusieurs parties, comme la grenouille, qui vit sans cœur et sans tête, les lézards, serpents, vipères, etc. »

11. Voyez la fin de la note 13.

12. L'abbé Guillon rappelle à propos le verset 1 du chapitre XII de *l'Ecclésiastique* : *Si benefeceris, scito cui feceris...*; et Solvet le vers d'Ennius, cité par Cicéron au livre II, chapitre XVIII, du traité *des Devoirs : Benefacta male locata male facta arbitror.*

13. Voyez la fable 1, citée plus haut (note 9), du livre X, *l'Homme et la Couleuvre*, vers 12 et 13. — L'apologue a, comme l'on voit, une double morale. Chamfort dit au sujet de la première : « Voilà ce qu'il fallait peut-être développer. Il fallait faire voir que la bienfaisance qui peut tourner contre nous-mêmes ou contre la société est souvent un mal plutôt qu'un bien ; que pour être louable, elle a besoin d'être éclairée. C'était là la matière d'un bon prologue ; la Fontaine en a fait de charmants sur des sujets moins heureux. Au reste, il n'y a rien à dire à l'exécution de cet apologue. Le tableau du Serpent qui se redresse, le vers :

Il fait trois serpents de deux coups,

mettent la chose sous les yeux. On pourrait peut-être critiquer *cherche à se réunir*, pour dire à réunir les trois portions de son corps ; mais la Fontaine a cherché la précision. » — Et il l'a trouvée, ce nous semble, sans être incorrect : les trois serpents n'en font qu'un ; le singulier peut donc très-bien se concilier avec l'idée de pluralité qu'implique *réunir*.

FABLE XIV.

LE LION MALADE ET LE RENARD.

Ésope, fab. 137, Λέων καὶ Ἀλώπηξ, Λέων νοσῶν καὶ Θηρία (Coray, p. 78 et 79, p. 336, sous quatre formes). — Babrius, fab. 103, Λέων νοσῶν καὶ Θηρία. — Aphthonius, fab. 8, *Fabula Leonis, hortans ut virtus præponatur malitiæ*. — Appendix fabularum æsopiarum, fab. 30, *Leo senex et Vulpes*. — Romulus, livre IV, fab. 12, *de Leone et Vulpe*. — Faërne, fab. 74, *Leo et Vulpes*. — Gilberti Cognati *Narrationum sylva*, p. 21, *de Vulpe et Leone ægrotante*. — Marie de France, fab. 68, *dou Lion malade et dou Goupil*. — Corrozet, emblème 54, *Deffiance non moins utile que prudence*. — Haudent, 1re partie, fab. 154, *d'un Lyon et d'un Regnard*. — Hégémon, fab. 9, *du Lyon et du Regnard*. — Dans le recueil de Daniel de la Feuille (Amsterdam, 1694), 1re partie, p. 33, se trouve une fable, mais très-médiocre, sur le même sujet, intitulée *du Léopard et du Renard*.

Mythologia æsopica Neveleti, p. 199, p. 327.

Ce sujet, dont il existe des versions nombreuses et très-diverses, remonte à une assez haute antiquité. Les Grecs et les Latins, comme on le verra plus loin (note 4), y faisaient proverbialement allusion. On peut voir aux pages 3 et 5 du *Choix de fables* de Vartan, publié par Saint-Martin en 1825, comment l'auteur arménien, qui écrivait au treizième siècle, a modifié à la fois l'action et la moralité. Il ajoute un personnage, la Chèvre, servant de portier au Lion; il remplace le Renard par le Cochon; puis sa conclusion, assez inattendue, est que le Lion est la mort; la caverne, le tombeau; « et nous, dit-il, insensés qui ne sommes pas plus que le Cochon, nous savons que ceux qui meurent ne ressuscitent pas, et nous amassons continuellement. » Dans l'Inde, où nous trouvons la même fable, c'est le Chacal qui prend la place du Renard, et la différence de l'action est encore plus marquée : voyez le *Pantschatantra* de M. Benfey, tome I, p. 381 et 382, et tome II, livre III, conte XIV, p. 268 et 269. — M. Liotard nous apprend, p. 28 de sa brochure déjà citée (au tome I, p. 154 et p. 335), que *le Lion malade et le Renard* est, parmi les fables traitées par la Fontaine, une des trois que l'on rencontre dans *le Réveille-matin des François et de leurs voisins*, livre de dialogues satiriques publié en 1574, sous le nom d'Eusèbe Philadelphe, mais attribué à Théodore de Bèze.

> De par le roi des animaux,
> Qui dans son antre étoit malade,
> Fut fait savoir à ses vassaux
> Que chaque espèce en ambassade
> Envoyât gens le visiter, 5
> Sous promesse de bien traiter
> Les députés, eux et leur suite,
> Foi de Lion, très-bien écrite,
> Bon passe-port contre la dent,
> Contre la griffe tout autant [1]. 10
> L'édit du Prince s'exécute :
> De chaque espèce on lui député.
> Les Renards gardant [2] la maison,
> Un d'eux en dit cette raison [3] :
> « Les pas empreints sur la poussière [4] 15

1. « J'ai déjà observé que ces formules prises dans la société des hommes et transportées dans celle des bêtes ont le double mérite d'être plaisantes et de nous rappeler sans cesse que c'est de nous qu'il s'agit dans les fables. » (CHAMFORT.) — « La fable, dit M. Taine (p. 89), imite à l'occasion le style de la chancellerie et le vieux langage officiel, copie les passe-ports..., parle de défrayer

    Les députés, eux et leur suite.

Il est vrai que le passe-port ne les protégera guère, et que les convives, au lieu de manger le souper, le fourniront. »

2. *Gardent*, au lieu de *gardant*, dans les éditions de 1688 et de 1708.
3. Dans les fables grecques et latines, l'action a un tour plus vif. Le Renard approche de l'antre; un dialogue s'établit entre lui et le Lion, et c'est au Lion même qu'il dit la bonne raison qu'il a de ne pas entrer. Un joli trait de ce dialogue, dans Babrius, est l'appel que le Lion fait à la petite vanité du conteur, du causeur :

    Δεῦρο, γλυκεῖα, καί με ποικίλοις μύθοις
    Παρηγόρησον ἐγγὺς ὄντα τῆς μοίρης.

4. Platon, dans *le Ier Alcibiade* (chapitre XVIII), emploie comme

Par ceux qui s'en vont faire au malade leur cour,
Tous, sans exception, regardent sa tanière;

un proverbe, et sans rien qui sente la leçon morale, le mot du Renard. « Depuis peu, dit Socrate, l'argent de toute la Grèce, et souvent même celui de l'étranger, entre dans Lacédémone, et n'en sort jamais. Véritablement, comme dit le Renard au Lion, dans Ésope, je vois fort bien les traces de l'argent qui entre à Lacédémone, mais je n'en vois point de l'argent qui en sort. » (Traduction de V. Cousin, tome V, p. 82.) C'est par une allusion semblable que la Fontaine lui-même a dit des greffes où la justice ordonnait certains dépôts:

> .... Le greffe tient bon
> Quand une fois il est saisi des choses;
> C'est proprement la caverne au Lion:
> Rien n'en revient; là les mains ne sont closes
> Pour recevoir; mais pour rendre, trop bien:
> Fin celui-là qui n'y laisse du sien.
> (*L'Oraison de saint Julien*, conte v du livre II, vers 341-346.)

— Nous voyons dans les fragments 2-4 du livre XXX de Lucile, qu'il s'est aussi souvenu de cette fable du Renard et du Lion (*Leonem ægrotum ac lassum*), mais nous ne savons pas quelle application il a pu faire du récit, qui sans doute était complet dans sa satire:

> *Deducta tunc voce Leo: « Cur tu ipsa venire*
> *Non vis huc ?...*
> *— Quid sibi vult, quare fit ut intro versus et ad te*
> *Spectent atque ferant vestigia se omnia prorsus ? »*

— Horace, en rapportant la réponse du Renard, étend allégoriquement le sens de la fable: il ne se laissera pas attirer au fond de cette caverne du vice ou de la folie, où se précipite le sot troupeau:

> *Quod si me populus romanus forte roget cur*
> *Non, ut porticibus, sic judiciis fruar isdem,*
> *Nec sequar aut fugiam quæ diligit ipse vel odit,*
> *Olim quod Vulpes ægroto cauta Leoni*
> *Respondit referam: « Quia me vestigia terrent*
> *Omnia te adversum spectantia, nulla retrorsum. »*
> (Épître 1 du livre I, vers 70-75.)

— Une allusion célèbre est celle qu'on met dans la bouche de Rodolphe de Habsbourg. Déclarant son intention de ne pas intervenir en Italie, où, depuis Othon le Grand, ses prédécesseurs avaient vu

Pas un ne marque de retour [5] :
Cela nous met en méfiance.
Que Sa Majesté nous dispense :
Grand merci [6] de son passe-port ;
Je le crois bon ; mais dans cet antre
Je vois fort bien comme l'on entre,
Et ne vois pas comme on en sort [7]. »

se fondre tant d'armées impériales : « C'est, dit-il, la caverne du Lion, où l'on entre, mais d'où l'on ne revient pas [a]. »

5. « Peut-être, dit Chamfort, était-il d'un goût plus sévère de s'arrêter là et de ne pas ajouter les vers suivants, qui n'enchérissent en rien sur la pensée. Cependant on a retenu les trois derniers vers de cet apologue, et c'est ce qui justifie la Fontaine. » Il n'est nul besoin, croyons-nous, de justification ; est-il nécessaire que toute addition enchérisse ? Ici, comme en maint endroit, on peut dire hardiment, ce nous semble, qu'il est bon que le goût de l'auteur n'ait pas été d'accord avec celui de son trop fin critique.

6. Les anciennes éditions écrivent en un seul mot *granmercy* ou *grammercy* : voyez tome I, p. 292, note 10.

7. Dans le récit qui vient à la suite de l'emblème de Corrozet, le Renard dit :

J'ay veu entrer une trouppe de bestes....
Je veoy les pas comme elles sont entrées,
Mais non les pas comme sont retournées ;

et dans le quatrain LV de Benserade :

De ceux qui s'en vont là, dit-il, je vois les pas,
Et ne vois point les pas de ceux qui s'en reviennent.

[a] L'Allemand Fischart, dans sa traduction libre du *Gargantua* (édition de 1582, chapitre XXXVII répondant au XXXIIIe de Rabelais, à la délibération de Picrochole), cite cette réponse de Rodolphe et un avertissement donné, de la même manière, par le fou de Léopold d'Autriche, au conseil de guerre préparant un plan de campagne contre la Suisse. D'après un passage des *Annales* en latin de Gérard de Roo (Halae Magdeburgicae, 1709), cité dans l'*Histoire de la maison d'Autriche* par William Coxe, traduction française, 1809, tome I, p. 86, Rodolphe aurait raconté toute la fable, et Gilbert Cousin (Cognatus) dit de lui, dans sa *Narrationum sylva* (1567), à la page citée dans la notice (plus haut, p. 44) : *Solitus est.... hanc Æsopi fabulam recitare*.

FABLE XV.

L'OISELEUR, L'AUTOUR, ET L'ALOUETTE.

Abstemius, fab. 3, *de Accipitre Columbam insequente*. — Haudent, 2ᵉ partie, fab. 64, *d'un Espreuier, d'une Colombe et d'un Oyseleur*. — Verdizotti, fab. 86, *dello Sparviero che seguiva una Colomba*. — Le Noble, fab. 54 (tome I), *du Faucon et de la Colombe. Le piége*. (Il s'est répété dans son conte 87, qui a pour titre *de l'Émerillon et de l'Oiseleur. Le voleur pris*.)
Mythologia æsopica Neveleti, p. 537.

C'est au très-court récit d'Abstemius, terminé, comme le sien, par le mot sans réplique de l'Oiseleur à l'Autour, que la Fontaine paraît avoir emprunté sa fable : l'Épervier, poursuivant la Colombe jusque dans une ferme, y est pris par un villageois. Ce sujet a été traité, antérieurement à Abstemius, dans l'*Ysopet I*; il s'y trouve d'abord développé en distiques latins par un vieil anonyme, puis amplifié encore par l'auteur français; le modèle et l'imitation, également curieux, ont été publiés par Robert (tome II, p. 40-47) : *de Niso et Columba*, « de l'Esprevier et du Coulon ». Les deux acteurs principaux s'y répandent en discours de la plus naïve invention. La Colombe, demandant grâce à l'Épervier, lui rappelle l'arche de Noé, où *elle fut en sa compaignie*, et où elle rapporta le rameau; elle lui rappelle aussi et le Saint-Esprit qui lui *a pris sa forme*, et Notre-Dame qui a été *nommée par son beau nom*. Puis elle essaye des promesses; elle lui en fait une odieuse :

Spondeo de pullis munus habere meis.

Un te promet de mes pijons,
Après l'hiuer, quand vient li jons (*le jeune, le petit*).

Elle finit par lui faire peur du roi des oiseaux, au tribunal duque ne manquera pas de l'appeler son maître le curé, qui depuis longtemps a fait amitié avec ce grand juge et l'a gagné par ses présents. L'Épervier, qui a aussi *appris à l'école* mainte maxime et connaît *sainte page*, n'est pas à court d'arguments :

Le bien que Dieu m'a enuoié

Ne sera pour moi renié;
. . . .
En charité si a tel ordre,
Qu'à soi se doit chascuns amordre (*attacher*)
Plus que autrui.

Il jure *par la Dame mère et pucelle* (la sainte Vierge) que sa cause est juste, qu'il a *bonne querelle*; il invoque le droit que Chamfort reconnaît à l'Autour de la Fontaine, son droit d'oiseau de proie, et va en user, quand le curé accourt, sauve son pigeon et s'empare de l'Épervier. La moralité contient un double avertissement:

Le saige parlant nous ottroie
Que le predeur deuendra proie.
. . . .
Cilz qui a peris eschapé
Gard oit que puis ne soit hapé[1]....

Dans l'apologue d'Haudent, en vingt vers, c'est encore une Colombe que chasse l'Épervier, mais c'est un Oiseleur qui le prend lui-même. — La Fontaine a remplacé la Colombe par l'Alouette, et imaginé toute sa mise en scène. — « Le défaut de cet apologue, dit Chamfort, est de manquer d'une exacte justesse dans la morale qu'il veut insinuer. Ce défaut vient de ce qu'il est dans la nature qu'un autour mange une alouette, et qu'il n'est pas dans la nature bien ordonnée qu'un homme nuise à son semblable. De plus, l'Autour aurait pu manger l'Alouette, quand celle-ci n'aurait pas été prise dans le filet. » Mais s'il est dans la nature qu'un autour mange une alouette, est-il toujours dans la convention de la fable que les animaux suivent fatalement l'un contre l'autre l'instinct de leur espèce? L'Autour aurait pu tomber sur l'Alouette ailleurs sans doute, mais déjà précisément

Elle avoit évité la perfide machine;

c'est lui, c'est le brigand qui, en s'acharnant sur elle, s'est laissé entraîner sous les rets où il est pris. — Cette dernière circonstance, ce dénouement par l'intervention d'un oiseleur vengeant une victime innocente, rappelle seule une autre fable, qui se trouve dans Romulus (la ve du livre III, la xixe de l'*Appendice des fables ésopiques* versifié par Burmann, *Luscinia, Accipiter et Auceps*), que la

---

1. Ait garde, prenne garde que dans la suite il ne soit pris.

Fontaine a pu et dû lire dans l'Anonyme de Nevelet (p. 519, n° 45, *de Accipitre et Philomena*), et qui a été imitée, d'après celui-ci, en français, dans l'*Ysopet I* de Robert (tome II, p. 38-39, *du Rossinol et de l'Ostoir*), en allemand, par le *Minnesinger* de Zurich (n° 54). On a voulu également la rapprocher de cette fable xv du livre VI; mais le sujet est fort différent; rien, chez notre auteur, n'en est pris. L'Anonyme la raconte ainsi (quelques détails varient chez les autres) : Un Épervier surprend le nid d'un Rossignol; la mère l'implore; qu'elle lui fasse entendre sa belle voix, il épargnera sa couvée; Philomèle éperdue obéit; le barbare écoute jusqu'au bout l'admirable, la douloureuse chanson, puis, se déclarant mal satisfait, saisit un des petits; comme il le déchire, le gluau d'un oiseleur s'élève lentement, l'atteint, et il expie sa cruauté et sa mauvaise foi.

> Les injustices des pervers
> Servent souvent d'excuse aux nôtres.
> Telle est la loi[2] de l'univers :
> *Si tu veux qu'on t'épargne, épargne aussi les autres.*

Un Manant[3] au miroir prenoit des oisillons.   5
Le fantôme[4] brillant attire une Alouette :
Aussitôt un Autour, planant sur les sillons,
    Descend des airs, fond, et se jette
Sur celle qui chantoit, quoique près du tombeau[5].
Elle avoit évité la perfide machine,   10
Lorsque, se rencontrant sous la main[6] de l'oiseau,

  2. *Telle est la voix*, dans le texte de Walckenaer : aucune note n'indique l'origine de cette variante.
  3. Voyez ci-dessus, p. 40, le 1ᵉʳ vers de la fable xiii.
  4. *Le fantôme*, l'apparition, la vision. Littré, à l'Historique de Fantôme, cite un exemple du *Roman de la Rose* (vers 18 871, éd. elzev.) où les mots « fantosmes aparens, » à prendre le passage dans le sens qu'il lui donne, s'appliquent aussi à des *miroirs*.
  5. « Voyez combien ce vers de sentiment jette d'intérêt sur le sort de cette pauvre alouette. » (Chamfort.)
  6. « On appelle *main* le pied de quelques oiseaux, comme des perroquets et des oiseaux de fauconnerie. » (*Dictionnaire de l'Aca-*

Elle sent son ongle⁷ maline⁸.
Pendant qu'à la plumer l'Autour est occupé,
Lui-même sous les rets demeure enveloppé⁹ :
« Oiseleur, laisse-moi, dit-il en son langage;
   Je ne t'ai jamais fait de mal. »
L'Oiseleur repartit : « Ce petit animal
   T'en avoit-il fait davantage¹⁰ ? »

démie, 1694.) La Fontaine a encore employé le mot de *mains* en parlant du Milan, dans la fable XVIII du livre IX (vers 4).

7. Le plus commun usage, au temps de la Fontaine, donnait déjà à *ongle* le genre qu'il a aujourd'hui : voyez les *Dictionnaires de Richelet* (1679), *de Furetière* (1690); mais l'Académie n'avait pas encore décidé (son Dictionnaire ne parut qu'en 1694), et le féminin avait pour lui l'étymologie. Le mot est mis au même genre, sans que la rime y soit pour rien, au *conte* XIII de la III⁰ partie, vers 280.

8. Tel est le texte original. La réimpression de 1678 A donne *maligne*, qui est devenu et demeuré jusqu'à Walckenaer la leçon ordinaire, au sujet de laquelle Chamfort dit : « C'est ce qu'on appelle une rime provinciale. » En écrivant le mot sans *g*, la Fontaine rimait plus exactement, et en même temps se conformait à une prononciation assez usuelle, non-seulement en Normandie et dans d'autres provinces, mais à Paris même, chez le peuple, qu'on entend encore aujourd'hui dire *maline* pour *maligne*. Comparez, ci-après, p. 71, fable XX, à la rime du dernier vers, un autre exemple du *g* disparaissant devant *n* : *assinée* pour *assignée*.

9. Dans le recueil de Daniel de la Feuille, 3ᵉ partie (1695), p. 40, le même sujet est traité sous ce titre : *de l'Épervier et de la Colombe*. La fable a une intention satirique; l'auteur y moralise ainsi sur la déception de l'Épervier :

Tout morceau près du bec n'est pas toujours dedans :
Témoin ce que la France en tous lieux se propose.

Le premier de ces vers se retrouve dans la fable et dans le conte de le Noble (1707) que nous avons mentionnés.

10. Chez Abstemius le dialogue est semblable : *Non enim te læsi.... — Nec hæc.... te læserat.* — Dans le quatrain XXXVI de Benserade, l'Épervier dit à l'Homme :

Hé ! que vous ai-je fait ?...
— Hé ! que vous avoit fait, dit l'autre, la Colombe ?

FABLE XVI.

LE CHEVAL ET L'ÂNE.

Ésope, fab. 125, Ἵππος καὶ Ὄνος, Ὄνος καὶ Ἡμίονος (Coray, p. 68, p. 327 et 328, sous quatre formes). — Babrius, fab. 7, Ἵππος καὶ Ὄνος. — Appendix fabularum æsopiarum, fab. 14, *Asellus, Bos, et Volucres* (d'après l'Anonyme de Nilant). — Faërne, fab. 16, *Equus et Asinus*. — Corrozet, fab. 48, *de l'Asne et du Cheual*. — Haudent, 1re partie, fab. 21, *d'un Cheual et d'un Asne*.

Mythologia æsopica Neveleti, p. 188.

Comme le dit Coray, la tradition n'avait pas invariablement fixé les noms des personnages de cette fable : dans l'une des quatre versions grecques qu'il en rapporte, c'est d'un Mulet et d'un Ane qu'il s'agit ; et Plutarque, qui en a fait une application originale, y introduit les figures assez différentes du Chameau et du Bœuf : « .... Le Bœuf dit au Chameau, son compagnon au seruice d'un mesme maistre : « Tu ne me veux pas maintenant soulager de une « partie de ma charge ; mais bientost tu porteras tout ce que je « porte, et moi auec dauantage ; » comme il avint par la mort du Bœuf, qui demeura sous le faix[1]. Ainsi en prend-il à l'ame qui ne veut pas donner au pauure corps las et recreu un peu de relasche et de repos ; car peu apres il lui suruient une fieure, ou un mal de teste, auec un esblouissement d'yeux, qui la contraint de quiter et abandonner liures, lettres et estudes, et est finalement forcée de languir et demeurer au lict malade quant et lui. Parquoi Platon nous admonestoit sagement de ne remuer et n'exercer point le corps sans l'ame, ni aussi l'ame sans le corps, ains les conduire egalement tous deux, comme une couple de cheuaux atelez à un mesme timon ensemble, atendu que le corps besongne et trauaille quant et l'ame. » (*Les Règles et préceptes de santé*, chapitre dernier ; dans Amyot, édition Brotier, tome V des *OEuvres morales*,

---

1. La fable est racontée de même dans *le Pegme de P. Coustau*,... mis de latin en françois par Lanteaume de Romieu.... (Lyon, 1560, p. 398).

p. 121). — Comme nous l'apprend Robert (tome I, p. CLXXXIV), Guillaume Tardif, *liseur* de Charles VIII, dans sa traduction, offerte au Roi, des *Apologues de Laurentius Valla* (in-fol. gothique sans date, n° 21), a développé d'une façon intéressante le *sens moral* de celui-ci, qui « veult, dit-il, innuer et donner à entendre que les riches et puissans hommes des villes et cités ne doiuent pas laisser porter aux poures ruraulx champestres toutes les cherges des tailles et impostz, lesquels sont mis sur eulx par les princes pour la conseruation de la chose publique, ains les doiuent releuer en payant partie desdis impostz. Car quand les ruraulx et champestres seront tant chargez et que on aura prins et plumé toute leur substance, il conuiendra puis après que ceux qui sont riches et puissans fournissent et parfassent au demourant. » — Il est fait mention de cette fable dans le *Réveille-matin des François et de leurs voisins :* voyez ci-dessus la notice de la fable XIV de ce livre, p. 45.

En ce monde il se faut l'un l'autre secourir[2] :
    Si ton voisin vient à mourir,
    C'est sur toi que le fardeau tombe.

Un Ane accompagnoit un Cheval peu courtois,
Celui-ci ne portant que son simple harnois,   5
Et le pauvre Baudet si chargé, qu'il succombe.
Il pria le Cheval de l'aider quelque peu :
Autrement il mourroit[3] devant qu'être à la ville.
« La prière, dit-il, n'en est pas incivile :
Moitié de ce fardeau ne vous sera que jeu. »   10
Le Cheval refusa, fit une pétarade[4] :

2. C'est la même moralité que celle de la fable XVII du livre VIII, *l'Ane et le Chien*. Elle est ainsi exprimée à la fin de la fable de Corrozet :

    Quiconque veut à autre auoir recours,
    Quand il le voit en la nécessité
    Du bon du cœur lui doit donner secours.

3. Il mouroit. (1679 Amsterdam.)
4. Sur l'emploi du mot propre, franc et vrai, chez la Fontaine, voyez M. Taine, p. 298 et suivantes.

Tant qu'il vit sous le faix mourir son camarade,
Et reconnut qu'il avoit tort.
Du Baudet, en cette aventure,
On lui fit porter la voiture⁵,   15
Et la peau par-dessus encor⁶.

5. La charge, ce que portait le Baudet, *quod vehitur*. Ce sens de *charge* est encore admis par l'Académie dans sa dernière édition (1878).

6. *Tum vero et Asini sarcina et corium insuper*
    Equo ad priorem sarcinam sunt addita.
    (Faërne, vers 8 et 9.)

FABLE XVII.

LE CHIEN QUI LÂCHE SA PROIE POUR L'OMBRE.

Ésope, fab. 209, Κύων κρέας φέρουσα, et Κύων καὶ βρῶμα (Coray, p. 135 et 136, sous six formes). — Babrius, fab. 79, Κύων καὶ σκιά. — Aphthonius, fab. 35, *Fabula Canis, ad avaritiam fugiendam exhortans*. — Phèdre, livre I, fab. 4, *Canis per fluvium carnem ferens*. — Romulus, livre I, fab. 5, *même titre*. — Anonyme de Nevelet, fab. 5, *de Cane et carne*. — Faërne, fab. 53, *Canis et caro*. — Marie de France, fab. 5, *dou Chien et dou formage*. — Corrozet, fab. 4, *du Chien et de la pièce de chair*. — Haudent, 1re partie, fab. 115, *d'un Chien et de son umbre*. — Le Noble, fab. 75, *du Chien et de l'ombre. L'avidité trompée*.

Mythologia æsopica Neveleti, p. 259, p. 349, p. 372, p. 392, p. 489.

On peut faire remonter assez haut la tradition de cette fable chez les Grecs, puisque, comme on le sait par une citation de Stobée (X, 69, édition Gaisford, 1823, tome I, p. 260), Démocrite y a fait allusion. M. Benfey (tome I, p. 79 et p. 468) et M. Weber (*Études indiennes*, tome III, p. 339 et 340) ne doutent pas que les Indiens ne la tiennent des Grecs. Elle est rappelée, dans toute sa simplicité primitive, par l'auteur de la Vie de Barzouieh (Barzouieh lui-même, probablement), au chapitre IV du *Calila et Dimna* (p. 76 de la traduction de Wyndham Knatchbull, Oxford, 1819). Le *Pantschatantra* l'a toute transformée, sans cependant la rendre méconnaissable; voici comment l'auteur de ce recueil l'a encadrée dans une histoire qui, elle-même, n'en est guère qu'une sorte d'application, longuement développée (fable VIII du livre IV, tome II, p. 310 et 311 de M. Benfey[1]) : La Femme d'un vieux laboureur, qui a quitté son mari pour suivre un amant, et qui est dépouillée et abandonnée par ce dernier, se rencontre, au bord d'un fleuve, avec un Chacal, qui, arrivant un morceau de chair à la bouche, le lâche pour courir à un gros poisson qu'il aperçoit

---

[1]. Loiseleur Deslongchamps a déjà donné l'analyse de cette histoire, p. 51 et 52 de son *Essai sur les fables indiennes*.

étendu sur la rive. La chair est enlevée par un vautour (dans la version de Syntipas, Coray, p. 136, un corbeau vient de même enlever la proie du Chien), le poisson rentre dans l'eau, et la Femme et le Chacal font échange de morale en se raillant l'un l'autre. — Dans le 75ᵉ récit des *Avadânas* (traduction de Stanislas Julien, tome II, p. 11-13), les circonstances et la moralité sont les mêmes que dans le *Pantschatantra*. — Le *Livre des lumières* ² (p. 72 et 73, et p. 144-146) contient aussi deux récits qui, par la moralité, et la première surtout par quelques détails, ne sont pas sans rapports avec la fable du *Chien qui lâche sa proie pour l'ombre*, mais qui rappellent plus encore la fable ésopique du *Lion et le Lièvre* (Coray, p. 147) et la fable du *Héron*. — On peut voir dans les *Poésies inédites du moyen âge*, d'Édélestand du Méril (p. 187, et p. 217 et 218), les fables de Neckam et de Baldo sur le même sujet, et dans Robert (tome II, p. 50 et 51), celles d'*Ysopet I* et d'*Ysopet II*.

> Chacun se trompe ici-bas :
> On voit courir après l'ombre
> Tant de fous, qu'on n'en sait pas
> La plupart du temps le nombre.
> Au Chien dont parle Ésope il faut les renvoyer.   5
> Ce Chien, voyant sa proie en l'eau représentée³,
> La quitta pour l'image, et pensa se noyer.
> La rivière devint tout d'un coup agitée⁴;

2. Voyez ci-après, p. 81, note 6.

3. *Et agrandie*, ajoutent presque toutes les fables grecques ; Faërne n'a pas non plus négligé ce détail (vers 3) :

> *Canis ore frustum carnium ferens vado*
> *Transibat amnem, quumque contemplanti aquam*
> *Speciem ampliōrem carnium illa redderet....*

4. Du plongeon qu'y fait le Chien. On peut imaginer qu'il suivait la rive, comme cela est nettement dit dans le quatrain de Gabrias, la fable d'Aphthonius (tous deux donnés par Nevelet) et dans celle de Babrius. Faërne fait passer le Chien à gué, et Marie de France sur un pont. — « Un chien qui est dans l'eau trouble l'eau, dit Chamfort, et ne saurait y voir l'ombre de sa proie. Si ce chien était sur une planche ou dans un bateau, il fallait le dire. » Boissonade (note 2 à la fable de Babrius) défend ici la Fontaine

LIVRE VI.

A toute peine il regagna les bords,
Et n'eut ni l'ombre ni le corps.   10

contre Chamfort, dont la critique s'appliquerait plutôt à Phèdre (vers 2 et 3) :

Canis per flumen, carnem dum ferret, natans,
Lympharum in speculo vidit simulacrum suum.

FABLE XVIII.

LE CHARTIER[1] EMBOURBÉ.

Ésope, fab. 335, Βοηλάτης καὶ Ἡρακλῆς (p. 220 de Coray, qui de cet apologue rapproche, à propos, de beaux vers de l'*Électre* d'Euripide, 78-81; la fable 246, Ναυαγός, Coray, p. 162, contient la même moralité). — Babrius, fab. 20, *même titre*. — Avianus, fab. 32, *Rusticus et Hercules*. — Faërne, fab. 91, *Bubulcus et Hercules*. — Haudent, 1re partie, fab. 202, *d'un Rustique requerant Hercules*.

Mythologia æsopica Neveleti, p. 289, p. 478.

Chez Rabelais, Épistémon rappelle à Panurge, pendant la tempête, l'histoire du Charretier et d'Hercule, au chapitre XXI du quart livre (tome II, p. 346) : « C'est sottize telle que du Charretier, lequel, sa charrette versee par vn retouble (*une terre grasse*), à genoilz imploroit l'ayde de Hercules, et ne aiguillonnoit ses bœufz et ne mettoit la main pour soubleuer les roues. » Saint-Marc Girardin a cité cette fable tout au long dans une de ses plus charmantes leçons, en l'opposant (tome II, p. 51) à quelques passages pris ailleurs où le poëte, « tout entier à son idée du moment, » a un peu trop vanté l'insouciance et le repos.

Le Phaéton d'une voiture à foin[2]
Vit son char embourbé. Le pauvre homme étoit loin
De tout humain secours : c'étoit à la campagne,
Près d'un certain canton de la basse Bretagne,
    Appelé Quimper-Corentin[3].   5

1. Voyez la note 6.
2. « Aucun poëte français, dit Chamfort, ne connaissait avant la Fontaine cet art plaisant d'employer des expressions nobles et prises de la haute poésie pour exprimer des choses vulgaires ou même basses. C'est un des artifices qui jette le plus d'agrément dans son style. »
3. La ville de Quimper-Corentin (Finistère) était le chef-lieu d'un district du même nom, qu'on appelait aussi *Cornouailles*.

On sait assez que le Destin
Adresse là les gens quand il veut qu'on enrage[4] :
　　Dieu nous préserve du voyage[5] !
Pour venir au Chartier[6] embourbé dans ces lieux,
Le voilà qui déteste[7] et jure de son mieux,　　　10
　　Pestant, en sa fureur extrême,
Tantôt contre les trous, puis contre ses chevaux,
　　Contre son char, contre lui-même.
Il invoque à la fin le dieu dont les travaux
　　Sont si célèbres dans le monde :　　　15
« Hercule, lui dit-il, aide-moi. Si ton dos

4. Ceci peut s'entendre naturellement de l'état des routes, qui ne devaient pas être fort praticables dans cette partie de la Bretagne, coupée de bois, de landes, de fossés. Il se pourrait aussi qu'il y eût dans ces vers une allusion d'un autre genre. « Quimper, dit une note manuscrite de Walckenaer, était un lieu d'exil. C'est là que le P. Caussin, confesseur de Louis XIII, fut exilé, parce qu'il s'était mêlé d'intrigues contre Richelieu. » — Dans sa fable III du livre VIII, intitulée *les Deux exilés*, le duc de Nivernais rappelle ces vers de la Fontaine :

　　　Chacun sait que la Sibérie
　　　Est un pays froid et lointain,
　　　Où règne encor la barbarie :
　　　C'est pis que Quimper-Corentin,
　　　Et c'est bien *là que le Destin
　　　Conduit les gens quand il veut qu'on enrage.*

(*Fables de* Mancini-Nivernois, *publiées par l'auteur*, 1796, tome II, p. 41.)

5. Voyez dans les *Poésies de Brizeux* sa réponse à ces vers de la Fontaine, intitulée : *En passant à Kemper*.

6. La Fontaine n'a pas écrit *chartier* par licence, comme on l'a dit, mais parce qu'il en avait le droit de par l'Académie, dont le *Dictionnaire*, dans ses trois premières éditions (1694, 1718, 1740), admet également la forme actuelle *charretier* et *chartier*. *Chartier* est la seule orthographe de Nicot (1610), de Richelet (1680) et de Furetière (1690). — Il y a de même au livre VIII, fable XII, vers 5, *charton* pour *charreton*.

7. Du latin *detestari*, jurer avec imprécation. Le mot est expliqué par celui qui le suit. Notre auteur l'emploie absolument,

A porté la machine ronde[8],
Ton bras peut me tirer d'ici. »
Sa prière étant faite, il entend dans la nue
Une voix qui lui parle ainsi[9] :   20
« Hercule veut qu'on se remue[10] ;
Puis il aide les gens. Regarde d'où provient
L'achoppement qui te retient[11] ;
Ôte d'autour de chaque roue
Ce malheureux mortier, cette maudite boue   25

comme ici, dans le conte du *Faucon* (v^e de la IIIe partie), vers 121 :

> Il.... pleure et mène une vie
> A faire gens de bon cœur détester ;

et on lit dans une poésie attribuée à Corneille (tome X, p. 161) :

> L'un en gémit, l'autre en déteste ;
> Et ce que font les plus contents,
> C'est de pester contre la peste.

D'Aubigné (*Histoire universelle*, tome II, p. 363, édition de 1616) donne au verbe le même régime que Corneille et la Fontaine (vers 11 et 12) à *pestant :* « Cettui-ci, détestant contre ses compagnons.... »

8. Hercule, comme on sait, avait un instant pris la place d'Atlas, condamné par Jupiter à porter le ciel sur son dos. L'expression de la Fontaine serait donc inexacte, si, comme dans la fable XVI du livre I, elle devait indiquer le globe de la terre ; mais, nous l'avons dit (tome I, p. 107, note 5), elle a été aussi employée pour désigner la voûte céleste.

9.   Or une voix ouït en l'air
            Qui lui dit....
                                (HAUDENT.)

10. « Vers charmant, qui méritait de devenir proverbe, comme l'est devenu le dernier vers (*de la fable*). » (CHAMFORT.) Il semble bien avoir été inspiré par la jolie morale qui termine le petit conte grec du *Naufragé* (Ναυαγός), inséré dans le recueil ésopique (Coray, p. 162, Nevelet, p. 289), et que nous avons mentionné plus haut : Σὺν Ἀθηνᾷ καὶ χεῖρα κίνει : « Avec Minerve, même aidé par Minerve, remue encore la main, mets-y la main. »

11. L'obstacle contre lequel tu heurtes.

Qui jusqu'à l'essieu les enduit [12];
Prends ton pic et me romps ce caillou qui te nuit;
Comble-moi cette ornière. As-tu fait [13]? — Oui, dit l'homme.
— Or bien je vas t'aider, dit la voix. Prends ton fouet.
— Je l'ai pris. Qu'est ceci? mon char marche à souhait:
Hercule en soit loué [14] ! » Lors la voix : « Tu vois comme
Tes chevaux aisément se sont tirés de là.
  Aide-toi, le Ciel t'aidera [15]. »

12. Babrius (dans la prose de l'*Ésope*, où la Fontaine a pu le lire, ses mots sont à peine dérangés) fait parler Hercule de ce même ton, mais bien plus brièvement. Les paroles du Dieu sont chez Avianus d'une molle élégance; dans Faërne, sauf ce bon avis:

  Stimulo boves, humerisque promove plaustrum,

il n'y a qu'une vague exhortation d'agir. La description de l'achoppement est, chez l'un et l'autre, au commencement du récit :

  Hærentem luteo sub gurgite Rusticus axem
   Liquerat.   (Avianus.)
  Via in lutosa prægrave læserat plaustrum,
   Mersis adusque axem rotis.   (Faërne.)

La voix donne aussi quelques conseils tout pratiques chez Haudent :

  .... Tes cheuaulx fouette
  En les contraignant te aller,
  Et vertueusement te iecte
  A l'un des boutz de ta charette
  En la deboutant pour partir.

13. « Remarquons, dit Chamfort, la vivacité du dialogue entre le Charretier et la voix d'Hercule. »

14. La Fontaine est le seul qui ait achevé la scène et montré ainsi le char dégagé et repartant.

15. Aidez-vous seulement, et Dieu vous aidera.
    (Regnier, *satire* xiii, vers 112.)
 Præsentesque adhibe, quum facis ipse, Deos.
    (Avianus, dernier vers.)

C'est la pensée que développe énergiquement Caton dans son discours sur les conjurés : voyez Salluste, *Catilina*, chapitre lii, et Rabelais, qui le traduit, au chapitre xxiii du quart livre (tome II, p. 353).

FABLE XIX.

LE CHARLATAN.

Poggii Facetiæ, *Facetum Hominis dictum Asinum erudire promittentis* (*Poggii.... Opera*, Bâle, 1538, in-fol., p. 485 et 486). — Abstemius, fab. 133, *de Grammatico docente Asinum.* — Bonaventure des Périers, nouvelle LXXXVIII, *d'un Singe qu'avoit un abbé, qu'un Italien entreprint de faire parler.* — Democritus ridens (1655), p. 42, seconde anecdote mise sous la rubrique : *Cui tempus, eidem vita suppetit.* Il s'agit là d'un éléphant, d'un captif (ayant nom Antonius Martinus; il veut racheter sa vie), et du Sultan des Turcs; cette version est celle de Lodovico Guicciardini[1] (*l'Hore di ricreatione*, édition de Venise 1580[2], p. 50 et 51; dans la traduction de François de Belle-Forest[3], édition de Lyon, 1578, p. 42 et 43).

Mythologia æsopica Neveleti, p. 592.

Cette fable a été reproduite dans le *Recueil de poésies chrétiennes et diverses*, tome III, p. 358.

C'est dans Abstemius que la Fontaine a pris la matière qu'il s'est proposé d'animer. Chez le Poge, qu'on a indiqué comme l'auteur premier, le récit, plus court et plus sec, ne débute pas d'ailleurs par la même donnée : au lieu du Grammairien ou Maitre d'éloquence vantant impudemment sa méthode et se faisant prendre au mot, il parle d'un Tyran qui, ayant bonne envie de confisquer les biens de l'un de ses sujets, le trouve justement coupable de faire un peu trop l'entendu, et imagine de lui donner l'Ane à régenter, avec menace d'une peine grave en cas d'insuccès; alors l'instituteur par force, comme les entrepreneurs des autres contes, demande dix ans pour mener à fin son éducation, se fiant aussi au temps de le tirer d'affaire. — Loiseleur Deslongchamps (*Essai sur les fables indiennes*, p. 174), à propos de la facétie du Poge, et du *Charlatan*,

---

1. Neveu de Francesco, l'historien.
2. Cette édition contient une épitre datée de 1567.
3. *Les Heures de récréation et après-dînées* de Louis Guichardin.... Il y a en tête une épitre datée de 1571.

s'est souvenu de l'histoire d'un Sofi (moine contemplatif) de Bagdad[4] qui promet au Calife de lui faire voir le prophète Élie. Le pauvre Moine ne fait cette folle promesse que pour s'assurer trois ans de vie heureuse; ce court bon temps passé, il est sauvé, on ne voit pas pour quels mérites, et uniquement sans doute pour le plaisir des lecteurs, par la venue miraculeuse et l'intervention du prophète. C'est peut-être tirer les rapprochements d'un peu loin.

Le monde n'a jamais manqué de charlatans :
    Cette science, de tout temps,
    Fut en professeurs très-fertile.
Tantôt l'un en théâtre[5] affronte l'Achéron[6],
    Et l'autre affiche par la ville[7]
    Qu'il est un passe-Cicéron[8].   5

4. Elle a été traduite par Pétis de la Croix dans un petit volume intitulé : *Histoire de la Sultane de Perse et des visirs, contes turcs*, Amsterdam, 1707, p. 158-164 (Loiseleur Deslongchamps cite une édition de Paris, même année, p. 237).
  5. En plein théâtre:

    .... Faut-il sur nos défauts extrêmes
  Qu'en théâtre public nous nous jouions nous-mêmes?
    (MOLIÈRE, *les Fâcheux*, vers 24 et 25, tome III, p. 37.)

  6. Il s'agit ici de ces fameux opérateurs (comme Barry, l'Orviétan, Desiderio de Combes) qui, sur leurs tréteaux, se frappaient à coups d'épée, avalaient des poisons, se faisaient mordre par des vipères, et sans doute aussi de ces discours emphatiques où ils défiaient les maladies et la mort de triompher de leurs remèdes : voyez sur eux et leurs estrades ou théâtres, l'intéressant chapitre qui les concerne dans l'ouvrage de M. Victor Fournel intitulé : *Tableau du vieux Paris : les spectacles populaires et les artistes des rues*, particulièrement p. 236, 237, 239, 240, 250, 268.
  7. On voit par *le Roman bourgeois* de Furetière que les charlatans, comme les libraires, usaient de ce grand moyen de publicité; il y est question (tome II, p. 46, de l'édition de M. Pierre Jannet) d' « une insigne charlatane, et fameuse par ses intrigues et par ses affiches. »
  8. Il est assez probable que la Fontaine, par ce mot si heureusement composé par lui, rappelait plus particulièrement à ses contem-

Un des derniers se vantoit d'être
En éloquence si grand maître,
Qu'il rendroit disert un badaud⁹,
Un manant, un rustre, un lourdaud;
« Oui, Messieurs, un lourdaud, un animal, un âne :
Que l'on m'amène un âne, un âne renforcé,
Je le rendrai maître passé¹⁰,
Et veux qu'il porte la soutane¹¹. »

porains Mondor, l'imposant associé de Tabarin. « L'*Épître dédi-catoire* de l'*Inventaire universel des OEuvres de Tabarin* (1622) s'étend sur le *bien dire* qui lui est naturel (*à Mondor*), sur l'éloquence par laquelle il ravit les oreilles de ses auditeurs; et, jouant agréablement sur son nom, l'auteur du sonnet qui est en tête de l'*Inventaire* s'écrie dans une métaphore ambitieusement lyrique :

Ainsi, Monsieur, vous êtes le Mont d'or
D'où l'éloquence, épanchant son trésor,
Par cent canaux se distille en nos âmes.

Dans les parades de Tabarin où Mondor figure, il abonde en citations de toutes sortes, latines, voire grecques, et en aphorismes tirés des philosophes : « Ce n'est pas mon exercice d'être capi- « taine, dit-il quelque part; dès le plus tendre de mon enfance, « j'embrassai les lettres et me mis à l'abri des lauriers d'Apollon. » (M. V. FOURNEL, *Tableau du vieux Paris*, p. 248.)

9. M. Moland, tome I, p. 352, cite ici, à propos, le fait historique de Camillo Delminio, « inventeur d'une mnémonique à l'aide de laquelle il se faisait fort, dans l'espace de trois mois, de rendre un homme capable de traiter en latin quelque matière que ce fût, avec toute l'éloquence de Cicéron. » Cet Italien eut accès auprès de François Ier en 1533 et mourut en 1544.

10. Au vers 12, « Que l'on amène, » dans 1678 A. — Passé maître, terme des anciennes corporations des arts et métiers.

Qu'il soit des folz maistre passé.
(MAROT, *épitaphe* VI.)

11. Qu'il devienne un clerc, un docteur. Au dix-septième siècle, le mot ne désignait pas encore exclusivement la robe ecclésiastique. « Si les médecins n'avoient des soutanes et des mules,... jamais ils n'auroient dupé le monde. » (*Pensées* de PASCAL, p. 34 de l'édition de M. Havet, 1852.) — Lorsque la Fontaine « a pris le ton in-

Le Prince sut la chose ; il manda le Rhéteur. 15
« J'ai, dit-il, en mon écurie¹²
Un fort beau roussin d'Arcadie¹³ ;

direct, dit M. Taine en citant ce passage (p. 248 et 249), il le quitte vite. On sent, à chaque instant, qu'en lui l'imagination va faire éruption pour se dépouiller de cette forme inerte. Ses personnages, retenus un instant derrière le théâtre, accourent tout de suite sur la scène. Ils interrompent le poëte et lui ôtent la parole....

 Tout parle en *cet* ouvrage et même les poissons*ᵃ*.

C'est le propre du poëte de s'oublier lui-même, pour faire place aux enfants de son cerveau, « invisibles fantômes*ᵇ*, » qui le font taire et s'agitent, s'élancent, combattent, vivent en lui comme s'il n'était pas là. »

 12. Dans mon écurie. (1678 A.)
 13. Roussin, cheval entier, fort cheval, de somme ou de labour, grosse monture. « Un de mes gents..., monté sur un puissant roussin. » (MONTAIGNE, livre II, chapitre VI, tome II, p. 60.) Dans l'antiquité les ânes d'Arcadie étaient renommés. *Asini arcadici in Græcia nobilitati*, dit Varron (*de Re rustica*, livre II, chapitre 1). « Asnes d'Arcadie, » lit-on au Prologue du tiers livre de Rabelais (tome II, p. 10), et « bestes archadiques » au chapitre VII du livre V (tome III, p. 32*ᶜ*). Regnier aussi avait dit (satire x, vers 391-392) :

 Il les fit gentiment....
 De chevaux devenir gros asnes d'Arcadie.

La Fontaine a répété l'expression ironique, mais toujours appliquée à l'âne même, de *roussin d'Arcadie* au livre VIII, *fable* XVII, vers 19. Juvénal, cité à propos par Geruzez, donne hardiment et clairement l'épithète d'*arcadique* à l'homme : « Oui, » dit un maître de déclamation (un maître de rhétorique), apostrophant son élève, « c'est la faute du professeur si chez ce jeune Arcadien rien ne bat sous la mamelle gauche. »

      Culpa docentis
 Scilicet arguitur quod læva in parte mamillæ
 Nil salit arcadico juveni.

     (Satire VII, vers 158-160.)

 ᵃ Tout parle en mon ouvrage, et même les poissons.
      (*Épître au Dauphin*, vers 4, tome I, p. 55.)
 ᵇ Fable XXVI du livre VIII, vers 20.
 ᶜ Dans l'apologue *du Roussin et de l'Asne*, variante toute rabelaisienne de la fable du *Loup et le Chien*.

J'en voudrois faire un orateur.
— Sire, vous pouvez tout, » reprit d'abord notre homme.
On lui donna certaine somme :
Il devoit au bout de dix ans
Mettre son âne sur les bancs [14];
Sinon, il consentoit d'être, en place publique,
Guindé la hart [15] au col, étranglé court et net [16],
Ayant au dos sa rhétorique [17],
Et les oreilles d'un baudet.
Quelqu'un des courtisans lui dit qu'à la potence
Il vouloit l'aller voir, et que, pour un pendu,
Il auroit bonne grâce et beaucoup de prestance [18];
Surtout qu'il se souvînt de faire à l'assistance
Un discours où son art fût au long étendu,

---

14. Les bancs d'une université, pour lui faire soutenir ses thèses de docteur.

15. *La hare*, suivant la prononciation, mais non l'orthographe, même ancienne, du mot, dans les éditions de 1668, in-4° et in-12, 1678, 1679 Amsterdam, 1688 et 1729 ; *la hard*, dans la réimpression de 1678 A. — « *Hart....* est le lien d'un fagot ou d'une bourrée à Paris...; parquoy j'entens que quant on crie : « De « par le Roy, sur peine de la hart (hart *est fœminini generis*) », vault autant à dire que « sur peine de la corde, » jadis qu'on s'aydoit des branches des arbres pour espargner le chanvre. » (B. DES PÉRIERS, fin de la nouvelle XCVII.)

16. Ce vers est omis dans l'édition de Londres (1708).

17. « Ces cahiers de rhétorique que chaque professeur était censé avoir composés pour sa classe, » dit l'abbé Guillon. Ne s'agit-il pas plutôt ici des discours de ce « rhéteur » ?

18. Boursault tourne également la chose en plaisanterie dans sa fable de même sujet, *le Charlatan et l'Âne*, imprimée pour la première fois, croyons-nous, au tome III, p. 380, de la 3e édition des *Lettres de Babet*, publié après sa mort (Paris, 1709) :

> Ses amis l'ayant trouvé
> Au sortir de cette affaire,
> Promirent tous un *Salve*
> A sa fin patibulaire.

— Au livre I de Rabelais, chapitre XLII (tome I, p. 157), Gym-

Un discours pathétique, et dont le formulaire
    Servît à certains Cicérons [19]
    Vulgairement nommés larrons.
    L'autre reprit : « Avant l'affaire,
    Le Roi, l'Ane, ou moi, nous mourrons [20]. »

    Il avoit raison. C'est folie
    De compter sur dix ans de vie.
    Soyons bien buvants, bien mangeants [21] :
Nous devons à la mort [22] de trois l'un en dix ans.

naste dit au frère Jean, pendu à l'arbre : « I'ay veu des pendus plus de cinq cens; mais ie n'en veis oncques qui eust meilleure grace en pendilant, et si ie l'auoys aussi bonne, ie vouldroys ainsi pendre toute ma vye. » — Comparez aussi le *Ragotin* de la Fontaine et de Champmeslé (1684), acte V, scène XIII.

19. Ou *passe-Cicéron* comme lui.

20. « Comme dit aussi Molière (*le Tartuffe*, acte II, scène IV),
    En attrapant du temps, à tout on remédie.
Mais cette réplique, excellente en soi, manque peut-être ici de vraisemblance, en tant qu'adressée à un courtisan (*du Prince*)…. Dans les vieilles sources dont cette fable est tirée, notre homme l'adresse à un de ses amis. » (*Note de Solvet*.) Ainsi, dans la nouvelle xc de des Périers, c'est à ses compagnons ultramontains que le « hardi entrepreneur » dit : « Ilz viennent beaucoup de choses en six ans. Avant qu'ilz soyent passez, ou l'Abbé mourra, ou le Singe, ou moy-mesme par adventure : ainsi j'en demeurerai quicte. » Peut-on supposer que la Fontaine ait donné à *reprit* le sens de *reprit à part soi*? Il faut dire qu'en ce cas la clarté laisserait à désirer.

21. Pourquoi le fabuliste a-t-il repris la parole en son nom? Ce beau conseil épicurien, qui rappelle le *Manduca, bibe*, d'une légende peinte sur une tombe païenne, dans un hypogée à Rome[a], serait mieux placé, ce semble, dans la bouche du Charlatan. Chez le Poge et chez Abstemius, la maxime qui sert de conclusion équivaut au vers de Molière cité dans la note 20, ou au proverbe : *Qui a temps a vie*.

22. « Nous devons à la mort » traduit, tourné par l'actif, le *Debemur morti* d'Horace (*Art poétique*, vers 63).

[a] Voyez, dans les *Comptes rendus de l'Académie des inscriptions et belles-lettres* (4ᵉ série, tome III, p. 114-118), une communication faite par M. Blant sur cette légende, dans la séance du 9 avril 1875.

FABLE XX.

LA DISCORDE[1].

Les anciens recueils de fables contiennent des allégories, et la Fontaine en a aussi admis quelques-unes dans le sien. Il pouvait alléguer l'exemple d'Ésope. Plutarque, dans sa *Consolation à sa femme* (§ VI), donne expressément pour un récit ésopique l'allégorie du *Deuil*, qu'il a lui-même racontée plus au long dans sa *Consolation à Apollonius* (§ XIX; dans Coray, sous le titre de Πένθους γέρας, p. 214, n° 321[2]); elle n'a du reste d'autre rapport avec la Discorde hébergée par l'Hymen que d'appartenir au même genre d'inventions, et c'est pour cette seule analogie-là sans doute que Robert la mentionne ici, ainsi que la parodie de Rabelais, appliquée au « paouure diable Coqüage » (chapitre XXXIII du tiers livre, tome II, p. 162 et 163). — Le sujet de *la Discorde* a été très-probablement suggéré au fabuliste par un des emblèmes de Corrozet, bien que le ton de cet emblème soit fort différent et ne laisse percer aucune pointe d'épigramme. C'est le 31° de l'*Hécatongraphie*; il a pour titre : *Discorde haye de Dieu*. En voici d'abord le quatrain, qui le résume et sert de légende à la gravure, puis la plus grande partie et la conclusion :

> Lorsque Discorde eut esté expulsée
> Des cieulx luysants par le dieu Jupiter,
> Et qu'il la feit en bas precipiter,
> La guerre fut en terre commencée.

> Discorde un iour se voulut entremettre,
> Entre les Dieux et Déesses se mettre
> Là hault ès Cieulx; mais n'y fut pas long temps,
> Qu'entre eulx esmeut grandz noises et contendz.
> Ce que voyant la puissance diuine,

---

1. Cette pièce XX manque dans l'édition de 1679 (Amsterdam).
2. Hégémon l'a mise en vers, et intitulée *de Iupiter et du Dueil* (n° VII, fol. 51).

Craignant le Ciel tresbucher en ruyne,
Et les discordz et propos odieux
Trop s'esmouuoir entre les puissants Dieux,
Du hault du Ciel la feit tumber en terre,
Où elle esmeut contention et guerre
Entre les gents par longs plaidz et proces,
Armes, cousteaulx et telz piteux exces.
Hayne elle esmeut entre le filz et pere....
De ce temps là les lieux de Paradis
Pour tant de maulx lui furent interdictz....
Mais tant de temps que ce monde sera,
En ces bas lieux Discorde habitera.
Nous deurions doncq nostre mort souhaiter,
Pour les beaulx lieux de la paix habiter.

La déesse Discorde ayant brouillé les Dieux,
Et fait un grand procès là-haut pour une pomme[3],
   On la fit déloger des Cieux.
  Chez l'animal qu'on appelle homme
   On la reçut à bras ouverts,   5
  Elle et Que-si-Que-non, son frère,
  Avecque Tien-et-Mien[4], son père.

3. Allusion au fameux jugement de Pâris, qui donna la pomme à Vénus comme à la plus belle.

4. De ces composés, si expressifs, qui personnifient en deux divinités ou démons l'esprit de dispute et l'amour jaloux de la propriété, Boileau a dédoublé le second (dans sa satire XI, vers 168), en faisant du Mien et du Tien « deux frères pointilleux. » Chez Regnier aussi *tien* et *mien* sont deux, mais non personnifiés, ce semble :

  Ainsi la liberté du monde s'envola,
  Et chacun se campant, qui deçà, qui delà,
  De hayes, de buissons remarqua son partage....
  Lors du mien et du tien naquirent les procès.
                        (Satire VI, vers 111-115.)

Même opposition des deux possessifs dans ce passage de Plutarque[a] : « Platon escrit que la cité est bien heureuse et bien ordonnée

[a] *Les Préceptes de mariage*, § XX ; dans Amyot, édition Brotier, tome III des *OEuvres morales*, p. 13.

Elle nous fit l'honneur en ce bas univers
    De préférer notre hémisphère
A celui des mortels qui nous sont opposés,   10
    Gens grossiers, peu civilisés,
Et qui, se mariant sans prêtre et sans notaire,
    De la Discorde n'ont que faire.
Pour la faire trouver aux lieux où le besoin
    Demandoit qu'elle fût présente,   15
    La Renommée avoit le soin
De l'avertir ; et l'autre, diligente,
Couroit vite aux débats et prévenoit⁵ la Paix,
Faisoit d'une étincelle un feu long à s'éteindre.
La Renommée enfin commença de se plaindre   20
    Que l'on ne lui trouvoit jamais
    De demeure fixe et certaine ;
Bien souvent l'on perdoit, à la chercher, sa peine :
Il falloit donc qu'elle eût un séjour affecté⁶,
Un séjour d'où l'on pût en toutes les familles   25
    L'envoyer à jour arrêté.
Comme il n'étoit alors aucun convent⁷ de filles,
    On y trouva difficulté.

là où on n'entend point dire : « Cela est mien, cela n'est pas
« mien ᵃ. » Pascal, dans le manuscrit de ses *Pensées*, a mis comme
un titre les mots *Mien, tien* en tête de l'un de ses plus célèbres
fragments : « Ce chien est à moi, » disoient ces pauvres enfants ;
« c'est là ma place au soleil. » Voilà le commencement et l'image
de l'usurpation de toute la terre ᵇ. » Ce paragraphe de Pascal a
pu inspirer à Rousseau le morceau non moins connu qui ouvre la
seconde partie du *Discours sur l'origine et les fondements de l'inégalité parmi les hommes* : « Le premier qui, ayant enclos un terrain,
s'avisa de dire : « Ceci est à moi, »....
    5. Devançait.
    6. Un séjour qui lui fût affecté.
    7. Couvent. (1668 in-4° et in-12, 1679 Amsterdam, 1729.) —

ᵃ 'Εν ᾗ τὸ ἐμὸν καὶ οὐκ ἐμὸν ἥκιστα φθεγγομένων ἀκούουσι.
ᵇ Voyez l'édition de M. Havet, p. 94, § 50.

L'auberge enfin de l'Hyménée
Lui fut pour maison assinée [8].   30

« La difficulté de loger la Discorde parce qu'il n'y avait point de couvent de filles, est, dit Chamfort, un trait imité de l'Arioste, qui la loge chez les moines[a]; mais la Fontaine, qui voulait la loger chez les époux, a su tirer parti de cette imagination de l'Arioste. »

8. Telle est l'orthographe des éditions de 1668 in-12, 1678 et 1688 : voyez ci-dessus, p. 50, fable xv, vers 12 et note 7, où déjà nous aurions pu ajouter que l'on prononce encore *sinet* le mot écrit *signet*. Les autres éditions anciennes, y compris 1668 in-4° et 1678 A, ont *assignée*. — Solvet rapproche de ces traits contre le mariage ce passage de *l'Eunuque* « qui peut, dit-il, y servir de correctif » :

L'amour de ces objets qu'on suit dans la jeunesse
Ne produit rien d'égal aux plaisirs infinis
Que cause un sacré nœud dont deux cœurs sont unis.
Tu sais que les douceurs jamais ne s'en corrompent,
Au lieu que ces amours, dont les charmes nous trompent,
Jamais à bonne fin ne peuvent aboutir.
                          (Acte V, scène III.)

[a] *Roland furieux*, chant xiv, strophes 81 et 82, et chant xviii, strophe 26; comparez Boileau, *le Lutrin*, chant i, vers 25-26 et 46-48.

FABLE XXI.

LA JEUNE VEUVE[1].

Abstémius, fab. 14, *de Muliere virum morientem flente, et Patre eam consolante*. — Lodovico Guicciardini, *l'Hore di ricreatione*[2], p. 297; traduction de Belle-Forest, p. 379 et 380. — Haudent, 2ᵉ partie, fab. 75, *d'un Nouveau marié et de sa Femme*.

Mythologia æsopica Neveleti, p. 540.

On cite encore, pour l'analogie du sujet, un fabliau de Gautier le Long, dont on peut lire la traduction ou l'extrait, sous le titre de *la Veuve*, dans le recueil de Legrand d'Aussy (*Fabliaux ou contes, fables et romans du* XIIᵉ *et du* XIIIᵉ *siècle*, 3ᵉ édition, 1829, tome III, p. 322-327). Il est, de toute façon, peu probable que la Fontaine ait connu ce malin et verbeux récit. — M. Soullié (p. 134-136) a donné une analyse détaillée des deux contes d'Abstemius et de la Fontaine. Il a bien fait voir, une fois pour toutes, ce que pourraient démontrer beaucoup d'autres comparaisons semblables, le peu que des compositions achevées comme *la Jeune veuve* doivent aux pauvres canevas dont le poëte s'est servi. Il rappelle ensuite qu'il y a une autre fable d'Abstemius (la 103ᵉ, *de Viro deflente uxorem mortuam*) qui est comme la contre-partie du sujet qu'a traité la Fontaine. — *La Jeune veuve* est citée par Saint-Marc Girardin (tome II, p. 83) comme « une image vive et piquante de la

---

1. Nous avons eu entre les mains un manuscrit de cette fable, paraissant autographe, qui nous avait été communiqué par notre regretté collaborateur M. Gilbert, mais dont nous sommes loin de garantir l'authenticité : nous n'en connaissons ni l'origine ni les transmissions. Sur le verso du second feuillet on lit, également de la main de la Fontaine, ou imitant cette main, ces lignes qui ne peuvent guère s'adresser qu'à Maucroix : « En voicy encore (*sans doute des corrections, des retouches*), et je n'y trouve plus rien à changer. Il ne me semble pas que je doive me rendre à tes scrupules ; ma Veuve est egalement sincere dans les (*ou ses*) deux estats. Adieu. DE LA FONTAINE. »

2. Voyez ci-dessus, p. 62 et notes 1-3.

fragilité des sentiments féminins, » parmi ces nombreux portraits de femme qui se rencontrent dans l'œuvre du fabuliste, « tous faits dans un esprit de raillerie, auxquels le peintre cependant a toujours donné quelque chose d'aimable et de gracieux, soit par penchant naturel, soit pour se faire pardonner ses moqueries. » — « Le seul défaut de cette fable, dit Chamfort, est de n'en être pas une. C'est une pièce de vers charmante. Le prologue est plein de finesse, de naturel et de grâce. Tous ceux qui aiment les vers de la Fontaine le savent presque par cœur. Le discours du père à sa fille est à la fois plein de sentiment, de douceur et de raison. La réponse de la jeune Veuve est un mot qui appartient encore à la passion ou du moins le paraît. La description des divers changements que le temps amène dans la toilette de la Veuve, ce vers :

> Le deuil enfin sert de parure,

et enfin le dernier trait :

> Où donc est le jeune mari?

on ne sait ce qu'on doit admirer davantage. C'est la perfection d'un poëte sévère avec la grâce d'un poëte négligé. »

Comparez à cette fable le commencement de *la Matrone d'Éphèse*.

La perte d'un époux ne va point sans soupirs[3] ;
On fait beaucoup de bruit ; et puis on se console :
Sur les ailes du Temps la tristesse s'envole[4],
    Le Temps ramène les plaisirs.
      Entre la veuve d'une année   5
      Et la veuve d'une journée
La différence est grande ; on ne croiroit jamais

3. Nos plaisirs les plus doux ne vont point sans tristesse.
(CORNEILLE, *Horace*, 1640, acte V, scène I, vers 1407.)

4. *Est enim tarda illa quidem medicina, sed tamen magna, quam affert longinquitas et dies.* (CICÉRON, *Tusculanes*, livre III, chapitre 16.) — « Trois mois après ils se revirent, et furent étonnés de se retrouver d'une humeur très-gaie. Ils firent ériger une belle statue au Temps, avec cette inscription : A CELUI QUI CONSOLE. » (VOLTAIRE, *les Deux consolés*, fin, tome XXXIII, p. 197.) — Pour l'image qui termine le vers, comparez Horace (ode XVI du livre II, vers 11 et 12) : *curas.... volantes.*

FABLES.

Que ce fût la même personne :
L'une fait fuir les gens, et l'autre a mille attraits.
Aux soupirs vrais ou faux celle-là s'abandonne ; 10
C'est toujours même note et pareil entretien ;
  On dit qu'on est inconsolable ;
  On le dit, mais il n'en est rien,
  Comme on verra par cette fable,
  Ou plutôt par la vérité. 15

  L'époux d'une jeune beauté
Partoit pour l'autre monde. A ses côtés, sa femme
Lui crioit : « Attends-moi, je te suis ; et mon âme,
Aussi bien que la tienne, est prête à s'envoler. »
  Le mari fait[5] seul le voyage. 20
La belle avoit un père, homme prudent et sage ;
  Il laissa le torrent couler.
  A la fin, pour la consoler :
« Ma fille, lui dit-il, c'est trop verser de larmes :
Qu'a besoin le défunt que vous noyiez[6] vos charmes[7] ?
Puisqu'il est des vivants, ne songez plus aux morts.
  Je ne dis pas que tout à l'heure[8]
  Une condition meilleure
  Change en des noces ces transports ;

---

5. Dans les deux premières éditions, 1668 in-4° et in-12, ainsi que dans celles de 1679 Amsterdam, de 1682 et de 1729, on lit *fit*; c'est aussi la leçon du manuscrit dont il est parlé dans la note 1. Les deux textes de 1678 ont *fait*, que reproduisent ceux de la Haye 1688, et de Londres 1708.
 6. *Noyez*, sans *i*, dans les anciennes éditions.
 7. *Solane perpetua mœrens carpere juventa…?*
   Id cinerem aut Manes credis curare sepultos?
dit Anna à Didon, sa sœur, au IVe livre de l'*Énéide*, vers 32 et 34.
 8. Sur l'heure, à l'instant même. Voyez livre I, fable x, vers 2 ; livre VII, fable II, vers 36 ; livre VIII, fable I, vers 22.

Mais, après certain temps[9], souffrez qu'on vous propose
Un époux beau, bien fait, jeune, et tout autre chose[10]
  Que le défunt. — Ah! dit-elle aussitôt,
   Un cloître est l'époux qu'il me faut[11]. »
Le père lui laissa digérer sa disgrâce[12].
  Un mois de la sorte se passe;   35
L'autre mois, on l'emploie à changer tous les jours
Quelque chose à l'habit, au linge, à la coiffure :
  Le deuil enfin sert[13] de parure[14],
  En attendant d'autres atours;
  Toute la bande des Amours   40
Revient au colombier[15]; les jeux, les ris, la danse,
  Ont aussi leur tour à la fin :

9. Dans *le Cid*, le Roi dit à Chimène :

> Prends un an, si tu veux, pour essuyer tes larmes;

et un peu plus loin, s'adressant à Rodrigue :

> Pour vaincre un point d'honneur qui combat contre toi,
> Laisse faire le temps, ta vaillance et ton roi.
> (Acte V, scène dernière, vers 1821, 1839 et 1840.)

10. L'édition de 1682 a : *toute autre chose*; c'est la seule qui donne cette leçon, plus conforme pourtant au vieil usage en ce sens même de *tout autre*.

11. La Fontaine a dit ailleurs :

> Comme vos yeux alloient tout embraser,
> Il fut conclu par votre parentage
> Qu'on vous feroit un couvent épouser.
> (*Lettre à Mme de C[oucy]*, vers 61-63.)

— Dans Sophocle, Antigone, sur le point de mourir, se sert d'une figure analogue : Ἀχέροντι νυμφεύσω (*Antigone*, vers 816).

12. Littré, à l'article Disgrâce, 2°, donne de nombreux exemples de ce mot dans cette acception de « malheur ».

13. Le deuil sert enfin. (1679 Amsterdam.)

14. Ce vers est cité et appliqué par Mme de Sévigné, tome III, p. 355, lettre du 8 janvier 1674.

15. L'édition de 1668 in-12 a : *au colombier*; celle de 1682 : *aux colombiers*, faute évidente. — Pour cette gracieuse image, voyez,

On se plonge soir et matin
Dans la fontaine de Jouvence [16].
Le père ne craint plus ce défunt tant chéri [17];   45
Mais comme il ne parloit de rien à notre belle :
« Où donc est le jeune mari
Que vous m'avez promis ? » dit-elle [18].

dans *la Fille* (fable v du livre VII, note 9, p. 116), le rapprochement fait par Nodier de l'image contraire, celle du départ, de l'abandon des Ris, des Jeux et de l'Amour. — J.-B. Rousseau, qui a imité ces vers, n'en a pas retrouvé la légèreté (*Allégorie* iv du livre I, vers 27-31) :

En ce lieu donc Amours de tout plumage....
De toutes parts viennent se rallier,
Tels que pigeons volants au colombier.

16. C'est-à-dire, on revient entièrement à la vie, à l'esprit, à la joie de la jeunesse.

17. .... *Paulatim abolere Sychæum*
Incipit, et vivo tentat prævertere amore
Jam pridem resides animos desuetaque corda.
(*Énéide*, livre I, vers 720-722.)

18. L'édition de 1679 (Amsterdam) a de plus ici les huit fables suivantes, sous les nos xxii-xxix : *le Lion, le Loup et le Renard* (livre VIII, fable iii); *le Coche et la Mouche* (livre VII, fable ix); *le Trésor et les deux Hommes* (livre IX, fable xvi); *le Rat et l'Huître* (livre VIII, fable ix); *le Singe et le Chat* (livre IX, fable xvii); *du Gland et de la Citrouille* (sic, livre IX, fable iv); *le Milan et le Rossignol* (livre IX, fable xviii); *l'Huître et les Plaideurs* (livre IX, fable ix). A la suite le même éditeur met encore deux épigrammes, deux épitaphes, et un rondeau redoublé.

ÉPILOGUE.

Bornons ici cette carrière :
Les longs ouvrages me font peur.
Loin d'épuiser une matière,
On n'en doit prendre que la fleur[1].
Il s'en va temps[2] que je reprenne   5
Un peu de forces et d'haleine
Pour fournir à d'autres projets.
Amour, ce tyran de ma vie,
Veut que je change de sujets :
Il faut contenter son envie.   10
Retournons à Psyché[3]. Damon[4], vous m'exhortez

---

1. *Adhuc supersunt multa quæ possim loqui,*
Et copiosa abundat rerum varietas;
Sed temperatæ suaves sunt argutiæ,
Immodicæ offendunt.

(PHÈDRE, livre IV, *Épilogue*, vers 1-4.)

— L'Épilogue final de Florian reproduit d'abord, par une autre figure, le début de la Fontaine, puis y ajoute celui de Phèdre :

C'est assez, suspendons ma lyre,
Terminons ici mes travaux :
Sur nos vices, sur nos défauts,
J'aurais encor beaucoup à dire;
Mais un autre le dira mieux.

2. « Tournure un peu gauloise, dit Chamfort, mais qui n'est pas sans grâce, pour dire : *Il est bien temps.* »

3. On voit que la Fontaine travaillait alors à son roman de *Psyché*, ou plutôt que, après l'avoir commencé, il l'avait interrompu pour publier des fables. Cet épilogue fut composé au plus tard à la fin de mars 1668, et c'est dix mois après la publication de ce premier recueil de fables, c'est-à-dire à la fin de janvier 1669, que *Psyché* parut pour la première fois.

4. Il est difficile de deviner qui ce nom doit désigner. Dans

A peindre ses malheurs et ses félicités :
  J'y consens ; peut-être ma veine
  En sa faveur s'échauffera.
Heureux si ce travail est la dernière peine   15
  Que son époux⁵ me causera !

Psyché, la Fontaine se peint lui-même sous le nom de *Polyphile*; il appelle un de ses trois amis du nom de *Gélaste*, qui s'applique à Molière ou à Chapelle. Les deux autres, Racine et Boileau, sont appelés *Acante* et *Ariste*ᵃ dans le roman; mais rien n'empêche de croire qu'ici il ait donné à l'un des trois cet autre nom de *Damon*ᵇ. Cependant la Fontaine avait un ami plus intime encore, Maucroix, auquel la postérité songe moins, mais auquel il a bien pu adresser ce souvenir. — Notons encore, sans en pouvoir rien conclure, qu'une *Épître* de Maucroix *à Damon* est accompagnée de cet avis dans le manuscrit de Reims, où M. Louis Paris l'a trouvée : « Damon, c'est des Réaux. » Voyez les *OEuvres diverses de Maucroix*, publiées par M. Louis Paris, tome I, p. 79.

5. L'époux de Psyché, l'Amour. — Comparez les derniers vers de la fable II du livre IX, *les Deux Pigeons*.

ᵃ Voyez la *Notice biographique* en tête du tome I, p. xcii et xciii.

ᵇ Avant de donner à Racine le nom poétique d'*Acante*, il se l'était donné à lui-même dans *le Songe de Vaux* et dans la comédie de *Clymène*, publiés en 1671 (après *Psyché*), mais composés bien antérieurement. Dans les fragments du *Songe de Vaux*, le nom d'*Ariste* désigne probablement Pellisson ; pour traduire celui de *Gélaste*, qui paraît aussi dans ces fragments, et qui là caractérise seul, sans rien de plus, le personnage qui le porte, nous ne voyons pas sur quoi pourraient se fonder les conjectures.

LIVRE SEPTIÈME.

AVERTISSEMENT[1].

Voici un second recueil[2] de fables que je présente au public. J'ai jugé à propos de donner à la plupart de celles-ci un air et un tour un peu différent de celui que j'ai donné aux premières, tant à cause de la différence des sujets, que pour remplir de plus de variété mon

---

1. Cet *Avertissement* [a] fut placé par la Fontaine en tête du tome III du nouveau recueil de fables qu'il publia en 1678 et 1679, et dont les tomes I et II étaient la réimpression de son premier recueil, donné en 1668 (1 vol. in-4°), déjà réimprimé cette même année [b] (2 vol. in-12), et formant la première et la seconde partie. La nouvelle publication se divisait, comme l'ancienne, en deux parties, à savoir : la troisième (1678), contenant deux livres; la quatrième (1679), trois. Ces cinq livres, qui portaient, sans que, dans le numérotage, il fût tenu compte des six livres antérieurs, de nouveaux numéros 1, 2, 3, 4 et 5, répondent, à quelques différences près, que nous indiquerons en leur lieu, aux livres VII, VIII, IX, X et XI des éditions modernes. L'étrangeté de division résultant de ces chiffres fut accrue encore par l'addition, en 1694, du livre XII. Voyez, à ce sujet, la *Notice bibliographique*, et l'extrait de la préface de Walckenaer cité dans notre Avertissement du tome I [p. III et IV].

2. Un nouveau recueil. (1729.)

[a] Il n'est pas dans l'édition de 1708.
[b] Il est parlé, dans quelques notes des cinq premiers livres, d'où cette mention a passé dans l'*Avertissement* de notre tome I, d'une réimpression de 1669, mais un nouvel examen nous a fait reconnaître que Brunet a eu raison de se borner à dire que quelques exemplaires du tome I portent la date de 1669, d'où l'on peut conclure qu'il y a eu seulement réimpression de titre pour un certain nombre des tomes I[ers].

ouvrage. Les traits familiers que j'ai semés avec assez d'abondance dans les deux autres Parties convenoient bien mieux aux inventions d'Ésope qu'à ces dernières[3], où j'en use plus sobrement pour ne pas tomber en des répétitions; car le nombre de ces traits n'est pas infini. Il a donc fallu que j'aie cherché d'autres enrichissements, et étendu davantage les circonstances de ces récits, qui d'ailleurs me sembloient le demander de la sorte : pour peu que le lecteur y prenne garde, il le reconnoîtra lui-même; ainsi je ne tiens pas qu'il soit nécessaire d'en étaler ici les raisons[4], non plus que de

3. Dans la première Partie.... qu'à cette dernière. (1682, 1729.)
4. Les critiques, ainsi avertis par le poëte lui-même, n'ont pas manqué de chercher en quoi ce nouveau recueil différait de l'ancien; il en est résulté des jugements fort divers, les uns préférant le tour simple et « les traits familiers » des premières fables imitées généralement d'Ésope et de l'antiquité, les autres plaçant fort au-dessus les nouvelles, où ils trouvent, en général, un ton plus élevé, une plus grande portée philosophique; d'autres encore accusant notre poëte de conter un peu longuement dans ses derniers apologues, et trop disposés à y voir la faiblesse de l'âge, sans avoir soin peut-être de distinguer entre deux recueils fort différents et publiés à un assez long intervalle l'un de l'autre, celui de 1678-1679, auquel seul s'applique cet *Avertissement*, et celui de 1694, qui contenait le douzième et dernier livre des fables. Il en est enfin qui, dans leur admiration, n'ont jamais pu faire de différence, et parmi eux Maucroix, le confident le plus cher du poëte. « Vous me demandez, écrit-il, le 30 mars 1704, au Père ***, de la Compagnie de Jésus [a] », ce que veut dire M. de la Fontaine dans la Préface du second recueil de ses fables, lorsqu'il dit qu'il a donné *un air et un tour un peu différent à plusieurs de ces dernières fables de celui qu'il avoit donné aux premières*. Voulez-vous que je vous parle franchement? Je le sais aussi peu que vous, et je me suis fait plusieurs fois cette question à moi-même, avant que vous me l'eussiez faite. Pour moi je trouve qu'il n'y a nulle différence, et

[a] D'Olivet peut-être, le premier éditeur de cette lettre, qui fut, pendant quelque temps (jusqu'en 1713), membre de la société de Jésus : voyez *Maucroix, sa vie et ses ouvrages*, par M. Louis Paris, en tête du tome I des *OEuvres diverses de Maucroix*, p. CCXXV et CCXXVI.

LIVRE VII.

dire où j'ai puisé ces derniers sujets [5]. Seulement je dirai, par reconnoissance, que j'en dois la plus grande partie à Pilpay, sage Indien [6]. Son livre a été traduit en toutes les langues [7]. Les gens du pays le croient fort

je crois que notre ami n'a pas trop pesé ses paroles en cette occasion. » (MAUCROIX, *OEuvres diverses*, publiées par M. Louis Paris, 1854, tome II, p. 232 et 233.)

5. Il est fâcheux que la Fontaine se soit imposé cette réserve : il eût été curieux et intéressant de savoir par lui-même à quelles sources il a puisé ses sujets ; il eût épargné aux commentateurs bien des recherches et des incertitudes.

6. La Fontaine fait certainement allusion dans ce passage au petit volume (de 286 pages) intitulé : *Livre des lumières, ou la Conduite des roys*[a], *composé par le sage Pilpay Indien, traduit en françois par David Sahid d'Ispahan, ville capitale de Perse*. A Paris, chez Siméon Piget, rue Saint-Jacques, à la Fontaine, 1644, petit in-8°. C'était, comme le dit Loiseleur Deslongchamps[b], la première version, faite directement d'après une langue orientale, qui eût paru en France, des *Apologues de Bidpaï*. « Le *Livre des lumières* de David Sahid est la traduction abrégée des quatre premiers livres de l'*Anwari-Sohaïli* (« Lumières canopiques »), c'est-à-dire de la version persane (datant de la fin du quinzième siècle) du *Livre de Calila et Dimna*[c].... M. de Sacy.... pense que l'orientaliste Gaulmin a eu beaucoup de part à cette publication. »

7. Loiseleur Deslongchamps résume ainsi (p. 78 et 79) son « examen des diverses métamorphoses que le livre attribué à Bidpaï a subies » : « Nous avons vu comment ce recueil d'apologues avait été traduit du sanscrit en pehlvi ou persan ancien, dans le sixième siècle de notre ère ; puis, dans le huitième, du pehlvi en arabe, de l'arabe en persan moderne quatre siècles plus tard, de l'arabe en

[a] En 1698, il parut chez Barbin, sans nom de traducteur, avec un titre qui reproduit la seconde moitié de celui-ci, une autre version due à Antoine Galland : *les Fables de Pilpay, philosophe indien, ou la Conduite des Rois*.

[b] *Essai sur les fables indiennes*, p. 23-24 et note 1 de la page 24.

[c] Le *Livre de Calila et Dimna*, dont l'original est attribué par les Arabes à Bidpaï, date du huitième siècle de notre ère. C'était, pour la plus grande partie, la reproduction en arabe de la version pehlevie, faite en Perse au sixième siècle, d'un recueil de fables et contes indiens (voyez la note 7). Le *Pantschatantra* est sorti, dans l'Inde, de ce même recueil dont a été formé le livre arabe de *Calila et Dimna*.

ancien, et original à l'égard d'Ésope, si ce n'est Ésope lui-même sous le nom du sage Locman⁸. Quelques autres m'ont fourni des sujets assez heureux⁹. Enfin

grec à la fin du onzième siècle, et en hébreu peut-être vers le même temps; de l'hébreu en latin dans la seconde moitié du treizième siècle, et du latin dans plusieurs des principales langues de l'Europe. »

8. L'auteur de la traduction française du *Livre des lumières* semble n'avoir rien dit, dans son avis *au Lecteur*, qui ait pu induire la Fontaine à confondre en un seul, comme il paraît tenté de le faire ici, les deux personnages (devenus de notre temps si problématiques) de Bidpaï et de Locman. En revanche, il affirme bien nettement que ce sont les fabulistes orientaux qui sont originaux à l'égard des Grecs, et insinue que c'est Locman qu'il faut chercher sous le nom d'Ésope. « Locman, dit-il dans des phrases quelque peu embarrassées, a vécu le plus ancien de tous (*parmi les Égyptiens et les Nubiens*), puisque Mirkond, en son premier volume, le met du temps de David. Les Arabes ont un gros livre de ses apologues, qui est en grande réputation parmi eux, l'auteur ayant été loué par leur faux prophète[a]. Les Grecs ont suivi les Orientaux; je dis suivi, puisque eux-mêmes confessent avoir appris cette sorte d'érudition d'Ésope, qui était Levantin, et duquel la vie est écrite par le moine Planude : est la même (*c'est la même vie, la même histoire*) que celle de Locman, jusque-là que les curieux admireront que le présent que Mercure fait de la fable à Ésope[b] dans Philostrate[c], les anges le font à Locman de la sagesse dans Mirkond. »

9. Par exemple, comme on le verra dans les notices des fables, Guillaume Haudent, Guillaume Gueroult, les *Apologi Phædrii* de Jacques Regnier, les *Nouvelles* de Bonaventure des Périers, etc.

[a] Dans la xxxiᵉ sourate du Coran. Mais, quel que soit le Locman dont a voulu parler le livre sacré, il est généralement reconnu que le recueil de fables arabes mises sous le même nom de Locman est postérieur au premier siècle de l'hégire, et ne contient guère que des traductions ou imitations des fables ésopiques.

[b] Le texte du passage cité porte, évidemment par erreur, « le présent.... de la fable d'Ésope », au lieu de : « le présent.... de la fable à Ésope ».

[c] Dans le chapitre xv du livre V de la *Vie d'Apollonius de Tyane* : voyez notre tome I, p. 15, note, et comparez un passage de la *Vie d'Ésope* par Planude, même tome, p. 32.

LIVRE VII.

j'ai tâché de mettre en ces deux dernières Parties [10] toute la diversité dont j'étois capable [11].

Il s'est glissé quelques fautes dans l'Impression; j'en ai fait faire un *Errata*[12]; mais ce sont de légers remèdes pour un défaut considérable. Si on veut avoir quelque plaisir de la lecture de cet ouvrage, il faut que chacun fasse corriger ces fautes à la main dans son exemplaire, ainsi qu'elles sont marquées par chaque *Errata*, aussi bien pour les deux premières Parties que pour les dernières [13].

10. En ces dernières Parties. (1688.) — En cette dernière Partie. (1682, 1729.)

11. Ici finit l'*Avertissement* dans les éditions de 1682, 88, 1729.

12. Ceci prouve que la Fontaine mettait un soin minutieux à la publication de ses œuvres, et donne par conséquent une grande valeur aux éditions qui en ont été faites sous ses yeux, surtout à celle de 1678-1679, à laquelle s'applique cet *Avertissement*. — Outre les *Errata*, les exemplaires des quatre volumes de 1678-79 contiennent de nombreux cartons; ce sont soit des feuillets réimprimés, soit des corrections faites sous presse pendant le tirage : voyez le *Catalogue de la vente Rochebilière*, Paris, A. Claudin, 1882, p. 90-95.

13. Un premier *Errata*, se rapportant à la troisième partie (ou tome III des deux recueils réunis, ou tome I du second recueil), se lit à la suite même de cet *Avertissement*. Le même volume (contenant la troisième partie) a, dans l'exemplaire de la bibliothèque Cousin, à la fin, sur un feuillet non numéroté, un second *Errata*, lequel concerne les deux premières parties (ou tomes I et II du premier recueil), et a pu être publié comme annexe à la troisième. Enfin, après la table du dernier volume (ou quatrième partie, 1679), se trouve un dernier *Errata* pour ce volume. Il va sans dire que nous avons corrigé toutes les fautes sur lesquelles l'attention était dès lors appelée.

A.

MADAME DE MONTESPAN[1].

L'apologue est un don qui vient des Immortels[2];
Ou si c'est un présent des hommes,
Quiconque nous l'a fait mérite des autels :
  Nous devons, tous tant que nous sommes,
  Ériger en divinité[3]   5

1. Françoise-Athénaïs, fille de Gabriel de Rochechouart, marquis, puis duc de Mortemart, mort en 1675 gouverneur de Paris, était née en 1641. Mariée, en 1663, au marquis de Montespan, d'une illustre famille de Gascogne, puis devenue dame du palais de la Reine, elle avait supplanté, dès 1668, Mlle de la Vallière dans le cœur du Roi. Cette liaison dura jusqu'en 1683, à travers bien des orages. On sait comment Bossuet crut plusieurs fois l'avoir rompue, notamment en 1675, et comment la passion du Roi et les pleurs de la marquise trompèrent les espérances de l'éloquent prélat. En 1678, époque où la Fontaine lui adresse cette dédicace, Mme de Montespan était toute-puissante. Cette longue puissance, elle la dut autant à son esprit qu'à sa beauté : *l'esprit des Mortemart* était une expression passée en proverbe à la cour, et dont la marquise partageait l'honneur avec son frère, le duc de Vivonne, et ses sœurs, la marquise de Thianges et l'abbesse de Fontevrault. Aussi elle aimait et recherchait la société des gens de lettres; elle protégea particulièrement Boileau et la Fontaine. Retirée de la cour en 1686, après le triomphe définitif de Mme de Maintenon, elle mourut le 28 mai 1707, à l'âge de soixante-six ans. — Voyez, dans ce second recueil, la fable II du livre XI, adressée au jeune fils de Mme de Montespan, le duc du Maine.
2. Voyez ci-dessus, p. 82, note 8, la fin de la citation de Philostrate.
3. Boileau avait déjà plusieurs fois employé de la sorte, avec un nom de personne pour régime, ce verbe *ériger*, par exemple dans son épître V (1674), vers 87 :

L'argent en honnête homme érige un scélérat.

Le Sage par qui fut ce bel art inventé⁴.
C'est proprement un charme : il rend l'âme attentive,
    Ou plutôt il la tient captive,
    Nous attachant à des récits
Qui mènent à son gré les cœurs et les esprits.   10
Ô vous qui l'imitez⁵, Olympe, si ma Muse
A quelquefois pris place à la table des Dieux⁶,
Sur ses dons aujourd'hui daignez porter les yeux ;
Favorisez les jeux où mon esprit s'amuse.
Le temps, qui détruit tout, respectant votre appui,   15
Me laissera franchir les ans dans cet ouvrage :
Tout auteur qui voudra vivre encore après lui
    Doit s'acquérir votre suffrage⁷.

4. Comparez un passage de la *Préface* de la Fontaine, tome I, p. 15 et 16. — Parlant d'un tout autre sage, il dira plus loin (fin du livre IX, *Discours à Mme de la Sablière*, vers 54) :

    Descartes, ce mortel dont on eût fait un dieu
      Chez les païens, et qui tient le milieu
    Entre l'homme et l'esprit....

5. Vous qui exercez même pouvoir sur les cœurs et les esprits, vous dont les paroles ont ce charme qui captive. Dans la traduction latine de cette épître qu'a faite ou corrigée Fénelon ᵃ, ce passage est ainsi rendu : *O Olympa, fabulæ similis*. — Le nom d'*Olympe* donné à Mme de Montespan est simplement une fantaisie poétique de notre auteur. Nous ne voyons pas que ç'ait été une de ces désignations ayant cours, comme il y en avait au temps des *Précieuses*, parmi les écrivains et dans le monde poli.

6. Si la Muse qui m'inspire est vraiment une de celles qui font entendre leur voix aux banquets des Dieux, comme Homère nous les représente au chant I de *l'Iliade*, vers 604. N'y aurait-il point là, en même temps, quelque intention de flatterie, quelque allusion à l'accueil fait par d'autres dieux aux dons de sa Muse, à la dédicace de son premier recueil agréée par le Roi pour le Dauphin ?

7. Voyez ce qui est dit ci-dessus, dans la note 1, de l'esprit de la marquise.

ᵃ Édition Lebel, 1823, tome XIX, p. 479, *Fontanus ad Dominam Montespanam* : voyez ci-après, p. 86, fin de la note 10.

C'est de vous que mes vers attendent tout leur prix :
    Il n'est beauté dans nos écrits   20
Dont vous ne connoissiez jusques aux moindres traces.
Eh! qui connoît que vous[8] les beautés et les grâces?
Paroles et regards, tout est charme[9] dans vous.
        Ma Muse, en un sujet si doux,
        Voudroit s'étendre davantage;   25
Mais il faut réserver à d'autres cet emploi;
        Et d'un plus grand maître que moi
        Votre louange est le partage[10].
Olympe, c'est assez qu'à mon dernier ouvrage
Votre nom serve un jour de rempart et d'abri;   30
Protégez désormais le livre favori
Par qui j'ose espérer une seconde vie;
        Sous vos seuls auspices, ces vers

---

8. Si ce n'est vous.
9. Reprise, avec intention bien marquée, du mot du vers 7.
10. Les commentateurs s'accordent à dire que ces mots désignent Louis XIV. Aussi Chamfort trouve-t-il ces deux vers « bien singuliers; » et il ajoute : « Peut-être un autre que la Fontaine n'eût pas osé s'exprimer aussi simplement; mais la bonhomie a bien des droits. » Sans nier que la Fontaine ait pu vouloir ici faire entendre ce que Chamfort trouve qu'il dit sans détour, on peut être d'avis que le passage reste très-naturellement susceptible d'une autre interprétation encore : le poëte voudrait dignement célébrer les louanges d'Olympe; mais il n'ose se fier à son génie et prétendre à un emploi qui doit être réservé à d'autres, à de plus grands maitres dans son art. C'est à peu près la pensée qu'il a exprimée ailleurs en l'appliquant aux mensonges de la fable :

> .... Je ne me crois pas si chéri du Parnasse
> Que de savoir orner toutes ces fictions.
> On peut donner du lustre à leurs inventions :
> On le peut, je l'essaie; un plus savant le fasse.
>   (Livre II, fable 1, vers 5-8.)

La traduction de Fénelon, qui n'était, il est vrai, destinée qu'à son élève, ne laisse soupçonner aucune allusion : *At melioribus hæc reservantur ingeniis; nobilioris Musæ laus te manet.*

Seront jugés, malgré l'envie,
Dignes des yeux de l'univers.   35
Je ne mérite pas une faveur si grande;
La fable en son nom la demande :
Vous savez quel crédit ce mensonge a sur nous.
S'il procure à mes vers le bonheur de vous plaire,
Je croirai lui devoir un temple pour salaire :   40
Mais je ne veux bâtir des temples que pour vous[11].

11. Comparez Malherbe, *Poésies*, XIV, vers 55 et 56 (tome I, p. 60) :

> Celle à qui dans mes vers, sous le nom de Nérée,
> J'allois bâtir un temple éternel en durée….

— La Fontaine, comme le remarque Nodier, « a projeté depuis un autre temple pour Mme de la Sablière (livre XII, fable XV), mais il ne faut pas être si difficile avec les poëtes. »

FABLE I.

LES ANIMAUX MALADES DE LA PESTE.

Pœnitentiarius [liber] *Lupi, Vulpis et Asini* (dans un recueil de Flacius Illyricus, qui a pour titre : *Varia doctorum piorumque virorum de corrupto Ecclesiæ statu poemata*, Bâle, 1557, p. 199-214 [1]). — Hugo de Trimberg, *diu Bîhte* (*die Beichte*), « la Confession » (dans le *Reinhart Fuchs* de Grimm, p. 392-396 [2]). — Heinrich Bebel [3], *de Pœnitentia Lupi, Vulpis et Asini* (imprimé, dit Grimm, pour la première fois, dans sa *Margarita facetiarum*, Strasbourg, 1509 ; puis dans les *Facetiarum Heinrici Bebelii.... libri tres*, Tubingue, 1550, fol. 32 et 33). — Robert Holkot, de l'ordre des frères Prêcheurs, *super Sapientiam Salomonis*, 1489, *lectio* 187 (fol. R iiij r°, colonnes 1 et 2). — Barleta, du même ordre, sermon pour la 6ᵉ férie de la première semaine du carême (édition de Venise, 1571, fol. 68 v°). — Raulin, *Itinerarium Paradisi...*, Paris, 1524, 1° sermon xiiij sur la Pénitence, et sur la Confession le viij° (fol. XL v° ; voyez à l'*Appendice*) ; 2° sermon xxxj sur la Pénitence, et sur la Satisfaction le vjᵉ (fol. lxxxv r°). — *Philelphi Fabulæ*, 1480 (dans la traduction de Baudoin, fab. 12, *du Loup, du Renard, et de l'Ane*, édition de 1659, p. 63). — Haudent, 2ᵈᵉ partie, fab. 60, *de la Confession*

---

1. Ainsi indiqué par Jacob Grimm, qui a imprimé ce poëme, p. 397-409 de son *Reinhart Fuchs* (Berlin, 1834), d'après le texte de Flacius (Mathias Vlacich), et avec quelques variantes et additions, empruntées, dit le savant éditeur (p. CLXXXV), à un manuscrit de la Bibliothèque de Strasbourg (détruit dans l'incendie du bombardement de 1870), où le titre était *Asinarius*.

2. Haug (Hugo) de Trimberg, maître d'école à Nuremberg, a inséré cette fable dans son « Coureur », *der Renner*, recueil en vers allemands (composé de 1280 à 1300, et qui fut très-populaire en Allemagne) de leçons morales, d'histoires, d'allégories et de fables. Le texte de *la Confession* a été, croyons-nous, imprimé pour la première fois par Grimm en 1833 ; depuis, le *Coureur* a été tout entier publié à Nuremberg.

3. Mort en 1517.

de *l'Asne, du Regnard et du Loup*. — Gueroult, *le Premier liure des Emblèmes*, p. 40, fable morale *du Lyon, du Loup, et de l'Asne*. — Larivey, *un Loup, un Regnard et un Asne*... (dans *les Facétieuses nuits de Straparole*, livre II, traduit en 1573, fable 1 de la 13ᵉ et dernière nuit, édition Jannet, tome II, p. 341 et suivantes⁴).

Il y a une copie de cette fable 1 du livre VII dans un manuscrit de la Bibliothèque de l'Arsenal (n° 6541), qui fait partie des manuscrits de Trallage. C'est un recueil composé de toutes sortes de pièces venues de différentes sources. Elle porte le n° 96, et est au feuillet 118, au verso duquel elle est interrompue à ce vers :

L'état de notre conscience ;

la suite se retrouve au feuillet 119 r° et v°, mais d'une autre écriture, sur un autre papier, et avec ce double chiffre d'ordre : nᵒˢ 172, 173. Il est évident que cette seconde partie vient d'un autre manuscrit. A la fin de la fable, on lit ces mots et cette date : *Par M. de la Fontaine*, 1674. — C'est une des pièces traduites en latin qui sont au tome XIX des *OEuvres de Fénelon* (voyez ci-dessus, p. 85, notes 5 et *a*); elle se lit à la page 480, sous le titre : *Animalia peste laborantia*.

C'est au treizième siècle et en Allemagne que se trouve pour la première fois écrite la tradition qui a inspiré à la Fontaine un de ses chefs-d'œuvre, « son chef-d'œuvre, » disent Chamfort et Saint-Marc Girardin (voyez p. 93 et 94). Le poëme latin cité, le premier, en tête de cette notice⁵ ne peut, suivant Grimm, avoir une date antérieure⁶. Le sujet de la « Confession du Loup, du Renard et de l'Ane » est là tout entier, et même développé avec intérêt, mais sans mesure, en 388 vers élégiaques. L'auteur, en divers

4. Larivey a substitué la fable de Bebel à une fable de Straparole, qu'il a supprimée.
5. Il est bien juste de remarquer que Robert, en 1825, avait déjà signalé, avec les autres sources (tome I, p. XXIII et XXIV, et tome II, p. 67), ce poëme latin anonyme, intitulé *Pœnitentiarius*, dont il semble n'avoir vu qu'un extrait, ainsi que la fable de Trimberg et l'ouvrage de Robert Holkot.
6. L'Ane y est deux fois appelé *Brunellus*, par allusion à un ouvrage de Nigellus Wirecker, remontant au commencement du treizième siècle, et intitulé *Brunellus sive Speculum stultorum* (Grimm, p. CLXXXV).

endroits, semble avoir été bien près de l'agrandir véritablement, comme seul l'a fait, si bien et partout, la Fontaine : il motive la confession des animaux par l'approche d'une fête et un décret de Jupiter prescrivant une pénitence générale ; il ne s'agit cependant pas d'un grand acte public ; on ne voit pas d'assemblée ; l'Ane est entendu et condamné à part par les deux hypocrites qui l'égorgent. De cette longue amplification, ou de quelque autre fonds commun, sinon du sien propre[7], Trimberg a su, vers le même temps, tirer une fable charmante, dont on peut exactement apprécier le mérite par celui de la fable d'Haudent (voyez l'*Appendice*); celle-ci n'en est, pour ainsi dire, qu'une heureuse reproduction, qu'a seule rendue possible, sans doute, la traduction en prose latine qui avait été faite de l'original par Heinrich Bebel ; Larivey, à son tour, a traduit Bebel, mais plusieurs années après l'impression du recueil d'Haudent. L'insertion du *Pœnitentiarius*, au temps de la Réforme, dans un recueil protestant, suffit à prouver qu'on se plaisait à y voir une attaque contre les pratiques de l'Église ; les deux derniers distiques surtout (Grimm, p. 409) pouvaient se prêter à cette interprétation :

Impietas mansueta Lupi, fraus cælica Vulpis
Sic solvit reprobum, compediendo probum.
Quis terget verbis quod mens accusat ? Inanis
Sit procul a rectis vox sine mente viris.

Trimberg fait suivre sa fable de ces réflexions : « Dans les couvents on peut voir encore de méchantes têtes rases (*de méchants*

---

7. Son traducteur de 1509, Bebel, nomme expressément Trimberg comme auteur de la fable : *Hujus fabulæ autor, Hugo scilicet Trimpergius, egregius in vernacula lingua poeta;* on n'en peut sans doute pas conclure précisément qu'il lui fît honneur de l'invention même du sujet. Grimm non-seulement dit que le *Pœnitentiarius* lui paraît être vraisemblablement antérieur au *Coureur* de Hugo de Trimberg, mais de plus il a placé dans son volume (p. 391 et 392), avant *la Confession* de ce dernier, une autre petite pièce en vieil allemand intitulée « le Pèlerinage », *diu* (*die*) *Betevart;* ce récit, sec et écourté, diffère de ceux du *Pœnitentiarius*, de Trimberg, d'Haudent, et même de celui de Gueroult, qui a plus librement composé sa fable, par un petit détail caractéristique : l'Ane ne s'y accuse point d'avoir mangé la paille d'un sabot, mais d'avoir en passant arraché quelques brins à un chariot de foin : il y a dans un des sermons de Raulin un trait analogue.

moines) imposer de ces iniques pénitences. Qui n'a pas su se concilier leurs bonnes grâces, ils le tourmentent à l'envi, jusqu'à ce que, comme cet Ane, pour une peccadille, il perde et l'âme et le corps. Quant au Renard, il peut compter sur la faveur du Loup⁸. » Cette conclusion est curieuse à rapprocher de l'application qu'ont faite de récits analogues, en Angleterre, en Italie, en France, des théologiens et des prédicateurs. Nous donnons à l'*Appendice* l'extrait du sermon cité de Raulin sur la Confession⁹, où la fable est tout au long racontée, ou plutôt renouvelée par d'originales variantes. Voici un extrait plus court du sermon sur la Satisfaction, qui résume encore plus nettement et plus hardiment la leçon que le prédicateur ne craignait pas de faire entendre dans la chaire; c'est bien aux juges spirituels, aux confesseurs qu'il parle de leurs iniquités et prévarications, réclamant d'eux moins d'indulgence pour les grands pécheurs endurcis et tout-puissants et un peu plus de mansuétude pour les scrupuleux et pour les pauvres pénitents : *Regnardus.... semel audiebat confessionem Lupi; et audiens ipsum pœnitentia multas oves comedisse, sperans ab eo aliquid accipere, dedit ei in pœnitentia dicere unum* Pater noster. *Audiens autem Leonem, et timens eum, similiter fecit; audiens vero Asinum, multum bene castigavit eum.*

8. Bebel, après cette conclusion générale : *Sic equidem faciunt potentes et majores; sunt sibi invicem faciles et ignoscunt leviter; subditis autem ac infirmioribus duri et inexorabiles sunt, ut bene novit Juvenalis in satira secunda* (voyez la note 30 et dernière, ci-après, p. 100), développe ensuite, d'après Hugo de Trimberg, dit-il, mais en réalité tout à fait à sa fantaisie, l'application beaucoup trop particulière qu'il fait de la moralité aux abbés, à leurs assistants ou favoris et aux simples frères : *Vulpe designari cellarios et hos qui sunt ab officiis monasteriorum constituti, qui contra Abbatem nihil agunt; Lupo vero Abbatem; et Asino significari simplices fratres, qui in minimis maxime peccant, dum modo superiores sibi invicem quam indulgentissime ignoscunt.* Haudent et Larivey, après avoir fidèlement suivi Bebel, ne gardent que la conclusion générale et omettent l'application aux couvents. Voici la moralité de Larivey : « .... Par le Loup et le Renard s'entendent les grands, qui se pardonnans l'un l'autre tourmentent l'Ane, qui est le pauvre peuple, lequel porte le faix de leurs méchancetés, ce que Juvénal, etc. »

9. Il a été analysé par l'abbé Guillon, et en partie cité par Geruzez dans son *Histoire de l'éloquence.... en France.... pendant le seizième siècle*, 1837, p. 115 et 116.

Sic simplices onerant; homines vero sæculi multum oneratos peccatis facile absolvunt, a quibus timent vel sperant aliquid accipere. Des fables fort semblables, appliquées de même, se trouvent, aux endroits cités, dans le traité de Holkot et dans les sermons de Barleta ; quelques phrases inachevées dans le récit, cependant assez détaillé, de ce dernier prouvent que l'orateur se réservait d'improviser d'autres développements encore [10]. — Une version un peu différente est celle de Philelphe (d'après Baudoin ou Boissat). Les trois animaux se sont embarqués pour aller voir le monde ; ils sont assaillis par une tempête. Saisis de peur, ils font chacun leur confession pour obtenir grâce de Jupiter. L'Ane, qui ne boit que de l'eau, quoiqu'on le charge de vin, qui ne mange que du son, quoiqu'il porte la farine, avoue qu'un jour, ayant fait glisser à terre sa charge, il a mangé un peu de farine répandue. Aussitôt Renard et Loup se jettent sur lui, et le précipitent à la mer. — On a voulu faire dériver toutes ces fables d'une source orientale. La fable indienne que l'on indique est une des plus belles, des plus profondément conçues et des mieux racontées ; elle est à la fois dans le *Calila et Dimna* (Wolff, tome I, p. 78), dans l'*Hitopadésa* (M. Lancereau, édition de 1882, p. 253-256, *le Lion, le Corbeau, le Tigre, le Chacal, et le Chameau*), et dans le *Pantschatantra* (Benfey, pour le texte, tome II, p. 80 et suivantes, XIe récit du livre I, *le Lion, ses ministres, et le Chameau;* pour le commentaire, tome I, p. 230-231) : la Fontaine l'avait pu lire en substance dans le *Livre des lumières* (p. 118-122). En voici le sujet : Un Chameau échappé accepte la protection d'un Lion et s'établit près de lui, au milieu des verts herbages d'une forêt, heureux de se reposer, dans l'abondance, des misères de sa vie passée. A quelque temps de là, le Lion est blessé dans une lutte contre un Éléphant, et ne peut plus pourvoir à sa nourriture et à celle d'une Panthère, d'une Corneille et d'un Chacal dont il a fait ses conseillers et ses ministres. Affamés, les carnassiers convoitent bientôt l'ample provision que leur fournirait le corps du Chameau, et les ministres proposent au roi d'y recourir. Mais il a engagé la majesté de sa parole et il repousse

---

10. Nous n'avons relevé dans Menot qu'une allusion probable (4e férie après le 3e dimanche du carême, fol. 39, colonne 4, ligne 10 de la fin) : « C'est, dit-il, une confession de Renard, » de Renard, non pas pénitent, mais confesseur.

le meurtre avec indignation. On l'assure que le protégé lèvera lui-même tout scrupule. Les trois courtisans s'entendent pour persuader au Chameau qu'il est de leur devoir de bons serviteurs, qu'il y va de leur honneur en ce monde et de leur félicité dans l'autre, d'aller faire à leur maître l'offre de leur corps. Ils vont donc tous ensemble se prosterner devant le Lion, et les ministres, l'un après l'autre, conjurent avec larmes le Lion de conserver sa vie en prenant la leur. Le sacrifice est chaque fois refusé. Exalté par les beaux discours qu'il vient d'entendre, suffisamment rassuré au fond du cœur, le Chameau répète, à son tour, qu'il n'aspire qu'à la gloire de mourir pour son roi. Il est immédiatement mis en pièces. Le Chameau, aussi simple, mais moins candide que l'Ane (car il joue, lui aussi, comme les autres, la comédie du sacrifice et du dévouement), devient également la proie des habiles et des puissants. Mais l'intention principale de la fable est de faire voir comment des ministres artificieux réussissent à tourner le droit et la justice, et à fausser la conscience de leur maître.

« Ce second volume, dit Chamfort, s'ouvre par le plus beau des apologues de la Fontaine, et de tous les apologues. Outre le mérite de l'exécution, qui, dans son genre, est aussi parfaite que celle du Chêne et du Roseau, cette fable a l'avantage d'un fonds beaucoup plus riche et plus étendu ; et les applications morales en sont bien autrement importantes. C'est presque l'histoire de toute société humaine. Le lieu de la scène est imposant ; c'est l'assemblée générale des animaux. L'époque en est terrible, celle d'une peste universelle ; l'intérêt, aussi grand qu'il peut être dans un apologue, celui de sauver presque tous les êtres,

Hôtes de l'univers sous le nom d'animaux,

comme a dit la Fontaine dans un autre endroit (fin du livre IX, *Discours à Mme de la Sablière*, vers 223). Les discours des trois principaux personnages, le Lion, le Renard et l'Ane, sont d'une vérité telle que Molière lui-même n'eût pu aller plus loin. Le dénouement de la pièce a, comme celui d'une bonne comédie, le mérite d'être préparé sans être prévu, et donne lieu à une surprise agréable, après laquelle l'esprit est comme forcé de rêver à la leçon qu'il vient de recevoir, et aux conséquences qu'elle lui présente. » — Après avoir commenté la fable d'Haudent et celle de

Gueroult, qu'il trouve (tome I, p. 269) également plaisantes et significatives (voyez l'*Appendice*, où nous joignons à ces deux fables une partie de son commentaire), Saint-Marc Girardin ajoute (p. 272 et 273) : « Prendrai-je maintenant le chef-d'œuvre de la Fontaine.... pour le comparer aux deux vieilles fables? Tout est supérieur dans la Fontaine, et d'une supériorité d'autant plus remarquable que les deux fables du seizième siècle sont excellentes. Dans Haudent et Gueroult, les trois animaux se rencontrent, ici dans un pèlerinage, là par hasard. Pourquoi leur prend-il fantaisie de se confesser l'un à l'autre? Je n'en sais trop rien. La Fontaine amène la confession des divers animaux d'une manière naturelle et dramatique. Les animaux sont attaqués de la peste :

Ils ne mouroient pas tous, mais tous étoient frappés.

Quel tableau d'une société désolée par la contagion! Vous souvenez-vous de la description de Thèbes en proie aussi à la maladie que les Dieux ont envoyée aux Thébains pour les punir de l'indifférence qu'ils ont montrée à punir le meurtre de Laïus? Le peuple vient trouver OEdipe et lui demande de chercher les moyens de conjurer le fléau destructeur. Mêmes malheurs et même douleur chez les animaux; de même aussi le roi convoque son conseil pour chercher le remède aux maux de ses sujets. » — Voyez encore le livre de M. Soullié (p. 298-300); et enfin l'étude plus récente de M. A. Joly, qui a pour titre : *Histoire de deux fables de la Fontaine, leurs origines, leurs pérégrinations* (*Mémoires de l'Académie nationale des sciences, arts et belles-lettres de Caen*, 1877, p. 399).

Un mal qui répand la terreur[11],
Mal que le Ciel en sa fureur
Inventa pour punir les crimes de la terre[12],

11. « L'auteur commence par le plus grand ton. C'est qu'il veut remplir l'esprit du lecteur de l'importance de son sujet, et de plus il se prépare un contraste avec le ton qu'il va prendre dix vers plus bas. » (CHAMFORT.)

12. Ces beaux vers ont une analogie frappante avec ce passage d'Horace :

.... *Neque*
Per nostrum patimur scelus
Iracunda Jovem ponere fulmina. (Livre I, ode III, vers 38-40.)

La peste (puisqu'il faut l'appeler par son nom),
Capable d'enrichir en un jour l'Achéron [13],
   Faisoit aux animaux la guerre.
Ils ne mouroient pas tous, mais tous étoient frappés [14] :
   On n'en voyoit point d'occupés
A chercher le soutien d'une mourante vie ;
   Nul mets n'excitoit leur envie [15] ;
   Ni loups ni renards n'épioient
   La douce et l'innocente proie ;
   Les tourterelles se fuyoient :
   Plus d'amour, partant plus de joie [16].

Le Lion tint conseil, et dit : « Mes chers amis,
   Je crois que le Ciel a permis
   Pour nos péchés [17] cette infortune.

13. Dans les exemplaires de premier tirage de 1678 on lit :
   Capable d'enrichir un jour l'Achéron.

La correction a été faite sous presse. — Sophocle (*OEdipe roi*, vers 30) s'est servi d'une expression semblable.

   Μέλας δ'
Ἅδης στεναγμοῖς καὶ γόοις πλουτίζεται.

« Le noir Pluton s'enrichit de larmes et de gémissements. »

14. Mme de Sévigné a cité et gaiement appliqué ce vers, tome VI, p. 85, lettre du 10 novembre 1679.

15. *Hinc lætis vituli vulgo moriuntur in herbis,*
   Et dulces animas plena ad præsepia reddunt....
   Labitur infelix studiorum, atque immemor herbæ,
   Victor equus, fontesque avertitur....
   (VIRGILE, *Géorgiques*, livre III, vers 494-495, 498-499.)

16. « Quel vers que ce dernier ! et peut-on mieux exprimer la désolation que par le vers précédent :

   Les tourterelles se fuyoient !

Ce sont de ces traits qui valent un tableau tout entier. » (CHAMFORT.)

17. L'abbé Guillon fait remarquer qu'un autre aurait dit : *pour*

Que le plus coupable de nous
Se sacrifie aux traits du céleste courroux;
Peut-être il obtiendra la guérison commune. 20
L'histoire nous apprend qu'en de tels accidents
    On fait de pareils dévouements[18].
Ne nous flattons donc point; voyons sans indulgence
    L'état de notre conscience.
Pour moi, satisfaisant mes appétits gloutons, 25
    J'ai dévoré force moutons.
    Que m'avoient-ils fait? Nulle offense;
Même il m'est arrivé quelquefois de manger
    Le berger.
Je me dévouerai donc, s'il le faut : mais je pense 30
Qu'il est bon que chacun s'accuse ainsi que moi :
Car on doit souhaiter, selon toute justice,
    Que le plus coupable périsse[19].

nos forfaits, mais que *nos péchés* a quelque chose de plus dévot et de plus humble, ce qui convient mieux au rôle que joue ici le Lion, et, ajouterons-nous, rappelle bien le tour tout chrétien donné, mainte fois, à cet apologue, dans les versions antérieures.

18. Allusion à la mort volontaire de Codrus, à Athènes, d'Aristodème, en Messénie, etc.

19. « Il paraît, dit Chamfort, par le discours du Lion, qu'il en agit de très-bonne foi, et qu'il se confesse très-complétement. Pourtant, après ce grand vers :

    Même il m'est arrivé quelquefois de manger,

remarquons ce petit vers :

    Le berger.

Il semble qu'il voudrait bien escamoter un péché aussi énorme. » Et, remarque souvent faite, comme le grand vers, amenant lentement le gros aveu, et prononcé, on le sent, avec un hésitant embarras, fait un habile contraste avec le petit vers jeté à la suite, vivement, on ne le sent pas moins, et en toute hâte ! — M. Taine, qui, sous la figure du Lion, vient de montrer le despote déjà endurci dans l'amour de soi, interprète ainsi ce discours (p. 87 et 88) : « Quand

— Sire, dit le Renard, vous êtes trop bon roi ;
Vos scrupules font voir trop de délicatesse. 35
Eh bien ! manger moutons, canaille, sotto espèce[20],
Est-ce un péché[21] ? Non, non. Vous leur fîtes, Seigneur,
  En les croquant, beaucoup d'honneur[22] ;
  Et quant au berger, l'on peut dire
  Qu'il étoit digne de tous maux, 40

la mauvaise fortune le force à consulter les autres, il fait un beau discours sur le bien public, et ne songe qu'au sien. La peste est venue, il faut qu'un animal se dévoue. Ses sujets sont maintenant « ses chers amis, » et il fait sa confession générale. « Il ne veut « point se flatter. » Il regarde « sans indulgence l'état de sa con- « science, » qui certes n'est pas peu chargée. Il y trouve toutes sortes de meurtres, des moutons mangés, pauvres bêtes innocentes, et « le berger lui-même » englouti avec le reste :

  Je me dévouerai donc, s'il le faut.

Quelle abnégation ! quel oubli de soi ! Mais la vertu même reçoit des tempéraments, et l'offre aura quelques restrictions. Il s'arrête à ce moment, change de ton, regarde autour de lui pour qu'on le comprenne : « Je pense.... » Nous y voilà. Le Roi cherche un âne, et invite les courtisans à le trouver ; politique achevé, il est resté tyran et est devenu hypocrite. »

20. Voyez ci-après, p. 115, la fable v de ce livre VII, vers 13.

21. Un fabliau du *Castoiement*, intitulé *Marian*, dont un fragment est inséré au tome IV, p. 95, des *Fabliaux ou Contes*, traduits ou extraits par Legrand d'Aussy (Paris, 1829), nous fait passer du monde des bêtes à celui des hommes. « Un roi turbulent et ambitieux » à convoqué un parlement de clercs et de laïques, et exprime la crainte que les longues guerres qui épuisent son royaume ne soient la punition de ses péchés. « Les ecclésiastiques parlèrent les premiers. Loin de rien trouver de répréhensible dans la conduite du tyran, il ne leur parut, au contraire, qu'un prince juste et humain, etc. »

22. C'est un peu, sous la forme comique, ce que Virgile fait dire à Énée lui-même, au moment où il vient de tuer Lausus :

Hoc tamen infelix miseram solabere mortem :
Æneæ magni dextra cadis.
          (*Énéide*, livre X, vers 829 et 830.)

Étant de ces gens-là qui sur les animaux
    Se font un chimérique empire. »
Ainsi dit le Renard ; et flatteurs d'applaudir[23].
    On n'osa trop approfondir
Du Tigre, ni de l'Ours, ni des autres puissances,   45
    Les moins pardonnables offenses.
Tous les gens querelleurs, jusqu'aux simples mâtins,
Au dire de chacun, étoient de petits saints.
L'Ane vint à son tour, et dit : « J'ai souvenance[24]
    Qu'en un pré de moines passant,   50
La faim, l'occasion, l'herbe tendre, et, je pense,
    Quelque diable aussi me poussant,

23. M. Taine cherche et montre ainsi les ressorts de l'éloquence du Renard courtisan (p. 99 et 100) : « Ce n'est rien que de les louer (*les rois*) ; il faut leur prouver qu'ils le méritent. Tout est perdu s'ils soupçonnent qu'on les flatte. Il faut que le flatteur les convainque de sa sincérité et de leur vertu. Il faut qu'il s'emporte, que son zèle le mène trop loin, qu'au besoin il ait l'air de désapprouver le Roi, d'être entraîné par la vérité jusqu'au delà des convenances. « Le Roi est trop bon, ses scrupules font voir trop « de délicatesse. » L'orateur prend les sentiments royaux contre les croquants, « cette canaille, cette sotte espèce. » Un vilain est un instrument de culture, comme les moutons sont des magasins de côtelettes, rien davantage ; on « leur fait beaucoup d'honneur, » quand on les appelle à leur emploi. Le voici qui trouve mieux encore : après l'argument aristocratique, l'argument philosophique ; le panégyriste improvise une théorie du droit et une réfutation de l'esclavage ; il attaque éloquemment le berger qui s'arroge sur les animaux « un chimérique empire. » Ainsi parle un orateur de la couronne. « Quand vous voudrez revendiquer une province, « disait le grand Frédéric à son neveu, faites provision de troupes : « vos orateurs prouveront surabondamment vos droits. » — Aimé-Martin a remarqué que, par un dernier artifice, passionnant tout l'auditoire, le Renard se tirait de l'embarras de faire sa propre confession : voyez l'*Étude critique de la Fontaine et de ses commentateurs*, en tête de l'édition des *Fables* (Lefèvre, 1845, p. IX).

24. Nous trouvons le même mot, marquant un temps plus lointain que *souvenir*, dans l'*Oraison de saint Julien* (conte V de la IIe partie), vers 263.

Je tondis de ce pré la largeur de ma langue.
Je n'en avois nul droit, puisqu'il faut parler net²⁵. »
A ces mots on cria haro²⁶ sur le Baudet.

25. « Pesons, dit Chamfort, chaque circonstance de la confession de l'Ane :

J'ai souvenance*ᵃ* (*la faute est ancienne*)
Qu'en un pré de moines passant,

il ne faisait que passer ; l'intention de pécher n'y était pas ; et puis « un pré de moines, » la plaisante idée de la Fontaine d'avoir choisi des moines, au lieu d'une commune de paysans, afin que la faute de l'Ane fût la plus petite possible, et la confession plus comique ! » Chamfort s'arrête là ; l'abbé Guillon, poussant plus loin son analyse, commente chaque mot : « *La faim :* on pardonne tout à ce besoin ; il maîtrise, il entraîne. *L'occasion :* on est faible, on se laisse aller ; mais on n'est pas pour cela un pervers ; et puis, occasion n'est pas habitude. *L'herbe tendre*, ce don du ciel et de la rosée, invite à en goûter ; on ne tient pas contre un semblable attrait ; et pourtant il n'eût pas succombé sans l'impulsion d'un génie malfaisant : *Et, je pense, quelque diable aussi me poussant ;* or le moyen de résister à une influence au-dessus de la nature? Avec tout cela, voyons encore quels ravages ont suivi ce concours de tant de circonstances... *Je tondis*. Tondre n'est pas attaquer le pied ; c'est le

Luxuriem segetum tenera depascit in herba

de Virgile (*Géorgiques*, livre I, vers 112). L'herbe ainsi tondue se répare bientôt.... Après tout, combien donc en a-t-il mangé? *la largeur de ma langue ;* et voilà tout son délit. »

26. « Haro, cri que l'on fait sur une personne, sur son cheval, etc., pour l'empêcher de faire quelque chose, et l'obliger de venir devant le juge. Ce cri n'est en usage qu'en Normandie. » (*Dictionnaire de l'Académie*, 1694.) On trouvera dans le *Dictionnaire de Littré* les conjectures auxquelles a donné lieu l'étymologie douteuse de ce mot. Voyez aussi le *Vocabulaire pour les OEuvres de la Fontaine*, de M. Lorin, p. 131-132 ; et un article de M. Baude, *Revue des Deux Mondes* du 15 décembre 1861, p. 797.

ᵃ Relevant ce terme « de vieux langage », l'abbé Batteux lui trouve ici une harmonie toute particulière : « *Souvenance*, dit-il, est un mot qui se prononce moitié du nez, et qu'on ne trouve pas mal dans la bouche d'un âne. » Batteux a racheté cette remarque par la suivante, qui est ingénieuse et juste : « L'Ane était innocent, mais, peut-être honteux de le paraître, parce qu'il l'eût paru seul, il cherche dans sa mémoire, et enfin il dit : « J'ai souvenance, etc. » (*Principes de la littérature*, II, de l'*Apologue*, tome II, p. 59, 1764.)

Un Loup, quelque peu clerc[27], prouva par sa harangue
Qu'il falloit dévouer[28] ce maudit animal,
Ce pelé, ce galeux, d'où venoit tout leur mal.
Sa peccadille fut jugée un cas pendable[29].
Manger l'herbe d'autrui ! quel crime abominable !   60
   Rien que la mort n'étoit capable
D'expier son forfait : on le lui fit bien voir.

Selon que vous serez puissant ou misérable,
Les jugements de cour vous rendront blanc ou noir[30].

27. *Clerc* ici se prête aux deux sens anciens donnés par Furetière, de « savant » et, en termes de Palais, de « scribe chez les gens de justice. » Chamfort dit, réunissant la double acception : « Voilà la science et la justice aux ordres du plus fort, comme il arrive, et n'épargnant pas les injures. » — M. Taine (p. 146) voit dans ce Loup l'avocat sans conscience devenu magistrat servile, « l'avocat qui a pris ses grades, et tient boutique de démonstrations, injures, amplifications, exclamations et mouvements d'indignation. Il s'échauffe, il s'enroue, il s'élève au style sublime, il assène les injures populacières, le tout pour un os, c'est-à-dire pour des gages. Le Loup est procureur du Roi, appelle l'Ane « pelé, galeux, » demande la tête du coupable, et veut sauver la société. »

28. *Devovere*, l'immoler comme victime expiatoire.

29. Mme de Sévigné a cité ce vers, en l'altérant un peu, dans une lettre du 29 novembre 1679, tome VI, p. 103.

30. « Non-seulement les jugements de cour, dit Chamfort, mais les jugements de ville, et, je crois, ceux de village. Presque partout, l'opinion publique est aussi partiale que les lois. Partout on peut dire comme Sosie dans l'*Amphitryon* de Molière :

   Selon ce que l'on peut être,
   Les choses changent de nom[a]. »

On peut rapprocher de cette conclusion le vers 63 de la satire II de Juvénal, vers dans lequel Bebel a résumé la moralité de la fable :

Dat veniam corvis, vexat censura columbas.

[a] Ces deux vers ne se trouvent point dans *Amphitryon*; peut-être Chamfort, citant de mémoire, les a-t-il confondus avec les vers 839-842, qui expriment une pensée analogue, mais plus voisine encore de celle des vers 55-58 de la fable III du livre XI.

FABLE II.

LE MAL MARIÉ.

Ésope, fab. 93, Ἀνὴρ καὶ Γυνή (Coray, p. 54). — Haudent, Ire partie, fab. 75, *d'un Homme et de sa Femme.*
Mythologia æsopica Neveleti, p. 165.

M: Taine (p. 240-244) a mis « l'histoire abrégée et toute sèche » d'Ésope en regard du vivant récit de la Fontaine. — « .... Après un apologue excellent, dit Chamfort, voilà une fable fort médiocre ; et même on peut dire que ce n'est pas une fable ; c'est une aventure fort commune, qui ne méritait guère la peine d'être rimée. » Le critique a raison en un point : ce sujet, emprunté à Ésope, ne fait pas une fable ; mais c'est un conte, qui, malgré le peu d'importance et la vulgarité du sujet, est encore charmant, plein de détails à la fois naturels et piquants. On y peut comparer le conte de *Belphégor*, que la Fontaine publia, en janvier 1682, à la suite de son *Poëme du Quinquina*. Boileau, dans sa x^e satire, qui est de 1693, et bien postérieure par conséquent à la fable de la Fontaine, a tracé de la femme revêche un portrait énergique, où, croyons-nous avec l'abbé Guillon, il s'est souvenu de notre poëte, mais sans le surpasser :

> Il faut y joindre encor la revêche bizarre,
> Qui sans cesse, d'un ton par la colère aigri,
> Gronde, choque, démeñt, contredit un mari.
> Il n'est point de repos ni de paix avec elle ;
> Son mariage n'est qu'une longue querelle.
> Laisse-t-elle un moment respirer son époux,
> Ses valets sont d'abord l'objet de son courroux,
> Et sur le ton grondeur lorsqu'elle les harangue,
> Il faut voir de quels mots elle enrichit la langue....
> (Vers 350-358.)

— Voyez, dans la xvie leçon de Saint-Marc Girardin (tome II, p. 87-90), les observations que lui suggèrent cette fable et la fable v. de ce même livre VII, sur la manière dont la Fontaine traite le

102　　　　　　　FABLES.　　　　　　　[F. II

mariage et les femmes mariées : nous en citons un passage, ci-après, p. 114 et 115, dans la notice de la fable v.

> Que le bon soit toujours camarade[1] du beau,
> 　　Dès demain je chercherai femme[2] ;
> Mais comme le divorce entre eux n'est pas nouveau,
> Et que peu de beaux corps, hôtes d'une belle âme,
> 　　Assemblent l'un et l'autre point[3],　　　　5

1. Nous n'avons ni lu dans aucun bon auteur ni vu cité nulle part d'autre exemple de cet emploi figuré du mot *camarade*.
2. « Je ne sais pourquoi la Fontaine parle ainsi. On sait qu'il fut marié [a]. Oublierait-il sa femme [*voyez surtout au vers* 6] ? Rien n'est plus vraisemblable ; il vécut loin d'elle presque toute sa vie. » (CHAMFORT.) — Il semble impossible, au contraire, qu'en composant ce conte il n'ait pas fait un retour sur l'histoire de son propre *hymen;* elle lui était assurément aussi présente que lorsque, bien des années plus tard (1685), il s'intéressa, dans *Philémon et Baucis*, à une peinture toute différente. Là, parlant bien en son nom, comme il l'a fait souvent, il a pu avouer et regretter un tort[b] ; ici, il lui eût sans doute répugné de se plaindre et d'accuser ; et, au lieu de croire à un oubli si peu vraisemblable, on admettrait plutôt l'intention de détourner une application trop personnelle. Il ne se désigné par aucun trait tout à fait particulier, et a pu vouloir mettre dans la bouche d'un narrateur imaginaire un préambule qui entre dans la fiction comme l'histoire elle-même. — Solvet rapproche de ce début les vers suivants de Scarron à Mme de R*** :

> 　　　　Sans bonté
> Je me moque de la beauté,
> Et je tiens pires que Gorgones
> Les belles qui ne sont pas bonnes.

3. Ceci, comme le remarque l'abbé Guillon, peut bien être un souvenir de ce passage où Xénophon fait ainsi parler Socrate :

---

[a] Dès sa vingt-septième année, en 1647.
[b] Voyez les derniers vers (157, 158 et 162) qui précèdent l'épilogue de *Philémon et Baucis*, adressé par le poëte au duc de Vendôme :

> On les va voir encor (*les deux arbres époux*), afin de mériter
> Les douceurs qu'en hymen Amour leur fit goûter....
> Ah ! si...! Mais autre part j'ai porté mes présents.

Ne trouvez pas mauvais que je ne cherche point[4].
J'ai vu beaucoup d'hymens ; aucuns d'eux ne me tentent[5] :
Cependant des humains presque les quatre parts
S'exposent hardiment au plus grand des hasards;
Les quatre parts aussi des humains se repentent[6].   10

« Comme le mot *beau* se joignait au mot *bon*[a], dès que je voyais un homme beau, je l'abordais, et j'essayais de démêler si je trouverais quelque part en lui le beau en compagnie du bon ; mais il n'en allait point ainsi : je crus découvrir que beaucoup, sous de belles formes, avaient des âmes tout à fait dépravées. » (*Traité de l'Économie*, fin du chapitre VI, traduction de M. Talbot.)

4. Ici l'abbé Guillon cite cette jolie épigramme, que, par inadvertance, il attribue à Moncrif. Elle est de Maucroix, l'ami de la Fontaine. Walckenaer nous apprend[b] qu'elle a été imprimée, avec son nom, dès 1660, dans le tome I, p. 4, du recueil de *Poésies choisies* publié par Ch. Sercy ; en 1671, dans le *Traité de versification françoise* de Richelet (p. 51) ; et bien des fois depuis :

> Ami, je vois beaucoup de bien
> Dans le parti qu'on me propose;
> Mais toutefois ne pressons rien.
> Prendre femme est étrange chose :
> Il y faut penser mûrement ;
> Sages gens, en qui je me fie,
> M'ont dit que c'est fait prudemment,
> Que d'y songer toute sa vie.

5. On retrouve l'expression de ce peu d'estime et de goût de la Fontaine pour le lien conjugal dans la fable III du livre XI, vers 60-61 ; *la Coupe enchantée* (conte IV de la IIIe partie), vers 87-88 ; la lettre au prince de Conti (de juillet 1689), tome III de M. Marty-Laveaux, p. 417-418.

6. « Il y a de bons mariages, a dit la Rochefoucauld, mais il n'y en a point de délicieux » (*maxime* CXIII, tome I, p. 78 ; voyez aussi la note 3 de cette page). — La Bruyère ménage bien moins les termes : « Il y a peu de femmes si parfaites, qu'elles empêchent un mari de se repentir, du moins une fois le jour, d'avoir une femme, ou de trouver heureux celui qui n'en a point » (*des Femmes*, 78, tome I, p. 195).

[a] Dans le si commun composé grec καλοκάγαθος, « beau et bon ».
[b] *Poésies diverses.... de la Sablière et.... de Maucroix*, 1825, p. 318-319, note.

J'en vais alléguer un qui, s'étant repenti,
  Ne put trouver d'autre parti
  Que de renvoyer son épouse,
  Querelleuse, avare, et jalouse.
Rien ne la contentoit, rien n'étoit comme il faut :   15
On se levoit trop tard, on se couchoit trop tôt ;
Puis du blanc, puis du noir, puis encore autre chose.
Les valets enrageoient ; l'époux étoit à bout :
« Monsieur ne songe à rien, Monsieur dépense tout,
  Monsieur court, Monsieur se repose. »   20
  Elle en dit tant, que Monsieur, à la fin,
  Lassé d'entendre un tel lutin,
  Vous la renvoie à la campagne
  Chez ses parents. La voilà donc compagne
De certaines Philis⁷ qui gardent les dindons   25
  Avec les gardeurs de cochons.
Au bout de quelque temps, qu'on la crut adoucie,
Le mari la reprend. « Eh bien ! qu'avez-vous fait ?
  Comment passiez-vous votre vie ?
L'innocence des champs est-elle votre fait ?   30
  — Assez, dit-elle ; mais ma peine
Étoit de voir les gens plus paresseux qu'ici :
  Ils n'ont des troupeaux nul souci.
Je leur savois bien dire⁸, et m'attirois la haine
  De tous ces gens si peu soigneux.   35

---

7. Nous retrouverons en maint endroit chez notre auteur, et d'ordinaire sans nulle ironie, ce synonyme, ici comique, de « bergère », si commun dans la pastorale, les galants madrigaux, etc.

8. Sur cette ellipse des pronoms régimes, *le, la, les,* devant *lui* ou *leur*, si fréquente alors, qu'elle semble presque avoir été prescrite par une règle d'euphonie, voyez l'*Introduction grammaticale* au *Lexique de Mme de Sévigné*, p. xlix-li. On y lit, entre autres, cet exemple, où il y a accord du participe avec le pronom *la*, bien que sous-entendu : « Ce fut M. de Pomponne qui me l'apprit (*cette affaire*) comme on lui avoit apprise. »

— Eh! Madame, reprit son époux tout à l'heure⁹,
    Si votre esprit est si hargneux,
    Que le monde qui ne demeure
Qu'un moment avec vous et ne revient qu'au soir
    Est déjà lassé de vous voir,   40
Que feront des valets qui toute la journée
    Vous verront contre eux déchaînée¹⁰?
    Et que pourra faire un époux
Que vous voulez qui soit¹¹ jour et nuit avec vous¹²?
Retournez au village : adieu. Si, de ma vie,   45
    Je vous rappelle et qu'il m'en prenne envie,
Puissé-je chez les morts avoir pour mes péchés
Deux femmes comme vous sans cesse à mes côtés! »

9. Aussitôt, sur-le-champ : voyez ci-dessus, p. 74, la note 8 de la fable xxi (vers 27) du livre VI.

10. Ce mot rappelle le *hargneux* du vers 37 : c'est un chien qui a brisé sa chaîne.

11. Pour cette tournure, fréquente au dix-septième siècle, d'un double relatif, l'un régime d'un premier verbe, l'autre sujet d'un second et suppléant avec lui l'infinitif latin, voyez encore l'*Introduction grammaticale* au *Lexique de Mme de Sévigné*, p. xxiii et xxiv. Molière a dit de même :

    Nous verrons si c'est moi que vous voudrez qui sorte.
        (*Le Misanthrope*, acte II, scène iv, vers 742.)

Et la Fontaine dira plus loin, livre VIII, fable iv, vers 31-32 :

    .... Les éloges que l'Envie
    Doit avouer qui vous sont dus;

et livre XII, fable xi, vers 8-10 :

    Si le maître des Dieux assez souvent s'ennuie,
        Lui qui gouverne l'univers,
    J'en puis bien faire autant, moi qu'on sait qui le sers.

12. Ce dernier trait manque dans l'apologue ésopique, que la Fontaine a du reste suivi de tout point, dans son conte, quant aux faits. — Benserade le résume ainsi dans son quatrain cci :

    Avecque ses voisins une femme en querelle
    Crioit sans qu'un moment on pût vivre avec elle :
    « Hélas! dit le mari, voyez donc où j'en suis,
    Moi qui passe avec elle et les jours et les nuits. »

FABLE III.

LE RAT QUI S'EST RETIRÉ DU MONDE.

Dans cette fable, plus qu'en aucune autre, la donnée paraît être de l'invention de la Fontaine. Il ne faut pas se laisser tromper par le premier vers ni en conclure que le fabuliste ait réellement rencontré ce sujet dans un recueil de l'Orient : on n'a du moins rien trouvé qui le prouve. C'est par malice qu'il place la scène dans le Levant : il veut, sous un air de naïveté, rendre plus piquant le trait final. Solvet, et aussi Robert (tome I, p. ccxxxvi), parlent des aventures du rat Zirac, racontées p. 211 et suivantes du *Livre des lumières;* mais rien ne les rappelle dans *le Rat qui s'est retiré du monde*, sauf peut-être quelques mots du début; la Fontaine avait pu garder quelque impression de ce passage : « Le lieu de ma naissance et de ma demeure étoit en une des villes des Indes nommée Marout, dans laquelle j'avois choisi un lieu retiré du bruit et du tracas du monde, pour vivre sans inquiétude, en la compagnie de quelques Rats qui avoient pris la même résolution que moi. » Robert (tome II, p. 71) cite, avec plus d'à-propos, une fable de Nicolas de Pergame (dans le 75e dialogue) intitulée : *de Carduello in cavea*. C'est en effet un sujet fort analogue, avec d'autres personnages. Un Chardonneret bien nourri dans la cage d'un homme riche se souciait fort peu de ceux qui mouraient de faim. En temps de famine, un grand nombre d'oiseaux pauvres, et ne trouvant rien à manger par suite du froid, viennent à lui, et lui demandent l'aumône (*eleemosynam petentes*); le Chardonneret ne leur donne rien, que des écorces. On peut néanmoins douter que le *Dialogue des créatures*[1] de Nicolas de Pergame ait été connu de la Fontaine, bien qu'on ait signalé un assez grand nombre d'éditions du texte, et trois traductions françaises[2].

Une copie de cette fable se trouve dans les manuscrits de Trallage (Bibliothèque de l'Arsenal, ms. 6541, numéro 80, au verso du

---

1. *Dialogus creaturarum moralizatus*, Goudæ, 1482, in-4°.
2. Voyez Éd. du Méril, p. 152, note 3.

feuillet 177, et au recto du feuillet 178); elle vient à la suite des *deux Amys* (livre VIII, fable xi), et porte pour titre : *Allégorie ; le Rat qui s'est retiré du monde*. A la fin, se lit cette mention, écrite de la même main que le corps de la fable : *Mai* 1675. — C'est une de celles que Fénelon a fait traduire, en latin, au duc de Bourgogne ; on a le corrigé de ce thème ; il a pour titre *Mus eremita* (13⁰ des Fables latines, tome XIX des *OEuvres*, p. 486-487).

M. Taine (p. 126 et 127) retrouve dans le Rat de la Fontaine « un de ces ermites dont parle Jean de Meung, un arrière-petit-fils de Faux-Semblant » du *Roman de la Rose*. — Saint-Marc Girardin, dans sa xvi⁰ leçon (tome II, p. 65-67), cite cette fable, après plusieurs autres, pour prouver que « la Fontaine, dans ses censures, n'épargne aucune classe, aucun rang, ni la royauté, ni la noblesse, ni le clergé ; il ne fait pas grâce à la civilisation, quand elle est corrompue, et sur ce point il a raison. Mais il n'épargne pas plus les hommes en particulier que la société en général, et c'est par là qu'il n'est pas révolutionnaire. » — « L'auteur de *Tartuffe* dut être bien content³ de cette petite fable, dit Chamfort. C'est vraiment un chef-d'œuvre. Un goût sévère n'en effacerait qu'un seul mot, c'est celui d'*argent* dans le récit du voyage des députés. Il fallait un terme plus général, celui de provisions, par exemple. » La critique est étonnante. Dans une ville bloquée, les provisions n'abondent pas ; on n'en donne pas à ceux qui partent ; pour un long voyage, c'est d'argent qu'on se munit afin de s'en procurer au fur et à mesure.

Les Levantins⁴ en leur légende⁵
Disent qu'un certain Rat, las des soins d'ici-bas,

3. Il faut dire « eût été bien content » : Molière était mort en 1673, et cette fable, si nous en croyons la date probable marquée sur la copie citée plus haut, ne fut composée qu'en 1675.

4. Expression fort usitée autrefois, beaucoup moins aujourd'hui, pour désigner les peuples de l'Orient ou, comme nous disons toujours, du Levant. Voyez ci-dessus, p. 82, note 8, une citation de la préface du *Livre des lumières*.

5. *La Légende* se dit ordinairement du recueil des traditions ou des récits sur la vie des saints ; en ce sens, c'est un mot particulier au christianisme. Plus d'une légende n'était, comme dit l'abbé Guillon, qu' « un recueil de fables pieuses, d'anecdotes monaca-

Dans un fromage de Hollande⁶
Se retira loin du tracas⁷.
La solitude étoit profonde,
S'étendant partout à la ronde.
Notre ermite nouveau subsistoit là dedans.
Il fit tant, de pieds et de dents,
Qu'en peu de jours il eut au fond de l'ermitage
Le vivre et le couvert : que faut-il davantage ?
Il devint gros et gras⁸ : Dieu prodigue ses biens
A ceux qui font vœu d'être siens.
Un jour, au dévot personnage
Des députés du peuple rat
S'en vinrent demander quelque aumône légère :
Ils alloient en terre étrangère
Chercher quelque secours contre le peuple chat;
Ratopolis⁹ étoit bloquée :
On les avoit contraints de partir sans argent,
Attendu l'état indigent
De la république¹⁰ attaquée.

les. » Rabelais parle (chapitre XXVIII du tiers livre, tome II, p. 141) de « la legende des preudes femmes. » Nous rencontrerons aussi plus d'une fois le mot dans les *Contes* de notre auteur.

6. Le fromage « de Hollande » est comique avec le lointain de lieu et de temps où nous placent les mots *Levantins* et *légende*. Non moins plaisante, à la suite, « la solitude profonde..., à la ronde, » dans ledit rond fromage.

7. « Remarquez ces expressions qui appartiennent à la langue dévote. C'est ainsi que Molière met tous les termes de la mysticité dans la bouche de Tartuffe. » (CHAMFORT.)

8.   Il se porte à merveille,
   Gros et gras, le teint frais, et la bouche vermeille.
       (MOLIÈRE, *le Tartuffe*, 1664, acte I, scène IV, vers 233-234.)

9. *Ratopolis*, ville capitale des Rats, auxquels le poëte a donné ailleurs un roi nommé *Ratapon* (livre IV, fable VI, vers 11).

10. Au sens ancien du mot, l'État, monarchie ou république, au gré du lecteur.

Ils demandoient fort peu, certains que le secours
    Seroit prêt dans quatre ou cinq jours[11].
        « Mes amis, dit le Solitaire,
Les choses d'ici-bas ne me regardent plus[12] :   25
    En quoi peut un pauvre reclus
    Vous assister? que peut-il faire
Que de prier le Ciel qu'il vous aide en ceci?
J'espère qu'il aura de vous quelque souci. »
    Ayant parlé de cette sorte,   30
    Le nouveau saint ferma sa porte.

    Qui désignai-je, à votre avis,
    Par ce Rat si peu secourable?
    Un moine? Non, mais un dervis[13] :
Je suppose qu'un moine est toujours charitable[14].   35

11. Le discours est complet, il est pressant, il contient tous les motifs qui peuvent toucher le cœur d'un bon Rat : l'intérêt de la patrie, le besoin de l'État, l'exiguïté de l'aumône demandée; et, par-dessus tout, on sent dans chaque parole l'humilité de ceux qui sollicitent.

12. Tous les biens de ce monde ont pour moi peu d'appas.
    (*Le Tartuffe*, acte IV, scène 1, vers 1239.)

13. Ou plutôt *derviche*, qui est la vraie prononciation en persan et en turc. On appelle ainsi, chez les Musulmans, des dévots réunis en communautés et qui font vœu de pauvreté. Leur nom est synonyme de *mendiants;* il vient de *der*, « porte », et signifie littéralement : « qui se rassemblent aux portes ou vont de porte en porte. »

14. « C'est pour cela, dit Chamfort, qu'il a mis la scène dans le Levant. Que de malice dans la prétendue bonhomie de ce vers! »

FABLES IV ET V.

LE HÉRON. — LA FILLE[1].

FABLE IV. — La Fontaine a pu prendre l'idée de sa fable dans l'une ou l'autre de celles que nous allons mentionner; mais c'est à lui que paraît appartenir le choix qu'il a fait du Héron pour personnage, et par conséquent l'invention de toutes les circonstances du récit. Robert indique, comme objet de comparaison, l'apologue 224 d'Ésope, Λέων καὶ Λαγωός (Coray, p. 147 et p. 376; *Mythologia æsopica Neveleti*, p. 270), où le Lion dédaigne un Lièvre endormi à portée de sa patte, pour courir après un Cerf, qu'il ne peut atteindre; peut-être en effet cet apologue se rapproche-t-il plus du *Héron* que de la fable intitulée : *le Chien qui lâche sa proie pour l'ombre* (livre VI, fable XVII). — Robert cite encore chez Abstemius (n° 39, *de Aucupe et Fringilla*, p. 550 de Nevelet), et chez Haudent (n° 98 de la 2ᵉ partie, *d'un Oyseleur et d'une Berée*), la fille de l'Oiseleur qui, négligeant toutes les petites occasions dans l'espoir d'une plus belle, attendant d'heure en heure qu'une bande un peu nombreuse vienne se laisser prendre d'un seul coup, et, se décidant enfin, le soir venu, à faire tomber ses rets, n'y trouve pris qu'un seul oiseau, une berée (*fringilla*, « pinson »). — Enfin l'abbé Guillon, au sujet de cette fable et de la suivante, analyse ainsi, dans sa première édition (an XI, 1803), une des fables ésopiques de Camerarius, *Gulæ deditus* (Leipsick, 1544, p. 263), qui est bien, mais toujours dans une action différente, le développement de la moralité même de la Fontaine : « Un gourmand, en voya-

---

1. Dans les éditions originales, ces deux titres sont réunis sous le numéro IV; ce qui fait que le livre entier n'a que dix-sept fables, au lieu de dix-huit. Nous joignons de même, selon notre coutume, les deux titres (voyez ci-dessus, p. 1, note 1) pour bien marquer l'intention du poëte, intention qui se voit ici jusque dans les détails de la composition, comme le montrent la note 10 de la fable IV et les notes 2, 6 et 15 de la suivante. Seulement, ainsi que nous avons fait dans les cas semblables, nous donnons à chacune des deux fables un numéro distinct.

geant, rencontre une poire ; il avait soif : est-ce là un rafraîchissement bon pour un gosier altéré ? et il passe outre ; puis un ruisseau formé par les eaux d'un torrent : cette eau est trop limoneuse, il la dédaigne. La faim, la soif le pressent à la fois ; il revient sur ses pas : le ruisseau avait tari ; la poire avait disparu, et avec elle le dîner du gourmand. » Cet apologue a été versifié par Haudent sous le titre : *d'un Saoulart et des Poyres*; c'est le 105ᵉ de sa 2ᵉ partie. — Le même sujet a été traité par Boursault (dans l'acte I, scène IV, de son *Ésope à la Cour*, joué pour la première fois à la fin de 1701), sous ce titre : *le Héron et les Poissons*. — Parmi les *Chansons choisies de Coulanges* (Paris, 1754, in-12), il s'en trouve une intitulée : *le Héron, fable de la Fontaine* (p. 64 et 65), et une autre (p. 66) où le sujet de cette fable et celui de la suivante sont réunis : *le Héron et la Fille*. Toutes deux sont d'une rare faiblesse.

Un jour, sur ses longs pieds, alloit, je ne sais où,
Le Héron au long bec emmanché d'un long cou².
    Il côtoyoit une rivière.
L'onde étoit transparente ainsi qu'aux plus beaux jours ;
Ma commère la Carpe y faisoit mille tours   5
    Avec le Brochet son compère³.

2. Voltaire (voyez le *Catalogue.... des écrivains*, en tête du *Siècle de Louis XIV*, édition Beuchot, tome XIX des *OEuvres*, p. 129) a rangé ces deux vers parmi ceux où il voit des *négligences*, des *puérilités*. « .... Il me semble, dit Chamfort, qu'ils ne sont que familiers ; qu'ils mettent la chose sous les yeux, et que ce mot *long* répété trois fois exprime merveilleusement la conformation extraordinaire du Héron. »

3. Ces mots, *ma commère la Carpe, le Brochet son compère*, pouvaient faire souvenir quelques lecteurs de la fameuse lettre de *la Carpe au Brochet*, écrite en 1643 par Voiture au duc d'Enghien (édition Ubicini, tome I, p. 401), bien qu'ici évidemment il n'y soit fait aucune allusion. Comparez les deux premiers vers de la fable XVIII du livre I (où aurait dû trouver place la note que nous mettons ici) et le vers 25 de la fable XI du livre IV. Ils nous offrent, avec de légères nuances d'acception, ces mêmes mots, transportés plaisamment, par notre auteur, des hommes aux bêtes, comme tant d'autres termes du langage populaire et bourgeois.

Le Héron en eût fait aisément son profit[4] :
Tous approchoient du bord; l'oiseau n'avoit qu'à prendre.
  Mais il crut mieux faire d'attendre
  Qu'il eût un peu plus d'appétit :
Il vivoit de régime, et mangeoit à ses heures[5].
Après quelques moments, l'appétit vint : l'Oiseau[6],
  S'approchant du bord, vit sur l'eau
Des tanches qui sortoient du fond de ces demeures[7].
Le mets ne lui plut pas; il s'attendoit à mieux,
  Et montroit un goût dédaigneux,
  Comme le Rat du bon Horace[8].
« Moi, des tanches! dit-il, moi, Héron, que je fasse

 4. Le galand en eût fait volontiers un repas.
     (Livre III, fable xi, vers 5.)

 5. « Il (Papegaut) ne chante.... qu'à ses heures, et ne mange qu'à ses heures. » (RABELAIS, livre V, chapitre viii, tome III, p. 36.)

 6. « A l'occasion de ce mot, l'*Oiseau*, qui finit le vers 12, et qui recommence une autre phrase, je ferai quelques remarques, que j'ai omises jusqu'à présent, sur la versification de la Fontaine. Nul poëte n'a autant varié la sienne par la césure et le repos de ses vers, par la manière dont il entremêle les grands et les petits, par celle dont il croise ses rimes. Rien ne contribue autant à sauver la poésie française de l'espèce de monotonie qu'on lui reproche. Le genre dans lequel la Fontaine a écrit est celui qui se prêtait le plus à cette variété de mesure, de rimes et de vers; mais il faut convenir qu'il a été merveilleusement aidé par son génie, par la finesse de son goût, et par la délicatesse de son oreille. » (CHAMFORT.)

 7. « Cela commence à sentir la bourbe, » dit l'abbé Guillon.

 8. Allusion à ce vers d'Horace (livre II, satire vi, vers 87), qui peint le dédain du Rat de ville :

  ....*Tangentis male singula dente superbo*,

 Jetant sur tout à peine une dent dédaigneuse,

comme traduit André Chénier, dans son imitation d'Horace, dont nous regrettons que la mention ait été omise dans la notice de la fable ix du livre I.

Une si pauvre chère? Et pour qui me prend-on⁹? »
La tanche rebutée, il trouva du goujon. 20
« Du goujon! c'est bien là le dîner d'un Héron!
J'ouvrirois pour si peu le bec! aux Dieux ne plaise! »
Il l'ouvrit pour bien moins : tout alla de façon
    Qu'il ne vit plus aucun poisson.
La faim le prit : il fut tout heureux et tout aise 25
    De rencontrer un limaçon¹⁰.

    Ne soyons pas si difficiles :
Les plus accommodants, ce sont les plus habiles;
On hasarde de perdre en voulant trop gagner¹¹.
    Gardez-vous de rien dédaigner, 30
Surtout quand vous avez à peu près votre compte¹².
Bien des gens y sont pris. Ce n'est pas aux hérons
Que je parle; écoutez, humains, un autre conte :
Vous verrez que chez vous j'ai puisé ces leçons.

9. « Un homme de qualité déroge, dit ici M. Taine (p. 118), quand il fait mauvaise chère. »

10. « On n'a jamais remarqué que ces deux vers jouaient d'une manière piquante avec ceux qui terminent l'histoire de *la Fille*, qui n'est.... que la fable du *Héron* transportée au sens propre :

    Se trouvant à la fin tout aise et tout heureuse
        De rencontrer un malotru.

Il est cependant certain que la Fontaine n'a pas amené cette espèce de refrain sans intention. Les ballades anciennes dont il aimait la lecture ont pu lui en fournir l'idée. » (NODIER.)

11. L'avarice perd tout en voulant tout gagner.
            (Livre V, fable XIII, vers 1.)

12. Ce mot, qui, même en ce sens, a souvent la forme *conte* dans les anciens textes, est bien écrit *compte* dans les deux de 1678 et dans ceux de 1708 et de 1729, quoiqu'il rime avec *conte*[a], et peut-être pour cela même, pour mieux marquer la différence d'acception. Voyez ci-dessus, p. 4 et note 12; là et ici (au vers 31) il y a *conte* dans l'édition de 1682, et *compte* dans celle de 1688.

[a] Mot de même origine, mais d'autre sens : voyez Littré, COMPTER et CONTER.

FABLE V. — Comme l'indique Robert, le sujet de cette fable a pu être suggéré à la Fontaine par la xviie épigramme du livre V de Martial :

> Dum proavos atavosque refers, et nomina magna,
> Dum tibi noster eques sordida conditio est,
> Dum te posse negas nisi lato, Gellia, clavo
> Nubere, nupsisti, Gellia, cistifero[1].

— D'Olivet, dans l'*Histoire de l'Académie*, cite (tome II, p. 141, note 1, édition de M. Livet), sur le même sujet, ces jolis vers de Conrart, qui n'avaient pas été publiés, mais que notre poëte a pu connaître :

> Au-dessous de vingt ans, la fille, en priant Dieu,
> Dit : « Donne-moi, Seigneur, un mari de bon lieu,
> Qui soit doux, opulent, libéral, agréable. »
> A vingt-cinq ans : « Seigneur, un qui soit supportable,
> Ou qui parmi le monde au moins puisse passer. »
> Enfin, quand par les ans elle se voit presser,
> Qu'elle se voit vieillir, qu'elle approche de trente :
> « Un tel qu'il te plaira, Seigneur, je m'en contente. »

— Cette fable a été mise en chanson, comme la précédente, par Coulanges, sous ce titre : *la Fille* (p. 65 et 66); voyez la fin de la notice de la fable iv. — Le Noble fait précéder son conte LXVIII, intitulé *du Pécheur et du petit Poisson* (tome II, p. 80 et 81), de quelques conseils aux filles qui rappellent le sujet ici traité.

Nodier, dans ses notes, fait remarquer la parfaite symétrie qui existe entre les fables iv et v, dans la conclusion comme dans les détails de la composition : voyez plus haut, p. 110 et 113, les notes 1 et 10 de la fable iv, et ci-après, les notes 2, 6 et 15 de celle-ci. — Saint-Marc Girardin (xvie leçon, tome II, p. 87) fait cette réflexion, qui s'adresse aux deux sexes : « Eh ! dira-t-on, si les filles sont sages de ne pas trop attendre pour se marier, pourquoi les hommes souvent attendent-ils tant? Ou pourquoi, quand ils se sont pressés de se marier, comme avait fait la Fontaine, ont-ils l'air de s'en repentir pendant toute leur vie, comme la Fontaine encore? Est-ce par hasard qu'il y a moins de chances pour les hommes que pour les femmes d'être bien mariés? Je ne sais ; mais

1. Mot de sens douteux, paraissant désigner un prêtre de bas étage.

la Fontaine ne néglige aucune occasion d'attaquer le mariage. La femme, fille ou veuve, a bien des travers; après tout cependant, la Fontaine leur est volontiers indulgent. Mais pour la femme mariée, il est impitoyable. Le mariage a l'air d'aggraver à l'instant pour lui tous les défauts de la femme. »

  Certaine Fille, un peu trop fière,
  Prétendoit trouver un mari
Jeune, bien fait et beau, d'agréable manière,
Point froid et point jaloux : notez ces deux points-ci.
  Cette Fille vouloit aussi   5
  Qu'il eût du bien, de la naissance,
De l'esprit, enfin tout. Mais qui peut tout avoir?
Le Destin se montra soigneux de la pourvoir :
  Il vint des partis d'importance.
La belle les trouva trop chétifs de moitié : 10
« Quoi? moi[2]! quoi? ces gens-là! l'on radote, je pense.
A moi les proposer! hélas! ils font pitié :
  Voyez un peu la belle espèce[3]! »
L'un n'avoit en l'esprit nulle délicatesse;
L'autre avoit le nez fait de cette façon-là : 15
  C'étoit ceci, c'étoit cela;
  C'étoit tout, car les précieuses
  Font dessus tout[4] les dédaigneuses[5].
Après les bons partis, les médiocres gens
  Vinrent se mettre sur les rangs[6]. 20
Elle de se moquer. « Ah! vraiment je suis bonne

 2. C'est le même mouvement que dans la fable IV; la Fille ajoute : *L'on radote, je pense*, comme le Héron : *Et pour qui me prend-on?*
 3. Voyez, p. 97, la fable I de ce livre VII, vers 36.
 4. M. A. Darmesteter (*Revue critique* du 9 mars 1878, p. 163) veut que *dessus* signifie ici « par-dessus ». Le sens de *sur*, « sur tout, sur toutes choses, » nous paraît commandé par ce qui précède : « C'étoit ceci, c'étoit cela; C'étoit tout ».
 5. Comparez la scène IV des *Précieuses ridicules* de Molière (1659).
 6. Rapprochez ces vers des vers 12-14 de la fable IV.

De leur ouvrir la porte! Ils pensent que je suis
  Fort en peine de ma personne :
  Grâce à Dieu, je passe les nuits
  Sans chagrin, quoique en solitude⁷. » 25
La belle se sut gré de tous ces sentiments⁸;
L'âge la fit déchoir : adieu tous les amants.
Un an se passe, et deux, avec inquiétude;
Le chagrin vient ensuite; elle sent chaque jour
Déloger quelques Ris⁹, quelques Jeux, puis l'Amour¹⁰;
  Puis ses traits choquer et déplaire;
Puis cent sortes de fards. Ses soins ne purent faire

7. « Pourquoi donc le dit-elle ? Pourquoi y pense-t-elle ? La Fontaine nous le dit plus bas (vers 40) :

Le desir peut loger chez une précieuse.

Quelle finesse dans cette peinture du cœur ! » (CHAMFORT.) — Dans un passage de Corneille, corrigé, il est vrai, plus tard, la suivante Amarante, se désolant de rester fille, dit tout crûment :

Qu'au misérable état où je me vois réduite,
J'aurai bien à passer encor de tristes nuits!

(*La Suivante*, acte V, scène IX, variante des premières éditions, des vers 1689 et 1690, tome II des *OEuvres*, p. 213 et note 5.)

8. Ses sentiments. (1688, 1708.) — 9. Quelque Ris. (1688, 1729.)
10. Solvet cite ici, à propos, ces vers de la comédie de *Clymène* où notre poëte a exprimé la même pensée avec tant de grâce :

.... Vous n'aurez pas toujours
Ce qui vous rend si fière et si fort redoutée :
Charon vous passera sans passer les Amours;
Devant ce temps-là même ils vous auront quittée.

(Édition de M. Marty-Laveaux*ᵃ*, tome IV, p. 139.)

Nodier, nous l'avons dit plus haut, p. 75, rapproche de cette image de la fuite, du déclin, l'élégante peinture du retour de la jeunesse et de l'espoir, dans *la Jeune Veuve* (livre VI, fable XXI, vers 40-42) :

Toute la bande des Amours
Revient au colombier; les Jeux, les Ris, la danse
Ont aussi leur tour à la fin.

ᵃ Où nous corrigeons, au troisième vers, *nous* en *vous*, leçon de l'original de 1671.

Qu'elle échappât au temps, cet insigne larron [11].
  Les ruines d'une maison
Se peuvent réparer : que n'est cet avantage
  Pour les ruines du visage [12]?
Sa préciosité [13] changea lors de langage [14].

11. Horace (livre II, épître II, vers 55 et 56) développe ainsi l'idée contenue dans ce nom :

Singula de nobis anni prædantur euntes :
Eripuere jocos, venerem, convivia, ludum.

12. Racine dira dans *Athalie* (1691, acte II, scène v, vers 494-496) :
Même elle avoit encor cet éclat emprunté
Dont elle eut soin de peindre et d'orner son visage,
Pour réparer des ans l'irréparable outrage.

— Chez la Bruyère, nous trouvons, comme ici, le mot de *ruine* : « Il a le visage décharné, le teint verdâtre, et qui menace ruine. » (*De l'Homme*, tome II, p. 59, § 124.) — Ce passage de *Psyché* (livre II, tome III, p. 125, de l'édition de M. Marty-Laveaux) rappelle également l'image d'un monument délabré : « Cette puînée étant de deux ans plus jeune,... le rétablissement de ses charmes n'étoit pas une affaire de si longue haleine.... L'autre (*l'aînée des sœurs*) avoit des réparations à faire de tous les côtés. » — Figure analogue aussi chez Saint-Simon, qui dit de Mme de Montauban : « Avec du noir, du blanc, du rouge et je ne sais combien d'autres soutiens de décrépitude. » (*Addition à Dangeau*, tome X, p. 145.)

13. Chamfort croit que *préciosité* pourrait bien être de l'invention de la Fontaine. C'est une erreur : « Ce mot, dit Boissonade dans une lettre insérée au *Mercure* du 30 messidor an V, et citée par Solvet, n'était alors ni tout à fait nouveau, ni de l'invention de la Fontaine.... Il se trouvait dans la seconde partie des *Observations de Ménage sur la langue françoise*, volume publié dès 1676...; même il y est employé trois à quatre fois, à l'égard du P. Bouhours, pour lui reprocher son purisme affecté : voyez les pages 210, 448 et 458.... » Mme de Sévigné en avait fait un joli emploi dans une lettre du 21 octobre 1671 (tome II, p. 393). Il ne semble pas, du reste, qu'il faille voir ici, avec Aimé-Martin et Geruzez, un « titre comique que la Fontaine donne à une précieuse, comme on donne aux princes ceux de Son Altesse, Sa Grandeur; » l'expression peut bien naturellement s'entendre ainsi : son humeur jusque-là si dédaigneuse changea lors de langage.

14. Tout le rôle d'Armande, dans *les Femmes savantes*, est comme

Son miroir lui disoit : « Prenez vite un mari. »
Je ne sais quel desir le lui disoit aussi :
Le desir peut loger chez une précieuse. 40
Celle-ci fit un choix qu'on n'auroit jamais cru,
Se trouvant à la fin tout aise et tout heureuse [15]
    De rencontrer un malotru [16].

un développement de ce vers : voyez particulièrement la scène 11 du IVe acte.

15. Ici encore, il y a bien, comme nous écririons nous-mêmes, deux fois *tout*, et non *toute*, dans les éditions originales.

16. Ce mot se trouve au vers 373 de la satire x de Regnier, et antérieurement, au moins deux fois, dans Rabelais : au chapitre xxv de *Gargantua*, tome I, p. 98, et au livre V de *Pantagruel*, chapitre xii, tome III, p. 50. — Littré traduit ici *malotru* par « personne maussade et mal bâtie, » et cite plusieurs exemples du sens ancien d' « incommodé en sa personne, chétif, infirme, » sens que lui donne encore, en 1676, Mme de Sévigné (tome IV, p. 536); il dit, en outre, qu'il y avait deux vieilles formes, l'une française, *malestrut* (du latin *male instructus*), l'autre provençale, *mal astrug* (de *male* et *astrum*), et qu'elles se sont confondues dans l'acception actuelle de *malotru*. — Cette fin a déjà été comparée plus haut (p. 113, note 10) à celle de la fable précédente. Solvet en rapproche cette phrase de *Psyché* (livre I, tome III, p. 31) : « Je ne veux pas dire que cette belle.... fût de l'humeur de beaucoup de filles, qui aiment mieux avoir un méchant mari que de n'en avoir point du tout. »

FABLE VI[1].

LES SOUHAITS.

La source de cette fable paraît bien être l'un des contes des *Paraboles de Sendabar*. Ce roman hébreu et le roman grec de *Syntipas* ont reproduit plus ou moins directement un original indien, *le Livre de Sindbad*, aujourd'hui probablement perdu[2]. Le *Syntipas* n'a été imprimé que dans notre siècle[3], et il est à peu près certain qu'il n'a pu être connu de la Fontaine. Le texte hébreu des *Paraboles de Sendabar*, au contraire, avait été quatre fois imprimé à Constantinople et à Venise (la dernière en 1605); il n'était certainement pas lettre close à Paris; on sait même que Gaulmin en avait fait une traduction latine, et, bien qu'elle soit restée inédite[4], quelque copie avait pu être communiquée au fabuliste; on peut croire que la lec-

1. Dans les deux textes de 1678, cette fable est numérotée v, et les suivantes vi, vii, viii, etc., parce que les fables iv et v y sont réunies sous un seul numéro, iv. Voyez la note 1 de la fable iv.
2. Voyez la seconde partie (*Sendabad*, p. 80 et suivantes) de l'*Essai sur les fables indiennes* de Loiseleur Deslongchamps; Benfey, tome I, p. 38 et suivantes; et la *Notice* de M. Mesnard sur *George Dandin*, dans les *OEuvres de Molière*, tome VI, p. 482 et 483. Il y a au Ve livre du *Pantschatantra* un conte (le viiie, tome II, p. 341, de Benfey) dont semble être sorti, par exagération, celui des *Paraboles* et du *Syntipas*: voyez encore Loiseleur Deslongchamps, p. 54 et 55, et Benfey, tome I, p. 496.
3. La première édition, d'après deux manuscrits de la Bibliothèque nationale, en grec ancien, a été donnée par Boissonade en 1828: *de Syntipa et Cyri filio Andreopuli narratio*. Une version en grec vulgaire avait été publiée à Venise en 1805.
4. Un exemplaire de l'édition de Venise 1605, dit Loiseleur Deslongchamps (p. 82, note 2), « ayant autrefois appartenu à Gaulmin, et chargé de notes de son écriture, se trouve aujourd'hui dans la Bibliothèque royale.... Il existe aussi dans le même établissement un manuscrit des *Paraboles de Sendabar*[a], venant également de

[a] C'est l'ancien n° 510, le n° actuel 1282 du fonds hébreu de la Bibliothèque nationale.

ture du *Livre des lumières*, qu'il avait si bien su mettre à profit, lui avait donné quelque curiosité pour les autres histoires orientales. Voici le commencement du conte hébreu des *Trois Souhaits*, tel que l'a fidèlement traduit de nos jours M. E. Carmoly[5] : il contient la donnée principale et a même avec le début de la Fontaine un trait de ressemblance assez frappant : « Il y avait un homme auprès duquel était un Démon. Aussi longtemps que ce Démon habitait en lui, tous ceux qui avaient perdu quelque chose, ou qui possédaient quelque objet chéri en pays lointain, venaient le consulter, et le Démon leur faisait voir tout ce qu'ils demandaient. Pendant vingt ans, ce Démon posséda notre homme, et l'homme vivait par ce moyen richement. Or, un jour, le Démon lui dit : « Le roi des « Démons m'a ordonné d'aller dans une autre contrée, et je ne « reviendrai plus chez toi; c'est pourquoi je veux t'apprendre « comment, au moyen de trois formules, tu pourras obtenir de « ton dieu l'accomplissement de trois souhaits que tu formeras : « tout ce que tu désireras, il te l'accordera. » Et il lui apprit les trois formules. » Le Démon des *Paraboles* est d'une autre nature que le Follet de la fable française; il s'est logé dans le corps de l'homme, qu'il enrichit; puis, cela fait, il part et s'emploie à un autre service[6]; mais son zèle et sa *largesse* au départ sont les mêmes; il faut remarquer l'ordre de son roi qui l'appelle dans une autre contrée : ce détail n'est pas dans le récit, d'ailleurs presque identique, du *Syntipas*[7]; il se retrouve dans celui de la

Gaulmin.... Gaulmin avait fait une traduction latine des *Paraboles*.... Groddeckius, qui connaissait ce travail, avait annoncé l'intention de le publier, ce qui n'a pas eu lieu. »

5. *Paraboles de Sendabar sur les ruses des femmes*, traduites de l'hébreu.... par E. Carmoly, P. Jannet, 1849, p. 123. « Je me suis proposé avant tout, dit le traducteur à la fin de sa *Notice historique*, p. 48, de suivre le texte le plus littéralement qu'il m'a été possible. » — La date la plus récente que l'on puisse, d'après Loiseleur Deslongchamps (p. 83), assigner à l'original hébreu est la fin du douzième siècle.

6. Le rôle du Follet de la Fontaine, qui n'a rien de la malice de la fée Mab de Shakespeare, rappelle surtout celui des *Petits hommes* (*Männlein*, *Männchen*) de certaines traditions allemandes : voyez, par exemple, le n° 39 des *Contes* des frères Grimm, 1er récit.

7. Voyez p. 84 et 85 du texte de Boissonade. — Il existe encore du roman primitif, sous le titre d'*Histoire.... des sept vizirs*,

Fontaine. La suite de l'histoire dans les deux romans hébreu et grec (et aussi dans l'imitation arabe qu'indique notre note 7) se refuse à l'analyse⁸ ; les souhaits sont du grotesque le plus éhonté et le plus absurde, dont s'est cependant encore accommodé (malgré la substitution, pour les singuliers prestiges à opérer, d'un saint à un démon) l'auteur du vieux fabliau intitulé *les Quatre Souhaits saint Martin*⁹. Pour remplir le cadre analogue de sa fable 24, *dou Vilain qui prist un Folet*, Marie de France (tome II, p. 140-142)¹⁰ a imaginé d'autres joyeusetés, qui sont, il est vrai, plus acceptables, mais des plus communes. La Fontaine, dans son élégante composition, a singulièrement relevé le sujet. Tout son récit lui appartient bien en propre. Quant à ce qui en fait le fond moral, la leçon, le conseil qui en sort, Rabelais l'avait développé en des pages pleines de verve, dont on ne peut guère douter que notre poëte se soit inspiré. Cette idée de la nécessité imposée aux hommes de borner leurs désirs, et du ridicule, de la folie des vœux où la plupart se laissent aller, remplit presque à elle seule

---

une imitation arabe qui contient également *les Trois Souhaits;* nous n'en avons pu voir ni la traduction anglaise, ni la traduction allemande mentionnées par Loiseleur Deslongchamps (p. 82, note 1, et p. 132, note 1); le texte d'ailleurs n'a été apporté qu'assez récemment en Europe. La célèbre *Historia septem sapientum Romæ*, qui dérive des *Paraboles de Sendabar*, ne renferme pas ce conte.

8. Voyez Loiseleur Deslongchamps, p. 114.

9. Voyez le recueil de Barbazan, édition de Méon, 1808, tome IV, p. 386-392.

10. Elle est en prose moderne dans Legrand d'Aussy (1829, tome IV, p. 385 et 386), et se trouve racontée tout à fait de même, en vers bas allemands, dans le *Niederdeutscher Æsopus*, publié en 1870, d'après un manuscrit du quinzième siècle, par M. Hoffmann de Fallersleben (n° 18, p. 63). Le Follet, guetté et attrapé par le Vilain, rachète sa liberté en accordant d'avance trois souhaits; la femme du Vilain, par niaiserie, le Vilain, par dépit contre sa femme, réalisent, on ne peut plus mal à propos, les deux premiers, et le troisième souhait se dépense en pure perte, c'est-à-dire à réparer la sottise des deux autres. Cette fable a certainement suggéré à Perrault son conte en vers des *Souhaits ridicules* (1694 : voyez l'édition de M. André Lefèvre, p. 71-77); on en peut rapprocher la IIIe de l'*Appendice Perotti* aux fables de Phèdre, *Mercure et les deux Femmes* (édition Lemaire, tome II, p. 504).

tout le Prologue du quart livre, auquel la Fontaine avait déjà emprunté la fable du *Bucheron et Mercure* (la 1re du livre V). Nous croyons devoir en citer deux passages essentiels (tome II, p. 256; p. 267 et 268) : « I'ay cestuy espoir en Dieu qu'il.... accomplira cestuy nostre soubhayt, attendu qu'il est mediocre. Mediocrité a esté par les saiges anciens dicte auree[11], c'est à dire precieuse, de tous louee, en tous endroictz agreable. Discourez par (*parcourez*) les sacres bibles : vous trouuerez que de ceulx les prieres n'ont iamais esté esconduites, qui ont mediocrité requis.... » — « Voyla que c'est (*cette conclusion vient après l'histoire de la Cognée*). Voyla qu'aduient à ceulx qui en simplicité soubhaitent et optent choses mediocres. Prenez y tous exemple.... Soubhaitez doncques mediocrité : elle vous aduiendra, et encores mieulx, deument ce pendent labourans et trauaillans. »

Ce sujet, de souhaits dont une faveur des Dieux ou des saints a promis l'accomplissement, a donné naissance à tout un cycle d'histoires sérieuses ou comiques, répandues tant en Orient qu'en Occident, dont on peut voir quelques-unes des plus intéressantes, ainsi que l'indication des autres, dans le commentaire que les frères Grimm ont donné du n° 87 de leurs *Contes, le Pauvre et le Riche* (3e édition du tome III, 1856, p. 146-152), et au tome I de Benfey, p. 495-499; voyez aussi la notice de *Philémon et Baucis*.

Il est au Mogol[12] des follets[13]
Qui font office de valets,
Tiennent la maison propre, ont soin de l'équipage[14],

11. Voyez les vers d'Horace cités ci-après, p. 125, note 26.
12. *Mogol*, qui est ici nom de contrée, désigne ordinairement le souverain de la vaste région de l'Asie, conquise par les Mongols ou Mogols, qu'on appelait *Empire du grand Mogol*, et qui, dans sa partie indienne, avait pour capitale Delhi. C'est à cet empire, et à cette partie indienne (voyez aux vers 6 et 25), que le fabuliste applique le mot. Les conteurs orientaux faisaient volontiers de ce monde lointain un théâtre de merveilles, et nos conteurs les ont imités.
13. « On appelle.... *Esprit follet*, ou simplement *un follet*, une sorte de lutin qu'on dit qui se divertit sans faire de mal. » (*Dictionnaire de l'Académie*, à l'article FOLLET, 1694.)
14. *Équipage* pourrait, à la rigueur, se prendre ici au sens res-

LIVRE VII.

Et quelquefois du jardinage[15].
Si vous touchez à leur ouvrage,
Vous gâtez tout. Un d'eux près du Gange autrefois
Cultivoit le jardin d'un assez bon bourgeois.
Il travailloit sans bruit, avoit beaucoup d'adresse,
 Aimoit le maître et la maîtresse,
Et le jardin surtout. Dieu sait si les Zéphirs,
Peuple ami du Démon[16], l'assistoient dans sa tâche !
Le Follet, de sa part, travaillant sans relâche,
 Combloit ses hôtes de plaisirs.
 Pour plus de marques de son zèle,
Chez ces gens pour toujours il se fût arrêté,
 Nonobstant la légèreté
 A ses pareils si naturelle ;
 Mais ses confrères les Esprits
Firent tant que le chef de cette république,
 Par caprice ou par politique,

treint de voitures, chevaux et ce qui en dépend, mais paraît signifier plutôt collectivement ce qui compose le train de maison, ce qu'on appelle la maison, domesticité, écurie, meubles, ustensiles, hardes. Nous avons vu ce nom (livre IV, fable VI, vers 51), et le reverrons (livre VIII, fable XV, vers 14), dans le sens de « train en voyage, en route ».

15. La croyance à ces esprits domestiques était autrefois, tout particulièrement dans le nord de l'Allemagne et dans les pays scandinaves, très-répandue, et non pas seulement dans le peuple. Solvet cite le père jésuite Gaspard Schott qui, dans sa *Physica curiosa*, imprimée plusieurs fois (1662, 1667, 1697) vers le temps même où la Fontaine publiait sa fable, raconte sérieusement (livre I, chapitre XXXVIII) « qu'il y avait jadis dans les demeures de beaucoup de gens de petits génies nains qui s'acquittaient de presque tous les offices domestiques, soignaient les chevaux, balayaient la maison, apportaient le bois et l'eau, etc. » Et le P. Schott s'appuie sur de graves autorités du milieu et de la fin du seizième siècle, telles qu'Agricola, del Rio, Olaus Magnus.

16. Au sens grec du mot, ami de ce génie ou esprit, de ce Follet : sympathie naturelle entre ces deux ordres de démons ou génies.

Le changea bientôt de logis.
Ordre lui vient d'aller au fond de la Norvége
　　　Prendre le soin d'une maison
　　　En tout temps couverte de neige;
Et d'Indou qu'il étoit on vous le fait Lapon[17].　25
Avant que de partir, l'Esprit dit à ses hôtes :
　　　« On m'oblige de vous quitter :
　　　Je ne sais pas pour quelles fautes;
Mais enfin il le faut. Je ne puis arrêter[18]
Qu'un temps fort court, un mois, peut-être une semaine :
Employez-la; formez trois souhaits, car je puis
　　　Rendre trois souhaits accomplis,
Trois sans plus. » Souhaiter, ce n'est pas une peine
　　　Étrange et nouvelle aux humains.
Ceux-ci, pour premier vœu, demandent l'abondance; 35
　　　Et l'abondance, à pleines mains,
　　　Verse en leurs coffres la finance[19],
En leurs greniers le blé, dans leurs caves les vins :
Tout en crève[20]. Comment ranger cette chevance[21] ?

17. C'est-à-dire habitant de l'extrémité septentrionale de l'Europe. Au reste, ce qui peu importe ici, l'expression était même juste géographiquement : la Laponie se divisait autrefois en trois parties, dont l'une était la norvégienne ou danoise.

18. Prolonger mon séjour, comme *morari* en latin : comparez fable v du livre III, vers 30; et Molière dans *le Misanthrope* (acte III, scène IV, vers 1031) :

　　Autant qu'il vous plaira vous pouvez arrêter.

19. *Finance* est pris de même pour *argent* dans la fable VI du livre VI, vers 24, et dans la IV° du livre X, vers 2.

20. Virgile a dit de même (*Géorgiques*, livre I, vers 49) :

　Illius immensæ ruperunt horrea messes.

21. Ces biens; de *chevir*, venir à chef, à bout : voyez le *Dictionnaire de Littré*. Nous avons trouvé le mot dans la fable XX du livre IV, vers 15; et il est aussi dans le conte V de la II° partie, vers 359, et le XIII° de la III° partie, vers 415.

Quels registres[22], quels soins, quel temps il leur fallut !
Tous deux[23] sont empêchés si jamais on le fut.
  Les voleurs contre eux complotèrent ;
 Les grands seigneurs leur empruntèrent[24] ;
Le Prince les taxa. Voilà les pauvres gens
  Malheureux par trop de fortune.   45
« Ôtez-nous de ces biens l'affluence importune,
Dirent-ils l'un et l'autre : heureux les indigents !
La pauvreté vaut mieux qu'une telle richesse[25].
Retirez-vous, trésors, fuyez ; et toi, Déesse,
Mère du bon esprit, compagne du repos[26],   50
Ô Médiocrité, reviens vite. » A ces mots
La Médiocrité revient ; on lui fait place ;
  Avec elle ils rentrent en grâce[27],

22. Quelle tenue de registre pour inscrire les comptes !

23. « Le maître et la maîtresse » nommés plus haut, un peu loin il est vrai, au vers 9.

24. « Comme la Fontaine, dit Chamfort, glisse cette circonstance avec une apparente naïveté ! » Voyez un semblable trait de satire, lancé hardiment à la cour de son temps, au début du conte ix de la IIe partie, vers 17 et 18. Ces grands seigneurs rappellent le Dorante du *Bourgeois gentilhomme*. Et Mme de Sévigné ne songeait pas seulement à des aventuriers quand, parlant à Bussy (tome V, p. 459) des onze cent mille écus de dettes dont le cardinal de Retz s'était déjà acquitté, elle ajoutait : « Il n'a reçu cet exemple de personne, et personne ne le suivra. »

25. Pour l'importunité et la lassitude des richesses, tout lecteur, de lui-même, rapprochera de cet endroit la fable II du livre VIII, le célèbre apologue du *Savetier et le Financier*.

26. Addition à la strophe, si connue, d'Horace, et la complétant par deux qualificatifs on ne peut mieux choisis et rendus :

Auream quisquis mediocritatem
Diligit, tutus caret obsoleti
Sordibus tecti, caret invidenda
  Sobrius aula.
  (Livre II, ode x, vers 5-8.)

27. La personnification continue. « Ne dirait-on pas que c'est une souveraine, remarque Chamfort, à la clémence de laquelle il faut

Au bout de deux souhaits étant aussi chanceux[28]
  Qu'ils étoient, et que sont tous ceux   55
Qui souhaitent toujours et perdent en chimères
Le temps qu'ils feroient mieux de mettre à leurs affaires :
  Le Follet en rit avec eux[29].
  Pour profiter de sa largesse[30],
Quand il voulut partir et qu'il fut sur le point[31],   60
  Ils demandèrent la sagesse :
C'est un trésor qui n'embarrasse point[32].

recourir quand on a fait l'imprudence de la quitter pour la Fortune? »

28. *Chanceux*, ironiquement, au même sens que notre auteur donne à cet adjectif avec *peu* dans une lettre à l'abbé Verger du 4 juin 1688 :
    Peu chanceux, et vous et moi.

29. « La Fontaine, au commencement de cette fable, a établi que le Follet était l'ami de ces bonnes gens, et s'intéressait véritablement à eux. Cependant le Follet n'a aucun regret qu'ils aient perdu cette abondance tant désirée. Il en est au contraire fort aise, parce qu'il voit qu'ils seront plus heureux dans la médiocrité. Peut-on rendre la morale plus aimable et plus naturelle? » (CHAMFORT.)

30. De sa générosité, de la promesse qu'il leur avait faite et dont il leur devait l'accomplissement final.

31. Ellipse facile à suppléer à l'aide du premier hémistiche.

32. Exemple à retenir de la figure que la rhétorique nomme litote, et qui atténue l'expression pour fortifier la pensée.

FABLE VII.

LA COUR DU LION.

Phèdre, livre IV, fab. 13, *Leo regnans*. — Romulus, livre III, fab. 20, *même titre*. — Gueroult, à la suite de l'emblème 11 (p. 31-33), *du Lyon, du Regnard, et de la Brebis*. — Jacques Regnier, *Apologi Phædrii*, Ire partie, fab. 33, *Leo, Asinus, Lupus et Vulpes*.
Mythologia æsopica Neveleti, p. 435.

Mme de Sévigné parle de cette fable dès 1674; dans sa lettre du 22 mai de cette année (tome III, p. 408), elle écrit au comte de Grignan : « Voilà une fable des plus jolies; ne connoissez-vous personne qui soit aussi bon courtisan que le Renard ? »

On n'a que le début de la fable de Phèdre, neuf vers, huit seulement d'après Nevelet et plus d'un éditeur après lui, qui ne regardent pas le neuvième comme étant là à sa place. Ces vers ne contiennent guère que la morale et l'exposition; on peut supposer que le *Romulus* nous a conservé le reste, quant au fond. Là le Lion, inaugurant son règne et voulant se faire un renom de justice, promet solennellement de réformer ses goûts sanguinaires; mais bientôt, incapable de dompter sa nature, et voulant revenir à son ancien régime, il imagine une question captieuse qu'il adresse aux animaux sur l'odeur de son haleine; qu'ils répondent oui ou non, ou se taisent, ils sont invariablement dévorés. Interrogé à son tour, le Singe croit se sauver par une flatterie énorme, dont d'abord le tyran demeure comme confondu. Mais, plus tard, le Lion se ravise : il feint de tomber en langueur, et les médecins conseillant quelque mets léger qui puisse réveiller son appétit, il déclare que la chair du Singe, dont il n'a pas encore tâté, aurait sans doute cet effet[1]. — Gueroult a peut-être fourni à la Fontaine son

---

[1]. Cette croyance que le lion malade trouvait dans le sang léger du singe un excellent remède apéritif, auquel il recourait d'instinct, appartient bien à l'antiquité : voyez Pline l'ancien, livre VIII, § 19; et Élien, *Histoires diverses*, livre I, § 9. — Boire le sang d'une guenon ou d'un renard le guérit de la fièvre, dit J. Regnier.

introduction : c'est aussi chez lui un édit de convocation qui rassemble les animaux ; le Lion les consulte sur le vice de son haleine, qui, à ce qu'il voit, le rend odieux ; il ordonne à la Brebis d'approcher, et d'en dire son avis ; elle n'a pas fait mine de répondre qu'il jette sa griffe sur elle ; le Renard, interpellé ensuite, s'excuse, alléguant un grand mal de tête et la perte de l'odorat ; et c'est toute la fable, avec cette lâche moralité :

> Cecy nous est un exemple notable
> Que quelque foys dissimuler il faut
> Du Roy cruel le vice et le deffaut,
> Pour n'esmouvoir son courroux redoubtable.

Chez Jacques Regnier, le Lion, qui vient de se repaître d'un corps mort, interroge successivement, aussi sur son haleine, un Ane, un Loup et un Renard ; il fait expier au premier sa bonne foi, au second son impudent mensonge, et laisse aller l'autre qui a esquivé la réponse. Ni Gueroult, ni Regnier, ni la Fontaine n'ont probablement connu la fable de Romulus, et chez la Fontaine lui-même la matière semble appauvrie. Au contraire, dans une fable, en prose latine, du moyen âge, que Robert a publiée (tome II, p. 561 et 562), et dans la fable toute semblable de Marie de France (n° 37, *dou Lions qui en autre païs volt converser*, tome II, p. 185-194), le sujet de Romulus a été complétement approfondi et développé ; l'action en est compliquée de la façon la plus intéressante : c'est tout un drame inspiré par les souvenirs de l'histoire ; une circonstance y est d'abord tout particulièrement significative : la bête scélérate qui gouvernera, le Loup, est élue par les animaux eux-mêmes, et pour l'unique motif qu'il sera fort contre leurs ennemis ; ils lui demandent un serment, connaissant sa félonie ; de là aussi sort, au lieu de la moralité, à tout le moins petite et frivole, de la fable moderne, celle-ci qui contient une vraie leçon de morale et de politique : .... *Monet sapiens hominem nequam nullatenus ad dominandum debere admitti. Talis enim promissiones quaslibet parvi pendens, suam tantummodo conabitur assequi voluntatem.*

> Pur ce, li Saiges mustre bien
> Que um ne deit pur nulle rien (*nulle chose*)
> Felun humme fere segnur
> Ne traire le à haute honur :
> Jà ne gardera loiauté
> Plus à l'estrange k'au privé....

Saint-Marc Girardin, dans sa VIIe leçon (tome I, p. 215-222), après avoir cité la fable du moyen âge et celle de la Fontaine, donne la préférence à la première, et appuie son sentiment de raisons excellentes, tour à tour fines et élevées. Nous donnons ce morceau dans l'*Appendice* de ce volume, à la suite de la fable latine, et nous nous bornons à reproduire ici ces réflexions finales (p. 221 et 222) : « Ce qui fait surtout que je préfère la fable du moyen âge à celle de la Fontaine, c'est la moralité. La moralité de la fable de la Fontaine n'a rien de grave et d'élevé :

> Ne soyez à la cour, si vous voulez y plaire....

Il n'y a là qu'un conseil de prudence. Les courtisans sont avertis d'être circonspects et réservés en face de la mauvaise humeur du despote, tandis que, dans la fable du moyen âge, les conseillers lâches et menteurs sont censurés et punis ; l'homme enfin est encouragé à croire que la fermeté et la justice sont, non-seulement la plus honorable, mais aussi la plus sûre manière de défendre sa vie. » — La moralité de Phèdre (vers 1-3) a aussi plus d'élévation que celle de la Fontaine ; le poëte latin recommande aux hommes la sincérité, tout en reconnaissant qu'elle leur est souvent funeste :

> *Utilius homini nihil est quam recte loqui;*
> *Probanda cunctis est quidem sententia:*
> *Sed ad perniciem solet agi sinceritas.*

Comparez encore la fable I de ce livre VII.

Sa Majesté Lionne[2] un jour voulut connoître
De quelles nations le Ciel l'avoit fait maître.
   Il manda donc par députés
   Ses vassaux de toute nature,
   Envoyant de tous les côtés
   Une circulaire écriture[3]   5
   Avec son sceau. L'écrit portoit

2. Libre et ingénieuse formation d'adjectif.
3. Littré cite Voltaire, qui, dans sa correspondance, en 1767 (tome LXIV des *OEuvres*, p. 477), disait encore *une lettre circulaire*, et non, comme on a dit depuis et comme nous disons d'ordinaire aujourd'hui, *une circulaire*, substantivement.

Qu'un mois durant le Roi tiendroit
Cour plénière⁴, dont l'ouverture
Devoit être un fort grand festin,
Suivi des tours de Fagotin⁵.

4. « *Cours plénières*, assemblées solennelles que les anciens rois de France tenaient aux principales fêtes de l'année, et principalement à Pâques et à Noël. Les principaux vassaux du Roi assistaient aux cours plénières, où le Roi paraissait la couronne en tête. » (CHÉRUEL, *Dictionnaire des institutions.... de la France*, p. 982.)

5. Fagotin (fut-il le premier du nom?) était un singe dont, vers le milieu du dix-septième siècle, l'accoutrement et les tours attiraient la foule à la porte du théâtre de Brioché, le célèbre joueur de marionnettes; on peut lire son portrait, extrait d'une facétie du temps sur Cyrano de Bergerac (1654), dans l'*Histoire des marionnettes en Europe* de M. Charles Magnin (livre V, chapitre III, § 1, p. 130-132, 2ᵈᵉ édition), ou dans la facétie réimprimée par Édouard Fournier (tome I de ses *Variétés historiques et littéraires*, p. 283-284). Voici, de préférence, une note inédite de Walckenaer (mais on ne saurait affirmer que ce Fagotin, danseur de corde, ait été le même que le Fagotin des marionnettes; ce fut plutôt un rival de gloire) : « Nous apprenons par la gazette en vers de Loret (*la Muze historique*), à la date du 30 avril 1661, que ce singe dansait sur la corde à la foire Saint-Germain, et qu'il faisait partie d'une troupe d'animaux qu'on y montrait au public; cette troupe en avait pris le nom de *troupe de Fagotin*. Les bateleurs qui en étaient possesseurs, s'étant mis en route après la foire pour se rendre à Caen, furent arrêtés par des voleurs, qui *occirent le lion et l'ours*, tranchèrent la tête à Fagotin, *la sage bête*, et tuèrent aussi les six hommes qui les conduisaient. Quoi qu'il en soit (*Walckenaer soupçonnait-il Loret d'avoir embelli cette histoire tragique ou simplement enrichi sa chronique d'une réclame?*), Fagotin était resté si célèbre, que son nom devint synonyme de singe, et que le même gazetier, sous la date du 22 février 1664, décrivant les merveilles de la foire Saint-Germain, dit qu'on y voit les *fagotins* et les *guenons*. Cassagne, dans ses essais de lettres familières, imprimés sans noms, en 1690, par les soins de Furetière, compare Priolo, l'historien de Mazarin, à Fagotin, et nous raconte ainsi (p. 95) un des tours du singe : « Je compare Priolo à Fagotin, ce magot si fameux, qui,
« en dansant sur la corde, deux seaux pleins d'eau dans les
« mains, jetoit ces seaux, qui lui servoient de contrepoids, sur la
« tête du maître qui est en bas. » Il est certain, comme le dit

>   Par ce trait de magnificence
> Le Prince à ses sujets étaloit sa puissance.
>   En son Louvre [6] il les invita.
> Quel Louvre! un vrai charnier, dont l'odeur se porta
> D'abord au nez des gens [7]. L'Ours boucha sa narine :
> Il se fût bien passé de faire cette mine ;
> Sa grimace déplut : le Monarque irrité
> L'envoya chez Pluton faire le dégoûté.
> Le Singe approuva fort cette sévérité,
> Et flatteur excessif, il loua la colère [8]
> Et la griffe du Prince, et l'antre, et cette odeur :
>   Il n'étoit ambre, il n'étoit fleur

M. Charles Magnin, que le plus fameux des Fagotins, celui de Brioché, mort, « son nom et son emploi lui ont survécu ; » et il est bien probable que, de son vivant même, d'autres montreurs de marionnettes présentaient leur singe savant sous l'illustre nom du chef d'emploi parisien. C'est d'un double de province, d'un pauvre ambulant que parle Lisette dans *le Tartuffe* (1664, acte II, scène III, vers 664-666) :

> Là (*il s'agit d'une petite ville*), dans le carnaval, vous pourrez
> Le bal et la grand'bande, à savoir, deux musettes,   [espérer
> Et parfois Fagotin, et les marionnettes.

6. Même emploi de *Louvre*, pour « palais », au vers 400 du dernier conte de la III⁰ partie, et au vers 21 du conte XIII de la IV⁰.

7. On a vu que, dans les autres récits, l'odeur n'est pas celle de l'antre, mais de la gueule du Lion.

8. Ce vers, précédé de trois rimes masculines, ne rime avec aucun autre ; c'est évidemment une inadvertance de la Fontaine ; il ne paraît pas qu'il s'en soit jamais aperçu, puisqu'elle se trouve dans toutes les éditions originales. Montenault (l'éditeur de 1755-1759) coupe ainsi ce passage :

> Sa grimace déplut ; le monarque irrité
>   L'envoya chez Pluton faire
> Le dégoûté ;

mais c'est trouver une rime aux dépens de la mesure. La Fontaine, comme le pensaient Nodier et Boissonade [a], n'eût probablement

---

[a] Nous avons vu de Boissonade une lettre inédite du 9 mai 1827, adressée à Walckenaer, où il déclare ne pas approuver la correction de Montenault, le vers lui paraissant trop court.

Qui ne fût ail au prix. Sa sotte flatterie
Eut un mauvais succès, et fut encor punie[9] :   25
  Ce Monseigneur du[10] Lion-là
  Fut parent de Caligula[11].
Le Renard étant proche : « Or çà, lui dit le Sire,
Que sens-tu ? dis-le-moi : parle sans déguiser. »
  L'autre aussitôt de s'excuser,   30
Alléguant un grand rhume : il ne pouvoit que dire
  Sans odorat[12]. Bref, il s'en tire.

pas été satisfait de ce vers unique de sept syllabes venant entre un vers de douze et un de quatre ; aurait-il admis : *Vous l'envoya...*[a] ? Sans s'arroger le droit de corriger ou de suppléer le texte, puisqu'il n'était pas éditeur, l'abbé Aubert[b], dans un article du *Journal des Beaux-Arts* de mai 1772, a proposé de substituer, à la fin du vers 20, *action sévère* à *sévérité* :

  Le Singe approuva fort cette *action sévère*.

On peut douter que, comme l'affirment cependant Nodier et Walckenaer, la Fontaine eût « adopté avec empressement » cette leçon.

9. « L'enthousiasme outré paraît hypocrite et offense, dit M. Taine (p. 95 et 96). Il ne faut pas, comme le Singe, approuver trop les exécutions, louer la griffe du Prince, les boucheries et leur odeur.... L'abbé de Polignac, raconté Saint-Simon (tomes IV, p. 347, et VIII, p. 132), se promenant à Marly avec le Roi, par un mauvais temps, disait que la pluie de Marly ne mouillait pas. Cela parut si fade, qu'il déplut au Roi lui-même. « La sotte flat« terie » n'a pas meilleur succès que la franchise trop rude. Une complaisance servile dégoûte. »

10. Emploi comique de la particule nobiliaire, humanisant, on ne peut mieux, la royale bête. Comparez liv. I, fab. II, v. 5, note 2.

11. Voyez Sénèque, *Consolation à Polybe*, chapitre XXXVI ; Dion Cassius, *Histoires*, livre LIX, chapitre II ; et le morceau de Saint-Marc Girardin que nous citons à l'*Appendice*.

12. C'est l'excuse que donne le Renard dans la fable de J. Regnier :

Mihi nam cerebri rheuma odoratus poros
Tam stipat, ut non transmeet nares odor.

 [a] Il vous prend sa cognée, il vous tranche la bête.
   (*Le Villageois et le Serpent*, livre VI, fable XIII, vers 20.)
Et dans la fable VI qui précède, vers 25 : « On vous le fait Lapon. »

 [b] Fabuliste et critique, né en 1741, mort en 1814.

Ceci vous sert d'enseignement :
Ne soyez à la cour, si vous voulez y plaire,
Ni fade adulateur, ni parleur trop sincère, 35
Et tâchez quelquefois de répondre en Normand[13].

13. Les éditions originales et toutes les anciennes que nous y comparons ont, pour mieux rimer, *Normant* par un *t*. — L'Académie, dans sa 1re édition (1694), explique cette locution familière par « ne pas répondre précisément, ne répondre ni oui ni non, » et, dans ses dernières, *réponse normande* par « réponse équivoque. » — Ce n'est pas la seule fois que la Fontaine fait allusion à l'esprit de ressource, de finesse, de prudente réserve, des Normands (voyez livre III, fable xi, vers 1 ; livre VIII, fable xxi, vers 11). Cette réputation qu'on leur avait faite est constatée, en termes qu'on ne peut lire sans étonnement, dans un dictionnaire de la langue française, publié, à l'étranger il est vrai, par un contemporain de la Fontaine : « NORMAND, qui est de Normandie, l'une des plus riches provinces de France, et celle, après le Daufiné, où il y a de plus grands fourbes et de plus grands coquins. *C'est un Normand*, c'est-à-dire c'est un homme fourbe et fin, et à qui il ne se faut pas fier sans caution bourgeoise. » (*Dictionnaire de Richelet*, Genève, 1679.) — Notre auteur avait déjà dit dans *Joconde* (conte 1 de la Ire partie, vers 201) :

Il ne faut à la cour ni trop voir ni trop dire ;

et il dira au livre XII (fable xi, derniers vers) qu'il y faut

Porter habit de deux paroisses.

— « C'est une détestable morale, dit Nodier au sujet des vers sous forme de conseil qui terminent la fable, mais elle n'émane point du cœur de la Fontaine. Il exprime cette idée comme une conséquence vraie de l'ordre commun des choses, et non comme une leçon. Le poëte dit ceci comme il a dit autre part (livre I, fable x, vers 1) :

La raison du plus fort est toujours la meilleure. »

Voyez à la notice de la fable les réflexions de Saint-Marc Girardin.
J. Regnier exprime ainsi, dans son affabulation, cette vérité de fait :

Dixisse verum sæpe, ut et falsum, nocet.
Qui blandiendo mutus est altium sapit.

FABLE VIII.

LES VAUTOURS ET LES PIGEONS.

Abstemius, fab. 96, *de Accipitribus inter se inimicis, quos Columbæ pacaverant.* — P. Candidus, fab. 136, *Accipitrum pax.* — Haudent, 2ᵉ partie, fab. 153, *des Coulombz et des Espreuiers.*

Mythologia æsopica Neveleti, p. 574.

Dans la fable de Phèdre qui a pour titre *Milvus et Columba* (livre I, fab. 31, Nevelet, p. 408), la pensée est différente. Les Colombes ont pris le Milan pour roi, croyant se faire un protecteur d'un ennemi; le Milan, devenu leur maître, les gobe à son plaisir : ce qui prouve, comme le dit le poëte en commençant, que « se mettre sous la protection d'un méchant, c'est courir à sa perte en cherchant du secours » :

> *Qui se committit homini tutandum improbo,*
> *Auxilia dum requirit, exitium invenit.*

— La fable 2 du livre II de Romulus, *Columbæ et Milvus*; la fable 22 de l'Anonyme de Nevelet (p. 502), *de Accipitre et Columbis*, la fable 25 de Neckam, *de Niso et Columbis* (édition du Méril, p. 196 et 197), la fable 21 d'*Ysopet I*, citée par Robert (tome II, p. 83 et 84), *des Colons et de l'Escoufle*, et la fable 18 de Corrozet, *des Colombes et de l'Espreuier*, se rapprochent beaucoup de celle de Phèdre : les Pigeons, en guerre avec un oiseau de proie, prennent pour roi un autre oiseau de proie, et reçoivent plus de dommage de leur souverain qu'ils ne faisaient de leur ennemi[1].

M. Taine (p. 316 et 317) fait remarquer que cette fable est, chez notre auteur, une de celles[2] qui « prouvent que le mètre uniforme eût fait tort à la pensée poétique, et que le génie ne peut

---

1. La fable *les Colombes et le Vautour*, des *Fables d'Ésope* ou *Ésope à la ville* de Boursault (acte IV, scène v, 1690), est, comme nous l'avons dit plus haut (p. 38), une imitation, non des *Vautours et les Pigeons*, mais du *Soleil et les Grenouilles* (livre VI, fable xii).

2. Il cite en outre, comme exemples à l'appui, *Jupiter et les Tonnerres* (livre VIII, fable xx), et *le Rat de ville et le Rat des champs*

rien contre la nature des choses. Qu'on réserve l'alexandrin, ajoute M. Taine, pour le drame et la tragédie, à la bonne heure : les personnages parlent d'un ton sérieux et soutenu. Qu'on garde les petits vers pour la poésie légère : la poésie vole alors aussi légèrement qu'eux. Mais dans les fables, où les pensées sérieuses et gaies, tendres et plaisantes, à chaque instant se mêlent, nous voulons des vers de mesures différentes et des rimes croisées. »

> Mars[3] autrefois mit tout l'air en émute[4].
> Certain sujet fit naître la dispute
> Chez les oiseaux, non ceux que le Printemps
> Mène à sa cour[5], et qui, sous la feuillée,
> Par leur exemple et leurs sons éclatants,   5

(livre I, fable IX), la dernière, croyons-nous, plus justement que les deux autres et surtout que celle-ci.

3. Le Dieu de la guerre, pour « la guerre, une guerre. » C'est le ton de l'épopée que la Fontaine sait prendre avec tant d'art quand il veut relever ce qu'il dit. Il le soutient ici, jusqu'à la chute qui détonne et surprend :

> Pour un chien mort...;

mais, du reste, sans qu'avant cette chute il y mêle des contrastes plaisants et le tourne en badinage comme au début de la fable X du livre II, au vers 1 de la fable XVIII du livre VI, et ailleurs.

4. Le même mot se retrouve sous cette forme au livre X, fable III, vers 19. « Émute, dit Boissonade, dans la lettre que nous avons déjà citée (ci-dessus, p. 117, note 13), est quelque prononciation de province. Nos vieux auteurs mêlaient souvent les dialectes ; Ronsard en avait donné l'exemple. » Littré, dans son *Dictionnaire*, explique comment la prononciation primitive, gardée ici par la Fontaine, s'est altérée : « Le participe, écrit *émeu*, se prononçait *ému* ; le substantif *émeute* (*qui en dérive*) se prononçait *émute*. Puis l'écriture a pris le dessus ; et on a prononcé ce qui était écrit, non ce qui était dans la tradition. »

5. Personnification et « tournure poétique, dit Chamfort, qui a l'avantage de mettre en contraste, dans l'espace de dix vers, les idées charmantes que réveillent le printemps, les oiseaux de Vénus, etc., et les couleurs opposées dans la description du peuple vautour. »

Font que Vénus est en nous réveillée⁶ ;
Ni ceux encor que la mère d'Amour
Met à son char⁷ ; mais le peuple vautour,
Au bec retors⁸, à la tranchante serre,
Pour un chien mort se fit, dit-on, la guerre.   10
Il plut du sang⁹ : je n'exagère point.
Si je voulois conter de point en point
Tout le détail, je manquerois d'haleine¹⁰.
Maint chef périt, maint héros expira ;
Et sur son roc Prométhée espéra   15
De voir bientôt une fin à sa peine¹¹.

6. *Nam simul ac species patefacta est verna diei*
Et reserata viget genitabilis aura favoni,
Aëriæ primum volucres te, Diva, tuumque
Significant initum, perculsæ corda tua vi.
(LUCRÈCE, livre I, vers 10-13.)

7. Les colombes.

Perque leves auras junctis invecta columbis,

dit Ovide (*Métamorphoses*, livre XIV, vers 597).

8. .... *Rostroque immanis vultur obunco.*
(VIRGILE, *Énéide*, livre VI, vers 597.)

9. Marmontel, fait remarquer l'abbé Guillon, cite ce trait comme un exemple de la façon dont soudain s'élève, quand le sujet l'y invite ou y prête, le génie de la Fontaine. (*Éléments de littérature*, article FABLE, tome VII des *OEuvres de Marmontel*, p. 380, édition de 1787.)

10. C'est la même idée, mais légèrement touchée, que dans ces vers hyperboliques de Virgile :

Non, mihi si linguæ centum sint, oraque centum,
Ferrea vox, omnes scelerum comprendere formas,
Omnia pœnarum percurrere nomina possim.
(*Énéide*, livre VI, vers 625-627.)

11. Par l'extermination du *peuple vautour*. On connaît l'histoire de Prométhée enchaîné sur le Caucase par ordre de Jupiter, pour avoir dérobé le feu du Ciel et l'avoir communiqué aux hommes ; un vautour lui dévorait le foie sans cesse renaissant. Voyez le *Prométhée enchaîné* d'Eschyle, et les beaux vers que cite Cicéron dans ses *Tusculanes* (livre II, chapitre X), ou plutôt qu'il a imités lui-même

C'étoit plaisir d'observer leurs efforts ;
C'étoit pitié de voir tomber les morts.
Valeur, adresse, et ruses, et surprises,
Tout s'employa. Les deux troupes, éprises   20
D'ardent courroux [12], n'épargnoient nuls moyens
De peupler l'air que respirent les Ombres :
Tout élément remplit de citoyens
Le vaste enclos qu'ont les royaumes sombres [13].
Cette fureur mit la compassion   25
Dans les esprits d'une autre nation
Au col changeant, au cœur tendre et fidèle [14].
Elle employa sa médiation
Pour accorder une telle querelle :
Ambassadeurs par le peuple pigeon   30
Furent choisis, et si bien travaillèrent,
Que les Vautours plus ne se chamaillèrent [15].
Ils firent trêve ; et la paix s'ensuivit.
Hélas ! ce fut aux dépens de la race
A qui la leur auroit dû rendre grâce.   35

du *Prométhée délivré*, autre tragédie d'Eschyle que nous n'avons plus. Dans Virgile, le même supplice est décrit (*Énéide*, livre VI, vers 595-600), mais comme subi dans le Tartare par le géant Tityus.

12. *Éprendre, s'éprendre*, mot d'application assez restreinte dans l'usage actuel, se disait autrefois de toute passion, tout sentiment : voyez le *Dictionnaire de Littré*, surtout à l'Historique de l'article.

13. Voyez ci-dessus, livre VI, fable XII (p. 39 et note 6).

14. « Description charmante, qui a aussi l'avantage de contraster avec le ton grave que la Fontaine a pris dans les douze ou quinze vers précédents. » (CHAMFORT.) — « Il ne faut pas croire, dit Nodier, que la Fontaine ait recherché l'antithèse des mots qu'offre ce vers. Elle serait tout à fait indigne de son génie. » *Tout à fait*, c'est peut-être aller un peu loin : un trait précieux, et qui fait sourire, peut avoir çà et là son charme.

15. *Se chamailler* est devenu trivial dans l'acception figurée, la seule usitée aujourd'hui ; mais il est pris ici dans celle de *se frapper*

La gent maudite aussitôt poursuivit
Tous les Pigeons, en fit ample carnage,
En dépeupla les bourgades, les champs.
Peu de prudence eurent les pauvres gens
D'accommoder un peuple si sauvage. 40

Tenez toujours divisés les méchants[16] :
La sûreté du reste de la terre
Dépend de là. Semez entre eux la guerre,
Ou vous n'aurez avec eux nulle paix.
Ceci soit dit en passant : je me tais. 45

à grands coups, engager la mêlée, sens où le verbe, non plus que le nom *chamaillis* (combat de chevaliers ou joute en champ clos), n'a pas toujours été familier, où il était noble et même épique :

> Nous irons bien armés; et si quelqu'un nous gronde,
> Nous nous chamaillerons....
> —Moi, chamailler, bon Dieu! Suis-je un Roland, mon maître,
> Ou quelque Ferragu?

(Molière, *Dépit amoureux*, acte V, scène I, vers 1482-1486; allusion au combat de Ferragus et de Roland dans le xiie chant du *Roland furieux*.)

16. « Ceci n'est pas, à la vérité, une règle de morale : ce n'est qu'un conseil de prudence, mais il ne répugne pas à la morale. » (Chamfort.) Ce vers rappelle la fameuse maxime : *Divide ut imperes*, « divise pour régner, pour être le maître; » la Fontaine, du moins, veut qu'on ne l'applique qu'aux méchants.

FABLE IX.

LE COCHE ET LA MOUCHE.

1° Ésope, fab. 213, Κώνωψ καὶ Βοῦς, Κώνωψ καὶ Ταῦρος (Coray, p. 138, sous trois formes, et p. 139). — Babrius, fab. 84, Κώνωψ καὶ Ταῦρος. — Romulus, livre IV, fab. 18, *Pulex et Camelus* : elle a été mise en vers dans l'*Appendice des fables ésopiques* de Burmann (n° 31). — *Ysopet II*, fab. 35, *ung Tahon qui s'assist sur ung Mulet* (Robert, tome II, p. 87 et 88). — P. Candidus, fab. 71, *Taurus et Culex*.

2° Phèdre, livre III, fab. 6, *Musca et Mula*. — Romulus, livre II, fab. 17, même titre. — Anonyme de Nevelet, fab. 37, *de Mula et Musca*. — *Ysopet I*, fab. 35, *d'un Muletier et d'une Mule* (Robert, tome II, p. 86 et 87).

3° Abstemius, fab. 16, *de Musca quæ, quadrigis insidens, pulverem se excitasse dicebat*. — Faërne, fab. 45, *Musca et Quadrigæ*. — Haudent, 2° partie, fab. 77, *d'une Mouche excitante pouldre*.

Mythologia æsopica Neveleti, p. 262, p. 358, p. 419, p. 513, p. 541.

Voyez aussi le *Recueil* déjà cité de Daniel de la Feuille, 2° partie, p. 5, et les *Chansons choisies de M. de Coulanges*, p. 64.

Cette fable fut publiée pour la première fois dans le volume intitulé *Fables nouvelles et autres poésies de M. de la Fontaine*, 1671 ; elle est la seconde des huit fables contenues dans ce recueil, et se trouve à la page 4. Mme de Sévigné et son fils y ont fait plusieurs fois allusion dans les années 1676, 1677, 1679 : voyez tome IV des *Lettres*, p. 365; tome V, p. 187, 189, 195, 209-210 ; et tome VI, p. 122, 151-152.

1° Dans les fables d'Ésope, la Mouche se pose sur la corne du Bœuf, et lui dit que, si elle le fatigue, elle se retirera; le Bœuf lui répond qu'il ne s'est pas aperçu de son arrivée, et qu'il ne s'apercevra pas davantage de son départ. La fable de Babrius, la première fable citée de Romulus (d'où dérivent la 36° de Neckam et la 70° de Marie de France), celle de P. Candidus, et la fable 35 *d'Ysopet II*, *ung Tahon qui s'assist sur ung Mulet*, traitent à peu près le même sujet que celle d'Ésope. — 2° Les apologues de Phèdre, de Romulus et de l'Anonyme de Nevelet, et la fable 35 d'*Ysopet I*, *d'un Muletier et d'une Mule*, représentent la Mouche blâmant une Mule de sa lenteur, et la menaçant de la piquer; la Mule répond qu'elle ne craint rien de la Mouche, mais tout de son conducteur armé du fouet : c'est là surtout, ce semble, que, dans les deux fables, de lui connues, de Phèdre et de l'Anonyme, la Fontaine a dû trouver le germe de la sienne. — 3° Dans les fables d'Abstemius et de Faërne (Haudent leur a emprunté la sienne), la Mouche, voyant la poussière que soulève un char à quatre chevaux sur lequel elle s'est posée, s'écrie : *Oh! que je fais de poudre!* C'est ainsi du moins que le dernier trait¹ était rendu dans une traduction ou une imitation que Mme de Grignan envoya à Mme de Sévigné en 1677, et la mère et la fille en ont fait de nombreuses applications². — C'est encore ainsi que le sujet est conçu dans une fable intitulée : *le Moucheron ou la folle vanterie*, qui est la 7ᵉ de *l'Ésope du temps*, par Desmay, publié en 1677; dans la fable 32 de le Noble, *de la Mouche et du Chariot* ou *le Craqueur*; et dans le quatrain XXXI de Benserade, où se trouve, comme dans la Fontaine, le mot *sablonneux* :

> Un chariot tiré par six chevaux fougueux
> Rouloit sur un chemin aride et sablonneux;
> Une mouche étoit là, présomptueuse et fière,
> Qui dit en bourdonnant : « Que je fais de poussière! »

— Saint-Marc Girardin (VIIᵉ leçon, tome I, p. 222-224) cite la fable d'*Ysopet II* que nous avons mentionnée, et en rapproche

1. Chez Abstemius :

Quam magnam vim pulveris excitavi!

Chez Faërne (vers 6 et 7) :

Di magni, ait,
Quantam profundi vim excitavi pulveris!

2. Voyez aux pages citées du tome V des *Lettres de Mme de Sévigné*. Peut-être, d'elle-même, Mme de Grignan avait-elle dégagé le bref et vrai mot de la fable d'Abstemius et de Faërne de ces trois médiocres vers de Desmay, qui avait précisément, comme il va être dit, publié ses fables en 1677 :

> Il commence un hymne à sa gloire
> Ayant pour son refrain qu'il a fait seul voler
> Le tourbillon de poudre en l'air.

deux piquantes anecdotes. Il cite ensuite (p. 224-227) la fable de la Fontaine, et la fait suivre de ces réflexions : « Le tableau de la Fontaine est un chef-d'œuvre, et bien supérieur à la fable du moyen âge.... La morale seulement ne se rapporte pas à la fable d'une manière aussi piquante que dans la fable du moyen âge. Le Taon dont le Mulet ne sent pas le poids est un emblème plus juste de la fausse importance des vaniteux, que la Mouche, qui, selon la maxime de la Fontaine, devrait être chassée. Et pourquoi chasser la Mouche du coche?... Vous-même, qui êtes sur le siége, êtes-vous bien sûr que vous menez le chariot? Est-ce à vous ou aux chevaux que je dois savoir gré du chemin que je fais?... « C'est moi « qu'il faut remercier, dites-vous, car c'est moi qui suis le cocher « et qui tiens le fouet. » — J'entends. Mais tout à l'heure, ô cocher, vous alliez vous endormir, si la Mouche en passant ne vous avait piqué et ne vous avait réveillé: sans elle, peut-être nous tombions dans le fossé.... » — « Ce petit apologue, dit Chamfort, est un des plus parfaits; aussi a-t-il donné lieu au proverbe : *la Mouche du coche.* »

Dans un chemin montant, sablonneux, malaisé,
Et de tous les côtés au soleil exposé,
   Six forts chevaux tiroient un coche.
Femmes, moine [3], vieillards, tout étoit descendu [4];
L'attelage suoit, souffloit, étoit rendu [5].   5

3. Moines. (1688, 1708, 29.) C'est une variante fautive, que rend impossible le vers 20 :

    Le moine disoit son bréviaire.

4. « Comme cette énumération, dit Nodier, représente bien la cohue d'une voiture publique, et dans quel ordre ingénieux! Les femmes, le moine lui-même, voilà une épigramme très-gaie pour le temps où elle fut écrite, les vieillards enfin.... » On peut rapprocher de ce vers le passage suivant d'une lettre de la Fontaine à sa femme, du 30 août 1663 : « Dieu voulut enfin que le carrosse passât...; point de *moines*, mais en récompense trois femmes, un marchand qui ne disoit mot, et un notaire qui chantoit toujours, etc. »

5. M. Taine (p. 245-246) rapporte, à propos, ce passage, pour montrer la vie, l'intérêt que jettent partout, dans les récits du

Une Mouche survient, et des chevaux s'approche,
Prétend les animer par son bourdonnement,
Pique l'un, pique l'autre, et pense à tout moment
    Qu'elle fait aller la machine,
S'assied sur le timon⁶, sur le nez du cocher.   10
    Aussitôt que le char chemine⁷,
    Et qu'elle voit les gens marcher,
Elle s'en attribue uniquement la gloire,
Va, vient, fait l'empressée : il semble que ce soit
Un sergent de bataille⁸ allant en chaque endroit   15
Faire avancer ses gens et hâter la victoire⁹.

poëte, la multiplicité et la précision de détails bien choisis. — « Ces cinq premiers vers n'ont rien de saillant, » dit Chamfort ; puis il ajoute : « mais ils mettent la chose sous les yeux avec une précision bien remarquable. » Il semble y avoir contradiction entre les deux parties de ce jugement. N'est-ce donc rien, en poésie, que de mettre la chose sous les yeux du lecteur ? Or, c'est ce que l'auteur fait ici admirablement par le choix des mots, l'accumulation des circonstances, la multiplicité des adjectifs et des substantifs d'abord, puis des verbes jetés là sans conjonction, et d'où résulte une harmonie si bien appropriée au tableau.

6. *Musca in temone sedit.* (PHÈDRE, vers 1.)

7. Dans le recueil de 1671, on lit cette première rédaction :

    Fait à fait que le char chemine,

c'est-à-dire *à mesure que;* c'est, dit Walckenaer, une locution picarde. La Fontaine l'a employée dans une lettre à son oncle Jannart, du 19 août 1658 : « Je n'imputois pas les sommes données sur les arrérages précédents fait à fait qu'elles ont été données. »

8. « C'est un officier considérable qui, dans un jour de combat, reçoit du général le plan de la forme (*la disposition*) qu'il veut donner à son armée, la disposition des corps de cavalerie et d'infanterie, l'assiette de l'artillerie, et l'ordre qu'on doit tenir au combat ; ensuite le sergent de bataille avec les maréchaux de camp disposent l'armée selon que le général l'a prescrit. » (*Dictionnaire de Richelet,* 1679.)

9. « La Fontaine, dit M. Taine (chapitre de *l'Action,* p. 244-245), ne décrit pas seulement les mouvements de l'âme. Il sent que l'imagination de l'homme est toute corporelle ; que, pour com-

LIVRE VII.

La Mouche, en ce commun besoin,
Se plaint qu'elle agit seule, et qu'elle a tout le soin ;
Qu'aucun n'aide aux chevaux à se tirer d'affaire.
  Le moine disoit son bréviaire [10] :
Il prenoit bien son temps ! une femme chantoit :
C'étoit bien de chansons qu'alors il s'agissoit !
Dame Mouche s'en va chanter à leurs oreilles [11],
  Et fait cent sottises pareilles.
Après bien du travail, le Coche arrive au haut [12] :
« Respirons maintenant ! dit la Mouche aussitôt :
J'ai tant fait que nos gens sont enfin dans la plaine.
Çà, Messieurs les Chevaux, payéz-moi de ma peine. »

Ainsi certaines gens, faisant les empressés,
  S'introduisent dans les affaires :

prendre le déploiement des sentiments, il faut suivre la diversité des gestes et des attitudes ; que nous ne voyons l'esprit qu'à travers le corps. Pour sentir l'importunité de la mouche, il faut être importuné de ses allées, de ses venues, de ses piqûres, de son bourdonnement. Phèdre ne nous apprend rien quand il met sa critique en sermon.... Au contraire ici, reprend M. Taine après avoir cité la fable de Phèdre, la critique est en action et le ridicule palpable, parce que la sottise tombe du moral dans le physique, et que l'impertinence des pensées et des sentiments devient l'impertinence des gestes et des mouvements. »

10. « La Fontaine emploie près de vingt vers, dit Chamfort, à peindre les travaux de la Mouche, et son sérieux est très-plaisant ; mais peut-être fallait-il être la Fontaine pour songer au moine qui dit son bréviaire. »

11. Aux deux vers 22-23 comparez le tour analogue, et là plus plaisant encore, des vers 21-22 de la fable IV du livre IX.

12. La plupart des commentateurs ont relevé l'effet de cette aspiration, qui, séparant deux syllabes formées du même son, doit être mieux marquée par la prononciation, et rend si bien le dernier effort de l'attelage pour atteindre le plateau. — Nodier fait aussi remarquer le changement du mètre : « Tout à l'heure il était irrégulier comme le chemin pénible que le coche parcourait ; la mesure se rompait par intervalles, et, si on l'osait dire, par ca-

Ils font partout les nécessaires,
Et, partout importuns, devroient être chassés[13].

hots. Maintenant que la voiture est arrivée au-dessus de la montagne, le vers s'aplanit et tombe régulièrement. »

13. Comparez ce passage d'une autre poésie de Phèdre, anecdote plutôt que fable :

> *Est ardelionum quædam Romæ natio,*
> *Trepide concursans, occupata in otio,*
> *Gratis anhelans, multa agendo nihil agens,*
> *Sibi molesta, et aliis odiosissima.*
>
> (Phèdre, livre II, fable v, vers 1-4.)

— « Il y a une certaine recherche dans ces vers de Phèdre, remarque M. Taine qui les rapproche aussi (p. 306) de la fin de notre fable. Ces heureuses antithèses font l'éloge de l'écrivain. La Fontaine dit bonnement la chose :

Ainsi certaines gens, etc. »

FABLE X.

LA LAITIÈRE ET LE POT AU LAIT.

Nicolas de Pergame, *Dialogus creaturarum moralizatus*, au dialogue 100 (Goudae, 1482, in-4°, feuille K, fol. 2 v°). — Bonaventure des Périers, nouvelle 14, intitulée : *Comparaison des alquemistes à la bonne femme qui portoit une potée de lait au marché* [1]. — *Democritus ridens, Mulier inani spe ditescendi inflata* (Amstelodami, 1655, p. 150 [2]).

Voyez aussi : 1° *le Pot cassé*, traduit du sanscrit du *Pantschatantra* (livre V, conte IX, tome II, p. 345-346, de Benfey, et tome I, p. 499-501) ; 2° *le Brâhmane qui brisa les pots*, traduit de la même langue, de l'*Hitopadésa* (p. 239-240 et 345-347 de la 2ᵈᵉ édition de M. Lançereau, 1882), d'où dérive l'histoire d'Alnaschar dans les *Mille et une Nuits* (nuit 176°), rapprochée de notre apologue par Nodier, qui y compare en même temps le conte d'Andrieux intitulé *le Doyen de Badajoz*; 3° la version du *Calila et Dimna* (d'après l'allemand de Wolff, 2ᵈᵉ partie, p. 3) ; 4° Bidpaï, *le Santon* (édition de 1778, tome III, p. 50).

A ces sources que nous avons signalées ici en tête, comme étant soit celles où a dû puiser la Fontaine, soit les primitives, la suite de la notice, qui reparlera de chacune d'elles, joindra d'autres rapprochements en faisant l'historique de l'apologue. Nous donnons à l'*Appendice* deux des contes orientaux et le rapide récit de des Périers.

Sur l'époque où cette fable a pu être composée, voyez la notice de la fable suivante.

L'histoire des nombreuses transformations par lesquelles a passé la donnée première du conte, depuis les récits indiens jusqu'à celui

---

1. Reproduite dans le *Thrésor des récréations* (Rouen, 1611, in-12, p. 230).

2. Le sujet, mis en vers, est vraiment traité là, fort bien et sobrement, comme dans la nouvelle de des Périers ; il ne l'est pas du tout dans la fable de Jacques Regnier (Iʳᵉ partie, fable xxv, *Pagana*, « la Paysanne, » *et ejus mercis emptor*) qu'indique aussi Robert.

de la Fontaine, a été faite par M. Max Müller, de la façon la plus instructive et la plus attrayante à la fois, dans une leçon *sur la Migration des fables*[3]. L'illustre orientaliste y a non-seulement prodigué toutes sortes de renseignements, mais encore il y a traduit les récits originaux et donné le texte même des principales imitations et dérivations européennes. Nous nous bornerons à renvoyer pour elles à sa dissertation[4].

Des récits orientaux, la Fontaine a certainement pu connaître celui du *Calila et Dimna*, non par la traduction en français, restée inachevée, du *Livre des lumières*[5], mais soit par la version italienne, œuvre de Giulo Nuti probablement et imprimée en 1583, du *Stephanitès et Ichnelates* grec, soit par l'arrangement en latin de cette traduction grecque que le P. Poussines avait publié à Rome dès 1666[6], soit enfin par ceux qui furent faits en Italie et en France, au seizième siècle, du *Directorium humanæ vitæ* de Jean de Capoue[7]. Dans ces histoires, avec un pot de terre qui se brise, s'évanouit un rêve de fortune; un spéculateur sur une première mise, la plus chétive des épargnes, fonde les plus vastes espé-

---

3. Publiée en anglais dans le n° de juillet 1870 du *Contemporary Review* et traduite en français par M. Georges Perrot, qui l'a jointe à sa traduction des *Essais sur la Mythologie comparée, les traditions et les coutumes* (Didier, 1873, p. 417 et suivantes). Voyez aussi l'*Histoire*, déjà citée, *de deux fables de la Fontaine* par M. A. Joly (*Mémoires de l'Académie de Caen*, 1877, p. 487-509).

4. Notons toutefois un fragment très-intéressant d'un sermon du treizième siècle, de Jacques de Vitry[a], qui a été omis par M. Max Müller et transcrit par M. Moland au tome I, p. LIV, de son édition de la Fontaine. C'est, il est vrai, à quelques variantes près, le récit, emprunté au *Dialogus creaturarum*, que nous reproduisons ci-dessous.

5. Voyez ci-dessus, p. 81, note 6.

6. En appendice au premier volume de l'*Histoire de Michel Paléologue*, par Georges Pachymère: voyez Loiseleur Deslongchamps, p. 24, note 4.

7. Voyez, par exemple, dans le second des *Deux livres de filosofie fabuleuse* de Pierre de la Rivey, Lyon, 1579, p. 319-321.

[a] *Sermones vulgares domini Jacobi Vitricensis Tusculanensis episcopi*, dans le manuscrit latin 17589 de la Bibliothèque nationale.

rances ; entraîné par un premier calcul, il accumule dans sa tête des profits toujours grossissants ; mais ce songeur est un Brâhmane ou un Moine mendiant, secrètement tourmenté de bien des convoitises, et dont l'imagination est de force à s'envoler, de la contemplation d'un peu de riz, d'huile ou de miel, à la conquête de toutes les magnificences asiatiques. Aussi est-ce ailleurs que la Fontaine a pris l'idée de sa paysanne au pot au lait et aux vœux modestes. Nous voyons, dit M. Max Müller, après avoir énuméré les traductions de recueils orientaux, et les traductions de ces traductions, répandues en Europe aux onzième, douzième et treizième siècles, « nous voyons très-clairement que ces fables.... devinrent extrêmement populaires.... Elles ne furent pas seulement lues dans ces traductions, mais on les introduisit dans les sermons, les homélies et les ouvrages de morale. On les développa, on les acclimata, on les localisa, on les moralisa si bien, qu'enfin il devient presque impossible de reconnaître leur physionomie orientale sous leurs déguisements rustiques. Je ne vous en citerai qu'un exemple. » C'est celui qui se trouve dans l'allusion suivante de Rabelais (chapitre XXXIII du *Gargantua*, tome I, p. 127 et 128), où un Cordonnier est substitué au Brâhmane : « Là present estoit un vieux gentilhomme esprouué en diuers hazars, et vray routier de guerre, nommé Echephron, lequel, ouyant ces propous, dist : « J'ai grand « peur que toute ceste entreprinse sera semblable à la farce du pot « au laict, duquel un Cordouannier se faisoit riche par resuerie, « puis, le pot cassé, n'eut de quoy disner. » Mais c'est bien avant Rabelais qu'on peut signaler, comme presque accomplie, la métamorphose du Brâhmane en Perrette, et qu'on rencontre « la fable dans laquelle.... la Laitière paraît en scène, pour la première fois, au milieu d'un décor qui a déjà quelques-uns des traits que la Fontaine employa quatre cents ans plus tard, pour mettre au tableau la dernière main. » Cette fable, que nous avons indiquée ci-dessus tout d'abord, est une de celles du *Dialogus creaturarum moralizatus*, attribué à Nicolas de Pergame ; l'auteur est supposé avoir vécu dans le treizième siècle ; le livre « avait pour but d'enseigner les principes de la morale chrétienne au moyen d'exemples tirés des anciennes fables ; [il] eut évidemment un grand succès et fut traduit en plusieurs langues modernes. » Nous croyons qu'on nous saura gré de citer ici, en entier, ce vieux texte :

Sic et fatuitas (est) *de vanis sperare, quia vanæ sunt cogitationes ho-*

minum ut psalmo xciiij[8]. *Unde cum quædam domina dedisset ancillæ suæ lac ut venderet et lac portaret ad urbem, juxta fossatum cogitare cœpit quod de pretio lactis emeret gallinam, quæ faceret pullos, quos auctos in gallinas venderet, et porcellos emeret, eosque mutaret in oves et ipsas in boves. Sicque ditata contraheret cum aliquo nobili, et sic gloriabatur. Et cum sic gloriaretur et cogitaret cum quanta gloria duceretur ad illum virum super equum, dicendo* gio gio *cœpit pede percutere terram, quasi pungeret equum calcaribus. Sed tunc lubricatus est pes ejus, et cecidit in fossatum effundendo lac. Sic enim non habuit quod se adepturam sperabat*[9].

Voilà bien probablement la source d'où nous est venue *la Laitière et le Pot au lait*; on peut seulement douter que la Fontaine y ait puisé directement; s'il l'eût connue, à l'histoire où le rêve d'une jeune fille amène si naturellement la charmante vision de l'épousée à cheval, où ce joli détail prépare si bien la chute finale, le poëte aurait-il préféré le fabliau ou la farce où une malheu-

[8]. C'est, dans l'édition de Clément VIII, le psaume xcIII, verset 11.

[9]. Voici la traduction que M. Perrot a faite de ce morceau, d'après une vieille traduction anglaise : « Ce n'est.... que folie de trop espérer des vanités, car vaines sont toutes les choses terrestres appartenant à l'homme, ainsi que le dit David, psaume xciiij. C'est ce que dit aussi la fable qui raconte qu'une dame, une fois, remit à sa servante une mesure de lait pour aller le vendre à la ville. Sur le chemin, la servante, s'étant assise pour se reposer sur le bord d'un fossé, commença à songer qu'avec l'argent du lait elle achèterait une poule, qui donnerait des poussins. Quand ils seraient devenus poulets, elle les vendrait pour avoir des cochons, qu'elle échangerait contre des moutons, et ceux-ci contre des bœufs; ainsi, quand elle serait arrivée à l'opulence, elle se marierait honorablement à quelque prud'homme : elle se réjouissait à cette pensée. Étant ainsi merveilleusement charmée et ravie par cette rêverie intérieure, et songeant quelle grande joie elle aurait à se voir conduite à l'église par son mari à cheval[a], elle s'écria : « Allons ! allons ! » En ce disant, elle frappa la terre de son pied, croyant éperonner le cheval; mais son pied glissa; elle tomba dans le fossé, et tout son lait se répandit. C'est ainsi qu'elle fut loin de compte, et qu'elle n'eut jamais ce qu'elle espérait avoir. »

[a] Le latin dit : « songeant avec quelle gloire elle serait conduite à cheval chez ce mari. »

reuse femme est déjà *en grand danger d'être battue?* Il semblera peut-être que non, malgré l'admirable parti qu'il en a su tirer. « Je n'essayerai.... pas, dit M. Max Müller en terminant, de remplir la lacune qui sépare la fable du treizième siècle de l'époque où vécut la Fontaine. Il suffit de dire que la Laitière, ayant une fois pris la place du Brâhmane, la défendit contre tout venant. Nous la retrouvons, sous la forme de doña Truchana, dans le fameux *Conde Lucanor*, l'ouvrage de l'infant don Juan Manuel..., qui mourut en 1347.... Il fut célèbre à la fois par sa plume et par son épée, et peut-être savait-il l'arabe, la langue de ses ennemis [10]. Nous la retrouvons encore dans les *Nouvelles récréations et joyeux devis* de Bonaventure des Périers, publiés au seizième siècle, livre avec lequel, nous le savons, la Fontaine était très-familier [11]. »

« Cette fable est charmante, dit Chamfort, jusqu'à l'endroit *Adieu veau, vache*, etc.... Quelques gens de goût ont blâmé, avec raison, ce me semble, la femme *En grand danger d'être battue, Le récit qui en fut fait en farce*; tout cela est froid; mais la Fontaine, après cette petite chute, se relève bien vite. » On peut trouver ces gens de goût bien sévères; rien de plus naturel au contraire que le dénouement de cette petite mésaventure. Chamfort ajoute, avec plus de justesse : « Que de grâces et de naturel dans la peinture qu'il fait de cette faiblesse, si naturelle aux hommes, d'ouvrir leur âme à la moindre lueur d'espérance ! Il se met lui-même en scène; car il ne se pique pas d'être plus sage que ses lecteurs, et voilà un des charmes de sa philosophie. » — Appréciant à son tour le morceau qui termine cette fable, Saint-Marc Girardin, dans sa XVIe leçon (tome II, p. 78-79), s'exprime ainsi sur le poëte

---

10. Voyez la citation même que fait M. Max Müller, et, dans *le Comte Lucanor*, apologues et fabliaux du quatorzième siècle, traduits pour la première fois (1854) de l'espagnol..., par M. Adolphe de Puibusque, l'*exemple* VII, p. 203 et 204. « J'ai, dit M. de Puibusque, signalé ailleurs (*Histoire comparée des littératures espagnole et française*, tome I, p. 220-222) une jolie scène de Lope de Rueda sur des espérances trompées. » C'est le monologue du valet Gargullo dans la comédie intitulée *Medora*. Voyez aussi l'intermède de Lope de Rueda, joué en Espagne vers 1560 : *las Aceitunas*, « les Olives, » qui a été cité par M. de Puibusque, à la suite de ce monologue, *ibidem*, p. 223-233.

11. Voyez au premier alinéa de cette notice, p. 145.

et ses rêves : « Ce qui rend charmants les rêves de la Fontaine, c'est qu'il n'y croit pas, même pendant qu'il les fait, et qu'il est toujours prêt à s'éveiller pour être gros Jean comme devant. Les bons rêveurs sont ceux qui ont toutes les illusions à la fois ; qui, lorsqu'ils se mettent à songer, éveillés ou endormis, ne sont pas seulement riches, mais qui sont aimables et aimés, qui ont tous les plaisirs et tous les honneurs, à qui cette abondance de biens inspire un petit doute sur leur réalité, doute charmant qui ne détruit pas la félicité des rêveurs, mais qui fait que personne ne la leur envie sérieusement. » Un peu plus loin (p. 79-81), il rapproche de la fable de la Fontaine le joli monologue de Victor, dans *les Châteaux en Espagne*, de Collin d'Harleville (acte III, scène VIII), et ajoute en terminant : « Si Perrette n'avait pas renversé son lait, si le valet de M. d'Orlange n'avait pas perdu son billet de loterie, s'ils avaient l'un et l'autre vu leurs souhaits exaucés, auraient-ils dès ce moment été heureux ? Ils le croient ; mais on peut voir ses souhaits accomplis et n'en être pas plus heureux pour cela : voyez *le Savetier et le Financier*. »

Mme de Sévigné, dans une lettre en date du 9 mars 1672, parle de cette fable, comme on le verra à la notice de la suivante.

Perrette, sur sa tête ayant un pot au lait [12]
    Bien posé sur un coussinet,
Prétendoit arriver sans encombre à la ville.
Légère et court vêtue, elle alloit à grands pas,
Ayant mis ce jour-là, pour être plus agile,   5
    Cotillon simple et souliers plats [13].
Notre laitière ainsi troussée [14]

[12]. Dans le *Democritus ridens*, le lait est omis ; la Paysanne a sur sa tête des œufs, le premier achat rêvé.
[13]. Souliers sans talons, pour ne pas tomber. — « Delille,... au deuxième chant de ses *Jardins*, dit Solvet, semble avoir eu l'intention de lutter contre ce début de la Fontaine, dans cette peinture :

> C'est le pas leste et vif de la jeune Laitière,
> Qui, l'habit retroussé, le corps droit, va trottant,
> Son vase en équilibre, et chemine en chantant. »

[14]. Ainsi vêtue, arrangée, ajustée.

Comptoit déjà dans sa pensée
Tout le prix de son lait, en employoit l'argent ;
Achetoit un cent d'œufs [15], faisoit triple couvée : 10
La chose alloit à bien par son soin diligent.
　　« Il m'est, disoit-elle, facile
D'élever des poulets autour de ma maison ;
　　Le renard sera bien habile
S'il ne m'en laisse assez pour avoir un cochon. 15
Le porc à s'engraisser coûtera peu de son [16];
Il étoit, quand je l'eus [17], de grosseur raisonnable :

15. La laitière de des Périers ne va qu'à la douzaine d'œufs, puis de poussins.

16. On reconnaît bien là, comme le dit M. Taine (p. 249-250), la paysanne qui « calcule, sou par sou, sa dépense et son profit, » la propriétaire qui a coutume de faire son compte elle-même et connaît en détail ses affaires. « Elle sait les chiffres, les chances, la nourriture des bêtes, le prix du dernier marché, tout enfin. Que ne sait pas un paysan, quand il s'agit d'un écu à gagner ou d'un cochon à vendre? » — La remarque s'applique bien mieux encore à la bonne femme de des Périers, qui sait et fait son compte progressif par sols, francs et écus, et, ajoutons, à qui nous savons gré de nous instruire ainsi du prix des choses vers le milieu du seizième siècle.

17. L'imagination marche vite : Perrette voit son porc comme si elle l'avait acheté déjà. Deux vers plus loin, elle dira de même :

　　Et qui m'empêchera de mettre en notre étable,
　　Vu le prix dont il *est*, une vache et son veau ?

C'est ainsi que, dans la fable telle que la donne un des *Pantchatantras*, celui qui a été traduit par l'abbé Dubois, le Brâhmane dit : « Riche comme je le *suis*, il convient aussi que ma femme et mes enfants aient en abondance beaux vêtements de couleur et joyaux de toute sorte. » De pareils emplois de temps se trouvent plusieurs fois dans le chapitre de Rabelais cité à la notice, pour exprimer de même les illusions de l'imagination qui croit tenir ce qu'elle désire : « De là prendrons Candie…. et donnerons sus la Morée. Nous la tenons. » Et plus loin : « Que boyrons-nous par ces desers?… Nous, dirent-ilz, auons ia donné ordre à tout. Par la mer Siriace, vous auez neuf mille quatorze grands naufz chargees des meilleurs vins du monde : elles arriuerent à Iaphes. Là se sont trouuez vingt et deux cens mille chameaulx, et seize cens

J'aurai, le revendant, de l'argent bel et bon.
Et qui m'empêchera de mettre en notre étable,
Vu le prix dont il est, une vache et son veau, 20
Que je verrai sauter au milieu du troupeau ? »
Perrette là-dessus saute aussi, transportée [18] :
Le lait tombe ; adieu veau, vache, cochon, couvée [19].
La dame [20] de ces biens, quittant d'un œil marri [21]
    Sa fortune ainsi répandue, 25
    Va s'excuser à son mari,
    En grand danger d'être battue.
    Le récit en farce [22] en fut fait ;
    On l'appela *le Pot au lait*.

elephans, lesquelz aurez prins à vne chasse enuiron Sigeilmes, lors que entrastes en Libye : et d'abondant eustes toute la garauane de la Mecha. Ne vous fournirent-ilz de vin à suffisance? — Voyre mais, dist-il, nous ne beumes poinct frais (tome I, p. 125-126). » La Fontaine, en composant cette fable, avait présent à l'esprit, sous les yeux peut-être, tout ce chapitre de Rabelais, comme paraissent l'indiquer, outre l'allusion à Picrochole, ces tours semblables du récit.

18. Dans le conte cité de Nicolas de Pergame, c'est à un cheval qu'elle songe; chez des Périers, à un poulain. Elle imite le saut de l'un, en criant *gio, gio!* la ruade de l'autre et son cri *hin!* Dans le *Démocrite*, fêtant sa richesse par un festin, par un bal, elle ouvre la danse avec son mari.

19. Chamfort a relevé l'insuffisance de la rime de *transportée* et *couvée*.

20. *Domina;* la maîtresse de ces biens.

21. D'un œil triste : le vieil adjectif *marri* était encore fort usité dans la langue familière au dix-septième siècle, mais se joignait d'ordinaire à des noms de personnes.

22. Ce mot doit se prendre ici dans le sens où il se prenait autrefois pour désigner une action plaisante, un petit drame populaire. Éd. Fournier (*la Farce et la Chanson au théâtre avant 1660*, en tête des *Chansons de Gaultier Garguille*, Jannet, 1858, p. xx et suivantes) a cité de nombreux exemples de farces tirées des contes et fabliaux. Le fond de la farce était un fait, un récit, auquel se mêlaient d'ordinaire plusieurs personnages s'entretenant ensemble. Il est probable que, dans celle que la Fontaine a en vue à ce vers et au suivant, le mari de la Laitière avait un rôle. Il ne

LIVRE VII.

>   Quel esprit ne bat la campagne ?
>   Qui ne fait châteaux en Espagne²³ ?   30
> Picrochole²⁴, Pyrrhus²⁵, la Laitière, enfin tous,
>   Autant les sages que les fous.
> Chacun songe en veillant ; il n'est rien de plus doux :
> Une flatteuse erreur emporte alors nos âmes ;   35
>   Tout le bien du monde est à nous,

figure point dans la nouvelle du Messin Philippe de Vigneulles, dont on doit la publication à M. H. Michelant[a], ni dans les contes 164 et 168 des frères Grimm[b], rédigés, l'une comme les autres, d'après des variantes populaires, provinciales, de la tradition indienne. Ces trois versions de l'historiette sont tout en dialogue, donc de vrais petits drames ; mais on conçoit bien qu'un seul acteur ait suffi quelquefois à la mise en scène, que, par exemple, la farce à laquelle Rabelais semble faire allusion (voyez ci-dessus, p. 147) se réduisît à un monologue du Cordonnier dans son échoppe.

23. « On a dit aussi (remarque Littré, d'après l'historique que, à l'article CHÂTEAU, il a donné de la locution, laquelle se trouve, dès le treizième siècle, dans le *Roman de la Rose*[c]), château en *Asie*, château en *Albanie* : de sorte que, au fond, cela veut dire faire des châteaux en pays étrangers, là où l'on n'est pas, c'est-à-dire se repaître de chimères ; le nom de l'Espagne a fini par prévaloir, sans doute parce qu'il était très-connu par les récits de Roland. »

24. La Fontaine a écrit *Pichrocole*, orthographe qui a été reproduite dans les éditions de 1682, 1688, 1708, 1729 ; elle est contraire à l'étymologie (πικρόχολος, ayant une bile âcre). — Quant au personnage que désigne ce nom, voyez le *Gargantua* (particulièrement le chapitre XXXIII, cité dans la notice), où Rabelais a si gaiement reproduit, entre Picrochole, poussé à la folie des conquêtes par ses gouverneurs, et le routier Échéphron, l'entretien de Pyrrhus et de Cinéas dans Plutarque (*Pyrrhus*, chapitre XIV).

25. C'est ce roi d'Épire, nommé dans la note précédente, qui rêvait la conquête du monde : voyez sa Vie dans Plutarque ; voyez aussi ce que dit de lui Boileau, épître I, vers 61-86.

[a] Dans l'*Athenæum français* du 26 novembre 1853, p. 1137 et 1138.
[b] Philippe de Vigneulles écrivait au seizième siècle ; les frères Grimm, qui n'ont pas connu son manuscrit, ont puisé dans des recueils allemands de 1581 et de 1601.
[c]   Lors feras chastiaus en Espaigne.
              (Vers 2530.)

Tous les honneurs, toutes les femmes.
Quand je suis seul, je fais au plus brave un défi ;
Je m'écarte[26], je vais détrôner le Sophi[27] ;
    On m'élit roi, mon peuple m'aime ;   40
Les diadèmes vont sur ma tête pleuvant :
Quelque accident fait-il que je rentre en moi-même,
    Je suis gros Jean[28] comme devant.

26. C'est-à-dire, je fais une pointe (en Asie) ; je cours en imagination les chemins loin des lieux où je suis.

27. Sophi, ou Sofi, est le nom qu'on donnait autrefois, dans l'Occident, au souverain de la Perse. Il est tiré, dit Littré, du « persan *sefewy*, adjectif patronymique dérivé du nom du cheik *Sefy*, sixième ancêtre de Chah Ismaïl, fondateur de la dynastie des sophis, » qui finit en 1736, en la personne d'Abbas III. — Geruzez trouve que « ces deux vers sentent le matamore » ; mais cela les empêche-t-il d'être tout naturels et fort bien à leur place dans un rêve ?

28. C'est-à-dire un homme de village ou d'humble condition. *Gros Ian* et *Grand Tibault* sont deux noms de paysans, dans une chanson que cite Rabelais (Prologue du quart livre, tome II, p. 263). Le vers est devenu proverbe (si le proverbe n'avait déjà cours) et semble faire allusion au héros de quelque histoire populaire, à quelque aventurier retombé à rien après de courtes et fantastiques grandeurs. Pour ceux qui savaient que Jean était le prénom du fabuliste, l'application était plus plaisante.

FABLE XI.

LE CURÉ ET LE MORT.

« M. de Boufflers (*le frère aîné du maréchal*) a tué, dit Mme de Sévigné, un homme, après sa mort. Il étoit dans sa bière et en carrosse; on le menoit à une lieue de Boufflers pour l'enterrer; son curé étoit avec le corps. On verse; la bière coupe le cou au pauvre curé. » (Tome II, p. 514, lettre du 26 février 1672 : la mort du comte de Boufflers est du 14.) Quelques jours après, à la date du 9 mars (tome II, p. 529-530), elle écrit : « Voilà une petite fable de la Fontaine, qu'il a faite sur l'aventure du curé de M. de Boufflers, qui fut tué tout roide en carrosse auprès de lui : cette aventure est bizarre; la fable est jolie, mais ce n'est rien au prix de celles qui suivront. » Elle ajoute, faisant allusion au dernier vers : « Je ne sais ce que c'est que ce *Pot au lait*. »

L'origine de cette fable est donc incontestable, et il est fort intéressant d'apprendre que, si peu de temps après sa composition, elle circulait déjà avec quelques autres, dans un public choisi, sans doute en manuscrit; au moins n'avons-nous aucune trace de tirages à part. Au 9 mars 1672, la Fontaine avait-il déjà composé *la Laitière et le Pot au lait*? On peut en douter d'après les derniers mots de Mme de Sévigné. Le vers qui termine *le Curé et le Mort* pouvait très-bien n'être à ce moment qu'une allusion à l'ancien conte déjà traité par Bonaventure des Périers ou à celui qui est mentionné par Rabelais; en ce cas, il marquerait simplement que la pensée de la Fontaine se tournait déjà vers ce sujet, qu'il songeait à le reprendre pour son compte, ce qu'il dut faire presque aussitôt. On pourrait aussi supposer que *la Laitière et le Pot au lait* existait déjà, mais n'était pas encore, comme le récit de l'anecdote du jour, livrée à l'empressement des amis de l'auteur. — Au sujet du nom de *Messire Jean Chouart* donné au Curé, il y a une anecdote, mais forgée assez tard, et que Walckenaer traite à bon droit de ridicule (*Histoire.... de la Fontaine*, tome I, p. 307-308). Voici ce qu'on lit dans une lettre adressée à Fréron, et que celui-ci a insérée dans son *Année littéraire*, 1775, tome V, p. 252-256 : « Le nom de ce curé Chouart n'est point.... inventé à plaisir pour la rime : il a réellement existé ; il était d'une famille très-distinguée de la Touraine, conseiller du Roi, docteur en théologie dans la Faculté de Paris, curé de Saint-Germain-le-Vieux[1], doyen de Messieurs les curés de cette ville, ami de Boileau, de Racine, de la Fontaine, etc. » L'auteur de cette lettre, l'abbé Choquet, dit tenir ces détails de l'abbé d'Olivet, et raconte que le curé Chouart était de ce repas où Racine et Boileau pressèrent la Fontaine d'aller à Château-Thierry pour se raccommoder avec sa femme ; il joignit ses instances aux leurs ; et ce fut au retour de ce voyage, qui fut sans résultat, comme on sait (voyez la *Notice biographique*, tome I, p. xlv), que la Fontaine composa cette fable, et diffama ainsi, pour se venger, le nom du curé, son ami. Rien de moins vraisemblable que ce récit. Nous n'essayerons pas de préciser ici la date du voyage à Château-Thierry ; il serait assez difficile de savoir s'il peut ou non se rapporter au temps de la mort du comte de Boufflers[2]. Mais ce qu'on a le droit d'affirmer, c'est que rien dans la vie du poëte n'autorise à le croire capable d'une méchanceté pareille[3]. Il n'a eu aucun penchant pour la satire personnelle et directe. Deux fois seulement il se la permit, contre Lulli et contre Furetière, quand il put se croire joué par l'un, et qu'il se vit grossièrement attaqué par l'autre. La seule malice sans doute qu'on puisse ici lui reprocher est d'avoir choisi pour son joyeux curé de campagne un nom que les lecteurs du *Pantagruel* durent trouver assez significatif. Les mots de *Maître Jean Chouart* se rencontrent dans un des épisodes les plus libres de l'histoire de Panurge (livre II, chapitre xxi, tome I, p. 325[4]), et,

1. Ancienne église de Paris, près du marché Neuf et du pont Saint-Michel.
2. Voyez cependant la fin de la note 1 de la page xlv, déjà citée, de la *Notice biographique* : d'après cette note, le voyage à Château-Thierry aurait eu lieu lorsque la Fontaine était déjà de l'Académie, où il n'entra qu'en 1684.
3. C'en eût été une grande en effet, et, cette personnalité admise, il n'y aurait certes plus lieu à l'indulgence que témoigne M. Taine (en son chapitre I, de la 2ᵉ partie, *les Personnages*, § iv), lorsqu'il dit (p. 124) au sujet de notre fable : « Il y a dans ce récit beaucoup de malice, mais point de méchanceté. »
4. J.-B. Rousseau, dans son épigramme x du livre IV (Lon-

quoi qu'en dise Walckenaer, nous sommes loin de penser que la Fontaine « avait sans doute oublié cette circonstance, qu'il ne se souvenait que du batteur d'or. » Jean Chouart de Montpellier, dont il est question au chapitre LII du quart livre (tome II, p. 451).
— « Nous ne ferons aucune remarque, dit Chamfort, sur cette méchante petite historiette, à qui la Fontaine a fait, on ne sait pourquoi, l'honneur de la mettre en vers. Elle a d'ailleurs l'inconvénient de retomber dans la moralité de la fable précédente, qui vaut cent fois mieux; aussi personne ne parle de *Messire Jean Chouart;* mais tout le monde sait le nom de la pauvre *Perrette*. » *Personne*, c'est par trop dédaigneux; il suffisait de dire que le premier apologue est bien plus connu, plus goûté, plus populaire même que le second.

>   Un mort s'en alloit tristement
>   S'emparer de son dernier gîte ;
>   Un Curé s'en alloit gaiement
>   Enterrer ce mort au plus vite [5].
> Notre défunt étoit en carrosse porté,   5
>   Bien et dûment empaqueté,
> Et vêtu d'une robe, hélas ! qu'on nomme bière,
>   Robe d'hiver, robe d'été,
>   Que les morts ne dépouillent guère [6].
>   Le Pasteur étoit à côté,   10
>   Et récitoit, à l'ordinaire,
>   Maintes dévotes oraisons,
>   Et des psaumes et des leçons [7],

dres, 1753), se sert du même nom de « Maître Jean Chouart ».

5. On remarquera le tour vif et leste de ces quatre vers, et la manière dont ils se répondent deux à deux. « On dirait à entendre ces vers que le bonhomme fredonne une chanson entre ses dents. » (M. TAINE, p. 318.)

6. Cette métaphore a une mélancolie singulière dans sa poétique énergie.

7. « On appelle aussi *leçon*, certains petits chapitres de l'Écriture ou des Pères, que l'on récite ou que l'on chante à Matines. » (*Dictionnaire de l'Académie*, 1694.)

158 FABLES. [F. XI

Et des versets et des répons⁸ :
« Monsieur le Mort, laissez-nous faire,   15
On vous en donnera de toutes les façons⁹;
Il ne s'agit que du salaire. »
Messire Jean Chouart¹⁰ couvoit des yeux son mort,
Comme si l'on eût dû lui ravir ce trésor,
Et des regards sembloit lui dire :   20
« Monsieur le Mort, j'aurai de vous
Tant en argent, et tant en cire¹¹,
Et tant en autres menus coûts¹². »
Il fondoit là-dessus l'achat d'une feuillette
Du meilleur vin des environs ;   25
Certaine nièce assez propette¹³
Et sa chambrière Pâquette
Devoient avoir des cotillons.

8. « Paroles ordinairement tirées de l'Écriture qui se disent ou se chantent dans l'office de l'Église, après les leçons ou après les chapitres, et que l'on répète entières ou en partie. » (*Dictionnaire de l'Académie*, 1694.) — Les éditions de 1678, 1682, 1688 et celle de Londres 1708 portent *réponds*.

9. « Écoutez maintenant ces rimes accumulées et ces sons pressés qui expriment la volubilité et la loquacité.... La multitude des rimes rapprochées étourdit le lecteur.... » (M. Taine, p. 318.)

10. Voyez la notice de la fable.

11. Aujourd'hui encore le casuel de la cire, les cierges qui ont été employés à un enterrement, se partagent entre le clergé et la fabrique d'une église.

12. *Coût*, « ce qu'une chose coûte, » dit l'Académie (1694) : en autres menus frais.

13. Telle est la leçon des éditions originales; celle de 1708 donne *proprette*. Notons, du reste, que ni l'un ni l'autre ne se trouvent ni chez Furetière (1690), ni dans les trois premières éditions du *Dictionnaire de l'Académie;* Richelet (1679) n'a que *propret, proprette*, mais il le donne à la place où alphabétiquement devrait être *propet*, et, si le mot, avec *r*, n'était quatre fois dans l'article, on se demanderait si l'en-tête Propret n'est pas une faute d'impression. Le *Dictionnaire de Trévoux* (1771) a *propet* et *propret*, chacun à sa place; mais il dit que le premier est seul en usage;

>   Sur cette agréable pensée,
>   Un heurt[14] survient : adieu le char.
>   Voilà Messire Jean Chouart
> Qui du choc de son mort a la tête cassée :
> Le paroissien en plomb[15] entraîne son pasteur ;
>   Notre Curé suit son seigneur[16] ;
>   Tous deux s'en vont de compagnie.
>
>   Proprement toute notre vie
> Est le curé Chouart, qui sur son mort comptoit,
>   Et la fable du *Pot au lait*[17].

Littré fait remarquer que c'est le contraire aujourd'hui. — Le prénom *Pâquette* qui termine le vers suivant a un équivalent latin *Paschasia*.

14. Un choc. Voyez, à la fin du livre IX, le *Discours à Mme de la Sablière*, vers 195.

15. Le paroissien vêtu de sa robe de plomb, enfermé dans la bière de plomb. Cela ne peut, comme on l'a supposé, signifier « le paroissien de plomb, transformé en plomb ; » la préposition *en*, dont on se sert souvent aujourd'hui pour exprimer la matière, n'a point ce sens en bon français et surtout ne l'avait point autrefois. — Nodier fait remarquer que cette catastrophe est « racontée avec une gaieté dure, » et il ajoute qu'elle « est trop fâcheuse d'ailleurs pour une fable. »

16. M. de Boufflers : voyez le commencement de la notice.

17. Au sujet de ce dernier vers, voyez le commencement de la notice de la fable.

FABLE XII.

L'HOMME QUI COURT APRÈS LA FORTUNE,
ET L'HOMME QUI L'ATTEND DANS SON LIT.

La source de cette fable est inconnue; la Fontaine s'est inspiré, dans le détail, de plusieurs poëtes anciens ou modernes, Lucrèce, Horace, Racan (voyez ci-dessous les notes); ou plutôt il s'est inspiré de son propre caractère, de son amour du repos, de son goût si vif pour la solitude, de son horreur pour les soucis de la fortune et les tracas de l'ambition. Peut-être ne faut-il pas chercher ailleurs l'origine de cet apologue dont le cadre n'était pas difficile à imaginer. On peut toutefois se demander s'il ne s'est pas souvenu de l'emblème xvi de Gueroult, p. 44-46 : *Fortune fauorise sans labeur*, où les vers suivants sont mis dans la bouche de « Thimothée, empereur athénien, estimé le plus heureux de son temps » :

> Viateur qui es desireux
> De sauoir les tours de fortune,
> Et combien el' rend l'homme heureux,
> Quand elle luy est opportune,
> Ie te prie, arreste tes pas
> Et contemple un peu en toy mesme,
> Assauoir mon[1] si ie n'ay pas
> Tout l'heur de sa faueur supresme.
> Mon corps en doux repos estant
> Fortune (amye) pour moy veille,
> Voire et des biens m'amasse tant
> Que chascun en ha grand merueille.
> Ses retz estend en un moment
> Sur chasteaux, villes de deffence,
> Les attrappant subtilement
> Pour m'en donner la iouyssance.
> Quel seray ie estant esueillé

1. Vieille particule affirmative. Littré, à l'Historique du 2ᵈ article Mon, cite un exemple de Marot de *A sçavoir-mon*.

S'en moy dormant tel bien abonde?
Heur plus grand m'est appareillé :
Voire tout l'Empire du monde.

« Il y a dans cette fable, dit Saint-Marc Girardin (xv⁰ leçon, tome II, p. 45), et dans le récit des aventures du coureur de richesse un arrière-souvenir des *Deux Pigeons*. Ne courons pas au loin pour chercher le bonheur ou la fortune : le bonheur est près de nous; il ne s'agit que de savoir le goûter. La fortune aussi est souvent près de nous, et nous nous en éloignons quand nous courons la chercher. La meilleure et la plus sûre fortune est celle que nous nous faisons sur place, dans la condition que le sort nous a donnée, celle qui se compose surtout de la modération de nos désirs. Désirer un peu moins qu'on n'a, c'est là notre plus vraie fortune, et c'est celle-là qui est assise à notre porte. » L'auteur ajoute (p. 46), avec grand sens, sous un air de paradoxe : « J'avoue, quand j'y pense, que c'est un grand bonheur pour les hommes que la Fortune soit aveugle. Il n'y a rien de si consolant pour la vanité et pour le mérite; il n'y a rien même de si commode et de si avantageux pour le commerce du monde. » Puis, après l'avoir démontré dans une charmante causerie, il termine (p. 48) par ce trait : « Il y a je ne sais combien d'agréables illusions, et il y a aussi je ne sais combien de jugements réparateurs, qui tiennent au bandeau que la Fortune a sur les yeux. Quiconque le lui ôtera sera un ennemi des hommes et des Dieux. »

  Qui ne court après la Fortune?
Je voudrois être en lieu d'où je pusse aisément
  Contempler la foule importune
  De ceux qui cherchent vainement
Cette fille du Sort de royaume en royaume,
Fidèles courtisans d'un volage fantôme².   5
  Quand ils sont près du bon moment,
L'inconstante aussitôt à leurs desirs échappe :

---

2. « Bel exemple d'antithèse, » dit Nodier. L'opposition n'est pas seulement dans les mots, elle « est aussi dans les idées, ajoute Geruzez, et c'est pour cela que le vers est excellent. »

Pauvres gens! je les plains; car on a pour les fous
    Plus de pitié que de courroux³.   10
« Cet homme, disent-ils, étoit planteur de choux,
    Et le voilà devenu pape⁴ :
Ne le valons-nous pas ? — Vous valez cent fois mieux;
    Mais que vous sert votre mérite ?
    La Fortune a-t-elle des yeux⁵ ?   15
Et puis la papauté vaut-elle ce qu'on quitte,
Le repos, le repos, trésor si précieux⁶
Qu'on en faisoit jadis le partage des Dieux⁷ ?
Rarement la Fortune à ses hôtes le laisse.
    Ne cherchez point cette déesse,   20
Elle vous cherchera : son sexe en use ainsi. »

    3. Les plaindre « était le caractère de la Fontaine, et c'est ce qui a rendu sa satire moins amère que celle de tant d'autres satiriques qui ont pour les fous plus de colère que de pitié. » (Chamfort.)
    4. Nous ne connaissons point précisément d'ancien « planteur de choux » devenu pape; mais Adrien IV était le fils d'un mendiant du Hertfordshire; Sixte IV était fils d'un pêcheur; une tradition, il est vrai, contestable, veut que Sixte-Quint ait été porcher, etc. Le fameux « planteur de choux », c'est l'empereur Dioclétien à Salone, mais après l'abdication de l'empire, non avant l'avénement.
    5. Voyez ci-dessus, la fin de la notice. — La comparaison exprimée d'un ton si calme et si doux dans les vers 13 et 14 fait penser au fameux monologue du *Mariage de Figaro* (acte V, scène III, tout près du début), où elle devient la plus amère déclamation.
    6. « Tout le monde, dit Chamfort, a retenu ces deux vers, qui expriment si bien le vœu d'une âme douce et insouciante; mais ce sentiment est encore mieux exprimé dans le charmant morceau de la fin de cet apologue. »
    7. C'est la doctrine des Épicuriens, professée, en ces termes, par Lucrèce dans son livre II, vers 646-647 :

> *Omnis enim per se Divum natura necesse est*
> *Immortali ævo summa cum pace fruatur,*

et combattue par les Stoïciens: voyez, entre autres, Marc-Aurèle, livre II, § 11. La Fontaine, qui n'est pas stoïcien, exprime souvent

Certain couple d'amis, en un bourg établi,
Posseédoit quelque bien. L'un soupiroit sans cesse
    Pour la Fortune ; il dit à l'autre un jour :
    « Si nous quittions notre séjour ?   25
    Vous savez que nul n'est prophète
En son pays[8] : cherchons notre aventure[9] ailleurs.
— Cherchez, dit l'autre ami[10] : pour moi[11] je ne souhaite
    Ni climats ni destins meilleurs.
Contentez-vous ; suivez votre humeur inquiète[12] : 30

cette même idée ; dans le *Prologue* de l'opéra de *Daphné* (vers 13-17), Vénus dit à Jupiter :

> Ce qui fait le bonheur des Dieux,
> C'est de n'avoir aucune affaire,
>   Ne point souffrir,
>   Ne point mourir,
>   Et ne rien faire.

8. Le proverbe revient dans la fable xxvi du livre VIII, vers 7 :

> Aucun n'est prophète chez soi.

Il se lit, comme dit par le Sauveur, dans les quatre évangiles ; ainsi chez saint Luc, pour le citer sous la forme la plus voisine de la française (chapitre iv, verset 24) : *Nemo propheta acceptus est in patria sua.*

9. C'est, avec *notre* de plus, le même emploi absolu que dans la locution fréquente que nous avons vue au livre I, fable x, vers 5 : *chercher aventure*, c'est-à-dire « chercher quelque bonne chance ou rencontre. »

10. « Cette amitié-là n'est pas bien vive, dit Chamfort ; ce n'est pas comme celle des deux amis du Monomotapa (livre VIII, fable xi). » Et il ajoute avec une délicate justesse : « Mais dans cette fable-ci, il y a un des deux amis qui est un avare ou un ambitieux (vers 33), et ces gens-là sont aimés froidement, et aiment encore moins. »

11. Pas de virgule après *moi* dans l'original : « je ne souhaite pour moi. »

12. Inquiet, comme le latin *inquietus*, agité, ennemi du repos. La Fontaine emploie la même expression d' « humeur inquiète » dans *les Deux Pigeons* (livre IX, fable ii, vers 20). Comparez aussi livre VI, fable v, vers 9.

Vous reviendrez bientôt[13]. Je fais vœu cependant
  De dormir en vous attendant. »
L'ambitieux, ou, si l'on veut, l'avare,
  S'en va par voie et par chemin.
    Il arriva le lendemain   35
En un lieu que devoit la déesse bizarre
Fréquenter sur tout autre[14]; et ce lieu, c'est la cour.
Là donc pour quelque temps il fixe son séjour,
Se trouvant au coucher, au lever[15], à ces heures
  Que l'on sait être les meilleures[16],   40
Bref, se trouvant à tout, et n'arrivant à rien[17].
« Qu'est ceci ? ce dit-il, cherchons ailleurs du bien.
La Fortune pourtant habite ces demeures;
Je la vois tous les jours entrer chez celui-ci,
  Chez celui-là : d'où vient qu'aussi   45
Je ne puis héberger cette capricieuse ?
On me l'avoit bien dit, que des gens de ce lieu
L'on n'aime pas toujours l'humeur ambitieuse.
Adieu, Messieurs de cour; Messieurs de cour, adieu :

13. Ce n'est pas une prière; c'est une prédiction : le sage désabusé sait que son ami sera bientôt dégoûté du monde et de ses chimères. Dans la fable, que nous venons de citer, des *Deux Pigeons*, c'est le partant qui dit lui-même :

Je reviendrai dans peu,

à son tendre ami, si différent de l'insouciant philosophe de celle-ci.
14. Plus que tout autre.
15. Aux réceptions et admissions qui précédaient le coucher du Roi ou suivaient son lever, et qui se distinguaient en coucher et petit coucher, grand lever et petit lever. Voyez Molière, *le Misanthrope*, acte II, scène IV, vers 739-740.
16. Ce passage rappelle ce vers de Virgile :

Sola viri molles aditus et tempora noras.
(*Énéide*, livre IV, vers 423.)

17. *Multa agendo nihil agens*, dit Phèdre, dans le sens, un peu différent, de s'agiter sans agir (livre II, fable V, vers 3).

Suivez jusques au bout une ombre qui vous flatte.   50
La Fortune a, dit-on, des temples à Surate[18] :
Allons là. » Ce fut un de dire et s'embarquer.
Ames de bronze, humains, celui-là fut sans doute
Armé de diamant[19], qui tenta cette route,
Et le premier osa l'abîme défier.   55
  Celui-ci, pendant son voyage,
  Tourna les yeux vers son village
 Plus d'une fois, essuyant les dangers
Des pirates, des vents, du calme et des rochers,
Ministres de la Mort : avec beaucoup de peines   60
On s'en va la chercher en des rives lointaines,
La trouvant assez tôt sans quitter la maison.

18. Grande ville de l'Inde, à deux cent soixante-dix kilomètres N. de Bombay, où les Anglais fondèrent un comptoir dès 1612, et qui leur appartient depuis 1800. Au dix-septième siècle, les Français et les Hollandais y avaient également des factoreries, et c'était une des villes les plus commerçantes et les plus riches de l'Orient. Les pèlerins qui se rendent de l'Hindoustan à la Mecque viennent en foule, aujourd'hui encore, s'y embarquer : ce qui lui a valu le surnom de *Porte de la Mecque*.

19. Il y a un renchérissement semblable d'expressions au dernier vers de la fable XVI du livre V :

  Ils sont pour vous d'airain, d'acier, de diamant.

N'était la gradation qui termine ce vers-là, on serait tenté de prendre ici *diamant* au sens d'*acier* que les poëtes grecs et latins donnaient à *adamas*; Pindare, par exemple, dans ce vers d'un fragment (scolie II, vers 6, édition Boissonade, p. 289) où il le joint au mot signifiant *fer* :

  Ἐξ ἀδάμαντος ἠὲ σιδάρου.

Mais, pour l'idée, c'est Horace que rappelle la Fontaine :

  Illi robur et æs triplex
Circa pectus erat, qui fragilem truci
  Commisit pelago ratem
Primus, nec timuit præcipitem Africum
  Decertantem Aquilonibus, etc.

   (Ode III du livre I, vers 9-13.)

166 FABLES. [F. XII

L'homme arrive au Mogol[20] : on lui dit qu'au Japon[21]
La Fortune pour lors distribuoit ses grâces.
  Il y court. Les mers étoient lasses   65
  De le porter ; et tout le fruit
  Qu'il tira de ses longs voyages,
Ce fut cette leçon que donnent les sauvages :
« Demeure en ton pays, par la nature instruit. »
Le Japon ne fut pas plus heureux à cet homme   70
  Que le Mogol l'avoit été :
  Ce qui lui fit conclure en somme
Qu'il avoit à grand tort son village quitté[22].
  Il renonce aux courses ingrates[23],
Revient en son pays, voit de loin ses pénates,   75
Pleure de joie[24], et dit : « Heureux qui vit chez soi,
De régler ses desirs faisant tout son emploi[25] !

 20. Voyez à la fable VI de ce livre, p. 122, note 12.
 21. Vaste empire, industrieux et riche, dont alors l'imagination des Européens exagérait d'autant plus l'opulence, qu'il leur était interdit d'y pénétrer.
 22. Voyez ci-après, fable XIII du livre VIII, vers 1.
 23. Infructueuses : expression poétique empruntée au latin.
 24. « La Fontaine, dit l'abbé Guillon, est admirable pour saisir ces traits de sentiment, qui prouvent dans le poëte une connaissance profonde de la nature. *Pénates* a quelque chose de plus affectueux que le mot de *toit* ou de *maison*. C'étaient les dieux domestiques sous la protection desquels on mettait la maison et ses habitants. »
 25. *Felix qui patriis ævum transegit in agris*, etc.
    (CLAUDIEN, épigramme II, vers 1.)

  Heureux qui satisfait de son humble fortune,
  Libre du joug superbe où je suis attaché,
  Vit dans l'état obscur où les Dieux l'ont caché !
    (RACINE, *Iphigénie*, acte I, scène I, vers 10-12.)

Racan avait déjà dit, dans ses stances sur la retraite :

  Ô bienheureux celui qui peut de sa mémoire
  Effacer pour jamais ce vain espoir de gloire

                Il ne sait que par ouïr dire [26]
Ce que c'est que la cour, la mer, et ton empire,
Fortune, qui nous fais passer devant les yeux   80
Des dignités, des biens, que jusqu'au bout du monde
On suit, sans que l'effet aux promesses réponde [27].
Désormais je ne bouge, et ferai cent fois mieux. »
            En raisonnant de cette sorte,
Et contre la Fortune ayant pris ce conseil,   85
            Il la trouve assise à la porte
De son ami, plongé dans un profond sommeil [28].

> Dont l'inutile soin traverse nos plaisirs,
> Et qui, loin retiré de la foule importune,
> Vivant dans sa maison, content de sa fortune,
> A selon son pouvoir mesuré ses desirs!

Faut-il rappeler aussi *le Vieillard du Galèse*, vers 125 et suivants du livre IV des *Géorgiques* de Virgile?

26. Littré, à l'Historique de l'article Ouïr, cite un exemple de *par ouïr dire*, de Montaigne (livre I, chapitre XXIV, tome I, p. 184), et un du treizième siècle, de *par oïr dire;* mais, dans sa citation de notre exemple, à l'article Ouï-dire, il donne la leçon altérée et rajeunie de 1708, 1729, et de la plupart des éditions modernes, à savoir le participe *ouï*, au lieu de l'infinitif *ouïr*.

27. « La Fontaine est toujours animé, toujours plein de mouvement et d'abondance, lorsqu'il s'agit d'inspirer l'amour de la retraite, de la douce incurie, de la médiocrité dans les désirs. Voyez cette apostrophe : *Et ton empire, Fortune;* et puis cette longue période qui semble se prolonger comme les fausses espérances que la Fortune nous donne, et l'adresse avec laquelle il garde pour la fin :

> .... sans que l'effet aux promesses réponde.

Ce sont là de ces traits qui n'appartiennent qu'à un grand poëte. » (Chamfort.)

28. Fortune, qui ne dort que lorsque nous veillons,
    Et veille quand nous sommeillons....

> (*La Fiancée du roi de Garbe*, conte XIV de la IIe partie, vers 399-400.)

— André Chénier s'est souvenu de ce dernier vers, dans sa x® élégie du livre I (vers 15-18) :

> .... Sur mon seuil jamais cette volage (*la Fortune*)
> N'a mis le pied. Mais quoi? Son opulent passage,
> Moi qui l'attends plongé dans un profond sommeil,
> Viendra, sans que j'y pense, enrichir mon réveil.

— Pour que l'épilogue devienne une vraie moralité, un conseil de conduite, il suffit d'ajouter qu'à côté du proverbe : La Fortune vient en dormant, » il en est un autre : « Aide-toi, le Ciel t'aidera, » si bien mis en action dans *le Chartier embourbé* (fable xviii du livre VI).

FABLE XIII.

LES DEUX COQS.

Ésope, fab. 145, Ἀλέκτορες (Coray, p. 86-88, sous quatre formes); Ἀλέκτορες καὶ Ἀετός (Coray, p. 343-345, sous deux formes). — Babrius, fab. 5, Ἀλεκτορίσκοι. — Aphthonius, fab. 12, *Fabula Gallinaceorum, adhortans ad moderationem in rebus prosperis* (c'est la 3° des formes données par Coray). — Pantaleo Candidus (Weiss), fab. 121, *Galli gallinacei.* — Haudent, 2° partie, fab. 30, *de Deux Coqs et d'un Aigle.* — Cette fable est aussi le sujet de la vi° du *Choix de fables arméniennes* (1825, p. 13) et du quatrain 153 de Benserade :

> Deux Coqs, étant rivaux, se battoient de bon cœur.
> L'Aigle vint tout à coup fondre sur le vainqueur,
> Qui faisoit trop de bruit à cause de sa gloire,
> Et laissa le vaincu jouir de la victoire.

Mythologia æsopica Neveleti, p. 207, p. 331.
Une fable d'Abstemius, *de Gallis inter se pugnantibus* (n° 160, p. 602-603 de Nevelet), débute par le récit d'une rivalité semblable et du même insolent triomphe, mais pour aboutir à un dénouement et à une moralité tout autres : le Coq vaincu, laissant son ennemi s'amollir dans l'inaction et les plaisirs, se retire parmi les Paons et les Corneilles, avec lesquels il s'exerce journellement à combattre; puis il revient prendre une revanche facile.

Deux Coqs vivoient en paix : une Poule survint,
    Et voilà la guerre allumée.
Amour, tu perdis Troie[1]; et c'est de toi que vint

---

1. « Quelle rapidité! quel mouvement! quel rapprochement heureux des petites choses et des grands objets! C'est un des charmes du style de la Fontaine. » (CHAMFORT.) — La Motte, dans son *Discours sur la fable* (p. XXVII, 1719), parle, à propos de ce même pas-

Cette querelle envenimée
Où du sang des Dieux² même³ on vit le Xanthe teint⁴ ! 5
Longtemps entre nos Coqs le combat se maintint.
Le bruit s'en répandit par tout le voisinage :
La gent qui porte crête au spectacle accourut ;
  Plus d'une Hélène⁵ au beau plumage
Fut le prix du vainqueur. Le vaincu disparut :   10
Il alla se cacher au fond de sa retraite,
  Pleura sa gloire et ses amours,
Ses amours qu'un rival, tout fier de sa défaite,

sage, de la « gaîté philosophique » qu'il y a « à nous faire sentir tout à coup une analogie très-étroite entre le petit et le grand. » — Même souvenir de Troie dans le conte xvi de la IVᵉ partie, vers 200-205 ; et chez Scarron, dans *le Roman comique* (Iʳᵉ partie, premières lignes du chapitre xix) : « L'amour, qui fait tout entreprendre aux jeunes et tout oublier aux vieux, qui a été cause de la guerre de Troie et de tant d'autres, etc. »

2. Au Vᵉ chant de l'*Iliade*, Vénus et Mars sont blessés par Diomède : voyez vers 330 et suivants, et vers 855 et suivants ; dans le XXIᵉ chant (vers 385 et suivants), tous les Dieux prennent part au combat, et Mars est renversé par Minerve.

3. A propos de ce *même* écrit sans *s*, Boissonade dit : « Les grammairiens condamnent cette façon d'écrire en prose ; en vers elle est autorisée. » (Lettre inédite, déjà citée à la page 131, note *a*.) Voyez le *Lexique de Corneille*, tome II, p. 81-82.

4. « Ce beau vers est un peu gâté, dit Chamfort, par la dureté des deux dernières syllabes, » mais dureté qui se peut, sinon sauver entièrement, du moins atténuer par la prononciation, au moyen d'une légère pause. — Le Xanthe, rendu célèbre par Homère et par Virgile, était, comme l'on sait, une rivière de la Troade, à l'ouest de Troie ; on l'appelait aussi *Scamandre*. Il sortait de l'Ida par deux sources et se jetait dans l'Hellespont, près du promontoire de Sigée, après avoir reçu le Simoïs.

5. Assimilation de même espèce que ce début de la fable xviii du livre VI : « Le Phaéton d'une voiture à foin. » — « Rien de plus naturel que cette expression, après avoir parlé de la guerre de Troie. » (Chamfort.) On peut, en se rappelant certaines épithètes homériques, en dire presque autant de la locution précédente : « qui porte crête ».

Possédoit à ses yeux⁶. Il voyoit tous les jours
Cet objet rallumer sa haine et son courage;   15
Il aiguisoit son bec, battoit l'air et ses flancs,
    Et, s'exerçant contre les vents,
    S'armoit d'une jalouse rage⁷.
Il n'en eut pas besoin. Son vainqueur sur les toits
    S'alla percher, et chanter sa victoire.   20
    Un Vautour entendit sa voix :
    Adieu les amours et la gloire ;
Tout cet orgueil périt sous l'ongle du Vautour⁸.

6. « Quel doux regret, dit encore Chamfort en parlant de ces vers, quel sentiment dans cette répétition! Le reste du tableau est de la plus grande force et figurerait dans une ode. » — La Fontaine applique ici à ses deux Coqs ce que Virgile a dit de deux taureaux :

Nec mos bellantes una stabulare; sed alter
Victus abit, longeque ignotis exsulat oris,
Multa gemens ignominiam plagasque superbi
Victoris, tum quos amisit inultus amores;
Et stabula adspectans regnis excessit avitis.
        (*Géorgiques*, livre III, vers 224-228.)

Nous avons déjà rapproché un de ces beaux vers du poëte latin, et un de la suite de sa description, de la fable des *Deux Taureaux et une Grenouille* (tome I, p. 139 et 140, notes 1 et 3).

7. Ceci encore rappelle ce que Virgile, dans les vers suivants, dit du taureau vaincu :

Ergo omni cura vires exercet....
Et tentat sese, atque irasci in cornua discit
Arboris obnixus trunco, ventosque lacessit
Ictibus, et sparsa ad pugnam proludit arena.
        (*Ibidem*, vers 229-234.)

8. Dans toutes les fables grecques le punisseur du Coq orgueilleux est un Aigle. — Chamfort voudrait que le poëte s'arrêtât à ce vers, qu'il trouve très-beau, comme il l'est en effet; la plaisanterie sur le caquet des femmes lui paraît usée et peu digne de notre auteur. Nous croyons, au contraire, que la Fontaine, par le changement de ton, a voulu montrer, et il y réussit habilement, qu'il rentrait dans son sujet, qui était, tout simplement, le combat de deux Coqs pour une Poule. C'est le ton simple et familier de l'apologue succédant aux grandes images de l'épopée; il les a bien

Enfin, par un fatal retour,
Son rival autour de la Poule
S'en revint faire le coquet⁹ :
Je laisse à penser quel caquet,
Car il eut des femmes en foule.

La Fortune se plaît à faire de ces coups¹⁰ :
Tout vainqueur insolent¹¹ à sa perte travaille¹².
Défions-nous du Sort, et prenons garde à nous
Après le gain d'une bataille.

empruntées un instant, mais il n'y veut pas demeurer jusqu'au bout : ce qui ne l'empêche pas, dans la moralité, de redevenir grave et élevé.

9. On peut voir là un léger jeu de mots, fait non sans dessein peut-être, sur le primitif *coq* et son dérivé *coquet,* qui se dit, comme le fait remarquer Littré, « d'après une métaphore empruntée aux allures du coq. »

10. De grands coups. (1688, 1708.)

11. Dans la très-courte fable de Desbillons (la xxiiiᵉ du livre IX : *Gallus et Vultur*) qui traite le même sujet, la morale est littéralement celle de la Fontaine :

Impune victor nullus insolens fuit.

12. Le poëte, tel que nous le connaissons, ne pensait certes pas ici au Grand Roi, et qui eût pu songer à lui appliquer ce vers en 1678, l'année du traité de Nimègue? Mais la pensée de Louis XIV s'impose à qui considère la suite de son règne et voit comme il fut cruellement puni, dans ses dernières années, d'avoir été longtemps un *vainqueur* hautain et *insolent*. Voyez, dans la *Correspondance de Fénelon* (tome II, p. 333), la fameuse lettre au Roi, qui paraît avoir été écrite, non envoyée probablement, à la fin de 1694 ou au commencement de 1695, et qu'on trouva, après la mort du prélat, dans ses papiers.

FABLE XIV.

L'INGRATITUDE ET L'INJUSTICE DES HOMMES ENVERS LA FORTUNE.

Abstemius, fab. 198, *de Viro qui se felicitatis suæ causam, infelicitatis vero Fortunam esse dicebat.*
Mythologia æsopica Neveleti, p. 617.

La fable d'Abstemius, que la Fontaine a développée, est une heureuse modification de la fable 82 d'Ésope, Γεωργός (Coray, p. 48-49, Nevelet, p. 156), et Γεωργὸς καὶ Τύχη (Coray, p. 317-318); on peut encore y reconnaître quelque chose du cadre primitif; la Fortune y est encore une vraie personne, elle entend l'injuste reproche du trafiquant malheureux et s'en indigne; dans le récit de la Fontaine, la Fortune, le Sort ou le Destin n'est plus qu'une abstraction. Voici le sujet ésopique dont Abstemius semble s'être inspiré, et qu'ont traité Avianus (fable 12, *Rusticus qui thesaurum invenerat*, dans Nevelet, p. 462-463), l'*Ysopet-Avionnet* (fable 6, *du Vilain qui trouva le tresor en sa terre*, dans Robert, tome II, p. 102-103), et Haudent (1re partie, fable 64, *d'un Laboureur et de Fortune*). Un Laboureur rencontre un trésor au fond d'un de ses sillons, il en rend grâce à la Terre et chaque jour lui offre des couronnes; la Fortune vient se plaindre: « Pourquoi veux-tu tout devoir à la Terre? C'est moi qui t'ai enrichi, dit-elle, moi que tu accuseras, si quelque revers des temps fait passer ton or en d'autres mains. » Chez Avianus (d'après le texte de Nevelet du moins), la Fortune ajoute une menace, et chez l'*Avionnet* elle se venge en réduisant le Vilain à la pauvreté. L'apologue n'impliquait-il pas déjà l'idée que l'homme attribue volontiers à sa seule industrie ce qu'il peut devoir à quelque heureux hasard? — Voyez les réflexions piquantes que fait, à propos de cette fable, Saint-Marc Girardin, au commencement de sa XVe leçon (tome II, p. 34 et suivantes), et la manière dont il l'applique à nos travers modernes : « Il y a, de nos jours, dit-il (p. 38), un autre être mystérieux que nous accusons volontiers de nos malheurs, et qui en est moins coupable encore que la Fortune : c'est la société. Que de plaintes, que de malédictions contre elle ! Archias est né pauvre : c'est vraiment la faute du Sort ; mais, comme Archias n'a ni activité ni industrie, il reste pauvre ; alors il accuse la société de sa pauvreté. « Cette société, dit-il, est mal organisée : point de « justice, point d'équité, point d'ordre. Tout va au rebours du « bon sens. » Que faut-il donc pour qu'Archias trouve que la société est bien organisée ? Il faut qu'il y soit riche et oisif. C'est à ce prix seulement qu'il déclarera qu'il n'y a plus de révolution à faire. Celle qui l'a élevé doit être la dernière : c'est la seule juste et légitime. »

Un trafiquant sur mer, par bonheur, s'enrichit.
Il triompha des vents pendant plus d'un voyage :
Gouffre, banc[1], ni rocher, n'exigea de péage[2]
D'aucun de ses ballots ; le Sort l'en affranchit.
Sur tous ses compagnons Atropos[3] et Neptune   5
Recueillirent leur droit[4], tandis que la Fortune
Prenoit soin d'amener son marchand à bon port.
Facteurs[5], associés, chacun lui fut fidèle.
Il vendit son tabac, son sucre, sa canèle[6],

1. Richelet définit ce mot de deux manières : « amas de sable sous l'eau », et « écueil ». L'Académie (1694) lui donne aussi ce double sens. C'est le premier qu'il faut entendre ici, puisque *rocher* vient ensuite.
2. « Belle expression, dit Chamfort, qui rajeunit une idée commune. »
3. Une des trois Parques : Clotho tenait la quenouille, Lachésis tournait le fuseau, Atropos coupait le fil.
4. « Leurs droits, » dans l'édition de Walckenaer et dans celles de Crapelet, Geruzez, etc. Mais les éditions originales portent bien « leur droit », au singulier.
5. Ses mandataires, commissionnaires pour les ventes et achats.
6. La Fontaine a écrit *canele* par une seule *n* comme Richelet (*canelle*, 1680), et, pour rimer plus exactement avec *fidele*, par une seule *l*, bien que de son temps on écrivît *cannelle* : voyez Furetière (1690) et le *Dictionnaire de l'Académie* (dès 1694). A la troisième rime cependant, l'édition originale porte *escarcelle*.

F. XIV] LIVRE VII. 175

Ce qu'il voulut, sa porcelaine encor : 10
Le luxe et la folie enflèrent son trésor;
Bref, il plut dans son escarcelle⁷.
On ne parloit chez lui que par doubles ducats⁸;
Et mon homme d'avoir⁹ chiens, chevaux et carrosses :
Ses jours de jeûne étoient des noces¹⁰. 15
Un sien ami, voyant ces somptueux repas,
Lui dit : « Et d'où vient donc un si bon ordinaire ?
— Et d'où me viendroit-il que de mon savoir-faire ?
Je n'en dois rien qu'à moi, qu'à mes soins, qu'au talent
De risquer à propos, et bien placer l'argent. » 20
Le profit lui semblant une fort douce chose,
Il risqua de nouveau le gain qu'il avoit fait;
Mais rien, pour cette fois, ne lui vint à souhait.
  Son imprudence en fut la cause :

7. Même figure, mais de style bien plus familier, dans la locution : « il a plu dans son écuelle, » c'est-à-dire cet homme a fait tout à coup un grand profit, tel qu'une belle succession. — Sur le mot *escarcelle*, voyez la note du vers 24 de la fable IV du livre IV.

8. « *Double ducat*. Espèce d'or d'Espagne qui, du temps de Henri III, valoit six livres quatre sous. Elle avoit pour légende, d'un côté, *Ferdinandus et Elisabetha Dei gratia*, avec la tête de Ferdinand et d'Élisabeth, et de l'autre, cette espèce avoit pour légende : *Sub umbra alarum tuarum*, avec un écusson couronné.... Mais, sous le règne de Louis XIII, il y avoit une autre sorte de double ducat qu'on appeloit *ducat à deux têtes*, d'Espagne et de Flandre, qui.... valoit dix livres. Cette dernière manière de *double ducat* avoit pour légende, d'un côté, *Deus fortitudo et spes nostra*, et de l'autre, elle avoit une aigle au-dessus d'un écusson couronné. Il y avoit de ces *doubles ducats* qui changeoient de légende : ils avoient deux têtes, comme les autres, et pour légende : *Quos Deus conjunxit homo non separet*.... Cette sorte d'espèce n'a plus aujourd'hui de cours en France, ou du moins on en voit très-peu. » (*Dictionnaire de Richelet*, 1680.)

9. Sur ce tour, voyez ci-après la note sur le vers 36 de la fable x du livre VIII.

10. Vive ellipse, pour « des jours de festins de noce, » de somptueux repas, comme l'explique le vers suivant. Comparez, dans la *Vie d'Ésope* : « prié de noces » (tome I, p. 42).

176   FABLES.   [F. XIV

Un vaisseau mal frété périt au premier vent ;   25
Un autre, mal pourvu des armes nécessaires,
  Fut enlevé par les corsaires ;
  Un troisième au port arrivant,
Rien n'eut cours ni débit : le luxe et la folie
  N'étoient plus tels qu'auparavant.   30
  Enfin ses facteurs le trompant,
Et lui-même ayant fait grand fracas, chère lie[11],
Mis beaucoup en plaisirs, en bâtiments beaucoup[12],
  Il devint pauvre tout d'un coup.
Son ami, le voyant en mauvais équipage[13],   35
Lui dit : « D'où vient cela ? — De la Fortune, hélas !
— Consolez-vous, dit l'autre ; et s'il ne lui plaît pas
Que vous soyez heureux[14], tout au moins soyez sage. »

  Je ne sais s'il crut ce conseil ;
Mais je sais que chacun impute, en cas pareil,   40
  Son bonheur à son industrie[15] ;
Et si de quelque échec notre faute est suivie,

  11. Sur la manière dont ce vieil adjectif *lie*, qui n'est plus usité que dans cette locution, dérive du latin *lætus*, « joyeux », voyez le *Dictionnaire de Littré*. Nous l'avons déjà trouvé au vers 5 de la fable XVII du livre III ; il est aussi, joint à *chère*, avec le même sens, dans Rabelais, chapitre XLIV du quart livre, tome II, p. 423.

  12. Solvet et Walckenaer rapprochent de cette répétition du mot *beaucoup*, celle-ci, de Virgile, avec même construction, du mot latin de même sens :

  Multa super Priamo rogitans, super Hectore multa.
    (*Énéide*, livre I, vers 750.)

  13. *Équipage*, familièrement, manière d'être vêtu et en général état où se trouve une personne ou même une chose ; au vers 43 de la fable IV du livre IV, nous avons vu le mot appliqué à un potager.

  14. C'est-à-dire que vous réussissiez dans vos affaires. Au vers 41, *bonheur* est employé de même dans le sens de *succès*.

  15. L'idée d'habileté et celle d'activité se confondent dans ce mot ; c'est bien ici le latin *industria* : *Interrogatus.... quomodo tam parvo*

Nous disons injures [16] au Sort.
Chose n'est ici plus commune :
Le bien, nous le faisons ; le mal, c'est la Fortune ; 45
On a toujours raison, le Destin toujours tort [17].

temporis curriculo tot opes coacervasset, « *Mea*, inquit, *industria.* »
(ABSTEMIUS.)

16. Omission à remarquer du partitif *des* devant *injures.*

17. Chamfort trouve la moralité de cet apologue (qu'on peut rapprocher de la fable XX du livre V) trop longuement exprimée. « Il fallait passer bien vite, dit-il, à ces deux vers admirables :

Le bien, nous le faisons, etc. »

Il va sans dire que la Fontaine eût pu abréger cette affabulation. Aurait-il bien fait ? Ce qui est certain, c'est qu'il la rattache à son récit par un tour d'une bonhomie charmante que personne, je crois, ne voudrait supprimer. — Nous trouvons cité dans les remarques de M. H. Kurz sur les fables de Burkhard Waldis (tome II, p. 78 des notes) un fragment de Ménandre (*Bibliothèque grecque* de Didot, à la suite d'Aristophane, p. 58, n° XX), qui peut être rapproché de ces derniers vers :

Ὅταν τις ἡμῶν ἀμέριμνον ἔχῃ τὸν βίον,
Οὐκ ἐπικαλεῖται τὴν Τύχην εὐδαιμονῶν·
Ὅταν δὲ λύπαις ἐπιπέσῃ καὶ πράγμασιν,
Εὐθὺς προσάπτει τῇ Τύχῃ τὴν αἰτίαν.

Robert donne (tome II, p. 101, d'après le manuscrit de la Bibliothèque nationale aujourd'hui coté 1630, fol. 21 v°) un passage de *Renart le contrefait*, où le vieil auteur s'est étendu sur des réflexions analogues : voyez cet extrait à l'*Appendice.*

FABLE XV.

LES DEVINERESSES.

Cette fable, publiée en 1678 (voyez ci-dessus, p. 79, note 1), a été composée dans le court intervalle de temps qui sépare les deux grands procès de la Brinvilliers (1676) et de la Voisin (1679-1680), et où les histoires de devineresses et d'empoisonneuses durent tant occuper le public. La Fontaine, comme le croit Walckenaer, a-t-il conté en vers une des anecdotes qui couraient alors, ou plus librement arrangé son récit? Il n'en peut, en tout cas, avoir « emprunté la matière à la comédie de Visé et Thomas Corneille intitulée *la Devineresse ou les Faux Enchantements* » : cette pièce de circonstance ne fut annoncée d'abord dans le *Mercure galant* qu'au mois d'août 1679, et ne fut jouée pour la première fois que le 19 novembre suivant.

Voyez, au sujet des chiromanciens, des devins, des faiseurs d'horoscope au dix-septième siècle, la Notice des *Amants magnifiques*, tome VII, p. 369-372, du *Molière* de notre collection; et sur le succès extraordinaire de *la Devineresse*, représentée du vivant même de la Voisin, qu'elle mettait en scène, *le Théâtre français sous Louis XIV* par Eugène Despois, p. 45 et suivantes. M. Victor Fournel en a réimprimé les scènes les plus intéressantes dans le tome III (1875), p. 549-570, de ses *Contemporains de Molière*. — Voyez aussi sur les bruits d'empoisonnements qui couraient alors et la panique qui en résulta, sur le procès de la Brinvilliers et celui de la Voisin, les *Lettres de Mme de Sévigné*, tomes IV et VI *passim*. — Comparez enfin la fable XIII du livre II, *l'Astrologue qui se laisse tomber dans un puits*, et la fable XVI du livre VIII, *l'Horoscope*.

C'est souvent du hasard que naît l'opinion,
Et c'est l'opinion qui fait toujours la vogue.
    Je pourrois fonder ce prologue
Sur gens de tous états : tout est prévention,

LIVRE VII.

Cabale, entêtement; point ou peu de justice. 5
C'est un torrent : qu'y faire? Il faut qu'il ait son cours.
  Cela fut et sera toujours.

Une femme, à Paris, faisoit la pythonisse[1] :
On l'alloit consulter sur chaque événement :
Perdoit-on un chiffon, avoit-on un amant, 10
Un mari vivant trop[2], au gré de son épouse,
Une mère fâcheuse, une femme jalouse,
  Chez la Devineuse[3] on couroit
Pour se faire annoncer ce que l'on desiroit[4].

 1. Le mot rappelle sans doute moins la Pythie de Delphes,

  Pythia quæ tripode ex Phœbi lauroque profatur[a],

que ces femmes possédées d'un esprit de Python dont il est question dans les traductions grecques et latines de l'Ancien Testament (la pythonisse d'Endor) et dans le texte des *Actes des Apôtres* (chapitre xvi, verset 16). Le mot même de *Pythonissa* est dans la Vulgate, au livre I des *Paralipomènes*, chapitre x, verset 13, où, à la place, le grec des Septante donne ἐγγαστρίμυθος, « ventriloque ».

 2. Vivant trop longtemps.

 3. Le *Dictionnaire de l'Académie* ne donne *devineuse* que dans ses deux dernières éditions ; dans les précédentes, elle n'a pour le féminin que *devineresse;* les cinq premières placent ce dernier féminin soit avant, soit après le masculin *devineur*, et la sixième (1835) le joint au masculin *devin*, dont nous avons plus bas, au vers 33, le vrai féminin *devine*[b], omis dans toutes les éditions du *Dictionnaire*.

 4. « Ces cinq vers, dit Chamfort, sont charmants. C'est une peinture de mœurs qui est encore fidèle de nos jours, et ce dernier trait :

  Pour se faire annoncer ce que l'on desiroit,

développe les derniers replis du cœur humain. »

 [a] Lucrèce, livre I, vers 740.
 [b] Walckenaer cite un exemple de *devineur*, de Marot, épître xxi, vers 90; M. Delboulle (*Matériaux pour servir à l'historique du français*, p. 99) en donne un du douzième siècle; Littré deux des treizième et quatorzième. Du féminin *devine* M. Aubertin en cite un de Scarron, sans indiquer l'endroit; Littré n'a que celui de cette fable, mais en outre attribue faussement à la Fontaine

Son fait⁵ consistoit en adresse :
Quelques termes de l'art, beaucoup de hardiesse,
Du hasard quelquefois, tout cela concouroit,
Tout cela bien souvent faisoit crier miracle.
Enfin, quoique ignorante à vingt et trois carats⁶,
    Elle passoit pour un oracle.
L'oracle étoit logé dedans un galetas ;
    Là cette femme emplit sa bourse,
    Et, sans avoir d'autre ressource,
Gagne de quoi donner un rang à son mari ;
Elle achète un office, une maison aussi⁷.
    Voilà le galetas rempli
D'une nouvelle hôtesse, à qui toute la ville,
Femmes, filles, valets, gros Messieurs, tout enfin,
Alloit, comme autrefois, demander son destin :
Le galetas devint l'antre de la Sibylle⁸.

5. Ce qu'elle faisait, avait à faire, sa manière de faire : voyez le *Dictionnaire de Littré*, au 2ᵈ article FAIT, 9°.
6. C'est-à-dire à peu près autant qu'on le peut être. On appelle carat, dit Littré, « chaque vingt-quatrième partie d'or pur contenue dans une masse d'or que l'on considère comme composée de vingt-quatre vingt-quatrièmes. De l'or à vingt-quatre carats serait de l'or pur. » Il n'y a point (dans le commerce) d'or à vingt-quatre carats. — Saint-Simon met un carat de plus et dit : « une dévote à vingt-quatre carats » (*Addition au Journal de Dangeau*, tome II, p. 56).
7. Pour y continuer, on le voit plus bas, le métier de devineuse.
8. On a dans l'antiquité compté jusqu'à dix Sibylles ; la Fontaine songeait sans doute à la Sibylle de Cumes, et voulait peut-être faire plaisamment allusion à la description de Virgile (voyez au livre VI de l'*Énéide*, les passages commençant aux vers 42, 77, 98). Il paraît du reste que, dans leurs fantasmagories, les devineresses du temps évoquaient les Sibylles : voyez les *Lettres de Mme de Sévigné*, tome VI, p. 235.

un exemple de *devineresse*, en changeant tout ce passage et substituant à notre vers 22 cette impossible variante :

    Une devineresse avoit empli sa bourse.

L'autre femelle avoit achalandé ce lieu.
Cette dernière femme eut beau faire, eut beau dire,
« Moi devine⁹ ! on se moque : eh ! Messieurs, sais-je lire ?
Je n'ai jamais appris que ma croix de par Dieu¹⁰ ; »
Point de raison : fallut¹¹ deviner et prédire, 35
    Mettre à part force bons ducats,
Et gagner malgré soi plus que deux avocats¹².
Le meuble et l'équipage¹³ aidoient fort à la chose :
Quatre siéges boiteux, un manche de balai¹⁴,
Tout sentoit son sabbat et sa métamorphose¹⁵. 40
    Quand cette femme auroit dit vrai

---

9. Voyez ci-dessus, la note 3. Certains emplois de *divinus, divina* en latin rendent bien raison de l'origine, en ce sens, des mots *devin, devine* : un, par exemple, Horace, livre III, ode xxvii, vers 10 ; un de Martial, livre III, épigramme lxxi, vers 2.

10. « *Croix de par Dieu, croix de par Jésus*, alphabet où l'on apprenait à lire aux enfants, ainsi dit parce que le titre est orné d'une croix, qui se nommait croix de par Dieu, c'est-à-dire croix faite au nom de Dieu. » (*Dictionnaire de Littré*, à l'article Croix, 8°.) Molière, que cite aussi Littré, avait mis l'expression dans la bouche de l'Apothicaire de *Monsieur de Pourceaugnac* (1669, acte I, scène v) : « C'est un homme qui sait la médecine à fond, comme je sais ma croix de par Dieu. »

11. Littré, à l'Historique du mot, donne plusieurs exemples de cette ellipse archaïque du pronom sujet.

12. « C'est en partie ce qui arriva au Médecin malgré lui de Molière. » (Chamfort.)

13. Tout le contenu et l'arrangement du logis.

14. Regnier a décrit ainsi un bouge d'autre espèce (satire xi, vers 181-190) :

    .... Sous mes pieds je rencontre
Un chaudron ébresché, la bourse d'une montre...,
Un balai, pour brusler en allant au sabat,
Une vieille lanterne, un tabouret de paille,
Qui s'estoit sur trois pieds sauvé de la bataille, etc.

15. C'est-à-dire : c'était bien en pareil logis qu'on imaginait des métamorphoses de sorcière, un départ pour le sabbat, l'assemblée des sorciers.

Dans une chambre tapissée,
On s'en seroit moqué : la vogue étoit passée
　　Au galetas; il avoit le crédit.
　　L'autre femme se morfondit.　　　　　　　45

　　L'enseigne fait la chalandise[16].
J'ai vu dans le Palais une robe mal mise
　　Gagner gros[17] : les gens l'avoient prise
　　Pour maître tel, qui traînoit après soi
　　Force écoutants. Demandez-moi pourquoi.　50

16. Fait, attire les chalands, met en vogue. — Vieux mot dont on peut voir dans Littré des exemples des quinzième et seizième siècles et plusieurs encore du dix-septième.

17. Parlant d'honneur, non de chalandise, il a dit aux vers 11-12 de la fable xiv du livre V :

　　　　D'un magistrat ignorant
　　　　C'est la robe qu'on salue.

FABLE XVI.

LE CHAT, LA BELETTE, ET LE PETIT LAPIN.

Cette fable, qui paraît bien de source indienne, se trouve, avec quelque variété quant au choix des personnages, dans tous les recueils orientaux, sauf l'*Hitopadésa*, et dans leurs diverses traductions : voyez Benfey, tome I, p. 35o et suivantes. Les titres sont, dans le *Pantschatantra* de Benfey (tome II, p. 231 et suivantes), *le Chat juge entre le Moineau et le Lièvre;* dans le *Pantchatantra* de Dubois (p. 152 et suivantes), *les Deux Lapins et le Chat*[1]; dans le *Calila et Dimna* (tome I, p. 197 et suivantes, de la traduction allemande de Wolff), *le Lièvre, l'Autour*[2] *et le Chat*. Le premier des deux originaux indiens, et la version arabe, sont de tous points charmants. C'est celle-ci qui a le plus heureusement développé la dernière scène : le moment venu de rendre la sentence, remarquant que les deux plaideurs sont restés à distance prudente, le Chat se recueille et leur adresse une exhortation sur la crainte de Dieu, le détachement des biens terrestres et la charité ; à mesure qu'il parle et donne plus d'onction à son discours, le Lièvre et l'Oiseau se rapprochent; dès qu'ils sont bien à portée, le saint arrête son sermon et leur fait sentir sa griffe et sa dent. Le sujet a été reproduit, mais fort en abrégé, dans plusieurs ouvrages antérieurs à la composition de la fable de la Fontaine : le *Directorium humanæ vitæ*

---

1. Là le sujet de la querelle est différent et la circonstance qui fait choisir le Chat pour juge fort plaisante.

2. Au lieu de *l'Autour*, il y a *le Rossignol* dans la traduction anglaise de Knatchbull : Benfey dit que la signification du mot arabe traduit de ces deux façons est incertaine, mais que, dans l'original indien, c'est probablement d'une Perdrix qu'il s'agissait. La traduction grecque de Siméon Seth (édition princeps de Stark, Berlin, 1697, p. 262-266) parle d'un Écureuil, et l'imitation de Baldo (édition du Méril, p. 249-250) d'un Chat (*Cattus;* mais Benfey lit avec raison *Gallus*); le juge, chez Baldo, est un Léopard (*Pardus*).

de Jean de Capouc (sans date, feuille *h*, fol. 6 v°, et feuille *i*, fol. 1 r°); la *Filosofia morale* de Doni (Venise, réimpression de 1606, traité III, p. 72-73)³; le *Specimen sapientiæ Indorum veterum* du P. Poussines (traduction libre et abrégée du texte grec, mentionné dans la note précédente, de Siméon Seth, p. 598, colonne 2 : voyez ci-dessus, p. 146); *le Livre des lumières ou la Conduite des rois* (1644, p. 251-253)⁴. Nous croyons à peu près certain que notre auteur a tiré tout son petit chef-d'œuvre des seules données du récit écourté de ce dernier recueil. Robert rapproche en outre le *Dialogus creaturarum* de Nicolas de Pergame (1482, n° 46, feuille *e*, fol. 2 v° et 3 r°), où la contestation est entre deux poissons dévorés, au dénouement, par un troisième qu'ils ont pris pour juge.

Comme à rapprocher plus ou moins, on peut indiquer encore la fable chinoise traduite par Stanislas Julien à la suite des Avadânas (tome II, p. 152-153), *le Chat* (au chapelet) *et les Souris;* et peut-être une fable d'Odo de Cerington (*le Renard se confessant au Coq et le dévorant*), que cite Édélestand du Méril, qui rappelle en outre (p. 249, note 1) une branche du *Renart* (édition Méon, tome III, p. 291-322).

« Les détails de cette fable, dit l'abbé Guillon, en font un chef-d'œuvre de narration; mais la morale n'en est pas consolante : être dépouillé par la Belette ou mangé par le Chat, voilà donc le cercle dans lequel la faiblesse et la bonhomie se trouvent enfermées! Si c'est là une vérité, certes elle n'est pas honorable pour l'espèce humaine. » Honorable ou non, c'est un fait; la Fontaine nous en avertit; à nous de prendre nos précautions pour ne rencontrer sur notre chemin ni le Chat ni la Belette. La moralité de la fable n'est pas toujours de la morale; c'est bien souvent la leçon de l'expérience, telle que la fable nous la met sous les yeux. Il y a d'ailleurs une leçon pour les Belettes aussi. Celles qui n'étranglent pas d'abord les Lapins et discutent avec eux sont peut-être capables

---

3. Cette version, moins réduite, n'est pas sans intérêt; l'intrus est un Rat, acteur que Doni a emprunté, non au texte, mais à la gravure du volume de Jean de Capoue.

4. Les *Fables de Pilpay*, où le titre de celle qui correspond à la nôtre est : *d'un Chat et d'une Perdrix* (p. 307-310), ne parurent, nous l'avons dit (p. 81, note *a*), qu'en 1698, vingt ans après la fable de la Fontaine.

de l'entendre : elles veulent appliquer les théories qu'elles se sont faites ; mais qu'elles ne se hâtent pas de se mettre en possession, au risque d'avoir à en appeler elles-mêmes à un arbitre. — Chamfort remarque que « le dénouement de cette fable ressemble un peu à celui de *l'Huître et les Plaideurs* (livre IX, fable IX), sauf qu'il est plus tragique pour les parties disputantes. »

   Du palais[5] d'un jeune Lapin
   Dame Belette, un beau matin,
    S'empara : c'est une rusée.
Le maître étant absent, ce lui fut chose aisée.
Elle porta chez lui ses pénates, un jour   5
Qu'il étoit allé faire à l'Aurore sa cour
    Parmi le thym et la rosée[6].
Après qu'il eut brouté, trotté, fait tous ses tours,
Janot[7] Lapin retourne aux souterrains séjours.
La Belette avoit mis le nez à la fenêtre.   10
« Ô Dieux hospitaliers[8] ! que vois-je ici paroître ?
Dit l'animal chassé du paternel logis.

  5. Pour ces expressions par lesquelles la Fontaine relève et ennoblit ce dont il parle, et dont nous avons, un peu plus bas, aux vers 5 et 6, d'autres exemples, le second fort gracieux, comparez, entre autres endroits, livre II, fable X, vers 1 et note 1 ; livre VI, fable V, vers 4, fable XVIII, vers 1 ; livre XII, fable IV, vers 18.
  6. La Fontaine a refait ce tableau, en le variant, sans en altérer, ce qui semblait bien difficile, le charme et la poésie :

  Je vois fuir aussitôt toute la nation
    Des lapins qui, sur la bruyère,
     L'œil éveillé, l'oreille au guet,
  S'égayoient, et de thym parfumoient leur banquet.
     (Livre X, fable XIV, vers 18-21.)

Voyez, sur la vérité de ces peintures, tome I, en haut de la page 354, une citation de Sainte-Beuve.
  7. Moins familièrement, *Jean Lapin*, dans *l'Aigle et l'Escarbot* (livre II, fable VIII). *Janot* est l'orthographe de l'édition originale.
  8. Dieux protecteurs du logis, Dieux qui m'avez donné cette demeure, assuré ce séjour à moi et aux miens.

Ô là⁹, Madame la Belette,
　　Qué l'on déloge sans trompette¹⁰,
Ou je vais avertir tous les Rats¹¹ du pays. » 15
La dame au nez pointu¹² répondit que la terre
　　Étoit au premier occupant¹³.
　　« C'étoit un beau sujet de guerre,
Qu'un logis où lui-même il n'entroit qu'en rampant¹⁴.
　　Et quand ce seroit un royaume, 20
Je voudrois bien savoir, dit-elle, quelle loi
　　En a pour toujours fait l'octroi¹⁵
A Jean, fils ou neveu de Pierre ou de Guillaume,
　　Plutôt qu'à Paul, plutôt qu'à moi. »
Jean Lapin allégua la coutume et l'usage : 25

9. Tel est le texte de nos anciennes éditions et même de celle de 1729. Dès avant cette dernière, dans le texte de 1708, on lit : *Holà!* qui est devenu la leçon courante.

10. Locution déjà vue au livre IV, fable XXII, vers 67. Prise des troupes qui partent sans signal militaire, elle se rencontre souvent au figuré, soit ainsi abrégée, soit entière : « sans tambour ni trompette, » pour dire « secrètement, » ou, comme ici, « sans plainte bruyante, humblement, docilement » (voyez au vers 30).

11. Qui « ne veulent aucun bien » aux Belettes, non plus que celles-ci aux Rats, comme il est dit au livre IV, fable VI, vers 3.

12. Comparez les descriptions diverses des fables XVII du livre III, vers 1; VI du livre IV, vers 6; XXII du livre VIII, vers 3.

13. Geruzez remarque, avec raison, que « la loi du premier occupant était encore favorable à Jean Lapin, puisque la Belette était venue après lui. Celle-ci n'avait d'autre titre que l'adage vulgaire : *Qui quitte sa place la perd* ». Aussi, au lieu de donner à l'expression le sens consacré, faut-il sans doute entendre par « le premier occupant » le premier occupant venu, le premier qui, trouvant un bien vacant, le déclarerait sans maître, se mettrait en possession, et de son usurpation même se ferait un titre. A l'appui de ce sens viennent les mots *pour toujours* du vers 22.

14. « Elle voudrait en dégoûter Janot Lapin; car elle n'est pas elle-même bien sûre de ses droits. » (CHAMFORT.) La remarque est fine, un peu subtile peut-être.

15. La concession, le don gracieux.

« Ce sont, dit-il, leurs lois qui m'ont de ce logis
Rendu maître et seigneur, et qui, de père en fils,
L'ont de Pierre à Simon, puis à moi Jean, transmis.
« Le premier occupant, » est-ce une loi plus sage[16] ?
— Or bien[17], sans crier davantage, 30
Rapportons-nous[18], dit-elle, à Raminagrobis[19]. »

16. « Écoutez, dit Laharpe, la Belette et le Lapin plaidant pour un terrier : est-il possible de mieux discuter une cause? Tout y est mis en usage, coutume, autorité, droit naturel, généalogie ; on y invoque les dieux hospitaliers. » Puis il ajoute, sans peut-être rattacher son idée assez étroitement à ce qu'il vient de dire ni en termes assez propres : « C'est ainsi qu'il (la Fontaine) excite en nous ce rire de l'âme que ferait naître la vue d'un enfant heureux de peu de chose ou gravement occupé de bagatelles. » (*Cours de littérature*, édition de l'an VII, tome VI, p. 335.) — Dans l'occasion, dit à son tour M. Taine (p. 250-251), la Fontaine « sera avocat. Il se pénètre des affaires de ses clients, expose les titres de propriété, les moyens de droit, les arguments contradictoires, les généalogies, les noms propres.... Certes la Belette qui met l'hérédité en question est une terrible révolutionnaire, et Rousseau n'a trouvé ni pis ni mieux dans son discours sur l'inégalité.... La propriété n'a-t-elle pour fondement qu'une coutume, ou bien est-ce la possession qui la fait? Vous voyez qu'à force d'attention et d'imagination, le poëte, sans le vouloir, fait entrer dans son sujet les questions philosophiques. En tous cas, les deux plaidoyers sont le résumé de beaucoup de traités. »

17. *Or bien* se trouve dans Rabelais, plusieurs fois répété par Grippe-minaud, au livre V, chapitre XIII, tome III, p. 53 : voyez ci-après, p. 190, les vers 39 et 43 et la note 26.

18. Comparez le dernier vers de la fable, le vers 72 de la fable I du livre XII, et Molière, *l'Avare*, acte IV, scène IV (tome VII, p. 168). On dit ordinairement *rapportons-nous-en*, dont nous avons un emploi absolu au livre X, fable I, vers 30.

19. Ce nom, par lequel la Fontaine désigne le Chat, ici et au vers 3 de la fable V du livre XII, a été appliqué par Rabelais à un « vieil poëte françois, » que l'on croit être Guillaume Crétin, chantre et chanoine de la Sainte-Chapelle de Paris, et trésorier de celle du bois de Vincennes: « Nous auons icy, pres la Villaumere, vn home et vieulx et poëte, c'est Raminagrobis, lequel en secondes nopces espousa la grande Guorre, dont nasquit la belle Bazoche. » (Cha-

C'étoit un Chat vivant comme un dévot ermite[20],
Un Chat faisant la chattemite[21],

pitre XXI du tiers livre, tome II, p. 106-107.) Le mot est aussi dans le chapitre XI des *Contes et discours d'Eutrapel* de Noël du Fail : « Pourveu qu'on parle peu, avec un haussement d'espaules et yeux sourcilleux et admiratifs, en faisant bien le Raminagrobis.... » — Suivant Littré, il serait probablement composé du verbe *rominer*, qui, dans le Berry, se dit d'un chat qui file, et du vieux mot *gros-bis*, « homme faisant l'important »[a]. Voiture en avait déjà fait un nom de chat : « Rominagrobis même (vous savez bien, Madame, que Rominagrobis est prince des chats) ne sauroit avoir meilleure mine. » (Édition de M. Ubicini, tome I, p. 424, lettre à l'abbesse d'Yères.) Loret l'a employé au figuré, dans sa *Muze historique*, tome II, p. 375, vers 31 et 72, et p. 569, vers 227. — Le nom de *Raminagrobis*, dit l'abbé Guillon, « est plus vieux que Rabelais; car on le trouve dans *la Démoniaque*, seconde journée de la Passion de Jésus-Christ à personnages, volume in-8°, fol. 58. »

20. « En entrant, dit le Corbeau, qui a été témoin de la scène, je vis un chat debout, très-attentif à une longue prière, sans se tourner de côté ni d'autre ; et cette longue et importune prière me fit dire ce vieux proverbe, que la clef de la porte de l'Enfer, c'est la longue oraison devant le monde. » (*Livre des lumières*, p. 252.) La peinture du *Pantschatantra*, que nous traduisons de l'allemand de Benfey (tome II, p. 234), est bien plus caractéristique ; le Chat y est montré dans l'attitude des pénitents: « Au bord d'une rivière que longeait le chemin, tenant une poignée d'herbe sacrée, marquée des douze taches saintes, un œil fermé, les bras élevés vers le ciel, ne touchant le sol que de la moitié d'un de ses pieds, le visage tourné du côté du soleil, il faisait entendre ces pieuses vérités : « Hélas ! ici-bas quelle aridité ! » etc.

21. « *Chatemite*, mot vieux et burlesque, dit Richelet (1680), qui signifie hypocrite. » Il est formé de *Catus*, chat, en latin du moyen âge, et *mitis*, doux, doucereux, adjectif dont la Fontaine fait ailleurs (livre III, fable XVIII, vers 35) le nom même du Chat. Rabelais, dans l'ancien prologue du quart livre (tome III, p. 189), associe l'expression à plusieurs autres qui en précisent le sens :

[a] Walckenaer a remarqué que, dans le récit du *Calila et Dimna* (tome II, p. 10 de Wolff), qui répond à la fable XXII du livre VIII de la Fontaine, *le Chat et le Rat*, le nom du Chat est *Roumi*. — M. Delboulle (p. 249) confirme l'étymologie de Littré par cet exemple de l'*Ancien théâtre* (tome I, p. 129, collection elzevirienne) : « Et fait du *rumina grobis*. »

Un saint homme de Chat[22], bien fourré, gros et gras[23],

« Aux Caphards, Cagotz, Matagotz, Botineurs, Papelards, Burgotz, Patespelues, Porteurs de rogatons, Chattemittes. » — Guillaume Haudent avait dit avant notre poëte (2ᵉ partie, fable 125, *d'une Souris voulant contracter amytié auec un Chat*, vers 3-8) :

> .... Un chat tres cauteleux
> Qui les guettoit soubz l'ombre et couuerture
> D'estre amyable et de bonne nature,
> Comme seroit celle d'un sainct hermitte,
> Ou d'aultre simple et doulce creature,
> Tant bien scauoit faire la chatemitte.

M. Delboulle (p. 68) cite ce curieux exemple d'adverbe : « Faire *chattemitiquement* l'inclinabo en l'église. » (H. Estienne, *Apologie pour Hérodote*, tome II, p. 291, édition Liseux, 1879.)

22. Un « Chat de bien, » dit le *Livre des lumières* (p. 252). Sur ce caractère du Chat hypocrite dans les fables orientales, voyez à la fable XVIII du livre III (tome I, p. 254-255) la fin de la notice, où nous avons aussi comparé au Chat de la Fontaine celui de la fable XVI de Fénelon, *le Chat et les Lapins*.

23. Notre fabuliste a dit dans ce même livre VII, fable III, vers 11 et 12, en parlant du Rat, autre hypocrite, qui s'est retiré du monde :

> Il devint gros et gras : Dieu prodigue ses biens
>   A ceux qui font vœu d'être siens.

On peut aussi rapprocher de cette peinture celle qui commence la fable XIV du livre IX, *le Chat et le Renard*, les vers 33 et 34 de la fable V du livre VI, et les vers 22 et 23 de la fable XXII du livre VIII. — « La Fontaine, dit M. Taine (p. 127-128), a voulu peindre tout au long ce portrait de l'hypocrite, et les grands moralistes du temps, Molière et la Bruyère, se rencontrent là-dessus avec lui.... La Fontaine raillait un vice naturel et officiel. Pour cela il a choisi le Chat, à cause de sa mine papelarde et discrète, entre tous

> .... un Chat vivant comme un dévot ermite,
>   Un Chat faisant la chattemite,
> Un saint homme de Chat, bien fourré, gros et gras.

Ce dernier point ne manque guère dans le personnage. Tartuffe aussi se nourrissait bien, « buvant à son déjeuner quatre grands « coups de vin, et mangeant fort dévotement deux perdrix avec « une moitié de gigot en hachis; » il avait le teint fleuri et l'oreille rouge[a]; tous deux avaient profité du métier, et, quand on voit

---

[a] Voyez *le Tartuffe* de Molière, acte I, scène IV, vers 234, 239 et 240.

>   Arbitre expert sur tous les cas.
>   Jean Lapin pour juge l'agrée.
>   Les voilà tous deux arrivés
>   Devant sa majesté fourrée²⁴.
> Grippeminaud²⁵ leur dit : « Mes enfants, approchez²⁶,
> Approchez, je suis sourd, les ans en sont la cause. » 46
> L'un et l'autre approcha, ne craignant nulle chose.
> Aussitôt qu'à portée il vit les contestants,
>   Grippeminaud, le bon apôtre²⁷,

Grippeminaud jeter si prestement la patte sur les plaideurs, et « les « mettre d'accord en croquant l'un et l'autre, » on juge qu'il est digne de son confrère. » — L'hémistiche est copié tout entier dans l'avant-dernier vers d'une fable attribuée à Voltaire, *le Loup moraliste* (tome XIV, p. 312) :

>   Tel un prédicateur sortant d'un bon repas
>   Monte dévotement en chaire,
>   Et vient, bien fourré, gros, et gras,
>   Prêcher contre la bonne chère.

24. Il semble qu'il y a plutôt inattention qu'intention, au moins bien marquée, dans cette reprise du mot du vers 34. — « Que la Fontaine appelle un chat qui est pris pour juge *sa majesté fourrée*, on voit bien que cette expression est venue se présenter sans effort à son auteur; elle fait une image simple, naturelle et plaisante. » (VOLTAIRE, tome XXXIX, *Connaissance des beautés et des défauts de la poésie et de l'éloquence dans la langue française*, article FABLE, p. 219-220.)

25. Encore un nom emprunté à Rabelais, qui désigne ainsi le premier président du Parlement avec sa fourrure d'hermine. Le xi⁰ chapitre du V⁰ livre de *Pantagruel* (tome III, p. 44) est intitulé : « Comment nous passasmes le Guichet habité par Grippe-minaud, archiduc des Chats-fourrez. » Les chapitres xi, xii, xiii, xiv et xv contiennent le tableau des us et coutumes de Grippeminaud et des Chats fourrés.

26. Dans Rabelais, Grippe-minaud, quand Panurge lui a jeté sa bourse « pleine d'escus au soleil, » s'adoucit et dit : « Allez, enfans, or bien, et passez outre, or bien, nous ne sommes tant diables, or bien, que sommes noirs, or bien, or bien, or bien. » (*Pantagruel*, livre V, chapitre xiii, tome III, p. 53.)

27. La locution : *le bon apôtre*, que Littré explique par « homme fin et de mauvaise foi, » revient au livre X, fable iii,

Jetant des deux côtés la griffe en même temps,
Mit les plaideurs d'accord en croquant l'un et l'autre[28]. 45

Ceci ressemble fort aux débats qu'ont parfois
Les petits souverains se rapportants[29] aux rois[30].

vers 36; et dans le conte v de la II⁰ partie, vers 234. Racine l'avait employée dans *les Plaideurs* (1668), acte I, scène 1, vers 7.

28. Les paroles du Chat et tout ce dénouement sont empruntés au *Livre des lumières*, p. 253 : « Le Chat, faisant le discret, écoute le plaidoyer de l'autre Oiseau; puis, s'adressant à la Perdrix : « Ô belle fille, lui dit-il, je suis vieux, et je n'entends pas de loin; « approchez-vous, et haussez votre voix, afin que je vous entende « mieux. » Ils s'approchèrent tout près, sans s'en méfier, le voyant si dévot; mais aussitôt que cet hypocrite les vit auprès de lui, il se jeta sur eux, et fit un bon repas de tous les deux. » Même texte, avec quelques variantes, dans les *Fables de Pilpay* de 1698, p. 309.

29. Telle est la leçon des éditions originales. Au sujet de cet accord, voyez les Introductions grammaticales des divers *Lexiques* de la collection.

30. Cette moralité, où le fabuliste revient sur le danger que fait courir aux petites puissances l'intervention des grandes dans leurs querelles, a quelque analogie avec celle qui termine la fable XIII du livre I, *les Voleurs et l'Ane*.

FABLE XVII.

LA TÊTE ET LA QUEUE DU SERPENT.

Ésope, fab. 260, Οὐρὰ καὶ Μέλη Ὄφεως (Coray, p. 172). — Gilberti Cognati Narrationum sylva, p. 57, de Serpente.

Mythologia æsopica Neveleti, p. 299.

Plutarque a ainsi raconté la fable dans la *Vie d'Agis et de Cléomène* (traduction d'Amyot, fol. 550 v° et 551 r° de l'édition de 1565) : « ....Phocion respondit une fois à Antipater lequel lui vouloit faire faire quelque chose qui n'estoit point honorable : « Tu ne sçau-« rois, lui dit-il, avoir Phocion pour ami et pour flatteur ensemble. » Ainsi ne pouvez-vous avoir un qui vous soit maistre et valet, ne qui vous commande et vous obéisse ensemble : autrement il est force qu'il advienne l'inconvénient qui est en la fable du Serpent, duquel la Queue vint un jour à quereller contre la Teste, disant qu'elle vouloit à son tour aller devant, non pas tousjours demourer derrière : ce qui lui estant ottroyé par la Teste, elle s'en trouva très-mal elle-mesme, ne sachant pas comment ne par où il falloit cheminer, et si fut encore cause que la Teste fut toute dechirée, estant contrainte de suivre contre nature une partie qui n'avoit ni vue ni ouïe pour se pouvoir conduire. Nous voyons le mesme estre advenu à plusieurs qui, au gouvernement de la chose publique, ont voulu faire toutes choses au gré de la multitude; car s'estant une fois attachés à ce joug de servitude de vouloir en tout et par tout agréer à la commune [1], qui bien souvent s'esmeut témérairement et sans raison quelconque, ils n'ont sçu puis après retirer, ni retenir et arrester la fureur et témérité du peuple. »

Le même sujet est traité dans l'apologue XL des *Avadânas*, tome I, p. 152-154 de la traduction de Stanislas Julien. — On peut rapprocher de *la Tête et la Queue du Serpent* la fable II du livre III, *les Membres et l'Estomac;* des deux côtés le fond est le même : c'est toujours la révolte des petits contre les grands, de ceux qui sont derrière contre ceux qui sont devant, en un mot, de

---

1. Voyez le vers 34 des *Membres et l'Estomac*, tome I, p. 209.

la Queue contre la Tête. — Chamfort trouve que cette fable « n'est pas d'une grande application dans nos mœurs; mais elle en avait beaucoup, dit-il, dans les anciennes démocraties. » Si Chamfort avait écrit un peu plus tard[2], il n'eût pas cru sans doute devoir faire cette distinction. — Est-il besoin de faire remarquer au lecteur que la donnée de la fable repose sur une erreur longtemps accréditée? Les anciens savaient, comme nous, que les serpents mordent, que leur venin sort des glandes de la bouche. Aristote (*Histoire des animaux*, livre VIII, chapitre XXIX), Pline (*Histoire naturelle*, livre XI, chapitre LXII) se servent, en parlant d'eux, des mots δήγματα et *morsus*. Mais, au seizième siècle, des naturalistes enseignaient encore qu'ils portaient leur poison dans la queue (la Fontaine n'en dit pas plus) et que de là il montait à la bouche, dans une vésicule qui se brisait quand ils mordaient[3]. Pline, à l'endroit cité, paraît croire aussi, d'après des auteurs qu'il nomme « très-diligents », que le venin part de loin, que c'est le fiel, qui « parvient à la bouche par des veines sous l'épine ».

    Le serpent a deux parties
    Du genre humain ennemies,
    Tête et Queue; et toutes deux
    Ont acquis un nom fameux
    Auprès des Parques cruelles :   5
    Si bien qu'autrefois entre elles
    Il survint de grands débats
        Pour le pas.
La Tête avoit toujours marché devant la Queue.
    La Queue au Ciel se plaignit,   10
      Et lui dit :
    « Je fais mainte et mainte lieüe
    Comme il plaît à celle-ci :

2. Ses notes sur la Fontaine ne parurent, partiellement, qu'en 1796, dans *les Trois fabulistes*, mais avaient été probablement composées vers l'époque où Chamfort écrivait son *Éloge de la Fontaine*, publié en 1774.

3. Gesner, *Histoire des animaux*, livre V (compilé par Carron), p. 3 de l'édition de Francfort, 1621 ; la 1re est de 1587.

Croit-elle que toujours j'en veuille user ainsi ?
   Je suis son humble servante⁴.   15
   On m'a faite, Dieu merci,
   Sa sœur et non sa suivante.
   Toutes deux de même sang,
   Traitez-nous de même sorte :
   Aussi bien qu'elle je porte   20
   Un poison prompt et puissant⁵.
   Enfin voilà ma requête :
   C'est à vous de commander,
   Qu'on me laisse précéder
   A mon tour ma sœur la Tête.   25
   Je la conduirai si bien
   Qu'on ne se plaindra de rien. »
Le Ciel eut pour ces vœux une bonté cruelle.
Souvent sa complaisance a de méchants effets.
Il devroit être sourd aux aveugles souhaits⁶.   30

---

4. Ironiquement, comme on dit : *Je suis votre serviteur* (ou *Serviteur*, tout court, ci-après, livre VIII, fable XXI, vers 12), pour exprimer un refus. Ainsi dans *le Misanthrope.* (acte IV, scène I, vers 1151, tome V, p. 514) :

  Mais pour louer ses vers, je suis son serviteur.

Voyez aussi *George Dandin*, acte II, scènes I et II (tome VI, p. 544 et 548); et, même pièce, acte III, scène VI (p. 584), avec *valet* au lieu de *serviteur*, aux deux derniers endroits, et *servante* au premier.

5. Voyez, ci-dessus, à la fin de la notice. — Tacite, en parlant de l'empoisonnement de Britannicus, applique successivement au poison, par une rencontre toute naturelle et qu'explique leur justesse même, les deux adjectifs de même sens : *validum* et *rapidum* (*Annales*, livre XIII, chapitre xv).

6. Ou faire comme le Jupiter de Lucien : « Quand il trouvait les prières équitables, il les laissait monter jusqu'à lui par l'ouverture de la trappe, les plaçant à sa droite; mais les demandes injustes, il les renvoyait sans effet, et soufflait dessus pour les empêcher d'approcher du Ciel. » (*Icaroménippe*, chapitre XXV, traduction de M. Talbot, tome II, p. 148.) — Comparez les fables IV du livre VI, *Jupiter et le Métayer*, et VI du livre VII, *les Souhaits*.

Il ne le fut pas lors⁷ ; et la guide⁸ nouvelle,
  Qui ne voyoit, au grand jour,
  Pas plus clair que dans un four⁹,
  Donnoit tantôt contre un marbre,
  Contre un passant, contre un arbre :
Droit aux ondes du Styx elle mena sa sœur.

Malheureux les États tombés dans son erreur¹⁰ !

7. *Lors* pour *alors*, était vieux déjà du temps de la Fontaine, comme le remarque Richelet en 1680.

8. D'après le même *Dictionnaire de Richelet*, ce mot pouvait prendre les deux genres, selon qu'il se rapportait à un nom masculin ou à un féminin. Quelques années après cependant (1694), l'Académie le fait exclusivement masculin, excepté, comme aujourd'hui encore, quand il signifie « une rêne, une longe qui est attachée à la bride d'un cheval, etc. », et dans certains titres de livres : *la Guide des pêcheurs* (au vers 37 du *Sganarelle* de Molière, tome II, p. 166, comme au vers 20 de la satire XIII de Mathurin Regnier), *la Guide des chemins*, etc.

9. Littré, à l'Historique du mot Four, cite de cette comparaison un exemple du quinzième siècle.

10. Ce vers nous ramène à l'application que fait Plutarque de cet apologue : voyez le passage cité à la notice, p. 192.

FABLE XVIII.

UN ANIMAL DANS LA LUNE.

« La petite aventure que raconte ici la Fontaine, dit Chamfort, arriva à Londres vers ce temps-là, et donna lieu à cette pièce de vers, qu'il plaît à la Fontaine d'appeler une fable. » Solvet et Walckenaer semblent également admettre comme un fait réel la fabuleuse déconvenue que la Fontaine a citée à l'appui de ses réflexions sur les prétendues erreurs des sens; ils mentionnent cependant tous deux[1] le poëme satirique qui est sans doute l'unique source de cette histoire d'*un Animal dans la lune*. Aimé-Martin[2], profitant mieux que d'autres d'une note de Robert, n'a pas eu de peine à démontrer que les observateurs anglais n'avaient été victimes que d'une facétie de Butler[3], l'auteur d'*Hudibras*. *L'Éléphant dans la lune* est le titre, bien semblable à celui de la Fontaine (voyez aussi plus loin le vers 41), que Butler a donné à une sorte de long et assez froid épisode d'épopée burlesque, où, entre autres prodiges aperçus par un club savant dans le champ d'une lunette astronomique braquée sur la lune, il raconte l'apparition de l'énorme bête, puis l'émoi de l'assemblée à l'annonce du phénomène, la délibération qui s'ouvre, la rédaction d'un pompeux procès-verbal, l'intervention d'un valet curieux qui, ayant aussi mis l'œil à la lunette, suggère tout à coup la seule explication naturelle, le dépit de tous à ce renversement des faits les mieux constatés, des plus belles théories, la lutte dernière et désespérée, soutenue contre l'évidence, enfin la catastrophe, la confusion générale, quand la machine démontée et ouverte se trouve avoir emprisonné des volées de mouches et moucherons, et « une souris cachée entre les verres » (vers 52). *L'Éléphant dans la lune* paraît n'avoir été imprimé que

---

1. Walckenaer, au tome I, p. 317, de son *Histoire de la Fontaine*, a presque littéralement transcrit la note de Solvet.
2. *Étude critique de la Fontaine et de ses commentateurs*, en tête de son édition des *Fables* (1845), p. ix-x.
3. Mort en 1680, deux ans après la publication de ce livre VII.

dans les *OEuvres posthumes de Butler*, données par R. Thyer en 1759[4] ; mais quelques bons motifs qu'on puisse avoir de restreindre la publicité de ces sortes de pièces toutes remplies de personnalités, on ne les compose pas non plus pour les garder en portefeuille; la fiction ayant paru piquante sera devenue légende ; elle a pu facilement arriver jusqu'à la Fontaine par l'intermédiaire, entre autres, de ses amis Saint-Évremond et Barrillon[5] ; elle doit remonter, d'après le passage suivant de Johnson, au temps de l'établissement à Londres, sous la protection de Charles II, de la Société royale, c'est-à-dire aux premières années de la Restauration. « Quelques vers mis dans cette dernière collection, dit Johnson[6], parlant de l'édition de Thyer, mentionnée ci-dessus, des *OEuvres posthumes de Butler*, montrent qu'il fut du nombre de ceux qui tournèrent en ridicule l'établissement de la Société royale de Londres, dont les ennemis étaient alors très-nombreux et pleins d'aigreur, sans qu'on puisse en concevoir la raison, puisque les philosophes qui la formaient se donnaient, non pour soutenir des systèmes, mais pour établir des faits, et que l'ennemi le plus jaloux de l'innovation doit admettre les progrès graduels de l'expérience, quoiqu'il puisse ne pas aimer la témérité des hypothèses. » Butler s'attaquait donc au corps entier de la Société royale ; nous n'avons pas à rechercher sur quel membre en particulier tombait tel ou tel trait ; nous aurions voulu savoir quelle avait été l'occasion du poëme ; ce fut probablement quelque erreur d'expérience imputée à l'un de ces

---

4. Il l'a été sous deux formes (en 520 vers courts, puis en 539 vers longs), qui toutes deux ont été admises dans diverses collections de poëtes anglais : voyez, dans la collection Bell (1777), le tome III des *OEuvres de Butler*, lequel reproduit les « OEuvres posthumes authentiques » (*Genuine Remains*) du poëte, précédemment publiées par Thyer ; ou le tome VIII (p. 191-195) de l'édition de 1810, grand in-8°, des *OEuvres des poëtes anglais*, publiée à Londres avec des préfaces de Samuel Johnson, etc.

5. L'ambassadeur en Angleterre à qui est adressée la fable IV du livre suivant.

6. Page 90 du volume cité ci-dessus à la fin de la note 4 ; H. Boulard a publié, en 1816, de la *Vie de Butler* par Samuel Johnson une traduction à laquelle (p. 6) nous empruntons ce passage ; les réflexions de Johnson peuvent d'ailleurs s'appliquer également à quelques autres pièces et fragments imprimés à la suite de *l'Éléphant dans la lune*.

savants ; mais, si grosse qu'on la suppose, elle ne pouvait assurément approcher de la monstrueuse bévue imaginée par le satirique [7].

Quant à l'élégante dissertation philosophique de la Fontaine, elle pourrait bien lui avoir été inspirée par la fin de l'*Apologie de Raimond Sebond* (livre II, chapitre XII des *Essais*), où Montaigne s'est étendu longuement sur le même sujet; nous y relèverons cette phrase (tome II, p. 399, de l'édition de 1865), qui ressemble assez au début du fabuliste : « Sur ce mesme fondement qu'avoit Heraclitus et cette sienne sentence *Que toutes choses avoient en elles es visages qu'on y trouvoit*, Democritus en tiroit une toute contraire conclusion, c'est *que les sujets n'avoient du tout rien de ce que nous y trouvions.* » On peut voir, à partir de là, toute la suite, remplie de citations dont un grand nombre sont prises des livres IV et V de Lucrèce, interprète d'Épicure. Mais la conclusion de la Fontaine, nettement indiquée dès les premiers vers (5-12), est au fond tout à fait conforme à ce qu'avait établi en ces termes la *Logique de Port-Royal* (Ire partie, chapitre XI) : « On prend les mots des sens, de la vue, de l'ouïe, etc..., pour les jugements que notre âme fait ensuite des perceptions qu'elle a eues à l'occasion de ce qui s'est passé dans les organes corporels, lorsque l'on dit que les sens se trompent, comme quand ils voient dans l'eau un bâton courbé, et que le soleil ne nous paroît que de deux pieds de diamètre. Car il est certain qu'il ne peut y avoir d'erreur ou de fausseté ni en tout ce qui se passe dans l'organe corporel, ni dans la seule perception de notre âme, qui n'est qu'une simple appréhension ; mais que toute l'erreur ne vient que de ce que nous jugeons mal, en concluant, par exemple, que le soleil n'a que deux pieds de diamètre, parce que sa grande distance fait que l'image qui s'en forme dans le fond de notre œil est à peu près de la même grandeur

---

7. On trouve, p. 144-145 du tome VIII, déjà cité, des *OEuvres des poëtes anglais*, au bas de l'*Épître héroïque d'Hudibras à Sitophel*, insérée à la suite du chant III de la seconde partie d'*Hudibras*, une note où il est dit qu'une *clé* publiée en 1706 désigne comme étant l'original ridiculisé, sous le nom de Sitophel, dans ce chant III du poëme et dans l'épître, sir Paul Neal, membre de la Société royale, contre qui Butler paraît avoir eu un grief particulier. La note ajoute que c'est à ce même Paul Neal que quelques-uns ont voulu attribuer la fameuse découverte d'un éléphant dans la lune ; de là sans doute l'étrange assertion de Solvet, reproduite par Walckenaer.

que celle qu'y formeroit un objet de deux pieds à une certaine distance plus proportionnée à notre manière ordinaire de voir. Mais parce que nous avons fait ce jugement dès l'enfance,... nous l'attribuons à la vue, et nous disons que nous voyons les objets petits ou grands, selon qu'ils sont plus proches et plus éloignés de nous, quoique ce soit notre esprit, et non notre œil, qui juge de leur petitesse et de leur grandeur. »

  Pendant qu'un philosophe assure
Que toujours par leurs sens les hommes sont dupés [8],
  Un autre philosophe jure
  Qu'ils ne nous ont jamais trompés [9].
Tous les deux ont raison ; et la philosophie   5
Dit vrai quand elle dit que les sens tromperont
Tant que sur leur rapport les hommes jugeront ;
  Mais aussi, si l'on rectifie
L'image de l'objet sur son éloignement,
  Sur le milieu qui l'environne,   10
  Sur l'organe et sur l'instrument,

  8. « C'est.... Démocrite qui a fourni aux Pyrrhoniens tout ce qu'ils ont dit contre le témoignage des sens. » (*Dictionnaire de Bayle*, article DÉMOCRITE.) Voyez, au dernier alinéa de la notice, p. 198, la citation de Montaigne. Démocrite, d'un tout autre génie scientifique que les Épicuriens, qui lui ont emprunté le système des atomes, était bien loin d'accepter comme eux toutes les apparences. « Il enseignait.... que le soleil n'est point tel que nous le voyons, qu'il est d'une grandeur immense, que la voie lactée est un assemblage d'étoiles, qui, par leur éloignement, échappent à notre vue..., que les taches qu'on observe dans la lune doivent être attribuées à la hauteur de ses montagnes et à la profondeur de ses vallées. » (M. MARTHA, *le Poëme de Lucrèce*, p. 239.)

  9. Le nom d'Épicure est celui qui se présente le plus naturellement ici. Peut-être cependant la Fontaine voulait-il, à l'exemple de Montaigne, opposer Héraclite à Démocrite (voyez encore à la notice). Quelle qu'ait été d'ailleurs sur la valeur des sens la doctrine d'Héraclite, il prétendait que le soleil n'est pas plus grand qu'il ne paraît : voyez le *Dictionnaire des sciences philosophiques*, par M. Ad. Franck, p. 699, article HÉRACLITE, et Diogène de Laërte, livre IX, chapitre 1.

Les sens ne tromperont personne.
La Nature ordonna ces choses sagement :
J'en dirai quelque jour les raisons amplement[10].
J'aperçois le soleil : quelle en est la figure ?   15
Ici-bas ce grand corps n'a que trois pieds de tour ;
Mais si je le voyois là-haut dans son séjour,
Que seroit-ce à mes yeux que[11] l'œil de la Nature ?
Sa distance me fait juger de sa grandeur ;

10. On peut rapprocher cette promesse du désir exprimé dans es vers 26-30 de la fable IV du livre XI. La Fontaine ne l'a pas tenue. La faisait-il sérieusement ? C'est probable quand on considère avec quelle rare aptitude, bien propre à satisfaire un auteur, il a versifié cette dissertation et comme son génie s'est prêté à une telle matière. — Comparez le brillant morceau où André Chénier, dans le fragment intitulé *Hermès* (I, vers 33-47), se lance « dans les fleuves d'éther » et poursuit

Les astres et leurs poids, leurs formes, leurs distances.

11. Nous ne nous arrêterons pas à réfuter les commentateurs qui, dans ce vers si clair où l'on peut, sans changer le sens, retrancher *ce.... que*, expliquent ce second *que* par *si ce n'est*. — La périphrase : « l'œil de la nature, » revient au vers 18 de la 1re des deux fables qui suivent le livre XII, *le Soleil et les Grenouilles*. La figure est si naturelle qu'on ne peut s'étonner d'en voir chez les anciens et les modernes abonder les exemples. Solvet cite ce vers de Remy Belleau (*Complainte de Prométhée*, tome II, p. 17, de l'édition de M. Marty-Laveaux, 1878) :

Il veit ce beau soleil, l'œil de Dieu et du monde ;

et celui-ci de Regnier (sonnet II) :

Cet astre, âme du monde, œil unique des cieux.

Dans des vers de Montaigne, ou cités par lui, qu'il a insérés dans l'*Apologie de Raimond Sebond* (tome II, p. 278), le soleil est appelé

.... la lumière commune,
    L'œil du monde,

expression empruntée au livre IV, vers 228, des *Métamorphoses* et dont Ovide explique parfaitement le sens par le vers qui la précède ; le Soleil dit en parlant de lui-même :

Omnia qui video, per quem videt omnia tellus,
Mundi oculus.

Sur l'angle et les côtés ma main la détermine[12]. 20
L'ignorant le croit plat : j'épaissis sa rondeur;
Je le rends immobile, et la terre chemine.
Bref, je démens mes yeux en toute sa machine[13] :
Ce sens ne me nuit point par son illusion.
   Mon âme, en toute occasion, 25
Développe le vrai caché sous l'apparence ;
   Je ne suis point d'intelligence
Avecque mes regards, peut-être un peu trop prompts,
Ni mon oreille[14], lente à m'apporter les sons.
Quand l'eau courbe un bâton[15], ma raison le redresse : 30
   La raison décide en maîtresse.
   Mes yeux, moyennant ce secours,
Ne me trompent jamais, en me mentant toujours.
Si je crois leur rapport, erreur assez commune,
Une tête de femme est au corps de la lune. 35

Sophocle, au vers 104 d'*Antigone*, le nomme : « l'œil du jour doré; » et Euripide, au vers 194 d'*Iphigénie en Tauride* : « l'œil sacré du jour. » Plus haut, dans la même tragédie, vers 110, la lune est « l'œil de la nuit obscure; » et Manilius (*Astronomiques*, livre I, vers 133) désigne les étoiles par les mots : *mundi oculos*.

12. **Détermine la distance, et par elle la grandeur, « sur l'angle, »** c'est-à-dire sur l'ouverture de l'angle, mesurée au moyen d'un triangle dont la base est une ligne aboutissant à deux points opposés de l'orbite de la terre, laquelle base étant donnée, ainsi que l'ouverture de chacun des deux angles qu'elle forme avec les deux côtés, le calcul fournit la longueur de ces côtés, et, par conséquent, la distance où est le soleil, au sommet du triangle. Il n'y a point, ce nous semble, d'omission, comme le dit Geruzez, mais, avec clarté suffisante, une brièveté de bon goût dans la rapide indication de cette opération si connue de trigonométrie.

13. **En toute sa constitution et nature.** — Nous retrouverons *machine*, avec la même rime, aux vers 30 et 33, 153 et 155 du *Discours à Mme de la Sablière* (fin du livre IX), et l'avons déjà vu au livre VII, fable IX, vers 9 et 11.

14. **Ni avec mon oreille.**

15. **Un bâton** qui est en partie plongé dans l'eau, et qui semble courbé par suite de la réfraction de la lumière.

Y peut-elle être? Non. D'où vient donc cet objet?
Quelques lieux inégaux font de loin cet effet.
La lune nulle part n'a sa surface unie :
Montueuse[16] en des lieux, en d'autres aplanie,
L'ombre avec la lumière y peut tracer souvent   40
    Un homme, un bœuf, un éléphant.
Naguère l'Angleterre y vit chose pareille.
La lunette placée, un animal nouveau
    Parut dans cet astre si beau;
    Et chacun de crier merveille.   45
Il étoit arrivé là-haut un changement
Qui présageoit sans doute un grand événement.
Savoit-on si la guerre entre tant de puissances
N'en étoit point l'effet? Le Monarque[17] accourut :
Il favorise en roi ces hautes connoissances.   50
Le monstre dans la lune à son tour lui parut.
C'étoit une souris cachée entre les verres[18] :
Dans la lunette étoit la source de ces guerres.
On en rit. Peuple heureux! quand pourront les François
Se donner, comme vous, entiers[19] à ces emplois[20]?   55

16. Littré, à l'Historique de ce mot, en cite plusieurs exemples du seizième siècle, un de d'Aubigné, un autre de Montaigne.

17. Le Monarque, à l'époque de l'établissement de la Société royale et encore au temps où paraissait cette poésie de la Fontaine, était, comme on l'a dit dans la notice, p. 197, Charles II (voyez vers 64), qui, né en 1630, régna en Angleterre de 1660 à 1685.

18. Voyez la notice, p. 196.

19. De même, au livre suivant, vers 63 de la fable IV :
    L'assemblée....
  Se donne entière à l'Orateur.

Plus bas, au vers 72 de cette fable-ci, *tout entiers*. On lisait aussi dans les premières éditions de *Cinna* (1643-1656, acte I, scène III, vers 267), *entiers* sans *tout*, qui d'ordinaire le précède dans cette façon de parler :
  Et sont-ils morts entiers avecque leurs desseins?

Corneille a, en 1660, corrigé ce vers et ajouté *tous* devant *entiers*.

20. Une rime de même son (*sois-françois*) se trouve aux vers 13

Mars nous fait recueillir d'amples moissons de gloire :
C'est à nos ennemis de craindre les combats,
A nous de les chercher, certains que la Victoire,
Amante de Louis, suivra partout ses pas.
Ses lauriers nous rendront célèbres dans l'histoire.   60
      Même les Filles de Mémoire
Ne nous ont point quittés; nous goûtons des plaisirs :
La paix fait nos souhaits et non point nos soupirs.
Charles[21] en sait jouir : il sauroit dans la guerre
Signaler sa valeur, et mener l'Angleterre   65
A ces jeux qu'en repos elle voit aujourd'hui.
Cependant, s'il pouvoit apaiser la querelle,
Que d'encens! est-il rien de plus digne de lui?
La carrière d'Auguste a-t-elle été moins belle
Que les fameux exploits du premier des Césars?   70
Ô peuple trop heureux! quand la paix viendra-t-elle
Nous rendre, comme vous, tout entiers[22] aux beaux-arts[23]?

et 16 de la fable VIII du livre VI; une autre (*bourgeois-François*) aux vers 3 et 4 de la fable XV du livre VIII, et nous en rencontrerons un bon nombre dans le reste des poésies.

  21. Charles II avait été contraint par le Parlement en 1674 de rompre son alliance publique avec Louis XIV et de conclure une paix séparée avec la Hollande.

  22. Dans les éditions originales il y a bien l'adverbe *tout*, et non *tous*, au pluriel, selon la vieille orthographe, suivie par Corneille dans la correction du vers de *Cinna* mentionnée plus haut à la note 19.

  23. La guerre, une guerre générale contre la Hollande, l'Empire et l'Espagne, durait depuis 1672; de lentes négociations avaient été entamées à Nimègue, par la médiation du roi d'Angleterre, dès le mois d'octobre 1675, et la composition de cet épilogue pourrait à la rigueur être reportée jusque vers ce temps-là. On se rappelle que le livre VII et le livre VIII ont été publiés en 1678; ils le furent peut-être avant le 10 août, jour où la paix fut enfin signée entre la France et la Hollande. Voyez ci-après, au début de la fable IV et à la fin de la fable XVI du livre VIII.

LIVRE HUITIÈME.

FABLE I.

LA MORT ET LE MOURANT.

Abstemius, fab. 99, *de Sene Mortem differre volente*. — Haudent, 2ᵉ partie, fab. 156, *d'un Vieil Homme et de la Mort*. — Lodovico Guicciardini, *l'Hore di ricreatione* (Venise, 1580), p. 195. — Boursault a tant bien que mal fait entrer ce sujet dans le cadre d'un récit d'*Ésope à la cour*[1], intitulé *l'Enfer* (acte IV, scène vi).

Mythologia æsopica Neveleti, p. 575.

Les frères Grimm, dans les Remarques de leur conte 177, *les Messagers de la Mort*, dont le fond est le même, disent que cette histoire « était connue dès le treizième siècle, car Hugo de Trimberg[2] la raconte dans *le Coureur*, vers 23 666-23 722. » — Voici le récit d'Abstemius où la Fontaine a directement pris son sujet *Senex quidam Mortem, quæ eum e vita raptura advenerat, rogabat ut paululum differret, dum testamentum conderet et cætera ad tantum iter necessaria præpararet; cui Mors : « Cur non, inquit, hactenus præparasti, toties a me admonitus ? » Et quum ille eam numquam a se visam amplius diceret : « Quum, inquit, non æquales tuos modo, quorum nulli fere jam restant, verum etiam juvenes, pueros, infantes quotidie rapiebam, non te admonebam mortalitatis tuæ ? Quum oculos hebescere, auditum minui, cæterosque sensus in dies deficere, corpus ingravescere sentiebas, nonne tibi me propinquam esse dicebam ? Et te admonitum*

---

1. Comédie jouée le 16 décembre 1701, trois mois après la mort de l'auteur. Nous avons omis de dire, ci-dessus, p. 38, que ses *Fables d'Ésope*, ou *Ésope à la ville*, avaient été représentées de son vivant, le 18 janvier 1690.

2. Voyez ci-dessus, p. 88, note 2.

negas? Quare ulterius differendum non est. » — *Hæc fabula indicat ita vivendum, quasi Mortem semper adesse cernamus.*

« Ce premier apologue est parfait, dit Chamfort; non qu'il soit aussi brillant, aussi riche de poésie, aussi varié que le sont quantité d'autres. Ce n'est que le ton d'une raison sage, simple et tranquille. On a dit que Boileau était le premier parmi nous qui eût mis la raison en vers. Il me semble qu'il est le premier qui ait mis en vers les préceptes de la raison en matière de goût et de littérature; mais la Fontaine a mis en vers les préceptes de la raison universelle, comme Molière y a mis ceux qui sont relatifs à la société; et ces deux empires sont plus étendus que ceux du goût et de la littérature. » Puis Chamfort ajoute : « Le ton du prologue est touchant comme il devait l'être sur un sujet qui intéresse tous les hommes. Quel vers que celui-ci (vers 5) :

Ce temps, hélas! embrasse tous les temps !

et, à la fin de la pièce, quoi de plus admirable que cet autre :

Le plus semblable aux morts meurt le plus à regret ? »

— « La Fontaine, dit Saint-Marc Girardin dans sa xive leçon (tome II, p. 15), est un de ces poëtes qui, par la vérité et la vivacité de leur peinture, font que les grands lieux communs de la vie humaine nous émeuvent, comme s'ils venaient de nous toucher personnellement. » Puis, analysant cette fable, et la rapprochant de deux morceaux de Bossuet (p. 15-20), il nous montre comment « l'orateur et le fabuliste traitent le même lieu commun avec la même vivacité, quoique avec des sentiments différents, l'un gourmandant notre orgueil par la représentation de notre néant, l'autre mettant dans une petite comédie sans aigreur un centenaire qui ne veut pas mourir encore.... Bossuet dit, dans son oraison funèbre de la duchesse d'Orléans, qu'elle fut douce avec la mort; je dirais volontiers que la Fontaine est bonhomme avec la mort. » — « Parmi les belles fables de la Fontaine, dit Geruzez, quelques-unes sont plus populaires que celle-ci; mais il n'y en a pas d'un ordre plus élevé. La noblesse du style, la gravité du sentiment, l'importance de la leçon morale font de cet apologue un des chefs-d'œuvre de notre poëte. »

Comparez les fables xv et xvi du livre I, *la Mort et le Malheureux, la Mort et le Bûcheron*, où ce sujet de la mort est traité d'un point de vue différent, avec bien moins de grandeur et de poésie.

Il existe un livre curieux, souvent réimprimé, qui a pour titre : *Le faut-mourir et les excuses inutiles que l'on apporte à cette nécessité. Le tout en vers burlesques. Par M. Jacques Jacques, chanoine ord., de l'Église métropolitaine d'Ambrun.* Rouen, J.-B. Besongne, 1710 (Bibliothèque nationale, Y 5374). L'auteur, après un avis *au Lecteur docile*, dans lequel il annonce que, sous la forme burlesque de son livre, se cache un but très-sérieux, introduit d'abord la Mort, qui, dans un long monologue, vante son pouvoir universel ; puis il fait dialoguer successivement avec elle le Pape, une jeune damoiselle fiancée, un forçat, le Roi, un vieux riche décrépit, un chanoine, une religieuse, un aveugle, un soldat malade à l'hôpital, un gueux, etc. Tous se défendent de mourir, et plaident pour obtenir un délai, excepté le Pape, qui se soumet, et se déclare prêt à la suivre

Pour aller faire ce voyage.

L'ouvrage n'a pas grande valeur littéraire, et l'auteur, du reste, nous en avertit naïvement ; mais il est, nous l'avons dit, curieux, et parfois il met en scène avec une certaine vivacité les arguments que la Fontaine a résumés avec une si saisissante éloquence.

La Mort ne surprend point le sage ;
Il est toujours prêt à partir[3],
S'étant su lui-même avertir
Du temps où l'on se doit résoudre à ce passage.
Ce temps, hélas ! embrasse tous les temps : 5
Qu'on le partage en jours, en heures, en moments,
Il n'en est point qu'il ne comprenne
Dans le fatal tribut ; tous sont de son domaine ;
Et le premier instant où les enfants des rois
Ouvrent les yeux à la lumière 10
Est celui qui vient quelquefois
Fermer pour toujours leur paupière.

3. C'est l'idée élégamment développée dans ces deux vers si connus :

Approche-t-il du but, quitte-t-il ce séjour,
Rien ne trouble sa fin : c'est le soir d'un beau jour.
(*Philémon et Baucis*, vers 13-14.)

Défendez-vous par la grandeur[4],
Alléguez la beauté, la vertu, la jeunesse :
La Mort ravit tout sans pudeur ;   15
Un jour le monde entier accroîtra sa richesse[5].
Il n'est rien de moins ignoré,
Et puisqu'il faut que je le die[6],
Rien où l'on soit moins préparé[7].

4. La Fontaine a développé ainsi cette pensée, quelques années plus tard, aux vers 52-55 de son *Épître au prince de Conty*, François-Louis, écrite, en 1685, à l'occasion de la mort de son frère aîné, Louis-Armand, et publiée, pour la première fois, dans les *OEuvres postumes* (sic), 1696, p. 243 :

.... Ni le sang des rois,
Ni la grandeur, ni la vaillance,
Ne font changer du Sort la fatale ordonnance
Qui rend sourd à nos cris le noir tyran des morts.

Le lecteur ne peut manquer de rapprocher aussi les stances célèbres de Malherbe : *Consolation à M. du Périer.... sur la mort de sa fille* (tome I, p. 38-43).

5. Ce vers rappelle, en le surpassant peut-être, par l'expressive personnification qu'il implique, le beau vers des *Animaux malades de la peste* (livre VII, fable I, vers 5, ci-dessus, p. 95) :

Capable d'enrichir en un jour l'Achéron.

6. On a déjà vu, livre IV, fable xv, vers 6, livre V, fable xviii, vers 10, et l'on reverra dans *le Paysan du Danube* (fable vii du livre XI, vers 39) cette ancienne forme de subjonctif qu'on rencontre encore çà et là, en poésie, au dix-septième siècle.

7. Bossuet a peint en termes admirables cet étonnement de l'homme « oublieux de sa destinée, » dans son sermon *sur la Mort*, prêché devant le Roi, le vendredi de la quatrième semaine de Carême ; voyez le second alinéa de l'exorde : « C'est une étrange foiblesse de l'esprit humain que jamais la mort ne lui soit présente, quoiqu'elle se mette en vue de tous côtés et en mille formes diverses.... » — On peut comparer, dans le chapitre *de l'Homme* de la Bruyère, le n° 124 (tome II, p. 58-59) : « N*** est moins affoibli par l'âge que par la maladie.... Ce n'est pas pour ses enfants qu'il bâtit, car il n'en a point, ni pour ses héritiers... : c'est pour lui seul, et il mourra demain. »

Un Mourant, qui comptoit⁸ plus de cent ans de vie, 20
Se plaignoit à la Mort que précipitamment
Elle le contraignoit de partir tout à l'heure⁹,
    Sans qu'il eût fait son testament,
Sans l'avertir au moins. « Est-il juste qu'on meure
Au pied levé¹⁰? dit-il; attendez quelque peu¹¹ : 25
Ma femme ne veut pas que je parte sans elle;
Il me reste à pourvoir un arrière-neveu¹²;
Souffrez qu'à mon logis j'ajoute encore une aile.
Que vous êtes pressante, ô Déesse cruelle!
— Vieillard, lui dit la Mort, je ne t'ai point surpris; 30
Tu te plains sans raison de mon impatience :
Eh! n'as-tu pas cent ans? Trouve-moi dans Paris
Deux mortels aussi vieux; trouve-m'en dix en France.

   8. Les deux textes de 1678 ont ici *contoit*, et, au même sens, dans le vers 19 de la fable suivante et le vers 55 de la fable xviii du livre VIII, *compter*, *compté* : voyez ci-dessus, p. 113, note 12.
   9. A l'instant : voyez ci-dessus, p. 74 et note 8.
   10. Sur le sens premier et le sens déduit et figuré de cette locution, voyez *Littré*, à l'article Levé.
   11. C'est la même prière que celle de *la Jeune captive* d'André Chénier (vers 31 et 37) :

    Je ne suis qu'au printemps, je veux voir la moisson....
    Ô Mort, tu peux attendre, éloigne, éloigne-toi!

Mais quelle différence dans la situation et dans le sentiment qui inspirent chacune d'elles!
   12. C'est surtout au pluriel que ce mot composé, avec *neveu* au sens du latin *nepos*, prend d'ordinaire l'acception générale de descendants éloignés, qu'il a, par exemple, dans le vers 21 de la fable viii du livre XI :

    Mes arrière-neveux me devront cet ombrage.

Nous croyons toutefois que, particulièrement dans la langue poétique, qui ne doit pas viser à l'étroite précision, le singulier peut avoir la même signification que ce pluriel, et que plus bas, dans la réponse de la Mort, au vers 37, le mot *petit-fils* est synonyme du nom *arrière-neveu* de ce vers 27.

Je devois, ce dis-tu[13], te donner quelque avis
    Qui te disposât à la chose : 35
J'aurois trouvé ton testament tout fait,
Ton petit-fils pourvu, ton bâtiment parfait.
Ne te donna-t-on pas des avis, quand la cause
    Du marcher et du mouvement[14],
    Quand les esprits, le sentiment, 40
Quand tout faillit en toi[15]? Plus de goût, plus d'ouïe;
Toute chose pour toi semble être évanouie;
Pour toi l'astre du jour prend des soins superflus[16];
Tu regrettes des biens qui ne te touchent plus.
    Je t'ai fait voir tes camarades 45

13. C'est là ce que tu dis, à ce que tu dis. Ainsi, à la fin de la fable xvii du livre IX, vers 25-26 : « Raton

N'étoit pas content, ce dit-on. »

Même incise au vers 23 de la fable xx du livre VIII; au vers 2 de la fable I du livre XI; et même tour dans la variante que donne la note 4 de la page 105 du tome I.

14. Ici le fabuliste a sans doute dans la pensée la théorie de Descartes : voyez, dans le *Discours de la méthode*, v° partie, p. 44 (1668, in-4°), le passage sur « la génération des esprits animaux, qui sont comme un vent très-subtil, ou plutôt comme une flamme très-pure et très-vive, qui, montant continuellement, en grande abondance, du cœur dans le cerveau, se va rendre de là par les nerfs dans les muscles et donne le mouvement à tous les membres. »

15. « Chaque jour leur ôte, dit la Rochefoucauld (tome I, p. 346), une portion d'eux-mêmes. » — Geruzez cite un court fragment de ce beau passage de Gerson, que nous complétons : *Sed tu, senex persona, sive vir sis, sive mulier, tu, in quo signa mortis, signa judicii tui apparent, et nihilominus semper putrescis in immundo fimo abominabilis et spurcæ luxuriæ, tu, inquam, vetus bestia, quid meditaris, quam spem habes? Vides signa judicii tui per universum corpus tuum et animam tuam; caput tuum floret et fit canum, lumen oculorum debilitatur, memoria deficit, ingenium induratur : attamen tenes hanc proditoriam luxuriam, quæ te ligat et catenis vincit, teque ponit in immundum sepulchrum, ut statim te reponat in sepulturam infernalis cœmiterii.* (JOANNIS GERSONII *Opera omnia*, Antwerpiæ, MDCCVI, in-fol., tome III, col. 914, *Sermon contre le luxe, pour le second dimanche de l'Avent.*)

16. Le vieux poëte élégiaque Mimnerme dit, d'une manière plus

LIVRE VIII.

Ou morts, ou mourants, ou malades :
Qu'est-ce que tout cela, qu'un avertissement ?
Allons, vieillard, et sans réplique.
Il n'importe à la République [17]
Que tu fasses ton testament [18]. »

simple, en parlant du vieillard (p. 87, édition Boissonade) : « Il ne se réjouit plus voyant la lumière du soleil. »

Οὐδ' αὐγὰς προσορῶν τέρπεται ἠελίου,

et André Chénier développe ainsi l'idée :

Ses yeux par un beau jour ne sont plus égayés,
L'ombre épaisse et touffue, et les prés et Zéphire
Ne lui disent plus rien, ne le font plus sourire.
(Élégie VIII du livre I, vers 54-56.)

17. Le mot revient, en ce sens général d'État, dans la fable XIX de ce livre (vers 20) :

La République a bien affaire
De gens qui ne dépensent rien,

et au vers 31 de la fable VIII du livre XI.

18. Chez Lucrèce, dans un passage à comparer tout entier à notre apologue (livre III, vers 965 et suivants), c'est par un ordre de départ aussi que la Nature, indignée des plaintes d'un vieillard, de son désir insatiable de vivre, coupe court aux reproches qu'elle lui adresse :

.... *Agedum*, ... *necesse est*.

— La Fontaine lui-même avait déjà resserré dans une épigramme, triste à la fois et plaisante, *Sur un mot de Scarron qui étoit près de mourir*, l'idée de ce dialogue de la Mort et du Mourant :

Scarron, sentant approcher son trépas,
Dit à la Parque : « Attendez ; je n'ai pas
Encore fait de tout point ma satire.
— Ah, dit Cloton, vous la ferez là-bas ;
Marchons, marchons, il n'est pas temps de rire. »

— Quelques lignes de Mme de Sévigné (lettre du 26 juillet 1691, tome X, p. 45-46) sont comme une application de la fable à des personnages qui avaient, eux, d'autres raisons de croire que leur existence *importait à la République* : « Voilà donc M. de Louvois mort, ce grand ministre, cet homme si considérable, qui tenoit une si grande place, dont le *moi*, comme dit M. Nicole, étoit si étendu, qui étoit le centre de tant de choses ! Que d'affaires, que de des-

La Mort avoit raison. Je voudrois qu'à cet âge
On sortît de la vie[19] ainsi que d'un banquet,
Remerciant son hôte[20], et qu'on fît son paquet[21];
Car de combien peut-on retarder le voyage ?

soins, que de projets, que de secrets, que d'intérêts à démêler, que de guerres commencées, que d'intrigues, que de beaux coups d'échecs à faire et à conduire ! « Ah ! mon Dieu, donnez-moi un peu « de temps : je voudrois bien donner un échec au duc de Sa- « voie, un mat au prince d'Orange. — Non, non, vous n'aurez « pas un seul, un seul moment. » Faut-il raisonner sur cette étrange aventure? En vérité, il faut y faire des réflexions dans son cabinet. Voilà le second ministre que vous voyez mourir depuis que vous êtes à Rome (*le premier était Colbert de Seignelay, mort en novembre* 1690). Rien n'est plus différent que leur mort ; mais rien n'est plus égal que leur fortune, et leurs attachements, et les cent mille millions de chaînes dont ils étoient tous deux attachés à la terre. »

19. On a peine à s'expliquer que Vaugelas ait condamné, comme non française, la locution « sortir de la vie, » et que l'emploi qu'en a fait le fabuliste en 1678 n'ait pas suffi à l'Académie pour réformer le jugement du grammairien, dans les *Observations* qu'elle a publiées sur ses *Remarques* en 1704 : voyez à la page 477 de l'édition in-4° de cette année.

20. « Je sors de la vie comme de la maison d'un hôte, non comme de la mienne, » dit le vieux Caton dans le dialogue *de la Vieillesse* de Cicéron (§ 84) : *Ex vita ita discedo tanquam ex hospitio, non tanquam ex domo*. Comparez les vers 72 et 73 de la fable ix du livre X.

21. A propos de ce mot, *son paquet*, et de quelques autres expressions analogues, M. Taine dit (p. 302) : « Tout son style est composé ainsi de familiarités gaies ; rien n'est plus efficace pour mettre en notre cerveau l'image des objets ; car, en tout esprit, les images familières se réveillent plus aisément que les autres, et les images gaies naissent plus promptement que toutes les autres dans l'esprit des Français. Lucrèce avait dit noblement à l'antique (livre III, vers 951, un peu avant le passage où renvoie la note 18) :

Cur non, ut plenus vitæ conviva, recedis ?

La Fontaine ajoute, en bourgeois et en paysan, et dans le style amusant de la fable :

Je voudrois qu'à cet âge, etc. »

— On sait comment Horace a repris l'image de Lucrèce pour

Tu murmures, vieillard! Vois ces jeunes mourir[22], 55
   Vois-les marcher, vois-les courir
A des morts, il est vrai, glorieuses et belles,
Mais sûres cependant, et quelquefois cruelles[23].

l'appliquer à la même pensée (satire 1 du livre I, vers 117-119) :

> *Inde fit ut raro qui se vixisse beatum*
> *Dicat, et exacto contentus tempore vitæ*
> *Cedat, uti conviva satur, reperire queamus.*

22. Ces mots font songer à la fin de la fable VIII du livre XI, *le Vieillard et les trois jeunes hommes*. — *Jeunes*, substantivement, était autrefois d'un usage très-fréquent. Ainsi, dans cette phrase de Montaigne (livre I, chapitre XIX, *Que philosopher, c'est apprendre à mourir*, tome I, p. 91) : « Les ieunes et les vieux laissent la vie de mesme condition. » — Dans la fable d'Haudent, la Mort dit au « Vieil homme » :

> Quand il voyoit, chascun coup de ses yeulx,
> Qu'elle prenoit autant ieunes que vieux.

De même elle dit dans *le Faut-mourir* (p. 9; voyez la notice de la fable, p. 207) :

> Enfin, je frappe de mon dard
> Tout le monde sans nul égard,...
> Le jeune comme le vieillard.

Et le mot n'a rien qui choque comme archaïsme. Sans parler de certains emplois aujourd'hui fort communs, nous lisons dans Victor Hugo (*Hernani*, acte III, scène 1) :

> Hélas! je vous le dis, souvent
> Les vieillards sont tardifs, les jeunes vont devant.

23. Comme le remarque, à propos, Solvet, le Vieillard, pour répondre au poëte, n'aurait qu'à s'inspirer de ces vers de Voiture au duc d'Enghien :

> La Mort qui, dans le champ de Mars,
> Parmi les cris et les alarmes,
> Les feux, les glaives et les dards,
> Le bruit et la fureur des armes,
> Vous parut avoir quelques charmes
> Et vous sembla belle autrefois
> A cheval et sous le harnois,
> N'a-t-elle pas une autre mine
> Lorsqu'à pas lents elle chemine

J'ai beau te le crier; mon zèle est indiscret :
Le plus semblable aux morts meurt le plus à regret[24]. 60

> Vers un malade qui languit?
> Et semble-t-elle pas bien laide
> Quand elle vient tremblante et froide
> Prendre un homme dedans son lit?
>
> (*Épître à Monseigneur le Prince, sur son retour d'Allemagne l'an* 1645, vers 11-23, p. 176-177 de l'édition des *OEuvres*, Paris, 1656.)

24. Le regret, tout près de la mort, mais d'une mort volontaire, est bien exprimé par Valerius Flaccus, dans l'exclamation de Médée tenant à la main le poison :

> *O nimium jucunda dies, quam cara sub ipsa*
> *Morte magis !*
> (*Argonautiques*, livre VII, vers 336-337.)

A rapprocher aussi, mais plutôt encore des deux fables XV et XVI du livre I, citées dans la notice (p. 206-207), le repentir que Virgile prête aux ombres de ceux qui se sont donné la mort et regrettent la vie malgré toutes ses peines :

> *Quam vellent æthere in alto*
> *Nunc et pauperiem et duros perferre labores!*
> (*Énéide*, livre VI, vers 436-437.)

FABLE II.

LE SAVETIER ET LE FINANCIER.

On raconte une anecdote semblable d'Anacréon ; il avait reçu cinq talents de Polycrate, tyran de Samos ; comme Grégoire, il en perdit le sommeil, et, au bout de deux jours, il courut les rendre, en disant qu'ils ne valaient point le souci qu'ils lui donnaient ; voyez le *Florilegium* de Stobée, édition Gaisford, titre xcIII, n° 25. — Une autre histoire, très-différente par les détails, mais que l'analogie du sujet doit faire mettre en regard du *Savetier et le Financier*, est l'histoire du crieur public Vulteius Mena et de l'orateur Philippe dans Horace (épître VII du livre I, vers 46-98). — Mais cette fable de la Fontaine se rattache plus directement à une tradition du moyen âge. Divers contes parlent d'un pauvre qui, mis, soit par le hasard, soit par la bienveillance ou même la malice d'un riche, en possession d'une somme assez ronde, en perd toute sa joie. Tel est, dans le *Promptuarium exemplorum discipuli*, imprimé à la suite des *Sermones discipuli de tempore* de Herolt (Bâle, 1482), l'*exemple* VIII donné sous la lettre T et commençant par ces mots : *Pauper mechanicus semper fuit lætus...* ; tels sont le récit intercalé dans un sermon de Barleta (Lyon, 1516, fol. 109 v°), récit donné pour un extrait d'un ouvrage antérieur : *Exemplum in libro* de Septem donis[1], *de quodam paupere* ; dans le *Speculum exemplorum omnibus christicolis salubriter inspiciendum* (Haguenau, 1519), le n° LX du livre (*distinctio*) IX, débutant ainsi : *Quidam dives et valde pecuniosus...* ; dans *le Courrier facétieux* (Lyon, 1650, p. 245), le conte : « d'Un qui ne pouvoit dormir ayant de l'argent ; » et, dans les *Histoires latines* du moyen âge publiées par Th. Wright (Londres, 1843, tome VIII de la collection intitulée *Early english poetry*), le n° LXX, *de Thesauro invento*[2]. Un des plus jolis de ces anciens contes

---

1. Livre fameux au moyen âge, d'Étienne de Bourbon, dominicain du treizième siècle : voyez l'anecdote du riche et du pauvre dans les Extraits publiés par M. Lecoy de la Marche, 1877, p. 357 et 358.
2. M. Moland a traduit ce dernier dans son commentaire.

est celui de Bonaventure des Périers, que tout le monde peut lire dans les réimpressions modernes (n° XXI) : *du Savetier Blondeau, qui ne fut oncques en sa vie melancholic que deux fois, et comment il y pourveut, et de son épitaphe.* La nouvelle de des Périers ne peut toutefois être indiquée comme source principale du *Savetier et le Financier*; elle n'en doit être rapprochée que pour le vivant portrait qui y est esquissé : Blondeau est bien le même joyeux ouvrier que sire Grégoire; subitement enrichi par une trouvaille, il se trouve aussi tout à fait incapable de conserver le trésor qu'il n'aurait jamais eu le courage d'amasser; il est d'ailleurs personnage unique; des Périers ne l'a pas mis aux prises avec le riche et ne le fait parler qu'en monologues. — C'est dans l'*Ésope allemand de Burkhard Waldis* (fable 82 du livre IV, *du Riche et du Pauvre*, tome II, p. 209-213, de l'édition de Leipzig, 1862) que se trouve le récit qui, pour le cadre et le fond, a, ce nous semble, le plus de conformité avec la fable française. Il n'y a là sans doute qu'une rencontre singulière. Bien qu'on cite six éditions du recueil allemand, publiées entre 1548 et 1584, et une septième donnée en 1623, il parait bien certain que la Fontaine n'en a pas eu connaissance, dans l'original du moins. La comparaison pourra paraître intéressante ; nous donnons au lecteur le moyen de la faire : voyez à l'*Appendice*.

« Voici un apologue, dit Chamfort, d'un ton propre à bannir le sérieux du précédent. C'est la Fontaine dans tout son talent, avec sa grâce, sa variété ordinaire. La conversation du Savetier et du Financier ne serait pas indigne de Molière lui-même. » — Saint-Marc Girardin, dans sa XVI° leçon (tome II, p. 81-83), citant cette fable à la suite de *la Laitière et le Pot au lait*, tire du rapprochement cette conclusion : « On peut voir ses souhaits accomplis et n'en être pas plus heureux pour cela. » Puis, après transcription de l'apologue, il ajoute : « N'allons donc pas trop haut dans nos désirs ; contentons-nous de la fortune médiocre que le sort nous a faite, et rêvons le reste. Croyons-en la Fontaine : la plus commode et la plus sûre manière de posséder les grands biens de la terre, est de les rêver. »

On connaît trois comédies portant le même titre que cette fable et qui ont été inspirées par elle, l'une d'un anonyme, 1761 ; la seconde de Piis, an II (1792); la troisième de Merle et Brazier, 1815.

Un Savetier chantoit du matin jusqu'au soir³ ;
    C'étoit merveilles⁴ de le voir,
Merveilles de l'ouïr ; il faisoit des passages⁵,
    Plus content qu'aucun des sept sages.
Son voisin, au contraire, étant tout cousu d'or,   5
    Chantoit peu, dormoit moins encor ;
    C'étoit un homme de finance.
Si, sur le point du jour, parfois il sommeilloit,
Le Savetier alors en chantant l'éveilloit ;
    Et le Financier se plaignoit   10
    Que les soins de la Providence
N'eussent pas au marché fait vendre le dormir,
    Comme le manger et le boire⁶.
    En son hôtel il fait venir
Le chanteur, et lui dit : « Or çà, sire Grégoire,   15

3. « Tout le long du jour il chantoit et réjouissoit tout le voisiné. » (Des Périers.)

4. Quelques éditeurs modernes ont changé à tort ce pluriel en singulier. Au vers 306 du conte de *Belphégor*, nous retrouvons, dans le même tour, *merveilles* au pluriel comme ici.

5. Trait de chant rapide et de quelque étendue, trait de bravoure. L'emploi que la Fontaine a fait du mot en parlant de grands virtuoses (un soprano et une cantatrice du temps de Mazarin) fait bien sentir ce qu'il a de plaisant ici :

    Les passages d'Atto[a] et de Leonora.
    (*Épître à M. de Niert sur l'Opéra*, 1677, vers 9.)

6. Triple emploi de l'infinitif pris substantivement comme au vers 39 de la fable précédente :

    .... la cause
    Du marcher et du mouvement ;

et aux vers 3 et 14 du conte v de la IVᵉ partie :

    Le vrai dormir ne fut fait que pour eux....
    Le long dormir est exclu de ce lieu.

André Chénier dit de même (*Poésies antiques*, p. 135, de l'édition des OEuvres, de 1862) :

    Et le dormir suave au bord d'une fontaine....

[a] Il y a une leçon, peut-être préférable, où le vers semble avoir une syl-

Que gagnez-vous par an? — Par an? Ma foi, Monsieur⁷,
    Dit, avec un ton de rieur,
Le gaillard Savetier, ce n'est point ma manière
De compter⁸ de la sorte; et je n'entasse guère
    Un jour sur l'autre : il suffit qu'à la fin   20
        J'attrape le bout de l'année;
        Chaque jour amène son pain.
— Eh bien, que gagnez-vous, dites-moi, par journée?
— Tantôt plus, tantôt moins : le mal est que toujours
(Et sans cela nos gains seroient assez honnêtes),   25
Le mal est que dans l'an s'entremêlent des jours
    Qu'il faut chommer⁹; on nous ruine en fêtes¹⁰;

7. « Ne relevons pas, dit Chamfort, quelques mauvaises rimes, comme celle de *Monsieur*, qu'on pardonnait alors parce qu'elle rimait aux yeux, et cette autre (vers 28 et 30), *naïveté* et *curé*. »

8. Voyez ci-dessus, la note 8 de la page 209.

9. On a déjà vu cette orthographe, qui modifie la prononciationᵃ, au tome I, p. 207, vers 13, et, là à la rime, p. 226, vers 17; on la reverra au conte v de la IVᵉ partie, vers 74 et 185.

10. « Les vers qui précèdent, dans l'édition de 1678, étaient primitivement ainsi :

    Tantôt plus, tantôt moins : le mal est que toujours
        Il s'entremêle certains jours
    Qu'il faut chommer; on nous ruine en fêtes,

de sorte que ce dernier vers se trouvait sans rime. La Fontaine a lui-même corrigé cette faute par un carton, qui manque à beaucoup d'exemplaires. » (*Note de Walckenaer.*) — L'exemplaire, que nous avons comparé, de la Bibliothèque nationale a le carton; dans celui de la bibliothèque Cousin (réimpression de 1692 sous la date

labc de trop; mais il y faut évidemment, ce qui ramène le vers à sa vraie mesure et supprime l'hiatus, élider l'o italien de son muet :

    Les longs passages d'Atto et de Leonora.

Voyez l'édition de M. Marty-Laveaux, tome V, p. 108, note 2.

ᵃ On a omis d'avertir à la première rencontre, du tome I, que *chommer* était l'orthographe et la prononciation du temps; c'est celle de l'Académie dans ses trois premières éditions (1694, 1718, 1740), de Furetière (1690). Richelet (1680) écrit, selon son habitude de dédoublement, *chomer*, mais sans accent.

L'une fait tort à l'autre ; et Monsieur le curé
De quelque nouveau saint charge toujours son prône[11]. »

de 1678), la faute a été reproduite, sans doute à dessein, pour confirmer la fausse date. — Le précieux exemplaire composé par Rochebilière, et appartenant aujourd'hui à Mgr le duc d'Aumale, nous donne et le feuillet primitif avec la faute, et le second état, c'est-à-dire le carton corrigé. — Les éditions de 1682, 1688, 1708, 1729 ont le passage tel qu'il est ici, d'après les corrections.

11. C'est au prône, comme l'on sait, que les fêtes de la semaine sont annoncées aux paroissiens. — Après avoir approfondi le caractère du paysan, M. Taine en rapproche ainsi (p. 160) l'autre type populaire dont ce passage lui donne l'idée : « L'artisan est plus gai. Il n'amasse pas comme le paysan. Il n'a pas besoin de prévoir de loin, de craindre la saison, de calculer la récolte. Il vit sur le public, et laisse le gain venir, insouciant, bavard, hardi du reste, et jugeant son curé d'un air assez leste, en des matières où l'autre s'empêtrerait respectueusement. » — La Fontaine touchait ici une question tout actuelle pour le public de 1678. Douze ans auparavant le Roi avait obtenu des évêques la suppression de dix-sept fêtes (voyez l'*Histoire de France* de Henri Martin, 1860, tome XIII, p. 89). Voici en quels termes il est parlé de cette réforme dans les Mémoires rédigés sous les yeux mêmes du Roi : « Je projetai encore alors un autre règlement qui regardoit à la fois et l'État et l'Église. Ce fut à l'égard des fêtes, dont le nombre, augmenté de temps en temps par des dévotions particulières, me sembloit beaucoup trop grand. Car enfin il me parut qu'il nuisoit à la fortune des particuliers en les détournant trop souvent de leur travail; qu'il diminuoit la richesse du Royaume en diminuant le nombre des ouvrages qui s'y fabriquoient; et qu'il étoit même préjudiciable à la religion par laquelle il étoit autorisé, parce que la plupart des artisans étant des hommes grossiers donnoient ordinairement à la débauche et au désordre ces jours précieux qui n'étoient destinés que pour la prière et les bonnes œuvres. Dans ces considérations, je pensai qu'il seroit du bien des peuples et du service de Dieu d'apporter en cela quelque modération, et je fis entendre ma pensée à l'archevêque de Paris, lequel [la jugeant pleine de raison[a]] voulut bien, comme pasteur de la capitale de mon royaume, donner en cela l'exemple à tous ses confrères. » (*Mémoires de Louis XIV*, pour l'année 1666, tome I, p. 205-206, de l'édition de M. Charles Dreyss.) Après le nouveau règlement,

[a] Ces mots entre crochets ne sont que dans deux des trois rédactions manuscrites des *Mémoires de Louis XIV*.

Le Financier, riant de sa naïveté, 30
Lui dit : « Je vous veux mettre aujourd'hui sur le trône.
Prenez ces cent écus[12]; gardez-les avec soin,
    Pour vous en servir au besoin. »
Le Savetier crut voir tout l'argent que la terre
    Avoit, depuis plus de cent ans, 35
    Produit pour l'usage des gens.
Il retourne chez lui ; dans sa cave il enserre
    L'argent, et sa joie à la fois[13].
    Plus de chant : il perdit la voix,
Du moment qu'il gagna ce qui cause nos peines. 40
    Le sommeil quitta son logis ;
    Il eut pour hôtes les soucis,
    Les soupçons, les alarmes vaines ;
Tout le jour, il avoit l'œil au guet[14]; et la nuit,
    Si quelque chat faisoit du bruit, 45

outre les dimanches, dit H. Martin, « il resta trente-huit fêtes chômées. » — Sur l'abus des chômages, des fêtes, voyez aussi Voltaire, *Requête à tous les magistrats du Royaume, composée par trois avocats d'un parlement* (1770), tome XLVI, p. 431-435.

12. Dans Bonaventure des Périers, nous l'avons dit, il n'est pas question de Financier réveillé par le Savetier, et qui lui donne cent écus. Blondeau a « trouvé en une vieille muraille un pot de fer auquel y avoit grande quantité de pièces antiques de monnoye..., desquelles il ne sçavoit la valeur. » Par conséquent, nulle trace de ce charmant dialogue ; il appartient tout entier à la Fontaine.

13. Il a le moins de part au trésor qu'il enserre.
    (Livre IX, fable xvi, vers 30.)

14. Laharpe, qui a commenté la fable dans son *Cours de littérature* (II[de] partie, livre I, chapitre xi, § 1), relève « avec quel art est suspendu, au cinquième pied, par une césure imitative, ce vers qui peint les alarmes du pauvre homme, que l'idée de son trésor tient toujours en l'air. » — « Lors il commença de devenir pensif. Il ne chantoit plus ; il ne songeoit plus qu'en ce pot de quinquaille.... Tantost il craignoit de n'avoir pas bien caché ce pot et qu'on le lui desrobast. A toutes heures, il partoit de sa tente pour l'aller remuer. Il estoit en la plus grand'peine du monde. » (Des Périers.)

Le chat prenoit l'argent[15]. A la fin le pauvre homme [16]
S'en courut chez celui qu'il ne réveilloit plus[17] :
« Rendez-moi, lui dit-il, mes chansons et mon somme,
    Et reprenez vos cent écus[18]. »

15. Ainsi l'Harpagon de Molière, qui se méfie de la Flèche : « Je tremble qu'il n'ait soupçonné quelque chose de mon argent » (acte I, scène III); et un peu plus loin (*ibidem*, scène IV), voyant Cléante et Élise qui se font des signes : « Je crois qu'ils se font signe l'un à l'autre de me voler ma bourse; » enfin (acte IV, scène VII) : « Quel bruit fait-on là-haut? »

16. Même emploi du mot *pauvre*, au livre VII, fable VI, vers 44, en parlant d'un semblable état de « malheureuse richesse », *divitias miseras!* comme dit Horace dans un tout autre sens, il est vrai (satire VIII du livre II, vers 18).

17. Chez Horace, le crieur Vulteius a la même hâte d'être rendu à sa vie d'autrefois; la fin du récit a le même mouvement pittoresque :

Offensus damnis, media de nocte caballum
Arripit, iratusque Philippi tendit ad œdes....

18. Dans le sermon de Barleta cité à la notice (p. 215) : *Tolle in malam horam* (« à la male heure! », voyez *Littré*, HEURE, 13º). *Felix est status pauperis, quando, cum familia sua, acquirit victum bona conscientia.* — Dans des Périers, le dénouement est et devait être différent. « A la fin il se vint à recognoistre, disant en soi-mesme : « Comment? ie ne fais que penser en mon pot!... Bah! le « diable y ait part au pot! il me porte malheur! » En effet, il le va prendre gentiment, et le jette en la rivière, et noya toute sa melancholie avec ce pot. » — « Les cent écus ôtent la joie au pauvre Savetier du fabuliste, tandis que Franklin permet la joie à l'artisan qui se met à son école que le jour où il a su gagner les cent écus : différence profonde qui mesure tout un abîme entre deux mondes. L'imprévoyance heureuse, la vie au jour le jour, voilà l'ancien régime; la prévoyance, comme condition et moyen du bonheur, voilà le nouveau. » (H. BAUDRILLART, article sur Franklin, dans le *Journal des Débats* du 19 novembre 1867.)

La belle fable du poëte russe Kryloff (VIIIº du livre I), intitulée *le Riche pauvre* dans la traduction en vers français de M. Ch. Parfait, tend au même but, à la même vérité que celle de la Fontaine; le sujet est autrement conçu, mais la moralité est identique : il s'agit d'un gueux, qui, subitement devenu riche, perd repos et santé, mais, moins sage que notre Savetier, garde son or, n'ose en jouir, et finit par mourir dessus.

FABLE III.

LE LION, LE LOUP, ET LE RENARD.

Esope, fab. 72, Λύων καὶ Δῠκος καὶ Ἀλώπηξ (Coray, p. 43). — Faërne, fab. 99, *Leo, Lupus et Vulpes*. — Lodovico Guicciardini, *Detti et fatti*, etc. (Venise, 1569), p. 67. — G. Cognatus, p. 47, *de Leone, Lupo et Vulpe*. — Boursault, *le Lion décrépit*, dans la scène III de l'acte IV d'*Ésope à la cour*.

Mythologia æsopica Neveleti, p. 148.

Cette fable parut pour la première fois en 1671, dans le recueil intitulé : *Fables nouvelles et autres poésies de M. de la Fontaine*.

Ce sujet a fourni toute une branche au *Roman du Renart* (édition Méon, tome II, p. 305 et suivantes, vers 17871 et suivants) : *de Renart si come il fu mires* (médecin). Pour les textes latins et étrangers de cette branche du roman, on peut voir les analyses de J. Grimm dans son *Reinhart Fuchs*, p. LIX-LXIII, LXXII-LXXIII, CVI-CVII, CLIII[1]. A la même tradition appartient le beau récit, en prose latine, reproduit par Robert (tome II, p. 559-560), d'après un manuscrit du quatorzième siècle, et que nous reproduisons nous-mêmes à l'*Appendice*; Saint-Marc Girardin l'a traduit tout au long et commenté dans sa VIIe leçon (tome I, p. 210-215) ; il y voit « une scène que la fable de la Fontaine n'égale pas. » C'est que, bien probablement, celui-ci n'a pas connu le texte original du moyen âge ; il s'en est tenu, ainsi que Faërne, aux données du recueil ésopique. Le même talent est loin d'animer quelques autres compositions, qui résument sans doute aussi l'épisode du roman : la fable 59 de Marie de France, *dou Lion qui manda le Werpil*; le n° IX des fables réunies sous le titre de *Fabulæ extravagantes*[2] dans les

---

1. A la page CLIII il s'agit de l'aventure VI du poëme flamand, où, comme au chant X du *Reineke Fuchs* de Goethe, l'histoire est bien refroidie. — Grimm, p. 432-441, donne encore du *Lion malade* un texte allemand qui remonte au début du quinzième siècle.

2. Grimm, qui en a réimprimé plusieurs dans le volume cité (entre autres ce n° IX : voyez p. 425-427, *Vulpes, Lupus et Leo*),

recueils du quinzième siècle, *de Vulpe et Lupo piscatore* et *Leone* ;
la fable 55 de la 1ʳᵉ partie d'Haudent : *d'un Loup, d'un Lion et d'un Regnard.*

Le même sujet a été traité en vers latins, sous le titre de *Leo æger, Vulpes et Lupus*, par Charles du Périer, le rival de Santeul, le neveu de François du Périer auquel Malherbe adressa des stances si touchantes ; le texte latin et une traduction en vers français par Ch. Perrault ont été insérés dans le *Carpentariana* (Amsterdam, 1741), p. 262-270.

M. Taine (p. 97-98) analyse cette fable avec sa verve habituelle, et montre dans le discours du Renard le manége adroit et perfide du courtisan qui se venge d'un rival.

Un Lion, décrépit, goutteux, n'en pouvant plus [4],
Vouloit que l'on trouvât remède à la vieillesse.
Alléguer l'impossible aux rois, c'est un abus [5].

pense qu'elles ont été écrites en France au quatorzième siècle. Elles ont été traduites vers la fin du quinzième par le P. Julien (Macho), des Augustins de Lyon (dans un volume qui porte en tête *les Subtilles fables d'Ésope*, et est daté de Lyon, 1494). Robert les a analysées, mais en y ajoutant plus d'un trait à lui, tome I, p. xcv-ciii.

3. L'histoire de la pêche du Loup, annoncée ainsi dans le titre, est aussi tirée du roman et sert comme de prologue à la fable.

4. « Vers qui peint par le nombre comme par l'expression ; cet artifice de prosodie est familier à la Fontaine, » dit Nodier, et il compare le vers 5 de la fable ix du livre VII.

5. *Un abus*, une erreur, comme, par exemple, dans le vers 825 de l'*Héraclius* de Corneille :

> Qu'un si charmant abus seroit à préférer
> A l'âpre vérité qui vient de m'éclairer !

Voyez le conte xvi de la IIᵉ partie, vers 10 et 81 ; et *passim*. — « M. de Calonne a commenté ce vers en répondant à la reine Marie-Antoinette, qui lui demandait un service : « Madame, si c'est « possible, c'est fait ; si c'est impossible, ça se fera. » (*Note de Geruzez*.) — Colincamp rapproche de ce passage le morceau de la scène 1 de *l'Impromptu de Versailles* qui commence par ces mots (tome III, p. 391) : « Les rois n'aiment rien tant qu'une prompte obéissance, etc. » Comparez aussi *Amphitryon*, vers 168-187.

Celui-ci parmi chaque espèce
Manda des médecins; il en est de tous arts⁶.
Médecins au Lion viennent de toutes parts;
De tous côtés lui vient⁷ des donneurs de recettes.
  Dans les visites qui sont faites,
Le Renard se dispense⁸ et se tient clos et coi⁹.
Le Loup en fait sa cour, daube, au coucher du Roi,
Son camarade absent. Le Prince tout à l'heure
Veut qu'on aille enfumer Renard dans sa demeure,
Qu'on le fasse venir. Il vient, est présenté;
Et, sachant que le Loup lui faisoit cette affaire :
« Je crains, Sire, dit-il, qu'un rapport peu sincère
  Ne m'ait à mépris imputé
  D'avoir différé cet hommage;
  Mais j'étois en pèlerinage¹⁰,
Et m'acquittois d'un vœu fait pour votre santé.
  Même j'ai vu dans mon voyage
Gens experts et savants¹¹, leur ai dit la langueur

 6. De tous les systèmes, de toutes les pratiques, depuis les médecins les plus méthodiques jusqu'aux plus empiriques, jusqu'aux simples *donneurs de recettes*.

 7. Par une licence assez remarquable, le pronom *il* est sous-entendu; l'inversion du verbe et le nombre indiquent seuls qu'il est pris impersonnellement.

 8. Se dispense de venir, s'abstient. *Se dispenser* est employé absolument, comme *dispenser* l'a été par Corneille dans le vers 1181 de *la Suite du Menteur* (tome IV, p. 350) :

 L'occasion convie, aide, engage, dispense.

 9. Heureuse modification de la locution plus ordinaire : *se tenir clos et couvert*. Pour *coi*, voyez ci-après p. 271, note 7.

 10. Le Renard de Faërne a consulté tous les médecins, et tous les temples, c'est-à-dire les oracles (vers 20) :

 Omnes medentes, fana consului omnia.

 11. Dans le roman, et dans la vieille fable latine donnée par Ro-

Dont Votre Majesté craint, à bon droit, la suite.
  Vous ne manquez que de chaleur;
  Le long âge en vous l'a détruite.
D'un loup écorché vif appliquez-vous la peau[12]
  Toute chaude et toute fumante;
  Le secret sans doute en est beau
  Pour la nature défaillante.
  Messire Loup vous servira,
  S'il vous plaît, de robe de chambre[13]. »
  Le Roi goûte cet avis-là :
  On écorche, on taille, on démembre
  Messire Loup. Le Monarque en soupa,
  Et de sa peau s'enveloppa.

Messieurs les courtisans, cessez de vous détruire;
Faites, si vous pouvez, votre cour sans vous nuire.
Le mal se rend chez vous au quadruple du bien.

bert, Renart annonce qu'il arrive de Salerne, la ville si connue par sa fameuse école de médecine.

12. « Faictez escorcher Panurge, et de sa peau couurez-vous. » (RABELAIS, le quart livre, chapitre XXIV, tome II, p. 356.)

13. « Cette plaisanterie.... n'est pas à sa place, dit Geruzez. Si le Renard l'a faite, il a dû attendre que son *camarade* fût écorché. Le poëte prend ici la place du personnage, distraction fort rare chez la Fontaine. » M. Taine (p. 98) voit là, au contraire, un trait naturel dans sa cruauté : « Et là-dessus, savourant, dit-il, tous les mots, surtout le plus atroce, le Renard ajoute :

  D'un loup écorché vif appliquez-vous la peau
    Toute chaude et toute fumante.

Il se tourne à demi vers son cher camarade comme pour lui demander permission, lui fait un petit salut poli, et dit agréablement pour égayer la chose :

  Messire Loup vous servira,
  S'il vous plaît, de robe de chambre.

Le voilà (le courtisan) enfin dans son naturel, c'est-à-dire rail-

Les daubeurs ¹⁴ ont leur tour d'une ou d'autre manière :
  Vous êtes dans une carrière
  Où l'on ne se pardonne rien.   40

leur. L'inhumanité et la possession de soi sont les sources de l'humeur sarcastique. »

14. Ce mot, dont Littré cite ce seul exemple, n'a été admis que dans la quatrième édition (1762) du *Dictionnaire de l'Académie;* la fable, nous l'avons dit, avait été publiée, pour la première fois, en 1671.

FABLE IV.

LE POUVOIR DES FABLES.

A M. DE BARRILLON [1].

Ésope, fab. 178, Δημάδης ὁ ῥήτωρ (Coray, p. 110, p. 363). Comparez la seconde, la troisième et la quatrième formes de la fable 320, Ὄνον μισθωσάμενος [2], empruntées, l'une à un scoliaste d'Aristophane et deux à Photius (Coray, p. 212 et 213). — Abstemius,

1. Paul de Barillon, comme écrivent nos éditions originales, ou plutôt de Barrillon d'Amoncourt, marquis de Branges (titre que d'ailleurs on ne lui donnait pas), conseiller au Parlement en 1650, maître des requêtes en 1651. Au moment où la Fontaine lui dédia cette fable, 1678, il était ambassadeur en Angleterre, où il resta jusqu'à la chute de Jacques II. Cette révolution, qu'il n'avait pas prévue, tandis qu'elle était chaque jour prédite par le comte d'Avaux, ambassadeur en Hollande, lui valut une sorte de disgrâce (voyez, entre autres témoignages, les *Lettres de Mme de Sévigné* à Mme de Grignan, des 28 février et 2 mars 1689, tome VIII, p. 489-499; les *Mémoires de Saint-Simon*, tome VI, p. 262, et son *Addition au Journal de Dangeau*, à la date du 10 janvier 1689, tome II, p. 296, édition de 1854). Il mourut conseiller d'État ordinaire, en juillet 1691. C'était un esprit délicat, grand ami de Mme de Sévigné, de Mme de Grignan, de Mme de Coulanges. Solvet, qui soupçonne, sans aucune vraisemblance, à notre avis, qu'il aurait bien pu y avoir quelque malice dans le tour poétique et badin du vers 24, cite, à l'appui de sa conjecture, ce passage, d'ailleurs curieux, où Saint-Évremond s'est assez plaisamment égayé aux dépens de Barrillon et de sa gourmandise (*OEuvres meslées*, Londres, 1709, tome III, p. 428) : « Monsieur de Barrillon, qui mangeoit autant que personne, avoit un secret admirable contre la plénitude. Avoit-il mangé à crever? Il entretenoit Mme Mazarin des religieux de la Trappe, et, quand il avoit parlé demi-heure de leurs abstinences et de leurs austérités, il croyoit n'avoir mangé que des herbes non plus qu'eux. Son discours faisoit l'effet d'une diète. »

2. Ailleurs la fable a le titre plus juste : Ὄνου σκιά.

Proœmium. — G. Cognatus, p. 23, *de Asini umbra.* — Desmay, fab. 2, *l'Éloge de la Fable ou la Nature plus éloquente que l'Art.* — Boursault, *le Pouvoir des fables,* au début du Prologue des *Fables d'Ésope ou Ésope à la ville* (1690).

Mythologia æsopica Neveleti, p. 236, p. 533.

Chamfort trouve le prologue « assez médiocre ; mais la petite historiette qui fait le sujet de cette prétendue fable » lui paraît « très-agréablement contée. » — Il y a deux versions de cette historiette, celle de l'apologue ésopique n° 178, reproduite, sauf le nom de l'orateur (voyez ci-après, la note du vers 35), par Abstemius et par la Fontaine, et celle que rapportent, nous venons de le dire, un scoliaste d'Aristophane et Photius, et, en outre, Plutarque ; dans cette dernière, l'orateur est, non pas Démade comme dans l'autre récit grec, mais Démosthène, et le conte qu'il imagine pour réveiller ses auditeurs est tout différent. Voici, en substance, ce que dit Plutarque (*Vies des dix orateurs,* VIII, *Démosthène,* vers la fin : *Bibliothèque Didot, OEuvres morales,* tome II, p. 1033) : Un jour, Démosthène, impatienté de l'inattention de son auditoire, se mit à raconter l'histoire d'un jeune homme qui avait loué un âne pour aller à Mégare. Vers midi, on s'arrête pour se reposer ; le jeune homme veut se coucher à l'ombre de l'âne ; l'ânier lui dit qu'il lui a loué son âne, et non l'ombre ; de là contestation[3]. L'auditoire est attentif et attend la fin de la dispute. Mais l'orateur s'arrête. Cris des Athéniens qui demandent le dénouement de l'histoire ; sortie de Démosthène, qui les gourmande, comme ici, de leur frivolité. — Cognatus (Cousin), après avoir reproduit en le développant le récit de Plutarque, fait un curieux rapprochement avec un trait de Diogène, qui, voyant lui aussi qu'on n'écoute pas son sérieux discours, se met à chanter une sotte chanson. Aussitôt ses auditeurs s'éveillent, d'autres accourent, tous sont prêts à entrer en danse, et le cynique leur dit énergiquement leur fait.

La qualité d'ambassadeur
Peut-elle s'abaisser à des contes vulgaires?

3. « Contester sur l'ombre de l'âne » était devenu proverbial dès le temps d'Aristophane, au plus tard : voyez le vers 191 des

Vous puis-je offrir mes vers et leurs grâces légères?
S'ils osent quelquefois prendre un air de grandeur⁴,
Seront-ils point traités par vous de téméraires? 5
    Vous avez bien d'autres affaires
    A démêler que les débats
    Du Lapin et de la Belette.
    Lisez-les, ne les lisez pas;
    Mais empêchez qu'on ne nous mette 10
    Toute l'Europe sur les bras⁵.
    Que de mille endroits de la terre
    Il nous vienne des ennemis,
    J'y consens; mais que l'Angleterre
Veuille que nos deux rois se lassent d'être amis, 15
    J'ai peine à digérer la chose.
N'est-il point encor temps que Louis se repose⁶?

Guêpes, et au tome IV, 2ᵉ partie, p. 304, de l'*Aristote* de la *Bibliothèque Didot*, les citations faites sous le n° 3.

4. L'expression rappelle celle de Virgile (1ᵉʳ vers de la IVᵉ églogue):

    Sicelides Musæ, paulo majora canamus.

5. Voyez la fable XVI du livre VII, et, pour les vers 10 et 11, l'épilogue de la fable XVIII du livre VII, et l'*Histoire de la Fontaine* par Walckenaer, tome I, p. 308-310.

6. Notre poëte se rendait bien compte de l'influence prépondérante du Parlement sur la politique du gouvernement anglais. — On sait comment les *deux rois* étaient amis: Charles II recevait pension de Louis XIV pour servir les intérêts de la France au détriment des véritables intérêts de l'Angleterre, et surtout au mépris des vœux du Parlement et du peuple anglais. Aussi Charles II avait-il plus d'une fois déjà dû céder à l'attitude prise par les Communes; après avoir attaqué la Hollande, de concert avec Louis XIV, en 1672, il avait été contraint de conclure avec elle une paix particulière dès février 1674, et en janvier 1678 un traité d'alliance offensive. Les rapides succès obtenus par Louis XIV en personne, au commencement du printemps de cette dernière année, avaient encore exaspéré l'opinion en Angleterre. « La promptitude de ces expéditions (dit le président Hénault[a] parlant

[a] *Abrégé chronologique de l'histoire de France*, tome III, p. 905.

Quel autre Hercule enfin ne se trouveroit las
De combattre cette hydre? et faut-il qu'elle oppose
Une nouvelle tête aux efforts de son bras⁷?   20
  Si votre esprit plein de souplesse,
   Par éloquence et par adresse,
Peut adoucir les cœurs et détourner ce coup,

de la prise de Gand et d'Ypres, enlevés en quelques jours, au mois de mars 1678, pendant qu'on investissait Charlemont, Namur et Luxembourg) excita une si grande fermentation dans le parlement d'Angleterre, que Charles II y fut autorisé à faire des emprunts à sept pour cent de telles sommes qu'il jugeroit à propos, pour le maintien de ses armes. Cette démarche, qui n'avoit pour but que de donner du secours aux ennemis de la France, jointe à l'interdiction du commerce entre les deux royaumes ordonnée par le même parlement, étoit bien contraire à la qualité de médiateur qu'avoit prise Charles II; mais il n'en étoit pas le maître. On le força aussi à redemander les troupes angloises qui avoient été au service de la France dès le commencement de la guerre, et qui lui furent renvoyées en assez mauvais état. » En avril 1678, Louis XIV adressa son ultimatum au congrès de Nimègue. « Les agents anglais..., dit Henri Martin (tome XIII de son *Histoire de France*, 4° édition, p. 527), servant le Parlement plus que le roi Charles, travaillèrent, de concert avec le prince d'Orange, à faire repousser les propositions de la France. » Celle-ci ayant, à la fin de juin, élevé une difficulté qui remettait tout en suspens, « Charles II, engagé par Guillaume,... refusa de ratifier son traité secret du 27 mai avec Louis XIV, expédia des renforts aux garnisons anglaises d'Ostende et de Bruges, et envoya sir William Temple à la Haye et à Nimègue pour négocier de nouveau un pacte offensif avec les États Généraux. Temple.... était l'adversaire systématique de la France » (*ibidem*, p. 529). On peut supposer, avec vraisemblance, que la Fontaine écrivit ce prologue en 1678, année où furent éditées les fables des livres VII et VIII ; il se préoccupait, avec tout le public, des négociations qui devaient enfin (en août) aboutir à la paix de Nimègue, mais que l'intervention de l'Angleterre menaçait de faire rompre.

 7. Malherbe (ode *A Henri IV*, tome I, p. 26) applique à la guerre civile la même figure qu'ici la Fontaine à la guerre étrangère :

   Soit qu'en sa dernière tête
   L'hydre civile t'arrête....

Je vous sacrifierai cent moutons[8] : c'est beaucoup
    Pour un habitant du Parnasse ;   25
    Cependant faites-moi la grâce
    De prendre en don ce peu d'encens ;
    Prenez en gré[9] mes vœux ardents,
Et le récit en vers qu'ici je vous dédie.
Son sujet vous convient, je n'en dirai pas plus :   30
    Sur les éloges que l'envie
    Doit avouer qui vous sont dus[10]
    Vous ne voulez pas qu'on appuie.

Dans Athène autrefois, peuple[11] vain et léger,
Un Orateur[12], voyant sa patrie en danger,   35
Courut à la tribune ; et d'un art tyrannique[13],

    8. Comme à un dieu. C'est ce que Virgile, dans une plus sérieuse apothéose, disait indirectement à Octave (1re églogue, vers 7-8) :

    .... *Erit ille mihi semper deus, illius aram*
    Sæpe tener nostris ab ovilibus imbuet agnus.

    9. « Prendre en don, prenez en gré, » répétition que Nodier reprend comme une négligence, mais qui pourrait bien être faite à dessein et qui, en tout cas, n'a rien, ce semble, qui choque, dans cet envoi familier.

    10. Même tour que plus haut, livre VII, fable II, vers 44 : voyez la note 11 de la page 105.

    11. Syllepse à noter : la ville confondue avec le peuple qui l'habite.

    12. L'anecdote grecque racontée ici par la Fontaine nomme Démade, orateur contemporain de Démosthène ; mais la Fontaine l'a sans doute prise, non dans une sources grecques où est ce nom propre, mais dans le prologue d'Abstemius, où il n'est aussi parlé que d'un orateur athénien quelconque.

    13. L'abbé Guillon, à propos de cette expression, rappelle que « l'antiquité avait peint l'éloquence sous l'emblème de la force elle-même, d'un Hercule jeune, plein de vigueur, tenant à la bouche un double rang de chaînes qui tombent et embrassent un grand nombre d'hommes accourus pour l'entendre. » C'est un souvenir, mais fort inexact, d'un passage de Lucien, bien connu (*Præfatio, Hercules*, §§ 1-4), où il est dit que, chez les Gaulois, non dans l'anti-

Voulant forcer les cœurs dans une république,
Il parla fortement sur le commun salut.
On ne l'écoutoit pas. L'Orateur recourut
    A ces figures violentes 40
Qui savent exciter les âmes les plus lentes :
Il fit parler les morts, tonna, dit ce qu'il put.
Le vent emporta tout, personne ne s'émut;
    L'animal aux têtes frivoles [14],
Étant fait à ces traits, ne daignoit l'écouter ; 45
Tous regardoient ailleurs; il en vit s'arrêter
A des combats d'enfants, et point à ses paroles.
Que fit le harangueur ? Il prit un autre tour.
« Cérès, commença-t-il, faisoit voyage un jour [15]
    Avec l'Anguille et l'Hirondelle ; 50
Un fleuve les arrête ; et l'Anguille en nageant,

quité grecque ou latine, comme le donne à entendre l'annotateur, ce n'est pas Mercure, mais Hercule qui représente l'éloquence, non pas un Hercule jeune et vigoureux, mais un Hercule très-vieux, de la bouche duquel, ou plutôt d'un trou percé dans sa langue, sortent des chaînes qui traînent une multitude d'hommes attachés par les oreilles, non *tyrannisés*, mais tout joyeux d'être conduits. — La Fontaine lui-même est plus exact dans ce joli passage : « (Jules César) a même plaidé des causes. Cela ne lui étoit pas plus séant qu'à notre Hercule gaulois de se servir du discours aussi bien que d'une massue. On le peint avec des chaînes qui lui sortent de la bouche, comme s'il eût entraîné les hommes par ses paroles. C'est un équipage qui m'a étonné plus d'une fois.... Je ne me serois jamais avisé de proposer (*lisez :* « préposer » ?) à l'éloquence un dieu comme Hercule, et encore moins un gaulois. » (*Comparaison d'Alexandre, de César et de Monsieur le Prince*, tome III de M. Marty-Laveaux, p. 252.)

14. *Bellua multorum es capitum*, dit Horace, s'adressant au peuple romain, livre I, épître 1, vers 76 ; et Gabriel Naudé : « Beste à plusieurs testes, vagabonde, errante, folle, estourdie, sans conduite, sans esprit ny jugement. » (*Considérations politiques sur les coups d'Estat*, chapitre IV, p. 152, Rome, 1639.)

15. *Tour*, du vers 48, est répété ici dans les deux textes de 1678 : faute évidente, corrigée dans les éditions suivantes.

F. IV]   LIVRE VIII.   233
          Comme l'Hirondelle en volant,
    Le traversa bientôt. » L'assemblée à l'instant
    Cria tout d'une voix : « Et Cérès, que fit-elle ?
              — Ce qu'elle fit ? Un prompt courroux   55
          L'anima d'abord contre vous.
    Quoi ? de contes d'enfants son peuple[16] s'embarrasse !
              Et du péril qui le menace
    Lui seul entre les Grecs il néglige l'effet !
    Que ne demandez-vous ce que Philippe[17] fait[18] ? »   60
              A ce reproche l'assemblée,
                Par l'apologue réveillée,
                Se donne entière à l'Orateur[19] :
              Un trait de fable en eut l'honneur.

Nous sommes tous d'Athène en ce point[20] ; et moi-même,
Au moment que je fais cette moralité,

---

16. Athènes était surtout la ville de Pallas ; mais Cérès était particulièrement adorée à Éleusis, ville de l'Attique ; et la Fontaine lisait dans Abstemius : *Vobis.... dea nostra succensuit.*

17. Au lieu de Démade, gagné par Philippe, la Fontaine fait donc parler, sinon Démosthène lui-même, du moins l'un des orateurs du parti opposé au roi de Macédoine.

18. Tout ce mouvement de l'orateur est indiqué dans le récit grec traduit par Abstemius ; mais le dernier trait, si naturellement amené, appartient à la Fontaine ; on y peut voir une réminiscence, une ingénieuse imitation d'un passage célèbre de la Ire *Philippique* de Démosthène, que Fénelon a traduit ainsi (*Lettre sur les occupations de l'Académie françoise*, IV, tome XXI, p. 170-171) : « Chacun ira-t-il encore çà et là dans la place publique, faisant cette question : « N'y a-t-il aucune nouvelle ? » Eh ! que peut-il y avoir de plus nouveau que de voir un homme de Macédoine qui dompte les Athéniens et qui gouverne toute la Grèce ? »

19. Comparez le vers 55 de la fable XVIII du livre VII :

              Quand pourront les François
        Se donner comme vous entiers à ces emplois ?

et voyez ci-dessus, la note 19 de la page 202.

20. « Transition, comme dit Chamfort, très-heureuse. »

Si *Peau d'âne* m'étoit conté[21],
J'y prendrois un plaisir extrême.
Le monde est vieux, dit-on : je le crois; cependant
Il le faut amuser encor comme un enfant[22].   70

21. Quoi qu'ait prétendu l'abbé Guillon, la Fontaine ne fait point allusion à la dernière et très-insignifiante nouvelle de Bonaventure des Périers, n'ayant de commun que le nom propre de *Peau d'asne* avec le vieux conte, si connu sous ce titre, que Louison, dans *le Malade imaginaire* (1673, acte II, scène VIII), offre de dire à son père « pour le désennuyer. » C'est bien de celui-ci qu'il s'agit ici. Perrault le fit paraître, et non en prose, mais en vers, en 1694 seulement : voyez la *Dissertation* de Walckenaer *sur les Contes de fées attribués à Perrault*, § 1, p. 108-111 (à la suite de ces contes, Paris, 1861), et l'édition des mêmes de M. André Lefèvre, p. LIX-LXII.

22. A partir d'ici, nous pouvons, grâce à une obligeante communication de M. le marquis de Queux de Saint-Hilaire, qui possède une sténographie du cours de Saint-Marc Girardin sur *la Fontaine et les fabulistes*, comparer les leçons faites de vive voix avec les deux volumes imprimés. Il y a de l'intérêt à voir comment, la plume à la main, et surtout pourquoi, pour quels motifs, qu'on sent et devine presque toujours, le spirituel professeur, préparant l'impression, change, abrége, élague. Ces motifs étant en général fort bons, la comparaison nous fournira peu d'utiles additions pour notre commentaire. Nous pensons toutefois qu'on nous saura gré des quelques rapprochements que nous croirons devoir faire çà et là. — En voici un, comme premier exemple, qui se rapporte à cette fable et à la XIe leçon du cours imprimé, tome I, p. 388 : « La Fontaine croit que la fable a un grand pouvoir dans le monde. En cela je suis de son avis : il y a dans la fable quelque chose de plus retentissant et de plus général que je ne l'aurais cru au premier abord. J'ai cru jusques ici que la fable n'était faite que pour les loisirs du cabinet. Je vois qu'elle a aussi un accent populaire, un accent qui se fait entendre de tout le monde. » C'est bien dit, et la fin est juste, mais l'ensemble ne l'est pas, et cela explique la suppression : il fallait faire une distinction, nécessaire aussi pour d'autres genres, entre le temps où les fables sont devenues œuvres de lettré et du « cabinet, » et celui où elles furent, comme nous le voyons en Orient, en Grèce, comme elles l'ont été partout sans doute au début, œuvre et chose populaire.

FABLE V.

L'HOMME ET LA PUCE.

Ésope, fab. 62, Ψύλλα, Ψύλλα καὶ Ἀθλητής (Coray, p. 38, p. 313).
— Haudent, 2° partie, fab. 47, *d'une aultre Pulce*. — G. Cognatus, fab. 56, *de Morso a Pulice*.

Mythologia æsopica Neveleti, p. 141.

Balzac, dans ses *Entretiens* (Paris, 1657, in-4°, p. 322-323), raconte une anecdote qui a quelque analogie avec cette fable : « Il ne faut qu'un petit mal pour gâter une infinité de biens, et la délicatesse des princes estime grands les plus petits maux. N'avez-vous point ouï parler de ce moucheron qui entra dans l'œil du roi Jacques d'Angleterre [1], un jour qu'il étoit à la chasse ? Aussitôt l'impatience prit le roi : il descendit de cheval en jurant, ce qui lui étoit assez ordinaire ; il s'appela malheureux, il appela insolent le moucheron, et, lui adressant sa parole : « Méchant animal, lui
« dit-il, n'as-tu pas assez de trois grands royaumes que je te laisse
« pour te promener, sans qu'il faille que tu te viennes loger dans
« mes yeux ? » Ne pensez pas que la colère du roi fût artificielle et qu'il eût seulement dessein de dire un bon mot. Il étoit véritablement en colère lorsqu'il parloit de la sorte. Mais il y a des colères qui sont éloquentes, il y a des passions qui ont de l'esprit, et celle du roi Jacques étoit de celles-là. »

Saint-Marc Girardin, dans sa xxiii° leçon (tome II, p. 265-266), après avoir cité quelques vers de la fable de la Motte intitulée *la Magicienne*, les rapproche de notre fable, et trouve qu'il y a chez la Motte « un peu trop d'apparat et de fracas, quoique cet apparat soit destiné à produire un contraste. La Fontaine produit le même contraste d'une manière plus simple, plus naturelle et par conséquent plus piquante. » — L'abbé Guillon, qui parfois pousse l'enthousiasme jusqu'à la naïveté, est fort dédaigneux pour l'apologue de *l'Homme et la Puce*, qui ne lui paraît « guère

---

1. Jacques I, fils de Marie Stuart, roi d'Angleterre de 1603 à 1625.

digne d'avoir une place dans le même livre que la fable du *Savetier aux cent écus*². » Il ne faut pas sans doute mettre toutes choses au même rang ; mais il ne faut pas non plus que les petites souffrent du voisinage des grandes, et l'on peut, sans faire tort à celles-ci, priser celles-là. Il y a d'ailleurs, on ne le saurait méconnaître, de beaux vers dans le prologue, et une piquante opposition entre ce prologue et la fable. Par la fable même, fort élégante en sa brièveté, l'auteur montre que, quand le sujet ne se prête pas aux développements, il sait imiter, lui aussi, à sa manière, la sobriété antique, ésopique, qui, pour le grand fabuliste allemand Lessing, est l'idéal du genre.

Par³ des vœux importuns nous fatiguons les Dieux,
Souvent pour des sujets même indignes des hommes :
Il semble que le Ciel sur tous tant que nous sommes
Soit obligé d'avoir incessamment les yeux,
Et que le plus petit de la race mortelle,   5
A chaque pas qu'il fait, à chaque bagatelle,
Doive intriguer⁴ l'Olympe et tous ses citoyens⁵,
Comme s'il s'agissoit des Grecs et des Troyens⁶.

2. Cette remarque a été ajoutée au commentaire de l'abbé Guillon dans l'édition de 1829, qui fut, sur l'invitation de l'auteur, préparée par Jules Janin.

3. Chamfort fait remarquer « cette distribution égale de huit vers pour le prologue, et de huit autres pour la fable, » et rappelle la distribution analogue de la fable du *Coq et la Perle* (livre I, fable xx), divisée en deux parties de six vers chacune.

4. Le mot avait un peu plus de force qu'à présent ; la Fontaine l'a sans doute employé, non dans le sens de *piquer la curiosité*, mais d'*occuper*, de *préoccuper*, que lui donne aussi Mme de Sévigné, tome IV, p. 198, et, plus énergiquement, Malherbe dans une lettre à Peiresc (tome III, p. 300) : « J'ai été, depuis quatre ou cinq mois [si] intriqué de l'affaire de ma pension..., que je n'avois du sens ni du temps que ce qu'il m'en falloit en cette occasion. »

5. Comparez livres III, fable vii, vers 22 ; VIII, fable xxi, vers 5 ; X, fable x, vers 14 ; XII, fable xii, vers 64 ; et, pour le même mot, au féminin, 9 de la fable xii du livre VI.

6. Allusion à la manière dont les Dieux se partagent, dans

Un Sot par une Puce⁷ eut l'épaule mordue ;
Dans les plis de ses draps elle alla se loger. 10
« Hercule⁸, ce dit-il, tu devois⁹ bien purger
La terre de cette hydre au printemps revenue¹⁰.
Que fais-tu, Jupiter, que du haut de la nue
Tu n'en perdes la race afin de me venger¹¹ ? »
Pour tuer une puce, il vouloit obliger 15
Ces Dieux à lui prêter leur foudre et leur massue.

l'*Iliade*, entre les Grecs et les Troyens. — Une pareille prétention de l'Éléphant à occuper les Dieux est raillée dans la fable XXI du livre XII, *l'Éléphant et le Singe de Jupiter*.

7. Au sujet du plaisir que semble prendre maint poëte du seizième et du dix-septième siècle à chanter l'incommode insecte, voyez, dans les *OEuvres inédites de Pierre Motin*[a], les notes de la page 108, se rapportant à une jolie pièce de la page 55.

8. Cognatus (Cousin) raffine : c'est en sa qualité d'ἀλεξίκακος (il le nomme ainsi en grec dans sa fable latine), de dieu « chassant les maux, » que l'homme invoque Hercule ; et il a eu soin de nous dire en commençant que cet homme n'est pas le premier venu, que c'est un « impie. »

9. *Tu devois*, tu aurais dû : voyez, à l'*Introduction grammaticale* de la plupart des *Lexiques* de la Collection, de semblables emplois de l'imparfait de l'indicatif au sens du conditionnel.

10. Le choix, pour si petite besogne, du héros à la massue, de l'exterminateur de l'hydre de Lerne, est bien autrement comique ici que dans la prière, à laquelle ce choix fait songer, du *Chartier embourbé* (fable XVIII du livre VI) ; et, comme le fait si bien sentir le dernier vers, la massue n'y suffit point ; il y faut de plus la foudre.

11. A cette plainte ridicule M. Moland oppose la tolérante mansuétude de l'oncle Tobie dans *Tristram Shandy* de Sterne, et cette phrase dont la fin est charmante : « Va, dit-il à la mouche,... en ouvrant la main pour la laisser échapper.... Pourquoi te ferais-je du mal ? Le monde est bien assez grand pour nous deux » (livre II, chapitre XXXVII).

[a] Publiées par M. Paul d'Estrée, Paris, 1883, in-12.

FABLE VI.

LES FEMMES ET LE SECRET.

Abstemius, fab. 129, *de Viro qui Uxori se ovum peperisse dixerat.*
— Lodovico Guicciardini, *Detti et fatti,* etc., p. 143, *Cosa stolta et pericolosa communicar alle donne segreti importanti.*
Mythologia æsopica Neveleti, p. 589.

« Cette petite historiette, dont la moralité n'est pas neuve, dit Chamfort, est bien joliment contée.... Le dialogue des deux femmes est très-naturel. C'est un des talents de la Fontaine, et voilà ce que n'ont pas les autres fabulistes. » — Il faut peut-être regretter que la Fontaine n'ait pas préféré aux données du fabliau d'Abstemius celles d'un récit de Plutarque, dont l'objet est le même, qui ne le cède pas à l'autre en gaieté, et qui est d'une invention plus naturelle à la fois et plus élégante : voyez le traité *du Babil,* chapitre XI (dans la *Bibliothèque Didot,* tome I des *OEuvres morales,* p. 613-614); c'est là une femme de sénateur romain, curieuse des secrets d'État, dont la discrétion est également mise à l'épreuve par son mari, qui lui confie un feint prodige, l'apparition, au-dessus de la ville, d'une caille armée, « ayant le morion en tête et la pique aux pieds. » Noël du Fail, dans *les Contes et Discours d'Eutrapel* (chapitre XXXIII, tome II, p. 311-312, de l'édition elzevirienne de M. J. Assézat), a fort bien fait valoir le conte de Plutarque, et y a ajouté, en l'appliquant aux cailles, un des bons traits d'Abstemius, les conteuses multipliant successivement le nombre des œufs. — Dans les *Gesta Romanorum cum applicationibus moralisatis ac misticis*[1] (Parisiis, Regnault, 1494, in-8°, caput CXXV, fol. 103), il y a une singulière variante; ce n'est pas un œuf qu'a pondu l'époux, mais un corbeau : *Quum ad privata accesseram, ut opus naturæ facerem, corpus nigerrimus a parte posteriori evolavit;* et, d'une femme à l'autre, le nombre s'élève à soixante. — M. Soullié (p. 205-210) a cité et apprécié l'imitation de du Fail, en la rapprochant d'abord de Plu-

---

1. Voyez Brunet, le *Manuel du libraire,* tome II, col. 1571 et suivantes.

tarque et de la traduction d'Amyot, puis d'une petite histoire de Rabelais qui raille également la curiosité et l'indiscrétion des femmes (chapitre XXXIV du tiers livre, tome II, p. 165-166)², enfin de la composition de la Fontaine, que, dans un chapitre précédent (p. 136-138), il a déjà comparée à celle d'Abstemius.

Quetant a traité le sujet dans sa comédie de même titre (1768).

Rien ne pèse tant qu'un secret :
Le porter loin est difficile aux dames ³;
Et je sais même sur ce fait
Bon nombre d'hommes qui sont femmes.

Pour éprouver la sienne un Mari s'écria,   5
La nuit, étant près d'elle : « Ô Dieux ! qu'est-ce cela ?
    Je n'en puis plus ! on me déchire !
Quoi ? j'accouche d'un œuf ! — D'un œuf ? — Oui, le voilà,
Frais et nouveau pondu. Gardez-bien de le dire :
On m'appelleroit poule⁴ ; enfin n'en parlez pas. »   10

2. M. Marty-Laveaux, dans son commentaire de Rabelais, fait remarquer que ce conte, qui, du reste, n'a d'autre analogie avec notre fable que d'être une mise à l'épreuve de la discrétion des femmes et de tourner à leur confusion, remonte assez haut et a été souvent reproduit, avec plus ou moins de variantes. Aux sources qu'il indique, de Jean Herolt (1476) et de Gratien Dupont (1536), on peut ajouter, entre autres, un ancien recueil de contes dévots, la Fleur des commandemens de Dieu.... (Paris, 1548, p. liiii), de Inobedience, exemple c. M. E. Cosquin nous donne aussi de nombreuses versions, de même moralité, mais, du reste, toutes différentes, sous le n° LXXVII, p. 422, de ses Contes populaires lorrains (1881).

3. « Les sages disent que trois sortes de gens sont privés de jugement : ceux qui recherchent les dignités au service des rois; ceux qui veulent par expérience goûter du poison ; et ceux qui disent leurs secrets aux femmes. » (Livre des lumières, p. 69.)

4. Ce trait est emprunté à Abstemius : *Sed cave, si me amas, ne cui hoc dicas : tute enim nosti quanto dedecori mihi esset, si ex viro gallina factus dicerer.* — L. Guicciardini traduit ainsi : *Ma guarda, ben mio, se tu mi ami, che non ti uscisse di bocca, perchè tu puoi pensare che dishonore mi sarebbe se si dicesse che d'huomo io fussi diventato una gallina.*

> La Femme, neuve sur ce cas,
> Ainsi que sur mainte autre affaire,
> Crut la chose, et promit ses grands dieux de se taire ;
> Mais ce serment s'évanouit
> Avec les ombres de la nuit. 15
> L'Épouse, indiscrète et peu fine,
> Sort du lit quand le jour fut à peine levé ;
> Et de courir chez sa voisine.
> « Ma commère, dit-elle, un cas est arrivé ;
> N'en dites rien surtout, car vous me feriez battre : 20
> Mon Mari vient de pondre un œuf gros comme quatre.
> Au nom de Dieu, gardez-vous bien
> D'aller publier ce mystère.
> —Vous moquez-vous ? dit l'autre : ah ! vous ne savez guère
> Quelle je suis. Allez, ne craignez rien. » 25
> La Femme du pondeur⁵ s'en retourne chez elle.
> L'autre grille⁶ déjà de conter la nouvelle ;
> Elle va la répandre en plus de dix endroits ;
> Au lieu d'un œuf, elle en dit trois.
> Ce n'est pas encor tout ; car une autre commère 30
> En dit quatre, et raconte à l'oreille le fait :
> Précaution peu nécessaire,
> Car ce n'étoit plus un secret.
> Comme le nombre d'œufs, grâce à la renommée⁷,
> De bouche en bouche alloit croissant, 35

5. C'est à l'article du mot PONDEUSE, ce nom de signification en effet si féminine, que Littré donne ce masculin, comme exemple unique et fabriqué plaisamment par la Fontaine.

6. Rabelais, dans le conte mentionné à la notice, se sert du même mot (p. 166) : « La defense ne feut si tost faicte, qu'elles grisloient en leurs entendemens d'ardeur de veoir qu'estoit dedans (*ce qui était dans la boîte*). »

7. Dont le propre, dit l'abbé Guillon, « est d'acquérir des forces à mesure qu'elle s'étend :
>   *Vires.... acquirit eundo.* »
>   (*Énéide*, livre IV, vers 175.)

Avant la fin de la journée
Ils se montoient⁸ à plus d'un cent⁹.

8. « D'après la construction de la phrase, *ils se montoient* devrait être au singulier. Le pronom *il* ne peut cesser de se rapporter au nominatif de la phrase, qui est *nombre*. » (*Note de Crapelet*, 1830.) Il faudrait dire, au contraire, que l'idée dominante étant *œufs*, le poëte a eu raison d'y faire rapporter le pronom plutôt qu'au sujet abstrait *nombre*. Une critique, vaine aussi, mais un peu plus spécieuse, eût été que, pour bien légitimer le rapport, il conviendrait que le mot ne fût pas employé indéfiniment, mais déterminé par l'article, qu'il y eût « le nombre des œufs »; et non pas « d'œufs ». Au reste, nous ne citons cette note que pour montrer jusqu'où la grammaire, comme l'entendaient certains puristes, poussait encore, il y a peu d'années, les minutieuses chicanes. Cette relation du pluriel est parfaitement claire, et c'est tout ce que veut ici la saine logique du style, telle que l'appliquaient jadis nos bons auteurs.

9. A plus de cent. (1729.) — Abstemius est plus modéré dans la multiplication des œufs : *Antequam sol occideret, per totam urbem vulgatum est hunc hominem ad quadraginta ova peperisse.* Mais du Fail (p. 312) l'est beaucoup moins dans celle des cailles, auxquelles, il est vrai, une fois venues, on peut mieux faire place et qui, par le grand nombre, font bien meilleur effet : « Elle voisina tant, caqueta tellement, avec la multiplication et force que les nouvelles acquièrent de main en main, qu'en moins de rien les rues furent remplies, jusques aux oreilles des sénateurs, de plus de vingt mille cailles. »

FABLE VII.

LE CHIEN QUI PORTE A SON COU LE DÎNÉ DE SON MAÎTRE.

Jean Walchius, *Decas fabularum*, etc. (Argentorati, 1609), fab. 3, *de Cane quodam argentinensi* (« d'un Chien de Strasbourg[1] »), *hero suo fidissimo*. — Jacques Regnier, *Apologi phædrii*, 1re partie, fab. 17, *Coqui Canis et alii Canes*.

Le plus ancien récit que nous trouvons indiqué de cette histoire est celui du franciscain Jean Pauli, qui l'inséra dans son célèbre recueil allemand intitulé *Gaieté et Sérieux*[2], et publié à Strasbourg en 1522; elle est là très-courte, sans aucune réflexion, à peu près aussi insignifiante que dans le *Thrésor des récréations*[3]. On verra plus loin (p. 247, fin de la note 19) que Luther l'a connue, dans sa nouveauté, ce semble, et en a fait une application à Charles-Quint. Ce qui pourrait faire penser qu'elle n'a pas été, comme beaucoup d'autres, empruntée par Pauli à des recueils antérieurs, c'est que Burkhard Waldis[4], qui l'a développée et moralisée à sa manière, en 1548, dans la fable 89 de son livre III (tome I, p. 376-377), commence par dire que le fait qu'il va raconter s'est passé à Strasbourg : Pauli n'avait pas nommé la ville, mais c'est à Strasbourg qu'avait paru son livre. Le même sujet a été traité, en 1609, dans une fable en prose latine, par Jean Walchius (autre Strasbourgeois ou auteur imprimé à Strasbourg[5] : il n'a eu garde de changer le lieu de la scène, que Waldis avait fixé), et, en 1643, dans une fable en vers latins par Jacques Regnier; nous mentionnons en tête ces deux pièces latines, comme étant, avec le *Thrésor des récréations*, les

---

1. Un des noms latins de Strasbourg est *Argentina civitas*.
2. *Schimpf und Ernst* : voyez la réimpression faite en 1866 par les soins de la Société littéraire de Stuttgart, p. 256, n° CCCCXXV.
3. Rouen, 1611, p. 232-233 : *du Chien qui portoit le panier à la boucherie*.
4. Dans l'*Ésope allemand* : voyez la notice de la fable II de ce livre VIII, ci-dessus, p. 216.
5. Voyez Robert, tome I, p. CXIII-CXIV.

sources probables où a pu puiser notre auteur. Mais, si nous en croyons Brossette, c'est à un contemporain que la Fontaine dut la pensée de sa fable, ou au moins de l'application particulière qu'il en fait aux administrateurs des villes. « Brossette nous dit que le poëte se rendit une fois à Lyon chez un riche banquier de ses amis, nommé Caze. Il y vit M. du Puget, plus connu comme physicien que comme poëte; celui-ci lui communiqua un apologue en vers, intitulé *le Chien politique;* il avait pour but de critiquer la mauvaise administration des deniers publics dont on accusait les magistrats de la ville de Lyon. Ceci donna l'idée au fabuliste de traiter le même sujet[6]. » On trouvera à l'*Appendice* l'extrait d'une lettre de Brossette à Boileau, datée du 21 décembre 1706, et la fable de du Puget qui y est insérée; elle peut, pour le récit, tenir lieu de celles de Waldis, de Walchius et de Regnier; mais la moralité en est nouvelle et toute conforme en effet à celle de la Fontaine.

Michel de Marolles raconte la même allégorie dans ses *Mémoires* (Amsterdam, 1755), tome III, p. 42-43, et il la fait suivre de cette réflexion ironique : « De cette petite histoire qu'Ésope ni l'affranchi d'Auguste n'auroient pas désavouée, oserons-nous inférer que notre homme prudent ne se feindra (*n'hésitera*) point à faire son devoir, toutefois et quantes que les finances publiques seront à l'abandon et qu'il aura moyen d'appliquer en sa personne, à l'usage d'un honnête homme, ce qui tomberoit entre les mains d'un maraut s'il ne prenoit soin de le retirer et de le mettre en de meilleures mains... ? »

Nous n'avons pas les yeux à l'épreuve des belles,
Ni les mains à celle de l'or[7] :

---

6. Walckenaer, *Histoire de la Fontaine*, tome I, p. 286-287; une note nous apprend que Louis du Puget, né à Lyon en 1629, mourut le 16 décembre 1709.

7. La Motte a rapproché, avec une élégante brièveté, ces deux idées :

.... Ici je le vois (*le Juge*) tel que le Sort l'a fait naître;
Pour les riches, des mains; pour les belles, des yeux;
Pour les puissants, égards et tours officieux :
Voilà tout le code du traître.

(*Fables nouvelles*, Paris, 1719, livre II, fable XIX, *les Grillons.*

Peu de gens gardent un trésor
Avec des soins assez fidèles.

Certain Chien, qui portoit la pitance au logis,
S'étoit fait un collier du dîné de son maître[8].
Il étoit tempérant, plus qu'il n'eût voulu l'être[9]
    Quand il voyoit un mets exquis;
Mais enfin il l'étoit; et tous tant que nous sommes
Nous nous laissons tenter à l'approche des biens.   10
Chose étrange: on apprend la tempérance aux chiens,
    Et l'on ne peut l'apprendre aux hommes!
Ce Chien-ci donc étant de la sorte atourné[10],
Un Mâtin passe, et veut lui prendre le dîné.
    Il n'en eut pas toute la joie   15
Qu'il espéroit d'abord : le Chien mit bas la proie
Pour la défendre mieux n'en étant plus chargé;
    Grand combat; d'autres chiens arrivent;
    Ils étoient de ceux-là qui[11] vivent
    Sur le public, et craignent[12] peu les coups.   20
Notre Chien se voyant trop foible contre eux tous,
Et que la chair couroit un danger manifeste,

Du second vers de notre fable on peut rapprocher ce passage :

.... Qui hait les présents?
Tous les humains en sont friands.
(Conte XIII de la IIIᵉ partie, vers 8-9.)

8. « Précision très-heureuse, et qui fait peinture. » (CHAMFORT.)
9. « Vers très-plaisant, dit le même critique, qui exprime à merveille le combat entre l'appétit du Chien et la victoire que son éducation le force à remporter sur lui-même. »
10. Ajusté, orné, paré : voyez le vers 6. Le mot revient deux fois de suite au conte II de la IIIᵉ partie, vers 224 et 225.
11. Même tour qu'au vers 41 de la fable I du livre VII; voyez un autre emploi de *vivre sur*, qui suit, au livre XI, fable I, vers 39.
12. Les deux textes de 1678 portent « en craignant »; mais dans l'*Errata* le texte est corrigé tel que nous le donnons et qu'il a été depuis reproduit par tous les éditeurs.

Voulut avoir sa part; et, lui sage, il leur dit[13]:
« Point de courroux, Messieurs, mon lopin me suffit;
   Faites votre profit du reste. »   25
A ces mots, le premier, il vous happe un morceau;
Et chacun de tirer[14], le Mâtin, la canaille[15],
   A qui mieux mieux. Ils firent tous ripaille.[16]

13. « Il est difficile de blâmer la conduite de ce chien, dit Chamfort; cependant, comme il est, dans cette fable, le représentant d'un échevin ou d'un prévôt des marchands, la Fontaine n'aurait pas dû lui donner l'épithète de *sage*. Il a l'air d'approuver par ce mot ce voleur qui suit l'exemple des autres; proposition insoutenable en morale. Mais l'échevin doit dire : « Messieurs, « volez tant qu'il vous plaira, je ne puis l'empêcher, je me retire. » .... La cause de cette différence vient de ce que le Chien n'étant pas obligé d'être moral, on admire son instinct, dont il fait ici un très-bon usage. Mais l'homme étant obligé de mettre la moralité dans toutes ses actions, il cesse, lorsqu'elles n'en ont pas, de faire un bon usage de sa raison. » — Geruzez pense que *sage* est pris ici au sens ironique, comme, plus loin, *scrupuleux* et *frivoles*, au vers 36 :

Si quelque scrupuleux, par des raisons frivoles....

Nous admettons l'ironie dans ce vers de la fin : elle est incontestable (comparez la citation qui termine la notice); mais nous n'en voyons point dans l'épithète de *sage* appliquée au Chien, *qui veut avoir sa part*. Il ne s'agit point ici de morale, mais de prudence et d'habileté; en cet endroit, *sage* a le même sens que dans l'avant-dernier vers de la fable v du livre II, *la Chauve-Souris et les deux Belettes*.

14. Sur cet infinitif, voyez ci-après, p. 261, note 20.

15. Nous doutons que la Fontaine ait songé à l'acception primitive de ce mot, comme le veut Geruzez, ou du moins qu'il ait voulu lui donner ici son sens étymologique[a]. Sans doute *canaille* s'oppose à *Mâtin*, mais comme il s'opposerait à tout autre mot désignant un puissant, quand même il ne serait pas question de chiens : voyez d'autres emplois de ce terme aux livres VII, fable I, vers 36; et plus loin, VIII, fable XVIII, vers 52 (là aussi il s'agit de chiens); XI, fable III, vers 8.

16. On sait que *ripaille* vient du nom d'un château, ainsi appelé, des bords du lac de Genève : voyez *Littré* et le passage de

[a] Le mot *canaille* n'a pas été tiré directement du latin *canis*, « chien, » mais de l'italien *canaglia*; la forme française est *chienaille*.

Chacun d'eux eut part au gâteau[17].

Je crois voir en ceci l'image d'une ville 30
Où l'on met les deniers à la merci des gens.
  Échevins, prévôt des marchands,
  Tout fait sa main[18]; le plus habile
Donne aux autres l'exemple, et c'est un passe-temps
De leur voir nettoyer[19] un monceau de pistoles. 35
Si quelque scrupuleux, par des raisons frivoles,

Voltaire qu'il cite à propos de cette étymologie. — « Ce dernier mot, dit M. Taine (p. 300), a quelque chose d'ignoble, qui convient à ces pillards gloutons. Mettez à la place : « Ils firent tous « festin, » on ne voit plus cette voracité brutale. » — A cet endroit, l'abbé Guillon cite ce passage de Rabelais, dont la Fontaine, dit-il, avait pu garder souvenir. (*Pantagruel*, chapitre xiv, tome I, p. 287-288) : « De premiere venue (*tous ces chiens*) accoururent droict à moy,.... et me eussent deuoré à l'heure, si mon bon ange ne m'eust bien inspiré.... Soudain ie me aduise de mes lardons, et les gettoys au mylieu d'entre eulx : lors chiens d'aller et de se entrebatre l'un l'aultre à belles dents, à qui auroit le lardon. Par ce moyen me laisserent, et ie les laisse aussi se pelaudans l'un l'aultre. »

17. C'est-à-dire, dans un sens collectif, proverbial, « aux mets, au régal; » mais d'ordinaire, dans « avoir part au gâteau, » le mot *gâteau* est plus détourné de sa signification accoutumée et veut dire « bonne affaire » : comparez livre X, fable xiv, vers 50.

18. Voyez la fable xv du livre IX, vers 28. Littré définit cette périphrase verbale : « faire sa main, » par « dérober, faire des profits illicites, » et, outre les deux exemples de notre auteur, il en cite de Corneille, de Vauban, de Saint-Simon, de J.-J. Rousseau.

19. Ce verbe, qu'il faut traduire ici, ce semble, par « réduire, et faire disparaitre (pièces par pièces), » signifie proprement « rendre net, vide, » comme dans les locutions : « nettoyer la maison (en parlant de voleurs), le tapis, les brocs. » Ailleurs (livre X, fable iv, vers 7) *monceau* est construit avec *s'altère*. La figure, en cet endroit-ci, consiste à considérer le *monceau*, par une légère déviation du sens, plutôt comme un contenant que comme un composé de pistoles, acception qu'il a au vers 27 de la fable iii du livre XII :

Détachoit du monceau tantôt quelque doublon.

Veut défendre l'argent, et dit le moindre mot,
   On lui fait voir qu'il est un sot.
   Il n'a pas de peine à se rendre :
   C'est bientôt le premier à prendre[20].

20. *Defensor acer ante qui fuerat rei*
   Corrumpit illam per malum exemplum fidem.
                      (J. REGNIER, vers 18-19.)

La Fontaine, en développant cette moralité, l'a tournée en vraie satire ; d'après Brossette (voyez ci-dessus, à la notice, et ci-après, à l'*Appendice*), il s'appropriait, quant au sens, la conclusion de la fable du *Chien politique* que lui avait communiquée le savant de Lyon :

   Ainsi dans les emplois que fournit la cité,
   Tel des deniers publics veut faire un bon usage,
   Qui d'abord des pillards retient l'avidité,
   Mais après s'humanise et prend part au pillage.

— Sur ces habitudes de malversations qui semblent ainsi bien constatées, M. Taine fait (p. 131) les réflexions suivantes : « Les dignités municipales exercées sous la main de l'intendant ne valent pas la peine qu'on se sacrifie à elles ; échevin, maire, élu, il n'est (*le bourgeois*) qu'un fonctionnaire, fonctionnaire exploité et tenté d'exploiter les autres. Le noble orgueil et la générosité ont pour terres natales le commandement ou l'indépendance ; partout ailleurs poussent, comme des chardons, l'égoïsme et le petit esprit. On ne se pique pas de donner, mais de prendre. On tâche de n'être point dupe ; on se répète tout bas, avec un rire sournois, qu'il faut tirer son épingle du jeu. » — En Allemagne, au seizième siècle, Waldis n'ajoutait à la fable qu'un conseil de joyeuse résignation pour ceux qui, dans ces durs temps, se voyaient contraints d'ouvrir leurs maisons, de livrer leurs provisions aux gens de guerre : ne pouvant rien sauver, qu'ils se donnent du moins la consolation de prendre part à la bombance. — Ce petit conte rappela un jour à Luther l'histoire des sécularisations, et à la politique du Chien il compara celle de l'empereur d'Allemagne. « Un ancien précepteur du fils de Ferdinand, roi des Romains, nommé Severus, contait à Luther l'histoire du Chien qui défendait la viande, et qui pourtant, quand les autres la lui arrachaient, en prenait sa part. « C'est « ce que fait maintenant l'Empereur, dit Luther, pour les biens « ecclésiastiques (Utrecht et Liége). » (MICHELET, *Mémoires de Luther*, tome III, Paris, 1835, p. 103-104.)

FABLE VIII.

LE RIEUR ET LES POISSONS.

Athénée, livre I, chapitre VI; dans l'édition de Schweighæuser, chapitre XI, intitulé *Philoxeni cytherei Galatea*. — Abstemius, fab. 118, *de Viro de morte patris Pisciculos sciscitante*.

Mythologia æsopica Neveleti, p. 584.

Athénée raconte que la folie ici rapportée fut dite à la table de Denys l'Ancien par un poëte grand gourmand et grand rieur, Philoxène de Cythère, le Philoxène dont un mot au même tyran : *Qu'on me remène aux carrières*, a mieux mérité d'être retenu[1]. Chez Abstemius, ce propos de buveur est devenu quelque peu lugubre ; tel qu'Athénée le prête à Philoxène, il est du moins plus gaiement amené : le poëte compose une *Galatée*, et c'est des choses de l'empire de Nérée qu'il s'informe. — Le récit de l'*Histoire macaronique de Merlin Coccaie* (1606)[2], signalé par Génin[3], ceux du *Thrésor des récréations* (1611)[4], de la VIe *serée* de G. Bouchet (1615), des *Divertissements curieux* (1650)[5], du *Democritus ridens* (1655)[6], et quelques autres encore indiqués par Guillaume et Robert, ne sont que des répétitions ou des variations peu intéressantes.

On cherche les rieurs, et moi je les évite.
Cet art veut, sur tout autre, un suprême mérite[7] :

1. Un autre trait de gloutonnerie attribué à Philoxène a fourni le sujet de l'un des trois contes, à savoir le VIIIe de la Ire partie, que la Fontaine a tirés d'Athénée.
2. Livre XV, p. 253-254 (édition G. Brunet et P.-L. Jacob).
3. *Récréations philologiques*, tome I, p. 289-290.
4. Pages 213-216 : *d'un Compagnon qui demandoit aux poissons qu'on apportoit à table nouvelle de son père qui estoit noyé*.
5. Pages 22-23 : *Plaisanterie d'un Bouffon et des Poissons*.
6. Page 146 : *Stratagema parasiticum*. Le gourmand dit qu'il veut savoir des poissons ce qu'est devenu son père qui jadis s'est noyé : voyez le titre cité dans la note 4.
7. Au second livre des dialogues *de l'Orateur* de Cicéron, bien qu'il y soit nié d'abord que la plaisanterie (*jocus, facetiæ*) soit un

LIVRE VIII.

Dieu ne créa que pour les sots
Les méchants diseurs de bons mots⁸.
J'en vais peut-être en une fable 5
Introduire un; peut-être aussi
Que quelqu'un trouvera que j'aurai réussi.

Un Rieur étoit à la table
D'un Financier, et n'avoit en son coin
Que de petits Poissons : tous les gros étoient loin. 10
Il prend donc les menus, puis leur parle à l'oreille,
Et puis il feint, à la pareille,
D'écouter leur réponse. On demeura surpris;
Cela suspendit les esprits.
Le Rieur alors, d'un ton sage⁹, 15
Dit qu'il craignoit qu'un sien ami,
Pour les grandes Indes¹⁰ parti,
N'eût depuis un an fait naufrage;

art qui se puisse enseigner, on peut voir, par le long morceau qui y est consacré (chapitres LIV-LXXI), par l'exposé méthodique, les classifications, mis dans la bouche de l'orateur Jules César Strabon, que les anciens y attachaient grande importance et la regardaient comme fort utile (*vehementer utilis*) à l'orateur.

8. L'abbé Guillon cite, à propos de ce vers, le mot de Pascal[a], « Diseur de bons mots, mauvais caractère. » Mais *méchant* n'est évidemment pas pris ici dans l'acception morale; il signifie *sans talent, sans esprit, mauvais, plat*, au sens où Boileau a dit, dans son *Art poétique* (chant I, vers 162), « un méchant écrivain, » et Mme de Sévigné, dans sa lettre du 27 mars 1671 (tome II, p. 132), « un méchant prédicateur. »

9. D'un ton qu'il affectait de rendre grave et sérieux; mais *sage* marque mieux l'opposition avec le ton habituel du rieur de profession, du convive qui paye son dîner en faisant le plaisant.

10. On désignait souvent l'Amérique par les noms de « Grandes Indes, » ou d' « Indes occidentales. » C'était un reste de l'erreur qui avait fait croire à Christophe Colomb que les terres nouvelles découvertes par lui étaient un prolongement de l'Inde.

[a] Article VI, § 19, de l'édition de M. Havet. La Bruyère a repris et développé ce mot au chapitre *de la Cour*, n° 80, tome I, p. 330.

Il s'en informoit donc à ce menu fretin[11] ;
Mais tous lui répondoient qu'ils n'étoient pas d'un âge   20
    A savoir au vrai son destin ;
    Les gros en sauroient davantage.
« N'en puis-je donc, Messieurs, un gros interroger ? »
    De dire si la compagnie
    Prit goût à sa plaisanterie,   25
J'en doute[12] ; mais enfin il les sut engager
A lui servir d'un monstre assez vieux pour lui dire
Tous les noms des chercheurs de mondes inconnus[13]
    Qui n'en étoient pas revenus,
Et que, depuis cent ans, sous l'abîme avoient vus   30
    Les anciens[14] du vaste empire[15].

11. Le mot, ici collectif, s'emploie aussi comme épithète d'un seul poisson : voyez livres V, fable III, vers 6, et IX, fable X, vers 1.

12. Chamfort a-t-il bien compris quand il nous dit que pourtant « la plaisanterie n'est point mauvaise » ? Ce que peut-être bien les convives ne goûtèrent pas, ce fut de faire, à leurs dépens, la part du parasite.

13. Comparez livre X, fable XV, vers 1.

14. *Anciens* en trois syllabes. Même mesure au vers 2 de la fable I du livre III, et au vers 4 de l'*Épître à l'évêque de Soissons*. Voyez aussi un triple exemple dans le *Lexique de Corneille*.

15. « En résumé, » dit l'abbé Guillon, ou plus probablement Jules Janin (la remarque n'est que dans la seconde édition du commentaire), « on ne peut guère remarquer dans cette fable que les quatre vers qui la terminent. Arrivé au bout de sa narration, et peut-être assez peu satisfait de son conte, quoi qu'il en dise au commencement, le poëte s'amuse à polir quatre beaux vers qui ne tiennent en rien à sa fable, mais qui reposent agréablement l'oreille, et font presque oublier au lecteur le *nescio quid* que le fabuliste ne s'est pas donné le temps de trouver. » Jugement dédaigneux qui ne nous semble pas juste. Nous ne comprenons pas d'abord comment on a pu dire que ces quatre derniers vers, qui sont fort beaux en effet, « ne tiennent en rien à la fable. » Par le tour et l'expression, ils font contraste avec le reste du récit. Mais est-ce là un défaut ? En tout cas, nous le rencontrons souvent dans la Fontaine, et d'ordinaire on ne l'y blâme pas. L'anecdote d'ailleurs, à ne prendre qu'elle, est vivement et agréablement contée.

FABLE IX.

LE RAT ET L'HUÎTRE.

Cette fable parut, pour la première fois, dans le recueil intitulé *Fables nouvelles et autres poésies* de M. de la Fontaine, 1671.

Robert indique, avec raison, avant toute autre source, une épigramme de l'*Anthologie grecque*, mise sous le nom d'Antiphile (*Anthologie palatine*, chapitre ix, n° 86 ; dans la *Bibliothèque Didot*, tome II, p. 17). En voici la traduction : « Toujours furetant, s'accommodant de tout, mais friand de bons morceaux, un Rat aperçut une Huître, épanouie dans sa maison entr'ouverte ; il effleura de ses dents la frange humide de cette chair trompeuse ; aussitôt les écailles avec bruit se referment ; la douleur les resserre : le Rat est pris, il n'échappera plus de ce piége, de ce tombeau, où il est venu de lui-même chercher la mort. » Francisco del Tuppo et Alciat ont librement imité cette petite pièce en vers latins, le premier à la fin de la *confirmatio exemplaris* de sa fable xxxiv (édition d'Aquilée sans titre, mais datée à la dernière page de 1493) ; le second dans son *emblème* xciv, composé, comme l'original, en trois distiques[1]. Gilbert Cousin (*Cognatus*), dans sa *Narrationum sylva* (p. 69 de l'édition de Bâle, 1567), semble aussi y avoir fait une allusion, citée par Robert, tome I, p. ccxxxiv. C'est bien ce sujet de l'épigramme grecque qu'a développé la Fontaine, en ajoutant, comme d'ordinaire, beaucoup à son modèle. On ne saurait donc voir dans *le Rat et l'Huître* une transformation de la fable 208 d'Ésope ou de la 1re. fable d'Abstemius, que Guillon, Robert et Walckenaer n'ont pu rappeler ici que pour une bien lointaine analogie. Dans Ésope (Κύων, Coray, p. 134, Nevelet, p. 258), c'est un Chien qui avale un Limaçon qu'il prend pour un œuf ; et quand il sent ses entrailles déchirées : « C'est bien fait, dit-il ; je n'ai que ce que je mérite. »

---

1. Le commentateur d'Alciat, Claude Mignault (*Minos* en latin), connaissait bien l'origine de l'emblème : il le dit emprunté au Ier livre des épigrammes grecques.

Dans Abstemius (*de Mure in cista nato*, Nevelet, p. 536²), c'est un Rat novice qui est en scène comme ici; mais qu'il est loin d'intéresser comme le Souriceau ou le Rat de la Fontaine ! Né dans un coffre où il se nourrit de noix, un jour il en tombe, et aperçoit une table chargée de mets : « Que j'étais fou, dit-il, de croire qu'il n'y avait rien au monde de meilleur que mon ordinaire ! » — « On reconnaît, dit Chamfort, tout le talent de la Fontaine dans le discours du Rat, dans la peinture de l'Huître bâillant au soleil, dans celle du Rat surpris au moment où l'Huître se referme.... » Il critique seulement, dans le discours du Rat, le vers 16, qui lui paraît contenir « quelque propos populaire et trivial dont on se passerait bien » (voyez la note 10). Il est vrai qu'il ajoute : « Mais il n'appartient qu'à la Fontaine de rendre cette sorte de naturel supportable aux honnêtes gens; nous en verrons plus bas un autre exemple dans la fable *du Singe et du Léopard* (fable III du livre IX, au vers 20). » Quant à la moralité, il regrette qu'elle soit multiple ; on peut en effet énumérer ici jusqu'à trois enseignements : outre les deux de l'épilogue, le vers 33 en contient un, sur le danger de l'ignorance, qui est précisément celui que fait ressortir l'affabulation du *Chien* d'Ésope. « Il n'en faut qu'un, dans une fable bien faite, ajoute Chamfort. J'aurais voulu que la Fontaine exprimât l'idée suivante : « Quand on est ignorant, il « faut suppléer au défaut d'expérience par une sage réserve et par « une défiance attentive. » — Cette condition de l'unité de morale, comme plus d'une autre que l'on a voulu imposer à la « fable bien faite, » est-elle de rigueur ? Sans manquer au respect qui est dû aux législateurs du Parnasse et à leur sage idéal de perfection, on peut savoir gré à la fantaisie du poëte de franchir, à l'occasion, des limites de ce genre.

Un Rat, hôte d'un champ, rat de peu de cervelle,
Des lares paternels un jour se trouva sou³.

2. C'est d'Abstemius ou de Joachim I Camerarius (p. 249 de l'édition de Leipsick, 1564) que G. Haudent a tiré la fable 62 de sa 2ᵉ partie, *d'une Souris procréée en une huche.*

3. Dans les textes de 1671 et de 1678, l'orthographe est ainsi « sóu », pour rimer avec « trou ». Même orthographe et même rime aux vers 10-11 de la fable XVII du livre III. — Pour *lares*, voyez ci-après, p. 320 et note 5.

Il laisse là le champ, le grain, et la javelle⁴,
Va courir le pays, abandonne son trou.
    Sitôt qu'il fut hors de la case⁵ :
« Que le monde, dit-il, est grand et spacieux !
Voilà les Apennins, et voici le Caucase⁶. »
La moindre taupinée étoit mont à ses yeux⁷.
Au bout de quelques jours, le voyageur arrive
En un certain canton où Téthys⁸ sur la rive
Avoit laissé mainte huître ; et notre Rat d'abord
Crut voir, en les voyant, des vaisseaux de haut bord.
« Certes, dit-il, mon père étoit un pauvre sire⁹ :
Il n'osoit voyager, craintif au dernier point.

    4. *Javelle*, mot collectif, poignées, petits tas de blé coupé qu'on laisse sur la terre, pour qu'il sèche, avant d'en faire des gerbes. Littré cite des exemples de Malherbe, Racan, André Chénier.

    5. *Case*, petite et chétive demeure, ici bien opposé à l'exclamation admirative : « ...., grand et spacieux ! » Il y a une opposition semblable dans les vers 6-7 de la fable VIII du livre III.

    6. Parmi les traits tout humains que la fable donne aux bêtes, en voilà un bien inattendu et plaisamment choisi, auquel le vers 17 a pour objet de donner vraisemblance. Le Rat sait sa géographie, comme, au reste, même le Chêne (livre I, fable XXII, vers 7), et comme, tout autre genre d'instruction, la Belette et le Lapin (livre VII, fable XV) savent le pour et le contre du droit de propriété.

    7. C'est ainsi que le Souriceau de la fable V du livre VI parle aussi (vers 4) de *monts* à sa mère.

    8. Voyez, au tome I, la note 5 de la fable VI du livre V. On a omis de dire là que, dans les éditions originales de la Fontaine, l'orthographe est toujours *Thetis*, soit qu'il s'agisse, comme ici, et au vers 6 de la fable VI du livre V, et mainte fois dans le reste des œuvres, de la Déesse qui personnifie la mer, et dont le nom, correctement transcrit du grec, est *Téthys* ; soit que le nom propre, qui doit bien alors s'écrire *Thétis*, désigne, comme dans la pièce de notre auteur intitulée *Achille*, la mère de ce héros. Cette confusion est ordinaire au dix-septième siècle ; nous la trouvons chez Corneille plusieurs fois (voyez la *Table alphabétique* des *OEuvres*), et chez Racine même (au tome IV, p. 59, vers 130 de *la Nymphe de la Seine*).

    9. « Ce Rat, dit M. Taine (p. 143), fait comme l'écolier de

Pour moi, j'ai déjà vu le maritime empire ; 15
J'ai passé les déserts, mais nous n'y bûmes point[10]. »
D'un certain magister [11] le Rat tenoit ces choses,
Et les disoit à travers champs[12],
N'étant pas de ces rats qui, les livres rongeants,
Se font savants jusques aux dents[13]. 20
Parmi tant d'huîtres toutes closes
Une s'étoit ouverte ; et, bâillant au soleil,
Par un doux zéphir réjouie,
Humoit l'air, respiroit, étoit épanouie,
Blanche, grasse, et d'un goût, à la voir, nompareil. 25

Faust[a]. Du haut de son expérience improvisée, il contemple avec mépris la génération arriérée qui le précède, et sourit d'un air de grand homme, savant et pédant, en pensant à son père. »

10. Allusion à un passage, déjà cité en partie (p. 151, note 17), de l'entretien de Picrochole avec ses gouverneurs, qui commence par ces mots : « Ha, paoures gens. Quoy? dirent-ilz, que boyrons-nous par ces desers? Car Iulian Auguste et tout son oust y moururent de soif, comme l'on dict, » et finit par ceux-ci : « Nous ne beumes poinct frais. » (RABELAIS, *Gargantua*, chapitre XXXIII, tome I, p. 126.)

11. Dont, de l'entrée de son trou, ou, en rôdant inaperçu, il avait attrapé quelques mots.

12. Quoique ici on soit tenté d'abord de prendre cette expression au sens propre, il paraît bien, par les deux vers suivants, que la Fontaine lui a donné la signification d'*à tort et à travers, au hasard*. C'est ainsi que Littré (à l'article TRAVERS, 14°) a expliqué les mêmes mots. Au vers 14 de la fable XI du dernier livre, notre fabuliste a dit encore :

L'homme d'Horace[b]
Disant le bien, le mal, à travers champs, n'eût su
Ce qu'en fait de babil y savoit notre Agasse.

13. « Iadis un antique Prophete de la nation Iudaïque (*Ézéchiel*[c]) mangea un liure, et fut clerc iusques aux dents : presente-

[a] Le Bachelier (*Baccalaureus*), au début de l'acte II de la 2° partie du *Faust* de Goethe.
[b] Le Fâcheux de la satire IX du Ier livre.
[c] Voyez le chapitre III de sa *Prophétie*, versets 1-2 ; et comparez l'*Apocalypse*, chapitre X, versets 9-10.

D'aussi loin que le Rat voit cette Huître qui bâille :
« Qu'aperçois-je ? dit-il, c'est quelque victuaille ;
Et, si je ne me trompe à la couleur du mets,
Je dois faire aujourd'hui bonne chère, ou jamais. »
Là-dessus, maître Rat, plein de belle espérance,   30
Approche de l'écaille, allonge un peu le cou,
Se sent pris comme aux lacs[14] ; car l'Huître tout d'un coup
Se referme[15] : et voilà ce que fait l'ignorance.

Cette fable contient plus d'un enseignement[16] :
     Nous y voyons premièrement   35
Que ceux qui n'ont du monde aucune expérience
Sont, aux moindres objets, frappés d'étonnement ;
     Et puis nous y pouvons apprendre
     Que tel est pris qui croyoit prendre[17].

ment vous en boirez un, et serez clerc iusques au foye. » (RABELAIS, livre V, chapitre XLV, tome III, p. 171.) Au lieu de l'étymologie, plus ingénieuse que probable, qu'implique ce passage, les *Dictionnaires de Furetière*, et, d'après lui, *de Trévoux*, donnent celle-ci : « Ce proverbe vient de ce qu'autrefois on ne tenoit personne pour savant jusqu'à ce qu'il fût passé docteur : ce qui ne se faisoit point qu'après de fort grands repas, où on exerçoit ses dents. » Littré rattache bien plus naturellement cette locution à celle d' « armé jusqu'aux dents, » la science étant comparée à une armure. — Scarron (*Virgile travesti*, 1648-1652) a dit de même « savant jusqu'aux dents, » dans la paraphrase des vers 359-361 du livre III.

14. *Au lacs*, au singulier, dans les textes de 1671 et de 1679 Amsterdam. Pour l'orthographe de ce nom, voyez ci-après, la note du vers 13 de la fable XXII de ce livre VIII.

15. « Voyez comme ce dernier mot est rejeté au commencement du vers, par une suspension qui met la chose sous les yeux, et le naturel de la leçon qui termine la phrase. » (CHAMFORT.) — Se renferme. (1679 Amsterdam.)

16. Voyez ci-dessus, p. 252, la fin de la notice.

17. Morale analogue à celle de la fable XI du livre IV :

     Tel.... cuide engeigner autrui
     Qui souvent s'engeigne soi-même.

FABLE X.

L'OURS ET L'AMATEUR DES JARDINS.

Livre des lumières ou la Conduite des Rois, p. 135-137. — Bidpaï, tome II, p. 180-184, *le Jardinier et l'Ourse*. — Straparole, *les Facétieuses Nuits*, xiii° nuit, fab. 4. — *Thrésor des récréations*, p. 238-239, *du Sot du prince de Ronceval, qui le frappa bien fort sur son nez, pensant en chasser une mouche*.

La source première de cette fable est sans doute dans le *Pantchatantra*, dernier conte du livre I, dont Loiseleur Deslongchamps (*Essai sur les fables indiennes*, p. 43 [1]) cite une version intitulée, dit-il : *le Fils du Roi et ses Compagnons*, où l'on voit un singe domestique s'efforcer de chasser une abeille qui s'obstine à rester sur le front du fils du Roi endormi, et, ne pouvant y réussir, prendre l'épée de son maître et couper en deux, du même coup, et l'abeille et la tête du prince. C'est de cette fin du conte, seule ici à considérer, que se sera inspiré, dans celui du *Jardinier et l'Ours*, l'auteur de l'*Anwari-Sohaïli* (voyez aussi Benfey, tome I, p. 282, § 100), dont le *Livre des lumières* est, comme nous l'avons dit plus haut (p. 81, note 6), la traduction abrégée, et la Fontaine aura emprunté à cette traduction le sujet de son apologue.

Dans le récit de Straparole, les acteurs ne sont pas les mêmes ; le conteur italien nous représente un jeune garçon, Fortunin, « tout simple, niais, et de peu d'entendement, » qui, tandis que l'épicier, son maître, dort à cause de la grande chaleur du jour, délibère de tuer une mouche qui était « comme collée contre la tempe » du dormeur. Le malavisé serviteur, traduit Larivey, « print un gros et lourd pilon de bronze, et d'iceluy deschargeant un pesant coup sur la teste de son maistre, le tua, pensant tuer la mousche. » — Dans le *Thrésor des récréations* le dénoue-

---

[1]. Dans une autre version, c'est la tête du Roi lui-même que le singe fend ainsi : voyez au tome II de Benfey, p. 154, le xii° récit de l'appendice du livre I, et au tome I, l'*Introduction*, p. 292-293. Voyez aussi les *Indische Studien* de M. Weber, tome III, p. 128 et 358.

ment est moins tragique : le prince de Ronceval s'endort après son dîner. Son fou, voulant chasser une mouche qui était assise sur le nez du dormeur, frappe de toute sa force sur ce nez auguste avec le manche d'un éventail. Le prince, « sentant mieux ce coup que la pointure d'une mouche, » s'éveille en sursaut, mais « il tourna la chose en ris,... car il sçavoit bien qu'il ronfloit en dormant, et que ce sot prenoit ce ronflement pour trespas, » pour le râle d'un mourant. « Les fols font les follies, » ajoute philosophiquement l'auteur, en guise de morale.

« Cette fable, dit l'abbé Guillon, n'est pas comptée parmi les chefs-d'œuvre de notre auteur. On ne sait ce que c'est que cette étrange association de l'Ours avec un Solitaire. Le style a des négligences ; mais ces défauts sont réparés par quelques beaux vers, entre autres par ceux de la morale, devenus proverbes. » Nous sommes loin d'accepter ce jugement ; chef-d'œuvre ou non, cette fable est une des plus jolies de notre poëte, et une de celles qui sont le plus justement populaires. Quant à l'association, l'idée, qui, au reste, est antérieure à notre fabuliste, peut sembler d'abord un peu étrange ; mais, expliquée comme elle l'est aux vers 8 et suivants, elle se justifie parfaitement, comme tant d'autres, par la nature même de l'apologue, qui des bêtes fait des hommes ; puis, si elle contrarie l'instinct de l'ours (voyez ci-après la note 4), c'est seulement en lui faisant rechercher, dans les vers 23 et 31, la compagnie de l'homme, car d'ailleurs il se fait, on le sait, à cette compagnie, « paraît doux pour son maître, dit Buffon, et même obéissant lorsqu'il est apprivoisé. » Au point de vue de l'histoire naturelle, on pourrait peut-être adresser au premier inventeur une autre critique plus juste. Il n'a vu dans l'Ours que le gros lourdaud ; mais la finesse, l'intelligence qu'on lui reconnaît (voyez encore Buffon) s'accordent-elles bien avec l'énorme sottise qu'il lui fait commettre, comme aussi, ajouterons-nous, avec l'épithète de *sot* qui lui est appliquée dans une fable antérieure (la xxe du livre V, vers 23) ? La plupart des autres versions orientales rendent coupable de cette stupidité une bête bien plus fine encore, le Singe.

Certain Ours montagnard, Ours à demi léché[2],
Confiné par le Sort dans un bois solitaire,

2. Nous avons vu au tome I, p. 121, dans la fable XXI du livre I,

Nouveau Bellérophon³ vivoit seul et caché⁴.

vers 22, une allusion métaphorique à cette croyance populaire que les ours lèchent leurs petits pour les façonner, croyance d'où vient la locution commune : *un ours mal léché*, appliquée à un homme grossier. Ainsi dans *le Paysan du Danube* (fable VII du livre XI, vers 12-13) :

> Toute sa personne velue
> Représentoit un ours, mais un ours mal léché.

Dans le conte VI de la IIIᵉ partie (1671), vers 17-19, l'auteur a tiré de là cette autre ingénieuse figure :

> .... Chimon, jeune homme tout sauvage,
> Bien fait de corps, mais ours quant à l'esprit.
> Amour le lèche, et tant qu'il le polit.

Ici il s'agit, au sens propre, d'un véritable ours, et c'est, plutôt que l'endroit des *Frelons et les Mouches à miel* auquel renvoie le commencement de cette note, le vrai lieu qui appelle l'addition suivante à la note 5 de la page 121 du tome I, addition suggérée par M. Delboulle (*Revue critique* du 24 décembre 1883, p. 516), parmi des rapprochements à d'autres fables, lesquels pourront trouver place dans les *Addenda :* « La légende de l'ourse qui lèche ses petits, pour les façonner, remonte très-loin ; on pouvait renvoyer aux auteurs de *Bestiaires*, à Brunetto Latino, *Trésor*, p. 253, à Jean de Condé, *li Lais de l'Ourse*, à Oppien, *de Venatione*, p. 26, édition Didot [livre III, vers 168 :

Ὡς ἄρκτος λιχμῶσα φίλους ἀνεπλάσσατο παῖδας],

et surtout à Manuel Philès (*de Proprietate animalium*, p. 27, édition Didot, *de Ursa*, vers 1 et 2), dont Rabelais [, cité dans notre commentaire de la fable des *Frelons*,] connaissait évidemment ce passage :

Ἄσημον ἄρκος (sic) ἀποτίκτουσα κρέας
Σοφῶς διαρθροῖ, καὶ τυποῖ, καὶ φαιδρύνει. »

On peut voir encore, sur l'expression : *un ours mal léché, non léché*, une note curieuse, relative à un passage de Shakspeare, dans le savant ouvrage de Francis Douce, intitulé *Illustrations of Shakspeare and of ancient manners* (London, 1839, p. 330-331).

3. Bellérophon, le vainqueur de la Chimère, se voyant haï de tous les Dieux, dit Homère (*Iliade*, chant VI, vers 200 et 202), errait « rongeant son âme, évitant les traces des hommes. » Rabelais (le tiers livre, chapitre III, tome II, p. 29) le compte parmi ceux qui furent « loups es homes, les loups-guaroux et les lutins. »

4. « L'ours, dit Buffon, est non-seulement sauvage, mais solitaire ;

Il fût devenu fou : la raison d'ordinaire
N'habite pas longtemps⁵ chez les gens séquestrés⁶.   5
Il est bon de parler, et meilleur de se taire⁷;
Mais tous deux sont mauvais alors qu'ils sont outrés.
   Nul animal n'avoit affaire⁸
  Dans les lieux que l'Ours habitoit :
   Si bien que, tout ours qu'il étoit⁹,   10
Il vint à s'ennuyer de cette triste vie.
Pendant qu'il se livroit à la mélancolie,

il fuit par instinct toute société, il s'éloigne des lieux où les hommes ont accès, il ne se trouve à son aise que dans les endroits qui appartiennent encore à la vieille nature. »

5. La première leçon était *toujours*, qui prêtait à deux sens; l'*Errata*, et les exemplaires cartonnés y substituent *longtemps*, qui vaut bien mieux.

6. « Nul poëte, nul auteur ne prêche plus souvent l'amour de la retraite, et ne la fait aimer davantage. Mais la retraite et la solitude absolue sont deux choses bien différentes. La première est le besoin du sage, et la seconde est la manie d'un fou insociable ; c'est ce que la Fontaine exprime si bien dans ces vers charmants (15-18) :

  Il aimoit les jardins, étoit prêtre de Flore,
   Il l'étoit de Pomone encore.
  Ces deux emplois sont beaux ; mais je voudrois parmi
   Quelque doux et discret ami.

Nous verrons ce sentiment développé avec plus de grâce et d'intérêt encore dans la fable suivante, et dans celle des *Deux Pigeons*. » (CHAMFORT.)

7. On connaît le proverbe : « La parole est d'argent, mais le silence est d'or. »

8. Même locution, dans un autre sens, au livre VIII, fable XIX, vers 20.

9. On dit souvent d'un homme qui fuit la société : « C'est un ours. » L'auteur joue spirituellement sur la double acception, propre et figurée. Voltaire a dit, dans la seconde : « Tout ours que je suis, soyez très-persuadée que je suis un très-honnête ours » (*Lettre à Mme du Deffant*, du 28 janvier 1770, tome LXVI, p. 138); et dans les *Confessions* (livre VIII, tome XV des OEuvres, p. 195, 1824), Mme d'Épinay dit à J.-J. Rousseau : « Mon ours, voilà votre asile ; c'est vous qui l'avez choisi, c'est l'amitié qui vous l'offre. »

Non loin de là certain Vieillard
S'ennuyoit aussi de sa part[10].
Il aimoit les jardins, étoit prêtre de Flore, 15
Il l'étoit de Pomone encore[11].
Ces deux emplois sont beaux; mais je voudrois parmi[12]
Quelque doux et discret ami :
Les jardins parlent peu[13], si ce n'est dans mon livre :
De façon que, lassé de vivre 20
Avec des gens muets[14], notre homme, un beau matin,
Va chercher compagnie, et se met en campagne.
L'Ours, porté d'un même dessein[15],
Venoit de quitter sa montagne.

10. De son côté : voyez dans *Littré*, 7°, de nombreux exemples, parmi lesquels il y en a deux autres de notre auteur; on peut y joindre les vers 13 de la fable VI du livre IV et 12 de la fable VI du livre VII, dont le premier eût dû être déjà l'objet de cette note.

11. La double personnification revient dans les vers 7-11 de la fable V du livre IX; dans *Psyché*, livres I et II (tome III, p. 43, 174, 175, de l'édition de M. Marty-Laveaux); dans *le Songe de Vaux* (*ibidem*, p. 198). — Voltaire, joignant aussi les deux *emplois*, dit dans son poëme de *la Guerre civile de Genève*, chant II :

> J'ai vu souvent près des rives du Rhône
> Un serviteur de Flore et de Pomone, etc.

12. Au milieu de tout cela. Littré cite un exemple d'une lettre de Charles de Sévigné (15 décembre 1675, tome IV, p. 281), où le mot est pris de même adverbialement, sans régime.

13. Comparez, au tome I, le vers 4 de la page 55.

> .... Les arbres parlent peu,
> Dit le bon la Fontaine; et ce qu'un bois m'inspire,
> Je veux à mes côtés trouver à qui le dire.
> (Delille, *l'Homme des champs*, chant I.)

14. Il semble bien, à lire ce qui précède, que les mots : « gens muets, » se rapportent à *jardins*, aux fleurs et aux fruits qu'ils contiennent. Si c'est à *Flore* et à *Pomone*, ce qui serait plus acceptable, que le poëte a voulu les appliquer, il faut convenir que ces deux personnifications sont un peu loin.

15. Telle est la leçon des éditions originales ; on a eu tort, dans

Tous deux, par un cas surprenant,   25
    Se rencontrent en un tournant.
L'Homme eut peur; mais comment esquiver[16]? et que
Se tirer en Gascon[17] d'une semblable affaire   [faire?
Est le mieux : il sut donc dissimuler sa peur.
    L'Ours, très-mauvais complimenteur,   30
Lui dit : « Viens-t'en me voir. » L'autre reprit : « Seigneur,
Vous voyez mon logis; si vous me vouliez faire
Tant d'honneur que d'y prendre un champêtre repas,
J'ai des fruits, j'ai du lait[18] : ce n'est peut-être pas
De Nosseigneurs les Ours le manger ordinaire[19];   35
Mais j'offre ce que j'ai. » L'Ours l'accepte; et d'aller[20].
Les voilà bons amis avant que d'arriver;
Arrivés, les voilà se trouvant bien ensemble;
    Et, bien qu'on soit, à ce qu'il semble,
    Beaucoup mieux seul qu'avec des sots,   40
Comme l'Ours en un jour ne disoit pas deux mots,
L'Homme pouvoit sans bruit vaquer à son ouvrage.
L'Ours alloit à la chasse, apportoit du gibier,

quelques éditions modernes[a], d'y substituer *destin*, sans doute pour rimer plus exactement avec *matin*.

16. Comparez ci-dessus, p. 6, note 1.

17. « Quand le courage manque aux Gascons, dit Geruzez, ce qui est rare, ils savent au moins sauver les apparences. »

18. Passage à rapprocher des vers 61 et 70 de *Philémon et Baucis*.

19. L'ours boit très-volontiers du lait, mange des fruits, du miel; mais le poëte dit : « le manger ordinaire. » — Nous avons rencontré plus haut (vers 12-13 de la fable II de ce livre) *le manger*, avec *le dormir* et *le boire :* voyez la note 5 de la page 217.

20. Sur ce tour vif et facile de l'infinitif, avec *de*, traduisant l'infinitif latin dit « de narration, » voyez *Littré*, qui cite, à DE, 20° cinq autres exemples tirés des fables, auxquels on en peut ajouter un bon nombre, les uns déjà vus : livre VII, fable V, vers 21; fable XIV, vers 14; fable XVIII, vers 45; livre VIII, fable VI, vers 18; fable VII, vers 27; et ceux-ci du livre XII : fable XI, vers 12; fable XII, vers 67, etc.

[a] Ainsi dans la 1re de l'abbé Guillon; non dans la 2de donnée par J. Janin.

Faisoit son principal métier
D'être bon émoucheur[21], écartoit du visage 45
De son ami dormant ce parasite ailé
   Que nous avons mouche appelé[22].
Un jour que le Vieillard dormoit d'un profond somme,
Sur le bout de son nez une allant se placer,
Mit l'Ours au désespoir; il eut beau la chasser. 50
« Je t'attraperai bien, dit-il; et voici comme. »
Aussitôt fait que dit : le fidèle émoucheur
Vous empoigne un pavé, le lance avec roideur,
Casse la tête à l'Homme en écrasant la mouche,
Et non moins bon archer[23] que mauvais raisonneur, 55
Roide mort étendu sur la place il le couche[24].

21. Ce mot n'est ni dans Richelet (1680), ni dans Furetière (1690), ni, ce qui peut étonner, dans aucune des éditions du *Dictionnaire de l'Académie*, pas même dans la dernière (1878), bien que toutes aient le verbe *émoucher*. Celui de Trévoux donne le nom en 1771. Chez Rabelais (*Pantagruel*, chapitre xv, tome I, p. 292), nous trouvons *esmoucheteur* et, dans la même phrase, les deux verbes *esmoucher* et *esmoucheter*.

22. Le poëte répète toute cette périphrase aux vers 4-5 de la fable xiii du dernier livre. — Au sujet de la construction, comparez ci-après, p. 274 et note 4.

23. « Expression impropre, dit Crapelet. Les *archers* ne lançaient que des flèches; c'étaient les *frondeurs* qui lançaient des pierres. » Le critique n'y pense pas : lancer, la fronde à la main, un pavé, à la façon de l'Ours! Pour le mot *archer*, l'observation est vraie, sans doute; mais combien de locutions, de bonnes locutions, seraient incorrectes et deviendraient impossibles s'il fallait tenir ainsi un compte rigoureux de l'étymologie? Pour la Fontaine, qui ailleurs (fable xxvii du livre VIII, vers 19 et 26) emploie *archer* dans son sens exact, *bon archer* signifie simplement ici : habile à viser, à atteindre le but.

24. « Par hasard, une (mouche), plus obstinée, se vint poser sur la bouche du Jardinier, et autant de fois que l'Ours la chassoit d'un côté, elle revenoit de l'autre, ce qui le mit en telle colère, qu'il prit une grosse pierre, avec dessein de la tuer, et ayant trop bien visé (pour ce pauvre homme), la jeta droit sur sa bouche, et lui

Rien n'est si dangereux qu'un ignorant ami ;
 Mieux vaudroit un sage ennemi [25].

écrasa la tête. C'est à cause de cela que les gens d'esprit disent *qu'il vaut mieux avoir un sage ennemi qu'un ignorant ami.* » (*Livre des lumières*, p. 136-137.)

25. *Sage*, c'est-à-dire ne poussant pas à l'excès la haine ni ses conséquences : la modération n'est-elle pas l'une des premières conditions de la sagesse? Geruzez trouve que l'expression n'est pas juste ; « trop générale, pas assez précise » serait peut-être plus vrai. Mais la signification devient si claire par la nature même du fait d'où elle se déduit, qu'on ne peut convenir, croyons-nous, avec le même critique, que le sens de ces vers est « louche ». Ils sont devenus proverbe : c'est preuve que le bon sens populaire ne les a pas jugés si obscurs. M. Aubertin traduit *sage* par *prudent* ; mais est-il dans la nature de se faire un devoir de la prudence dans l'intérêt de son ennemi? — Voici la réflexion toute différente par laquelle débute le récit de Straparole, et qui lui sert de moralité : « J'ai souventefois ouy dire…. que les pechez qui se commettent insciemment ne sont tant graves comme les volontaires. De là provient que l'on pardonne plustost à rusticité, aux enfans et autres semblables, qu'à ceux qui sçavent bien qu'ils font mal. »

FABLE XI.

LES DEUX AMIS.

Livre des lumières ou la Conduite des Rois, p. 224-226. — Bidpaï, tome II, p. 304-305, *les Deux Amis.*

Cette fable se trouve dans les Manuscrits de Trallage (Bibliothèque de l'Arsenal, n° 6541, sous le n° 80, fol. 177 (r° et v°). Elle est suivie immédiatement du *Rat qui s'est retiré du monde* (voyez ci-dessus, p. 106-107, la notice de la fable III du livre VII); et au bas de cette dernière fable se lit cette date : « mai 1675 », qui semble s'appliquer à toutes les deux.

Ce conte du *Livre des lumières* est du nombre de ceux qui ne se lisent ni dans le *Calila et Dimna*, ni dans le *Pantschatantra*. — Voyez l'intéressante analyse que M. Soullié a faite des *Deux Amis*, p. 308-313.

« Nul n'a parlé de l'amitié comme la Fontaine, avec une émotion si vraie et si intime, dit M. Taine (p. 34-35), en rappelant cette fable et celle du *Corbeau, la Gazelle, la Tortue, et le Rat* (la XV° du livre XII). Nulle part elle n'a un élan si prompt et des ménagements si doux. » — Voltaire, ou, comme le dit l'*Avertissement* des éditeurs de Kehl (p. 125), un de ses élèves, dans l'opuscule intitulé : *Connaissance des beautés et des défauts de la poésie et de l'éloquence dans la langue française,* à l'article AMITIÉ (tome XXXIX, p. 154-155), cite les six derniers vers de cette fable; mais c'est pour en prendre occasion de louer et de mettre bien au-dessus un endroit de *la Henriade* et deux passages tirés des épitres familières de son auteur. Le mot *pudeur* (vers 28) lui parait impropre. « Il fallait *honte,* dit-il; on ne peut dire : *J'ai la* pudeur *de parler devant vous,* au lieu de : *J'ai* honte *de parler devant vous* (voyez ci-après la note 14); et l'on sent d'ailleurs que les derniers vers sont faibles. Mais il règne dans ce morceau, quoique défectueux, un sentiment tendre et agréable, un air aisé et familier, propre au style des fables. » Bien entendu que, selon le même critique, les vers de *la Henriade* sont « dans un goût plus mâle, plus élevé que le passage de la Fontaine. » Mais il a du moins la bonne grâce de reconnaître que les « deux styles conviennent chacun à leur sujet. » Chamfort, qui n'a pas les mêmes raisons pour mesurer la louange, ne la marchande pas : « La fin de cet apologue est au-dessus de tout éloge, dit-il ; tout le monde le sait par cœur. »

Deux vrais Amis vivoient au Monomotapa[1] :
L'un ne possédoit rien qui n'appartînt à l'autre[2].
    Les amis de ce pays-là
    Valent bien, dit-on, ceux du nôtre[3].
Une nuit que chacun s'occupoit au sommeil[4],   5

1. Empire de l'Afrique australe, habité par des Cafres d'un beau noir et bien faits. Il est tombé en dissolution par l'effet des guerres civiles, à la fin du dix-huitième siècle et au dix-neuvième. On sent qu'il y a une intention d'épigramme dans le choix de cette contrée, d'un nom étrange, si lointaine, si peu connue, bien propre à être le théâtre des merveilles et des choses peu croyables, d'un tel idéal d'amitié par exemple. Ce n'est point, cela va sans dire, un emprunt à l'original indien.

2. « Après ce vers qui dit tout, la Fontaine n'ajoute plus rien. » (CHAMFORT.) — « Ne nous reservant rien qui nous feust propre, ny qui feust ou sien ou mien, » a dit Montaigne (livre I, chapitre XXVII, de l'Amitié, tome I, p. 254), parlant de lui et de la Boétie, de l'union parfaite des âmes, de l'abandon, non des biens, mais des volontés.

3. « Quelle grâce encore et quelle mesure dans ce mot : dit-on! Avec moins de goût, un autre poëte aurait fait une sortie contre les amis de notre pays. C'est l'art de la Fontaine de faire entendre beaucoup plus qu'il ne dit. » (CHAMFORT.)

4. S'occuper à, travailler à, et par extension, employer son temps à. On peut considérer comme transition d'un sens à l'autre le vers 594 de la satire x de Boileau :

    Il vaut mieux s'occuper à jouer qu'à médire ;

et comme analogue à la locution que nous avons ici : « s'occuper au sommeil, » celle-ci d'un autre ouvrage de notre auteur (la Captivité de saint Malc, vers 513) :

    Dans un cloître éloigné, Malc s'occupe au silence.

Comme autre complément remarquable, mais assez différent, du

Et mettoit à profit l'absence du soleil,
Un de nos deux Amis sort du lit en alarme;
Il court chez son intime, éveille les valets :
Morphée avoit touché le seuil de ce palais⁵.
L'Ami couché s'étonne ; il prend sa bourse, il s'arme⁶,   10
Vient trouver l'autre, et dit : « Il vous arrive peu
De courir quand on dort⁷; vous me paroissiez⁸ homme
A mieux user du temps destiné pour le somme :
N'auriez-vous point perdu tout votre argent au jeu ?
En voici. S'il vous est venu quelque querelle,   15
J'ai mon épée, allons⁹. Vous ennuyez-vous point
De coucher toujours seul ? Une esclave assez belle
Étoit à mes côtés : voulez-vous qu'on l'appelle ?
— Non, dit l'Ami, ce n'est ni l'un ni l'autre point¹⁰ :

même verbe avec à, on peut citer en outre ce passage de Mme de Sévigné (lettre du 13 mars 1680, tome VI, p. 305) : « Quand nous sommes assez malheureux pour n'être point uniquement occupés à Dieu.... »

5. Sur Morphée, fabricateur des songes, fils du dieu qui personnifie le sommeil et souvent le personnifiant lui-même, on peut voir, au livre XI des *Métamorphoses* d'Ovide, les vers 633 et suivants. Morphée revient fréquemment chez la Fontaine, soit en vers, soit en prose, d'ordinaire comme le sommeil, deux fois seulement, croyons-nous, comme auteur des songes.

6. Les vers 14-16 expliquent ce second hémistiche.

7. « Quand on dort, » c'est-à-dire au temps où l'on dort, quand c'est le temps de dormir.

8. Il y a « paroissez », au présent, dans le manuscrit de Trallage, qui, au vers suivant, a « d'un temps » au lieu de « du temps », et, au vers 20, « grâces », au pluriel.

9. « Voici qui paraît bien français, dit Chamfort; et l'on croirait que nous ne sommes point au Monomotapa. » Il ajoute à propos du trait qui suit : « Nous ne sommes plus en France; nous voilà dans le fond de l'Afrique. » Les circonstances du récit sont les mêmes dans la source orientale, sauf une : l'offre d'une esclave y est bien faite, mais qu'elle fût aux côtés de son maître est une addition de notre libre conteur.

10. L'*Errata* veut qu'on lise ici *poinct*. M. Marty-Laveaux fait

Je vous rends grâce de ce zèle.
Vous m'êtes, en dormant, un peu triste apparu ; 20
J'ai craint qu'il¹¹ ne fût vrai ; je suis vite accouru.
    Ce maudit songe en est la cause. »

Qui d'eux aimoit le mieux ? Que t'en semble, lecteur ?
Cette difficulté vaut bien qu'on la propose¹². 25
Qu'un ami véritable est une douce chose !
Il cherche vos besoins au fond de votre cœur¹³ ;
    Il vous épargne la pudeur¹⁴
    De les lui découvrir vous-même¹⁵ ;

remarquer que la Fontaine a constamment, par l'orthographe, distingué ce mot de la négation.

11. *Que cela ne fût vrai* : sur cet emploi, ordinaire chez les écrivains du dix-septième siècle, d'*il* au neutre, voyez les *Lexiques* de la Collection.

12. On peut ajouter : « et ne peut guère se résoudre. » C'est ce que nous fait entendre clairement et sans phrases la question laissée sans réponse.

13. Nous doutons que l'idée de deux âmes lisant au fond l'une de l'autre ait jamais été exprimée avec une aussi insistante énergie que dans ce passage du chapitre déjà cité de Montaigne (le xxvii° du livre I, tome I, p. 256) : « Nos ames ont charié si uniement ensemble ; elles se sont considerees d'une si ardente affection, et de pareille affection descouvertes iusques au fin fond des entrailles l'une de l'aultre, que non seulement ie cognoissoys la sienne comme la mienne, mais ie me feusse certainement plus volontiers fié à luy de moy, qu'à moy. » — Voyez ci-après la note 15.

14. Au sens de « la bonne honte » que lui donne Vaugelas (*Remarques sur la langue françoise*, 1697, p. 978), et que ce nom a de même, avec une nuance un peu différente, dans l'épilogue à la Rochefoucauld de la fable xiv du livre X : « Vous

    Qui ne pûtes jamais écouter sans *pudeur*
    La louange la plus permise. »

Boissonade, pour montrer que le mot est ici bien à sa place, quoi qu'en dise la critique citée à la fin de la notice, s'appuie aussi d'un exemple de la Bruyère et d'un de Pellisson : voyez le recueil de ses articles publié par Colincamp, tome II, p. 235-236.

15. « Un ami est une chose précieuse : il cherche nos besoins

> Un songe[16], un rien, tout lui fait peur   30
> Quand il s'agit de ce qu'il aime.

au fond de notre cœur; il nous épargne la honte de les découvrir nous-mêmes. » (*Contes et fables indiennes de Bidpaï et de Lokman*, tome III, p. 86, à la fin de la fable du Chat, de la Belette et du Rat.) On voit que le traducteur Cardonne (1778), continuateur de Galland, s'est servi ici des expressions mêmes de la Fontaine sans trop se soucier de la littérale exactitude de sa traduction.

16. Les deux textes de 1678, ainsi que le manuscrit de Trallage, portent « une ombre »; mais l'*Errata* avertit qu'il faut lire « un songe ». Ce vers en rappelle un autre, bien ressemblant, le 18ᵉ de la fable XIV du livre II, *le Lièvre et les Grenouilles* :

> Un souffle, une ombre, un rien, tout lui donnoit la fièvre.

FABLE XII.

LE COCHON, LA CHÈVRE, ET LE MOUTON.

Ésope, fab. 176, Δέλφαξ καὶ Ἀλώπηξ, Δέλφαξ καὶ Πρόβατα (Coray, p. 109, p. 361-362, sous quatre formes ; dans la première, c'est un Renard qui demande au Porc la raison de ses cris).— Aphthonius, fab. 30, *Fabula Suis, singulos sua scire volens :* c'est la version qu'a suivie la Fontaine.

Mythologia æsopica Neveleti, p. 235, p. 345.

L'apologue a été mentionné, comme étant d'Ésope, par Élien (*Histoires diverses*, livre X, chapitre v[1]); et par Clément d'Alexandrie (*Stromates*, livre VII, tome II, p. 849, de l'édition de Potter, Oxford, 1715), en ces termes : « De là vient qu'Ésope disait que, si les porcs crient quand on les entraîne, c'est qu'ils comprennent qu'ils ne sont utiles que pour le sacrifice. » — « Cette fable est très-bien écrite et parfaitement contée, » dit Chamfort. Puis, s'obstinant à vouloir enfermer le poëte dans le cercle étroit de la fable proprement dite, qui, toujours selon lui, doit donner des leçons à suivre, il ajoute : « Mais quelle morale, quelle règle de conduite peut-on en tirer? Aucune. La Fontaine l'a bien senti.

> Dom Pourceau raisonnoit en subtil personnage:
> Mais que lui servoit-il?

Il en conclut, avec raison, que, dans les malheurs certains, le moins prévoyant est encore le plus sage. Mais peut-on se donner ou s'ôter la prévoyance? Dépend-il de nous de voir plus ou moins loin? Il ne faut pas conduire ses lecteurs dans une route sans issue. » — Les affabulations jointes aux fables grecques disent simplement qu'on ne saurait blâmer personne de gémir des maux qu'il prévoit, ou que la plainte est bien naturelle à ceux qui sont menacés de la perte, non de leurs biens, mais de leur existence même. Celle d'Aphthonius dit plus simplement encore : « Chacun

---

1. Élien compare au porc d'Ésope les tyrans, toujours en proie aux soupçons, à la crainte, sachant que leur vie appartient à tous.

a ses raisons qu'il connaît mieux que personne, » sait bien où le bât le blesse. — Comparez, dans ce même livre VIII, la fable xxi, *le Faucon et le Chapon*, qui a, pour la vérité qui s'en déduit, une grande analogie avec celle du *Cochon, la Chèvre, et le Mouton*.

Une Chèvre, un Mouton, avec un Cochon gras,
Montés sur même char², s'en alloient à la foire.
Leur divertissement ne les y portoit pas³ ;
On s'en alloit les vendre, à ce que dit l'histoire⁴ :
    Le Charton⁵ n'avoit pas dessein   5
    De les mener voir Tabarin⁶.

2. *Char* est encore usité, à la campagne, en bien des lieux, pour désigner les chariots, les charrettes qui servent au transport de la moisson, de la vendange, des animaux, du fumier : voyez *Littré*, 3°. La Fontaine l'a dit ailleurs au sens de voiture à foin (livre VI, fable xviii, vers 2), de coche ou voiture publique (livre VII, fable ix, vers 11), de corbillard (même livre VII, fable xi, vers 30).

3. C'est-à-dire, comme l'explique plaisamment la suite de la phrase, ils n'y allaient pas pour s'y divertir, comme on fait aux foires, où accourent des teneurs de jeux, de bals, des charlatans et des baladins de toutes sortes.

4. Notre auteur aime cette incise, qui donne autorité au récit : nous la verrons aux fables iv (vers 29), xii (vers 113), xxi (vers 7) du livre XII.

5. *Charreton* ou, en abrégeant l'écriture, *charton*, vieux mot formé naturellement de *charrette*, comme *charron* de *char*; on disait de même *charretier* et *chartier* : voyez ci-dessus, livre VI, fable xviii.

6. Célèbre bouffon, probablement d'origine italienne, dont Boileau parle également au chant I de son *Art poétique*, vers 86 :

Apollon travesti devint un Tabarin,

et au chant III, vers 398, en opposant son nom à celui de Térence. Voyez aussi les vers où il figure, sous le nom de « l'illustre Tabarin, » vers la fin de la scène i de l'acte IV du *Ragotin* de la Fontaine et Champmeslé. « Devenu l'associé, plutôt que le valet, d'un empirique appelé Mondor, il acquit assez vite une grande vogue en débitant sur un théâtre en plein vent de joyeux propos et des gaillardises, qui, souvent de mauvais goût, ne manquaient pourtant pas d'une piquante originalité. L'apparition de Tabarin dans la capitale date de la fin de 1618 au plus tôt, mais ce n'est guère qu'en 1622 qu'il y fut à l'apogée de sa gloire. La place Dauphine, théâtre de ses exploits, ne suffisait plus alors aux spectateurs de

Dom⁷ Pourceau crioit en chemin
Comme s'il avoit eu cent bouchers à ses trousses :
C'étoit une clameur à rendre les gens sourds.
Les autres animaux, créatures plus douces,   10
Bonnes gens, s'étonnoient qu'il criât au secours :
    Ils ne voyoient nul mal à craindre.
Le Charton dit au Porc : « Qu'as-tu tant à te plaindre ?
Tu nous étourdis tous : que ne te tiens-tu coi⁸ ?
Ces deux personnes-ci⁹, plus honnêtes que toi,   15

toutes conditions, qui étaient attirés bien moins par l'idée d'acheter de l'onguent, que par le besoin de rencontrer dans les farces et les lazzis de Tabarin un préservatif contre la mélancolie. Cette vogue ne se démentit pas jusqu'en 1625.... Tout porte à croire que ce fut vers 1630 que Tabarin cessa d'exercer son métier de bateleur pour jouir paisiblement de la fortune qu'il y avait amassée. » (*OEuvres complètes de Tabarin, avec les rencontres, fantaisies et coq-a-lasnes facétieux du baron de Grattelard*, Paris, P. Jannet, 1858, tome I, *Introduction*, p. VII-VIII.) Cesdites œuvres ont été souvent réimprimées ; on en trouvera le catalogue complet dans le Iᵉʳ volume du recueil, que nous venons de citer, p. XIX-XLII. — Voyez encore sur Tabarin le chapitre VII, § 3, des *Spectacles populaires....* par M. V. Fournel : « De temps à autre, dit-il (p. 261), Mondor et Tabarin quittaient Paris pour faire des excursions en province. »

7. Ce monosyllabe honorifique dérivé de *dominus*, qui jadis avait toujours la finale *m*, s'écrit aujourd'hui de deux façons : *don*, par *n*, devant les noms des nobles d'Espagne et de Portugal, et *dom*, par *m*, devant ceux des membres de certains ordres religieux. C'est par allusion aux premiers que le fabuliste l'a employé au livre V, vers 16 de la fable VIII (*dom Coursier*), où cette note eût déjà dû prendre place, et par allusion aux autres qu'il se le permet ici, avec la liberté de la vieille satire populaire.

8. Même adjectif, même verbe au vers 23 de la fable IV du livre III.

9. A rapprocher de « bonnes gens » du vers 11, de « personne honnête » du vers 21, de ces « dames » appliqué aux Chèvres dans la fable IV du livre XII, vers 8. Aucun fabuliste n'a de façon aussi variée, et souvent aussi comique, humanisé, comme y invite, nous l'avons dit, la nature même de l'apologue, les bêtes mises en scène. « On n'avait jamais, remarque Nodier, dit des animaux : *Ces.... personnes-ci*, et le choix de cette expression prête à la Chèvre et au Mouton une importance très-plaisante. »

Devroient t'apprendre à vivre, où du moins à te taire :
Regarde ce Mouton; a-t-il dit un seul mot?
    Il est sage. — Il est un sot,
Repartit le Cochon : s'il savoit son affaire,
Il crieroit comme moi, du haut de son gosier[10];
    Et cette autre personne honnête
    Crieroit tout du haut de sa tête.
Ils pensent qu'on les veut seulement décharger,
La Chèvre de son lait, le Mouton de sa laine :
    Je ne sais pas s'ils ont raison;
    Mais quant à moi, qui ne suis bon
    Qu'à manger, ma mort est certaine.
    Adieu mon toit et ma maison. »

Dom Pourceau raisonnoit en subtil personnage :
Mais que lui servoit-il[11]? Quand le mal est certain,
La plainte ni la peur ne changent le destin ;
Et le moins prévoyant est toujours le plus sage[12].

10. *Crier du haut de son gosier, crier tout du haut de sa tête* (vers 22), expressions fort exactement significatives; on ne pouvait mieux dire pour « pousser des cris aigus. » Les sons aigus se forment au haut du gosier, plus près de la tête que de la poitrine : « *Voix de tête*, dit Littré à l'article FAUSSET, 1°, c'est-à-dire.... voix qui se produit quand on fait vibrer les cordes supérieures du larynx, ce qui donne le registre de tête ou fausset, tandis que la vibration des cordes inférieures donne le registre de poitrine. » La seconde de ces expressions, qui est aussi aux vers 52-53 du conte XV de la IIe partie, montre, en outre, une attitude naturelle : pour mieux faire monter sa voix, on lève et renverse la tête, et c'est du haut de la tête qu'on semble la tirer avec effort.

11. *Il* encore pour *cela*, comme au vers 22 de la fable précédente.

12. Sage de s'épargner les inquiétudes anticipées. — A la réponse qu'impliquent les mots dont est précédée la critique de Chamfort dans la notice (p. 269), ne peut-on pas ajouter que le mot *sage* contient ici une leçon, un épilogue comme en veut la fable, un conseil de conduite, que ne suit pas, il est vrai, qui veut? — Comparez la leçon de sagesse qui termine la fable XIII du livre X.

FABLE XIII.

TIRCIS ET AMARANTE.

POUR MADEMOISELLE DE SILLERY[1].

Ce petit poëme, selon la remarque de Geruzez, et comme l'auteur lui-même le reconnaît ci-après, aux vers 26-29, n'est pas, malgré son épilogue, une fable, mais une petite scène pastorale ou idylle. Walckenaer, dans une note inédite, nous apprend qu'il en a eu entre les mains un manuscrit appartenant à M. Feuillet de Conches et daté du 11 décembre 1674. Nous ne pouvons rien dire de l'authenticité du manuscrit, que nous n'avons pas vu, mais cette date de la composition[2] ne manque pas de vraisemblance : quelques mois après, le 23 mai 1675[3], Gabrielle-Françoise, troisième fille de Louis-Roger Brûlart, marquis de Sillery, et nièce, par sa mère, Marie-Catherine de la Rochefoucauld, de l'auteur des *Maximes*,

[1]. Au sujet de cette dédicace, voyez la notice qui suit.

[2]. « De ce que Mathieu Marais parle occasionnellement.... de cette fable, dans son *Histoire de la vie et des ouvrages de la Fontaine*, p. 39, sous la date de 1667, au sujet d'une édition des *Contes*, il ne s'ensuit pas qu'il ait voulu dire que cette fable ait été composée en 1667, comme on l'a dit. » (WALCKENAER, à l'endroit cité, p. 313, note 2.).

[3]. Moréri ne la marie qu'en 1678; mais nous avons vérifié au Cabinet des titres la date de 1675. Devenue marquise de la Motte, elle vécut jusqu'à l'âge de quatre-vingt-trois ans, et mourut à Paris, le 27 juin 1732. Elle avait donc vingt-cinq ans au moment où notre poëte, si nous nous en rapportons au manuscrit, lui offrait cette pièce. Nous avons de notre auteur une lettre du 28 août 1692, mêlée de prose et de vers, adressée à un de ses frères. On a imprimé dans la correspondance de la Rochefoucauld (tome III des OEuvres, 1re partie, p. 176 et 221) deux lettres, assez étranges, écrites par lui à une de ses nièces de Sillery, l'une et l'autre probablement, et la première, si elle est bien datée, sûrement, à l'aînée, mariée dès 1664, et qui se nommait, comme sa mère, Marie-Catherine.

changeait de nom, en épousant Louis de Thibergeau, chevalier de la Motte-au-Maine. Or il est à croire, pour ne pas dire certain, que c'est à elle que ce poëme est dédié, sous son nom de fille, qui est répété par le poëte aux vers 14 et 18, et nous fait remonter au temps où l'idylle fut écrite. C'est aussi l'avis de Walckenaer (*Histoire de la Fontaine*, tome I, p. 311-314), qui déduit la vraisemblance de ce qu'elle était « bel esprit » (vers 24), aimait les gens de lettres, et faisait même de petits vers. Elle avait trois sœurs : deux aînées, mariées dès 1664 et 1672, et une cadette; celle-ci, Marie-Françoise, ne se maria qu'en 1683, et s'appelait donc encore en 1678, quand parut *Tircis et Amarante*, « Mlle de Sillery; » mais on ne sait rien d'aucune des trois, en particulier de Marie-Françoise, qui puisse porter à attribuer à l'une d'elles l'hommage de la Fontaine.

> J'avois Ésope quitté[4]
> Pour être tout à Boccace[5] ;
> Mais une divinité
> Veut revoir sur le Parnasse
> Des fables de ma façon.   5

4. Sur cette ancienne construction qui place le régime entre l'auxiliaire et le participe, voyez le *Lexique de Corneille*, p. LVII-LVIII. Comparez livre II, fable II, vers 25; *Discours à Mme de la Sablière* (à la suite du livre IX), vers 2; et, bien que ce ne soit pas exactement le même tour, le vers 47 de la fable X du livre VIII, répété au commencement de la fable XIII du livre XII.

5. La Fontaine avait publié la première partie de ses fables, c'est-à-dire les six premiers livres, en 1668. Dans le recueil de 1671, dédié au duc de Guise, il n'en avait donné que huit nouvelles, et, la même année, il avait fait précéder l'impression de ce recueil de celle de toute la IIIe partie des *Contes et Nouvelles en vers*: voyez Walckenaer, *Histoire*, tome I, p. 224 et 226; et la *Notice biographique* en tête de notre tome I, p. XCIX. En outre, au moment même où il dédiait à Mlle de Sillery la petite pièce qui nous occupe, c'est-à-dire, si, comme nous le croyons, la date du manuscrit mentionné dans la notice est exacte, à la fin de 1674, il publiait, sous la rubrique de Mons, un nouveau recueil de contes (le IVe) dont le débit fut interdit par arrêt du lieutenant de police la Reynie. Il semblait donc, en effet, *avoir Ésope quitté pour être tout à Boccace* : voyez encore Walckenaer, *ibidem*, tome I, p. 261, et la *Notice biographique*, p. CXIII-CXIV.

Or d'aller lui dire : « Non, »
Sans quelque valable excuse,
Ce n'est pas comme on en use
Avec des divinités,
Surtout quand ce sont de celles   10
Que la qualité de belles
Fait reines des volontés.
Car, afin que l'on le sache,
C'est Sillery qui s'attache
A vouloir que, de nouveau,   15
Sire Loup, sire Corbeau,
Chez moi se parlent en rime⁶.
Qui dit Sillery dit tout :
Peu de gens en leur estime
Lui refusent le haut bout⁷;   20
Comment le pourroit-on faire ?
Pour venir à notre affaire,
Mes contes, à son avis,
Sont obscurs : les beaux esprits
N'entendent pas toute chose⁸.   25

6.   Le Loup en langue des Dieux
      Parle au Chien dans mes ouvrages.
           (Livre IX, fable 1, vers 5-6.)

7. C'est-à-dire la place d'honneur, le premier rang : comparez livre XII, fable 1, vers 21. Nous avons au tome I, p. 39, l'expression au sens propre : « On le fit asseoir au haut bout; » et de même dans le vers 191 du *Tartuffe* de Molière (acte I, scène II) :

    A table, au plus haut bout il veut qu'il soit assis.

8. Solvet estime que ce passage de la fable « n'est pas très-clair. » Mathieu Marais, à l'endroit où nous renvoyons dans la note 2, dit que, dans les *Contes* de la Fontaine, « les critiques trouvoient de l'obscurité, » et il cite, à cette occasion, comme manquant aussi de clarté, nos vers 23-25. Walckenaer, dans sa note sur ces vers, dit qu' « une demoiselle qui ne craignait pas d'avouer qu'elle avait lu les contes de notre poëte, devait désirer faire croire

Faisons donc quelques récits
Qu'elle déchiffre sans glose :
Amenons des bergers ; et puis nous rimerons
Ce que disent entre eux les Loups et les Moutons.

Tircis disoit un jour à la jeune Amarante⁹ :   30
« Ah ! si vous connoissiez, comme moi, certain mal
    Qui nous plaît et qui nous enchante¹⁰ !
Il n'est bien sous le ciel qui vous parût égal¹¹.
    Souffrez qu'on vous le communique ;

qu'elle ne les comprenait pas bien ; » puis il s'étonne qu'on « n'ait pas entendu le sens de la phrase ni aperçu l'ironie fine et délicate qu'elle renferme. » Nous croyons qu'il a raison, tout en étant un peu surpris, cette ironie admise, que Mlle Gabrielle de Sillery, à l'âge qu'elle avait, montre ou affecte une innocence, une pruderie, si l'on veut, qui certes n'était pas le défaut de la société de cette époque : voyez l'éloge que Mme de Sévigné fait de plusieurs des contes du troisième recueil, dans une lettre à Mme de Grignan, tome II, p. 207, et les assez nombreuses allusions aux autres recueils indiquées à la Table analytique des *Lettres* (tome XII, p. 165). Les deux lettres de la Rochefoucauld que nous avons citées plus haut, dans la note 1, comme adressées à une de ses nièces, sœur de Gabrielle, nous offrent aussi des exemples, que nous avons dits étranges, de grande liberté de langage. Il est vrai qu'il y a quelques réserves à faire sur leur authenticité.

9. *Amaranthe*, ici et plus bas, dans nos anciennes éditions, sauf 1708 ; au titre, il y a bien, comme nous avons imprimé, et selon l'orthographe de notre auteur en plusieurs autres endroits, *Amarante*, transcription exacte de l'adjectif ἀμάραντος, « qui ne se flétrit pas, » dont les Grecs n'ont pas, que nous sachions, tiré, comme nos poëtes, de nom propre féminin, mais le nom masculin de la fleur appelée de même en français.

10. Nous reproduisons la ponctuation des deux textes de 1678, dans lesquels ces deux vers forment ainsi une exclamation, exprimant un désir, au lieu d'être le premier membre d'une phrase, comme dans le commun des éditions récentes, qui, en général, remplacent le point d'exclamation par une virgule. — André Chénier (élégie xi du livre II, p. 225) rend la même antithèse par un verbe plus fort, non plus juste : « Ces maux qu'on adore. »

11. Solvet rapproche de cet endroit ce passage de l'*Adonis* de

Croyez-moi, n'ayez point de peur : 35
Voudrois-je vous tromper, vous pour qui je me pique
Des plus doux sentiments que puisse avoir un cœur? »
    Amarante aussitôt réplique :
« Comment l'appelez-vous, ce mal? quel est son nom?
— L'amour. — Ce mot est beau ; dites-moi quelques mar-
A quoi[13] je le pourrai connoître : que sent-on ? [ques[12]
— Des peines près de qui le plaisir des monarques
Est ennuyeux et fade : on s'oublie, on se plaît
    Toute seule en une forêt.
    Se mire-t-on près un rivage[14], 45
Ce n'est pas soi qu'on voit ; on ne voit qu'une image
Qui sans cesse revient, et qui suit en tous lieux :
    Pour tout le reste on est sans yeux.
    Il est un berger du[15] village
Dont l'abord, dont la voix, dont le nom fait rougir : 50
    On soupire à son souvenir ;

notre auteur (vers 106-110), analogue par le contraste de la pensée, et, dans le dernier vers, par l'expression :

    Que peut faire Adonis?
  Il aime, il sent couler un brasier dans ses veines ;
  Les plaisirs qu'il attend sont accrus par ses peines :
  Il désire, il espère, il craint, il sent un mal
  A qui les plus grands biens n'ont rien qui soit égal.

12. « Quelque marque », au singulier, dans les deux textes de 1678, faute d'impression non corrigée dans l'*Errata*, et reproduite dans les textes de 1682, 88, 1708, 29.

13. Sur l'usage « fort élégant et fort commode » de ce pronom *quoi*, voyez Vaugelas, *Remarques*, tome I, p. 85, édition de 1697.

14. Nous gardons la leçon des deux textes de 1678, qui est aussi celle de 1682, 88, 1729. Est-ce une faute d'impression et faut-il lire « près d'un rivage », comme dans le IV° conte de la IV° partie, vers 36? Dès sa seconde édition (1718), l'Académie dit que le *de* quelquefois s'omet, mais seulement, ajoute-t-elle, il est vrai, dans des phrases du discours familier.

15. Les deux textes de 1678 ont *de village* ; mais l'*Errata* corrige *de* en *du*.

On ne sait pas pourquoi, cependant on soupire ;
Ou a peur de le voir[16], encor qu'on le desire. »
  Amarante dit à l'instant :
« Oh! oh[17]! c'est là ce mal que vous me prêchez tant ? 55
Il ne m'est pas nouveau : je pense le connoître. »
   Tircis à son but croyoit être,
Quand la belle ajouta : « Voilà tout justement
  Ce que je sens pour Clidamant[18]. »
L'autre pensa mourir de dépit et de honte.   60

   Il est force gens comme lui,
Qui prétendent n'agir que pour leur propre compte[19],
  Et qui font le marché d'autrui[20].

16. Ces mots, tout le passage, font penser au vers de Virgile (41ᵉ de l'églogue VIII) :

Ut vidi, ut perii, ut me malus abstulit error !

et au bel endroit de la *Phèdre* de Racine (acte I, scène III, vers 272-276) :

Je le vis, je rougis, je pâlis à sa vue, etc.

17. Voyez les vers 27 de la fable IV du livre IX ; 25 de la fable V du livre X ; et, au tome I, p. 202, la note sur le vers 45 de la fable I du livre III, où est un hiatus analogue, non atténué, comme ici et aux deux autres endroits cités, par une *h* finale.

18. Il y a de Boileau une épigramme (la Iʳᵉ, à Clymène) dont la chute ressemble fort au trait final de ce dialogue. « C'est un ouvrage, nous dit-il dans sa lettre à Brossette du 15 juillet 1702, de ma première jeunesse. »

19. Telle est l'orthographe de 1678, 88, 1708, 29 : voyez ci-dessus, p. 113, note 12.

20. C'est-à-dire qui travaillent pour autrui, dans l'intérêt d'autrui. Littré, à l'article MARCHÉ, 5°, cite le vers sans autre exemple analogue.

FABLE XIV.

LES OBSÈQUES DE LA LIONNE.

Abstemius, fab. 148, *de Leone irato contrà Cervum lætum morte Leænæ.*
Mythologia æsopica Neveleti, p. 598.

La Fontaine a trouvé chez Abstemius le cadre et les principales circonstances de la fable. — Lucien, dans son traité intitulé : *Il ne faut pas croire légèrement à la calomnie* (chapitres XVII et XVIII), a raconté un trait semblable, avec des acteurs humains : Alexandre ayant placé Héphestion au rang des Dieux après sa mort, ce fut à qui raconterait les songes envoyés par le nouveau dieu, les guérisons opérées par lui, ses apparitions, ses oracles. « Agathocle de Samos, un des taxiarques d'Alexandre, fort estimé du roi, fut sur le point de se voir enfermé avec un lion, parce qu'on l'accusait d'avoir pleuré en passant près du tombeau d'Héphestion, donc semblé méconnaître sa divinité. Heureusement Perdiccas, dit-on, vint à son secours, et jura par tous les Dieux, y compris Héphestion, que celui-ci lui était apparu, sous sa forme divine, dans une partie de chasse, et lui avait ordonné de dire à Alexandre qu'il se gardât bien de faire aucun mal à Agathocle ; qu'il ne fallait attribuer ses larmes ni à son incrédulité, ni au regret de la mort d'Héphestion, mais au souvenir de leur amitié passée. » Voyez aussi Plutarque, *Vie d'Alexandre*, chapitre LXXII.

M. Taine (p. 85) remarque comme le Lion (c'est-à-dire le Roi) garde sa dignité même dans la colère : « Du haut de sa puissance, il voit tous les êtres comme des vermisseaux. Il ne daignera pas les châtier de sa main. « Il n'appliquera pas ses sacrés ongles sur « leurs membres profanes » (vers 35-36). Ce serait trop d'honneur pour eux que de périr d'une si noble mort.... Il n'oublie pas de donner à sa femme le titre d'usage ; il est furieux en termes officiels et choisis ; il ne se commettra jamais avec un insolent.. » Plus loin (p. 91-95), M. Taine retrouve dans cette fable le portrait fidèle des courtisans, la pompe officielle et le mensonge des deuils de cour. « Proclamations, ordre et marche du cortége, maintien de circonstance : la Fontaine a marqué chaque détail en fidèle historiographe, et il n'y a que Saint-Simon, témoin oculaire, qui puisse le bien commenter. » M. Taine cite, à ce propos, le tableau de la mort du Dauphin peint par cet impitoyable observateur (tome VIII des *Mémoires*, p. 246 et suivantes), et rapproche l'apothéose de la Lionne, de la Reine, de ce qui se disait dans les oraisons funèbres.

   La femme[1] du Lion mourut;
   Aussitôt chacun accourut
   Pour s'acquitter envers le Prince
 De certains compliments de consolation,
    Qui sont surcroît d'affliction.   5
   Il fit avertir sa province[2]
   Que les obsèques se feroient
Un tel jour, en tel lieu; ses prévôts y seroient[3]
   Pour régler la cérémonie,
   Et pour placer la compagnie.   10
   Jugez si chacun s'y trouva.
   Le Prince aux cris s'abandonna,
   Et tout son antre en résonna[4] :

1. Toujours même habitude d'humaniser, ici bien opportune; l'emploi du mot propre « femelle » était impossible en un sujet pareil et traité de la sorte. Comparez le vers 27.

2. Les concessions à la rime sont rares chez notre auteur; mais ici *province* est-il bien juste et bien net? Les vers 31, 52 et d'ailleurs tout l'ensemble font bien du Lion un roi. L'idée à rendre serait plutôt, ce semble : « Il fit publier dans son royaume. »

3. Les délégués du Lion de la fable XIX du livre V (vers 2) sont désignés par le même nom : voyez, au tome I, la note 3 de la page 424. Le P. Lejay, dans sa fable latine, traduit par *feciales*. — A remarquer ce tour facile par lequel la suite de la phrase continue, au moyen du conditionnel, sans reprise de *que*, le discours indirect.

4. « Ces trois rimes masculines, remarque Nodier, ne sont peut-être pas ici sans dessein; elles donnent une idée de la longueur et de l'éclat des gémissements du Lion, et le dernier vers exprime le bruit de l'écho qui les répète, par le son comme par la pen-

Les Lions n'ont point d'autre temple.
  On entendit, à son exemple,
Rugir en leurs patois⁵ Messieurs les courtisans.
Je définis la cour⁶ un pays où les gens,
Tristes, gais, prêts à tout, à tout indifférents,
Sont ce qu'il plaît au Prince, ou, s'ils ne peuvent l'être,
  Tâchent au moins de le parêtre⁷ :

sée. » Comparez un redoublement analogue, mais avec une intention comique, à la fin de la fable XVI du livre III.

5. En leur patois. (1688, 1708.) Dans les deux textes de 1678, il y a bien le pluriel *leurs*, leçon préférable au singulier *leur*, et rappelant mieux qu'on est venu de toutes les provinces rugir aux obsèques, « chacun dans son patois. »

6. « Cette définition épigrammatique, dit Geruzez, prouve surabondamment que la Fontaine n'était pas courtisan. Il était trop nonchalant et trop sincère pour cette vie de contrainte et de faux semblants. » Cela ne l'empêchait pas de bien connaître ceux auxquels il ressemblait si peu. Avant lui, Alain Chartier (dans son *Curial*), peu de temps après lui la Bruyère, sans parler de beaucoup d'autres, ont exprimé les mêmes idées; mais nous doutons qu'elles l'aient été par aucun d'une manière plus vraie, plus achevée et complète en sa brièveté, et en même temps plus expressive, plus incisive que dans les sept vers intercalés ici par le fabuliste. Citons toutefois ce passage énergique de Chartier (édition du Chesne, Paris, 1617, in-4°, p. 399) : « La cour, affin que tu l'entendes, est un couvent de gens qui, soubs faintise du bien commun, se assemblent pour eux entretromper »; et celui-ci, plein de sens aussi, de la Bruyère (*de la Cour*, nᵒˢ 2 et 3, tome I, p. 298) : « Un homme qui sait la cour est maître de son geste, de ses yeux et de son visage; il est profond, impénétrable; il dissimule les mauvais offices, sourit à ses ennemis, contraint son humeur, déguise ses passions, dément son cœur, parle, agit contre ses sentiments. Tout ce grand raffinement n'est qu'un vice, que l'on appelle fausseté... Qui peut nommer de certaines couleurs changeantes, et qui sont diverses selon les divers jours dont on les regarde? de même qui peut définir la cour? » Cette dernière phrase développe bien la figure contenue au vers 21 : « Peuple caméléon. »

7. Telle est l'orthographe des deux textes de 1678 qui font ainsi rimer le verbe pour l'œil, imparfaitement, avec *estre*, sans qu'il soit tenu compte de *maître* (ainsi, sans *s*) qui termine le vers suivant.

Peuple caméléon[8], peuple singe du maître[9] ;
On diroit qu'un esprit anime mille corps :
C'est bien là que les gens sont de simples ressorts[10].

8. Rabelais, parlant d'un animal fabuleux qu'il compare au caméléon, a indirectement décrit la propriété singulière de celui-ci. « *Il* représente la couleur.... de toutes choses qu'il approche. Cela lui est commun.... auecques le chameleon, qui est une espèce de lizart.... Si est-ce que ie l'ay veu couleur changer, non à l'approche seulement des choses colorées, mais de soy-mesme, selon la paour et affections qu'il auoit. » (Le quart livre, fin du chapitre II, tome II, p. 275.) — A propos du caméléon, devenu l'emblème de la versatilité intéressée ou naïve, l'abbé Guillon rapporte aussi le passage suivant de Plutarque (*les OEuvres morales*, Genève, 1613, traduction d'Amyot, p. 130), *Comment on pourra discerner le flatteur d'avec l'ami :* « Le flatteur fait tout à la même sorte que le chameleon, lequel se rend semblable, et prend toute couleur, fors que la blanche. » — Louise Labé dit, dans le dialogue du *Débat de Folie et d'Amour*, auquel la Fontaine a emprunté le sujet de sa fable XIV du livre XII : « Quand bon me semble, il n'y ha œil d'aigle ou de serpent épidaurien qui me sache aperceuoir ; et ne plus ne moins que le cameleon, ie pren quelquefois la semblance de ceus aupres desquelz ie suis » (p. 15-16 de l'édition de 1555). Chez Gabriel Naudé (*Considérations politiques sur les coups d'Estat*, Rome, 1639, chapitre IV, p. 154) la comparaison passe de la cour à la populace : « .... Aussi savons-nous que cette populace est comparée à une mer suiette à toutes sortes de vents et de tempestes ; au caméléon qui peut receuoir toutes sortes de couleurs excepté la blanche ; et à la sentine et cloaque dans laquelle coulent toutes les ordures de la maison. » La Bruyère (tome I, p. 373) joint le mot à Protée, comme à un synonyme : « Le ministre ou le plénipotentiaire est un caméléon, est un Protée. » — Dans la moralité de sa fable du *Caméléon* (la IX° du livre II), la Motte fait de cette habitude de prendre la couleur voisine une application ingénieuse, tout autre que celle de ces citations et de notre vers 21.

9. Ce vers nous offre deux fois ce tour dont nous avons vu et verrons de fréquents et heureux emplois et qui consiste à apposer comme des sortes d'adjectifs des noms à d'autres noms.

10. Allusion à la doctrine cartésienne qui faisait des bêtes de simples machines. On verra plus loin, à la suite du livre IX, *Discours à Mme de la Sablière*, comment la Fontaine combat cette doctrine. — « Les roues, dit la Bruyère (*de la Cour*, n° 65, tome I,

Pour revenir à notre affaire,
Le Cerf ne pleura point. Comment eût-il pu faire [11] ? 25
Cette mort le vengeoit : la Reine avoit jadis
 Étranglé sa femme et son fils [12].
Bref, il ne pleura point. Un flatteur l'alla dire,
 Et soutint qu'il l'avoit vu rire [13].
La colère du Roi, comme dit Salomon [14], 30
Est terrible, et surtout celle du roi Lion ;
Mais ce Cerf n'avoit pas accoutumé de lire [15].
Le Monarque lui dit : « Chétif hôte des bois,
Tu ris, tu ne suis [16] pas ces gémissantes voix.
Nous n'appliquerons point sur tes membres profanes 35
 Nos sacrés ongles [17] : venez, Loups,
 Vengez la Reine ; immolez tous
 Ce traître à ses augustes mânes. »
Le Cerf reprit alors : « Sire, le temps de [18] pleurs

p. 325), les ressorts, les mouvements sont cachés ; rien ne paroît d'une montre que son aiguille, qui insensiblement s'avance et achève son tour : image du courtisan, d'autant plus parfaite qu'après avoir fait assez de chemin, il revient souvent au même point d'où il est parti. »

11. Dans l'édition de 1708 : « Comment l'eût-il pu faire ? »

12. *Solus Cervus, cui illa filios eripuerat, expers doloris, nullas lacrimas emittebat.* (ABSTEMIUS.)

13. « Seulement parce qu'il ne pleura point : c'est bien là le caractère de la délation, » dit Nodier au sujet de ce trait si juste, de cette triste vérité d'expérience ajoutée à la fable originale.

14. *Indignatio regis, nuncii mortis; et vir sapiens placabit eam.* (Chapitre XVI des *Proverbes*, verset 14.) — *Sicut rugitus leonis, ita et terror regis; qui provocat eum, peccat in animam suam.* (*Ibidem*, chapitre XX, verset 2.)

15. C'est-à-dire il ne pouvait se régler, ne les connaissant pas, sur les *Proverbes* de Salomon.

16. *Suivre*, au sens d'imiter, se conformer à : voyez ci-après, la note 11 de la fable XXV du livre VIII.

17. Voyez, dans la notice de la fable, les remarques de M. Taine.

18. *De* est le texte de 1678 et 1678 A. L'édition de Londres, 1708, change, la première, *de* en *des*, leçon reproduite depuis par

Est passé; la douleur est ici superflue. 40
Votre digne moitié, couchée entre des fleurs,
  Tout près d'ici m'est apparue;
  Et je l'ai d'abord reconnue.
« Ami, m'a-t-elle dit, garde [19] que ce convoi,
« Quand je vais chez les Dieux [20], ne t'oblige à des larmes.
« Aux Champs Élysiens [21] j'ai goûté mille charmes,
« Conversant avec ceux qui sont saints [22] comme moi.
« Laisse agir quelque temps le désespoir du Roi :
« J'y prends plaisir. » A peine on eut ouï la chose,
Qu'on se mit à crier : « Miracle ! Apothéose ! » 50
Le Cerf eut un présent, bien loin d'être puni.

  Amusez les rois par des songes,
Flattez-les, payez-les d'agréables mensonges :
Quelque indignation dont leur cœur soit rempli,
Ils goberont l'appât; vous serez leur ami [23]. 55

celle de 1729 et un grand nombre d'autres : voyez une note de Walckenaer au tome I, p. CXLVIII, de son édition de 1827.

19. Prends garde, comme dans le vers 997 du *Cid :*

Adieu, sors, et surtout garde bien qu'on te voie;

et dans le vers 107 du chant I de *l'Art poétique* de Boileau.

20. Le Cerf, chez Abstemius, ne va pas jusqu'à parler d'apothéose; l'âme de la Reine qui lui est apparue ne se rendait qu'aux Champs Élysiens : *Advenienti.... mihi felix ejus anima ad elysias sedes proficiscens apparuit, dicens ejus discessum non lugendum, quum ad amœna vireta fortunatorum nemorum sedesque beatas proficisceretur.* Chez la Fontaine, elle a été d'abord dans les Champs Élysiens, et c'est, il semble, pendant qu'elle va de là aux Cieux qu'elle apparaît au Cerf. Nous ne nous rappelons pas que l'ancienne mythologie parle d'aucun semblable changement de séjour.

21. L'expression de *Champs Élysiens* revient dans la fable IV du livre XI, vers 2. Elle est aussi chez Mme de Sévigné, tome VI, p. 289.

22. Ce terme chrétien nous fait passer de l'apothéose à la canonisation.

23. Comparez l'épilogue de la fable VII du livre VII, vers 34-35.

FABLE XV.

LE RAT ET L'ÉLÉPHANT.

Phèdre, livre I, fab. 29, *Asinus irridens Aprum*. — Romulus, livre I, fab. 11, *même titre*. — Anonyme de Nevelet, fab. 11, *de Asino et Apro*. — Marie de France, fab. 76, *dou Senglier è de l'Asne*. — *Ysopet I*, fab. 11, *l'Asne qui salue le Sanglier* (Robert, tome II, p. 148); le *Minnesinger* de Zurich, même sujet, fable XIII, a substitué un Lion au Sanglier. — Corrozet, fab. 8, *du Sanglier et de l'Asne*. — Haudent, 1re partie, fab. 119, *d'un Sanglier et d'une Asnesse*. — Anonyme de 1670[1], fab. 12, *le Rat et l'Éléphant*. *Mythologia æsopica Neveleti*, p. 406, p. 493.

Dans la fable de Phèdre, d'où dérivent toutes celles que nous venons d'indiquer, l'Ane, rencontrant le Sanglier, le salue du nom de frère, et, voyant sa familiarité repoussée avec hauteur, se met à le railler ; la redoutable bête, près de fondre sur le Baudet, se retient par un sentiment de dédain ; le seul châtiment de l'insulteur est dans sa frayeur et le risque qu'il a couru. Il est bien possible, malgré la différence des personnages et même de l'action, que ce soit là que la Fontaine ait pris l'idée qui se déduit de la fable ; son récit justifie mieux la moralité placée en tête par Phèdre[2] que celui de Phèdre lui-même. Quant aux acteurs, il paraît les avoir empruntés à une fable française, antérieure de peu d'années, intitulée, comme la sienne, *le Rat et l'Éléphant*, et qui se trouve dans un recueil anonyme indiqué dans le premier alinéa de cette notice[3].

---

1. *OEuvres de Monsieur ****, *contenant plusieurs fables d'Ésope mises en vers*, Paris, Barbin, 1670 : Robert a signalé le recueil et la fable, tome I, p. cxcvii-cxcix.

2. *Plerumque stulti risum dum captant levem,*
   Gravi distringunt alios contumelia,
   Et sibi nocivum concitant periculum.

3. C'est aussi un Éléphant que Nicole Glotelet, disciple de Marot, met en scène, pour un rapprochement analogue, dans son Apo-

Mais, là encore, le dénouement est le même que dans Phèdre ; l'Éléphant épargne le Rat en lui disant :

> Petit coquin, c'est grand bonheur pour vous
> Que ne soyez digne de mon courroux :
> De vous punir ce seroit infamie.

Le Chat qui punit l'insolence du Rat paraît être une invention de notre poëte. — M. Taine (p. 136-137) reconnaît dans notre Rat « le bourgeois qui sait qu'il est bourgeois et s'en chagrine. Sa seule ressource est de mépriser les nobles ou de les imiter. Il se met au-dessus d'eux ou parmi eux, et se croit un personnage.... Il est clair que ce philosophe de grenier est un disciple anticipé de Jean-Jacques, et médite un traité sur les droits du Rat et l'égalité animale. » (Voyez plus bas, la note 15 sur le vers 27.) L'abbé Guillon, ou peut-être Jules Janin, avait déjà fait la même observation : « Cette fable, est-il dit dans l'édition de 1829, quel que soit son peu d'étendue, peut se mettre à côté de tous les discours du dernier siècle sur l'inégalité des conditions, qu'il serait stupide et ridicule de nier. » — Saint-Marc Girardin, dans sa XIVe leçon (tome II, p. 33), a rappelé cette fable à la suite de celle de *l'Éléphant et le Singe de Jupiter* (la XXIe du livre XII), afin de rapprocher les deux conclusions qu'il en veut tirer et qui sont : « Que les Éléphants, quoique grands, ne doivent pas être orgueilleux, et que les Rats, quoique petits, ne doivent être ni envieux ni insolents. »

> Se croire un personnage est fort commun en France :
>   On y fait l'homme d'importance,
>   Et l'on n'est souvent qu'un bourgeois[4].
>   C'est proprement le mal françois[5] :

logie pour son maître (tome VI, p. 158, des *OEuvres de Clément Marot*, édition de 1731) :

> Seroit-il beau qu'ung villain deshonneste
> Vînt à porter envye contre ung Roy
> Pour sa noblesse et belliqueux arroy ?
> Ou une Mousche encontre ung Elephant,
> Disant qu'il n'est comme elle triumphant,
> A ung Lyon pensant estre conforme ?

4. Ces vers rappellent les derniers de la fable III du livre I.
5. Même rime que ci-dessus, fable VIII du livre VI, vers 16 ;

La sotte vanité nous est particulière. 5
Les Espagnols sont vains, mais d'une autre manière :
  Leur orgueil⁶ me semble, en un mot,
  Beaucoup plus fou, mais pas si sot.
  Donnons quelque image du nôtre,
  Qui sans doute en vaut bien un autre. 10

Un Rat des plus petits voyoit un Éléphant
Des plus gros, et railloit le marcher⁷ un peu lent
  De la bête de haut parage⁸,
  Qui marchoit à gros équipage⁹.
  Sur l'animal à triple étage¹⁰ 15
  Une sultane de renom,
  Son chien, son chat et sa guenon,
Son perroquet, sa vieille¹¹, et toute sa maison,
  S'en alloit en pèlerinage¹².

fable XVIII du livre VII, vers 54; et dans maint autre passage du reste des œuvres.

 6. « L'*orgueil* fait que nous nous estimons. La *vanité* fait que nous voulons être estimés.... L'orgueilleux se considère dans ses propres idées; plein et bouffi de lui-même, il est uniquement occupé de sa personne. Le *vain* se regarde dans les idées d'autrui; avide d'estime, il désire d'occuper la pensée de tout le monde. » (L'abbé GIRARD, *Synonymes françois*, édition Beauzée, 1769, p. 291.)

 7. Infinitif pris substantivement : voyez la fable I du livre VIII, vers 39, et la note 6 de la page 217.

 8. De grande race ou de haut rang, un éléphant de cour.

 9. Ces mots sont bien expliqués par ce qui suit. — Voyez plus haut, p. 122, fin de la note 14; vers 5 de la fable VII du livre IV; et vers 32 de *la Ligue des Rats*, à la suite du livre XII.

 10. Expression pittoresque pour marquer la haute taille de l'Éléphant, exhaussé encore d'un baldaquin et de son contenu.

 11. Sa duègne ou sa nourrice.

 12. Comparez les fables XIV du livre IX, vers 2; III du livre VIII, vers 18. — M. Taine (p. 263-264) est revenu sur cette fable, à propos des vers 11-19, pour montrer comment la Fontaine « ne décrit jamais pour décrire, » comment « tous ses traits sont calculés pour produire une impression unique, » et « sont autant d'argu-

Le Rat s'étonnoit que les gens 20
Fussent touchés de voir[13] cette pesante masse :
« Comme si d'occuper ou plus ou moins de place
Nous rendoit, disoit-il, plus ou moins importants[14] !
Mais qu'admirez-vous tant en lui, vous autres hommes ?
Seroit-ce ce grand corps qui fait peur aux enfants ? 25
Nous ne nous prisons pas, tout petits que nous sommes,

---

ments dissimulés qui tendent tous à un même effet. » Ailleurs (p. 318), citant encore les mêmes vers, il note, comme nous, d'après lui, ci-dessus, p. 158, note 9, l'effet produit par « la multitude des rimes rapprochées. »

13. C'est-à-dire, éprouvassent, à cette vue, un sentiment d'admiration. Le verbe *toucher* s'appliquait autrefois, d'une façon plus générale qu'aujourd'hui, et dans le sens du latin *movere*, à tous les sentiments, quels qu'ils soient, qui modifient notre âme.

14. Parlant, dans la chaire, de l'illusion que se fait sur son importance, mesurée au plus ou moins de place qu'il parvient à occuper par ses biens, l'homme « qui n'est pas capable de soutenir par ses qualités personnelles les honneurs dont il se repaît, » Bossuet a dit (Sermon pour le mardi de la 2ᵉ semaine de carême, prêché devant le Roi, sur *l'Honneur*, premier point, 5ᵉ alinéa) : « L'homme, pauvre et indigent au dedans, tâche de s'enrichir et de s'agrandir comme il peut, et, comme il ne lui est pas possible de rien ajouter à sa taille et à sa grandeur naturelle, il s'applique ce qu'il peut par le dehors. Il pense qu'il s'incorpore.... tout ce qu'il amasse, tout ce qu'il acquiert, tout ce qu'il gagne. Il s'imagine croître lui-même avec son train qu'il augmente, avec ses appartements qu'il rehausse, avec son domaine qu'il étend. Aussi, à voir comme il marche, vous diriez que la terre ne le contient plus ; et sa fortune enfermant en soi tant de fortunes particulières, il ne peut plus se compter pour un seul homme. » — Nous lisons dans la XIIIᵉ leçon, sténographiée (voyez ci-dessus, p. 234), de Saint-Marc Girardin, cette réflexion qui s'accorde on ne peut mieux avec celles que nous citons de M. Taine (plus haut, p. 286, et ci-après dans la note 15) : « S'il plaisait à je ne sais quel sorcier, un jour de promenade publique..., d'ouvrir nos oreilles, de manière que nous puissions entendre les conversations réciproques, les dialogues échangés entre les piétons et les voitures, je vous le demande avec effroi : où donc serait la charité ? En voiture ou à pied ? La charité, je le crains bien, ne serait nulle part. »

D'un grain moins que les Éléphants [15]. »
Il en auroit dit davantage ;
Mais le Chat, sortant de sa cage [16],
Lui fit voir, en moins d'un instant,   30
Qu'un Rat n'est pas un Éléphant [17].

15. « Voilà bien, dit M. Taine (p. 137), en citant ces quatre vers, le ton aigre d'un plébéien révolté, et la suffisance pédante d'un penseur qui s'est dégagé des préjugés vulgaires : « Cela veut « raisonner de tout, disait le duc de Castries, et cela n'a pas « mille écus de rente. »

16. « Cage » est le mot juste : il s'agit d'un chat en voyage. C'est dans un panier qu'il en loge un autre, à la maison (livre XII, fable II, vers 3) :

> Un Chat contemporain d'un fort jeune Moineau
> Fut logé près de lui dès l'âge du berceau.
> La cage et le panier avaient mêmes pénates.

17. « Le discours du Rat, dit Nodier, est en vers graves, longs et pompeux, parce qu'il se complaît dans son orgueil. La rapidité de ceux qui suivent nous rend tout à fait présente l'expédition du Chat. » — « La moralité ainsi comprise dans le récit est plus piquante, remarque Geruzez, que si elle était détachée en sentence. »

FABLE XVI.

L'HOROSCOPE.

Ésope, fab. 264, Παῖς καὶ Πατήρ (Coray, p. 174), Υἱὸς καὶ Λέων γεγραμμένος (Coray, p. 393). — Haudent, 1ʳᵉ partie, fab. 32, *d'un Père et de son Enfant*. — G. Cognatus, p. 55, *de Quodam Astrologo*; p. 65, *de Caprea, Puella, Viatore, Lepore et Puero*.

Mythologia æsopica Neveleti, p. 301.

Hérodote raconte (livre I, chapitres xxxiv-xlv) que Crésus, au moment où il commence à être en butte à la jalousie des Dieux, est averti par un songe qu'une pointe de fer menace la vie de son fils Atys; effrayé de cette vision, le roi n'a plus d'autre souci que d'éloigner toutes les occasions de danger; cédant pourtant aux instances du jeune homme, il lui permet de prendre part à une chasse au sanglier; la fatalité veut qu'Atys y soit tué de la main même d'un hôte dévoué, chargé par le père de veiller sur le fils. La fable grecque que la Fontaine a suivie (la première des deux citées en tête) semble avoir voulu renchérir sur la légende d'Hérodote, appuyer d'un exemple plus frappant encore cette maxime, qu'a le mieux exprimée Babrius[1] : Qu'il n'y a pas à ruser avec les arrêts du Sort. — L'aventure d'Eschyle, que la Fontaine a intercalée dans cet apologue, est racontée ou rappelée par Valère Maxime (livre IX, chapitre xii), par Élien (*Histoire des animaux*, livre VII, chapitre xvi), par Pline (*Histoire naturelle*, livre X, chapitre iii). — Les deux fables de Gilbert Cousin (*Cognatus*) que nous avons citées n'ont qu'un rapport éloigné avec celle de la Fontaine. Dans la première il s'agit d'un Astrologue qui met fin lui-même à ses jours pour ne pas faire mentir sa prédiction; mais la morale est, au fond, la même : *Si fatum vitari non potest, quid prodest præscisse?* et

---

1. On a conservé deux fragments de la fable où Babrius avait traité ce sujet (les fragments vi et vii de l'édition Boissonade); voici le second, c'est l'affabulation :

Ἅ σοι πέπρωται, ταῦτα τλῆθι γενναίως,
Καὶ μὴ σοφίζου· τὸ χρεὼν γὰρ οὐ φεύξῃ.

l'auteur souhaite que les gens qui croient encore à l'influence des astres, que les faiseurs d'horoscopes, imitent l'exemple de son Astrologue. Les cinq personnages de la seconde fable n'échappent à un danger que pour tomber dans un autre où ils laissent la vie. Et le fabuliste conclut ainsi : *O lubricas igitur res mortalium et hominem vere bullam!* — Un autre rapprochement qui, pour le fond du sujet, vient de lui-même à la pensée, c'est celui de l'histoire, très-répandue au moyen âge, sous des formes diverses, et si agréablement contée par Perrault, de *la Belle au bois dormant*, où un fuseau remplace le clou de notre fable et la pointe de fer qui tue Atys, où les mêmes précautions vaines sont prises contre l'arrêt fatal. « La vieille fée oubliée et qui condamne la princesse à une mort précoce, c'est précisément, remarque M. André Lefèvre [2], le *Fatum* antique, la *Némésis* inexorable, cette jalousie des Dieux, si souvent dénoncée par les tragiques grecs. L'héroïne est blessée d'un fuseau, le fuseau de la Parque, instrument de la destinée. »

Voyez enfin ce qui est dit de cet apologue dans la Notice des *Amants magnifiques* de Molière, tome VII, p. 370 ; et comparez la fable XIII du livre II, *l'Astrologue qui se laisse tomber dans un puits*, et la fable XV du livre VII, *les Devineresses*.

> On rencontre sa destinée
> Souvent par des chemins qu'on prend pour l'éviter [3].
>
> Un Père eut pour toute lignée
> Un Fils qu'il aima trop, jusques à consulter
>   Sur le sort de sa géniture [4]   5

---

2. *La Mythologie dans les contes de Perrault*, en tête de l'édition des *Contes*, Paris, s. d., p. LXII.

3.   *Multis ipsum*
    Metuisse nocet : multi ad fatum
    Venere suum, dum fata timent.
            (SÉNÈQUE, *OEdipe*, vers 992-994.)

4. « Géniture » s'applique à l'enfant unique dont il est ici question ; il s'oppose à « lignée » du vers 3, qui désigne toute la suite des descendants. — *Géniture* a vieilli ; la Fontaine l'a employé de même, pour un seul enfant, au livre IV, fable XVI, vers 15, et

Les diseurs⁵ de bonne aventure.
Un de ces gens lui dit que des lions surtout
Il éloignât l'Enfant jusques à certain âge ;
    Jusqu'à vingt ans, point davantage.
    Le Père, pour venir à bout   10
D'une précaution sur qui rouloit la vie
De celui qu'il aimoit, défendit que jamais
On lui laissât passer le seuil de son palais.
Il pouvoit, sans sortir, contenter son envie⁶,
Avec ses compagnons tout le jour badiner,   15
    Sauter, courir, se promener.
    Quand il fut en l'âge où la chasse⁷
    Plaît le plus aux jeunes esprits⁸,
    Cet exercice avec mépris
    Lui fut dépeint; mais, quoi qu'on fasse,   20
    Propos⁹, conseil, enseignement,
    Rien ne change un tempérament.
Le jeune homme, inquiet¹⁰, ardent, plein de courage,
A peine se sentit des bouillons¹¹ d'un tel âge,

au livre V, fable XVIII, vers 21 ; ailleurs, dans un sens collectif, livre IX, fable I, vers 77, et conte II de la IIIᵉ partie, vers 67. — Dans les fables ésopiques, ainsi que chez Haudent, c'est d'un songe, non d'un horoscope, que s'émeut le Père.

5. Même substantif, avec les compléments moins particuliers *mots* et *bons mots*, dans le conte II de la IIIᵉ partie, vers 19, et au vers 4 de la fable VIII du livre VIII.

6. Se divertir, *genio indulgere*.

7. *Imberbis juvenis, tandem custode remoto,*
   Gaudet equis canibusque.
            (HORACE, *Art poétique*, vers 161-162.)

8. *Esprit* au sens du latin *animus*, dont il rendait plus complétement alors qu'aujourd'hui toutes les acceptions.

9. Discours, entretien, louanges ou critiques.

10. Incapable de repos : voyez la note 12 de la page 163.

11. Métaphore expressive et primitivement hardie qui assimile la jeunesse à une liqueur qui fermente, qui bouillonne : voyez dans

Qu'il soupira pour ce plaisir.   25
Plus l'obstacle étoit grand, plus fort fut le desir.
Il savoit le sujet¹² des fatales défenses ;
Et comme ce logis, plein de magnificences,
  Abondoit partout en tableaux,
  Et que la laine et les pinceaux   30
Traçoient¹³ de tous côtés chasses et paysages,
  En cet endroit des animaux,
  En cet autre des personnages,
Le jeune homme s'émut¹⁴, voyant peint un Lion :
« Ah ! monstre, cria-t-il, c'est toi qui me fais¹⁵ vivre   35
Dans l'ombre et dans les fers ! » A ces mots, il se livre

le *Dictionnaire de Littré* des exemples de Regnier, de Balzac, de Mirabeau, où le mot est pris dans ce sens de *transport, mouvement passionné;* Mme de Sévigné aussi a dit (lettre autographe du 9 février 1683, tome VII, p. 214) : « Le plus violent bouillon de mon zèle seroit refroidi par la seule crainte de vous fâcher; » et Boileau (satire VII, vers 70) :

  Modère ces bouillons de ta mélancolie.

12. *Sujet*, que l'usage actuel remplacerait peut-être par *cause, motif*, garde bien ici sa valeur étymologique : « ce sur quoi reposent les *fatales défenses*. »

13. Que des tapisseries et des peintures représentaient, etc.

14. Ici, et au vers 2 de la fable XIX de ce même livre, ce verbe est écrit *s'émeut*, dans les éditions de 1678, mais cela n'empêche pas que, dans les deux endroits, il ne soit au passé défini, comme suffirait ici à le rendre probable le « cria-t-il » du vers suivant. Cet *eu* se prononçait *u*, de même qu'aux vers 43 (*deut*, pour *dut*), 46 (*cheute*, pour *chute*), 52 (*dépourveuë*, pour *dépourvue*), 54 (*sceut*, pour *sçut*), 77 et 78 (*préveu* et *sceu*, pour *prévu* et *sçu*). Dans tous ces cas, sans exception, les éditions de 1682 et 1729 remplacent *eu* par *û* ou *u*; ici, comme au vers 2 de la fable XIX, elles ont : « s'émût ». Les éditeurs qui ne gardent pas l'orthographe ancienne ont donc eu tort de conserver ici *s'émeut;* ils ne l'ont pas fait ni pu faire, à cause du sens, là par trop évident, dans la fable XIX.

15. Dans l'édition de 1729, « qui me fait », accord irrégulier dont il se trouve plus d'un exemple au dix-septième siècle : voyez le *Lexique de Corneille*, p. XLVII et XLVIII.

Aux transports violents de l'indignation,
    Porte le poing sur l'innocente[16] bête.
Sous la tapisserie un clou se rencontra :
    Ce clou le blesse; il pénétra   40
Jusqu'aux ressorts de l'âme[17]; et cette chère tête,
Pour qui l'art d'Esculape[18] en vain fit ce qu'il put,
Dut sa perte à ces soins[19] qu'on prit pour son salut.
Même précaution nuisit au poëte[20] Eschyle[21].
    Quelque devin le menaça, dit-on,   45
    De la chute d'une maison.[22]

16. « Innocente », *innocua*, inoffensive, ou, si l'on veut, *qui n'en peut mais*, comme il est dit aux livres II, fable IX, vers 28, et VI, fable III, vers 26.

17. L'âme, le principe de la vie : comparez p. 41 et note 5.

18. Dieu de la médecine, fils d'Apollon.

19. « Dut sa perte à ces soins » peut paraître d'abord un peu subtil, et pourtant est vrai. C'est de ces soins, des privations imposées, que vient son indignation, de son indignation le coup de poing, du coup de poing et de la blessure la mort.

20. *Poëte*, de deux syllabes, comme dans la fable VI du livre IX, vers 18. Il en fait trois au livre I, fable XIV, vers 14 et 51. — Nous gardons l'*ë*, avec tréma, orthographe des éditions originales et de l'Académie dans toutes ses éditions, sauf la dernière (1878), où elle écrit *poète*, avec accent grave, pour mieux marquer que l'usage actuel n'est plus de fondre en diphthongue les deux voyelles. Boissonade (lettre inédite à Walckenaer, du 9 mai 1827) aurait voulu, avec raison peut-être, que, dans les vers où *oe* fait un son unique, on écrivît : *poete*, sans tréma, comme on écrit encore *moelle*.

21. « Le récit que Valère Maxime fait de la mort d'Eschyle est connu de tout le monde, grâce aux vers de la Fontaine sur la destinée. Mais cet aigle qui enlève une tortue, qui prend une tête chauve pour un morceau de rocher, et qui laisse tomber dessus sa proie, toute cette historiette a bien l'air d'un de ces contes à dormir debout, comme on en a tant fait sur la vie mal connue des anciens auteurs. Eschyle mourut à l'âge de soixante-neuf ans, en l'an 456 avant notre ère. Son tombeau était à Géla (*en Sicile*). » (A. PIERRON, *Histoire de la littérature grecque*, p. 270.) La mort d'Eschyle est également racontée dans la seconde des deux fables de Cousin (*Cognatus*) que nous avons citées.

22. Nous avons vu, au dernier vers de la fable X du livre VI,

Aussitôt il quitta la ville,
Mit son lit en plein champ, loin des toits, sous les cieux.
Un aigle, qui portoit en l'air une tortue,
Passa par là, vit l'homme, et sur sa tête nue, 50
Qui parut un morceau de rocher à ses yeux,
  Étant de cheveux dépourvue,
Laissa tomber sa proie, afin de la casser :
Le pauvre Eschyle ainsi sut[23] ses jours avancer.

  De ces exemples il résulte 55
Que cet art, s'il est vrai, fait tomber dans les maux
  Que craint celui qui le consulte ;
Mais je l'en justifie[24], et maintiens qu'il est faux.
  Je ne crois point que la Nature
Se soit lié les mains, et nous les lie encor 60
Jusqu'au point de marquer dans les cieux notre sort[25] :

le mot *maison* appliqué à la Tortue, de même qu'il va l'être par ce qui suit, et qu'il l'est au livre XII, fable xv (vers 101), où se trouve ensuite (vers 127) le composé « Porte-maison » emprunté à Ronsard, qui nomme ainsi et « la tarde tortue » et le « limas » :

  Porte-maisons, qui toujours sur le dos
  Ont leur palais, leur lit et leur repos.
(*OEuvres complètes*, édition Blanchemain, tome VI, p. 71.)

23. Remarquable exemple de *savoir*, avec nuance ironique, « eut, à force de prudence, l'art d'avancer ses jours, sa fin. »
24. C'est-à-dire, je ne lui impute pas ces maux.
25. « La Fontaine, dit Geruzez, a déjà réfuté les chimères de l'astrologie judiciaire (livre II, fable xiii). Il s'était élevé si haut d'abord qu'il y avait témérité à lutter contre lui-même. La magnificence de ses premiers vers fait tort à la beauté de ceux-ci, » bien que ceux-ci soient aussi, ajouterons-nous, marqués, dans la pensée et dans le style, de ce ferme bon sens par lequel si souvent se fait admirer notre auteur. — L'insistance qu'il met à attaquer ces *charlatans* prouve le crédit qu'ils avaient gardé. « A la naissance d'un enfant, dit M. Challamel, parlant du temps de Richelieu dans ses *Mémoires du peuple français* (tome VI, p. 545), les parents faisaient tirer son horoscope, comme fit Henri IV lorsque naquit

Il dépend d'une conjoncture
De lieux, de personnes, de temps,
Non des conjonctions de tous ces charlatans[26].
Ce berger et ce roi sont sous même planète ;   65
L'un d'eux porte le sceptre, et l'autre la houlette :
Jupiter[27] le vouloit ainsi.
Qu'est-ce que Jupiter ? un corps sans connoissance.
D'où vient donc que son influence
Agit différemment sur ces deux hommes-ci ?   70
Puis comment pénétrer[28] jusques à notre monde ?
Comment percer des airs la campagne[29] profonde ?
Percer Mars, le Soleil[30], et des vuides sans fin[31] ?

Louis XIII. Un astrologue était caché près de la chambre d'Anne d'Autriche au moment où celle-ci mit au monde Louis XIV. »

26. C'est-à-dire de la conjonction des astres telle que l'imaginent ou l'établissent, dans leurs grimoires, tous ces charlatans. Le fabuliste joue sur les deux mots *conjonctures* et *conjonctions*.

27. « Jupiter » et, au vers 73, « Mars », les planètes de ces noms.

28. *Pénétrer*, et *percer*, dans les deux vers qui suivent, ont pour sujet l'*influence*. Le sens est : « Comment l'influence peut-elle pénétrer, percer...? » Le tour est un peu obscur.

29. On dit et a dit plus souvent : « les champs ou les plaines de l'air. » Littré ne cite de cet emploi de *campagne* que notre exemple.

30. Mars et le Soleil sont moins éloignés entre la Terre et Jupiter ; ils peuvent donc, selon le poëte, arrêter en chemin ce qui vient de cette planète. Il omet Mercure et Vénus, qui sont entre la Terre et le Soleil. — Pour *influence*, voyez *Littré*, à l'article de ce mot, 1°, et comparez le vers 36 de la fable XIII du livre II.

31. « .... Jamais il n'a été en ma puissance de concevoir comme on trouve écrit dans le ciel jusqu'aux plus petites particularités de la fortune du moindre homme. Quel rapport, quel commerce, quelle correspondance peut-il y avoir entre nous et des globes éloignés de notre terre d'une distance si effroyable ? et d'où cette belle science enfin peut-elle être venue aux hommes ? quel Dieu l'a révélée, ou quelle expérience l'a pu former de l'observation de ce grand nombre d'astres qu'on n'a pu voir encore deux fois dans la même disposition ? » (MOLIÈRE, *les Amants magnifiques*, 1670, acte III, scène 1, tome VII, p. 442.)

Un atome la[32] peut détourner en chemin :
Où l'iront retrouver les faiseurs d'horoscope ?   75
    L'état où nous voyons l'Europe[33]
Mérite que du moins quelqu'un d'eux l'ait prévu :
Que ne l'a-t-il donc dit? Mais nul d'eux ne l'a su[34].
L'immense éloignement, le point[35], et sa vitesse,
    Celle aussi de nos passions[36],   80
    Permettent-ils à leur foiblesse
De suivre pas à pas toutes nos actions?
Notre sort en dépend : sa course entre-suivie[37]

32. *La* se rapporte au sujet *influence*, qui est au vers 69, c'est-à-dire un peu loin de ce pronom personnel.

33. Nous avons eu déjà occasion de rappeler qu'à ce moment la France était en guerre avec une bonne partie de l'Europe : voyez ci-dessus, p. 203, la fin de la dernière fable du livre VII, et p. 229, le commencement de la fable IV du livre VIII.

34. Solvet et Nodier notent ce vers tout composé de monosyllabes, et Nodier ajoute que presque toujours les vers ainsi composés choquent singulièrement l'harmonie. Cette critique générale pourrait être juste si la prononciation faisait sentir le monosyllabisme, mais c'est ce qu'empêchent d'ordinaire la combinaison des syllabes muettes avec les sonnantes, l'adhérence des enclitiques et proclitiques, la manière dont la voix groupe les sons, dans ce vers de Racine, par exemple, le plus harmonieux de tous ceux de ce genre (*Phèdre*, acte IV, scène II, vers 1112) :

    Le jour n'est pas plus pur que le fond de mon cœur.

35. La clarté de ce nom technique pris ainsi absolument laisse peut-être un peu à désirer, mais le sens est évident : le point à saisir en toute hâte, le lieu exact et précis où se trouvent les astres au moment où on les observe, lieu qui change rapidement par suite de la vitesse des corps célestes. — Pour les divers emplois de *point*, terme d'optique, voyez Littré, 13°; et Vitesse, 2°, pour ce mot appliqué à *point*.

36. Que l'horoscope a pour objet de savoir d'avance et fixer en quelque sorte. Cela rappelle ce qu'Horace, avec l'idée de *saisir* au sens propre, dit de Protée (livre I, épître I, vers 90) :

    Quo teneam vultus mutantem Protea nodo ?

37. C'est-à-dire, comme le définit Littré, « entrecoupée, semée

Ne va, non plus que nous, jamais d'un même pas;
  Et ces gens veulent au compas   85
  Tracer le cours de notre vie!
 Il ne se faut point arrêter
Aux deux faits ambigus[38] que je viens de conter.
Ce Fils par trop chéri, ni le bonhomme Eschyle,
N'y font rien[39] : tout aveugle et menteur qu'est cet art, 90
Il peut frapper au but une fois entre mille;
  Ce sont des effets du hasard[40].

de variations, » dans lequel mille accidents se succèdent. Malherbe avait dit (poésie VI, vers 35-38, tome I, p. 24-25) :

> L'aise et l'ennui de la vie
> Ont leur course entre-suivie (*alternative*)
> Aussi naturellement
> Que le chaud et la froidure;

et la Fontaine a répété l'expression dans le *Discours à Mme de la Sablière* (1684, tome V, p. 155, de l'édition de M. Marty-Laveaux, vers 47-49) :

> Douze lustres et plus ont roulé sur ta vie;
> De soixante soleils la course entre-suivie
> Ne t'a pas vu goûter un moment de repos.

Dans ces deux exemples, le participe *entre-suivie* est accompagné du même mot *course* que dans le nôtre, mais le pluriel des noms qui précèdent rend la clarté plus frappante qu'elle ne l'est ici.

38. Obscurs, dont l'interprétation est difficile et prête à la controverse ; c'est le sens du latin *anceps*.

39. Ces exemples, fussent-ils vrais, ne prouvent rien contre ma thèse.

40. Et pourtant, nous dit la Bruyère (tome II, p. 201, n° 69), avec la plus piquante ironie, « l'on souffre dans la république les chiromanciens et les devins...; et ces gens sont en effet de quelque usage... : ils trompent.... à très-vil prix ceux qui cherchent à être trompés. »

FABLE XVII.

L'ÂNE ET LE CHIEN.

Abstemius, fab. 109, *de Cane adversus Lupum Asino non opitulante, quia sibi panem non dederat.*
Mythologia æsopica Neveleti, p. 581.

M. Taine (p. 207-209), comparant le portrait de l'âne par Buffon, « qui se fait son avocat et change en mérites tous ses défauts, » à la peinture qu'en fait la Fontaine, trouve « le naturaliste moins impartial que le poëte, et la fable plus complète que l'histoire. » Il maltraite fort, pour son compte, le pauvre Baudet, chez qui, « sous les os pesants de cette tête mal formée, l'intelligence est comme durcie, » et le sentiment émoussé par « cette peau épaisse et rude, couverte de poils grossiers et entrelacés,... qui est indocile, têtu, sourd aux cris, aux coups, aux prières. » Tel n'est point le sentiment d'un autre écrivain, Töpfer, qui s'étonne et s'afflige de voir l'Ane calomnié par la Fontaine, et qui, dans ses *Réflexions et menus propos d'un peintre genevois* (livre III, chapitre VIII), a écrit à son sujet des pages charmantes. — M. Soullié analyse cette fable (p. 274-280), pour y montrer l'application de toutes les qualités qu'il recherche dans l'apologue et qu'il a signalées chez la Fontaine.

Il se faut entr'aider; c'est la loi de nature.
  L'Ane un jour pourtant s'en moqua :
  Et ne sais comme il y manqua;
  Car il est bonne créature[1].
Il alloit par pays, accompagné du Chien,   5

---

1. La Fontaine est l'ami de l'Ane; il sait qu'il est bonne créature; aussi s'étonne-t-il lui-même du trait qu'il va raconter : c'est une exception. Il a donc répondu d'avance à la critique, dont il est parlé dans la notice, du spirituel Genevois.

Gravement, sans songer à rien²,
Tous deux suivis d'un commun maître.
Ce maître s'endormit : l'Ane se mit à paître :
　　Il étoit alors dans un pré
　　Dont l'herbe étoit fort à son gré.
Point de chardons pourtant ; il s'en passa pour l'heure :
Il ne faut pas toujours être si délicat³ ;
　　Et faute de servir ce plat,
　　Rarement un festin demeure⁴.
　　Notre Baudet s'en sut enfin
Passer pour cette fois. Le Chien, mourant de faim,
Lui dit : « Cher compagnon, baisse-toi, je te prie :
Je prendrai mon dîné dans le panier au pain. »
Point de réponse, mot⁵ : le Roussin d'Arcadie⁶
　　Craignit qu'en perdant un moment
　　Il ne perdît un coup de dent.
　　Il fit longtemps la sourde oreille :
Enfin il répondit : « Ami, je te conseille

---

2. « Trait de satire excellent, dit Geruzez. La gravité, qui exprime habituellement la préoccupation d'une pensée sérieuse, est une fausse enseigne pour ceux qui ne pensent pas ; mais elle trompe aisément ; c'est l'hypocrisie de la sottise visant à la capacité. »

3. Même conseil que plus haut (fable IV du livre VII, vers 27-28) :

　　　　　　Ne soyons pas si difficiles :
　　Les plus accommodants, ce sont les plus habiles,

c'est-à-dire ceux qui entendent le mieux leur intérêt.

4. Reste là, n'agrée pas, est dédaigné. Plaisant passage du particulier au général.

5. « Pas un mot. Ellipse. » (WALCKENAER.) — « *Mot* me paraît mis ici pour *motus*, interjection familière qui commande le silence. » (GERUZEZ.) — Bien que Littré nous dise, à l'article MOTUS, que *mot* s'est quelquefois pris dans le sens que lui donne ici Geruzez, qui, en conséquence, remplace, après *réponse*, la simple virgule des éditions originales par un point et virgule, l'interprétation de Walckenaer nous paraît plus probable.

6. Voyez livre VI, fable XIX, vers 17.

D'attendre que ton maître ait fini son sommeil ;
Car il te donnera, sans faute, à son réveil,   25
    Ta portion accoutumée :
    Il ne sauroit tarder beaucoup [7]. »
    Sur ces entrefaites, un Loup
Sort du bois, et s'en vient : autre bête affamée.
L'Ane appelle aussitôt le Chien à son secours.   30
Le Chien ne bouge, et dit : « Ami, je te conseille
De fuir, en attendant que ton maître s'éveille ;
Il ne sauroit tarder [8] : détale [9] vite, et cours.
Que si ce Loup t'atteint, casse-lui la mâchoire :
On t'a ferré de neuf ; et, si tu me veux croire,   35
Tu l'étendras tout plat. » Pendant ce beau discours,
Seigneur Loup étrangla le Baudet sans remède.

    Je conclus qu'il faut qu'on s'entr'aide [10].

7. Chez Abstemius, le Roussin est encore plus ironique : *Canem irridens, illi ut secum herbas pasceret consulebat.*

8. Dans le recueil du chevalier Lestrange, p. 12 (cité plus haut, p. 11, note 17), au lieu de la mordante allusion à ce que l'Ane a dit, où revient plaisamment *ton* (pour *notre*) *maître*, il y a celle-ci à ce qu'il a fait : « Ceux qui veulent manger seuls se défendent aussi tout seuls, s'il leur plaît. »

9. Voyez livre I, fable IX, vers 15, et livre III, fable I, vers 39.

10. Dans *le Cheval et l'Ane*, livre VI, fable XVI, vers 1, la Fontaine avait déjà dit :

    En ce monde il se faut l'un l'autre secourir.

« Même sujet que celui-ci, » remarque l'abbé Guillon ; ou plutôt, devrait-il dire, même moralité, mais déduite d'une autre action. « Ces ressemblances, ajoute-t-il, ne sont point des répétitions. On aime à comparer le grand artiste à lui-même, à le suivre dans ses progrès. »

FABLE XVIII.

LE BASSA[1] ET LE MARCHAND.

Robert rapproche de cette fable la fable 215 d'Ésope, Λέαινα καὶ Ἀλώπηξ (Coray, p. 139 et p. 372), et plusieurs autres traitant le même sujet que la grecque; mais il n'y a de rapport entre elles et notre apologue que dans l'affabulation. La Lionne, insultée par le Renard, parce qu'elle n'a mis bas qu'un enfant, lui répond : « Un seul, il est vrai, mais un Lion; » d'où suit la morale qu'il faut considérer la valeur et non le nombre, idée bien rendue en ces termes par l'un des imitateurs d'Ésope, Pantaleo Candidus (Weiss)[2] :

Non res numero est censenda sed præstantia.

Chamfort et Nodier voudraient qu'on sautât tout le prologue, et que la fable commençât à ces mots : « Il étoit un Berger, etc. » « Il n'était pas besoin, dit le second, de deux récits pour amener cette affabulation; » et le premier : « On sent combien cette manière est défectueuse » (d'amener une fable à la suite d'une historiette). « Mais tous les lecteurs ne le sentent pas, répond l'abbé Guillon, et nous sommes, dit-il, de ce nombre.... On proposait à l'Académie française un grand seigneur, dont les titres étaient dans sa richesse. Patru, pour tout argument, raconte cet apologue · « Timothée avait cassé une des cordes de sa lyre; on en mit une

---

1. *Bassa, bacha* (italien *bascià*), *pacha*, orthographes et prononciations différentes d'un même mot, désignant, en Turquie, non pas seulement un gouverneur de province, mais tout personnage de haut rang. La véritable forme turque de ce terme, d'origine incertaine, est la troisième, *pacha*. Les initiales des deux premières s'expliquent par ce fait que les Arabes n'ont point de *p* et le remplacent par *b*. Quant aux deux *ss* de *bassa*, elles viennent des Grecs du Levant, qui les substituent à la chuintante *ch*, qui leur manque.

2. *Delitiæ poetarum germanorum hujus superiorisque ævi illustrium* (Pars II, 1612, p. 138, n° 67 : *Leæna et Vulpes*).

« d'argent, et sa lyre cessa de résonner. » L'historiette qui amène l'apologue lui est-elle étrangère? »

>   Un Marchand grec en certaine contrée
>   Faisoit trafic. Un Bassa l'appuyoit³ ;
>   De quoi le Grec en Bassa le payoit,
>   Non en Marchand : tant c'est chère denrée⁴
>   Qu'un protecteur. Celui-ci coûtoit tant,   5
>   Que notre Grec s'alloit partout plaignant.
>   Trois autres Turcs, d'un rang moindre en puissance,
>   Lui vont offrir leur support⁵ en commun.
>   Eux trois vouloient moins de reconnoissance⁶
>   Qu'à ce Marchand il n'en coûtoit pour un.   10
>   Le Grec écoute⁷ ; avec eux il s'engage ;
>   Et le Bassa du tout est averti :
>   Même on lui dit qu'il jouera, s'il est sage,
>   A ces gens-là quelque méchant parti⁸,
>   Les prévenant⁹, les chargeant d'un message   15

3. Surtout, il va de soi, contre les exigences soit légales, soit arbitraires, du fisc, de la douane.

4. Locution familière s'appliquant à toute chose mise à très-haut ou trop haut prix. Elle est bien à sa place ici, en parlant d'une dépense qui entre dans des comptes de négoce.

5. Leur appui, figure synonyme de celle des vers 33 et 57.

6. « Reconnoissance » est un mot charmant; nos trois Turcs couvrent leur marché d'un mot honnête, que l'auteur corrige finement par le *coûtoient* du vers suivant.

7. Goûte la proposition, se laisse persuader, légère nuance de la signification d'*obéir* qu'a fréquemment ce verbe.

8. Dans cette façon de parler, le verbe *jouer* se joint le plus souvent à *tour*, parfois à *pièce*. Le *Dictionnaire de Furetière* (1690) est le seul où nous ayons trouvé le même complément qu'ici : « On dit aussi qu'on a joué un mauvais parti à quelqu'un, lorsqu'on l'a attrapé, qu'on lui a fait quelque vilain tour. »

9. Prenant les devants sur eux, n'attendant pas qu'ils l'envoient « protéger les trafiquants qui sont en l'autre monde, » au paradis de Mahomet. Le mot est répété à dessein au vers 18. — Comparez livre VI, fable xx, vers 18.

Pour Mahomet, droit en son paradis [10],
Et sans tarder; sinon ces gens unis
Le préviendront, bien certains qu'à la ronde [11]
Il a des gens tout [12] prêts pour le venger [13] :
Quelque poison l'envoira [14] protéger   20
Les trafiquants qui sont en l'autre monde.
Sur cet avis le Turc se comporta
Comme Alexandre [15]; et, plein de confiance,
Chez le Marchand tout droit il s'en alla,
Se mit à table. On vit tant d'assurance   25
En ses discours et dans tout son maintien,
Qu'on ne crut point qu'il se doutât de rien.
« Ami, dit-il, je sais que tu me quittes ;
Même l'on veut que j'en craigne les suites ;
Mais je te crois un trop homme de bien [16];   30
Tu n'as point l'air d'un donneur de breuvage [17].
Je n'en dis pas là-dessus davantage.
Quant à ces gens qui pensent t'appuyer,
Écoute-moi : sans tant de dialogue

10. Voyez des figures analogues au vers 19 de la fable vii du livre VII ; et ci-après, aux deux derniers vers de la fable xiii du livre IX.

11. Alentour, près de lui, sous sa main.

12. *Tout*, sans l'archaïque accord, est bien ici le texte.

13. Pour le venger, les envoyant dans l'autre monde, de l'injure et du tort qu'ils lui font en lui enlevant son client.

14. Pour cette vieille forme, la plus ordinaire encore alors, voyez la plupart des *Lexiques* de la Collection.

15. A qui l'on avait dénoncé son médecin Philippe comme voulant l'empoisonner, et qui, prenant de sa main la médecine, l'avala, en lui tendant la lettre où on le dénonçait. (Plutarque, *Vie d'Alexandre*, chapitre xix; Quinte-Curce, livre III, chapitre vi.)

16. Construction à remarquer : nous omettrions *un* devant trop.

17. D'un empoisonneur. C'est peut-être le lieu de remarquer que les deux mots *breuvage* et *poison* sont, à considérer l'étymologie du second, vieille forme de *potion*, féminine jusqu'au seizième siècle, absolument synonymes. Le mot *breuvage* est employé avec *poison* au livre XII, fable 1, vers 32-33.

Et de raisons qui pourroient t'ennuyer,   35
Je ne te veux conter qu'un apologue.

Il étoit un Berger, son Chien et son troupeau.
Quelqu'un lui demanda ce qu'il prétendoit faire
   D'un Dogue de qui l'ordinaire
Étoit un pain entier. Il falloit bien et beau [18]   40
Donner cet animal au seigneur du village.
   Lui, Berger, pour plus de ménage [19],
   Auroit deux ou trois mâtineaux [20],
Qui, lui dépensant moins, veilleroient aux troupeaux
   Bien mieux que cette bête seule.   45
Il mangeoit plus que trois ; mais on ne disoit pas
   Qu'il avoit aussi triple gueule
   Quand les loups livroient des combats.
Le Berger s'en défait ; il prend trois chiens de taille
A lui dépenser moins, mais à fuir la bataille.   50
Le troupeau s'en sentit ; et tu te sentiras
   Du choix de semblable canaille [21].

18. Nous avons déjà vu ce tour, que remplace d'ordinaire aujourd'hui la construction inverse : « bel et bien, » au vers 21 de la fable XVI du livre II, et le reverrons au vers 25 de la fable XVI du livre IX, ainsi qu'au conte II de la IIIᵉ partie, vers 204 :

Il la prêcha.... si bien et si beau.

19. Pour plus d'économie.
20. Cet exemple est le seul que donne Littré de ce diminutif de *mâtin*. M. Delboulle, dans ses *Matériaux* déjà cités, donne (p. 200) le suivant, d'un poëte du seizième siècle :

Neuf ou dix mastineaux de toute leur vistesse
Avec la beste entrez s'attachent à sa fesse.
   (Gauchet, *les Plaisirs des champs*, vers 354, édition
         Franck, 1869.)

21. Nous avons déjà fait remarquer qu'ici, comme dans la fable VII de ce livre, vers 27, *canaille* s'applique à des chiens : voyez ci-dessus la supposition de Geruzez mentionnée dans la note 17 de

Si tu fais bien, tu reviendras à moi. »
Le Grec le crut.

    Ceci montre aux provinces[22]
Que, tout compté, mieux vaut, en bonne foi,   55
S'abandonner à quelque puissant roi,
Que s'appuyer de plusieurs petits princes.

la page 245, et ajoutez à cette note des renvois à M. Marty-Laveaux, *Essai sur la langue de la Fontaine*, p. 22-23, et à un premier exemple de *canaille* au livre I, fable XIX, vers 16.

 22. Comparez, un peu plus haut, pour un emploi analogue du mot *province*, le vers 6 de la fable XIV.

FABLE XIX.

L'AVANTAGE DE LA SCIENCE.

Phèdre, livre IV, fab. 21, *Naufragium Simonidis*. — Abstemius, fab. 145, *de Viro divite illiterato et Inope docto*. — Érasme, *Aristippi apophthegmata*, § 61, *Vera bona animi*, p. 199 (Lyon, 1548). *Mythologia æsopica Neveleti*, p. 440, p. 596.

Geruzez cite, comme se rapportant à ce sujet, ces vers de Melin de Saint-Gelays (*OEuvres complètes*, 1873, tome II, p. 39) :

> Dy moy, amy, que vaut-il mieux avoir?
> Beaucoup de biens, ou beaucoup de sçavoir?
> — Je n'en sçay rien, mais les sçavans je voy
> Faire la cour à ceux qui ont de quoy.

C'est ce que la femme d'Hiéron, dans la *Rhétorique d'Aristote* (livre II, chapitre XVI), demande à Simonide, et ce que celui-ci répond, sans faire la réserve : « Je n'en sçay rien. » Les faits ne lui laissent pas de doute sur l'avantage de la richesse. — Un autre poëte du seizième siècle, Charles Fontaine, va plus loin, et, avec une mordante ironie, nous dit que l'argent donne la science, la vraie science désirable :

> En tout honneur et excellence
> Quiconque veut aller avant,
> Quierre l'argent, non la science,
> Les lettres n'aille poursuivant.
> Pour faire un sçavant, la ressource
> La plus certaine, c'est l'argent :
> Aujourd'hui l'homme est fort sçavant
> Qui sçait force écus en sa bourse.

(*Les Poëtes français depuis le douzième siècle jusqu'à Malherbe*, Crapelet, 1824, tome III, p. 144.)

Cette pensée a été bien souvent développée par les satiriques et les moralistes : voyez Horace (livre I, épître VI, vers 36-38; livre II, satire III, vers 94-98), Boileau (satire VIII, vers 203-210), la Bruyère (*des Biens de fortune*, passim), etc. — « Il serait très-malheureux, dit Chamfort, que l'utilité de la science ne pût se prouver que dans une circonstance aussi fâcheuse que la ruine d'une ville. La société ordinaire offre une multitude d'occasions où ses avantages deviennent frappants; et l'apologue de la Fontaine ne prouve pas assez en faveur de la science. Il laisse à l'ignorant trop de choses à répondre. » C'est vrai, mais ajoutons qu'il ne suit pas de là que l'auteur, ayant à choisir entre les preuves de fait dont il pouvait appuyer sa thèse, ait eu tort d'en choisir une vraiment frappante. — Saint-Marc Girardin, dans sa XIe leçon (tome I, p. 390-395), prend occasion de cette fable pour prouver que « la Fontaine, comme, de son côté, Molière, ne veut pas que les érudits, et surtout les pédants, remplacent les gens d'esprit; mais qu'il ne veut pas non plus que la science et l'érudition soient trop décriées. » Il cite à ce sujet une conversation piquante entre Bautru et le commandeur de Jars, rapportée par Saint-Évremond dans une lettre au comte d'Olonne. Mais de quelle science parle notre poëte? La question fournit au professeur moraliste de spirituels développements dans sa XVe leçon (tome II, p. 53-56). — M. Taine (p. 141-142) relève ce qu'il y a de grossier dans les plaisanteries du bourgeois riche, « ce gros rire libertin qui n'est qu'une fanfaronnade de mauvais goût. »

Comparez la fable de tout autre morale, *le Marchand, le Gentilhomme, le Pâtre, et le Fils de roi*, XVe du livre X.

> Entre deux Bourgeois d'une ville
> S'émut[1] jadis un différend[2] :
> L'un étoit pauvre, mais habile[3];

1. Pour l'orthographe du mot, voyez, ci-dessus, p. 293, note 14. — *S'émut*, s'éleva, comme dans l'épigramme V de Racine :

> Ces jours passés, chez un vieil histrion,
> Grand chroniqueur, s'*émut* en question
> Quand à Paris commença la méthode
> De ces sifflets qui sont tant à la mode, etc.

Émut a le même sens, non réfléchi, avec *débat* pour complément, dans le vers 385 des *Fâcheux* de Molière; et, réfléchi, dans la *Clymène* de notre auteur (tome IV M.-L., p. 139).

2. « Différent », dans les éditions de 1688, 1708; mais « différend » dans celles de 1678, 82, 1729, malgré la rime « ignorant ».

3. Instruit, sens suffisamment déterminé par l'antithèse *ignorant*. Comparez livre IX, fable X, vers 31-32.

L'autre riche, mais ignorant.
Celui-ci sur son concurrent
Vouloit emporter l'avantage,
Prétendoit que tout homme sage
Étoit tenu de l'honorer.
C'étoit tout homme sot[4]; car pourquoi révérer
Des biens dépourvus de mérite?
La raison m'en semble petite.
« Mon ami, disoit-il souvent
  Au savant,
Vous vous croyez considérable[5];
Mais, dites-moi, tenez-vous table?
Que sert à vos pareils de lire incessamment[6]?
Ils sont toujours logés à la troisième chambre[7],
Vêtus au mois de juin comme au mois de décembre,

---

4. L'ellipse est claire : « c'était tout homme sot, et non tout homme sage qu'il fallait dire. » Même opposition entre *sage* et *sot* au vers 18 de la fable xii.

5. Digne de considération. Le mot a vieilli dans ce sens.

6. Sans cesse, comme dans ce vers de Boileau (*l'Art poétique*, chant iii, vers 283) :

La vieillesse chagrine incessamment amasse.

Voyez ci-dessus, p. 24 et note 2. — Littré nous fait remarquer qu'il n'a pas trouvé d'exemple antérieur au dix-septième siècle de l'autre sens, devenu depuis très-ordinaire : « au plus tôt. »

7. *Chambre* « dans le sens d'étage, inusité aujourd'hui, » dit Littré. Les maisons n'avaient pas même largeur ni même hauteur que de nos jours, et « troisième chambre » équivaut à « grenier » au sens qu'il a dans le propos suivant rapporté par Chamfort : « M. de Castries, raconte-t-il, dans le temps de la querelle de Diderot et de Rousseau, dit avec impertinence à M. de R***, qui me l'a répété : « Cela est incroyable, on ne parle que de ces gens-là, gens sans état, « qui n'ont point de maison, logés dans un grenier : on ne s'accou- « tume point à cela. » Nous avons déjà rapporté, d'après M. Taine, dans la note 15 de la fable xv, une boutade de M. de Castries, qui a quelque analogie avec celle-ci. Voyez la Bruyère, *des Biens de Fortune*, n° 56, tome I, p. 263.

Ayant pour tout laquais leur ombre seulement⁸.
  La République⁹ a bien affaire¹⁰   20
  De gens qui ne dépensent rien !
  Je ne sais d'homme nécessaire
Que celui dont le luxe épand beaucoup de bien¹¹.
Nous en usons, Dieu sait¹² ! notre plaisir occupe
L'artisan, le vendeur, celui qui fait la jupe¹³,   25
Et celle qui la porte, et vous, qui dédiez
  A Messieurs les gens de finance
  De méchants¹⁴ livres bien payés¹⁵. »
  Ces mots remplis d'impertinence

---

8. *Quibus umbra sua famulatur unice.* (*Epistolæ obscurorum virorum.*) Nous n'avons pu trouver dans les trois éditions de ce curieux recueil que nous avons eues entre les mains (de Francfort, 1599, in-12, de Londres, 1710, in-12, de Leipsick, 1864, in-12) cette citation de Solvet.

9. L'État, dans le sens du latin, *respublica :* voyez la fable 1 de ce livre, vers 49, et la fable viii du livre XI, vers 31.

10. Comparez la fable xi du livre II, vers 11.

11. C'est la doctrine sur l'utilité du luxe que l'on peut voir développée par Voltaire dans *le Mondain* et dans la *Défense du Mondain ou Apologie du luxe* (*OEuvres*, tome XIV, p. 126 et 135).

12. Pour « Dieu le sait, Dieu sait combien ! » — « User du luxe » n'est pas une locution courante, mais cela n'empêche qu'elle ne soit juste et claire.

13. L'ouvrier, le marchand, le tailleur pour femmes, très-commun alors, et qui l'est, dit-on, redevenu.

14. Voyez ci-dessus, p. 249 et note 8.

15. On se souvient des noms du surintendant Foucquet, de Montauron, trésorier de l'Épargne ; les gens de lettres durent alors à plus d'un homme de finance des bienfaits qui n'étaient pas toujours gâtés par l'insolence. Voyez dans Corneille l'*Épître dédicatoire* de *Cinna* à M. de Montauron, et le sévère jugement qu'en porte Voltaire, dans ses *Commentaires sur Corneille*, tome XXXV des *OEuvres*, p. 195, et dans le *Dictionnaire philosophique*, *ibidem*, tome XXVII, p. 209 et 542. M. d'Hervart, qui recueillit la Fontaine après la mort de Mme de la Sablière, et chez qui il mourut, était aussi un financier, un ancien contrôleur général. — Comparez les derniers vers de la fable xiv du livre I.

Eurent le sort qu'ils méritoient. 30
L'homme lettré se tut, il avoit trop à dire.
La guerre le vengea bien mieux qu'une satire.
Mars détruisit le lieu que nos gens habitoient :
  L'un et l'autre quitta[16] sa ville.
  L'ignorant resta sans asile : 35
  Il reçut partout des mépris ;
L'autre reçut partout quelque faveur nouvelle[17] :
  Cela décida leur querelle.

Laissez dire les sots : le savoir a son prix[18].

16. L'Académie, dans un exemple de ses deux dernières éditions, autorise aussi bien le singulier que le pluriel, pour l'accord avec *l'un et l'autre*. Dans sa quatrième (1762), elle paraît n'admettre que le pluriel. Il est curieux que dans les trois précédentes elle n'ait aucun exemple l'obligeant à prendre parti au sujet de l'accord.

17. Comme, au rapport de Plutarque (*Vie de Nicias*, chapitre XXIX), les Athéniens, après leur déroute en Sicile, reçurent bon accueil des Siciliens, en leur récitant des vers d'Euripide. — A l'exemple choisi par le fabuliste de « l'Avantage de la science », s'appliquent surtout bien directement les derniers mots : « ravage de la guerre, » de ce récit fait par Vitruve du naufrage d'Aristippe, où il nous le montre comblé de présents à la suite de ses leçons à Rhodes : *Namque ea vera præsidia sunt vitæ quibus neque fortunæ tempestas iniqua, neque publicarum rerum mutatio, neque belli vastatio potest nocere.* (*De Architectura*, livre VI, commencement de la préface.)

18. Cette très-sage affirmation n'empêche pas le poëte, non-seulement de blâmer, dans la fable XXV de ce livre (vers 37), l'aspiration exagérée à la science, mais même de s'écrier ailleurs, dans son *Épître à Monseigneur l'évêque de Soissons* (Huet), vers 75-76 :

  .... Hélas ! qui sait encor
 Si la science à l'homme est un si grand trésor ?

et, dans son *Poëme du Quinquina*, de faire suivre un morceau (vers 111-125) où il nous vante, en parlant des Sauvages, « le secours de l'ignorance, » de cette boutade qui implique très-médiocre estime de la science :

 Pour nous, fils du savoir, ou, pour en parler mieux,
 Esclaves de ce don que nous ont fait les Dieux....

FABLE XX.

JUPITER ET LES TONNERRES.

Sénèque, dans ses *Questions naturelles* (livre II, chapitre XLI), nous apprend qu'il y avait, d'après la science augurale, trois sortes de tonnerres lancés par Jupiter : *Prima* (manubia), *ut aiunt* (Etrusci), *monet, et placata est, et ipsius consilio Jovis mittitur. Secundam mittit quidem Jupiter, sed ex consilii sententia : duodecim enim Deos advocat; quæ prodest quidem, sed non impune. Tertiam manubiam idem Jupiter mittit ; sed adhibitis in consilium Diis quos superiores.... vocant. Quæ vastat..., et inique mutat statum privatum et publicum, quem invenit....* Plus loin il ajoute (chapitre XLIII) : *Quare ergo id fulmen quod solus Jupiter mittit, placabile est ; perniciosum id, de quo deliberavit, et quod aliis quoque Diis auctoribus misit? Quia Jovem, id est, regem, prodesse etiam solum oportet; nocere non nisi quum pluribus visum est. Discant ii quicunque magnam potentiam inter homines adepti sunt, sine consilio nec fulmen quidem mitti; advocent, considerent multorum sententias, placita temperent, et hoc sibi proponant, ubi aliquid percuti debet, ne Jovi quidem suum satis esse consilium.* Dans le chapitre suivant, il cite les vers d'Ovide (*Métamorphoses*, livre III, vers 305-307) où le poëte décrit cette foudre moins redoutable, *levius,* avec laquelle Jupiter se présente devant Sémélé, et il fait du mythe, inventé, dit-il, par des hommes d'une haute sagesse, l'application suivante : *Illos vero altissimos viros error iste non tenuit, ut existimarent Jovem modo levioribus fulminibus et lusoriis telis uti ; sed voluerunt admonere eos quibus adversus peccata hominum fulminandum est, non eodem modo omnia esse percutienda : quædam frangi debere, quædam allidi et destringi, quædam admoveri.* — La Fontaine, qui devait, peu d'années après (1681), faire imprimer la traduction des *Épîtres de Sénèque* par Pintrel, en la revoyant lui-même[1], pouvait bien en ce moment lire avec son ami les ouvrages du philosophe. Toujours est-il que c'est là qu'est pris le sujet de cette fable : on n'en saurait douter quand on compare les vers 14-18 et ceux de la

---

1. Voyez, au tome I, la *Notice biographique*, p. CXXII.

fin avec le passage de Sénèque. Si Voltaire l'eût su, il n'aurait pu dire, croyons-nous, dans son *Dictionnaire philosophique*, à l'article TONNERRE (tome XXXII des Œuvres, p. 388) : « Je n'ai jamais bien compris la fable de Jupiter et des Tonnerres dans la Fontaine; » ni ajouter, avec cette mauvaise humeur contre notre fabuliste que nous avons eu plusieurs fois l'occasion de relever : « Avait-on donné à la Fontaine le sujet de cette mauvaise fable qu'il mit en mauvais vers si éloignés de son genre? Voulait-on dire que les ministres de Louis XIV étaient inflexibles, et que le Roi pardonnait? » — Sur le sujet de l'apologue, la remarque de Chamfort, qui, lui, avoue comprendre, est plus fondée : « Cette fable pouvait, dit-il, avoir plus d'intérêt et plus de vraisemblance chez les anciens, qui attribuaient à différents dieux différents départements. Mais elle ne signifie pas grand'chose pour nous qui admettons une Providence, dispensatrice immédiate des biens et des maux. » Seulement il faut ajouter : « Idées et points de vue soit antiques, soit modernes, ne sont-ils pas tous également du domaine de la poésie? » — Pour les vers que Voltaire a appelés si lestement « mauvais, » on peut, ce nous semble, opposer hardiment à sa critique cet éloge de Geruzez, appréciateur si délicat en ces matières : « Cette fable, composée tout entière de vers de sept syllabes, est un modèle de facilité élégante et harmonieuse dans le rythme le moins favorable à l'harmonie. » On peut voir, dans la notice de la fable VIII du livre VII (ci-dessus, p. 134-135), l'observation de M. Taine, laquelle se borne, quant au mètre, à l'uniformité qui, à ses yeux, fait tort à la pensée poétique.

   Jupiter, voyant nos fautes,
   Dit un jour, du haut des airs :
   « Remplissons de nouveaux hôtes
   Les cantons[2] de l'univers
   Habités par cette race   5
   Qui m'importune et me lasse[3].

2. Les parties, les régions. Même mot dans *Psyché* (tome III M.-L., p. 43 et 158). « Qu'il se regarde comme égaré dans ce canton détourné de la nature. » (Pascal, *Pensées*, édition Havet, p. 5.)
3. Ce discours rappelle ces vers de *Philémon et Baucis* (29-31 et

Va-t'en, Mercure, aux Enfers ;
Amène-moi la Furie
La plus cruelle des trois⁴.
Race que j'ai trop chérie⁵,   10
Tu périras cette fois. »
Jupiter ne tarda guère
A modérer son transport.
Ô vous, Rois, qu'il voulut faire
Arbitres de notre sort⁶,   15
Laissez, entre la colère
Et l'orage qui la suit,
L'intervalle d'une nuit⁷.
Le Dieu dont l'aile est légère,
Et la langue a des douceurs⁸,   20
Alla voir les noires Sœurs.

96-98), où Jupiter parle également à Mercure :

> Ils habitoient un bourg plein de gens dont le cœur
> Joignoit aux duretés un sentiment moqueur.
> Jupiter résolut d'abolir cette engeance....
> « De ce bourg, dit Jupin, je veux punir les fautes :
> Suivez-nous. Toi, Mercure, appelle les vapeurs.
> Ô gens durs! vous n'ouvrez vos logis ni vos cœurs! »

4. Les trois Furies ou Euménides (voyez au vers 31) étaient Alecton, Mégère et Tisiphone, filles de l'Achéron et de la Nuit.

5. Ce vers prépare celui que nous verrons plus loin (le 41ᵉ) :

> Tout père frappe à côté.

6. Voyez la même application dans le passage de Sénèque cité en tête de l'apologue. Cette apostrophe aux Rois, « arbitres de notre sort, » indique bien que c'est Sénèque, comme nous l'avons dit, qui a servi de modèle.

7. Si l'empereur Claude eût suivi ce conseil, Suétone ne nous dirait pas de lui : *Multos ex iis, quos capite damnaverat* (Claudius), *postero statim die, et in convivium, et ad aleæ lusum admoneri jussit; et, quasi morarentur, ut somniculosos per nuntium increpuit.* (*Vie de Claude*, chapitre XXXIX.)

8. Ces « douceurs » sont bien le *blandiens* et *carmine mulces* qu'Horace (livre III, ode XI, vers 15 et 24) applique à Mercure,

  A Tisiphone et Mégère
  Il préféra, ce dit-on,
  L'impitoyable Alecton.
  Ce choix la rendit si fière[9],   25
  Qu'elle jura par Pluton
  Que toute l'engeance [10] humaine
  Seroit bientôt du domaine
  Des déités de là-bas[11].
  Jupiter n'approuva pas   30
  Le serment de l'Euménide.
  Il la renvoie; et pourtant
  Il lance un foudre à l'instant
  Sur certain peuple perfide.
  Le Tonnerre, ayant pour guide   35
  Le père même de ceux
  Qu'il menaçoit de ses feux,
  Se contenta de leur crainte;
  Il n'embrasa que l'enceinte [12]

dont, au début de l'ode x du livre I, il vante ainsi l'éloquence :

  Mercuri, facunde nepos Atlantis,
  Qui feros cultus hominum recentum
  Voce formasti catus.

 9. Le mot *fière* paraît bien avoir ici cette nuance d'acception : « farouche, audacieux et violent, » qui le rapproche du latin *ferus* et dont Littré donne des exemples dans son *Dictionnaire*, 2°.

 10. Le mot revient plus bas, dans le vers 42; on en peut voir d'autres emplois ravalants aux livres I, fable XIX, vers 23; VIII, fable XXIV, vers 17, etc.

 11. *Là-bas* au même sens dans le vers :

  Diogène là-bas est aussi riche qu'eux;

voyez au tome I, p. 344, note 3. Autre exemple, avec idée de mouvement, au vers 48 de la fable xv du livre X.

 12. « Enceinte d'un désert » étonne un peu; mais on peut voir chez *Littré*, 2°, divers exemples où l'expression « l'enceinte de » signifie, comme ici, « l'étendue de, ce qui est compris dans » (comparez tome III *M.-L.*, p. 318). Au reste, le sens ne peut-il pas

D'un désert inhabité : 40
Tout père frappe à côté[13].
Qu'arriva-t-il ? Notre engeance
Prit pied sur[14] cette indulgence.
Tout l'Olympe s'en plaignit ;
Et l'assembleur de nuages[15] 45
Jura le Styx[16], et promit
De former d'autres orages :
Ils seroient sûrs[17]. On sourit ;

être aussi « le circuit, les entours » du désert, une forêt par exemple ? Quant au terme « désert, » il ne désigne pas nécessairement un lieu ouvert, et rien n'empêche de n'y attacher dans ce vers, comme d'ailleurs y oblige presque l'épithète *inhabité*, que son sens étymologique, de « lieu abandonné, où il n'y a pas d'hommes. »

13. « N'oublions pas, dit Chamfort, de remarquer un vers charmant :

Tout père frappe à côté.

Mais la Fontaine a tort de revenir sur cette idée, et de dire, huit vers après :

On lui dit qu'il étoit père ;

ce dernier vers ne peut faire aucun effet après l'autre. » La reprise de l'idée n'a rien qui choque ; elle est amenée très-logiquement par le vers 41, et fait une bonne et toute naturelle liaison. C'est comme si les Dieux disaient : « Souvenez-vous que votre main paternelle frappe à côté. »

14. S'appuya, se fonda sur.

15. Traduction littérale du composé νεφεληγερέτα qu'Homère donne souvent pour épithète à Jupiter.

16. Le français *jurer*, de même que le latin *jurare*, se construit avec un complément soit direct, comme ici et aux vers 17-18 de la fable III du livre XI, soit indirect et précédé de la préposition *par*, *per*. — On sait que jurer par le fleuve ou marais infernal le Styx était le serment le plus terrible que pussent faire les Dieux :

Cocyti stagna alta vides, Stygiamque paludem,
Di cujus jurare timent et fallere numen.
(VIRGILE, *Énéide*, livre VI, vers 323-324.)

17. Ils ne se fourvoieraient pas : voyez le vers 56.

On lui dit qu'il étoit père,
Et qu'il laissât, pour le mieux, 50
A quelqu'un des autres dieux
D'autres tonnerres à faire.
Vulcan[18] entreprit l'affaire.
Ce dieu remplit ses fourneaux
De deux sortes de carreaux[19] : 55
L'un jamais ne se fourvoie;
Et c'est celui que toujours
L'Olympe en corps nous envoie;
L'autre s'écarte en son cours :
Ce n'est qu'aux monts qu'il en coûte; 60
Bien souvent même il se perd;
Et ce dernier en sa route
Nous vient du seul Jupiter[20].

18. Les éditions originales et les anciennes de 1678, 82, 88, 1708 ont toutes la vieille finale *an*, que les textes modernes, contrairement à l'avis de Boissonade, dans sa lettre plus d'une fois citée, ont changée en *ain*, à peu d'exceptions près; Crapelet, Colincamp, M. Godefroy et, il va sans dire, MM. Marty-Laveaux et Pauly ont respecté le texte original. — Le nom revient souvent dans les *OEuvres* et constamment avec l'ancienne désinence : même en prose (*Préface* de la Ire partie des *Contes*, tome II *M.-L.*, p. 5); à la rime, au vers 414 du conte IV de la IIIe partie. Nous n'avons trouvé qu'une fois *Vulcain*, au livre I de *Psyché*, p. 181 de l'édition originale (1669).

19. Le mot *carreau*, fréquent, au pluriel, chez les poëtes, pour désigner *la foudre*, signifiait, au propre, une flèche (d'arbalète) dont le fer avait *quatre* pans : de là son nom de *carreau*, anciennement *quaral*, *quarrel*, *quarriau*, etc.

20. C'est ce que dit l'une des phrases de Sénèque citées en tête de la fable : *Quare ergo id fulmen*, etc.

FABLE XXI.

LE FAUCON ET LE CHAPON.

Livre des lumières, p. 112-113, *Histoire du Faucon et de la Poule.* — Bidpaï, tome II, p. 59-64, *le Faucon et le Coq* (voyez aussi Benfey, tome I, p. 228). — Ysopet I, fab. 56, *de l'Ostoir* (Autour) *et du Chapon* (en entier chez Robert, tome II, p. 165). — A la suite des soixante fables d'Ugobardus de Sulmone (Anonyme de Nevelet), Dressler, dans son recueil déjà cité ci-dessus, à la page 28, note 1, donne (p. 204) un apologue d'un tour vif, énergique, qu'il attribue à un autre auteur, et qui est intitulé *de Capone et Accipitre*, qui a une grande analogie avec celui de l'Ysopet I. — Robert a aussi rapproché de cette fable celle du Renard et du Chapon qui se trouve dans le *Dialogus creaturarum moralizatus* de Nicolas de Pergame, *de Gallo et Capone* (n° 61, feuille *f*, fol. 4 v° et 5 r° et v°), et dans la traduction française, *du Cocus* (sic) *et du Chappon* (feuille *f*, fol. 2 v° et 3 r°) : Un Coq et un Chapon habitaient la même basse-cour. Un Renard dévore le Coq, mais a soin d'en conserver la crête, et, la montrant au Chapon, il la lui offre et dit : « Descends, et je t'en couronnerai, et tu régneras sur les poules comme lui-même régnait sur elles. » Le Chapon se laisse tenter ; il descend et le Renard l'étrangle. Cet apologue, où le Chapon est victime de son ambition, pourrait être plutôt comparé, comme il l'a été par M. Moland, à la fable II du livre I, où le Corbeau est victime de sa vanité.

Chamfort remarque que « cette fable rentre un peu dans celle du Mouton, du Pourceau et de la Chèvre (voyez ci-dessus, fable XII) ; avec cette différence, ajoute-t-il, que le Chapon est plus maître d'échapper à son sort. Il faut supposer que le Chapon s'envole de la basse-cour pour n'y plus revenir, ce que pourtant la Fontaine ne dit pas. Au reste, elle est contée plus gaiement que l'autre.... Je voudrais seulement que l'apologue finît par un trait plus saillant. »

Une traîtresse voix bien souvent vous appelle ;
    Ne vous pressez donc nullement :

Ce n'étoit pas un sot, non, non, et croyez-m'en,
   Que le chien de Jean de Nivelle¹.
Un citoyen du Mans², chapon de son métier³,   5

   1. Au sujet du proverbe :
      C'est le chien de Jean de Nivelle,
      Il s'enfuit quand on l'appelle,

on lit au tome V des *Écrits inédits de Saint-Simon*, publiés par M. Faugère*a*, que « les deux fils, Jean et Louis, de la première femme (de Jean II de Montmorency), furent déshérités par leur père pour avoir suivi, malgré lui, le parti du duc de Bourgogne contre Louis XI. Il fit sommer l'aîné inutilement à son de trompe, le maudit, le traita de chien ; et c'est de cet aîné, Jean, seigneur de Nivelle, qu'est venu le proverbe du chien de Jean de Nivelle qui s'enfuit quand on l'appelle. » Telle est l'explication le plus communément adoptée. Quitard, après l'avoir donnée, un peu modifiée, dans son *Dictionnaire des Proverbes* (1842, p. 225-226), en cite une du *Dictionnaire de Trévoux*b, qui la modifie encore plus, puis une autre qui fait venir le proverbe du jacquemart ou homme de fer placé au haut du clocher de la ville de Nivelle (Brabant méridional) et nommé par le peuple : « Jean de Nivelle. » Il finit ainsi son article : « La Fontaine paraît avoir cru qu'il s'agissait d'un véritable chien lorsqu'il a dit : « Une traîtresse voix, etc. » Si, comme en effet il paraît bien, il l'a cru, il n'était et n'est pas seul à entendre ainsi la locution. Qui, dans le peuple surtout, n'y voit un vrai chien ? La plaisanterie, du reste, est vieille et a cours, appliquée au chien, ailleurs que dans notre langue ; pour ne citer qu'un exemple, les Italiens disent : *Far come il can d'Arlotto, che chiamato se la batte*c, « faire comme le chien d'Arlotto, qui, appelé, décampe. »

   2. On sait que le Mans est célèbre par ses volailles. Comparez *les Plaideurs*, de Racine, acte III, scène III, vers 712 et 723-724. — Pour *citoyen*, voyez p. 236, note 5.

   3. Geruzez, qui, trop délicat ici peut-être, ne trouve pas la plaisanterie « d'un excellent goût, » fait remarquer que « la Fontaine

---

a Page 128, *Duchés et comtés-pairies éteints*, titre MONTMORENCY.
b Ce dictionnaire la tire de l'*Étymologie.... des proverbes françois* de Fleury de Bellingen (livre I, chapitre VII, p. 30, la Haye, 1656), dont l'explication se termine par ces mots qui rendent bien raison du sens du proverbe : « Tant plus on l'appeloit, tant plus il se hâtoit de courir et de fuir. »
c *Battersela* équivaut, dit le *Dictionnaire della Crusca*, à *partirsi in fretta*, « s'en aller à la hâte. »

Étoit sommé de comparaître [4]
Par-devant les lares [5] du maître,
Au pied d'un tribunal que nous nommons foyer.
Tous les gens lui crioient, pour déguiser la chose,
« Petit, petit, petit ! » mais, loin de s'y fier,   10
Le Normand et demi [6] laissoit les gens crier.

avait déjà fait dire à la Chauve-souris (livre II, fable v, vers 9-10) :

Pardonnez-moi,...
Ce n'est pas ma profession. »

Emplois analogues du mot *métier* aux livres IX, fable x, vers 32 ; XI, fable III, vers 17 ; XII, fable IX, vers 34.

4. Il y a ainsi « comparaistre » et non, selon l'orthographe du temps, « comparoistre », dans les deux éditions de 1678, et il y a de même un *a*, avec ou sans *s*, dans plusieurs autres anciens textes, pour rimer avec « maistre » ou « maître ». Celui de 1729 a « comparoître ». — « Une *sommation* de *comparaître* faite à un chapon qu'on appelle pour le mettre à la broche, un *foyer* qui devient un *tribunal* érigé *par-devant les lares*, ce style nous semble bien relevé, dit l'abbé Guillon, pour un aussi petit objet. ». C'est précisément ce sérieux qui est ici plaisant : il rappelle à Nodier Dandin, dans *les Plaideurs* de Racine, jugeant le chien *Citron* (acte III, scène III). La Fontaine excelle en ce genre. L'abbé Guillon a oublié d'ailleurs que ce chapon est « un citoyen du Mans. »

5. Les dieux domestiques. Ce mot du style noble, déjà vu ci-dessus, fable IX, vers 2, est, comme nous venons de le dire, bien à sa place ici avant la sérieuse expression de « tribunal. »

6. « Les Normands sont rusés, dit Geruzez : que sera-ce qu'un Normand et demi ? » Les Manceaux partagent, chez nos vieux poëtes et dans l'opinion populaire, la réputation de finesse et de ruse qu'on a faite aux Normands[a]. Comparez un passage, significatif dans le même sens, des *Mémoires de Saint-Simon*, tome III (1881), p. 129 et note 2, et une double citation de Guy Patin ajoutée à

---

[a] Fleury de Bellingen, dans son *Étymologie des proverbes* (p. 134), que nous venons de citer, veut qu'on interprète tout autrement ces mots : « qu'un Manseau vaut un Normand et demi. » « Cela se doit entendre, dit-il, en valeur, et non pas en méchanceté, » et il donne deux curieuses explications, entre lesquelles il paraît nous laisser le choix. L'une est que les termes *Manseau* et *Normand* désignaient certaines pièces de monnaie ; l'autre, « qu'un Manseau valoit un Normand et demi en générosité, » c'est-à-dire en vaillance, d'après ce qui précède. Quitard, p. 520, répète cette double explication.

« Serviteur⁷, disoit-il; votre appât est grossier :
    On ne m'y tient pas, et pour cause. »
Cependant un Faucon sur sa perche⁸ voyoit
    Notre Manceau qui s'enfuyoit.   15
Les chapons ont en nous fort peu de confiance,
    Soit instinct, soit expérience⁹.
Celui-ci, qui ne fut qu'avec peine attrapé,
Devoit, le lendemain, être d'un grand soupé,
Fort à l'aise en un plat, honneur dont la volaille   20
    Se seroit passée aisément.
L'Oiseau chasseur lui dit : « Ton peu d'entendement
Me rend tout étonné¹⁰. Vous n'êtes que racaille¹¹,
Gens grossiers, sans esprit, à qui l'on n'apprend rien.
Pour moi, je sais chasser, et revenir au maître.   25
    Le vois-tu pas à la fenêtre ?
Il t'attend : es-tu sourd ? — Je n'entends que trop bien.
Repartit le Chapon; mais que me veut-il dire ?
Et ce beau cuisinier armé d'un grand couteau ?

cette note, p. 544 du même tome III. — Quant au tour, fort expressif, c'est le même que dans la locution : A fripon, fripon et demi.

7. C'est, avec ellipse, la même locution qu'au vers 15 de la fable XVII du livre VII : voyez ci-dessus, p. 194 et note 4.

8. Mêmes mots, dans l'ordre inverse : « Sur la perche un faucon, » au conte V de la III⁰ partie, vers 93.

9. Pour avoir vu le traitement subi par plus d'un de ses pareils : voyez ci-après les vers 34-36. — « Cela est plaisant, dit Chamfort au sujet de ce vers et du 19⁰; et le Chapon qui

    Devoit, le lendemain, être d'un grand soupé ! »

10. « Le discours de l'Oiseau chasseur, remarque Nodier, est du ton superbe qui convient à l'ami du maître, et la vanité d'une demi-éducation y est exprimée avec une vérité incomparable. » — Dans Ysopet I (voyez la notice), l'Autour exprime, mais avec politesse, le même étonnement.

11. Ce mot exprime, dit Littré, un degré au-dessous de *canaille*. Il est appliqué dans le livre IV, fable VI, vers 33, à la plèbe des Rats.

Reviendrois-tu pour cet appeau [12] ? 30
Laisse-moi fuir; cesse de rire
De l'indocilité qui me fait envoler [13]
Lorsque d'un ton si doux on s'en vient m'appeler.
  Si tu voyois mettre à la broche
  Tous les jours autant de faucons 35
  Que j'y vois mettre de chapons [14],
Tu ne me ferois pas un semblable reproche. »

12. *Appeau* désigne proprement soit un engin servant à imiter le cri des oiseaux, soit un oiseau même dressé pour attirer les autres. Prendre le mot dans son sens primitif d'*appel* s'accommoderait parfaitement au sens de ce passage : voyez le dernier exemple cité par Littré à l'Historique de son article APPEAU.

13. Pour cette ellipse de *me* devant un infinitif réfléchi dépendant de *faire*, voyez les divers *Lexiques* de la Collection, à l'article ELLIPSE dans l'Introduction grammaticale.

14. Dans Ysopet I, le même motif est allégué, mais avec compassion :

  Le Chapon dit : « J'ai grant angoigne (*angoisse*)
  Quant vois de mes freres la poigne (*peine*). »

— Dans la fable analysée par Benfey, à l'endroit cité dans la notice : « Je n'ai pas encore vu rôtir de faucon, dit la Poule (substituée dans cette version au Chapon), ni à la broche, ni dans la poêle. »

FABLE XXII.

LE CHAT ET LE RAT.

A la page 608 du *Specimen sapientiæ Indorum veterum* du P. Poussines (Rome, 1666 : voyez ci-dessus, p. 146 et 184), on lit, dans la VIII° dissertation, l'apologue du *Chat et le Rat*. C'est probablement là que la Fontaine l'a pris, comme plusieurs autres (livre X, fables XI, XII et XV; voyez en outre les notices des fables X et XVI du livre VII). La fable est aussi dans la traduction grecque par Siméon Seth, publiée, avec version latine, à Berlin, en 1697, par Stark, et mentionnée plus haut, p. 183, note 2 (*Specimen sapientiæ Indorum veterum, id est, Liber ethico-politicus pervetustus*, etc., p. 383-393). Elle est donnée également par Cardonne, continuateur de Galland, dans les *Contes et fables indiennes de Bidpaï et de Lokman*, 1778, tome III, p. 62-91, sous ce titre : *Histoire du Rat et du Chat;* par Doni, *la Filosofia morale* (Trente, 1594), fol. 143 ; et par Malespini, livre II, nouvelle 91, *Discorso gustevole di un Topo ed un Gattone selvatico*. — M. Loiseleur Deslongchamps (p. 66, note 1) fait observer que l'existence du *Specimen sapientiæ* (de 1666) a pu être révélée à notre fabuliste par les détails que le docte évêque Huet, dans sa *Lettre sur l'origine des romans*, donne sur la version grecque de Siméon Seth et sur la traduction latine du P. Poussines. Dans les *Deux livres de Filosofie fabuleuse* de Pierre de la Rivey (Paris, 1577) se trouvent les mêmes fables que dans le *Specimen;* « mais, ajoute Loiseleur Deslongchamps, l'examen de cet ouvrage m'a convaincu que la Fontaine n'y a pas puisé. » — Une autre source orientale où il n'a pu puiser non plus (elle était alors inconnue de l'Europe), mais curieuse à signaler, c'est le vaste poëme sanscrit le *Mahâbhârata*, où le même sujet est traité (au livre XII, stances 4930 et suivantes) de la manière la plus raffinée, comme dit M. Albrecht Weber (*Indische Studien*, tome III, p. 346-347), par un subtil et madré politique indien.

« Le résultat de cette fable n'est pas une leçon de morale, remarque Chamfort, mais elle est un conseil de prudence, et cette prudence n'a rien dont la morale soit blessée. Ainsi l'apologue est très-beau. » — Quelques traits, quelques pieuses et mielleuses paroles du Chat rappellent à divers commentateurs le Tartuffe de Molière, et en outre, à M. Taine (p. 129), le Joseph Surface de Sheridan (voyez, ci-après, les notes 9, 11, 15, 17).

Quatre animaux divers, le Chat Grippe-fromage,
Triste-oiseau le Hibou, Ronge-maille le Rat[1],
   Dame Belette au long corsage[2],
   Toutes gens[3] d'esprit scélérat,
Hantoient le tronc pourri d'un pin vieux et sauvage.   5
Tant y furent, qu'un soir à l'entour de ce pin
L'Homme tendit ses rets. Le Chat, de grand matin,
   Sort pour aller chercher sa proie.
Les derniers traits de l'ombre empêchent qu'il ne voie
Le filet[4] : il y tombe, en danger de mourir ;   10
Et mon Chat de crier; et le Rat d'accourir[5],

1. Ce sont là de vraies épithètes à la façon d'Homère, comme le remarque M. Taine (p. 303-304), et particulièrement, ajouterons-nous, de Ronsard, qui en cela imite Homère. La troisième revient comme nom propre, au vers 39, et cinq fois dans la fable xv du livre XII, aux vers 102, 105, 117, 125, 131, dont le premier est :

   Rongemaille (le Rat eut à bon droit ce nom).

A tous ces vers, *Rongemaille*, sans trait d'union, dans les textes originaux. — « Le triste oiseau » désigne déjà le Hibou, non comme nom propre, au vers 6 de la fable xviii du livre V.

2. Voyez ci-dessus, p. 186, note 12. Pour le mot *corsage*, comparez le conte iv de la III⁰ partie, vers 285, le vii⁰ de la IV⁰ partie, vers 37, et le vers 2 de l'*Épître au Roi pour Lulli*. Malherbe a dit, dans l'*Ôde à Monsieur le grand écuyer de France* :

   Achille étoit haut de corsage ;

et Ménage, à propos de ce vers, fait cette remarque : « Ce mot est vieux, mais il est beau, et je ne sais pourquoi on ne s'en sert plus. »

3. A remarquer, devant le mot *gens*, ce féminin, conforme au reste à la règle, d'un adjectif qui n'exprime pas qualité, mais nombre.

4. « Ce rejet, dit très-justement Geruzez, dérobe, pour ainsi dire, le filet, comme *les derniers traits de l'ombre* qui le couvre. »

5. Voyez la note sur le vers 36 de la fable x du livre VIII.

L'un plein de désespoir, et l'autre plein de joie ;
Il voyoit dans les lacs [6] son mortel ennemi.
   Le pauvre Chat dit : « Cher ami,
   Les marques de ta bienveillance   15
    Sont communes en mon endroit [7] ;
Viens m'aider à sortir du piége où l'ignorance
   M'a fait tomber. C'est à bon droit
Que, seul entre les tiens, par amour singulière [8],
Je t'ai toujours choyé [9], t'aimant comme mes yeux [10]. 20
Je n'en ai point regret, et j'en rends grâce aux Dieux.
   J'allois leur faire ma prière,
Comme tout dévot Chat en use les matins [11].

 6. *Las*, dans les deux textes de 1678, dans ceux de 1682 et de 1688 ; *laqs*, dans celui de 1708 ; même orthographe, *las*, aux vers 39, 41, 46 de la fable II du livre IX. Dans d'autres fables, les éditions originales ont soit *lacs*, soit *laqs*.

 7. A mon égard. « Remarquons qu'il feint d'avoir déjà reçu du Rat plusieurs services. Il sait qu'on est porté à faire du bien à ceux auxquels on en a déjà fait. » (CHAMFORT.)

 8. Comparez la plupart des *Lexiques* de la Collection.

 9. « On ne saurait peindre avec plus de naturel l'hypocrisie du Tartuffe, dit l'abbé Guillon. Comme l'intérêt le rend affectueux et tendre ! Ce n'est pas assez dire qu'il l'ait aimé : « Je t'ai toujours « choyé. » L'expression.... a quelque chose de plus naïf ; elle indique un soin plus délicat, plus recherché. » — Voyez au conte XVI de la IIe partie, vers 187.

 10. Pour cette locution familière, si expressive, voyez l'exemple de Voltaire que Littré joint au nôtre, à l'article OEIL, 1°. C'est une comparaison bien voisine de celle qui se lit plusieurs fois dans la Bible, avec l'idée de « garder », *custodire*, *servare*, par exemple au psaume XVI, verset 8 : *A resistentibus dexteræ tuæ custodi me, ut pupillam oculi.*

 11. Ici encore, ne semble-t-il pas, selon la remarque de Nodier, qu'on entende Tartuffe faisant montre de sa charité, comme le Chat de sa dévotion :

  Si l'on vient pour me voir, je vais aux prisonniers
  Des aumônes que j'ai partager les deniers ?
    (Acte III, scène II, vers 855-856.)

— Voyez ci-dessus, p. 188, la note 20 de la fable XVI du livre VII.

Ce réseau me retient : ma vie est en tes mains ;
Viens dissoudre[12] ces nœuds.— Et quelle récompense 25
    En aurai-je ? reprit le Rat.
    — Je jure éternelle alliance
    Avec toi, repartit le Chat.
Dispose de ma griffe, et sois en assurance :
Envers et contre tous je te protégerai, 30
    Et la Belette mangerai
    Avec l'époux de la Chouette[13] :
Ils t'en veulent tous deux. » Le Rat dit : « Idiot !
Moi ton libérateur ? je ne suis pas si sot. »
    Puis il s'en va vers sa retraite. 35
    La Belette étoit près du trou.
Le Rat grimpe plus haut ; il y voit le Hibou :
Dangers de toutes parts ; le plus pressant l'emporte.
Ronge-maille retourne au Chat, et fait en sorte
Qu'il détache un chaînon, puis un autre, et puis tant 40
    Qu'il dégage enfin l'hypocrite.
    L'Homme paroît en cet instant ;
Les nouveaux alliés prennent tous deux la fuite.
A quelque temps de là, notre Chat vit de loin

---

12. C'est le latin *dissolvere*, « défaire, détacher, briser. » « Parfois, dit M. Marty-Laveaux à propos de cet endroit, la Fontaine, remontant à la source étymologique, rend aux mots des acceptions qui ne sont point consacrées par l'usage » (*Essai sur la langue de la Fontaine*, p. 44).

13. En faisant du Hibou « l'époux de la Chouette, » la Fontaine donne très-légitimement au premier de ces noms, qui, en zoologie, désigne un oiseau d'un autre genre que le second, la valeur plus étendue d'oiseau de proie nocturne (voyez *Littré*) qu'il avait de son temps et qu'il a gardée. Un commentateur très-lettré de Mathurin Reguier, Cl. Brossette, nomme la chouette, « la femelle du hibou, » dans sa note sur le vers 50 de la satire xii (Londres, 1729, in-4°, p. 199). Au reste, le poëte se donne, en ce genre, pleine liberté : s'il y avait ici licence, elle ne seroit rien en comparaison de celle de la fable vii du livre IX où le Rat devient mari de la Souris.

Son Rat qui se tenoit à l'erte[14] et sur ses gardes :   45
« Ah! mon frère[15], dit-il, viens m'embrasser ; ton soin[16]
  Me fait injure : tu regardes
  Comme ennemi ton allié.
  Penses-tu que j'aie oublié
  Qu'après Dieu je te dois la vie[17] ?   50
— Et moi, reprit le Rat, penses-tu que j'oublie
  Ton naturel? Aucun traité
Peut-il forcer un Chat à la reconnoissance?
  S'assure-t-on sur l'alliance
  Qu'a faite la nécessité ? »   55

14. Telle est l'orthographe des premières éditions; c'est la coupe italienne, *all' erta*, qui signifie « à *ou* sur la côte, l'éminence ; » d'où la locution : *stare all' erta*, « se tenir sur ses gardes. » Retz écrit ainsi le mot dans ses *Mémoires* autographes (tomes II, p. 395 ; III, p. 66, 96); de même Saint-Simon (tome III, p. 313, édition de 1873), sans parler des auteurs plus anciens, Rabelais, Montaigne, etc.

15. Le Renard dit de même au vieux Coq (fable xv du livre II, vers 13-14) :
    Et cependant viens recevoir
    Le baiser d'amour fraternelle ;

et il lui donne aussi, au vers 3 de la même fable, le nom de frère, comme Tartuffe à Orgon chez Molière (acte III, scène vi, vers 1074).

16. Ta défiance, ton inquiétude, en latin *cura*.

17. « Ainsi, dans Sheridan, dit M. Taine (p. 129), l'hypocrite anglais, Joseph Surface, se surprend à faire de grandes phrases devant son ami Snake. A force de prêcher, on finit par ne plus pouvoir parler qu'en sermons. »

FABLE XXIII.

LE TORRENT ET LA RIVIÈRE.

Abstemius, fab. 5, *de Rustico amnem transituro*. — Fables ésopiques de Camerarius, fab. 291, *Amnium silentia*. — Haudent, 2° partie, fab. 66, *d'un Rusticque sondant le fonds d'un fleuue qui* (sic) *vouloit passer*. — Desmay, fab. 4, *le Torrent ou l'humeur mélancolique et la Gaillarde*.

Mythologia æsopica Neveleti, p. 537.

Dans les quatre fables latines et françaises que nous venons de citer, il s'agit d'un paysan qui, plus avisé que notre voyageur, choisit, voulant passer une rivière à gué, l'endroit où elle est le plus bruyante : *Quam tutius*, lui fait dire Abstemius, *clamosis aquis quam quietis et silentibus vitam nostram credere possumus!*

Le sujet allégorique de l'apologue et l'affabulation sont ainsi rendus dans un distique de Denys Caton (livre IV, chapitre vii) :

> *Demissos animo et tacitos vitare memento :*
> *Quod flumen tacitum est, forsan latet altius unda.*

Chamfort trouve que « la fable serait meilleure, c'est-à-dire, la vérité que l'auteur veut établir mieux démontrée, si le voyageur, ayant le choix de passer par la Rivière ou par le Torrent, eût préféré la Rivière; » il est vrai que lui-même ajoute aussitôt : « Cela peut être ; mais il en résulterait que la fable est bonne, et pourrait être meilleure. » Meilleure? en quoi et comment? Pour l'unique vérité que le fabuliste veut établir, n'est-il pas indifférent qu'il y ait, pour le passage successif des cours d'eau, choix ou nécessité ? « Voyez, dit ensuite plus à propos l'annotateur, comme la Fontaine varie ses tons; voyez comme il monte, comme il descend avec son sujet. Opposez à cette peinture du Torrent celle de la Rivière, huit ou dix vers plus bas. Remarquons aussi ce trait de poésie du voyageur qui va *traverser....*

> *Bien d'autres fleuves que les nôtres* (vers 22-23). »

L'abbé Guillon fait, de son côté, ressortir avec justesse, bien qu'un peu longuement, la beauté de cette double peinture et l'effet de cette opposition.

>   Avec grand bruit et grand fracas
>   Un Torrent tomboit des montagnes[1] :
> Tout fuyoit devant lui ; l'horreur suivoit ses pas ;
>   Il faisoit trembler les campagnes.
>   Nul voyageur n'osoit passer
>   Une barrière si puissante :
> Un seul vit des voleurs[2] ; et, se sentant presser[3],
> Il mit entre eux et lui cette onde menaçante.
> Ce n'étoit que menace et bruit sans profondeur[4] :
>   Notre homme enfin n'eut que la peur.
>   Ce succès lui donnant courage,
> Et les mêmes voleurs le poursuivant toujours,

1. C'est, chez Lucrèce (livre V, vers 944-945), le

.... *Montibus e magnis decursus aquai*,

que le poëte latin nous montre, sous un autre aspect, faisant non fuir, mais accourir (pour y étancher la soif) :

Claru' citat late sitientia sæcla ferarum.

2. « *Un* voyageur *seul*, isolé, dit Geruzez. Ellipse un peu forte. » Trop forte, faut-il dire, et, à notre avis, impossible, si on la veut faire entre *un* et *seul*, et non après *seul*; le sens est « Un seul voyageur », et le sujet ainsi complété est opposé à « Nul voyageur » du vers 5. C'est comme s'il y avait : Il n'y eut qu'*un seul* voyageur qui, voyant des voleurs, et se sentant presser, osa traverser le torrent. L'irrégularité du tour est d'avoir fait de l'idée accessoire, explicative : « voir des voleurs, » la dépendance immédiate et principale du sujet.

3. Au vers 1 d'une épigramme intercalée, sous le n° x, dans les contes de la IIIe partie, il y a un remarquable emploi de ces mots, signifiant, à eux seuls et sans complément : « se sentant presser de la mort, près de mourir. »

4. *Canem timidum vehementius latrare quam mordere; altissima quæque flumina minimo sono labi*, dit Cobarès à Bessus dans Quinte-Curce (livre VII, chapitre IV).

Il rencontra sur son passage
Une Rivière dont le cours,
Image d'un sommeil doux, paisible, et tranquille[5],   15
Lui fit croire d'abord ce trajet fort facile :
Point de bords escarpés, un sable pur et net.
Il entre ; et son cheval le met
A couvert des voleurs, mais non de l'onde noire[6] :
    Tous deux au Styx allèrent boire ;   20
    Tous deux, à nager malheureux,
Allèrent traverser, au séjour ténébreux,
    Bien d'autres fleuves que les nôtres[7].

    Les gens sans bruit sont dangereux :
    Il n'en est pas ainsi des autres[8].   25

5. Ce vers si doux et si coulant en rappelle un de Virgile, où une autre similitude, énergique entre toutes, est appliquée à l'objet même de celle-ci, le sommeil :

Dulcis et alta quies placidæque simillima morti.
(*Énéide*, livre VI, vers 522.)

6. *Noir* équivaut de même à *infernal* dans l'expression « noir rivage, » au vers 111 du conte VIII de la IVe partie et dans le vers cité plus haut, p. 39, note 6.

7. L'Achéron, le Cocyte qui s'y jette, le Phlégéton, sans parler du Styx, nommé au vers 20, qui entoure neuf fois, dit Virgile (*Géorgiques*, livre IV, vers 480, et *Énéide*, livre VI, vers 439), « le séjour ténébreux, » ni du Léthé, ni de l'Éridan des Champs Élysées (*Énéide*, livre VI, vers 659).

8. On peut rapprocher cette fable, pour la morale, de la ve du livre VI, *le Cochet, le Chat, et le Souriceau*. — Bonnes aussi à comparer sont les morales des fabulistes nommés dans la notice. Voici d'abord les deux françaises :

    La fable prinse au moral sonne
    Qu'on doibt plus craindre la menace
    D'une doulce et saincte personne
    Que d'une qui beaucoup menace. (HAUDENT.)

— Desmay se sert comme la Fontaine du mot *bruit* :

    L'ennemi le plus redoutable
    N'est pas toujours celui qui fait le plus de bruit.

— Abstemius, après l'exclamation du Paysan, s'appliquant aux eaux mêmes (voyez la notice), interprète l'allégorie en ces termes dans son affabulation : *Hac admonemur fabula ut minus verbosos et minaces quam quietos extimescamus.* — Camerarius confirme la leçon par un exemple historique : *Non esse periculum fabula docet a clamatoribus et minacibus, sed a mussitantibus et taciturnis. Cæsarem etiam dicere solitum accepimus, non metui a se Antonium et Dolabellam corpulentos et rubicundos, sed Cassii et Bruti maciem et pallorem.*

FABLE XXIV.

L'ÉDUCATION.

Ésope, fab. 92, Κύνες (Coray, p. 53); fab. 394, Δύω Σκύλακες (Coray, p. 257-258, sous deux formes, dont la seconde est empruntée à Plutarque; nous en donnons un extrait). — Haudent, 1ʳᵉ partie, fab. 74, *de Deux Chiens*. — Le Noble, fab. 4, *des Aiglons et des petits Corbeaux. L'Éducation* [1].

Mythologia æsopica Neveleti, p. 164.

« Lycurgus.... prit un iour deux ieunes chiens nez de mesme pere et de mesme mere, et les nourrit si diuersement, qu'il en rendit l'un gourmand et goulu, ne sachant faire autre chose que mal, et l'autre bon à la chasse et à la queste; puis un iour que les Lacedæmoniens estoyent tous assemblez sur la place, en conseil de ville, il leur parla en ceste maniere : « C'est chose de tres grande « importance, Seigneurs Lacedæmoniens, pour engendrer la vertu « au cœur des hommes, que la nourriture, l'accoustumance et la « discipline, ainsi come ie vous ferai voir et toucher au doigt tout « à ceste heure. » En disant cela, il amena deuant toute l'assistance les deux chiens, leur mettant au deuant un plat de soupe et un lieure vif. L'un des chiens s'en courut incontinent après le lieure, et l'autre se ietta aussi tôt sur le plat de soupe. Les Lacedæmoniens n'entendoyent point encore où il vouloit venir, ne que cela vouloit dire, iusques à ce qu'il leur dit : « Ces deux chiens « sont nez de mesme pere et de mesme mere; mais ayans esté « nourris diuersement, l'un est deuenu gourmand, et l'autre chas-« seur. » (PLUTARQUE, *Comment il faut nourrir les enfans*, tome I, p. 5, des *OEuvres morales*, traduction d'Amyot. Voyez *ibidem*, les *Dits notables des Lacedæmoniens*, p. 694-695.)

La même idée a fourni à Fénelon le sujet d'une de ses plus jolies fables (la 29ᵉ), *les Deux Lionceaux* (tome XIX des *OEuvres*,

---

1. Notre auteur, comme l'on voit, s'est contenté de ce mot abstrait pour titre de sa fable : comparez les titres des fables IV et XIX de ce livre et de la fable XI du livre IX.

p. 75). — Dans la fable 92 d'Ésope, imitée par Haudent, le Chien qui chasse se plaint que celui qui reste à la maison partage avec lui le gibier qu'il n'a pas pris : « Ne t'en prends, lui répond celui-ci, qu'à notre maître qui ne m'a pas appris à travailler, mais à manger le travail d'autrui, » τὸν δεσπότην μέμφου ὃς οὐ πονεῖν με ἐδίδαξεν, ἀλλὰ πόνους ἀλλοτρίους ἐσθίειν.

Chamfort considère la fable de *l'Éducation* comme « une des meilleures de la Fontaine. » La morale surtout lui en semble excellente. « Sans croire, dit-il, comme certains philosophes, que la nature partage également bien tous ses enfants, il est pourtant certain que c'est l'éducation qui met entre un homme et un autre l'énorme différence qui s'y trouve quelquefois : c'est d'ailleurs une opinion que l'on ne saurait trop répandre, parce qu'elle est le meilleur moyen d'encourager les réformes que l'on peut faire dans l'éducation, réformes sans lesquelles il est impossible de changer les fausses opinions et les mauvaises mœurs. » — Voyez les allusions que Mme de Sévigné fait à cette fable, dans trois lettres de 1679 et une de 1689, tomes VI, p. 30, 110 et 115, et IX, p. 239.

Laridon et César, frères dont l'origine
Venoit de chiens fameux, beaux, bien faits, et hardis,
A deux maîtres divers échus au temps jadis,
Hantoient, l'un les forêts, et l'autre la cuisine².
Ils avoient eu d'abord chacun un autre nom;   5
    Mais la diverse nourriture³
Fortifiant en l'un cette heureuse nature,
En l'autre l'altérant, un certain marmiton
    Nomma celui-ci Laridon⁴.

2. Dans les deux textes de 1678 ce vers a cette construction, incorrecte après ce qui précède :

L'un hantoit les forêts, et l'autre la cuisine ;

mais elle est corrigée dans l'*Errata*, et là telle que nous la donnons.

3. Au sens d' « éducation », qu'a de même le mot grec correspondant τροφή. Voyez la citation de Plutarque dans la notice, et la plupart des *Lexiques* de la Collection.

4. Nom tiré de *laridum*, vieille forme du mot latin *lardum*, « lard » ; ou plutôt c'est *laridum* même, écrit et prononcé à la française.

Son frère, ayant couru mainte haute aventure, 10
Mis maint cerf aux abois, maint sanglier⁵ abattu,
Fut le premier César⁶ que la gent chienne ait eu.
On eut soin d'empêcher qu'une indigne maîtresse
Ne fît en ses enfants dégénérer son sang.
Laridon négligé⁷ témoignoit sa tendresse 15
    A l'objet le premier passant.
  Il peupla tout de son engeance :
Tournebroches⁸ par lui rendus communs en France
Y font un corps à part, gens fuyants⁹ les hasards,
    Peuple antipode¹⁰ des Césars. 20

5. *Sanglier* de deux syllabes, suivant l'usage constant de la Fontaine, qui était encore l'usage le plus ordinaire, bien que déjà on commençât à faire de trois ce mot et quelques autres : *ouvrier*, *bouclier*, etc., comme s'en plaignait Desmarets, dans la préface de son *Clovis*. Voyez livre II, fable XIX, vers 4, et, dans ce livre-ci, fable XXVII, vers 18 et 30. Nous trouvons cette même mesure, jusqu'à dix fois, dans le poëme d'*Adonis* (vers 189, 240, etc.), et en outre au tome V *M.-L.*, p. 131. On prononçait sans doute *sanglé* ou plutôt *sanlié*, comme dans le Berry ; c'est ce que dit Littré, qui cite à l'Étymologie et à l'Historique de l'article Sanglier des exemples avec les finales archaïques ou dialectiques *lez*, *lé*, *lai*.

6. Toujours le même art de relever les sujets : on sait que le nom du dictateur Jules César devint, après lui, celui des premiers empereurs romains, puis des héritiers présomptifs de l'Empire, et qu'il s'est conservé dans le mot allemand *Kaiser*, « empereur ».

7. Dans les allusions de Mme de Sévigné que cite la notice, la seconde et la dernière se rapportent à ce vers 15.

8. « Il est plaisant, dit Chamfort, d'avoir supposé que nos chiens appelés tourne-broches viennent de cette belle origine, comme d'avoir fait honneur au marmiton du surnom de son élève. » — Le mot « tournebroche », chien qu'on mettait dans une roue pour tourner la broche, est aussi dans la fable XVII de Fénelon (tome XIX des *OEuvres*, p. 53).

9. Nous avons cet accord, malgré le régime, dans les anciennes éditions, sauf celle de 1682, qui a, selon la règle actuelle, « fuyant ».

10. Littré, avec cet exemple d' « antipode, » au figuré, n'en donne que deux autres, l'un de Molière, l'autre de Fénelon, ayant tous deux, ce qui est remarquable, le même complément : « de la

On ne suit pas[11] toujours[12] ses aïeux ni son père :
Le peu de soin[13], le temps, tout fait qu'on dégénère :
Faute de cultiver la nature et ses dons,
Oh! combien de Césars deviendront Laridons[14] !

raison. » Mme de Sévigné dit au tome VII, p. 259 : « l'antipode de notre beau-père. »

11. On ne marche pas toujours sur les traces de, on n'imite pas, au sens du latin *sequi*, dans cet hémistiche de Virgile :

> *Sequitur quos cetera pubes.*
> (*Énéide*, livre V, vers 74.)

Même acception, avec un nom de chose pour complément, au vers 34 de la fable XIV de ce livre (p. 283 et note 16).

12. « Pas toujours » : c'est une exception, dont nous verrons que l'auteur ne tient pas compte quand il nous dit, comme maxime générale, vers 48 de la fable VII du livre IX :

> On tient toujours du lieu dont on vient.

Voyez la note sur ce vers.

13. Le défaut de soin, de culture, *negligentia*; il a dit au vers 15 : « Laridon négligé ».

14. Chamfort trouve ces quatre derniers vers « parfaits. » — Voyez la même idée appliquée aux chevaux dans la satire V de Boileau, vers 32-35. — Horace a exprimé admirablement la force du sang et les deux effets contraires de l'éducation dans l'ode IV du livre IV, vers 29-36 :

> *Fortes creantur fortibus et bonis;*
> *Est in juvencis, est in equis, patrum*
> *Virtus; neque imbellem feroces*
> *Progenerant aquilæ columbam.*
>
> *Doctrina sed vim promovet insitam,*
> *Rectique cultus pectora roborant;*
> *Utcumque defecere mores,*
> *Dedecorant bene nata culpæ.*

FABLE XXV.

LES DEUX CHIENS ET L'ÂNE MORT.

Ésope, fab. 207, Κύνες λιμώττουσαι et Λύκοι καὶ Ἀνήρ (Coray, p. 133 et 134). — Phèdre, liv. I, fab. 20, *Canes famelici*. — Marie de France, fab. 49, *dou Leu qui cuida de la Lune ce fust un Fourmaige*.

Mythologia æsopica Neveleti, p. 258, p. 401.

Dans la fable de Marie de France, un Loup voit la lune qui se reflète dans une mare et il la prend pour un fromage : il boit tant, pour chercher à l'atteindre, qu'il se fait crever comme les Chiens de la Fontaine.

Dans *les Avadânas* ou *Contes et apologues indiens*, traduits du chinois par Stanislas Julien, se trouve (tome II, p. 30-31) un apologue intitulé *l'Homme et la Perle : de ceux qui déploient tous leurs efforts*, qui a quelque analogie avec notre fable, à cette différence près que dans le conte indien les efforts sont récompensés au lieu d'être punis. Il est vrai qu'il s'agit pour l'Homme de retrouver ce qu'il a perdu et non, comme pour les Chiens, de s'emparer d'une proie ardemment convoitée.

Le prologue de cette fable, que Chamfort trouve excellent, a bien pu être inspiré à la Fontaine par le passage suivant de Charron : « La foiblesse humaine se monstre richement au bien et au mal, en la vertu et au vice ; c'est que l'homme ne peust estre, quand bien il voudroit, du tout bon ny du tout meschant. Il est impuissant à tout.... L'on ne peust faire tout bien, ny exercer toute vertu : d'autant que plusieurs vertus sont incompatibles, et ne peuvent demeurer ensemble, au moins en un mesme subject.... Bien souvent l'on ne peust accomplir ce qui est d'une vertu, sans le heurt et offense d'une autre vertu, ou d'elle-mesme : d'autant qu'elles s'entre-empeschent ; d'où vient que l'on ne peust satisfaire à l'une qu'aux despens de l'autre. » (*De la Sagesse*, livre Ier, chapitre IV, de la première édition ; livre Ier, chapitre XXXIX de l'édition donnée par Amaury Duval dans la *Collection des moralistes français*, Paris, Chassériau, 1820, tome I, p. 250 et 251.) Quant à la fable en elle-même, Chamfort la trouve bien médiocre. « La Fontaine a beau dire, ajoute-t-il, que chacun est sot et gourmand, il ne l'est pas au point de donner la moindre vraisemblance à cet apologue. Il était aisé d'établir la même morale sûr une supposition moins absurde. » Sans doute; mais ne dirait-on pas, à lire cette critique, que notre auteur a inventé le sujet? Il l'a puisé dans ce commun trésor de fables, de proverbes, qu'on a nommé « la Sagesse des nations, » où au bon, à l'exquis, au très-fin se mêlent, quant à l'emblème, à la fiction allégorique qui revêtent la morale, le médiocre, le grossier, le mauvais, disent avec raison les délicats, mais un mauvais qui d'ordinaire a le mérite, fort réel, en ce genre de leçons, de les présenter sous une forme très-frappante. L' « excellent prologue » appliqué à *l'absurde supposition*, forme avec elle un ensemble qui certes agrée plutôt qu'il ne choque.

   Les vertus devroient être sœurs,
   Ainsi que les vices sont frères.
Dès que l'un de ceux-ci s'empare de nos cœurs,
Tous viennent à la file; il ne s'en manque guères :
  J'entends de ceux qui, n'étant pas contraires,   5
   Peuvent loger sous même toit[1].
A l'égard des vertus, rarement on les voit
Toutes en un sujet éminemment placées
Se tenir par la main sans être dispersées.
L'un est vaillant, mais prompt; l'autre est prudent, mais
Parmi les animaux, le chien se pique d'être   [froid.
  Soigneux, et fidèle à son maître[2];
  Mais il est sot, il est gourmand :
Témoin[3] ces deux mâtins qui, dans l'éloignement,

1. C'est la pensée ainsi rendue par Sénèque dans l'expressive sentence (épître xcv, § 32) : *Nullum intra se manet vitium*, « aucun vice ne demeure en lui-même, ne se borne à lui-même, » et qu'il fait suivre de l'exemple : *In avaritiam luxuria præceps est*.
2. L'éloge semble insuffisant; mais il faut songer qu'il ne s'agit que des qualités méritant le nom de « vertus ».
3. Invariable, adverbialement. Le mot revient ainsi p. 350, vers 50, p. 393, vers 46, et à la fable VII du livre XI, vers 30.

Virent un Ane mort qui flottoit sur les ondes.   15
Le vent de plus en plus l'éloignoit de nos Chiens.
« Ami, dit l'un, tes yeux sont meilleurs que les miens :
Porte un peu tes regards sur ces plaines profondes[4] ;
J'y crois voir quelque chose. Est-ce un bœuf, un cheval ?
— Hé ! qu'importe quel animal ?   20
Dit l'un[5] de ces mâtins ; voilà toujours curée[6].
Le point est de l'avoir[7] ; car le trajet est grand,
Et, de plus, il nous faut nager contre le vent[8].
Buvons toute cette eau ; notre gorge altérée
En viendra bien à bout : ce corps demeurera   25
    Bientôt à sec, et ce sera
    Provision pour la semaine. »
Voilà mes Chiens à boire : ils perdirent l'haleine,
    Et puis la vie ; ils firent tant
Qu'on les vit crever à l'instant[9].   30

4. C'est évidemment à la mer que cette expression s'applique, quelque amplifiée que, par là, soit la sottise, surtout avec l'addition de *bientôt* du vers 26 : voyez le vers 38 et la note 15.

5. N'y a-t-il pas là une distraction ? Après *l'un* du vers 17, il faudrait *l'autre*.

6. De quoi faire curée. Voyez l'*Essai* de M. Marty-Laveaux (p. 20), qui compare le vers 28 de la fable xi du livre IV. — Dans le quatrain ccvi de Benserade, ce n'est, modification peu ingénieuse, qu' « un gros morceau de pain. »

7. Ce qui importe, c'est de l'avoir : voyez le conte iv de la IIIe partie, vers 201 et 342.

8. Ce vers semble en contradiction avec le vers 16 :

    Le vent de plus en plus l'éloignoit de nos Chiens.

L'auteur a certainement voulu dire, sans tenir assez de compte du sens usuel : « Il nous faut lutter contre le vent ; nous avons contre nous le vent qui éloigne l'objet. »

9. Non pas « tout d'un coup, » comme l'explique Geruzez, mais sur place, « à l'instant, » c'est-à-dire dans le temps où ils buvaient, sans qu'ils eussent eu le temps de faire autre chose. C'est le latin *illico*, qui s'applique également au temps et à l'espace. L'expression française ne semble pas très-exacte, ni, par suite,

L'homme est ainsi bâti[10] : quand un sujet l'enflamme,
L'impossibilité disparoît à son âme[11].
Combien fait-il de vœux, combien perd-il de pas,
S'outrant[12] pour acquérir des biens ou de la gloire !
  « Si j'arrondissois mes États !   35
Si je pouvois remplir mes coffres de ducats[13] !
Si j'apprenois l'hébreu, les sciences, l'histoire[14] ! »
  Tout cela, c'est la mer à boire[15] ;
  Mais rien à l'homme ne suffit.
Pour fournir aux projets que forme un seul esprit, 40
Il faudroit quatre corps ; encor, loin d'y suffire,
A mi-chemin je crois que tous demeureroient :
Quatre Mathusalems[16] bout à bout ne pourroient
  Mettre à fin ce qu'un seul desire.

assez claire. — Chez Benserade, qui parle de « chiens affamés » et ne borne pas le nombre à deux :

  .... S'efforçants à tarir l'eau du fleuve,
  Tous crevèrent de boire et moururent de faim.

10. Voyez la note du vers 16 de la fable xv du livre IX.

11. On connaît le mot attribué à Napoléon Ier, que bien des sujets *enflammaient* : « Impossible ! ce mot n'est pas français. »

12. Allant au delà de ses forces, sens où aujourd'hui on dit plutôt *s'excédant*. Mme de Sévigné emploie le même mot (tome VIII, p. 305) : « Ne vous outrez pas sur l'écriture. »

13. « Sorte de monnaie d'or valant cent dix sous, » dit Richelet (1680). Voyez plus haut, p. 175, la note 8 sur le « double ducat ».

14. Voyez ci-dessus, p. 311, la note 18 de la fable xix.

15. « M. de Voltaire critique ce vers, dit Chamfort, comme plat et trivial. Il me semble que ce qui rend excusable ici cette expression populaire, c'est qu'elle fait allusion à une fable où il s'agit de boire une rivière. » *Excusable* dit trop peu, et l'observation de Chamfort est, il ne le voit pas, d'autant plus juste qu'il ne s'agit pas, comme chez les autres fabulistes, d'une rivière, mais bien de la mer (ci-dessus, vers 18 et note 4).

16. On sait que l'aïeul de Noé, Mathusalem, qui, dans l'ancien Testament, est nommé *Mathusala*, dans le nouveau *Mathusalé*, est, dans la *Bible*, l'exemple de la plus haute longévité : la *Genèse* (chapitre v, verset 27) le fait vivre neuf cent soixante-neuf ans.

FABLE XXVI.

DÉMOCRITE ET LES ABDÉRITAINS.

Diogène de Laërte, *Démocrite* (édition de Leipsick, 1831, tome II, p. 370 et suivantes). — Tzetzès, chiliade I, 61, Περὶ Δημοκρίτου. Cette histoire de *Démocrite*, Hippocrate[1] *et les Abdéritains* n'a d'autre garant qu'une sorte de roman épistolaire composé de vingt-trois lettres de et à Hippocrate, évidemment apocryphes, comme cela se reconnaît sur-le-champ à la lecture. Les deux premières sont un appel à venir guérir Démocrite de la folie, adressé par le Sénat et le peuple d'Abdère à l'illustre médecin, et une réponse de celui-ci pour annoncer qu'il va se rendre à l'invitation. Parmi les suivantes, la principale est la seconde au Rhodien Damagète, où est racontée l'entrevue des deux grands hommes; Robert en a inséré une traduction française par Pariset, dans son tome II, p. 178-190. Les dernières sont de savants échanges de communications entre Hippocrate et Démocrite, dont la plus curieuse est l'envoi, par le prétendu fou d'Abdère, d'un *Discours sur la folie*. Littré a donné, au tome IX des *OEuvres d'Hippocrate* (p. 321-399, n°ˢ 10-21 et 23), le texte grec et la version française de ces lettres, et des autres, aussi peu authentiques, de et à Hippocrate, et il en montre la fausseté au chapitre xii de son *Introduction* (tome I, p. 430-432). La Fontaine avait pu les lire dans mainte ancienne édition, particulièrement au tome I (1638) de la grande de Chartier (grec et latin), et dans le livre du médecin Bompart intitulé : *Conférences d'Hippocrate et de Démocrite, traduites du grec en français, avec un commentaire* (1632, in-8°). On verra dans les notes que plusieurs détails de l'apologue sont tirés de telle ou telle des lettres et qu'il avait pris connaissance de tout le roman, de l'ensemble duquel ni Robert ni aucun commentateur n'ont fait aucune mention. Solvet, contre sa coutume, n'a point regardé de bien près quand il a dit, n'ayant en vue que la seconde lettre à Damagète, que ce n'était point là, mais plutôt dans Diogène de Laërte que notre auteur avait puisé. Diogène ne parle

---

1. Voyez livre III, fable viii, vers 19 et note 7.

même pas de ce voyage d'Hippocrate pour guérir le philosophe, non plus que ne fait Élien (*Histoires diverses*, livre IV, chapitre xx), qui, lui, parle de folie, mais tout autrement : Hippocrate, au début d'un entretien avec Démocrite, le juge fou; puis, l'entretien se prolongeant, conçoit pour lui la plus haute admiration.

Que j'ai toujours haï les pensers[2] du vulgaire[3] !
Qu'il me semble profane, injuste, et téméraire[4],
Mettant de faux milieux entre la chose et lui[5],
Et mesurant par soi ce qu'il voit en autrui !

Le maître d'Épicure[6] en fit l'apprentissage.   5
Son pays le crut fou[7] : petits esprits ! Mais quoi ?
      Aucun n'est prophète chez soi[8].
Ces gens étoient les fous, Démocrite, le sage[9].

2. « L'usage a préféré.... *pensées* à *pensers*, un si beau mot, et dont le vers se trouvoit si bien ! » (La Bruyère, tome II, p. 213; voyez *ibidem*, note 8.)

3. C'est, on ne peut mieux expliqué et motivé dans les trois vers suivants, l'*Odi profanum vulgus* d'Horace, livre III, ode I, vers 1.

4. Léger dans ses jugements; c'est un des sens ordinaires du latin *temerarius*.

5. « Vers très-heureux, dit Chamfort. En effet, une idée fausse qui nous empêche de porter sur une chose un jugement sain, est comme un voile interposé entre nous et l'objet que nous voulons juger. »

6. Maître, par ses ouvrages, non par ses leçons orales : Démocrite vivait dans le cinquième siècle avant Jésus-Christ; Épicure naquit, dit-on, en 341 et mourut en 270. Voyez le début de la fable xviii du livre VII. — *Quid est in physicis Epicuri non a Democrito ?* dit Cicéron, *de la Nature des Dieux*, livre I, chapitre xxvi; et dans les *Académiques*, livre I, chapitre ii, il les confond, en ce qui touche la physique : *Epicurum, id est.... Democritum.*

7. *Quamdiu videbatur furere Democritus !* « Combien de temps n'a-t-on pas cru Démocrite fou ! » (Sénèque, épître lxxix, § 11.)

8. Voyez la fable xii du livre VII, vers 26-27 et note 8.

9. La preuve de sagesse la plus propre sans doute à le faire passer pour fou fut l'abandon de ses richesses : *Democritus divitias projecit, onus illas bonæ mentis existimans.* (Sénèque, *de Providentia*,

L'erreur alla si loin qu'Abdère[10] députa
    Vers Hippocrate et l'invita,   10
    Par lettres et par ambassade,
A venir rétablir la raison du malade :
« Notre concitoyen, disoient-ils en pleurant[11],
Perd l'esprit : la lecture a gâté Démocrite;
Nous l'estimerions plus s'il étoit ignorant[12].   15
« Aucun nombre, dit-il, les mondes ne limite[13] :

chapitre vi, § 1.) — Démocrite, à la suite de l'entrevue qui va être racontée, écrit à Hippocrate (lettre 18, p. 381) : « Tu vins.... vers moi comme vers un aliéné, prêt à m'administrer l'hellébore, sur la foi d'hommes insensés auprès de qui le labeur de la vertu passe pour folie. »

10. Petite ville de Thrace, dont les habitants n'avaient pas, pour l'esprit, meilleure réputation que les Béotiens. C'est au sujet d'Abdère et de Démocrite, qui y était né[a], que Juvénal a dit, dans la satire x, vers 49-50 :

Summos posse viros et magna exempla daturos
Vervecum in patria crassoque sub aere nasci.

Cicéron dit que les doctrines de Démocrite, en tant que physicien (*ut physicus*, voyez les vers 16-20), doctrines qu'il nomme « jeux » (*nugas*) et ailleurs « débauches » d'esprit (*flagitia*), sont « plus dignes de la patrie de Démocrite que de Démocrite » (*de la Divination*, livre II, chapitre xiii; *de la Nature des Dieux*, livre I, chapitres xxiv et xliii).

11. Disaient les Abdéritains dans leurs lettres et par leurs ambassadeurs, en s'apitoyant sur leur concitoyen. La lettre, citée, à Damagète, revient plusieurs fois sur la pitié, la tristesse de toute la ville, et montre les habitants près de *pleurer* (p. 351). — Le pluriel s'explique par le sens collectif du mot *Abdère* qui précède, et Chamfort a vu dans ces vers une obscurité qui n'y est pas. S'il n'y a point parfaite relation entre les mots, l'accord avec l'idée est bien clair.

12. « Ce vers est d'une naïveté charmante, dit l'abbé Guillon, comme vingt autres répandus dans cet apologue. »

13. C'est le système si spirituellement développé par Fontenelle

[a] Quelques-uns pourtant, dit Diogène de Laërte, § 1, le font naître à Milet.

« Peut-être même ils sont remplis
« De Démocrites infinis[14]. »
Non content de ce songe, il y joint les atomes,
Enfants d'un cerveau creux[15], invisibles fantômes[16] ; 20
Et, mesurant les cieux sans bouger d'ici-bas,
Il connoît l'univers, et ne se connoît pas[17].

dans l'*Entretien sur la pluralité des mondes*. On peut lire l'exposé des idées de Démocrite à l'endroit de Diogène cité en tête de la notice, et dans le chapitre xxx du *Voyage du jeune Anacharsis*, de l'abbé Barthélemy ; et sa théorie des atomes, en particulier, dans les deux premiers livres du poëme *de Natura rerum* de Lucrèce, où est mise en beaux vers la philosophie d'Épicure, empruntée, nous l'avons dit (note 6), pour tout ce qui est physique, à Démocrite.

14. « Je ne sais pourquoi la Fontaine ajoute ces deux vers, dit Chamfort. Il n'est pas absurde de dire qu'il y a un nombre infini de mondes ; mais qu'ils soient pleins de Démocrites, je ne sais ce que cela veut dire. » Chamfort ne le sait parce qu'il ignore, et plus d'un comme lui, convenons-en, la vraie doctrine, ou rêverie, si l'on veut, de Démocrite. Notre auteur l'a trouvée dans la 1re des Lettres à Hippocrate (p. 323) : « (Démocrite) raconte qu'il voyage dans l'espace infini et qu'il y a d'innombrables Démocrites semblables à lui. » Elle est clairement développée, dans les *Académiques* de Cicéron, livre II, chapitre xvii : Démocrite dit qu'il y a des mondes innombrables et qu'il n'y a pas entre eux la moindre différence, que tous contiennent donc mêmes choses, mêmes hommes ; et Cicéron, terminant par une plaisanterie semblable à celle du fabuliste, dont ici l'exactitude est vraiment étonnante, applique à son interlocuteur Lutatius Catulus ce que les Abdéritains disent de Démocrite : *Quum.... in his.... innumerabilibus (mundis) inumerabiles Q. Lutatii Catuli non modo possint esse, sed etiam sint*. Tout ce qu'il y aurait peut-être à reprendre en cet endroit de l'apologue, c'est que les lecteurs y sont supposés plus instruits qu'ils ne le sont pour la plupart.

15. Voyez ci-dessus, la fin de la note 9.

16. Lucrèce, au livre I, vers 329, les nomme *corpora cæca*.

17. Beau vers qui a été appliqué à l'homme en général : le fabuliste semble s'être souvenu de la fin d'un sonnet de des Yveteaux :

Il meurt connu de tous et ne se connoît pas.

Voyez M. J. Travers, *Addition à la vie et aux œuvres de Vauquelain*

Un temps fut qu'il savoit accorder les débats[18] :
　　　Maintenant il parle à lui-même.
Venez, divin mortel ; sa folie est extrême. »　　　　　25
Hippocrate n'eut pas trop de foi pour ces gens ;
Cependant il partit. Et voyez, je vous prie,
　　　Quelles rencontres dans la vie
Le sort cause[19] ! Hippocrate arriva dans le temps
Que celui qu'on disoit n'avoir raison ni sens　　　　30
　　　Cherchoit dans l'homme et dans la bête
Quel siége a la raison, soit le cœur, soit la tête[20].
Sous un ombrage épais, assis près d'un ruisseau[21],
　　　Les labyrinthes[22] d'un cerveau
L'occupoient. Il avoit à ses pieds maint volume,　　　35

---

des Yvetaux, 1856, in-8°, p. 12 ; et Édouard Fournier, *l'Esprit des autres*, 4ᵉ édition, p. 112.

18. Il savait, de bon accord, discuter avec autrui ; maintenant, non compris, las d'enseigner en vain, il parle à lui-même : signe de folie.

19. Voilà une coupe hardie ; mais hâtons-nous d'ajouter : pour le temps de la Fontaine et les habitudes de la métrique d'alors. Comme le remarque M. Taine (p. 311), il « a laissé tomber son vers, sans s'inquiéter de le briser. »

20. Lucrèce, au livre III, après avoir donné à l'âme les deux noms *animus* et *anima*, qui, pour lui, désignent une seule et même chose, place la partie principale, l'*animus*, dans le cœur, et dit que l'*anima*, à laquelle il n'assigne que la fonction locomotive, est, non dans la tête, mais répandue dans tout le corps. Dans un écrit mis sous le nom de Plutarque, *des Opinions des philosophes* (livre IV, § IV), il est dit, à peu près de même, de Démocrite qu'il plaçait dans la poitrine (ἐν τῷ θώρακι) l'âme raisonnable (τὸ λογικὸν ἔχουσαν) ; la partie brute (ἄλογον), dans tout le corps. On voit que « la raison » est, en parlant de cette recherche supposée du philosophe, l'expression voulue et tout à fait le mot propre.

21. « Sous un platane épais ;... à droite, un filet d'eau, » est-il dit dans la lettre à Damagète (p. 351).

22. Les sinuosités, les détours compliqués. — Dans la même lettre (p. 351) le philosophe est occupé à examiner des animaux ouverts entassés près de lui.

Et ne vit presque pas son ami s'avancer,
   Attaché²³ selon sa coutume.
Leur compliment fut court, ainsi qu'on peut penser :
Le sage est ménager du temps et des paroles²⁴.
Ayant donc mis à part²⁵ les entretiens frivoles,   40
Et beaucoup raisonné sur l'homme et sur l'esprit,
   Ils tombèrent sur la morale.
   Il n'est pas besoin que j'étale²⁶
   Tout ce que l'un et l'autre dit.
   Le récit précédent suffit   45
Pour montrer que le peuple est juge récusable.
   En quel sens est donc véritable
   Ce que j'ai lu dans certain lieu,
   Que sa voix est la voix de Dieu²⁷?

23. Appliqué, plongé dans ses méditations, comme Cicéron dit en latin (*de l'Orateur*, livre III, chapitre v) : *defixus* (*in cogitatione*).
24. Vers devenu proverbe. Dans un sens un peu différent (conte VII de la II⁰ partie, vers 121-122) :

   .... Des moindres moments
   Bons ménagers furent nos deux amants.

25. Ayant mis de côté, omis, sens voisin de quelques emplois du synonyme latin *seponere*.
26. Cette expression : « étale », pourrait bien être venue au fabuliste à la lecture, toujours dans la même lettre, non d'un dialogue, il est vrai, entre Hippocrate et Démocrite, mais de la très-longue amplification faite par le seul Démocrite. — Pour le singulier *dit* du vers suivant, comparez la fable XVI du livre VII, vers 41.
27. « La Fontaine prend l'air du doute, dit Chamfort, par respect pour l'Écriture, dont ces paroles sont tirées. » Il n'y a pas lieu à respect, car elles ne sont point tirées de l'Écriture. Nous ne savons où se trouve textuellement, pour la première fois, ce proverbe si souvent répété : *Vox populi, vox Dei*. Quitard, qui en cherche l'origine, dans son *Dictionnaire.... des proverbes*, à l'article Peuple (p. 597-598), et, d'après lui, Éd. Fournier (*l'Esprit des autres*, p. 55), en rapprochent des citations qui sont équivalentes pour l'idée seulement, non pour les mots et le tour.

FABLE XXVII.

LE LOUP ET LE CHASSEUR.

Livre des lumières, p. 216. — Bidpaï, tome II, p. 292, *le Chasseur et le Loup*. — Calila et Dimna, p. 203, *le Chasseur, la Gazelle, le Sanglier et le Chacal*. — Pantchatantra, p. 161, *le Chasseur, le Sanglier et le Chacal*. — Hitopadésa, p. 68, *le Chasseur, le Daim, le Sanglier, le Serpent et le Chacal;* nous donnons cette version à l'*Appendice*, comme la plus pittoresque des indiennes (à leur sujet, voyez Benfey, tome I, p. 319-320). — Camerarius, fab. 387, *Ursus, Venator, Lupus*. — Doni, *Filosofia morale* (Venise, 1606), fol. 66.

La morale et surtout le prologue ont pu être inspirés à la Fontaine par deux épigrammes de Martial, la xvi° du livre I (voyez ci-après la note 6), et la lviii° du livre V. Voici la seconde :

> *Cras te victurum, cras dicis, Posthume, semper.*
> *Dic mihi, cras istud, Posthume, quando venit?*
> *Quam longe est cras istud? ubi est? aut unde petendum?*
> *Numquid apud Parthos, Armeniosque latet?*
> *Jam cras istud habet Priami vel Nestoris annos.*
> *Cras istud quanti, dic mihi, possit emi?*
> *Cras vives : hodie jam vivere, Posthume, serum est.*
> *Ille sapit quisquis, Posthume, vixit heri.*

« Cette fable, dit Chamfort, commence avec la même violence qu'une satire de Juvénal ; c'est contre les avares que la Fontaine exerce le plus sa satire. » Puis, après avoir loué, dans le prologue, « la vivacité et la précision admirables » du dialogue, il ajoute : « Des deux apologues suivants, le premier, sans être excellent, me paraît beaucoup meilleur que l'autre. Il n'est pas impossible qu'un chasseur, ayant tué un daim et un faon, y veuille joindre une perdrix ; mais qu'un loup, devant quatre corps, se jette sur une corde d'arc, cela ne me paraît pas d'une invention bien heureuse. Les meilleurs apologues sont ceux où les animaux se trouvent dans leur naturel véritable. » — M. Taine (p. 265-266) cite la première de nos deux fables pour prouver que la Fontaine ne décrit jamais pour décrire; que tous ses traits sont calculés pour produire une impression unique; que ce sont autant d'arguments dissimulés qui tendent tous à un même effet. Plus loin (p. 319-320), il revient sur le même morceau pour y étudier le mélange des mètres, l'harmonie, et montre comment « les grands poëtes seuls savent mettre d'accord l'expression et l'idée, la sensation et le sentiment. » Voyez la note 11, sur le vers 23.

Fureur d'accumuler, monstre[1] de qui les yeux
Regardent comme un point[2] tous les bienfaits des Dieux,
Te combattrai-je en vain sans cesse en cet ouvrage[3]?
Quel temps demandes-tu pour suivre mes leçons?
L'homme, sourd à ma voix comme à celle du sage[4], 5
Ne dira-t-il jamais : « C'est assez, jouissons? »
— Hâte-toi, mon ami, tu n'as pas tant à vivre.
Je te rebats ce mot, car il vaut tout un livre :
Jouis. — Je le ferai. — Mais quand donc? — Dès demain[5].
— Eh! mon ami, la mort te peut prendre en chemin : 10

1. Dans ce début, si justement appelé *violent* par Chamfort, l'application personnifiante du nom *monstre*, non à un mot unique, mais à une périphrase : « Fureur d'accumuler », peut, au point de vue de la langue, étonner quelque peu.

2. Comme à peu près rien, comme la moindre des choses.

3. Comme il a fait dans les fables xx du livre IV; xiii du livre V; et fera encore, après cette fable-ci, dans les xvi° du livre IX; iv° du livre X; iii° du livre XII, où nous retrouvons, au vers 2, dans le même sens qu'ici, le mot *fureur*.

4. « Remarquons, dit Chamfort, comme la Fontaine évite toujours de se donner pour un sage. »

5. L'abbé Guillon nous avertit, avec raison croyons-nous, que ce « dialogue est imité de Perse, » du moins pour le tour et la vivacité, dans ces vers (132-133) de sa satire v :

Mane piger stertis : « *Surge*, *inquit Avaritia; eia,*
Surge. Negas? » *Instat :* « *Surge, inquit, etc.* »,

vers que Boileau, de son côté, imite ainsi de bien plus près (satire viii, vers 70-71) :

« Debout, dit l'Avarice, il est temps de marcher.
Hé! laissez-moi. — Debout! — Un moment. — Tu répliques?

Jouis dès aujourd'hui[6] ; redoute un sort semblable
A celui du Chasseur et du Loup de ma fable.

Le premier, de son arc, avoit mis bas[7] un daim.
Un faon[8] de biche passe, et le voilà soudain
Compagnon du défunt : tous deux gisent sur l'herbe.   15
La proie étoit honnête, un daim avec un faon ;
Tout modeste[9] chasseur en eût été content :
Cependant un sanglier[10], monstre énorme et superbe,
Tente encor notre Archer, friand de tels morceaux.
Autre habitant du Styx : la Parque et ses ciseaux   20
Avec peine y mordoient; la déesse infernale
Reprit à plusieurs fois l'heure au monstre fatale.
De la force du coup pourtant il s'abattit[11].

6. C'est le *carpe diem* d'Horace (livre I, ode xi, vers 8) ; Martial a dit aussi, dans la première des épigrammes auxquelles renvoie la notice :

*Non est, crede mihi, sapientis dicere : « Vivam. »
Sera nimis vita est crastina : vive hodie.*

7. « Mis bas, » abattu, tué. Voyez, chez *Littré*, les sens très-divers de *mettre bas*, dans l'article Bas (adverbe), 2°, où notre exemple eût dû trouver place.

8. « Fan » est l'orthographe des anciennes éditions (1678-1729), ici comme au vers 16, et au livre X, fable xii, vers 1, etc. De même *pan* pour *paon* : voyez, au tome I, la note 1 de la page 181, et la note 2 de la page 298.

9. Modéré dans ses désirs.

10. Voyez ci-dessus, fable xxiv, vers 11, note 5.

11. « Ce long vers, dit M. Taine (p. 319), qui tombe sur un son étouffé, ne peint-il pas à l'oreille la chute sourde du pesant sanglier ? » — Au sujet des trois vers précédents, il fait remarquer (p. 226) que la Fontaine « ne peint pas les Dieux vaguement, avec des souvenirs de classe. Il distingue les détails de leurs mouvements, et voit Atropos à son métier « reprendre à plusieurs fois « l'heure fatale au monstre. » Il est chez lui dans l'Olympe, » c'est-à-dire voit comment les choses s'y passent, et nous le dit, sachant bien que les particularités, semées dans le récit sobrement, avec goût, lui donnent de l'intérêt et, aux fictions mêmes, comme

C'étoit assez de biens. Mais quoi? rien ne remplit
Les vastes appétits d'un faiseur de conquêtes [12].   25
Dans le temps que le porc revient à soi, l'Archer
Voit le long d'un sillon une perdrix marcher,
  Surcroît chétif aux autres têtes :
De son arc toutefois il bande les ressorts.
Le sanglier, rappelant les restes de sa vie,   30
Vient à lui, le découd [13], meurt vengé sur son corps,
  Et la perdrix le remercie.

Cette part du récit s'adresse au convoiteux [14] :
L'avare aura pour lui le reste de l'exemple.

Un Loup vit, en passant, ce spectacle piteux [15] :   35
« Ô Fortune! dit-il, je te promets un temple [16].
Quatre corps étendus! que de biens [17] ! mais pourtant

dit Walter Scott, dans sa notice sur Daniel de Foe[a], l'auteur du *Robinson*, un air de vraisemblance.

12. « Que cette transition, remarque Nodier, est simple et piquante! » et comme elle étend et agrandit la pensée!

13. Le déchire, terme de chasse; surtout pour parler des blessures faites par les défenses du sanglier. Même mot au vers 388 du poëme d'*Adonis*.

14. A l'homme qui désire immodérément, au conquérant, à Alexandre, par exemple, « auquel un seul monde ne suffit pas[b]. » Voyez les exemples cités par Littré à l'Historique du mot.

15. Digne de pitié. Ce mot, qui n'est plus guère usité que dans le style familier, éveille plutôt aujourd'hui l'idée du ridicule que celle de la pitié.

16. Cet enthousiasme, remarque Nodier, n'est-il pas tout à fait digne d'Harpagon, qui veut faire graver en lettres d'or la sentence de son intendant? (*L'Avare* de Molière, acte III, scène 1.)

17. *Quis, inquit, Deus tantum boni obtulit mihi?* (Camerarius.)

[a] « Ce sont de ces détails qui semblent ne pouvoir venir à l'esprit qu'à qui a vu ou entendu les choses. » (*Miscellaneous prose Works*, tome III, p. 323, Paris, 1837.)

[b] Juvénal, satire x, vers 168.

Il faut les ménager, ces rencontres sont rares.
     (Ainsi s'excusent les avares.)
J'en aurai, dit le Loup, pour un mois, pour autant[18] : 40
Un, deux, trois, quatre corps[19], ce sont quatre semaines,
     Si je sais compter, toutes pleines.
Commençons dans deux jours; et mangeons cependant
La corde de cet arc : il faut que l'on l'ait faite
De vrai boyau; l'odeur me le témoigne assez. »   45
     En disant ces mots, il se jette
Sur l'arc qui se détend, et fait de la sagette[20]
Un nouveau mort : mon Loup a les boyaux percés.

Je reviens à mon texte[21]. Il faut que l'on jouisse;
Témoin ces deux gloutons punis d'un sort commun :   50
     La convoitise perdit l'un;
     L'autre périt par l'avarice[22].

18. Addition affirmative : oui, pour autant que cela, pas moins.
19. « Cette exactitude de calcul (nouvelle remarque de Nodier) est encore tout à fait caractéristique. Il n'y a que l'avare qui puisse se complaire à multiplier, en quelque sorte, ses jouissances par une supputation si scrupuleuse. » Et la suite! commencer par le moins bon et trouver pour cela raison ingénieuse.
20. Au moyen de la flèche. *Sagette, saette*, formes vieillies, du latin *sagitta;* Walckenaer cite des exemples de Regnier, de Marot, de Scarron. — N'était le mot *sagette*, qui détermine et force le sens, la clarté de ce passage laisserait peut-être à désirer : le Loup aborde étourdiment, par le côté convexe, l'arc dont la corde, restée tendue, porte encore la flèche; et le mot *arc* désigne ici une arbalète, c'est-à-dire une sorte d'arc qui peut demeurer tendu sans l'aide de la main et se détendre par l'effet d'une secousse. C'est bien une arbalète que nous représente la vignette de l'édition originale.
21. C'est-à-dire à la morale que j'ai annoncé plus haut (vers 33 et 34) vouloir prouver par ces deux exemples et que je vais répéter.
22. Camerarius borne sa morale à l'avarice, exprimée par deux mots, quelquefois joints de même par les anciens : *Fabula narratur contra avaritiam et sordes.*

LIVRE NEUVIÈME[1].

FABLE PREMIÈRE.

LE DÉPOSITAIRE INFIDÈLE.

Livre des lumières, p. 137-140. — *Bidpaï*, tome II, p. 186-191, *les Deux Marchands*. (Voyez Benfey, tome I, p. 283-284, et le *Pantchatantra* de M. Lancereau, p. 369-370.) — Camerarius, fab. 385, *Depositum ws*. — Doni, *Filosofia morale*, fol. 46. — Burkhard Waldis, *Esopus*, fab. 96.

On peut comparer, dans les *Contes populaires de la Kabylie*, recueillis par M. J. Rivière (Leroux, 1882), *le Juif infidèle*, conte v° du groupe des cinq contes intitulé *le Vol*. Citons aussi, entre autres exemples, non de notre sujet, mais d'impudence analogue de menterie, la xɪv° nouvelle du *Grand Parangon des Nouvelles nouvelles : de deux Compaignons qui venoint de sus la mer et comment c'estoit à eux deux à qui mentiroit le plus fort;* et, pour le dernier trait, si connu, de notre fable, l'épigramme du *Chou de Bretagne et de la Marmite d'Espagne*, dans le recueil d'impression gothique intitulé[2] *Contes d'Alix*. — Comme charge encore en fait de mensonge, on pourrait rapprocher, non *le Menteur* de Corneille, où rien ne va à un tel excès, mais la petite comédie en un acte de Collin d'Harleville : *Monsieur de Crac dans son petit castel* (1791), dont le couplet final (scène xxvɪɪɪ) célèbre la victoire du héros de la pièce sur tous les Gascons et menteurs.

1. A partir du livre IX, qui forme, avec les livres X et XI, la *Quatrième partie* des fables publiées par la Fontaine, c'est 1679, et non plus 1678, qui est la date de l'édition originale. L'Achevé d'imprimer, placé à la fin du volume, avec l'extrait du Privilége, est du 15 juin 1679.

2. Le P. Garasse y renvoie dans les *Recherches des Recherches et autres œuvres d'Est. Pasquier*, Paris, 1622, in-8°, p. 534.

352   FABLES.   [F. 1

Saint-Marc Girardin, dans sa vii° leçon (tome I, p. 191-193), rapproche de cette fable un fabliau du moyen âge qu'il emprunte au XXII° volume de l'*Histoire littéraire de la France*; nous le citons à l'*Appendice* de ce volume, avec les piquantes réflexions qu'il suggère au critique. — Chamfort, qui semble aborder d'un air assez maussade, et avec une sévérité exagérée, l'examen des derniers livres de la Fontaine, critique d'abord le prologue de cette fable, qui « pèche, selon lui, par un défaut de liaison dans les idées, et où aucune beauté de détail ne rachète ce défaut, » puis ajoute en finissant : « Les deux historiettes suivantes ne sont point des fables, et n'étaient la matière que de deux petits contes épigrammatiques. Le conseil de prudence qui les termine n'est pas assez imposant pour mériter tant d'apprêts. » Il n'y a pas là *tant d'apprêts*, ce nous semble, et la Fontaine, d'autre part, n'a jamais visé, que nous sachions, à donner des *conseils imposants*.

  Grâce aux Filles de Mémoire[3],
  J'ai chanté des animaux[4];
  Peut-être d'autres héros
  M'auroient acquis moins de gloire.
  Le Loup, en langue des Dieux[5],   5
  Parle au Chien dans mes ouvrages ;
  Les bêtes, à qui mieux mieux,
  Y font divers personnages[6],
  Les uns fous, les autres sages :
  De telle sorte pourtant   10
  Que les fous vont l'emportant[7];

3. Les Muses étaient filles de Jupiter et de Mnémosyne, déesse de la Mémoire.
4. Voyez la dédicace en vers « à Monseigneur le Dauphin, » en tête du Ier livre des Fables, p. 55-56.
5. C'est-à-dire en vers : voyez l'épilogue du livre XI, vers 2, où c'est la Muse, et non, directement, la bête, comme ici, qui est dite parler cette langue.
6. Comparez la fin du prologue de la fable 1 du livre V, tome I, p. 363 et note 9.
7. Nous aurions eu déjà mainte occasion de relever ce tour aisé,

La mesure en est plus pleine.
Je mets aussi sur la scène
Des trompeurs, des scélérats,
Des tyrans et des ingrats,   15
Mainte imprudente pécore⁸,
Force sots, force flatteurs ;
Je pourrois y joindre encore
Des légions de menteurs :
Tout homme ment, dit le Sage⁹.   20
S'il n'y mettoit seulement
Que les gens du bas étage¹⁰,
On pourroit aucunement¹¹
Souffrir ce défaut aux hommes¹² ;

si fréquent dans le style familier, où le verbe *aller*, comme une sorte d'auxiliaire, forme, avec le participe présent, une périphrase verbale.

8. Voyez livre I, fable III, vers 9, tome I, p. 66 et note 4.

9. *Omnis homo mendax.* (*Psaume* CXV, verset 11, cité dans l'*Épître aux Romains*, chapitre III, verset 4.) Dans le *Discours à Mme de la Sablière*, à la fin de ce livre IX, vers 121 :

.... Jamais un roi ne ment.

10. « Pourquoi, dit Chamfort, la Fontaine leur pardonnerait-il plus le mensonge qu'aux autres ? Le mensonge est vil partout, et partout il est destructeur de toute société. » Chamfort a raison, au point de vue de la morale ; mais la Fontaine n'a pas tort, au point de vue de l'expérience et des faits ; il sait bien que les petits, opprimés comme ils sont, ne peuvent avoir la franchise d'un homme libre. Le poëte n'a-t-il pas dit : *Malesuada fames*[a] ? et le mensonge n'est-il pas un de ces mauvais conseils de la faim ou de la faiblesse ?

11. Jusqu'à un certain point, comme au vers 95 du conte IV de la IV⁰ partie. Nous trouvons le mot, sans archaïsme, avec *ne*, ci-après, au dernier vers de la fable V. L'adjectif est pris au même sens qu'ici l'adverbe au livre VI, fable I, vers 11 :

Phèdre étoit si succinct qu'aucuns l'en ont blâmé.

12. Même tour au vers 3 du conte XIV de la II⁰ partie.

[a] *Énéide*, livre VI, vers 276.

Mais que tous tant que nous sommes 25
Nous mentions, grand et petit,
Si quelque autre l'avoit dit,
Je soutiendrois le contraire.
Et même qui mentiroit
Comme Ésope et comme Homère[13], 30
Un vrai menteur ne seroit :
Le doux charme de maint songe
Par leur bel art inventé,
Sous les habits du mensonge
Nous offre la vérité[14]. 35
L'un et l'autre a fait un livre[15]
Que je tiens digne de vivre
Sans fin, et plus, s'il se peut[16].

13. « Cela est trivial à force d'être vrai, dit Chamfort. C'est jouer sur les mots que de confondre ces deux idées. Quel rapport y a-t-il, dit Bacon, entre les mensonges des poëtes et ceux des marchands? Le mal moral du mensonge réside dans le dessein de flatter, d'affliger, de tromper ou de nuire. » Ici Chamfort a bien raison, ce semble. Et pourtant la faute est surtout dans la transition : « Et même.... », qui ne sépare pas assez le mensonge de la fiction. Les distinguer, en bien marquer la différence, est une idée qui vient ici on ne peut plus naturellement à l'esprit, et elle sert au fabuliste à bien amener son apologue. Seulement il eût fallu mieux détacher, affirmer énergiquement la distinction à faire : « Que surtout on se garde de faire tomber la sentence sur celui qui

Sous les habits du mensonge
Nous offre la vérité. »

14. C'est ce que dit une épigramme de l'*Anthologie* grecque, sur une image d'Ésope :

Ille docet verum blanda sub imagine falsi.

(Livre IV, titre xxxiii, n° 9, traduction de Grotius, Utrecht, 1797, in-4°, tome II, p. 575.)

15. Sur Ésope et le livre que lui attribue la Fontaine, voyez la *Notice* qui est dans le Ier volume, en tête de la *Vie d'Ésope*, p. 25-28.

16. « Ce mot : *et plus, s'il se peut*, est ridicule, » dit Chamfort. On

Comme eux ne ment pas qui veut.
Mais mentir comme ont fait
Un certain dépositaire, 40
Payé par son propre mot[17],
Est d'un méchant et d'un sot.
Voici le fait :

    Un Trafiquant de Perse,
Chez son Voisin, s'en allant en commerce[18], 45
Mit en dépôt un cent[19] de fer un jour.
« Mon fer? dit-il, quand il fut de retour.
— Votre fer? il n'est plus : j'ai regret de vous dire
    Qu'un rat l'a mangé tout entier[20].
J'en ai grondé mes gens ; mais qu'y faire? un grenier 50

ne trouve rien de ridicule pourtant dans ces beaux vers d'*Esther*
(1284-1286, acte III, scène IX), où Racine use de la même hyperbole :

    Que l'on célèbre ses ouvrages
    Au delà des temps et des âges,
    Au delà de l'éternité ;

ni dans cette exagération biblique, que Racine imite : *Dominus regnabit in æternum et ultra.* (*Exode*, chapitre XV, verset 18.)

17. Sur lequel le Trafiquant va tout à l'heure s'appuyer (vers 71-74), en lui rendant mensonge pour mensonge.

18. Cette incise est placée de manière à faire amphibologie; mais la suite fait voir aussitôt qu'elle se rapporte à *Trafiquant*, et non à *Voisin*. — A remarquer : « aller en commerce, » pour « aller commercer ».

19. Cent livres, un quintal : voyez aux vers 73 et 74. Cet adjectif numéral sans nom s'applique maintenant d'ordinaire aux objets qui se comptent plutôt qu'à ceux qui se pèsent.

20. Cela rappelle, sans qu'il y ait au reste nul rapport avec notre vers que le fait de rats rongeant du fer, ce passage de l'*Apocolokyntose* de Sénèque (chapitre VII), où Hercule dit à l'empereur Claude qui, parvenu au Ciel après sa mort, ordonne que l'on coupe la tête à la Fièvre : « Te voici dans un pays où les rats mangent le fer, » *Venisti huc, ubi mures ferrum rodunt;* c'est-à-dire : « Ici pas de haches pour trancher les têtes. »

A toujours quelque trou. » Le Trafiquant admire
Un tel prodige, et feint de le croire pourtant.
Au bout de quelques jours il détourne[21] l'enfant
Du perfide Voisin; puis à souper convie
Le Père, qui s'excuse, et lui dit en pleurant :   55
    « Dispensez-moi, je vous supplie ;
    Tous plaisirs pour moi sont perdus.
    J'aimois un fils plus que ma vie ;
Je n'ai que lui; que dis-je? hélas ! je ne l'ai plus.
On me l'a dérobé : plaignez mon infortune. »   60
Le Marchand repartit : « Hier au soir, sur la brune[22],
Un chat-huant s'en vint votre fils enlever;
Vers un vieux bâtiment je le lui vis porter. »
Le Père dit : « Comment voulez-vous que je croie
Qu'un hibou[23] pût jamais emporter cette proie ?   65
Mon fils en un besoin[24] eût pris le chat-huant.
— Je ne vous dirai point, reprit l'autre, comment;
Mais enfin je l'ai vu, vu de mes yeux, vous dis-je[25],
    Et ne vois rien qui vous oblige
D'en douter un moment après ce que je dis.   70
    Faut-il que vous trouviez étrange
    Que les chats-huants[26] d'un pays
Où le quintal de fer par un seul rat se mange,

21. L'emmène, le fait disparaître; le mot implique l'idée de secret et de larcin; en latin, *avertit*. Nous avons vu ce verbe, avec une légère nuance d'acception, au livre I, fable xx, vers 1.

22. La locution revient au conte II de la IIIe partie, vers 170.

23. Ici le naturaliste n'a rien à reprendre, pas même le peu qui a été relevé à la fable xxii du livre VIII, note 13, pour la *chouette* confondue avec le *hibou* : le chat-huant est une sorte de hibou.

24. Même expression dans *l'Eunuque*, acte V, scène v (tome IV M.-L., p. 93).

25.   Je l'ai vu, dis-je, vu, de mes propres yeux vu,
   Ce qu'on appelle vu.
     (*Le Tartuffe*, 1664, acte V, scène iii, vers 1676-1677.)

26. *Chat-huans* dans les anciennes éditions (1679-1729).

Enlèvent un garçon pesant un demi-cent? »
L'autre vit où tendoit cette feinte aventure : 75
   Il rendit le fer au Marchand,
    Qui lui rendit sa géniture [27].

Même dispute avint entre deux voyageurs.
   L'un d'eux étoit de ces conteurs
Qui n'ont jamais rien vu qu'avec un microscope; 80
Tout est géant chez eux [28] : écoutez-les, l'Europe,
Comme l'Afrique [29], aura des monstres à foison.
Celui-ci se croyoit l'hyperbole permise.
« J'ai vu, dit-il, un chou plus grand qu'une maison.
— Et moi, dit l'autre, un pot aussi grand qu'une église.»
Le premier se moquant, l'autre reprit : « Tout doux [30];
   On le fit pour cuire vos choux [31]. »

L'homme au pot fut plaisant; l'homme au fer fut habile.
Quand l'absurde est outré, l'on lui fait trop d'honneur
De vouloir par raison combattre son erreur : 90
Enchérir est plus court, sans s'échauffer la bile.

  27. Nous avons déjà vu et verrons ce mot plusieurs fois : fables xvi du livre IV, vers 15; xviii du livre V, vers 21; contes xv de la IIe partie, vers 187; ii de la IIIe, vers 67, etc.
  28. Comparez livre VIII, fable ix, vers 8.
  29. *Tot monstra ferentem*, dit Lucain en parlant de l'Afrique (livre IX, vers 855). Voyez aussi Horace, livre I, ode xxii, vers 13-16.
  30. Ne vous moquez pas; plus souvent, ne vous fâchez pas. Littré, à l'article Doux, 11°, cite deux exemples de Molière.
  31. Quintilien (*Institution oratoire*, livre VI, chapitre iii, 78-80) fait de cette sorte de réfutation du mensonge par le mensonge (*repercutiendi.... mendacium mendacio*) un précepte de rhétorique et cite une réplique en ce genre de l'empereur Galba. C'est aussi la manière du fils de Monsieur de Crac (scène i) dans la pièce citée à la notice :

    A renchérir sur lui, voyons que je m'amuse....
    Le papa près de moi ne sera qu'un enfant;
    S'il me parle d'un loup, je cite un éléphant.

FABLE II.

LES DEUX PIGEONS.

Livre des lumières, p. 19-27 (long récit, analysé, en quelques lignes, par Benfey, tome I, p. 87; développé avec une ingénieuse facilité, il est digne d'être comparé par là à notre fable : nous le donnons à l'*Appendice*). — Bidpaï, tome I, p. 77-105, *les Deux Pigeons*.

Fénelon a repris ce sujet dans sa xx⁰ fable, sous ce titre : *le Pigeon puni de son inquiétude* (tome XIX des *OEuvres*, p. 58); mais il l'a sensiblement modifié; le récit se termine, non par le retour, mais par la mort du Pigeon voyageur, qui « expire plein de douleur, condamnant sa vaine ambition, et regrettant le doux repos de son colombier, où il pouvoit vivre en sûreté avec son ami. » — Horace, au commencement de l'épître x du livre I (vers 3-6), adresse à Fuscus Aristius cette charmante assurance d'amitié :

.... *Ad cetera pæne gemelli,*
Fraternis animis, quidquid negat alter, et alter;
Annuimus pariter, vetuli notique columbi.
Tu nidum servas, ego, etc.

L'hémistiche des « vieux pigeons connus » et tout l'ensemble paraissent bien faire allusion à la fable orientale et rendent très-vraisemblable qu'elle n'était pas demeurée inconnue de l'antiquité grecque et romaine.

Saint-Marc Girardin cite cette fable dans sa xix⁰ leçon (tome II, p. 139-141), pour montrer combien notre fabuliste sait mettre de naturel et de vérité dans le langage qu'il prête aux animaux. Ailleurs (xxviii⁰ leçon, tome II, p. 437), à propos du ravissant épilogue du poëme, le critique remarque que « la Fontaine a fait une grande part à l'expression de ses sentiments; et c'est par là qu'il nous plait. Il n'a rien de général ni de convenu; il est le plus particulier du monde, il est lui-même.... Les réflexions qu'il fait sont de véritables confidences. » — M. Taine (p. 266-269), comparant le langage des deux Pigeons dans Bidpaï et dans la Fontaine, voit d'un côté, « une litanie sentencieuse qui ne laisse à l'auditeur aucune impression précise, » et, de l'autre, « le discours d'un amant, dont chaque mot est une preuve de tendresse.... Ces détails de tendresse prévoyante et alarmée, cette émotion plaintive, ce ton plein de langueur et d'amour, sont' dans Virgile. Didon n'est ni plus passionnée ni plus triste » (voyez ci-après la note 6). — « Cette fable est célèbre, dit Chamfort, et au-dessus de tout éloge. Le ton du cœur, qui y règne d'un bout à l'autre, a obtenu grâce pour les défauts qu'une critique sévère lui a reprochés. » Critique sévère en effet, qu'on aurait bien de la peine à justifier. C'est sans doute à la Motte que Chamfort fait allusion ; c'est de lui du moins qu'il parle un peu plus loin : « La Motte, qui a fait un examen détaillé de cette fable, dit qu'on ne sait quelle est l'idée qui domine dans cet apologue, où des dangers du voyage, ou de l'inquiétude de l'amitié, ou du plaisir du retour après l'absence. Si, au contraire, dit-il, le Pigeon voyageur n'eût pas essuyé de dangers, mais qu'i eût trouvé les plaisirs insipides loin de son ami, et qu'il eût été rappelé près de lui par le seul besoin de le revoir, tout m'aurait ramené à cette seule idée, que la présence d'un ami est le plus doux des plaisirs. Cette critique de la Motte, poursuit Chamfort, n'est peut-être pas sans fondement; mais que dire contre un poëte qui, par le charme de sa sensibilité, touche, pénètre, attendrit votre cœur au point de vous faire illusion sur ses fautes et qui sait plaire même par elles? On est presque tenté de s'étonner que la Motte ait perdu à critiquer cette fable un temps qu'il pouvait employer à la relire. » Et non moins tenté de demander à qui trouve, comme fait Chamfort, la critique fondée, comment il peut se borner à excuser le fabuliste par l'admirable talent qui fait tout pardonner. La règle d'unité de la Motte nous paraît, de la façon qu'il la pose, d'une ridicule étroitesse. Tout ne tend-il point parfaitement à ce large but, très-légitimement compréhensif, qui est de montrer combien, à tous égards, pour deux vrais amis, il fait bon être ensemble? c'est ce que prouvent et l'inquiétude de l'un et le plaisir de l'autre au retour; et quelle *faute* peut-il y avoir à accroître ce plaisir par les dangers courus? Voyez la réfutation sans réplique que fait, de son côté, Saint-Marc Girardin, dans sa xxiiie leçon (tome II, p. 259-263), de l'incroyable jugement de la Motte. Après avoir exprimé brièvement son admiration pour « le discours du premier des deux Pigeons » (voyez ci-après la note 8), Chamfort ajoute encore, à propos de l'épilogue : « Tout le morceau de la fin, depuis : « Amants, heureux amants, » est, s'il est possible, d'une perfection plus grande. C'est l'épanchement d'une âme tendre, trop pleine de sentiments affectueux, et qui les répand avec une abondance qui la soulage. Quels souvenirs, et quelle expression dans le regret qui les accompagne! On a souvent imité ce morceau, et même avec succès, parce que les sentiments qu'il exprime sont cachés au fond de tous les cœurs, mais on n'a pu surpasser ni peut-être égaler la Fontaine. » — L'abbé Guillon a rapproché cette fable de celle des *Deux Amis* (voyez ci-dessus, livre VIII, fable xi), et il est tenté de donner la supériorité aux *Deux Pigeons*, pour « la naïveté du récit, l'aimable simplicité des personnages, la variété des tableaux, la douce et touchante sensibilité qui y domine, enfin.... le charme de la versification. » Il termine ainsi son examen : « La Fontaine n'eût-il fait que cette fable, elle suffisait pour rendre son nom immortel, comme le seul hymne qui nous reste de Sapho a consacré sa mémoire pour tous les siècles à venir. » — Une fable de la Motte, la ive du livre III, a pour titre également : *les Deux Pigeons*; mais elle n'a rien de commun que ce titre avec la nôtre, ni dans l'ensemble ni dans les détails.

Mme de Sévigné, qui aimait tant les fables de la Fontaine, qui les appelait « divines » (tome V, p. 552), fait plusieurs fois dans ses lettres allusion à celle des *Deux Pigeons*, qui avait dû la toucher, entre toutes, bien qu'elle les trouvât « toutes bonnes » (*ibidem*) : *le pigeon, votre pigeon, son pigeon*, écrit-elle, mainte fois, à Mme de Grignan, en lui rappelant la tendre et vive affection que son frère a pour elle (tome VI, p. 22, 30, 36, 41, 59, 60, 142, 188).

On dirait que Buffon s'est souvenu de notre fable dans le gracieux éloge qui termine sa description du *Pigeon*. Le naturaliste, comme le fabuliste, ont peut-être fait à l'oiseau la part un peu plus belle qu'il ne le mérite. On l'a reproché à l'un comme à l'autre. Pour nous, en lisant le second, nous nous contentons de lui savoir gré de son charmant embellissement. « .... Tous ces pigeons, dit Buffon après avoir décrit les diverses espèces, ont de certaines qualités qui leur sont communes : l'amour de la société, l'attachement à leurs semblables, la douceur de mœurs; nulle humeur, nul dégoût, nulle querelle; toutes les fonctions pénibles également réparties; le mâle aimant assez pour partager les soins maternels et même s'en charger, couvant régulièrement à son tour et les œufs et les petits pour en épargner la peine à sa compagne pour mettre entre elle et lui cette égalité dont dépend le bonheur de toute union durable : quels modèles pour l'homme, s'il pouvait ou savait les imiter ! »

Rappelons, en terminant cette notice, ce souvenir n'est pas encore effacé de toutes les mémoires, de quelle façon exquise, avec quelle tendresse, la grande tragédienne Rachel récitait la fable des *Deux Pigeons*, insérée par MM. Scribe et Legouvé dans leur comédie-drame d'*Adrienne Lecouvreur*, acte II, scène v.

> Deux Pigeons s'aimoient d'amour tendre[1] :
> L'un d'eux, s'ennuyant au logis,
> Fut assez fou pour entreprendre
> Un voyage en lointain pays[2].
> L'autre lui dit : « Qu'allez-vous faire ?   5
> Voulez-vous quitter votre frère ?
> L'absence est le plus grand des maux :
> Non pas pour vous, cruel[3] ! Au moins, que les travaux,
> Les dangers, les soins[4] du voyage,

1. On peut objecter à ceci, à toute la fable, que la fidélité est peu commune chez ces oiseaux ; mais il faut remarquer que, dans cette gracieuse fiction, il s'agit d'amitié, non d'amour au sens ordinaire : aux vers 6, 16, 24, on s'appelle *frère*. Notons toutefois qu'à l'épilogue nous passons de l'amitié à l'amour.

2. Fénelon, dans la fable citée, motive le voyage, mais il brusque le départ et omet le touchant entretien qui le précède, où il eût été bien difficile et bien hardi de lutter avec le poëte : « L'un d'eux, se dégoûtant des plaisirs d'une vie paisible, se laissa séduire par une folle ambition, et livra son esprit aux projets de la politique. Le voilà qui abandonne son ancien ami : il part, il va du côté du Levant, etc. » — *Loingtain*, dans les textes de 1679, 82, 1709, 29.

3. Au sujet de ce mot *cruel*, rejeté à la fin : « C'est, dit l'abbé Guillon, le *crudelis* de Didon dans ses plaintes à Énée (voyez la note 6) ; c'est le *dure* d'Ovide, dans sa belle élégie sur la trahison d'un ami :

> *Ut neque respiceres, nec solarere jacentem,*
> *Dure!*

(*Les Tristes*, livre I, élégie VIII, vers 13-14.) »

4. Préoccupations, soucis. André Chénier parle des « soins, compagnons du voyage » (élégie XI du livre I, vers 10).

362   FABLES.   [F. II

>   Changent un peu votre courage⁵.   10
> Encor, si la saison s'avançoit davantage⁶ !
> Attendez les zéphyrs : qui vous presse ? un corbeau
> Tout à l'heure annonçoit malheur à quelque oiseau⁷.
> Je ne songerai plus que rencontre funeste,
> Que faucons, que réseaux. « Hélas ! dirai-je, il pleut : 15
> « Mon frère a-t-il tout ce qu'il veut,
> « Bon soupé, bon gîte, et le reste⁸ ? »
> Ce discours ébranla le cœur
> De notre imprudent voyageur ;

5. Walckenaer explique et complète ainsi, mais peu exactement : « affaiblisse votre courage au point de vous faire changer de résolution. » *Courage*, remarque avec raison Geruzez, signifie ici, comme si souvent autrefois, cœur, dispositions du cœur, « ce qu'on a dans le cœur, ou le cœur lui-même. » C'est par le primitif *cœur*, et non plus par son dérivé *courage*, qu'est exprimée, un peu plus bas (vers 18), une idée analogue. Voyez deux autres exemples dans le conte v de la III⁰ partie, vers 248 ᵃ et dans la scène II de l'acte V de *l'Eunuque*ᵇ ; et comparez les *Lexiques* de la Collection.

6. Chez Virgile, Didon dit de même à Énée (*Énéide*, livre IV, vers 309-311) :

> *Quin etiam hiberno moliris sidere classem,*
> *Et mediis properas aquilonibus ire per altum,*
> *Crudelis !*

7. Voyez les vers 23-24 de la fable xvii du livre II, où l'on aurait dû citer en note, au lieu du vers 18, d'authenticité douteuse, de la 1ʳᵉ églogue de Virgile, le vers 15 de sa ix⁰.

8. « Quelle grâce, quelle finesse sous-entendues dans ce petit mot *et le reste*, caché comme négligemment au bout du vers ! » (Chamfort.) Mme de Sévigné, dans une lettre de 1679, à Mme de Grignan (tome VI, p. 15), cite, de mémoire, ces deux vers par allusion à son fils : « Votre frère me paroît avoir tout ce qu'il veut,

> Bon dîner, bon gîte, et le reste. »

ᵃ   Elle partit, non sans lui présenter
      Une main blanche, unique témoignage,
      Qu'Amour avoit amolli ce *courage*.

ᵇ   On n'en rencontre point qui tiennent leur *courage*,
c'est-à-dire qui maîtrisent leur cœur.

LIVRE IX.

Mais le desir de voir et l'humeur inquiète⁹ 20
L'emportèrent enfin. Il dit : « Ne pleurez point ;
Trois jours au plus rendront mon âme satisfaite ;
Je reviendrai dans peu¹⁰ conter de point en point¹¹
    Mes aventures à mon frère ;
Je le désennuierai. Quiconque ne voit guère 25
N'a guère à dire aussi¹². Mon voyage dépeint
    Vous sera d'un plaisir extrême.
Je dirai : « J'étois là ; telle chose m'avint ; »
    Vous y croirez être vous-même¹³. »
A ces mots, en pleurant, ils se dirent adieu. 30
Le voyageur s'éloigne ; et voilà qu'un nuage
L'oblige de chercher retraite en quelque lieu.
Un seul arbre s'offrit, tel encor que l'orage
Maltraita le Pigeon en dépit du feuillage.
L'air devenu serein, il part tout morfondu¹⁴, 35
Sèche du mieux qu'il peut son corps chargé de pluie,
Dans un champ à l'écart voit du blé répandu,
Voit un pigeon auprès¹⁵ : cela lui donne envie ;

---

9. Nom et adjectif déjà vus au livre VII, fable XII, vers 30.
10. Voyez ci-dessus, p. 164 et note 13.
11. Même locution au vers 204 du conte V de la II⁰ partie.
12. Mme de Sévigné, dans ses *Lettres*, rappelle plusieurs fois ce passage (tome VI, p. 4 et 360; tome IX, p. 435 ; tome X, p. 458). C'est la contre-partie des vers 2-3 de la fable VIII du livre I :

    .... Quiconque a beaucoup vu
    Peut avoir beaucoup retenu.

— Pour *aussi*, dans ce tour négatif, voyez les divers *Lexiques*.

13. « La réponse du voyageur, dit l'abbé Guillon, ne le cède point en délicatesse au discours de son ami. Il peut s'abuser, mais il ne trompe pas : il compte rapporter de son absence une ample récolte d'agréments, non pour lui, mais pour son frère. »

14. Ce participe est employé, sans *tout*, dans la fable VII du livre V, vers 10, et substantivement dans le conte XII de la III⁰ partie, vers 11. Nous avons vu le verbe « se morfondit », à la fable XV du livre VII, vers 45.

15. Un pigeon servant d'appeau.

Il y vole, il est pris : ce blé couvroit d'un las[16]
    Les menteurs et traîtres appas[17]. 40
Le las étoit usé : si bien que, de son aile,
De ses pieds, de son bec, l'oiseau le rompt enfin ;
Quelque plume y périt; et le pis du destin
Fut qu'un certain vautour, à la serre cruelle,
Vit notre malheureux, qui, traînant la ficelle 45
Et les morceaux du las qui l'avoit attrapé,
    Sembloit un forçat échappé.
Le vautour s'en alloit le lier[18], quand des nues
Fond à son tour un aigle aux ailes étendues.
Le Pigeon profita du conflit des voleurs, 50
S'envola, s'abattit auprès d'une masure,
    Crut, pour ce coup, que ses malheurs
    Finiroient par cette aventure ;
Mais un fripon d'enfant (cet âge est sans pitié[19])
Prit sa fronde et, du coup, tua plus d'à moitié 55

16. C'est l'orthographe ici, où elle rend la rime plus exacte, et de même, sans ce motif, aux vers 41 et 46, de l'édition de 1679, comme aussi des textes de 1682, 88, 1708, 29 : voyez plus haut, p. 325, note 6.

17. Sur *appas*, au sens d'*appâts*, qui rend également ici la rime plus exacte aux yeux, voyez l'*Essai sur la langue de la Fontaine* de M. Marty-Laveaux, p. 23-27, et son *Lexique de Corneille*, tome I, p. 63-64.

18. « On dit qu'un oiseau de proie.... lie le gibier, pour dire qu'il l'arrête avec la serre. » (*Dictionnaire de l'Académie*, 1694.)

19. Hémistiche su de tous et accusation qu'on a mainte occasion de répéter, parce que, avec inconscience souvent, l'enfance, dans sa légèreté, trop fréquemment la justifie. La Fontaine, dans une lettre écrite de Limoges à sa femme, le 19 septembre 1663, avoue qu'il a peu de goût pour cet âge : « De vous dire quelle est la famille de ce parent, et quel nombre d'enfants il a, c'est ce que je n'ai pas remarqué, mon humeur n'étant nullement de m'arrêter à ce petit peuple[a]. » — Nous trouvons aussi un enfant artisan, mais inconscient, de malheur, dans *les Filles de Minée*, vers 438-441. Comme

[a] Voyez, au tome I, la *Notice biographique*, p. XLVI-XLVII.

La volatile[20] malheureuse,
Qui, maudissant sa curiosité,
Traînant l'aile[21] et tirant le pié,
Demi-morte et demi-boiteuse,
Droit au logis s'en retourna :　　　　　　　　　60
Que bien, que mal[22], elle arriva
Sans autre aventure fâcheuse.
Voilà nos gens rejoints ; et je laisse à juger
De combien de plaisirs ils payèrent leurs peines.

Amants, heureux amants[23], voulez-vous voyager ?　65

traits peu indulgents, on peut comparer les premiers vers de la fable v du livre IX et le vers 4 de la fable ii du livre XI.

20. L'Académie, qui n'indique pas le genre de ce mot dans sa 1re édition (1694) et le fait masculin dans toutes les suivantes, dit, dans sa dernière seulement, qu'il « est aussi quelquefois féminin. » Richelet (1679) ne donne que *volatille*, par deux *l*, qu'il qualifie de « mot burlesque » signifiant « tout animal qui vole, » tandis que l'Académie, qui, dans toutes ses éditions, a aussi cette forme en *ille*, conjointement avec l'autre en *ile*, entend la première seule des « oiseaux bons à manger. » Nous trouverons la forme *volatille* au livre XII, fable xii, vers 87, et au vers 90 de *Philémon et Baucis*.

21. Ces mots reviennent au vers 21 de la fable xi du livre X ; et, avec *de* : « traînant de l'aile », dans le *Discours à Mme de la Sablière* à la suite du livre IX, vers 81. — A la fin du vers, *pié*, pour la rime, dans les anciennes éditions (1679-1729), comme au vers 5 de la fable xiv du livre III.

22.　　Que bien, que mal, selon nos fantasies,
　　　Nous escrivons souvent des poësies.
(CHARLES FONTAINE, épître à Sagon, vers 61-62, tome I, p. 249, des *OEuvres de Clément Marot*, édition P. Jannet, 1873.)

— Même locution au vers 43 du conte iii de la IIIe partie. L'effet imitatif qu'elle produit ici suggère à Geruzez la remarque suivante : « Mettez à la place *tant bien que mal*, dont le sens est le même (*le sens et la mesure*), le charme est détruit, l'image s'efface, on ne voit plus la démarche demi-boiteuse de la volatile. »

23. Voyez plus haut, la note 1, et, dans la notice, p. 359-360, la remarque de Chamfort sur ce passage. — Dans un endroit analogue

Que ce soit aux rives prochaines.
Soyez-vous l'un à l'autre un monde toujours beau,
Toujours divers[24], toujours nouveau ;
Tenez-vous lieu de tout, comptez pour rien[25] le reste.
J'ai quelquefois[26] aimé : je n'aurois pas alors 70
  Contre le Louvre et ses trésors,
Contre le firmament et sa voûte céleste,
  Changé les bois, changé les lieux
Honorés par les pas, éclairés par les yeux[27]
  De l'aimable et jeune Bergère 75

des *Filles de Minée* (vers 330-331), où il s'agit également du danger que l'on court en voyage, la Fontaine, employant la même épithète, appelle la mer : « L'élément

  Qui doit être évité de tout heureux amant. »

24. Au vers 37 de la fable XIII du livre II, nous avons ces mêmes mots opposés à « toujours égal ».

25. *Rien* pour *ne.... rien*. L'ancien nom *rien*, surtout dans le langage familier, passe ainsi souvent, employé sans *ne*, de son sens positif originaire, au sens négatif.

26. *Quelquefois*, au sens archaïque d'*une fois*, comme le montre la suite : la « jeune Bergère » et le temps du verbe « servis », vers 75-77. Littré cite de ce sens deux vieux exemples, et nous disons encore *quelque jour* pour *un jour*. Toutefois il ne faut pas entendre « une seule fois, » mais « une fois entre autres; » il s'agit d'un fait déterminé; l'auteur du sonnet *Pour Mademoiselle de Poussay*[a] (*Amarante*), publié en 1671 (tome V M.-L., p. 63), ne peut, ni ne veut hypocritement, le donner pour un fait unique dans sa vie :

  J'avois brisé les fers d'Aminte et de Sylvie,
  J'étois libre, et vivois content et sans amour... !
  Quand du milieu d'un cloître Amarante est sortie.

Nous ne chercherons pas à lire le nom propre qui se cache, cinq vers plus bas, sous le nom commun *Bergère* : ce serait perdre sa peine. Les mots : « premiers serments », du vers 77, marquent, ce semble, un très-ancien souvenir, un premier amour.

27. Le poëte a pris ce vers entier dans une lettre en prose et en

[a] Voyez la *Notice biographique*, p. LXXXIX.

Pour qui, sous le fils de Cythère[28],
Je servis, engagé par mes premiers serments.
Hélas ! quand reviendront de semblables moments ?
Faut-il que tant d'objets si doux et si charmants
Me laissent vivre au gré de mon âme inquiète[29] ?   80
Ah ! si mon cœur osoit encor se renflammer[30] !
Ne sentirai-je plus de charme qui m'arrête ?
Ai-je passé le temps d'aimer[31] ?

vers, adressée par lui, en juin 1671, à la duchesse de Bouillon :

> Peut-on s'ennuyer en des lieux
> Honorés par les pas, éclairés par les yeux
> D'une aimable et vive princesse ?

Voyez aussi, pour les premiers mots : « honorés par les pas, » conte 11 de la V° partie, vers 70 ; et Voltaire, *Nuit blanche de Sully*, tome XIV des Œuvres, p. 315. — L'abbé Guillon juge cet hémistiche : *éclairés par les yeux*, « trop hyperbolique, bon pour les Églé de Ronsard et de Voiture. » Geruzez trouve tout le vers « délicieux », et nous sommes de son avis. — « La princesse [de Tarente] *éclaire* ces bois comme la nymphe Galatée, » dit Mme de Sévigné dans une lettre du 29 septembre 1680 (tome VII, p. 90).

28. *Cythère* pour *Cythérée*, c'est-à-dire Vénus, la déesse adorée à Cythère, dans cette île du golfe laconique où elle avait d'abord abordé à sa naissance. Même forme au vers 102 du conte XVI de la IV° partie, et dans une épître (tome V *M.-L.*, p. 182). Dans le *Virgile travesti* de Scarron (livre IV, traduction du vers latin 92), Junon, s'adressant à Vénus, dit pareillement : « Dame Cythère. »

29. C'est-à-dire, comme le veut mon « humeur inquiète » (vers 20), n'*osant*, ne pouvant rester *arrêté*, attaché à aucun. Sens identique d'*inquiet* au vers 7 de la 11de élégie.

30. Voyez de vieux exemples de ce composé dans le *Dictionnaire de Littré*. — Corneille, à l'acte IV, scène 1, vers 1092, de *Mélite*, s'est servi, au même sens, du verbe *rembraser*.

31. En 1679, date où parut cette fable, le poëte avait cinquante-huit ans. Dans la lettre à la duchesse de Bouillon, de 1671, que nous citions tout à l'heure (note 27), il répondait franchement *oui* à sa question.

> Pour moi le temps d'aimer est passé, je l'avoue.

— « La Fontaine, dit Sainte-Beuve, est notre seul grand poëte personnel et rêveur avant André Chénier. Il se met volontiers dans ses vers, et nous entretient de lui, de son âme, de ses caprices et de ses faiblesses. Son accent respire d'ordinaire la malice, la gaieté, et le conteur grivois nous rit du coin de l'œil, en branlant la tête. Mais souvent aussi il a des tons qui viennent du cœur et une tendresse mélancolique qui le rapproche des poëtes de notre âge. Ceux du seizième siècle avaient bien eu déjà quelque avant-goût de rêverie; mais elle manquait chez eux d'inspiration individuelle, et ressemblait trop à un lieu commun uniforme, d'après Pétrarque et Bembo. La Fontaine lui rendit un caractère primitif d'expression vive et discrète; il la débarrassa de tout ce qu'elle pouvait avoir contracté de banal ou de sensuel; Platon, par ce côté, lui fut bon à quelque chose, comme il l'avait été à Pétrarque; et quand le poëte s'écrie dans une de ses fables délicieuses :

> Ne sentirai-je plus de charme qui m'arrête?
> Ai-je passé le temps d'aimer?

ce mot *charme*, ainsi employé en un sens indéfini et tout métaphysique, marque en poésie française un progrès nouveau qu'ont relevé et poursuivi plus tard André Chénier et ses successeurs. » (*Portraits littéraires*, 1862, tome I, p. 59-60.)

FABLE III.

LE SINGE ET LE LÉOPARD.

Ésope, fab. 159, Ἀλώπηξ καὶ Πάρδαλις (Coray, p. 96 et p. 351, sous cinq formes, dont deux, la seconde élégamment complète en fort peu de mots, sont dans Plutarque : voyez la suite de la notice). — Avianus, fab. 40, *Vulpes et Pardus*. — G. Cognatus, p. 8, *de Vulpe et Pardali*. — P. Candidus (Weiss), fab. 87, *Pardus et Vulpes*. — Ysopet-Avionnet, fab. 18, *de Renart et de la Ourse* (Robert, tome II, p. 202-204). — Haudent, Ire partie, fab. 2, *le Second apologue d'un Regnard et d'un Léopard*. — Hégémon, fab. 16, *du Léopard et du Regnard*. — Lodovico Guicciardini, *Detti et fatti*, etc., p. 152. — Verdizotti, fab. 46, *della Volpe e del Pardo*.

Mythologia æsopica Neveleti, p. 221, p. 483.

Chez Plutarque, la fable ésopique est dans l'opuscule intitulé : *Quelles passions et maladies sont les pires, celles de l'âme ou celles du corps*, § 2, et dans *le Banquet des sept sages*, § 12. Voyez aussi dans Érasme, *Adagiorum Chiliades* (1606), p. 899, col. 2, le paragraphe intitulé : *Pardalis exuvium induere*.

« Voilà encore une de ces fables, dit Chamfort, qui ne pouvaient guère réussir que dans les mains de la Fontaine. Le sujet, si mince, prend tout de suite de l'agrément, et, en quelque sorte, un intérêt de curiosité, par l'idée de donner aux discours des personnages la forme et le ton des charlatans de la foire. » — M. Taine (p. 331) cite la fable d'Ésope d'où la Fontaine a tiré la sienne, comme « le modèle de la fable philosophique » opposée à la fable poétique ; il transcrit plus loin (p. 342-344) celle d'Ysopet-Avionnet, *de Renart et de la Ourse*, comme un exemple des contes naïfs et quelque peu traînants du moyen âge ; et, à la suite, celle de la Fontaine (p. 348-349), comme un modèle du genre poétique à opposer au genre philosophique.

Le Singe avec le Léopard
Gagnoient de l'argent à la foire.
Ils affichoient chacun à part.

L'un d'eux disoit¹ : « Messieurs, mon mérite et ma gloire
Sont connus en bon lieu². Le Roi m'a voulu voir³ ;
  Et, si je meurs, il veut avoir
Un manchon de ma peau : tant elle est bigarrée,
   Pleine de taches, marquetée,
  Et vergetée⁴, et mouchetée⁵ ! »

1. Disait sur l'affiche ou plutôt par la bouche des bateleurs qui les faisaient voir. Les images des deux animaux devaient, selon l'usage, être peintes, *affichées* sur la baraque. Les bêtes pourraient, dans une fable, jouer elles-mêmes le rôle de bateleurs; mais on voit, par toute la suite, surtout par les vers 10-11, que ce n'est pas ainsi que l'entend ici le poëte.

2. Ce qui suit immédiatement explique fort bien ces mots, et nous ne croyons pas qu'il y faille voir, comme on l'a dit, quelque allusion aux armoiries où le Léopard figure.

3. Y a-t-il une malicieuse réminiscence de ce passage dans ces premiers mots de la note *a* mise par Voltaire au bas de sa satire contre le Franc de Pompignan, intitulée *la Vanité* (tome XIV des *OEuvres*, p. 168) : « Un provincial, dans un mémoire, a imprimé ces mots : « Il faut que tout l'univers sache que Leurs Majestés « se sont occupées de mon discours. Le Roi l'a voulu voir; toute « la cour l'a voulu voir. » Il dit dans un autre endroit que « sa « naissance est encore au-dessus de son discours. » ?

4. Nous avons vu *marqueté* dans la fable v du livre VI, vers 26 ; quant à *vergeté*, en ce sens, il manque dans Richelet (1679), Furetière (1690) et la première édition du *Dictionnaire de l'Académie* (1694); mais, dans celui-ci, se lit dès la seconde (1718) : « On appelle *teint vergeté, peau vergetée*, un teint, une peau où il paroît de petites raies de différentes couleurs, et plus ordinairement rouges. » — Ces trois rimes féminines de suite, dit Nodier, et, ajouterons-nous, ces trois formes de participes à longue désinence semblable, « font très-bien ici, parce qu'elles rappellent le débit emphatique et redondant d'un charlatan de place. » On a déjà vu (fable XIX du livre VI, vers 11-14) que la Fontaine excellait à imiter leur langage. » Et on va le voir bien mieux encore aux vers 12 et suivants.

5. Dans la fable d'Avianus, le Léopard va jusqu'à prendre en pitié les lions parce que leur peau n'est pas bigarrée :

Et quia nulla graves variarent terga leones,
Protinus his miserum credidit esse genus.

LIVRE IX.

La bigarrure plaît. Partant⁶ chacun le vit ;
Mais ce fut bientôt fait ; bientôt chacun sortit.
Le Singe, de sa part⁷, disoit : « Venez, de grâce ;
Venez, Messieurs, je fais cent tours de passe-passe.
Cette diversité dont on vous parle tant,
Mon voisin Léopard l'a sur soi seulement ;
Moi, je l'ai dans l'esprit. Votre serviteur Gille⁸,
  Cousin et gendre de Bertrand,
  Singe du Pape en son vivant⁹,
  Tout fraîchement en cette ville
Arrive en trois bateaux¹⁰, exprès pour vous parler ;

---

6. Par conséquent, comme au vers 14 de la fable 1 du livre VII.

7. De son côté (ci-dessus, p. 260, note 10) ; peut-être ici avec la nuance : « à son tour ; » les baladins, comme on sait, ne commencent d'ordinaire leurs parades qu'à tour de rôle. — Pour les mots : « Le Singe.... disoit », voyez la note 1.

8. Ce nom propre, parfois synonyme de « niais », et qui est également le nom du Singe de Jupiter, « à ce que dit l'histoire » (fable XXI du livre XII, vers 7), est ainsi expliqué par Littré : « Personnage du théâtre de la foire, le niais. » — *Bertrand*, qui suit, est aussi le nom du singe de la fable XVII du livre IX (vers 1, 7, 14, 24) et, avec la particule, sans doute là monastique, *Dom*, du singe du Thésauriseur de la fable III du livre XII (vers 19 et 24).

9. Le tour est un peu douteux : « de son vivant » se rapporte-t-il à Bertrand ou au Pape ? Bien plutôt à Bertrand, c'est-à-dire, la locution l'implique, à feu Bertrand. Les mots « singe du Pape » font de lui un personnage, comme du fou ou bouffon quand on dit : « fou du Roi ». Le fabuliste a pu songer au Singe du pape Jules II auquel Simon Maioli, cité dans la notice de la fable XVII du livre IX, *le Singe et le Chat*, fait remonter historiquement l'anecdote des marrons tirés du feu, sujet de cette fable.

10. Expression familière et proverbiale, marquant une arrivée pompeuse, avec grande suite et propre à faire ridiculement sensation. Rabelais, au chapitre XVI de *Gargantua* (tome I, p. 63), dit, en parlant de la jument envoyée par Fayoles à Grandgousier : « Fut amenee par mer en troys carracques et un brigantin. » Mme de Montmorency, dans une lettre du 6 avril 1670 (*Correspondance de Bussy-Rabutin*, 1858, tome I, p. 254), rapporte un mot de Mme de Monglas sur Bussy où cette locution a un tout autre

Car il parlé, on l'entend[11] : il sait danser, baller[12],
 Faire des tours de toute sorte[13],
Passer en des cerceaux ; et le tout pour six blancs[14] :
Non, Messieurs, pour un sou ; si vous n'êtes contents,
Nous rendrons à chacun son argent à la porte[15]. » 25

emploi et sert à marquer rareté : « Il faut avouer que notre ami est très-agréable, et que de ces gens-là il n'en vient que deux en trois bateaux. »

11. C'est-à-dire parle intelligiblement, de manière à être compris.

12. Dans *Joconde* (conte 1 de la Ire partie, vers 518) :

 Il fut dansé, sauté, ballé.

Les dictionnaires s'accordent à faire du vieux mot *baller* un simple synonyme de *danser*, tout en citant des exemples où, comme dans ceux-ci, les deux verbes se trouvent ensemble. Ces répétitions montrent qu'il y avait une nuance de signification. Le *Dictionnaire de l'ancienne langue française* de M. Godefroy donne, parmi les sens de *bal*, celui de « mouvement, agitation ». *Baller* devait sans doute avoir gardé quelque chose de cette acception générale et équivaloir, plus ou moins, à « se trémousser; » ici, pour notre Singe, « s'agiter en toute sorte de gambades. »

13. Comparez le vers 204 du *Petit Chien*, conte XIII de la IIIe partie :

 Il entend tout, il parle, il danse, il fait cent tours.

14. « *Blanc*, monnoie, dit Richelet (1680), dont il ne reste plus que le nom. » Le blanc valant cinq deniers et le sou douze, six blancs valaient deux sols et demi ; mais ce terme, « en ce sens, dit l'Académie (1694),... n'a plus d'usage au singulier, on ne s'en sert ordinairement qu'au pluriel, au nombre de trois et de six. » Avec *six*, il n'est pas encore entièrement inusité parmi le peuple.

15. C'est une parade, un véritable *boniment*, comme on dit vulgairement aujourd'hui, tel que la Fontaine avait pu en entendre sur le Pont-Neuf ou à la foire Saint-Germain. Il est bien plus vrai, mieux imité que celui du *Singe* de Florian (livre II, fable VII), *qui montre la lanterne magique* et termine ainsi sa harangue :

 Entrez, entrez, Messieurs, criait notre Jacqueau ;
 C'est ici, c'est ici qu'un spectacle nouveau
 Vous charmera gratis. Oui, Messieurs, à la porte
 On ne prend point d'argent : je fais tout pour l'honneur.

Le Singe avoit raison. Ce n'est pas sur l'habit
Que la diversité me plaît ; c'est dans l'esprit :
L'une fournit toujours des choses agréables ;
L'autre, en moins d'un moment, lasse les regardants[16].
Oh! que de grands seigneurs, au Léopard semblables,
    N'ont que l'habit pour tous talents[17] !

16. Nous rencontrons le même participe, pris substantivement, comme ici, au pluriel, aux livres III, fable x, vers 5 ; X, fable II, vers 31 ; et à la fin du conte III de la III° partie, vers 208.

17. L'édition de 1679 portait d'abord :

    Bigarrés en dehors, ne sont rien en dedans.

L'auteur lui-même substitua à cette leçon le vers actuel au moyen d'un carton, mais ce carton manque à certains exemplaires ; c'est ce qui explique comment l'édition de 1682 donne le vers primitif, tandis que celles de 1688, 1708, 1709, 1729 ont le vers corrigé. — « C'est peut-être cette jolie épigramme, dit l'abbé Guillon, qui a inspiré la charmante épître de M. Sedaine : *A mon habit.* » Au moins peut-on dire que son épître n'est que le développement du mot de la Fontaine. — Avianus termine ainsi sa fable :

   Miremurque magis quos munera mentis adornant
    Quam qui corporeis enituere bonis.
    — Car un laid saige est plus prisé
   Que n'est un biau fol desguisé. (Ysopet-Avionnet.

Comparez la Motte, livre IV, fable IX, *les Deux Livres :*

   Du sage mal vêtu le grand seigneur rougit :
    Et cependant l'un est un homme,
    L'autre n'est souvent qu'un habit.

— « Avec le Léopard, dit Saint-Marc Girardin dans sa XIV° leçon (tome II, p. 3-4), le fabuliste peint les habits brodés.... Et peu importe que la forme ou la couleur de l'habit vienne à changer ; peu importe même que l'habit devienne une carmagnole ou une blouse. Ils (les courtisans) porteront la carmagnole, la blouse ou l'habit doré avec le même air de satisfaction : ne sont-ils pas de la cour ? » Voyez la fable XIV du livre VIII, vers 17-21. Notre épilogue fait penser aussi à celui de la fable XIV du livre IV.

FABLE IV.

LE GLAND[1] ET LA CITROUILLE.

Boniface et le Pédant, comédie en prose, imitée de l'italien[2] de Bruno Nolano, acte V, scène xx : voyez particulièrement, dans cette scène xx, la question de Momus à Mercure et la réponse de celui-ci, sur les citrouilles et les noix. — Tabarin, *OEuvres complètes*, tome II, p. 175-177 (édition Jannet, 1858) : *les Rencontres, fantaisies, et coq-a-lasnes facetieux du baron de Grattelard*, etc., demande VIIe : *Si la nature fait quelque chose de mauvais*, transcrite par M. Moland dans son édition de *la Fontaine*. Voici la partie du dialogue, entre Grattelard et le Maître, où l'exemple destiné à montrer « l'union et le lien qui va conjoignant et subalternant les choses de la nature » est identique avec le nôtre : « GRATTELARD. En me promenant, comme je vous ai déjà dit, dans le jardin, j'ai aperçu une grosse citrouille (par ma foi, c'étoit un vrai tambour de Suisse) qui étoit pendue en l'air. J'admirois comme la nature avoit eu si peu d'esprit de dire qu'un si gros fruit fût soutenu d'une si petite queue qui, au moindre vent, pouvoit se rompre. LE MAÎTRE. Tu accusois la nature sur ce sujet. GRATTELARD. Je l'accusois d'indiscrétion, comme de vrai il y doit avoir une proportion *inter sustinens et sustentum*. Mais, quand j'ai été plus avant dans le bois qui est à l'autre extrémité du jardin, j'ai bien changé d'avis et d'opinion. LE MAÎTRE. Tu as reconnu enfin que la nature ne produit rien qu'avec grande considération. GRATTELARD. Par la mordienne! j'étois perdu si elle eût fait autrement ; car, en passant par-dessous un grand chêne, j'entendois chanter un oiseau qui, par son doux ramage, m'arrêta tout court, et, comme je voulois regarder en haut,

---

1. *Glan* dans toutes nos éditions, ici et plus bas, bien que les *Dictionnaires de Nicot* (dès 1606), de *Furetière* (1690), de *l'Académie* (1694), écrivent *gland*; même celui de Richelet (1680), qui d'ordinaire supprime les lettres non prononcées.

2. Le texte italien a été imprimé à Paris en 1582 ; l'imitation française en 1633 : voyez M. Moland, *Molière et la Comédie italienne*, p. 105-106.

un gland me tomba sur le nez. Je fus contraint alors d'avouer que la nature avoit bien fait; car, si elle eût mis une citrouille au sommet du chêne, cela m'eût cassé le nez. LE MAÎTRE. Il eût fait beau te voir, avec ton nez en écharpe, boire à la bouteille, Grattelard. GRATTELARD. Je vous jure les *Géorgiques* de Virgile, mon maître, que c'étoit le moyen par où la nature me pouvoit empêcher de porter des lunettes en ma vieillesse. »

Cette fable parut, pour la première fois, en 1671, dans le recueil de *Fables nouvelles*, p. 16, avec ce titre : *du Glan et de la Citrouille*, qui est aussi celui de l'édition d'Amsterdam (1679); elle est la sixième du recueil de 1671, achevé d'imprimer le 12 mars, et dont Mme de Sévigné annonçait la publication à la date du 13 (tome II des *Lettres*, p. 109 et note 20; voyez aussi *ibidem*, p. 195).

Il est fort probable que la source de cet apologue est un des deux ouvrages que nous citons ci-dessus. Peut-être aussi la Fontaine le recueillit-il débité de vive voix, sur le Pont-Neuf, par un des charlatans héritiers de Tabarin.

Robert (tome II, p. 206) rapproche une phrase de Raulin (*de Matrimonio, sermo* III) qui exprime aussi, avec étonnement, un contraste, mais de tout autre intention, entre le chêne, comparé à la vigne, et les fruits des deux plantes : *Quercus enim, pulchra et alta, non fert nisi glandem pro fructu : qui fructus est porcorum; vitis vero, vilis arbor et tortuosa, fert optimum vinum, Deum et homines lætificans.*

« Le simple bon sens qui a dicté cet apologue, dit Chamfort, est supérieur à toutes les subtilités philosophiques ou théologiques qui remplissent des milliers de volumes sur des matières impénétrables à l'esprit humain. Le paysan *Matthieu-Garo* est plus célèbre que tous les docteurs qui ont argumenté contre la Providence. » — Voyez, dans la notice de la fable XVII de ce livre, une citation de Mme de Sévigné relative à cette fable-ci; et, dans la XIIIe leçon (tome I, p. 442-445) de Saint-Marc Girardin, les réflexions qu'elle a suggérées au spirituel critique.

Dieu fait bien ce qu'il fait[3]. Sans en chercher la preuve

---

3. Mots répétés, avec changement de temps du verbe, au vers 42 de la fable VIII du livre XII :

Dieu fit bien ce qu'il fit.

Voyez ci-après les notes 13, 16, 18.

En tout cet univers, et l'aller parcourant⁴,
    Dans les citrouilles je la treuve⁵.
    Un Villageois, considérant
Combien ce fruit est gros et sa tige menue :   5
« A quoi songeoit, dit-il, l'auteur de tout cela ?
Il a bien mal placé cette citrouille-là !
    Hé parbleu⁶ ! je l'aurois pendue
    A l'un des chênes que voilà ;
    C'eût été justement l'affaire :   10
    Tel fruit, tel arbre, pour bien faire.
C'est dommage, Garo⁷, que tu n'es point entré
Au conseil de celui que prêche ton curé :
Tout en eût été mieux⁸ ; car pourquoi, par exemple,

---

4. C'est la périphrase verbale relevée ci-dessus, p. 352, note 7 ; mais ici *aller* peut se prendre au sens propre.

5. Voyez, livre II, fable xx, vers 35 ; livre V, fable II, vers 25 ; et *passim* ; Molière, *Dom Garcie*, vers 1820 ; *le Misanthrope*, vers 226 ; et les *Lexiques de Malherbe, de Racine, de la Rochefoucauld*.

6. Le recueil de 1671, les deux textes de 1679 et toutes les anciennes éditions donnent ainsi *parbleu*. Dans la fable du *Meunier, son Fils, et l'Ane* (livre III, fable I, vers 64), les textes originaux ont *parbieu*, qui semblerait convenir ici également, dans la bouche d'un villageois : voyez tome I, p. 202, note 22 ; et comparez le conte v de la IVᵉ partie, vers 122.

7. *Garo* est bien l'orthographe de nos anciennes éditions, qui, plus loin (vers 18-19), fait rimer ce nom à l'œil avec *quiproquo*. Il ne finit en *eau* que dans celle de 1709 ; chez Cyrano de Bergerac, qui le donne à un des personnages de son *Pédant joué*, représenté en 1645ᵃ, il y a (*Matthieu*ᵇ) *Gareau* (paisan). Dans *l'Étymologie ou Explication des proverbes françois*, par Fleury de Bellingen (la Haye, 1656), il est question, p. 296, d'un (*Thibau*) *Garrau*, être fort insociable, « qui faisoit toujours son cas à part, » et menait « une vie toute particulière. »

8. On connaît le mot attribué à Alphonse X, roi de Portugal : « Si j'eusse été au conseil de Dieu quand il voulut former le monde,

ᵃ Voyez au tome VIII de *Molière* la note 1 de la page 519.

ᵇ C'est, comme on verra plus bas aux notes 16 et 17, le prénom que Voltaire ajoute aussi au nom de *Garo*, auquel se borne le fabuliste.

Le Gland, qui n'est pas gros comme mon petit doigt, 15
  Ne pend-il pas en cet endroit ?
    Dieu s'est mépris : plus je contemple
Ces fruits ainsi placés, plus il semble à Garo⁹
  Que l'on a fait un quiproquo. »
Cette réflexion embarrassant¹⁰ notre homme : 20
« On ne dort point, dit-il, quand on a tant d'esprit. »
Sous un chêne aussitôt il va prendre son somme¹¹.
Un Gland tombe : le nez du dormeur en pâtit.
Il s'éveille ; et, portant la main sur son visage,
Il trouve encor le Gland pris au poil du menton. 25
Son nez meurtri le force à changer de langage.
« Oh ! oh !¹² dit-il, je saigne ! et que seroit-ce donc¹³

bien des choses eussent été mieux ordonnées. » « On pense, dit Geruzez, que ce n'est pas cette vanterie qui lui a fait donner le surnom de *Sage.* »

9. Garo, qui s'est déjà apostrophé lui-même comme un tiers au vers 12, remplace ici également le maigre pronom *je* par son nom ; c'est comme s'il disait : à ma sage personne, à l'avisé Garo. Il y a de beaux exemples de remplacement semblable, dans le style noble, au vers 1614 du *Polyeucte* de Corneille (acte V, scène III), et dans cette apostrophe de *l'Aveugle* d'André Chénier (vers 2-3) :

  Ô Sminthée Apollon, je périrai sans doute,
  Si tu ne sers de guide à cet aveugle errant.

Cette substitution de la troisième personne à la première en rappelle une, assez fréquente en grec, à la seconde, celle du pronom démonstratif οὗτος, « celui-ci, » à σύ, *tu* ou *toi.*

10. Dans un sens analogue à celui où Regnier a dit, dans la satire xv, vers 136 :

  Tant de philosophie embarrasse l'esprit.

11. « Garo, au bout de deux minutes, dit M. Taine (p. 158), se trouve las d'avoir réfléchi sur le Gland et la Citrouille..., et il va dormir ; un bon somme vaut mieux que tous les raisonnements du monde. »

12. Voyez ci-dessus, p. 278, note 17, et, en outre, les fables v du livre IV, vers 26, et v du livre X, vers 25.

13. M. Albrecht Weber, dans sa dissertation sur les fables (*In-*

S'il fût tombé de l'arbre une masse plus lourde,
　　Et que ce Gland eût été gourde¹⁴?
Dieu ne l'a pas voulu : sans doute¹⁵ il eut raison ;　　30
　　J'en vois bien à présent la cause¹⁶. »

dische Studien, tome III, note de la page 368), met en regard de notre apologue une petite narration du moraliste indien Bhartrihari (II^{de} centaine, stance 86), où il y a une très-probante réponse de fait au « Que seroit-ce donc? » de Garo, et qui nous montre, dans la création, un arbre autrement constitué que le chêne, faisant contraste avec lui quant aux fruits : il se nomme en sanscrit *bilva* ou *vilva*[a] : Un homme chauve, qui a cherché un abri sous son feuillage, a le crâne fracassé par la chute d'une des « lourdes masses » (du *grand fruit*, dit le texte) que porte cet arbre. Voyez ci-après la note 16.

14. *Gourde* (latin *cucurbita*), contraction de la forme ancienne, qui se trouve encore au dix-septième siècle, *cougourde* ou *coucourde*, ne se dit plus, comme dans ce vers, du fruit en tout état; mais seulement d'une calebasse ou courge séchée et vidée. Voyez sur ce mot *Littré*, à l'article GOURDE, Étymologie.

15. *Sans doute* n'a pas ici le sens atténué, qu'il a fort souvent, de « très-probablement »; c'est une affirmation résolue : « certainement ». — Dans *le Lynx et la Taupe* de la Motte (livre II, fable IV), la Taupe parle comme maintenant Garo :

　　Je n'ai point d'yeux; est-ce un sujet
D'accuser Jupiter? Croyez-m'en, sur mon âme,
　　Il a bien fait ce qu'il a fait.
　　A-t-il besoin qu'on le conseille?

16. Dans l'article CALEBASSE du *Dictionnaire philosophique* (tome XXVII des *Œuvres*, p. 446), Voltaire fait spirituellement ressortir ce qu'il y a de comique égoïsme dans cette conclusion toute déduite du risque qu'a couru Garo : « .... Matthieu Garo, qui croit avoir eu tort, en Europe, de trouver mauvais que les citrouilles rampent à terre et ne soient pas pendues au haut des arbres, aurait eu raison au Mexique. Il aurait eu encore raison dans l'Inde, où les cocos sont fort élevés (Nodier fait une remarque analogue). Cela prouve qu'il ne faut jamais se hâter de conclure. *Dieu fait bien ce qu'il fait*, sans doute; mais il n'a pas mis les citrouilles à terre dans

[a] C'est l'*ægle marmelos*, grand arbre natif des montagnes du Coromandel; il porte un gros fruit à dure écorce : voyez Roxburgh, *Flora indica*, tome II, p. 579.

En louant Dieu de toute chose [17],
Garo retourne à la maison [18].

nos climats de peur qu'en tombant de haut elles n'écrasent le nez de Matthieu Garo. » — Voyez les notes 13 et 18 de la fable, et comparez ci-dessus (p. 14 et note 12) la morale de la fable IV du livre VI.

17. Voltaire se souvient encore de Garo dans son discours *Sur la Nature de l'Homme*, VI° des discours en vers *Sur l'Homme*, tome XII des *OEuvres*, p. 93 :

Matthieu Garo, chez nous, eut l'esprit plus flexible;
Il loua Dieu de tout.

18. « De ce qu'un gland, et non pas une citrouille, tombe sur le nez de Garo, s'ensuit-il, demande Marmontel, que tout soit bien? » (*Éléments de littérature*, à l'article FABLE, tome VII, p. 395, des *OEuvres complètes*, 1787.) Il n'y a pas lieu ici à cette si sérieuse question, ni à la réplique, plus grave encore, qu'y fait l'abbé Guillon. Voltaire borne mieux la critique dans les deux passages cités aux notes 16 et 17. Garo se sent tout simplement prêt à trouver tout bien dans la création et, qu'il comprenne ou non, à ne plus chicaner le Créateur. Il ne proclame pas pour cela, gravement, avec le Sage, le *Cuncta fecit bona* de *l'Ecclésiaste* (chapitre III, verset 11), ou le *Omnia opera Domini bona* de *l'Ecclésiastique* (chapitre XXXIX, verset 39), ni, avec Sénèque (épître LXXIV, § 20), la sentence des Stoïciens : *Placeat homini quidquid Deo placuit*.

FABLE V.

L'ÉCOLIER, LE PÉDANT, ET LE MAÎTRE D'UN JARDIN.

On n'a pas trouvé de source à indiquer pour cet apologue. Quelques traits peut-être, mais non pas l'ensemble, peuvent avoir été empruntés à Rabelais et à Montaigne (voyez, ci-après, la note du vers 4). — « Après les avares, dit Chamfort, ce sont les pédants contre lesquels la Fontaine s'emporte avec le plus de vivacité ; » et le même critique fait ensuite remarquer, comme, au reste, presque tous les commentateurs, que « cette fable rentre absolument dans la même moralité que celle du *Jardinier et son Seigneur* » (livre IV, fable IV), et qu'elle est inférieure à l'autre. On peut encore la rapprocher, pour la peinture du Pédant, et surtout, à la fin, l'inopportunité de son éloquence, de la fable XIX du livre I, *l'Enfant et le Maître d'école;* et de l'épigramme *Contre un Pédant de collége*, tome V *M.-L.*, p. 196.

M. Taine, qui s'étend avec complaisance sur les défauts du Pédant (p. 148-150), dans le passage où il parle à la fois de cette fable et de la XIX° du livre I (voyez notre tome I, p. 116, note 5), termine son commentaire par ces lignes qu'en notre qualité de commentateur nous aurions mauvaise grâce à ne pas citer : « Il commente, et s'il était dans l'eau lui-même, il commenterait encore. Avis aux commentateurs de la Fontaine! et plaise à Dieu qu'ils puissent en profiter! Il me faut une grâce d'état spéciale, et je cours risque d'être un des personnages de mon auteur. »

> Certain Enfant qui sentoit son collége[1],
> Doublement sot et doublement fripon
> Par le jeune âge[2] et par le privilége.

1. Emploi analogue de ce verbe au tome III *M.-L.*, p. 322, en prose, et dans le vers 3 de la fable v du livre V :

> Sentant son renard d'une lieue.

2. Voyez la fable II de ce livre, vers 54, et note 19.

Qu'ont les pédants de gâter la raison³,
Chez un voisin déroboit, ce dit-on, 5
Et fleurs et fruits. Ce voisin, en automne,
Des plus beaux dons que nous offre Pomone
Avoit la fleur⁴, les autres le rebut.
Chaque saison apportoit son tribut ;
Car au printemps il jouissoit encore 10
Des plus beaux dons que nous présente Flore⁵.
Un jour, dans son jardin il vit notre Écolier
Qui, grimpant, sans égard, sur un arbre fruitier,
Gâtoit jusqu'aux boutons, douce et frêle espérance⁶,
Avant-coureurs des biens que promet l'abondance⁷ : 15
Même il ébranchoit⁸ l'arbre ; et fit tant, à la fin,
    Que le possesseur du jardin

3. « Leur sçauoir n'estoit que besterie, et leur sapience n'estoit que moufles abastardisant les bons et nobles esperitz, et corrompant toute fleur de ieunesse. » (RABELAIS, chapitre XV, tome I, p. 59.) Comparez les *Essais* de Montaigne, livre I, chapitre XXIV, tome I, p. 168 et 177-178. — Pour « ce dit-on » du vers 5, voyez plus haut, p. 210 et note 13.

4. *Primus vere rosam atque autumno carpere poma.*
(VIRGILE, *Géorgiques*, livre IV, vers 134 ; comparez le vers 75 de la fable I du livre X.)

— *Fleur*, au figuré, ce qu'il y a d'excellent (*Littré*, 16°), choque peut-être ici quelque peu, après le même mot, au propre, deux vers plus haut.

5. Pour *Flore*, *Pomone* et leurs *dons*, comparez ci-dessus, p. 260 et note 11.

6. « Remarquons ce vers charmant, dit Chamfort ; la Fontaine s'intéresse à toute la nature animée. »

7. La clarté laisse, croyons-nous, un peu à désirer. Faut-il entendre : que promet la fécondité, la munificence de la nature ? Mais nous ne connaissons pas d'autre emploi, en ce sens, du mot *abondance* pris absolument. N'est-ce pas plutôt : « que promettent ces boutons quand il y en a en abondance » ? Par cette seconde interprétation, *biens* s'applique mieux, ce semble, à la récolte des fruits.

8. Même mot au vers 10 de la fable XX du livre XII.

Envoya faire plainte au maître de la classe.
Celui-ci vint suivi d'un cortége d'enfants :
    Voilà le verger plein de gens 20
Pires que le premier. Le Pédant, de sa grâce[9],
    Accrut le mal en amenant
    Cette jeunesse mal instruite[10] :
Le tout, à ce qu'il dit, pour faire un châtiment
Qui pût servir d'exemple, et dont toute sa suite 25
Se souvînt à jamais, comme d'une leçon[11].
Là-dessus, il cita Virgile et Cicéron,
    Avec force traits de science.
Son discours dura tant que la maudite engeance[12]
Eut le temps de gâter en cent lieux le jardin. 30

    Je hais les pièces d'éloquence
  Hors de leur place, et qui n'ont point de fin ;

9. De son chef, sans qu'on le lui eût demandé, uniquement parce qu'il le voulut bien, qu'il le voulut ainsi. Comparez le vers 411 du conte IV de la IIIe partie, le vers 180 du conte X de la IVe partie, le vers 56 du *Florentin* (tome V M.-L., p. 120); et voyez, à l'article GRÂCE, fin de 7°, les autres exemples du dix-septième siècle cités par Littré. Regnier, au seizième siècle, avait dit (satire X, vers 360) :

  De sa grâce, il graissa mes chausses pour mes bottes.

Boileau a employé la locution en prose (*Dissertation sur la Joconde*, édition Berriat-Saint-Prix, tome III, p. 24) : « *Plein de vie* est une cheville.... M. Bouillon l'a ajouté de sa grâce. »

10. Mal élevée. Le mot latin *instructus* se prend souvent au moral, mais jamais seul en ce sens, ni absolument, sans régime indirect.

11. L'abbé Guillon trouve la fin de cette phrase languissante, inutile après le premier hémistiche du vers précédent : « qui pût servir d'exemple. » C'est, nous le craignons, ne pas comprendre l'intention du poëte, qui nous paraît insister à dessein (le vers 29 : « Son discours dura tant..., » le marque bien) et répéter la même pensée avec une sorte d'emphase, comme le Pédant qu'il met en scène.

12. Voyez livre I, fable XIX, vers 23.

> Et ne sais bête au monde pire
> Que l'Écolier, si ce n'est le Pédant [13].
> Le meilleur de ces deux pour voisin, à vrai dire, 35
> Ne me plairoit aucunement [14].

13. Cette reprise, comme si l'on se ravisait, à la suite d'une pensée achevée, est souvent fort expressive et parfois du meilleur comique.

14. La même idée est rendue, avec une ingénieuse variété, dans les deux premiers vers de la fable III du livre XI.

FABLE VI.

LE STATUAIRE ET LA STATUE DE JUPITER.

Avianus, fab. 23, *Statuarius*. — Holckot (Robertus), *Super sapientiam Salomonis* (1489, in-4°, *lectio* CLIII).
Mythologia æsopica Neveleti, p. 471.
Le commencement de la VIIIe satire du Ier livre d'Horace a pu fournir l'idée de quelques vers (voyez plus bas la note 1); mais la fable est en germe dans le chapitre XLVI d'Isaïe sur la vanité des idoles, et surtout dans la longue lettre de Jérémie aux captifs qui vont être emmenés à Babylone, lettre qui forme le chapitre VI de Baruch, du prophète qui un jour étonna et enthousiasma tellement notre fabuliste (voyez, au tome I, la *Notice biographique*, p. CXCI). Robert Holckot, dans la *leçon* que nous venons d'indiquer, dit en s'inspirant de ces passages bibliques : *Artifex lignarius sumpsit ex lignis saltus, et calefactus est, et succendit et coxit panes.... Reliquum autem deum fecit et sculptile sibi. Curvatur ante illud, adorat illud et obsecrat illud, dicens :* « *Libera me quia deus meus es tu.* » *Talia ergo coluerunt isti Chananæi, infantium insensatorum more viventes. Pueri enim insensati faciunt sibi puppas* (voyez la 6e strophe) *et imagines puerorum, et ludunt cum eis....* — On peut, outre les méprisants versets des prophètes et maint autre endroit de l'Écriture, rapprocher aussi de notre apologue ce que Plutarque raconte du roi Numa, qui « défendit aux Romains de croire que Dieu eust forme de beste ou d'homme; » et des temples que ses sujets édifièrent pendant les « cent soixante et dix premiers ans, » dans lesquels « il n'y auoit statue, ne figure quelconque de dieu, estimans que ce fust un sacrilége de vouloir representer les choses diuines par les terrestres, attendu qu'il n'est pas possible d'atteindre aucunement à la cognoissance de la diuinité, sinon par le moyen de l'entendement. » (*Vie de Numa Pompilius*, traduction d'Amyot, 1578, tome I, p. 118.)

« Un statuaire qui fait une statue, et voilà tout, dit Chamfort; ce n'est pas là le sujet d'un apologue : aussi cette prétendue fable n'est-elle qu'une suite de stances agréables et élégantes. Tout le monde a retenu la dernière. » — Pour les vers de longueur uniforme cette fable est à joindre à celles qui, ci-dessus, p. 134, note 2, sont rapprochées de la fable VIII du livre VII. L'abbé Guillon (édition de 1803) parle de l'admiration que plus d'un critique lui a témoignée pour ce petit poëme, et dit au sujet de la versification : « Remarquons que la Fontaine a composé cette fable de stances d'égale mesure, au lieu de vers irréguliers, bien plus analogues au génie du poëte et au genre qu'il traite; ce sont, en quelque sorte, des strophes lyriques, sans doute parce que l'élévation des pensées et des expressions donne à cet apologue l'air d'une ode. »

Nous avons vu dans la collection de Mme Bohomoletz un manuscrit de cette fable, donné pour autographe, qui est signé DE LA FONTAINE. Cette signature et deux manières d'écrire : *manquait* pour *manquoit* au vers 11, et, au vers 22, *enfants* au lieu de l'orthographe constante, croyons-nous, de notre auteur et la plus ordinaire de son temps : *enfans*, rendent l'authenticité plus que suspecte.

Un bloc de marbre étoit si beau
Qu'un Statuaire en fit l'emplette.
« Qu'en fera, dit-il, mon ciseau ?
Sera-t-il dieu, table ou cuvette[1] ?

Il sera dieu[2] : même je veux   5

1. Hésitation toute pareille à celle qu'exprime, pour l'emploi d'un tronc d'arbre, ce passage d'Horace (livre I, satire VIII, vers 1-3) :

Olim truncus eram ficulnus, inutile lignum,
Quum faber, incertus scamnum faceretne Priapum,
Maluit esse deum.

2. « Le mouvement : *Il sera dieu* [qui substitue un tour si vif au *Maluit esse deum,* cité dans la note 1], appartient, dit Chamfort, à un véritable enthousiasme d'artiste. Aussi la Fontaine remarque-t-il que la statue était parfaite. » — C'est la transformation du bronze d'une œuvre d'art en vils ustensiles, c'est-à-dire l'inverse du choix

Qu'il ait en sa main un tonnerre.
Tremblez, humains! faites des vœux :
Voilà le maître de la terre. »

L'artisan[3] exprima si bien
Le caractère de l'idole,   10
Qu'on trouva qu'il ne manquoit rien
A Jupiter que la parole.

Même l'on dit que l'ouvrier
Eut à peine achevé l'image,
Qu'on le vit frémir le premier,   15
Et redouter son propre ouvrage.

A la foiblesse du sculpteur
Le poëte autrefois n'en dut guère[4],

de notre sculpteur, que Juvénal raconte dans sa x⁰ satire (vers 61-64), en parlant de la statue de Séjan brisée par le peuple :

*Jam stridunt ignes ; jam follibus atque caminis
Ardet adoratum populo caput, et crepat ingens
Sejanus ; deinde ex facie toto orbe secunda
Fiunt urceoli, pelves, sartago, patellæ.*

3. *Artisan*, dans l'ancien sens d'*artiste*, à rapprocher du mot *faber*, d'Horace (ci-dessus, note 1), et d'*ouvrier* (vers 13), qui avait également une signification moins restreinte qu'à présent, aussi étendue qu'*ouvrage*, que nous employons fort bien, aujourd'hui de même qu'autrefois, à côté d'*art*, comme fait la Fontaine au vers 110 du *Discours à Mme de la Sablière*, à la suite de ce livre IX. Comparez les vers 1 de la fable xxi du livre I; 2 et 9 de la fable x du livre III; et voyez les *Lexiques de Malherbe, de Corneille, de la Bruyère*.

4. *Ne le céda guère*; ne resta guère au-dessous de sa folle illusion et de sa pusillanimité. Métaphore familière, elliptique, tirée de l'idée de comptes comparés, d'infériorité d'un compte à un autre, de dettes réciproques : voyez les nombreux exemples cités par Littré à Devoir, 1°, et, parmi eux, un de notre auteur autre que celui-ci (*Joconde*, conte 1 de la Iʳᵉ partie, vers 18). — Au commencement du vers, *poëte*, de deux syllabes, comme dans la

Des dieux dont il fut l'inventeur
Craignant la haine et la colère [5].   20

Il étoit enfant en ceci ;
Les enfants n'ont l'âme occupée
Que du continuel souci
Qu'on ne fâche point leur poupée [6].

Le cœur suit aisément l'esprit [7] :   25
De cette source est descendue

fable XVI du livre VIII, vers 44 : voyez la note 20 de la page 294, à laquelle on peut ajouter divers exemples qui se rencontrent dans l'édition *M.-L.*, aux tomes III, p. 433-434, et V, p. 102-103, 190, 193. Nous le trouvons deux fois de trois syllabes au tome IV, p. 234 et 258, dans la comédie de *Ragotin*. — On voit clairement que le fabuliste n'a ici en vue aucun poëte en particulier, mais les poëtes en général, considérés par lui comme les inventeurs de la mythologie et les créateurs des Dieux. — C'est au genre humain tout entier que Lucrèce, interprète d'Épicure, s'en prend de cette invention, avec de tout autres sentiments que les prophètes cités plus haut, dans son fameux morceau du livre V, vers 1160-1239, où il est parlé, comme ici, vers 20, de « la colère » (*iras acerbas*) prêtée par l'homme aux créatures de son imagination ; puis, à satiété, de la crainte qu'elles excitent (*horror, formido, pavor, timor*); et, comme plus loin ici, vers 33-34, des songes tournés en réalités. Dans un brillant morceau de prose poétique qui termine le chapitre XXXI de la IIe partie de son *Essai historique sur les révolutions anciennes et modernes*, Chateaubriand, cité par Solvet, fait, dans la création des Dieux, la part des passions des hommes et celle des Orphée, des Homère.

5. Par deux fois (versets 22 et 64), la *lettre de Jérémie* qui forme le chapitre VI de Baruch cité dans la notice, revient sur cette absurdité de la crainte de ces sortes de dieux : *Sciatis et scientes.... quia non sunt dii, ne ergo timueritis eos.*

6. C'est la comparaison d'Holckot (ci-dessus, p. 384) : *Pueri.... insensati faciunt sibi puppas....*

7. La Rochefoucauld intervertit les termes et dit avec son habituelle malignité : « L'esprit est toujours la dupe du cœur » (*maxime* CII, tome I, p. 75).

L'erreur païenne, qui se vit
Chez tant de peuples répandue.

Ils embrassoient violemment
Les intérêts de leur chimère[8] : 30
Pygmalion devint amant
De la Vénus dont il fut père[9].

Chacun tourne en réalités,
Autant qu'il peut, ses propres songes :
L'homme est de glace aux vérités ; 35
Il est de feu pour les mensonges[10].

8. Ils s'attachaient violemment à la divinité qu'ils avaient créée, à leur chimère, l'honorant et adorant, propageant et imposant son culte.

9. Pygmalion, statuaire de l'île de Chypre, qu'il ne faut pas confondre[a] avec le roi de Tyr, frère de Didon, dont parle Virgile (*Énéide*, livre I, vers 346-352), devint, selon la fable, amoureux d'une statue de Galatée, qui était son propre ouvrage, et, ayant obtenu de Vénus qu'elle l'animât, il l'épousa. Son histoire est racontée par Ovide, dans ses *Métamorphoses*, livre X, vers 243-297. Est-ce par erreur que la Fontaine a mis *Vénus* pour *Galatée*, ou faut-il entendre au figuré : « la beauté dont il fut père » ? Voyez, au bas de la page, la fin de la note *a*.

10. Ces derniers vers sont devenus proverbe. Ils rendent la pensée par une figure si bien trouvée que beaucoup les citent sans en connaître l'auteur. Ce sont de ces maximes qui semblent avoir dû toujours exister.

[a] Comme fait, par exemple, Moréri : « Les poëtes ont feint, dit-il dans l'article du frère de Didon, que Pygmalion fut puni de la haine qu'il portoit aux femmes par l'amour qu'il eut pour une statue. » Il suit, en partie, une autre légende rapportée par Clément d'Alexandrie et Arnobe, d'après laquelle un Pygmalion, roi, non de Tyr, mais de Chypre, devint amoureux d'une statue de Vénus. Voyez aussi, dans le *Dictionnaire de Bayle*, les notes de l'article PYGMALION.

FABLE VII.

LA SOURIS MÉTAMORPHOSÉE EN FILLE.

Livre des lumières, p. 279-281. — Bidpaï, tome II, p. 385-387, *la Souris changée en Fille*. — Saint Jérôme, *Quæstiones supra Genesim*, Paris, 1693, p. 1319. — Marie de France, fab. LXIV, *dou Muset* (mot traduit par *Suriz* au vers 2) *ki quist Fame*, alias *dou Muset qi ne pooit trover Fame à sun talent*. — Jacques de Lenda, *Sermones latini*, Paris, 1501, in-4°, fol. 41, col. 2 et 3. — Doni, *la Filosofia morale*, fol. 77.

Nous donnons à l'*Appendice* l'extrait du sermon de Jacques de Lenda où se trouve cette fable; car il y a des ressemblances frappantes entre le prédicateur et le fabuliste, jusque dans les détails : rencontres, et non emprunts, vu qu'il est plus que douteux que la Fontaine ait connu les sermons de Lenda. Ce n'est pas non plus aux traditions judaïques dont parle saint Jérôme, et qui sont rapportées par l'historien Josèphe (voyez Robert, tome I, p. CCXVII), qu'il doit son sujet, mais au *Livre des lumières*, à Bidpaï : le vers 58 en contient l'aveu.

Sa fable est tout à fait conforme à celles de David Sahid et de Bidpaï, mais non à la fable sanscrite originale. « En effet, dans le *Pantchatantra* [édition Lancereau, n° 13], la Souris changée en Fille par un Brahmane trouve des objections à tous les partis qu'on lui propose, jusqu'au moment où elle aperçoit un Rat; alors le naturel la porte à prier son père adoptif de le lui donner en mariage. En lisant la fable de la Fontaine, on verra quels sont les détails étrangers que le rédacteur de l'ancienne version persane a introduits dans l'apologue original; et, ce qui mérite d'être remarqué, c'est que ces modifications dérivent d'une source indienne : on en retrouve l'idée dans un chapitre du grand poëme indien intitulé *Hariva sa* [voyez la traduction de Langlois, tome II, p. 180]. » (Loiseleur Deslongchamps, p. 49-50.) Comparez Benfey, *Pantschatantra*, Introduction, tome I, p. 373-378; et M. Lancereau, p. 378.

On peut voir dans Basnage, qui rapporte ce conte (*Histoire des*

Juifs, la Haye, 1716, citée par Robert, tome I, p. ccxvii-ccxviii), ce qu'il est devenu dans la littérature rabbinique : il en emprunte, dit-il, les traits au rabbin Ben Adda. Enfin, non comme source, mais comme curieux rapprochement, nous noterons encore, dans le recueil indien *Hitopadésa* (livre IV, n° 5, édition Lancereau), la série de métamorphoses d'un Rat opérées par le merveilleux pouvoir d'un solitaire, et dont le dogme de la métempsycose, sur lequel va disserter le fabuliste, donnait si naturellement l'idée.

Dans la version de Marie de France il n'y a point de métamorphose ; c'est l'orgueil seul qui enhardit le Souriceau à demander femme, tour à tour, au Soleil, à la Nue, au Vent, à la Tour de pierre :

Marier se veut hautement.

« Tu n'as pas besoin d'aller si loin, lui dit la Tour ; car, pour trouver la femme qui te convient le mieux, tu n'as qu'à prendre la petite Souris.

Jà ne sauras si lung aler,
Que tu puisses fame truuer
Qui miex soit à tun oës (*besoin, intérêt*) eslite
Que la Sorisete petite. »

M. Cosquin, dans ses *Contes populaires lorrains* (9ᵉ partie, p. 450), cite un conte curieux de l'île de Zanzibar où se trouve la même gradation de puissance que dans nos vers 24-42, du Soleil au Rat avec addition, après le Rat, de huit degrés de plus.

Nodier et la plupart des commentateurs se sont montrés sévères pour cet apologue. Mais n'est-ce point parce que Chamfort leur avait donné l'exemple, et se sont-ils vraiment appliqués à contrôler son jugement? « Je n'ai pas le courage, dit Chamfort, de faire des notes sur une si méchante fable, qui rentre d'ailleurs dans le même fond que celui de la fable xviii du livre II [*la Chatte métamorphosée en Femme*]. C'est un fort mauvais présent que Pilpai a fait à la Fontaine. » Tel n'est pas le sentiment de Saint-Marc Girardin, et nous nous rangeons volontiers de son côté : « La fable de *la Souris métamorphosée en Fille*, dit-il, est à la fois un des récits les plus poétiques de la Fontaine et une de ces dissertations philosophiques qu'il aimait tant, qu'il faisait si bien, couvrant toujours le sérieux du fond sous l'agrément de la forme » (xixᵉ leçon, tome II, p. 146-147). Voyez ensuite comment l'éminent critique développe et commente le récit et l'argumentation du poëte (p. 148-152).

Une Souris tomba du bec d'un Chat-Huant :
    Je ne l'eusse pas ramassée;
Mais un Bramin¹ le fit : je le crois aisément;
    Chaque pays a sa pensée².
    La Souris étoit fort froissée³.   5
    De cette sorte de prochain
Nous nous soucions peu; mais le peuple bramin
    Le traite en frère. Ils ont en tête
    Que notre âme, au sortir d'un roi,
Entre dans un ciron⁴, ou dans telle autre bête   10
Qu'il plaît au Sort⁵ : c'est là l'un des points de leur loi⁶.
Pythagore⁷ chez eux a puisé ce mystère.

1. Fénelon, dans sa fable xix, désigne par ce même nom, pris plus loin adjectivement (vers 7), les Indous de la première caste, qu'on appelle d'ordinaire aujourd'hui, d'un nom qui transcri mieux le sanscrit : *Brahmanes*. (Dans le livre I de *Psyché*, tome III *M.-L.*, p. 20, la Fontaine a écrit, comme on faisait parfois, avec renforcement du son guttural de l'*h* : *Brachmane*.) Les doctrines de l'Inde, sur la métempsycose, qui rendent raison de la conduite du Bramin, et auxquelles l'auteur nous déclare qu'il ne se rallie pas, vont être expliquées dans la suite immédiate.

2. Sa manière de penser et de croire. — 3. Meurtrie par la chute.

4. Nous avons déjà vu, au livre I, fable vii, vers 23, le nom de cet insecte que, « au dix-septième siècle, avant l'usage des microscopes pour étudier la nature, on prenait, dit Littré, pour le symbole de ce qu'il y avait de plus petit au monde. » Voyez un autre exemple au tome III *M.-L.*, p. 429.

5. Comparez livre XII, fable xii, vers 75-88. — Fénelon s'étend un peu plus sur ce dogme dans la fable citée à la note 1. — Dans *le Songe de Vaux*, la Fontaine lui-même applique, à sa manière, la doctrine de la métempsycose : voyez (tome III *M.-L.*, p. 209-213) le fragment intitulé : « Comme Sylvie honora de sa présence les dernières chansons d'un Cygne qui se mouroit, et des aventures du Cygne. »

6. Le mot est juste : c'est un article de foi imposant des devoirs, des règles de conduite.

7. Les historiens de Pythagore, surtout les Néo-platoniciens, ont orné la vie de ce fameux philosophe grec du sixième siècle avant Jésus-Christ de beaucoup de légendes, parmi lesquelles il faut

Sur un tel fondement, le Bramin crut bien faire
De prier un sorcier [8] qu'il logeât la Souris
Dans un corps qu'elle eût eu pour hôte au temps jadis [9].
  Le sorcier en fit une fille
De l'âge de quinze ans, et telle et si gentille,
Que le fils de Priam pour elle auroit tenté
Plus encor qu'il ne fit pour la grecque beauté [10].
Le Bramin fut surpris de chose si nouvelle.
  Il dit à cet objet si doux :
« Vous n'avez qu'à choisir; car chacun est jaloux
  De l'honneur d'être votre époux.
  — En ce cas je donne, dit-elle,
  Ma voix au plus puissant de tous.
— Soleil, s'écria lors le Bramin à genoux,
  C'est toi qui seras notre gendre.
  — Non, dit-il, ce Nuage épais
Est plus puissant que moi, puisqu'il cache mes traits ;
  Je vous conseille de le prendre.
— Eh bien! dit le Bramin au Nuage volant,
Es-tu né pour ma fille ? — Hélas ! non ; car le Vent
Me chasse à son plaisir de contrée en contrée :
Je n'entreprendrai point sur les droits de Borée [11]. »

mettre probablement son voyage dans l'Inde, où il se serait initié à la doctrine des Bramins ou Brahmanes.

8. Nous avons vu plus haut que, dans les vieilles légendes indiennes, dont nous avons des traces dans deux des fables citées à la notice, les saints brahmanes, ascètes solitaires des forêts, n'ont pas besoin de recourir à un sorcier pour les métamorphoses : ils les opèrent eux-mêmes par leur pouvoir surnaturel.

9. *Hôte*, au sens qu'on peut nommer actif, celui qui loge, reçoit : comparez le vers 4 de la fable II du livre VII.

10. Le fils de Priam est Pâris, et « la grecque beauté » (inversion à remarquer) Hélène, qu'il enleva, et dont le rapt suscita la guerre de Troie.

11. « Les Bramins, dit Nodier, ne savent ce que c'est que Borée. » Cela est juste, mais, à vrai dire, importe peu ici : nous

Le Bramin fâché s'écria : 35
« Ô Vent donc, puisque vent y a[12],
Viens dans les bras de notre Belle ! »
Il accouroit ; un Mont en chemin l'arrêta.
L'éteuf[13] passant à celui-là,
Il le renvoie, et dit : « J'aurois une querelle 40
Avec le Rat ; et l'offenser
Ce seroit être fou, lui qui peut me percer[14]. »
Au mot de Rat, la Damoiselle[15]
Ouvrit l'oreille : il fut l'époux[16].

sommes dans le domaine de la fantaisie, et le poëte qui ne connaît, non plus que personne alors en Europe, le nom des dieux des vents, ou Maruts, de la mythologie indienne, y substitue un nom de l'antiquité classique.

12. Encore un de ces hiatus qui ne font pas peur à notre poëte dans sa versification à la fois élégante et négligée. Celui qu'il se permet dans cette locution familière est bien tentant, et excusé, s'il pouvait l'être, par l'étroite adhérence des deux voyelles, qui semblent ne faire qu'un mot. Molière a dit, mais en prose : « Puisque Madame y a » (*George Dandin*, acte I, scène IV, tome VI, p. 519).

13. *Éteuf* (dans toutes nos anciennes éditions, *étœuf*), même mot originairement qu'*étoffe*, signifie la balle que se renvoient les joueurs au jeu de longue paume. — Comparez le vers 42 du conte XVI de la II° partie. La figure s'explique aisément ; elle s'emploie en parlant d'une chose, ou même, comme ici, d'une personne, qui est renvoyée de l'un à l'autre.

14. L'idée est élégamment détaillée dans le vieux langage de Marie de France ; la Tour de pierre dit au Souriceau :

.... La Suriz
Dedens moi gist è fait ses niz.
Il n'a en moi si fort mortier
Qu'ele ne puisse tresperceier :
Desoz moi va, parmi moi vient,
Nule cose ne la detient.

15. *Damoiselle*, féminin de *damoiseau*, déjà vu au vers 1 de la fable XVII du livre III. — « La Demoiselle », dans les textes de 1708, 1729, dans la belle édition de 1788 de Didot, etc.

16. « Quel tableau poétique ! dit Saint-Marc Girardin (tome II,

Un Rat! un Rat : c'est de ces coups 45
Qu'Amour fait ; témoin telle et telle :
Mais ceci soit dit entre nous[17].
On tient toujours du lieu dont on vient[18]. Cette fable

p. 148), dans la leçon citée. Quelles images ! Quelles descriptions faites d'un mot! Le Soleil que le Bramin adore à genoux, le Nuage volant que le Vent chasse de contrée en contrée, le Vent lui-même qui, amoureux et rapide, accourait dans les bras de la Belle : il y a là une pompe et un éclat de poésie cherchés à dessein pour faire contraste avec le dénouement :

   Au mot de Rat, la Damoiselle
   Ouvrit l'oreille : il fut l'époux.

Comme ces vers courts, vifs et malins, font ressortir la magnificence des premiers ! »

17. « La Fontaine, continue Saint-Marc Girardin (p. 149), n'étant pas seulement un poëte, mais un moraliste, il ne veut pas que nous prenions son dénouement pour une fiction comique, et il ajoute, avec cette grâce moqueuse qui lui est propre :

   Un Rat! un Rat : c'est de ces coups, etc. »

Cela rappelle cette pensée de Pascal : « Tout notre raisonnement se réduit à céder au sentiment. » (Tome I, p. 104, éd. Havet 1852.)

18. « Si la Fontaine, remarque Chamfort, a voulu dire : On se ressent toujours de ses premières habitudes, c'est-à-dire de son éducation, cette maxime peut se soutenir et n'a rien de blâmable ; mais s'il a voulu dire : On se ressent toujours de son origine, il a débité une maxime fausse en elle-même et dangereuse ; il est en contradiction avec lui-même, et il faut le renvoyer à sa fable de César et de Laridon [xxiv° du livre VIII, *l'Éducation*]. » La seconde interprétation, celle d'origine, nous paraît évidente, ou du moins prédominante : *lieu* ne peut guère avoir ici que le sens du *locus* latin, construit avec *natus*. Mais cette idée n'implique-t-elle pas plus ou moins l'autre ? le début tout au moins de l'éducation ne diffère-t-il point selon l'origine ? Puis, si même nous nous bornons à l'origine, n'héritons-nous rien des qualités, du caractère, des goûts des auteurs de nos jours, et sur tout cela, chez eux, la condition n'influe-t-elle pas beaucoup ? Qu'on tienne plus ou moins « du lieu dont on vient », pris en ce sens complexe, est une commune croyance qu'on entend exprimer bien souvent, une vérité de sens commun

Prouve assez bien ce point; mais, à la voir de près,
Quelque peu de sophisme entre parmi ses traits : 50
Car quel époux n'est point au Soleil préférable,
En s'y prenant ainsi? Dirai-je qu'un géant
Est moins fort qu'une puce? elle le mord pourtant.
Le Rat devoit aussi renvoyer, pour bien faire,
  La Belle au Chat, le Chat au Chien, 55
  Le Chien au Loup. Par le moyen
  De cet argument circulaire[19],
Pilpay jusqu'au Soleil eût enfin remonté;
Le Soleil eût joui de la jeune beauté.
Revenons, s'il se peut, à la métempsycose : 60
Le sorcier du Bramin fit sans doute une chose
Qui, loin de la prouver, fait voir sa fausseté.
Je prends droit là-dessus contre le Bramin même;
  Car il faut, selon son système,
Que l'homme, la souris, le ver, enfin chacun 65
Aille puiser son âme en un trésor commun :
  Toutes sont donc de même trempe[20];

et d'expérience qui n'a rien d'illibéral et ne contredit pas ce vers (le 21ᵉ) de la fable citée par Chamfort :

 On ne suit pas toujours ses aïeux ni son père ;

tenir de et suivre sont deux. — Voyez aussi ce que Saint-Marc Girardin (tome II, p. 151-152), se plaçant à un autre point de vue, dans la leçon deux fois mentionnée, dit du « moi » que nous apportons en naissant, de « cette force instinctive qui est en nous, qui fait ce qu'on appelle le caractère, que l'éducation peut pousser vers le mal ou vers le bien, » mais sans lui ôter son « tour particulier » et personnel.

19. *Argument circulaire*, c'est-à-dire qui parcourt la chaîne des êtres. Nous avons vu plus haut (livre VII, fable VII, vers 6), dans un sens voisin, « circulaire écriture, » et nous trouverons plus loin, dans une acception tout autre (livre XI, fable VI, vers 28) :

 De l'astre au front d'argent la face circulaire.

20. Comme parties-de nature identique, détachées de l'âme universelle.

Mais agissant diversement
Selon l'organe[21] seulement
L'une s'élève, et l'autre rampe[22].   70
D'où vient donc que ce corps si bien organisé[23]
Ne put obliger son hôtesse[24]
De s'unir au Soleil ? Un Rat eut sa tendresse[25].

21. Remarquable emploi du mot *organe* au singulier, désignant le corps comme étant en entier, dans son ensemble, l'instrument de l'âme. Littré, à l'Historique du mot, cite un exemple du quinzième siècle où ce nom a, au même nombre, ce même sens : « L'orguan, c'est-à-dire l'instrument, qui est le corps. » (CHRISTINE DE PISAN, *Charles V*, livre I, chapitre IX.) Nous avons vu plus haut, au livre VII, fable XVIII, vers 11, *organe* joint de même à *instrument*, et nous trouverons un autre exemple d'*organe*, au singulier, dans un des derniers vers (le 234°) du *Discours à Mme de la Sablière*, à la suite du livre IX.

22. Nous suivons pour la ponctuation de la phrase, ou plutôt pour la non-ponctuation, les anciennes éditions, qui, ne mettant aucune virgule dans les vers 68-69, nous laissent incertains (est-ce à dessein ?), pour les mots « selon l'organe », entre le rapport au participe « agissant » et le rapport aux verbes suivants « s'élève et.... rempe ». — Les deux textes de 1679 et ceux de 1682, 88 ont « rempe », par *e*, pour rimer à l'œil comme à l'oreille ; ceux de 1708, 29 ont l'orthographe régulière, « rampe ».

23. C'est-à-dire, dans un sens quelque peu insolite, mais auquel cette forme de dérivé se prête aisément, « si bien fait organe, rendu si propre à servir d'instrument à l'âme. » C'est du moins la signification que rend logique et probable le rapprochement avec le vers 69 et qui peut ôter au voisinage du dérivé et de son primitif *organe* ce qu'il aurait de choquant dans l'acception ordinaire.

24. Ici *hôtesse* a le sens inverse de celui que nous avons vu plus haut, vers 15, à son masculin *hôte*. Voyez d'autres exemples des deux genres, surtout du féminin, aux tomes M.-L. III, p. 197, 215, 437, et V, p. 65.

25. Dans les deux textes de 1679, suivis en cela par ceux de 1682, 88, 1708, il y a ou une simple virgule ou deux points après *Soleil*, et ils reportent le point d'interrogation après *tendresse*, étendant ainsi le tour initial, interrogatif, jusqu'à ce mot, comme si la fin était : *et qu'un Rat eut sa tendresse ?* Nous avons adopté la ponctuation de 1729 ; c'est celle que veulent, il nous semble, la correction et la clarté.

Tout débattu, tout bien pesé,
Les âmes des souris et les âmes des belles 75
   Sont très-différentes entre elles[26];
Il en faut revenir toujours à son destin,
C'est-à-dire, à la loi par le Ciel établie :
   Parlez au diable, employez la magie[27],
Vous ne détournerez nul être de sa fin[28]. 80

26. Reprise ironique, nous ramenant avec une fine malice, après la longue parenthèse philosophique, aux vers 46-47.

27.   « Parlez au diable, employez la magie,

est encore un vers répréhensible, dit Chamfort, en ce que la Fontaine a l'air de supposer qu'il y ait une magie et qu'on puisse parler au diable. » Critique bien pointilleuse, et parfaitement inexacte puisque la Fontaine, dans ce vers, raille bien plutôt cette superstition. Remarquons aussi que, par le vers précédent, le poëte nomme religieusement *le destin :*

.... La loi par le Ciel établie.

28. De sa destination, du but en vue duquel il a été créé; et l'ensemble de la fable implique : but auquel le poussent la force instinctive, les tendances originaires dont parle le vers 48.

FABLE VIII.

LE FOU QUI VEND LA SAGESSE.

Abstemius, fab. 184, *de Insano sapientiam vendente*. Le titre français est, comme l'on voit, la traduction littérale de ce titre latin. — *Democritus ridens*, p. 143, *Stultos fuge*. — Domenichi, *Facetie, motti et burle*, Venise, 1581, p. 269.

Mythologia æsopica Neveleti, p. 611.

On peut rapprocher la pensée de cette fable des lignes suivantes de Montaigne (*Essais*, livre III, chapitre VIII, tome III, p. 400) : « Il en peult estre aulcuns de ma complexion, qui m'instruis mieulx par contrarieté que par similitude, et par fuyte que par suyte : à cette sorte de discipline regardoit le vieux Caton, quand il dict que « les sages ont plus à apprendre des fols, que les fols des sages ; » et cet ancien ioueur de lyre que Pausanias recite auoir accoustumé contraindre ses disciples d'aller ouïr un mauuais sonneur qui logeoit vis à vis de luy, où ils apprinssent à haïr ses desaccords et faulses mesures. »

Dans le *Democritus ridens*, à l'endroit cité, ce n'est pas un fou, c'est Cosme de Médicis[1] qui enseigne la sagesse par cette allégorie : *Venetiis ad nobiles quosdam in foro D[ivi] Marci obambulantes accessit* [Cosmus Medices], *stipem rogans, addita promissione insignis cujusdam et saluberrimi remedii quod communicare ipsis velit. Acceptis hinc aliquot nummis, singulis filum quatuor ulnas longum reddit, suadens ut quemcumque stultum ad se propius ne accedere paterentur.* »

Jamais auprès des fous ne te mets à portée :
Je ne te puis donner un plus sage conseil.
     Il n'est enseignement pareil

---

1. Cosme l'ancien (mort en 1464), car il est dit plus loin, à la suite de deux autres mots rapportés de lui : *Rempublicam enim ad principatum redegerat Cosmus.* Il avait été exilé, pendant un an, à Venise.

A celui-là de fuir² une tête éventée³.

    On en voit souvent dans les cours⁴ :
Le prince y prend plaisir; car ils donnent toujours
Quelque trait aux fripons, aux sots, aux ridicules⁵.

Un Fol alloit criant par tous les carrefours
Qu'il vendoit la sagesse, et les mortels crédules
De courir⁶ à l'achat; chacun fut diligent.
    On essuyoit force grimaces;
    Puis on avoit pour son argent,
Avec un bon soufflet, un fil long de deux brasses.
La plupart s'en fâchoient; mais que leur servoit-il⁷?

  2. A remarquer cet emploi, devenu rare, d'un complément par *de* construit après un démonstratif allongé d'une particule; nous avons relevé (p. 244, note 11) le démonstratif, avec *là*, suivi d'un relatif.

  3. Étourdie, inconsidérée. Molière (*les Fâcheux*, vers 42) emploie cet adjectif substantivement; le verbe dont, par sa forme, il est le participe, n'a pas d'emploi figuré analogue. — Au même sens, dans *l'Eunuque*, acte V, scène IV (tome III M.-L., p. 87) : « tête à l'évent. »

  4. Voyez la fin de la fable XXII du livre XII. — On se rappelle Triboulet, le fou de Louis XII et de François Ier, et, sans parler de Lombart, dit Brusquet, fou de Henri II, l'Angeli, que le grand Condé, chez qui il avait été d'abord valet d'écurie, céda, pour bouffon, non à Louis XIII, comme on le dit communément, mais à Louis XIV : voyez le *Dictionnaire de Jal* (p. 63 et note 2) et tout son long et très-curieux article des FOUS EN TITRE D'OFFICE. Cette cession agréée diminue singulièrement l'opportunité du regret exprimé par Chamfort, que la Fontaine ait manqué « une belle occasion » de louer le grand Roi « d'avoir banni ces fous de cour si multipliés en Europe, d'avoir substitué à cet amusement misérable les plaisirs nobles de l'esprit et de la société. » Au moins l'éloge n'eût-il pu s'étendre à tout le règne.

  5. Ils décochent quelque trait piquant, quelque épigramme.... *aux ridicules*, aux personnes ridicules : voyez les exemples cités par Littré de l'application aux personnes de cet adjectif pris substantivement; la note 1 de la page 450 du tome V de Molière (*le Misanthrope*, vers 108); et l'opéra de *Daphné*, tome IV M.-L., p. 206. — Pour *trait*, en ce sens, comparez aussi *le Tartuffe*, vers 551.

  6. Voyez p. 261, note 20. — 7. Comparez p. 272, note 11.

C'étoient les plus moqués : le mieux étoit de rire,   15
    Ou de s'en aller, sans rien dire,
    Avec son soufflet et son fil.
    De chercher du sens à la chose,
On se fût fait siffler ainsi qu'un ignorant.
        La raison est-elle garant[8]   20
De ce que fait un fou ? le hasard est la cause
De tout ce qui se passe en un cerveau blessé.
Du fil et du soufflet pourtant embarrassé,
Un des dupes[9] un jour alla trouver un sage,
    Qui, sans hésiter davantage,[10]   25
Lui dit : « Ce sont ici hiéroglyphes[11] tout purs.
Les gens bien conseillés[12], et qui voudront bien faire,
Entre eux et les gens fous mettront, pour l'ordinaire,
La longueur de ce fil[13] ; sinon je les tiens sûrs
        De quelque semblable caresse[14].   30
Vous n'êtes point trompé : ce fou vend la sagesse. »

8. Pour cette apposition nominale du masculin *garant* au féminin *raison*, voyez la Remarque de Littré à la suite de l'article GARANT.

9. *Dupe*, primitivement nom d'une espèce d'oiseau, est du féminin, et l'a toujours été : voyez encore la Remarque de Littré à la suite de l'article. Il faut entendre : « Un, quelqu'un, parmi les dupes, un de ceux qui furent dupes. »

10. C'est-à-dire sur-le-champ, ou mieux, pour faire sentir quelque peu l'adverbe *davantage*, « sans employer son temps à autre chose qu'à parler aussitôt. »

11. *Iérogliphes*, dans les deux textes de 1679 et dans ceux de 1682, 88, 1709, 29; *hiérogliphes* dans celui de 1708. Le poëte a sans doute regardé l'hiatus comme excusé par la grécité du mot. — A la suite, dans les anciennes éditions, comme dans les modernes, *tout* et non *tous*.

12. Il semble que « conseillés » soit ici l'équivalent d'*avisés*, et que le mot ait quelque chose du primitif latin *consilium*, qui signifie bon avis venant d'autrui ou de soi-même.

13. *Eris sapiens, si, quousque hoc filum protenditur, ab insanis et furiosis abfueris*. (ABSTEMIUS.)

14. D'un soufflet ou de quelque autre mauvaise conséquence de la rencontre avec qui ne sait ce qu'il fait.

FABLE IX.

L'HUÎTRE ET LES PLAIDEURS.

Boileau, on le sait, a composé sur ce sujet un apologue, qu'il inséra d'abord à la fin de sa 1ʳᵉ épître, en 1669; il l'en retrancha ensuite, comme il nous l'apprend lui-même dans l'*Avis au lecteur* placé en tête de la seconde édition de cette épître, se rendant « à l'autorité d'un prince non moins considérable par les lumières de son esprit que par le nombre de ses victoires (*le grand Condé*). » Mais ne voulant pas perdre cette fable, dont il était fort content, il écrivit, tout exprès pour l'y introduire, sa 11ᵉ épître (*à M. l'abbé des Roches, Contre les Procès*), qui ne parut qu'en 1672.

Brossette (*OEuvres de Boileau*, édition Saint-Marc, 1747, tome I, p. 284) dit que le satirique l'avait apprise de son père, greffier à la grand'chambre du Parlement, « à qui il l'avait ouï conter dans sa jeunesse; elle est tirée d'une ancienne comédie italienne. » Nous plaçons ici, pour faciliter la comparaison, l'extrait de Boileau :

> .... Si jamais quelque ardeur bilieuse
> Allumoit dans ton cœur l'humeur litigieuse,
> Consulte-moi d'abord; et pour la réprimer,
> Retiens bien la leçon que je te vais rimer.
>
> Un jour, dit un auteur, n'importe en quel chapitre,
> Deux voyageurs à jeun rencontrèrent une huître;
> Tous deux la contestoient, lorsque dans leur chemin
> La Justice passa, la balance à la main.
> Devant elle à grand bruit ils expliquent la chose.
> Tous deux avec dépens veulent gagner leur cause.
> La Justice, pesant ce droit litigieux,
> Demande l'huître, l'ouvre, et l'avale à leurs yeux;
> Et par ce bel arrêt terminant la bataille :
> « Tenez, voilà, dit-elle, à chacun une écaille;
> Des sottises d'autrui nous vivons au Palais;
> Messieurs, l'huître étoit bonne. Adieu. Vivez en paix. »

Chamfort, rapprochant les deux poésies, dit de celle de la Fontaine : « Cette fable est parfaite d'un bout à l'autre. La morale, ou plutôt la leçon de prudence, qui en résulte, est excellente. C'est un de ces apologues qui ont acquis la célébrité des proverbes, sans en avoir la popularité basse et ignoble. » Puis il ajoute, après avoir transcrit les alexandrins de l'épître : « On voit quel avantage la Fontaine a sur Boileau. Celui-ci, à la vérité, a plus de précision; mais, en la cherchant, il n'a pu éviter la sécheresse. » D'Alembert, dans sa note 19 sur l'*Éloge de Boileau* (*Histoire des membres de l'Académie française* morts depuis 1700 jusqu'à 1771, tome III, p. 86), juge aussi comparativement les deux apologues. « Quoique, dit-il, dans cette fable, la Fontaine ne laisse pas Despréaux aussi loin derrière lui que dans la première (celle du *Bûcheron*, livre I, fable xvi; Boileau, *Poésies diverses*, n° xxviii), il y conserve toujours sa supériorité. » Il ajoute ensuite : « Il nous semble.... que la jolie fable de la Motte intitulée *le Fromage* (livre II, fable xi), et qui a le même objet à peu près que celle de l'*Huître*, est bien préférable (*n'est-ce pas beaucoup dire?*) à celle de Despréaux, car nous n'osons la comparer à celle de la Fontaine. » (*Ibidem*, p. 86-87.)

Robert cite, parmi ses rapprochements, le *Democritus ridens*, p. 217, *Aliena sæpe aliis prodest stultitia;* Noël du Fail, *les Contes et discours d'Eutrapel,* conte vii, *Jugements et suites de procès;* Piovano Arlotto Mainardi, *Facezie,* etc., p. 97-98 (Firenze, 1568); Jacques Regnier, *Apologi Phædrii,* pars I, fab. 21, *Viverra, Vulpes, Leo, et Lupus.* Mais la seule ressemblance que ces récits offrent avec le nôtre est la moralité qui s'en peut tirer sur le danger qu'il y a d'ordinaire pour les plaideurs, les contestants, à faire intervenir la justice ou un tiers arbitre. Pour même similitude, on peut citer aussi le conte lxxiv des *Avadânas* (traduction de Stanislas Julien, tome II, p. 8-10). — Voyez plus loin, dans la note 13, un extrait, fort significatif, du vieux sermonnaire Menot.

Cet apologue parut, pour la première fois, dans le recueil de *Fables nouvelles,* de 1671, p. 21. — Nous en avons vu, dans le cabinet de M. Boutron-Charlard, un manuscrit, qu'une dédicace et une sorte d'envoi épistolaire rendraient bien précieux, si l'on pouvait se tenir pour assuré de l'authenticité. Au-dessous du titre sont les mots : *A mon amy de Maucroy;* et après la fable on lit la note suivante : « Mets cette fable dans ton recueil, et fais-en ton profit. Je te manderay mon sentiment sur tes derniers vers, qui m'ont édifié; si tout le reste y ressemble, je donneray de bien loin la palme à tes homélies sur tes vers dignes du paganisme. Quant à tes deux dernières épigrammes, j'en donnerois le choix pour une épingle.

« Adieu, j'ay trois autres fables sur le chantier, j'ay refait le Glan et la Citrouille.

« De la Fontaine. »

L'Huître et les Plaideurs ont fourni à Sedaine le sujet d'un livret d'opéra-comique, portant le même titre (1761).

Un jour deux Pèlerins[1] sur le sable rencontrent
Une Huître, que le flot y venoit d'apporter[2] :
Ils l'avalent des yeux, du doigt ils se la montrent;
A l'égard de la dent il fallut contester[3].
L'un se baissoit déjà pour amasser[4] la proie ;   5
L'autre le pousse, et dit[5] : « Il est bon de savoir

1. Emplois analogues du mot aux livres II, fable x, vers 7; IX, fable xiv, vers 11, etc.; et du féminin *la pèlerine* au livre X, fable ii, vers 17. Le substitut *Messieurs*, du vers 18, là familier aussi et plaisant, ne permet guère de prendre ici *Pèlerins* au sens propre.

2. « La Fontaine, dit Chamfort, ne s'est point piqué de la précision de Boileau. Il n'oublie aucune circonstance intéressante. *Sur le sable*, l'huître est fraîche, ce qui était bon à remarquer ; aussi le dit-il formellement : *que le flot y venoit d'apporter*, et ce mot fait image. » Pour avoir l'huître fraîche, peut-on objecter à l'éloge, on la va prendre au rocher. Sans doute l'auteur veut que nous la jugions fraîche, mais il ne nous dit pas de le conclure de ce que le flot vient de l'apporter. Sur la suite, Chamfort ajoute : « L'appétit des plaideurs lui fournit [à la Fontaine] deux jolis vers qui peignent la chose. » Voyez aussi, sur le vers 3, M. Marty-Laveaux, *Essai sur la langue de la Fontaine*, p. 45.

3. Dans la fable de Boileau (voyez ci-dessus a notice), il y a le même verbe avec complément direct : « Tous deux la contestoient. »

4. *Amasser* est le texte original et le mot était juste alors; un de ses sens était : « relever de terre ce qui est tombé, » comme dit l'Académie, dans toutes ses éditions sauf la dernière (1878). Elle ajoute cependant, dès la première : « On dit plus ordinairement *ramasser;* » ce qui est la leçon de 1679 Amsterdam. — Ailleurs la Fontaine dit de même *accourcir* (livre IX, fable xiv, vers 8).

5. « Voilà comme cela a dû se passer. Le discours des Plai-

Qui de nous en aura la joie.
Celui qui le premier a pu⁶ l'apercevoir
En sera le gobeur⁷ ; l'autre le verra faire.
— Si par là l'on juge l'affaire,   10
Reprit son compagnon, j'ai l'œil bon, Dieu merci.
— Je ne l'ai pas mauvais aussi⁸,
Dit l'autre ; et je l'ai vue avant vous, sur ma vie⁹.
— Eh bien ! vous l'avez vue ; et moi je l'ai sentie. »
    Pendant tout ce bel incident,   15
Perrin Dandin¹⁰ arrive : ils le prennent pour juge.

deurs anime la scène. L'arrivée de Perrin Dandin lui donne un air plus vrai que (*chez Boileau*) celui de la Justice, qui est un personnage allégorique. Je voudrais seulement que les deux Pèlerins fussent à jeun comme ceux de Boileau. » (CHAMFORT.) Selon Brossette, à la suite du passage cité dans la notice, Boileau disait, au contraire, qu'en mettant un juge au lieu de la Justice, « la Fontaine avait manqué de justesse, car ce ne sont pas les juges seuls qui causent des frais aux plaideurs : ce sont tous les officiers de la justice. »

6. *A dû*. (1671, 79 Amsterdam.)

7. Littré ne cite de ce mot, au sens propre, que notre exemple. L'Académie ne le donne dans aucune acception, même en 1878.

8. Le dialogue est autrement coupé dans les éditions de 1671 et de 1679 Amsterdam :

    .... J'ai l'œil bon. — Dieu merci,
    Je ne l'ai pas mauvais aussi.

Sur *pas.... aussi* au sens de *pas.... non plus*, voyez p. 363, note 12.

9. Serment elliptique : « Je le jure sur ma vie. » Voyez Littré, SUR, 32°.

10. Ce nom de *Dandin*, rendu si populaire par Racine, Molière, la Fontaine, chez qui il revient dans la *lettre à la duchesse de Bouillon* de novembre 1689 (tome III M.-L., p. 390*ᵃ*), est emprunté à Rabelais (chapitre XLI du tiers livre). Perrin Dendin (*sic*), chez Rabelais (tome II, p. 194-195), n'est pas un juge, mais joue simplement, comme ici (voyez toutefois la note 14), le rôle d'arbitre :

ᵃ « Or je ne suis bon, non plus que Perrin Dandin, que quand les parties sont lasses de contester. »

Perrin, fort gravement, ouvre l'Huître, et la gruge[11],
  Nos deux Messieurs le regardant.
Ce repas fait, il dit d'un ton de président :
« Tenez, la cour vous donne à chacun une écaille   20
Sans dépens[12], et qu'en paix chacun chez soi s'en aille[13]. »

« .... Tous les debatz, procés et differens, estoient par son deuis vuidez, comme par iuge souuerain, quoy que iuge ne feust, mais home de bien..... Iamais n'apoinctoit les parties, qu'il ne les feist boyre ensemble par symbole de reconciliation, d'accord perfaict, et de nouuelle ioye. »

11. Même verbe au figuré dans la fable XXI du livre I, vers 35.

12. Chamfort dit à ce sujet : « Les deux derniers vers [dans Boileau] sont plus plaisants que dans la Fontaine ; mais le mot *sans dépens* de la Fontaine équivaut, à peu près, à *Messieurs, l'huître étoit bonne.* » Berriat-Saint-Prix, dans ses notes sur l'épître de Boileau, dit qu'il ne comprend pas cette équivalence. C'est qu'il entend *sans dépens* dans le sens qu'il a quand on dit « gagner son procès sans dépens, » sans obtenir les dépens, sans que la partie adverse soit condamnée à payer les dépens ; tandis que Chamfort, justement croyons-nous, les explique par « sans frais » : le juge ou arbitre se trouve suffisamment payé par la bonté de l'huître. — Dans Boileau il y a la formule opposée : « Tous deux avec dépens », que nous trouvons aussi dans la XXXIV° des *Poésies diverses* de la Fontaine, tome V *M.-L.*, p. 59 :

  Avec dépens ; et tout ce qui s'ensuit.

— A comparer, sans qu'on en puisse, ce semble, rien conclure pour le sens de notre passage, la fin de l'arrêt burlesque que Rabelais met dans la bouche de Pantagruel (chapitre XIII, tome I, p. 281) : « Amis comme devant sans despens, et pour cause. »

13. Les textes de 1671 et 1679 Amsterdam ponctuent autrement ; ils ont deux points après « une écaille ». — « Cette fable de *l'Huître et les Plaideurs* est devenue en quelque sorte, dit encore Chamfort, l'emblème de la justice, et n'est pas moins connue que l'image qui représente cette divinité, un bandeau sur les yeux et une balance à la main. » Voyez les deux derniers vers de la fable XXI du livre I, où notre auteur lui-même fait allusion à cette fin passée en proverbe. Au reste, les allusions abondent dans la langue soit parlée, soit écrite. En voici une, assez piquante, de Saint-Simon (*Mémoires*, tome XII, p. 365, édition d 1873) : —
« Il (le maréchal d'Harcourt) demanda sa charge (de capitaine des

Mettez ce qu'il en coûte à plaider aujourd'hui ;
Comptez ce qu'il en reste à beaucoup de familles,
Vous verrez que Perrin[14] tire l'argent à lui,
Et ne laisse aux plaideurs que le sac et les quilles[15]. 25

gardes) pour son fils, et il l'obtint. Ainsi il mangea l'huître dont le Roucy et M. de Lorge n'eurent que les écailles, que je trouvai toutes deux fort dures. » Il s'en trouve une autre au tome II, p. 173, même édition. — Pour l'ordre de s'en aller « en paix », grugés et contents, on peut rapprocher cette phrase du libre et franc sermonnaire Menot : ... *Quando essemus in processu, isti grossi rosores* (rongeurs) *comederent nos et post infinitas pœnas et discursus et vagationes dicerent nobis :* « *Concordetis vos simul.* » (*Sermon* pour le samedi des cendres, *sabbato cinerum*, fol. 79, col. 3-4.)

14. Ici, c'est bien comme nom de juge, plutôt que d'arbitre de rencontre, que le mot revient.

15. C'est-à-dire ne leur laisse rien. Le sac, sans l'argent, les quilles, sans la boule, ne sont d'aucun usage ; à moins que *le sac* ne signifie ici le sac où étaient les informations, les papiers relatifs au procès : voyez Rabelais, le quart livre, chapitre XII, tome II, p. 313. Littré, au mot Sac, 11°, explique par « proprement prendre l'argent du jeu et ne laisser aux autres que les quilles et leur sac. » — Molière nous donne, dans *les Fourberies de Scapin* (acte II, scène v), le commentaire animé de ces quatre vers : voyez tome VIII de ses *OEuvres*, p. 460-464, et les notes. — Mme de Sévigné (tome IX, p. 551-552), dans une lettre du mois de juillet 1690, applique au duc de Savoie la morale de l'apologue, ou, pour mieux dire, une des vérités qu'il fait ressortir : « J'en chanterois bien un (*Te Deum*) de tout mon cœur pour le retour de la raison de Monsieur de Savoie ; mais ce qui est fâcheux, c'est qu'il ne sera plus le maître de la paix quand il le voudra. C'est la fable de *l'Huître*, comme vous dites : il sera gobé par le plus fort. »

FABLE X.

LE LOUP ET LE CHIEN MAIGRE.

Ésope, fab. 35, Κύων καὶ Λύκος (Coray, p. 23 et p. 296, sous deux formes). — Faërne, fab. 28, *Canis et Lupus*. — Haudent, 2° partie, fab. 26, *d'un Loup et d'un Chien*. — Même sujet dans l'*Esopus* de Burkhard Waldis, fab. 63.

Mythologia æsopica Neveleti, p. 118.

Robert rapproche aussi une fable latine extraite par lui (tome II, p. 547-548) du même recueil manuscrit que les fables mentionnées, d'après lui, ci-dessus, p. 128 et 222; et de celle-ci il renvoie à la fable 94 de Marie de France, *dou Bues*[1] *et dou Leu*. Dans toutes deux, identiques de fond l'une avec l'autre, le sot glouton est dupé de tout autre manière. Un Bœuf, surpris dans une vallée par un Loup, le conjure de le laisser gravir la montagne voisine, pour y faire sa dernière prière; mais, arrivé au sommet, il pousse un tel rugissement que les bergers accourent, avec leurs chiens qui déchirent le Loup.

Benserade, dans son quatrain CXXVI, résume ainsi la fable :

> Sous la patte d'un Loup plutôt friand qu'avide,
> Un Chien dit : « Attendez, je suis maigre et suis vuide ;
> Je m'en vais à la noce, et j'en reviendrai gras. »
> Le Loup y consentit : le Chien ne revint pas.

« Après l'apologue précédent, dont la moralité est si étendue, dit Chamfort, en voici un où elle est très-étroite et très-bornée. Elle rentre même dans celle d'une autre fable (voyez la note 2), comme la Fontaine nous le dit dans son petit prologue, assez médiocre. » Pourquoi cette dernière épithète? Le début est fort bien approprié à ce morceau d'élégante et toute simple brièveté.

> Autrefois Carpillon fretin
> Eut beau prêcher, il eut beau dire,

---

1. Roquefort écrit ainsi au titre; ailleurs, aussi, *Bous* et *Buef*.

On le mit dans la poêle à frire².
Je fis voir que lâcher ce qu'on a dans la main,
    Sous espoir de grosse aventure³,   5
    Est imprudence toute pure.
Le Pêcheur eut raison ; Carpillon⁴ n'eut pas tort :
Chacun dit ce qu'il peut pour défendre sa vie.
    Maintenant il faut que j'appuie
Ce que j'avançai lors, de quelque trait encor⁵. .   10

Certain Loup, aussi sot que le Pêcheur fut sage,

2. Voyez livre V, fable III, *le Petit Poisson et le Pêcheur*, et, ci-dessus, pour *fretin*, la note 11 de la page 250.

3. Terme de négoce : sous espoir de gros bénéfice, mais avec beaucoup de mauvaises chances à courir. L'expression, au sens propre, rappelle la jolie fable du *Berger et la Mer* (II* du livre IV). — Ailleurs (livre VIII, fable XXIV, vers 10), dans un autre sens, avec une autre épithète :

.... ayant couru mainte haute aventure.

4. Le fabuliste fait ici un nom propre du nom commun de la bête, de même qu'au livre X, fable III, vers 13 :

Cormoran vit une écrevisse,

sans qu'il y ait, ce qui est son usage plus ordinaire, une épithète ou une apposition, soit après, comme au vers 1 : « Carpillon fretin » ; à la fable citée, vers 36 : « Cormoran, le bon apôtre » ; à la fable 1 du livre XI, vers 10 : « Lionceau, mon voisin » ; soit avant : « voisin Grillon » (V, IV, 13) ; « son ami Bouc » (III, V, 2), etc., etc. Il est vraiment curieux de voir, et l'on a vu et verra, en maint endroit, combien il varie cette manière d'individualiser et humaniser ; il fait précéder les noms de prénoms, de titres d'honneur, comme *Seigneur*, *Messire*, *Messer*, *Monsieur*, *Maître*, *Capitaine*, *Dom*, etc., etc., même avec la particule de noblesse : « Monsieur du Corbeau » (I, II, 5, et XII, XV, 128), « Ce Monseigneur du Lion-là » (VII, VII, 26).

5. Chamfort gourmande ridiculement le poëte pour cette assonance de *lors* et d'*encor*, cette rime entre hémistiches qui est toujours violation de l'usage, donc licence vu les règles, mais non pourtant choquante en soi : « Il est impardonnable, s'écrie-t-il, d'être si négligent. »

LIVRE IX.   409

Trouvant un Chien hors du village,
S'en alloit l'emporter⁶. Le Chien représenta
Sa maigreur : « Jà⁷ ne plaise à votre Seigneurie
    De me prendre en cet état-là ;   15
    Attendez : mon maître marie
    Sa fille unique, et vous jugez
Qu'étant de noce, il faut, malgré moi, que j'engraisse⁸. »
    Le Loup le croit, le Loup le laisse.
    Le Loup⁹, quelques jours écoulés,   20
Revient voir si son Chien¹⁰ n'est point meilleur à prendre ;
    Mais le drôle étoit au logis.
    Il dit au Loup par un treillis¹¹ :
« Ami, je vais sortir ; et, si tu veux attendre,
    Le portier du logis et moi   25
    Nous serons tout à l'heure¹² à toi. »

6. A remarquer l'addition *s'en* à cette périphrase verbale où *aller* joue simplement le rôle d'auxiliaire pour marquer le futur.

7. Abréviation du latin *jam* : déjà, dès ce moment. Voyez le conte VII de la IIᵉ partie, vers 227, et *passim*.

8. Dans les deux fables d'Ésope et dans celle de Faërne, il s'agit également de noce. Dans Haudent, le Chien annonce seulement

    .... Que son maistre fera
  Banquet auquel, s'il n'est bien prez tenu,
  Abondamment adonc s'engressera.

9. Ce redoublement du nom fait plaisamment ressortir le redoublement de sottise : triple sot de le croire, de le laisser, de revenir.

10. Nodier dit, au sujet de ce *son*, plein de malice et de bonhomie : « Cela rappelle ce joli trait de la fable de *l'Ours et les deux Compagnons* (livre V, fable XX, vers 9-10) :

  Dindenaut prisoit moins ses moutons qu'eux leur Ours :
  Leur, à leur compte, et non à celui de la bête. »

11. Dans la fable d'Ésope et dans celle de Faërne, le Loup aperçoit le Chien couché sur le toit de la maison, d'où il cherche en vain à le faire descendre.

12. A l'instant même. — Pour le sens d'*être à*, voyez *Littré* au

Ce portier du logis étoit un chien énorme,
    Expédiant les[13] loups en forme[14].
Celui-ci s'en douta. « Serviteur au portier, »
Dit-il ; et de courir[15]. Il étoit fort agile ;   30
    Mais il n'étoit pas fort habile :
Ce Loup ne savoit pas encor bien son métier[16].

premier article d'ÊTRE, 6°. Nous avons vu, avec une légère nuance d'acception, au vers 23 de la fable xv du livre II :

    Ils vont vite et seront dans un moment à nous.

— Signalons un autre emploi, vif et elliptique, de la préposition *à*, trois vers plus loin.

13. *Des*, dans les deux textes de 1679 Paris ; au vers 31, ils omettent *fort* ; l'*Errata* corrige en *les* et rétablit l'adverbe. L'édition de 1682 reproduit la seconde faute, sans tenir compte de la correction.

14. En bonne forme, selon les règles. Même verbe et même nom, avec l'adjectif *commune*, au livre XII, fable vi, vers 6-7.

15. Voyez ci-dessus la note 20 de la page 261.

16. Comparez plus haut, p. 319 et note 3.

FABLE XI.

RIEN DE TROP[1].

Abstemius, fab. 186, *de Ovibus immoderate segetem depascentibus.*
Mythologia æsopica Neveleti, p. 612.

On peut rapprocher de cette fable deux contes de Bidpaï, tome I, p. 346, *le Tyran;* tome III, p. 174, *Sur la tyrannie et l'injustice : que celui qui fait le mal reçoit ordinairement un plus grand mal.* Une partie de chacun des deux a pour sujet une succession analogue de malfaisants successivement punis.

« Je ne sais, dit Chamfort, comment la Fontaine a pu faire une aussi mauvaise petite pièce sur un sujet de morale si heureux. Tout y porte à faux. La Providence a établi les lois qui dirigent la végétation des arbres et des blés ; qui gouvernent l'instinct des animaux, qui forcent les moutons à manger les herbes, et les loups à manger les moutons. C'est elle qui a donné à l'homme la raison qui lui conseille de tuer les loups. Ne dirait-on pas, suivant la Fontaine, que nous sommes obligés, en conscience, à en conserver l'espèce ? Si cela est, les Anglais, qui sont parvenus à les détruire dans leur île[2], sont de grands scélérats. Que veut dire la Fontaine, avec cette permission donnée aux moutons de retrancher l'excès des blés ; aux loups, de manger quelques moutons ? Est-ce sur de pareilles suppositions qu'on doit établir le précepte de la modération, précepte qui naît d'une des lois de notre nature, et que nous ne pouvons presque jamais violer sans en être punis ? Toute morale doit reposer sur la base inébranlable de la raison. C'est la raison qui en est le principe et la source. »

Abstemius a conçu, convenons-en, son sujet d'une manière plus

---

1. Voyez la note 1 de la page 332.
2. Les loups du fabuliste ne l'ignorent pas. Celui de la fable v du livre X nous dit (vers 10-11) :

> .... De loups l'Angleterre est déserte.
> On y mit notre tête à prix.

nette et plus simple, plus conforme, dans son petit cadre, à ce genre d'ouvrage. Son apologue n'est point, comme le nôtre, une dissertation de sens général, mais tourné comme le récit d'une action particulière : Sur la plainte du Laboureur, Jupiter donne ses ordres, d'abord aux Moutons, puis, successivement, pour châtier les excès, au Loup, au Chasseur. Voyez, dans la note dernière, la morale, précise et restreinte, qui est déduite de là. Cela dit, à l'avantage du fabuliste latin, remarquons toutefois, au sujet de la grosse querelle de Chamfort, qu'ici encore il ne se place pas, au vrai point de vue de la Fontaine. Ce n'est pas ignorer ni méconnaître les lois de la Providence que de s'étonner et de se plaindre des excès qu'aux divers degrés de l'échelle des êtres, ces lois ne préviennent ni n'empêchent dans la nature; dans la végétale, par exemple, que le Sage, jardinier, de la fable xx du livre XII (vers 11-12), *corrige partout*, parce qu'elle est

> Excessive à payer ses soins avec usure.

Pour le grief principal du critique, la destruction des loups, nous renvoyons à la note 10.

> Je ne vois point de créature
> Se comporter modérément.
> Il est certain tempérament
> Que le maître de la nature
> Veut que l'on garde en tout[3]. Le fait-on? nullement. 5
> Soit en bien, soit en mal, cela n'arrive guère.
> Le blé, riche présent de la blonde Cérès[4],

3. Ce juste milieu qu'Horace a prescrit dans ces vers devenus proverbe (106-107 de la satire I du livre I) :

> *Est modus in rebus, sunt certi denique fines*
> *Quos ultra citraque nequit consistere rectum.*

— « Soit en bien, soit en mal » fait sentir, au vers suivant, l'*ultra citraque* latin.

4. Ailleurs (*Psyché*, livre II, tome V M.-L., p. 217) :

> [Le] blé, riche présent qu'à l'homme ont fait les Cieux.

— *Cerealia munera*, dit le latin ; par exemple Ovide, à diverses reprises (*Métamorphoses*, livre XI, vers 122, etc.).

Trop touffu bien souvent, épuise les guérets :
En superfluités⁵ s'épandant d'ordinaire,
    Et poussant trop abondamment,   10
    Il ôte à son fruit l'aliment⁶.
L'arbre n'en fait pas moins : tant le luxe sait plaire⁷ !
Pour corriger le blé, Dieu permit aux moutons
De retrancher l'excès des prodigues moissons⁸ :
    Tout au travers ils se jetèrent,   15
    Gâtèrent tout, et tout broutèrent ;
    Tant que le Ciel permit aux loups
D'en croquer quelques-uns : ils les croquèrent tous ;
S'ils ne le firent pas, du moins ils y tâchèrent⁹.
    Puis le Ciel permit aux humains   20
De punir ces derniers : les humains abusèrent
    A leur tour des ordres divins[10].

5. « J'ôte le superflu, » dit (vers 19) le Sage de la fable citée à la fin de la notice.

6. Ces mots peuvent, ce nous semble, prêter à deux sens, qui sont, au reste, aussi bien l'un que l'autre à leur place ici : « prive son fruit, l'épi, de la séve qui doit le nourrir » ou, conséquence de cette privation, « ôte à l'épi, appauvrit sa substance nutritive, l'aliment qu'il fournit. »

7. *Plaire*, même à un arbre. Ce bref hémistiche qui exprime ou plutôt implique que l'arbre est animé est-il suffisamment clair ? — Le mot *luxe*, bien choisi pour impliquer, lui, quelque blâme, est le *luxuriem* des vers de Virgile que nous rapprochons du vers 14.

8. *Ne gravidis procumbat culmus aristis,*
   Luxuriem segetum tenera depascit in herba.
        (Virgile, *Géorgiques*, livre I, vers 111-112.)

9. Même locution dans *Psyché*, livre I (tome III M.-L., p. 83); et tour analogue dans *Adonis*, vers 217 : « Il tâche à rappeler. » Littré cite de nombreux exemples, avec *y* et avec *à*, surtout de contemporains et de prédécesseurs de la Fontaine.

10. « On ne sait pas trop, dit Nodier, comment les humains purent abuser des ordres divins en tuant les loups; » et Geruzez répète le mot de Chamfort sur les Anglais. Nous avons montré dans la notice comment Abstemius, à qui la fable est empruntée, échappe à toute critique de ce genre. Il faut remarquer que la Fontaine,

De tous les animaux, l'homme a le plus de pente
  A se porter dedans l'excès[11].
  Il faudroit faire le procès[12]   25
Aux petits comme aux grands. Il n'est âme vivante
Qui ne pèche en ceci. Rien de trop[13] est un point

comme s'il voulait, lui aussi, n'y donner prise que le moins possible, s'arrête brusquement quand il en vient à l'homme, fait « de l'abus des ordres divins » une généralité et, sans l'appliquer en particulier, explicitement, à l'extermination des loups, se hâte de passer à nos excès en toutes choses. Au reste, réduite même aux loups, comme elle l'est d'abord implicitement, mais forcément, avant de s'étendre à toute la conduite humaine, la proposition ne peut-elle en aucune façon se défendre? Sans doute notre empire sur les bêtes n'est point « chimérique », comme dit le Renard au Lion dans les *Animaux malades de la peste* (livre VII, fable 1, vers 41-42) : il est fondé sur l'intérêt, la prudence, la nécessité; mais ces fondements-là ne sont point d'un ordre et caractère bien élevé, ni tels que, à voir de haut l'ensemble des choses, ils ne gardent rien de mystérieux pour le philosophe et qu'il lui soit facile d'établir sur eux, incontestable, le pouvoir despotique de l'homme. Que de fois ne nous demandons-nous pas, et surtout la Fontaine, tel que nous le connaissons, ne devait-il pas se demander : « Après tout, de quel droit, autre que l'égoïsme ? » Voyez d'autres comparaisons, où le fabuliste ne nous ménage pas davantage, entre la conduite de l'homme et les instincts des animaux, dans les fables 1 et v du livre X; 1 du livre XII.

11. Comparez le *Poëme du Quinquina*, chant II, vers 312-315 :

L'homme se porte en tout avecque violence
  A l'exemple des animaux,
Aveugle jusqu'au point de mettre entre les maux
  Les conseils de la tempérance.

12. Locution très-commune, au figuré, chez nos bons auteurs; ainsi dans *l'Art poétique* de Boileau (chant III, vers 210) :

Je ne veux point ici lui faire son procès.

13. « Rien de trop », *ne quid nimis*, οὐδὲν ἄγαν, est une maxime qui revient souvent chez les anciens comme chez les modernes. Térence l'exprime ainsi par la bouche d'un esclave :

*Nam id arbitror
Apprime in vita esse utile, ut ne quid nimis.*
          (*Andrienne*, acte I, scène 1, vers 61-62.)

Dont on parle sans cesse, et qu'on n'observe point.

— Aristote dit dans sa *Morale à Nicomaque*, livre II, chapitre vi : « La vertu est un milieu », μεσότης ἐστὶν ἡ ἀρετή. Il la distingue de la perfection, du bien à son point le plus haut : ἀκρότης. Voyez la suite où il explique et développe l'idée.

Les moralités de Bidpaï et d'Abstemius se rattachent plus étroitement à la fable et, sans être, elles non plus, d'une constante vérité, prêtent moins à la critique que l'ensemble de la thèse de la Fontaine. Celle de Bidpaï est que « le mal est toujours suivi du mal, » et que « qui tue est tué » : ce que le fabuliste latin résume en disant que « nul immodéré ne dure longtemps » : *Fabula indicat nullum immoderatum esse diuturnum.*

FABLE XII.

LE CIERGE.

Fables ésopiques de Camerarius, fab. 320, *Cera*. — Abstemius, fab. 54, *de Cera duritiam appetente*. — Haudent, 2e partie, fab. 113, *de la Cire appetant durté*. — Comparez l'*Esopus* de Burkhard Waldis, livre II, fab. 81.

Mythologia æsopica Neveleti, p. 557.

« Autre mauvaise fable, dit Chamfort. Quelle bizarre idée de prêter à un cierge la fantaisie de devenir immortel, et pour cela de se jeter au feu ! »

« Il est fâcheux, dit Nodier, que de si jolis vers se trouvent dans une si mauvaise fable. Comment se fait-il que la Fontaine, qui a le bon esprit de douter qu'une montagne ait été en mal d'enfant (livre V, fable x, vers 7-9), attribue des idées à un cierge ? » Le reproche est plus spécieux que fondé. D'abord notre auteur n'a pas inventé le sujet. L'accepter de ses devanciers, parce qu'il sent qu'il lui inspire « de si jolis vers », est-il plus choquant que d'avoir, ainsi qu'Horace, emprunté à la Sagesse, comme l'on dit, des nations, la susdite fable de *la Montagne ?* Dans le vaste champ des personnifications allégoriques, l'imagination du peuple, les caprices du génie se donnent, et en ont le droit, libre carrière. « Il n'y a point en ces fictions, dit très-bien M. Moland (tome II de son édition de la Fontaine, p. 201), à tracer de règle absolue. » Et il transcrit un apologue du moyen âge tout à fait analogue à celui-ci : *du Charbon qui voulut ardoir* (brûler) *la mer*, « où il ne.... semble pas que l'esprit soit choqué, quoiqu'on y prête un mouvement volontaire aux choses inanimées. » — M. Taine (p. 310-311) cite les premiers vers de cette fable, pour montrer comment la Fontaine, dans l'expression, aime à rassembler les contrastes, se plaît « à tomber du ciel en terre, et à prendre le langage d'un marchand après celui de Virgile.... Les écrivains du siècle, ajoute-t-il, sont soutenus ; ils gardent le même ton, noble ou plaisant. Ils sont partout d'accord avec eux-mêmes, parce qu'ils sont raisonnables. La Fontaine est cet être « ailé, léger, sacré, papillon du Parnasse, » dont le vol capricieux monte et descend au gré de son imagination mobile [voyez les vers 66-70 du second *Discours à Mme de la Sablière*, 1684]. »

C'est du séjour des Dieux que les Abeilles viennent[1].
Les premières, dit-on, s'en allèrent loger
    Au mont Hymette[2], et se gorger
Des trésors[3] qu'en ce lieu les zéphyrs entretiennent.
Quand on eut des palais[4] de ces filles du Ciel   5
Enlevé l'ambroisie[5] en leurs chambres encloses,

1. *His quidam signis, atque hæc exempla secuti,*
Esse apibus partem divinæ mentis et haustus
Ætherios dixere.
    (VIRGILE, *Géorgiques*, livre IV, vers 219-221.)

2. « Hymette étoit une montagne célébrée par les poëtes, située dans l'Attique [au sud-est d'Athènes], et où les Grecs recueilloient [et recueillent encore] d'excellent miel. » (*Note de la Fontaine.*) — Dans la fable de *l'Ane juge* donnée en appendice par M. Marty-Laveaux, au tome V, p. 255, le miel est nommé

    .... Le trésor doré des filles de l'Hymette.

3. L'édition de 1679 porte bien *des trésors*, mais, dans les exemplaires que nous avons vus, l's est très-peu marquée, à peine visible ; le contrefacteur (de 1692) a lu et imprimé *de trésors*, faute qui est aussi dans les éditions de 1688 et de 1709 ; celles de 1682, 1708, 29 donnent, comme le texte original, *des trésors*.

4. Métaphore continuée, au vers suivant, par le mot *chambres*, puis expliquée par *ruches*.

5. Telle est bien l'orthographe du mot dans toutes les anciennes éditions ; celle de 1708 donne *ambrosie*, transcription fidèle, d'usage antérieur, des formes grecque et latine, qu'on peut voir dans les *Lexiques de Corneille, de Racine*, au vers 1884 (acte III, scène IX) de l'*Amphitryon* de Molière, et que Littré a eu tort de changer en *ambrosie* dans les exemples qu'il cite de Regnier (vers 213 de la satire V et 179 de la satire XIV). La vieille forme *ambrosie* est la seule que donnent Richelet et Furetière. Notre auteur lui-même l'a employée, en vers, dans *Galatée* (tome IV M.-L., p. 222 et 223), et en prose, au livre I de *Psyché* (p. 55 du texte original) ; puis, en vers, à la page 20 du même écrit, nous avons *ambroisie*,

Ou, pour dire en françois la chose,
Après que les ruches sans miel
N'eurent plus que la cire, on fit mainte bougie;
Maint cierge⁶ aussi fut façonné.
Un d'eux voyant la terre en brique au feu durcie
Vaincre l'effort des ans, il⁷ eut la même envie.⁸;
Et, nouvel Empédocle⁹ aux flammes condamné
Par sa propre et pure folie,
Il se lança dedans.

Ce fut mal raisonné :
Ce Cierge ne savoit grain de philosophie.

comme ici. Ce qu'il y a de plus remarquable, c'est *ambrosie* rimant avec *choisie*, dans *le Songe de Vaux* (tome III *M.-L.*, p. 202). Dans le conte III de la IVᵉ partie, le vers 62 se termine par *ambroise*, au même sens, rimant avec *villageoise* et *noise*.

6. Littré distingue ainsi les deux mots *bougie* et *cierge* : « BOUGIE, chandelle de cire. — CIERGE, grande chandelle de cire, à l'usage des églises.

7. A remarquer le pléonasme d'*il* après un premier sujet.

8. Dans la fable citée de Burkhard, le Cierge motive son envie dans un long et dolent monologue.

9. « Empédocle étoit un philosophe ancien, qui, ne pouvant comprendre les merveilles du mont Etna, se jeta dedans par une vanité ridicule, et, trouvant l'action belle, de peur d'en perdre le fruit, et que la postérité ne l'ignorât, laissa ses pantoufles au pied du mont. » (*Note de la Fontaine.*) — Horace attribue de même à un désir de vaine gloire la mort volontaire d'Empédocle :

Deus immortalis haberi
Dum cupit Empedocles, ardentem frigidus Ætnam
Insiluit....
(*Art poétique*, vers 464-466.)

Mais, quoi qu'en disent les deux poëtes, et l'historien que cite Diogène de Laërte (*Empédocle*, § 69), et qui dit également qu'il voulut passer pour être devenu un dieu, mais qu'une de ses pantoufles (il les portait d'airain) fut rejetée par le volcan, ne peut-on supposer que le philosophe fut plutôt victime de sa curiosité scientifique? Voyez, dans le *Dictionnaire des sciences philosophiques*, l'article de M. Hauréau sur Empédocle et ses doctrines.

Tout en tout est divers : ôtez-vous de l'esprit
Qu'aucun être ait été composé sur le vôtre.
L'Empédocle de cire [10] au brasier se fondit :
    Il n'étoit pas plus fou que l'autre [11].   20

10. « Que la Fontaine, dit Chamfort, adopte ce conte ridicule sur Empédocle, on peut le lui passer ; mais comment lui pardonner *l'Empédocle de cire ?* On s'est moqué de la Motte pour avoir appelé une grosse rave un *phénomène potager*, » dans la fable XIX du livre V, vers 6. Cette fantaisie de style de notre auteur passe peut-être les bornes du bon-comique, mais elle n'a nulle ressemblance avec la métaphore de la Motte, et, si peut-être elle blesse aussi un peu le goût, c'est de tout autre façon.

11. *Hac admonemur fabula, ne appetamus quod est nobis natura denegatum.* (ABSTEMIUS.) C'est aussi le sens de la morale de Camerarius, et de l'épilogue d'Haudent :

    Par le moral on peult extraire
    Que folle est une creature
    Laquelle appette effect contraire
    Directement à sa nature.

FABLE XIII.

JUPITER ET LE PASSAGER.

Ésope, fab. 15, Ἀδύνατα ἐπαγγελλόμενος; fab. 18, Φέναξ; fab. 47, Ὁδοιπόρος et Ὁδοιπόρος καὶ Ἑρμῆς (Coray, p. 11, 12, 30, 288, 289, 305, sous six formes). — Poggii *Facetiæ* (1513, fol. 177 v°), *de Quodam qui vovit candelam Virgini Mariæ.* — P. Candidus, fab. 45 et 50, *Viator vovens; Navigans vovet.* — Rabelais, le quart livre, chapitres XVIII-XXIV. — Haudent, 2ᵉ partie, fab. 14, *d'un Poure Homme et des Larrons.*

Mythologia æsopica Neveleti, p. 99, p. 102, p. 129.

Dans les *Facéties* du Pogge, un capitaine de vaisseau, près de faire naufrage, voue à la Vierge un cierge gros comme un mât. On se récrie : « Bah ! répond-il, si nous échappons, il faudra bien qu'elle se contente d'un petit cierge. » — Il y a même vœu d'un tel cierge à saint Nicolas dans la fable LI du livre III de Burkhard Waldis, qui, avant cette version chrétienne du sujet, en donne, dans la même pièce, une autre païenne, d'un vœu à Jupiter. — Dans le premier des deux apologues cités de Candidus, le Voyageur égaré fait à Mercure la promesse éventuelle de lui offrir, s'il le remet dans sa voie, la moitié de ce qu'il pourra lui arriver de trouver chemin faisant. Il trouve un petit sac de dattes et d'amandes, mange les fruits et, se raillant du Dieu, dépose sur son autel les noyaux des uns et les écorces des autres : part égale et semblable, *externa et intima.* — Chez Rabelais, Panurge, pendant la tempête (chapitre XIX du livre cité, tome II, p. 341), promet à saint Nicolas de lui édifier « une belle grande petite chappelle, ou deux. » Puis, quand la tempête est passée : « Escoutez, beaulx amys, dit-il (*ibidem*, chapitre XXIV, p. 357). Ie proteste dauant la noble compaignie, que de la chappelle vouée à Monsieur saint Nicolas..., i'entends que sera une chappelle d'eau rose [1]. — Voyla, dist Eusthenes, le guallant ; voyla le guallant : guallant et demy.

1. *Chappelle,* alambic : il joue sur le mot, dont un des sens est encore aujourd'hui (*Littré,* 8°) couvercle d'alambic.

C'est verifier le prouerbe Lombardique : *Passato el pericolo, gabato* (« moqué, méprisé ») *el santo*[2]. »

— Dans un recueil de contes dévots intitulé *Promptuarium exemplorum discipuli*, déjà cité ci-dessus, p. 215, se trouve, sous le mot *Votum* (ordre alphabétique), l'historiette suivante, « dont le fond et la forme montrent, dit M. Soullié (il la cite, p. 121), une naïveté vraie et une crédulité sérieuse qui a son charme » : *Rusticus quidam cum duceret vaccam et vitulum ad montem Sancti Michaelis, qui, de periculo maris timens, quare, quando viam attigit, et fluctus eum invasit, exclamans dixit :* « *O sancte Michael, adjuva me et libera me, et dabo tibi vaccam et vitulum.* » *Et sic liberatus, dixit :* « *Bene fatuus erat sanctus Michael qui credebat quod darem sibi vaccam meam et vitulum meum.* » *Et iterum fluctus eum invasit, et iterum exclamavit, et dixit :* « *O beate Michael, adjuva me et libera me, et dabo tibi vaccam et vitulum.* » *Et sic liberatus iterum, dixit :* « *O sancte Michael, nec vaccam nec vitulum habebis.* » *Cum autem sic, quasi securus, incederet, ecce iterum fluctus involvens eum et suffocans eum, et vaccam et vitulum cum eo suffocavit.*

Voici la traduction française telle qu'on la lit dans *la Fleur des commandemens de Dieu, avec plusieurs exemples et auctoritez extraites tant des saintes escriptures que d'autres docteurs bons anciens pères. Lequel est moult utile et prouffitable à toutes gens.* (Paris, M. D. XLVIII, in-fol., p. lviiii) : *Sur le premier commandement :* « Il est escript en aucuns liures, aussi le disciple le recite en son Promptuaire et dit que, comme ung Rustique menoit sa vache et son veau en la montaigne Sainct-Michel, craingnit du peril de la mer, car les undes d'eaue vindrent à luy, en criant il dit : « O sainct « Michel, ayde-moi, et me deliure, et ie te donneray la vache et « le veau. » Quand il fut deliuré, il dit : « Sainct Michel estoit « bien fol de croire que ie luy donneroye ma vache et mon veau. » Et de rechief les undes de la mer vindrent à luy, et de rechief il cria et dit : « O bon sainct Michel, ayde-moi et me deliure, et ie te « donneray ma vache et mon veau. » Quand il fut deliuré, il dit : « O sainct Michel, tu n'auras ne le veau ne la vache. » Et comme il estoit ainsy comme seurement, les undes de la mer vindrent de rechief qui le suffoquèrent et noyèrent luy et sa vache et son veau. »

2. Les Espagnols disent : *El rio passado, el santo olvidado* (« ou-) blié »). Boileau développe l'idée à la fin de sa satire 1 (1666,

Ô ! combien le péril enrichiroit les Dieux,
Si nous nous souvenions des vœux qu'il nous fait faire !
Mais, le péril passé, l'on ne se souvient guère
    De ce qu'on a promis aux Cieux ;
On compte seulement ce qu'on doit à la terre³.   5
« Jupiter, dit l'impie, est un bon créancier ;
        Il ne se sert jamais d'huissier.
        — Eh ! qu'est-ce donc que le tonnerre⁴ ?
Comment appelez-vous ces avertissements⁵ ? »

        Un Passager, pendant l'orage,   10
Avoit voué cent bœufs au vainqueur des Titans⁶.
Il n'en avoit pas un : vouer cent éléphants

---

vers 155 et suivants, où il est parlé, comme dans les premiers vers de la fable, de la foi inspirée à l'homme par un péril quelconque.

3. Ce qu'exigent les besoins ou même les plaisirs de la vie.

4. « Le tonnerre n'est point un huissier, » dit Chamfort ; nous le savons, et la Fontaine le savait aussi probablement. Ce passage inattendu d'un mot très-familier et d'usage vulgaire à un autre de sens ici terrible, est une de ces hardiesses qui, chez lui, étonnent peu. Ceux même qui, malgré son énergie, la trouveraient d'un goût douteux, conviendront, pensons-nous, en tout cas, qu'elle ne méritait pas la docte semonce du commentateur, qui prend la peine, à ce propos, de nous donner cet à-peu-près d'explication, que le tonnerre « est le bruit formé par le choc des nuages », etc.

5. C'est la même idée qui a inspiré à Juvénal ces beaux vers (223-228 de la satire XIII) :

> Hi sunt qui trepidant et ad omnia fulgura pallent,
> Quum tonat, exanimes primo quoque murmure cœli ;
> Non quasi fortuitus, nec ventorum rabie, sed
> Iratus cadat in terras et judicet ignis.
> Illa nihil nocuit ; cura graviore timetur
> Proxima tempestas, velut hoc dilata sereno.

6. De la puissance duquel on peut donc tout se promettre. La périphrase ici n'est pas un simple ornement poétique ; elle complète et motive, comme dans les vers, si connus, de Racine :

> Celui qui met un frein à la fureur des flots,
> Sait aussi des méchants arrêter les complots.
>   (*Athalie*, acte I, scène 1, vers 61-62.)

N'auroit pas coûté davantage.
Il brûla quelques os quand il fut au rivage :
Au nez de Jupiter la fumée en monta. 15
« Sire Jupin⁷, dit-il, prends mon vœu ; le voilà :
C'est un parfum de bœuf que ta grandeur respire.
La fumée est ta part⁸ : je ne te dois plus rien⁹. »
Jupiter fit semblant de rire ;
Mais, après quelques jours, le Dieu l'attrapa bien¹⁰, 20
Envoyant un songe¹¹ lui dire
Qu'un tel trésor étoit en tel lieu. L'homme au vœu
Courut au trésor comme au feu¹².
Il trouva des voleurs ; et, n'ayant dans sa bourse
Qu'un écu pour toute ressource, 25

7. A remarquer la familière apostrophe, qui fait un insolent contraste avec le *vainqueur des Titans*, dont on n'a plus besoin.

8. Moqueries, à la façon de l'irrespectueux Lucien, ici du Passager, et, au vers 15, du poëte.

9. Dans l'apologue ésopique intitulé Φέναξ, ce n'est point de la fumée que le Trompeur offre aux Dieux, mais cent bœufs, façonnés de ses mains avec de la pâte, qu'il sacrifie sur leur autel. — Dans la fable d'Haudent, le *Povre homme*, un peu plus consciencieux au moins que les deux Trompeurs d'Ésope et de la Fontaine, ramasse *les ossemens de cent bœufz*, pour les *immoler* aux Dieux.

10. Le fabuliste, nous venons de le remarquer, parle du maître des Dieux avec le même sans-façon que le Passager. « La Fontaine a toujours le style de la chose. Ce n'est jamais la qualité des personnages qui le décide. Jupiter n'est qu'un homme, dans les choses familières ; le Moucheron est un héros, lorsqu'il combat le Lion. Rien de plus philosophique, et en même temps rien de plus naïf que ces contrastes. » (MARMONTEL, *Éléments de littérature*, à l'article FABLE, tome VII, p. 382, des *OEuvres complètes*, 1787.)

11. Comme à Agamemnon, au commencement du II° chant de l'*Iliade*. Le songe est également « un avis des Dieux, » au vers 15 de la fable IV du livre XI.

12. Rapprochement peu naturel de deux idées disparates : on court au feu pour l'éteindre, à un trésor pour le prendre. Rien de commun que la vitesse ; mais, en bien des cas, la locution est ainsi employée sans qu'il y ait nul autre rapport que celui de grande hâte.

Il leur promit cent talents d'or[13],
Bien comptés, et d'un tel trésor[14] :
On l'avoit enterré dedans telle bourgade.
L'endroit parut suspect aux voleurs, de façon
Qu'à notre prometteur l'un dit : « Mon camarade[15], 30
Tu te moques de nous; meurs, et va chez Pluton[16]
Porter tes cent talents en don[17]. »

13. Le talent était, chez les Grecs, un poids, et une monnaie de compte. Sur la valeur très-considérable du talent d'or attique, voyez *Littré*, 1°. Dans la note 6 de notre tome I, p. 100, il eût fallu dire que le talent dont on indiquait la valeur approximative était celui d'argent, et ajouter que celui d'or valait environ seize fois autant. — L'écu du Passager « sonne un peu faux, dit Solvet (1812), auprès de ces talents d'or, et de l'hécatombe, quelques vers plus haut, » qui reportent le lecteur aux temps anciens. On sait que ces sortes d'anachronismes et de dissonances, surtout dans les genres familiers, choquaient beaucoup moins le goût de nos pères qu'ils ne font aujourd'hui le nôtre. Celui d'*écu* d'ailleurs, bien que désignant, au propre, une monnaie qui n'a plus cours, continue de s'employer très-fréquemment, comme terme général.

14. D'un trésor déterminé, qu'il leur désigne, sens bien marqué par le vers suivant, où le féminin est employé dans la même acception qu'ici *tel*; il l'est déjà, au reste, deux fois, au vers 22.

15. Même emploi familier du mot à la fin de *l'Amour mouillé* (conte XII de la III° partie, vers 44).

16. Voyez la note 10 de la page 304.

17. Dans la fable ésopique citée à la note 9, le Trompeur, fait prisonnier par les pirates, leur promet jusqu'à mille talents d'or; ils n'ajoutent pas foi à sa promesse, mais, au lieu de le mettre à mort, ce qui ne leur rapporterait rien, ils le vendent pour mille drachmes. — Dans la fable d'Haudent, les « trois gros ribaulx » qui l'ont pris le punissent de son mensonge en le pillant « iusques à sa chemise. »

FABLE XIV.

LE CHAT ET LE RENARD.

Roman du Renart, édition Méon, tome IV, p. 260-264, vers 3367-3464, *Ensi conme Tibers li Chaz est montez seur un arbre.... et Renart est par desous...*, etc. — *Ensi conme uns Bouchers, qui menoit un buef et un tor et deus chiens, avisa Renart, si le fist pillier au chiens, qui moult le domagèrent*. — J. Grimm, *Reinhart Fuchs*, fables latines p. CLXXXVIII et 421, fable allemande p. 363 (voyez aussi Burkhard Waldis, *Esopus*, livre II, fable XXI, et le n° 75 des *Kindermärchen* des frères Grimm, ainsi que les rapprochements indiqués dans la note du tome III de ces contes, p. 125). — Marie de France, fab. 98, *dou Goupis et de uns Chaz*, avec sa source latine, tirée par Robert d'un manuscrit du quatorzième siècle et imprimée dans son tome II, p. 549-550[1]. — Thomas Wright, *Latin stories*, p. 57. — Fables ésopiques de Camerarius, fab. 239 et 396, *Ictis et Vulpes; Vulpes et Erinaceus*. — G. Cognatus, p. 97, *de Vulpe et Fele*. — Jacques Regnier, pars I, fab. 28, *Catus agrestis et Vulpes*. — Haudent, 2ᵉ partie, fab. 49, *d'un Chat et d'un Regnard*. — Le Noble, fab. 24, *du Chat et du Renard*.

Dans la fable 396 de Camerarius, intitulée *le Renard et le Hérisson*, et tirée du vieux proverbe grec cité ci-après, le Hérisson répond au Renard qui se vante de tous les tours qu'il a dans son sac (voyez notre vers 15) : « Je ne sais rien, pour moi, si ce n'est me réduire en boule. » Et en effet, lorsque les chiens fondent sur lui, il est préservé par ses dards, tandis que son compagnon est déchiré : *Unde et proverbium postea natum, quod Græci senario iambico ita protulere* :

Πολλ' οἶδ' Ἀλώπηξ, ἀλλ' Ἐχῖνος ἓν μέγα.

« Le Renard sait beaucoup de choses; mais le Hérisson une, qui est grande » : voyez Benfey, tome I, p. 316.

Ce même sujet du *Chat et du Renard* a été traité par Senecé;

---

[1]. Voyez ci-dessus, p. 407.

Saint-Marc Girardin, dans sa xxi⁰ leçon (tome II, p. 208-214), rapproche les deux fables, et n'a pas de peine à montrer la supériorité de la Fontaine. — « Cette fable est très-agréablement contée, dit Chamfort; mais la moralité en est vague et indéterminée. L'auteur a l'air de blâmer le Renard, en disant [vers 33] :

Le trop d'expédients peut gâter une affaire.

Et cependant le Renard fait ce qu'il y a de mieux pour se sauver, et ce qui le sauve très-souvent. La Fontaine ajoute, à propos d'expédients :

N'en ayons qu'un, mais qu'il soit bon.

Il ne songe pas qu'il est en contradiction avec lui-même, et que, dans la fable xxiii du XII⁰ livre (vers 49), il dit, à propos d'une ruse admissible d'un renard, qui ne réussit que la première fois :

Tant il est vrai qu'il faut changer de stratagème! »

Chamfort est, encore une fois, bien injustement sévère. Ce que dit le poëte ici est vrai; ce qu'il dit à la fable xxiii du XII⁰ livre l'est également. Est-ce sa faute si deux vérités d'expérience qui semblent contraires, mais, à bien dire, sans l'être, sont également vraies? Cette contradiction apparente n'est-elle pas une fidélité de plus dans la peinture? « Tous nos proverbes, dit Nodier, où est contenue la Sagesse des nations, ont autant de proverbes en sens opposé, et qui ne sont pas moins sages. Cela ne donne pas une grande idée de notre raison, mais cela en donne une idée assez juste. »

Le Chat et le Renard, comme beaux petits saints,
    S'en alloient en pèlerinage².
C'étoient deux vrais tartufs³, deux archipatelins⁴,

2. Comparez livre VIII, fable xv, vers 19.
3. Sur ce mot, abrégé ici d'une syllabe, qui est devenu nom commun, très-usité, depuis la fameuse comédie de Molière (1664, 1667 et 1669), voyez le tome IV de ses *OEuvres*, p. 312, note 2, et p. 398, note 1.
4. *Patelin*, encore un personnage de comédie, avec nom allongé au moyen d'un préfixe superlatif. Ces deux substantifs, créés par le théâtre, « présentent à l'esprit, remarque Walckenaer, un sens plus déterminé qu'*hypocrite* et *câlin*, parce que la scène, en nous mon-

Deux francs patte-pelus⁵, qui, des frais du voyage,
Croquant mainte volaille, escroquant maint fromage, 5
S'indemnisoient à qui mieux mieux.
Le chemin étant long, et partant ennuyeux,
  Pour l'accourcir⁶ ils disputèrent.
  La dispute est d'un grand secours :
  Sans elle on dormiroit toujours⁷. 10
  Nos pèlerins s'égosillèrent⁸.
Ayant bien disputé, l'on parla du prochain⁹.
  Le Renard au Chat dit enfin :
  « Tu prétends être fort habile ;
En sais-tu tant que moi ? J'ai cent ruses au sac¹⁰. 15
— Non, dit l'autre : je n'ai qu'un tour dans mon bissac ;

trant ces deux personnages, a bien arrêté pour nous l'analogie de leurs noms avec leurs caractères. »

5. Autre synonyme de. *tartuffe*. « On dit figurément d'un homme qui a les apparences douces et honnêtes, mais qui est dangereux, et dont il se faut défier, que c'est une patte pelue, une dangereuse patte pelue. » (*Dictionnaire de l'Académie*, 1694.) Notons que la Fontaine, employant le mot en apposition à deux masculins, le fait du même genre qu'eux, laissant par suite *patte* sans s. — *Pates pelues*, au féminin, comme le donne l'Académie, se trouve dans le passage de Rabelais cité plus haut à la note 21 de la page 188. Le Duchat voit dans la dénomination de *pattes pelues*, une allusion à la supercherie de Jacob qui se couvrit les mains de peaux de bêtes pour tromper son père Isaac et supplanter son frère Ésaü.

6. Voyez ci-dessus la note 4 de la page 403.

7. « Pour s'en empêcher (*de dormir*), on mit une question de controverse sur le tapis, » écrit-il à sa femme le 30 août 1663 (tome III *M.-L.*, p. 319.)

8. Pour *pèlerins*, voyez ci-dessus, p. 403, note 1 ; et pour *égosiller*, les exemples contemporains de la Fontaine et autres, que cite Littré de ce verbe dérivé de *gosier* ou plutôt de la plus ancienne forme de ce nom : *gosiller*.

9. Il n'oublie pas, fait observer Nodier, qu'il met en scène deux faux dévots.

10. Voyez la notice, ci-dessus, p. 425. Le vers 17 : « .... il en vaut mille, » rappelle le ἓν μέγα du Hérisson dans le proverbe grec. —

Mais je soutiens qu'il en vaut mille. »
Eux de recommencer[11] la dispute à l'envi.
Sur le que si, que non[12], tous deux étant ainsi,
  Une meute apaisa la noise[13].   20
Le Chat dit au Renard : « Fouille en ton sac, ami ;
  Cherche en ta cervelle matoise[14]
Un stratagème sûr : pour moi, voici le mien. »
A ces mots, sur un arbre il grimpa bel et bien.

  L'autre fit cent tours inutiles,   25
Entra dans cent terriers, mit cent fois en défaut[15]

Même figure, en parlant de même du Renard (livre XII, fable xviii, vers 11) :

 .... Eut recours à son sac de ruses scélérates.

— Chez Marie de France, le Chat se moquera méchamment de son sac tout à l'heure :

  Compains, fet-il, pur-coi t'ublies?
  Pur-coi tut tun sac ne deslies?
  Tu l'espargnes trop lungement :
  Li Chien te hastent durement.
  Pur-coi n'as tun sac desploié?

— Raillerie analogue, bien tournée aussi, chez Jacques Regnier :

 O quæ ferebas culeum plenum astubus,
 Cur non undequaque perforatus nunc fuit?
 Non se profudit, salva ut esses, unicus?
 Ah, proditores tam bonæ astus bestiæ!

11. Voyez de nouveau la note 20 de la page 261.
12. Voyez livre VI, fable xx, vers 6, où la Fontaine personnifie *Que-si-que-non* et en fait le frère de la Discorde.
13. Il y a le même rapprochement des *si*, substantifiés, et du mot *noise*, aux vers 138-139 du conte vii de la Ve partie.
14. Même adjectif, au masculin, dans les vers 2 de la fable xv du livre II, et 2 de la fable xiii du livre XII ; et, appliqué substantivement au roi Louis XI, dans une lettre de 1663 (tome III *M.-L.*, p. 323). Au livre XI, vers 2, fable vi, nous trouverons le nom dérivé *matoiserie*.
15. Cette périphrase verbale revient au vers 33 de la fable xxiii du livre XII, et nous l'avons vue, rimant avec le même nom de chien, au livre V, fable xvii, vers 11-12. Sur ce nom, voyez au tome I, p. 417, note 5, et l'*Essai sur la langue de la Fontaine*, de

>   Tous les confrères de Brifaut.
>   Partout il tenta des asiles¹⁶;
>   Et ce fut partout sans succès;
> La fumée y pourvut, ainsi que les bassets. 30
> Au sortir d'un terrier, deux chiens aux pieds agiles
>   L'étranglèrent du premier bond.
>
> Le trop d'expédients peut gâter une affaire :
> On perd du temps au choix, on tente, on veut tout faire.
>   N'en ayons qu'un, mais qu'il soit bon¹⁷. 35

M. Marty-Laveaux, p. 51. Loret, décrivant des chasses, s'en sert dans deux lettres de 1655 de *la Muze historique* (tome II, p. 110 et 118 de l'édition Livet); dans la seconde, il termine par lui une longue kyrielle de noms connus ou qu'il forge :

>   .... Tous ces chiens d'admirable race,
>   Assavoir Brise-fer, Ardant,
>   Grifon, Citron, Japart, Mordant,
>   Passavant, Gorgibus, Bellerre,
>   Grand-Gozier, Tripotain, Tonnerre,
>   Gripaut, Harpaut, Noiraut, Brifaut,
>   Clabaudèrent là comme il faut.

16. « Ellipse hardie mais heureuse, » remarque Walckenaer; disons plutôt : « heureuse et claire brièveté. » A rapprocher, dans Virgile (*Énéide*, livre VIII, vers 113) : *Ignotas tentare vias*. Le laconisme n'est pas moindre, mais clair aussi, au vers 30 : « La fumée y pourvut, etc., » c'est-à-dire « pourvut à ce que ce fût sans succès. » On l'enfuma pour le faire sortir de son terrier, et l'on employa, pour le prendre, des bassets, sorte de petits chiens, très-bas sur pattes, qui sont dressés, dit le *Dictionnaire de Trévoux*, à « aller en terre. » Voyez, pour *bassets*, la page 22 de l'*Essai* cité à la note 15.

17. Plus voisin encore que le vers 17 du ἓν μέγα de l'ïambe grec. — Voici l'épilogue de la fable de Senecé mentionnée dans la notice :

>   Expédients pour se tirer d'affaire
>   Sont dans la vie un secours nécessaire;
>   Qui trop en a n'est pas le mieux loti :
>   Le nombre y nuit; mais le plus salutaire,
>   C'est d'être habile à prendre son parti.

« Je ne veux pas comparer la fable de Senecé, pied à pied, avec celle de la Fontaine, dit Saint-Marc Girardin (tome II, p. 209), et punir de cette façon l'élève d'avoir lutté contre le maître; mais je suis forcé de dire que les cinq vers de Senecé, quoiqu'ils aient l'air d'avoir une certaine précision, n'expriment pas aussi nettement la morale de la fable que les trois vers de la Fontaine. » — Le fabuliste latin que nous avons cité, d'après Robert, dans la notice, p. 425, se borne à cette application restreinte : *Sic contingit frequenter quod plus prodest in placito* (un « plait », comme traduit Marie de France, un procès) *unicum verbum probi hominis et veracis quam multæ falsorum fallaciæ tortuosæ.* Camerarius, pour ses deux fables, a cette moralité bien générale : *Fabula narratur contra gloriatores vanos et ostentatores mendaces.*

FABLE XV.

LE MARI, LA FEMME, ET LE VOLEUR.

Livre des lumières, p. 259-260. — Bidpaï, tome II, p. 355-356, *le Marchand, sa Femme et le Voleur*. — *Pantchatantra*, même titre, p. 240 (éd. Lancereau, où sont indiquées d'autres sources; voyez aussi Benfey, tome I, p. 367, qui compare une version de l'*Hitopadésa*, d'un raffinement assez libre). — *Sermones latini* Jacobi de Lenda (Paris, 1501, in-4°), fol. 74, col. 3. — Camerarius, fab. 388, *Senex et uxor adolescentula*. — Doni, *Filosofia morale*, fol. 74.

Dans le conte naïf de Jacques de Lenda que nous donnerons à l'*Appendice*, comme curieux à trouver dans un sermon, ce n'est pas un voleur, c'est un voisin complaisant qui joue le rôle d'épouvantail.

« Je dirais volontiers sur cette fable, remarque Chamfort, ce que disait un mathématicien, après avoir lu l'*Iphigénie* de Racine : « Qu'est-ce que cela prouve ? » Quelle morale y a-t-il à tirer de là ? » Après avoir cité une autre critique de même sens, l'abbé Guillon ajoute avec raison : « Cette fable, ou plutôt ce conte [comme il est appelé au vers 28], n'en est pas moins semé de traits charmants. » Le mot « conte » suffit pour ôter tout prétexte à cette sorte de blâme que Chamfort se plaît à fonder, uniquement et légèrement, nous l'avons dit plus d'une fois, sur la qualité de fable, et tantôt sur le défaut, comme ici, de morale, tantôt sur sa déduction trop peu logique. On pourrait être tenté plutôt de s'étonner de l'omission d'une circonstance qui se trouve chez les devanciers de la Fontaine : la laideur ou la vieillesse du mari, son avarice ou sa mauvaise humeur. Il a sans doute paru piquant à notre poëte d'y substituer le trait bien féminin d'une indifférence ou d'une aversion de pur caprice.

Un Mari fort amoureux,
Fort amoureux de sa Femme[1],

1. Répétition à la fois superlative et gaie, et donnant bien, ainsi

Bien qu'il fût jouissant², se croyoit malheureux.
　　Jamais œillade de la dame,
　　Propos flatteur et gracieux, 5
　　Mot d'amitié, ni doux sourire,
　　Déifiant³ le pauvre sire,
N'avoient fait soupçonner qu'il fût vraiment chéri⁴.
　　Je le crois : c'étoit un mari.
　　Il ne tint point à l'hyménée 10
　　Que, content de sa destinée,
　　Il n'en remerciât les Dieux⁵.
　　Mais quoi? si l'amour n'assaisonne
　　Les plaisirs que l'hymen nous donne,
　　Je ne vois pas qu'on en soit mieux⁶. 15
Notre Épouse étant donc de la sorte bâtie,⁷

que le vers 9, un peu plus bas, le ton de la pièce, qui est en effet, nous l'avons dit, plus conte que fable.

2. Bien qu'elle fût à lui, qu'elle fût son bien. Même mot, avec une nuance différente, très-sensible, vers 174 du conte V de la IIᵉ partie.

3. Le rendant égal aux Dieux. *Déifié* au tome III *M.-L.*, p. 441.

4. « Le mari l'aimoit de mille cœurs et la femme le fuyoit de mille journées. » (*Livre des lumières*, p. 259.)

5. C'est-à-dire s'il eût suffi d'avoir les droits d'époux et d'en user, pour être content, il eût pu remercier les Dieux.

6. Ces trois vers sont signalés par Chamfort, qui a raison de les trouver jolis. Nous rencontrons le même tour, précédé de la même métaphore, dans *les Filles de Minée*, vers 52-53 :

　　La défense est un charme : on dit qu'elle assaisonne
　　Les plaisirs, et surtout ceux que l'amour nous donne.

Les passages abondent, chez notre auteur, où l'hymen et l'amour sont mis en regard, en opposition.

7. Même figure familière, en parlant aussi de personnes, aux livres VIII, fable xxv, vers 31 ; XI, fable vii, vers 18 ; à l'acte V, scène ii, de *l'Eunuque* (tome IV *M.-L.*, p. 79) ; dans Molière, *l'École des maris*, acte I, scène ii, vers 77, et, avec rapport remarquable, chez Mme de Sévigné, lettre du 16 octobre 1675 (tome IV, p. 184) : à *cœur*, « Il y a des cœurs plaisamment bâtis en ce monde. »

Et n'ayant caressé son mari de sa vie,
Il en faisoit sa plainte une nuit. Un Voleur
    Interrompit la doléance.
    La pauvre femme eut si grand'peur   20
    Qu'elle chercha quelque assurance
    Entre les bras de son époux[8].
« Ami Voleur, dit-il, sans toi ce bien si doux
Me seroit inconnu. Prends donc en récompense
Tout ce qui peut chez nous être à ta bienséance[9];   25
Prends le logis aussi[10]. » Les voleurs ne sont pas
    Gens honteux, ni fort délicats :
Celui-ci fit sa main[11].

        J'infère de ce conte
    Que la plus forte passion
C'est la peur : elle fait vaincre l'aversion,   30
Et l'amour quelquefois ; quelquefois il la dompte[12] ;
    J'en ai pour preuve cet amant
Qui brûla sa maison pour embrasser sa dame,

---

8. Dans le *Livre des lumières*, la Femme, en ce moment, veille, et dans Bidpaï elle fait lit à part; mais elle est saisie d'une telle crainte à l'entrée du Voleur qu'elle se lève et court vers son mari.

9. Ce n'est, on le voit, ni la mesure, ni la rime qui ont mis obstacle à l'emploi du mot *convenance*, plus usité dans ce tour, nous ne disons pas plus juste, aujourd'hui. Mme de Sévigné a dit (tome IX, p. 274) : « ....Ce beau morceau qui étoit si fort à votre bienséance. » Richelet (1680) cite, au mot BIENSÉANCE, un exemple de Perrot d'Ablancourt.

10. *Hic..., re lætus, furibus gratias agere et jubere impune auferre quicquid libuisset*, dit Camerarius. Mais comme le dernier trait de la fable française, cet abandon de tout, cette permission au delà du possible : « Prends le logis aussi », rend bien autrement, au naturel, la passion, l'exaltation !

11. Voyez, ci-dessus, la note 18 de la page 246.

12. Quelquefois c'est l'amour qui dompte la peur : témoin cet amant, etc. Les rapports des pronoms manquent de clarté, mai l'ensemble ne laisse aucune ambiguïté.

J. DE LA FONTAINE. II

L'emportant à travers la flamme.¹³.
J'aime assez cet emportement ;   35
Le conte m'en a plu toujours infiniment :
Il est bien d'une âme espagnole,
Et plus grande encore que folle¹⁴.

13. « On a une pièce imprimée qui s'appelle *la Gloria di Niquea* (la Gloire de Niquée)ᵃ. Elle est de la façon du comte de Villa-Mediana. On dit que le comte la fit jouer, à ses dépens, à l'Aranjuez. La reine (*Élisabeth de France, fille de Henri IV, qui avait épousé Philippe IV, roi d'Espagne*) et les principales dames de la cour la représentèrent. Le comte en étoit amoureux (*de la reine*) ou du moins, par vanité, il vouloit qu'on le crût, et, par une galanterie bien espagnole, il fit mettre le feu à la machine où étoit la reine, afin de pouvoir l'embrasser impunément. En la sauvant, comme il la tenoit entre ses bras, il lui déclara sa passion et l'invention qu'il avoit trouvée pour cela. » (*Historiettes de Tallemant des Réaux*, tome I, p. 458-459.) — Saint-Évremond, dans une lettre à la duchesse Mazarin, fait allusion à cette aventure : « J'ai vu, dit-il, milord Montaigu : il est peu satisfait de la réception que ses gens vous ont faite, à Ditton. Il prétend réparer leur faute, à votre retour ; et, si vous lui permettez de se trouver chez lui, quand vous y logerez, je ne doute point qu'il ne brûle sa maison, comme le comte de Villa-Mediana brûla la sienne, pour un sujet de moindre mérite. » (*OEuvres mêlées de Saint-Évremond*, édition Giraud, tome III, p. 306.) Nous lisons également dans une lettre de Rouillé du Coudray à Mme de Sévigné : « N'attendez pas des excuses de moi, Madame, de ce que vous avez été si mal gîtée sur mes terres. Votre modestie a sauvé mon château ; car je vous assure qu'il eût été brûlé, aussi sûrement que celui de ce grand d'Espagne, qui avoit reçu chez lui la reine, sa maîtresse. » (*Lettres inédites de Mme de Sévigné*, publiées par M. Capmas, 1876, tome II, p. 492.) Voyez aussi l'ouvrage intitulé : *Voyage d'Espagne* (d'Aarsen de Sommerdick), Cologne, 1666, in-18, p. 47 et suivantes. Saint-Simon (tome XVIII, p. 98) ne raconte pas l'anecdote, mais le meurtre du comte « qui fut tué, dit-il, d'un coup de pistolet, 21 août 1622, étant dans son carrosse... ; et on prétendit alors que Philippe IV l'avoit soupçonné d'être amoureux de la reine son épouse..., et avoit fait faire le coup. »

14. Comparez les vers 6-8 de la fable xv du livre VIII.

ᵃ Voyez Boissonade, *Critique littéraire sous le premier Empire*, tome II, p. 60-62 ; le *Dictionnaire de Littré*, au mot GLOIRE, 8° ; et les *Lettres de Mme de Sévigné*, tome IV, p. 547 et note 14.

FABLE XVI.

LE TRÉSOR ET LES DEUX HOMMES.

Ésope, fab. 384, Ἀνὴρ καὶ Κύκλωψ (Coray, p. 246). — *Anthologie grecque*, IX, 44 (Jacobs)[1]. — Ausone, épigrammes 22 et 23. — Abstemius, fab. 110, *de Paupere flente ruinam domus ubi thesaurum invenit.* — G. Cognatus, p. 62, *de Paupere et Divite.* — Gueroult, *le Premier livre des Emblèmes*, p. 14, *d'un Paisant et d'un Avaricieux.* — La Fresnaie Vauquelin, *Poésies diverses* (Caen, 1612), p. 639. — Giraldi Cinthio, *gli Hecatommiti*, dec. IX, nov. 8. — Lodovico Guicciardini, *Detti et fatti*, etc., p. 5.

Mythologia æsopica Neveleti, p. 582.

Cet apologue est le troisième du recueil de 1671.

« Cette fable, dit Chamfort, n'est que le récit d'une aventure dont il ne résulte pas une grande moralité. » Il ajoute ensuite, à propos de la conclusion : « J'ai déjà dit un mot sur le danger de faire jouer un trop grand rôle à la fortune dans un livre de morale, et de donner aux jeunes gens l'idée d'une fatalité inévitable. » C'est une constante préoccupation de Chamfort, que la Fontaine a voulu et doit être, avant tout, un moraliste, que les fables sont écrites pour l'instruction de la jeunesse. Voyez ce que nous disons, à ce propos, dans la notice de la fable VI du livre X.

Un Homme n'ayant plus ni crédit ni ressource,
    Et logeant le diable en sa bourse[2],

1. C'est un distique cité par Diogène de Laërte, *Vie de Platon*, § 33 :

    Χρυσὸν ἀνὴρ εὑρὼν ἔλιπεν βρόχον· αὐτὰρ ὁ χρυσὸν
    Ὃν λίπεν οὐχ εὑρών, ἧψεν ὃν εὗρε βρόχον.

Aurum qui reperit, laqueum abjicit : alter, amisso (sic)
Auro, collo aptat quem reperit laqueum.

2. Saint-Gelays a fait un joli petit conte sur cette locution proverbiale (*OEuvres complètes*, 1873, tome I, p. 277) :

    Un charlatan disoit en plein marché
    Qu'il monstreroit le diable à tout le monde :

C'est-à-dire n'y logeant rien,
S'imagina qu'il feroit bien
De se pendre, et finir lui-même sa misère, 5
Puisque aussi bien sans lui la faim le viendroit faire :
Genre de mort qui ne duit[3] pas
A gens peu curieux de goûter le trépas[4].
Dans cette intention, une vieille masure
Fut la scène où devoit se passer l'aventure. 10
Il y porte une corde, et veut avec un clou
Au haut d'un certain mur attacher le licou.
La muraille, vieille et peu forte,
S'ébranle aux premiers coups, tombe avec un trésor.
Notre désespéré le ramasse, et l'emporte, 15
Laisse là le licou, s'en retourne avec l'or[5],

Si n'y eust nul, tant fust-il empesché,
Qui ne courust pour voir l'esprit immonde.
Lors une bourse assez large et profonde
Il leur desploye, et leur dit : « Gens de bien,
Ouvrez vos yeux! voyez! y a-t-il rien?
— Non, dit quelqu'un des plus près regardans.
— Et c'est, dit-il, le diable, oyez-vous bien?
Ouvrir sa bourse et ne voir rien dedans. »

3. Qui ne plaît pas, ne convient pas ; du latin *ducere* : sur cette étymologie, voyez *Littré*. La Fontaine a employé plusieurs fois, au singulier, ce verbe très-fréquent jadis, et une fois au pluriel, *duisent*, dans *Clymène* (tome IV M.-L., p. 138).

4. C'est-à-dire de prolonger les souffrances de la mort ; ils préfèrent en finir tout de suite. Ainsi comprise, la figure ne prêterait pas à la critique qu'en ont faite Chamfort et Solvet. Mais n'est-il pas un peu subtil de l'entendre ainsi et ne vaut-il pas mieux en justifier l'usage par l'expression de l'Évangile : *gustare mortem* (Saint Jean, chapitre VIII, verset 52)? Saint-Simon a dit, dans une *Addition au Journal de Dangeau* (tome XVI, p. 109) : « Surprise d'une apoplexie, elle eut à peine le temps de goûter la mort. » — Solvet fait bien toutefois de rapprocher, en la préférant, la métaphore « goûter la lumière, » du *Poëme du Quinquina* (chant I, vers 289).

5. .... Au lieu duquel il laissa là
Son cordeau ; et puis s'en alla. (GUEROULT.) —

Sans compter⁶ : ronde ou non, la somme plut au sire.
Tandis que le galant⁷ à grands pas se retire,
L'Homme au trésor arrive, et trouve son argent
          Absent⁸.   20
« Quoi, dit-il, sans mourir je perdrai cette somme⁹ ?
Je ne me pendrai pas ! Et vraiment si ferai,
    Ou de corde je manquerai. »
Le lacs¹⁰ étoit tout prêt ; il n'y manquoit qu'un homme :
Celui-ci se l'attache, et se pend bien et beau¹¹. 25
    Ce qui le consola peut-être

Regnard, dans *le Joueur*, acte IV, scène XIII, a de même employé *licou*, au sens de « corde pour se pendre ».

6. Rejet plaisant qui rappelle, pour le tour, non le sens, le *Sans dépens* de la fable IX de ce livre (vers 21).

7. Les textes de 1671, 1679 Paris et Amsterdam, 82, 88, 1708, 1709, 29, ont tous ici *galant*, et non l'orthographe plus habituelle de la Fontaine, *galand* : voyez, au tome I, p. 100, note 7 ; p. 105, note 5 ; p. 310, note 13 ; et pourtant aussi, p. 282, note 3. — Même mot chez Gueroult, au même endroit de la fable :

        Si le gallant receust grand ioye
        Se voyant d'or telle montioye,
        Celuy assez le pensera
        A qui tel cas escheu sera.

8. « Ce petit vers de deux syllabes exprime merveilleusement, dit Chamfort, la surprise de l'avare en voyant la place vide et son argent disparu. »

9.   L'avaricieux n'ha rien
        Plus cher que le bien terrien,
        Et ha tousiours son cœur fiché
        Là où son tresor est caché. (GUEROULT.)

Maxime traduite de l'Évangile.(*Saint Matthieu*, chapitre VI, verset 21 ; *Saint Luc*, chapitre XII, verset 34.)

10. Voyez la note 16 de la page 364.

11. Voyez la note 18 de la page 305 ; et *M.-L.* tomes III, p. 423 ; IV, p. 242, 284 ; toujours à la rime. — Se donner la mort est la destinée propre aux avares, dit Cognatus (Cousin) : *Fatum ferme peculiare est avarorum laqueo spontaneam mortem sibi consciscere, si quid præter animi sententiam accidat.* — Dans l'emblème de

Fut qu'un autre eût, pour lui, fait les frais du cordeau[12].
Aussi bien que l'argent le licou trouva maître.

L'avare rarement finit ses jours sans pleurs ;
Il a le moins de part au trésor qu'il enserre[13],   30
   Thésaurisant pour les voleurs,

Gueroult, l'Avare se pend de même sans hésiter, mais non sans pleurer la disparition de son argent, comme fait aussi l'autre Avare, de notre auteur, « qui a perdu son trésor » (livre IV, fable xx, vers 22) :

        Voilà mon homme aux pleurs....

Ici point de larmes ; elles viennent, dans la morale et comme généralité, au vers 29. Solvet voudrait que notre avare en versât, pour la perte non de la vie, mais des écus, et il cite, restreignant la pensée générale qu'ils expriment, les vers 130-131 de la satire xiii de Juvénal :

      ....Majore tumultu
   Planguntur nummi quam funera.

Ce « flegme », dit-il, n'est point « dans la nature ». Mais tout dire n'est pas non plus dans les devoirs d'un narrateur, et passer lestement au trait plaisant qui suit cadre bien avec l'intention très-marquée de prendre plutôt la chose au comique qu'au tragique.

12. Marot va encore plus loin, s'il est possible, dans son épigramme ccli (1873, tome III, p. 102) :

     Un usurier à la teste pelee
     D'un petit blanc acheta un cordeau
     Pour s'estrangler....

Rentré chez lui, il n'a plus la raison de mourir qu'il avait prévue possible ; mais

     Voyant l'argent de son licol perdu
     Sans profiter, sçauez-vous bien qu'il fit ?
     Ayant regret de son blanc, s'est pendu
     Pour mettre mieux son licol à profit.

13. Même mot pour même fait au livre VIII, fable ii, vers 37 :

    Il retourne chez lui : dans sa cave il enserre
    L'argent, et sa joie à la fois.

L'idée si bien rendue dans ces deux vers cités et dans notre vers 30

Pour ses parents[14] ou pour la terre[15].
Mais que dire du troc que la Fortune fit ?
Ce sont là de ses traits; elle s'en divertit :
Plus le tour est bizarre, et plus elle est contente[16].   35

    Cette déesse inconstante
    Se mit alors en l'esprit
    De voir un homme se pendre ;
    Et celui qui se pendit
    S'y devoit le moins attendre[17].   40

est développée, avec une rare énergie, dans ce passage du *Roman de la Rose* (vers 5421-5429), que Geruzez en rapproche :

    Ainsi Pecune se revanche,
    Comme dame royne et franche,
    Des serfs qui la tiennent enclose ;
    En paix se tient et se repose,
    Et fait les malheureux veiller,
    Et soucier et travailler :
    Sous pied si court les tient et dompte
    Qu'elle a l'honneur, et eux la honte,
    Et le tourment et le dommage, etc.

Comparez livres X, fable IV, vers 13-17; et XII, fable III, vers 4.

14.   *.... Exstructis in altum*
        Divitiis potietur hæres,

dit Horace (livre II, ode III, vers 19-20).

15. Où souvent les trésors restent si longtemps, sinon toujours, enfouis.

16. C'est à peu près la même idée que dans le conte des *Quiproquo* (le VIII° de la V° partie, vers 1-5) :

    Dame Fortune aime souvent à rire,
    Et, nous jouant un tour de son métier,
    Au lieu des biens où notre cœur aspire,
    D'un *quiproquo* se plaît à nous payer.
    Ce sont ses jeux....

17. Voici les derniers vers de Gueroult, dont l'emblème a évidemment inspiré la Fontaine :

    .... En la mesme heure et iournee
    Ceste chance feust bien tournee,
    Car, ayant les yeux remplis d'eau,

Au lieu d'eux (*des écus*) il prist le cordeau,
Duquel le poure homme esperdu
Miserablement s'est pendu.

O Seigneur, ô Dieu redoutable,
Ta prouidence est admirable :
Cil qui n'auoit de mort enuie
S'est rauy soy mesme la vie,
Et cil qui se vouloit occire
Tu as gardé de mort, ô Sire,
Luy donnant bien non esperé,
A l'autre obit non desiré.

Bonne aussi à rapprocher est cette épigramme, bien tournée, de la Fresnaie Vauquelin :

DE LA VARIÉTÉ DE FORTUNE.

Celuy qui poure s'alloit pendre
Trouue un thresor dans un poteau.
Pour le thresor qu'il alla prendre,
Il laissa là son vil cordeau.
Mais celuy qui riche auoit mise
Sa pecune au poteau fendu
A du poure la corde prise
Et s'est miserable pendu.

FABLE XVII.

LE SINGE ET LE CHAT.

Simon Maioli, *Dies caniculares* (Moguntiæ, 1588, in-4°), p. 100. — Jacques Regnier, *Apologi Phædrii*, pars II, fab. 28, *Felis et Simius*. — Noël du Fail, *Contes et discours d'Eutrapel*, conte 7, *Jugements et suites de procès*. — *Le Théâtre des animaux*, etc. (Paris, 1644, in-4°), *d'un Singe et d'un petit Chat*, p. 33. — Le Noble, conte 44, *du Singe et du Chat*. — Benserade, quatrain CIX.

Cette fable parut en 1671; elle est la cinquième du recueil.

Simon Maioli donne à son conte une réalité historique [1]; le voici en français, d'après la version de Paris qu'a bien pu lire la Fontaine (1610, tome I, p. 325) : « SINGE DU PAPE JULES II ET SON INDUSTRIE. — Les auteurs nous en racontent (de ce Singe) plusieurs choses notables : mais il ne sera pas mal à propos si j'en récite un exemple advenu de notre temps. Les chambriers du pape Jules II avoient accoutumé la nuit de rôtir des châtaignes au brasier du feu, cependant qu'ils attendoient l'heure que le Pape se devoit coucher. Il advint un jour que, cependant que tous étoient empêchés au service de leur maître, les châtaignes se cuisoient au feu couvertes de cendres. Un Singe, qu'on nourrissoit au palais du Pape, prenant l'occasion au poil, s'avise de tirer des châtaignes tandis qu'il n'y avoit personne en la chambre; mais, craignant de se brûler les doigts et se ressouvenant que les chambriers avoient de coutume de les tirer avec un fer ou avec du bois, et voyant qu'il n'avoit point de tels instruments, il s'avisa d'une merveilleuse ruse. Il y avoit alors un Chat auprès du feu. Le Singe l'empoigna d'une main, en le serrant étroitement par le corps; de l'autre main il prit le pied dextre du Chat, et d'icelui commença à tirer les châtaignes hors des charbons ardents [2]. Aux cris du Chat, qui déjà

---

1. Le Noble place la scène dans sa propre maison; les acteurs sont un Singe à lui « et le plus gros de ses chats. »
2. Le Singe s'y prend de même chez le Noble :

Serrant entre ses bras ce Chat mal avisé,
Fait de sa patte une pincette.

avoit la patte toute brûlée, les valets de chambre accoururent, qui prirent chacun leur part et portion des châtaignes également avec le Singe. »

Dans le conte de du Fail, où un Lévrier joue le rôle du Chat, le Singe tire les châtaignes de dessous la braise avec la patte de ce chien, endormi au foyer. Chez Jacques Regnier, le Chat dort également quand le Singe se sert de sa patte pour tirer un marron du feu. Puis le récit prend une tournure toute différente et tend à une tout autre moralité.

Fleury de Bellingen, dans l'Étymologie.... des proverbes françois, p. 229 (1656), explique ainsi le proverbe : *Faire comme le Singe, tirer les marrons hors du feu avecque la patte du Chat* : Le seigneur tyran « s'efforce à faire comme le Singe..., c'est-à-dire à se servir du prétexte de l'innocence des simples, ou des hommes de bonne conscience, pour exécuter ses mauvais desseins, autoriser ses usurpations, et justifier ses injustices, au moins aux yeux du monde. » Walckenaer cite, dans son commentaire, le dicton italien : *Cavar le castagne dal fuoco con le zampe del gatto*. Il se trouve, sous une forme un peu différente, dès le seizième siècle, dans le *Giardino di ricreatione* de Giovanni Florio (Londres, 1591, p. 166) : *Fare coma (come) la nostra cimia (simia ou scimia), che levava le castagne del fuoco con le mani della gatta*.

Au reste, si les allusions à l'apologue sont devenues, c'était bien naturel, d'un usage beaucoup plus commun depuis la fable de la Fontaine, elles ne laissaient pas d'être déjà fréquentes avant lui. Aux deux anciennes que nous venons de citer nous nous bornerons à joindre ces trois, dignes de remarque. Gui Patin, dans une lettre du 29 avril 1644, dit de son confrère Renaudot : « C'est un fourbe qui s'est, en ce procès, joué de l'honneur de la Faculté de Montpellier, comme un chat fait d'une souris, ou comme fait le singe de la patte d'un chat à tirer les marrons du feu. » — Dans *les Vers héroïques du sieur Tristan Lhermite* (1648, in-4°, p. 312), on lit ceux-ci *sur la Mort d'un singe* :

> Dorinde, votre singe est mort;
> . . . .
> Et les pattes de vos minettes
> Pour tirer les marrons du feu
> Ne serviront plus de pincettes.

— Molière a, de son côté, inséré le proverbe dans l'acte III, scène v, vers 1182, de *l'Étourdi*, représenté vers 1653 :

> C'est ne se point commettre à faire de l'éclat,
> Et tirer les marrons de la patte du Chat.

Mme de Sévigné, envoyant à sa fille le recueil de 1671, qui venait de paraître, lui écrivait : « N'avez-vous point trouvé jolies les cinq ou six fables de la Fontaine, qui sont dans un des tomes que je vous ai envoyés? Nous en étions l'autre jour ravis chez M. de la Rochefoucauld. Nous apprîmes par cœur celle du *Singe et du Chat*. » Après en avoir cité six vers, de mémoire, comme l'indiquent trois légères altérations du texte, elle ajoute : « Et le reste. Cela est peint; et *la Citrouille* (livre IX, fable IV), et *le Rossignol* (*la fable* XVIII, *qui suit*), cela est digne du premier tome. » (Lettre du 27-29 avril, tome II, p. 195, déjà citée p. 375.)

« Voici enfin un apologue digne de la Fontaine, dit Chamfort. Les deux animaux qui sont les acteurs de la pièce y sont peints dans leur vrai caractère. Le lecteur est comme présent à la scène. La peinture du Chat tirant les marrons du feu est digne de Téniers.... Je trouve cependant, ajoute-t-il, que la moralité de la fable manque de justesse. Il me semble que les princes qui servent un grand souverain dans ses guerres, sont rarement dans le cas de Raton. Si ce sont des princes dont le secours soit important, ils sont dédommagés par des subsides souvent très-forts. Si ce sont de petits princes, alors ils servent dans un grade militaire considérable, ont de grosses pensions, de grandes places, etc. Enfin cette fable me paraît s'appliquer beaucoup mieux à cette espèce très-nombreuse d'hommes timides et prudents, ou quelquefois de fripons déliés, qui se servent d'un homme moins habile dans des affaires épineuses dont ils lui laissent tout le péril, et dont eux-mêmes doivent seuls recueillir tout le fruit. Ce n'est même qu'en ce dernier sens que le public applique ordinairement cette fable. » Le reproche fait à la moralité de manquer de justesse n'est peut-être pas lui-même tout à fait juste, malgré les explications du critique. Ce qu'on pourrait plutôt, croyons-nous, y reprendre, ne serait-ce pas d'être trop restreinte, trop particulière?

L'application que veut Chamfort est, au reste, celle qu'ont faite Picard et Scribe, dans leurs comédies intitulées toutes deux *Bertrand et Raton*; celle de Picard (1804) a pour sous-titre : *ou l'In-*

trigant et la Dupe; celle de Scribe (1833), reprise, avec succès, à la Comédie française en 1883 : *ou l'Art de conspirer.* Cette dernière démontre cette vérité banale, que ce ne sont pas ceux qui font les révolutions qui en profitent. Rappelons qu'à l'apologue ou au proverbe se rattachent aussi *les Marrons du feu*, d'Alfred de Musset, sans parler de divers vaudevilles qui portent également de semblables titres allégoriques.

Une lettre de Chaulieu (*OEuvres diverses*, Londres, 1740, tome I, p. 125) nous apprend que le chevalier de Bouillon, celui à qui la Fontaine a dédié sa fable 1 du livre V, avait composé une chanson sur *Bertrand et Raton;* c'était probablement une chanson à la façon de Coulanges, faite après la publication de la fable du *Singe et le Chat*, et sur cette fable même.

Bertrand avec Raton[3], l'un singe et l'autre chat,
Commensaux d'un logis[4], avoient un commun maître.
D'animaux malfaisants c'étoit un très-bon plat[5] :
Ils n'y craignoient[6] tous deux aucun, quel qu'il pût être.
Trouvoit-on quelque chose au logis de gâté,   5
L'on ne s'en prenoit point aux gens du voisinage :
Bertrand déroboit tout; Raton, de son côté,
Étoit moins attentif aux souris qu'au fromage.
Un jour, au coin du feu, nos deux maîtres fripons
    Regardoient rôtir des marrons.   10
Les escroquer étoit une très-bonne affaire ;

3. Au sujet du nom de *Bertrand*, voyez ci-dessus, les notes 8 et 9 de la page 371. *Raton* reviendra deux fois, comme nom de chat, dans la fable II du livre XII.

4. Nous avons eu au livre III, fable XII, vers 6 : « l'un
    Commensal du jardin, l'autre de la maison. »

5. C'est la même figure familière, qui est appliquée, sans ironie, à un seul dans le vers 629 du *Misanthrope* (acte II, scène IV), et qui peut-être ici, en parlant de deux, est d'un meilleur effet :

    C'est un fort méchant plat que sa sotte personne.

6. Dans l'art de mal faire; l'adverbe pronominal *y* se rapporte à 'idée contenue dans l'adjectif *malfaisants*.

F. XVII]   LIVRE IX.   445

Nos galands⁷ y voyoient double profit à faire :
Leur bien premièrement, et puis le mal d'autrui⁸.
Bertrand dit à Raton : « Frère⁹, il faut aujourd'hui
  Que tu fasses un coup de maître ; 15
Tire-moi ces marrons. Si Dieu m'avoit fait naître
  Propre à tirer marrons du feu,
  Certes, marrons verroient beau jeu. »
Aussitôt fait que dit¹⁰ : Raton, avec sa patte,
  D'une manière délicate, 20
Écarte un peu la cendre, et retire les doigts¹¹ ;
  Puis les reporte à plusieurs fois ;
Tire un marron, puis deux, et puis trois en escroque¹² :

7. Ce mot, de même sens ici qu'au vers 18 de la fable précédente, où nous l'avons vu écrit par un *t*, l'est ici par un *d* dans les textes de 1671, 79, 79 Amsterdam, 82, 88, 1708, 9; *galants*, dans celui de 1729.

8. Vers devenu proverbial et rendant, avec une énergique brièveté, l'alliance ordinaire de l'égoïsme et de la méchanceté.

9. « Le Singe, remarque très-justement Nodier, dit *frère* au Chat, parce qu'il veut lui faire commettre une mauvaise action dont il se propose de tirer parti. L'habitude de l'observation avait appris au bon la Fontaine les précautions oratoires des méchants. »

10. Même hémistiche au vers 52 de la fable x du livre VIII.

11. Maioli est exact quand il parle des doigts du Singe (voyez dans la notice, p. 441, la version française de son conte) ; mais ici *doigts*, pour griffes, du Chat, est un abus de mot qu'on s'étonne de ne pas voir relevé par quelque annotateur scrupuleux. Comparez, à la fin de ce livre, le vers 194 du *Discours à Mme de la Sablière* et la note sur ce vers.

12. Description de vérité frappante. Comme dit M. Taine (p. 190-191), le Chat « est, dans tous ses mouvements, adroit au miracle. Pour s'en faire une idée, il faut l'avoir vu se promener d'un air aisé, sans rien remuer, sur une table encombrée de couteaux, de verres, de bouteilles, ou le voir, dans la Fontaine, avancer la patte délicatement, écarter la cendre, retirer prestement ses doigts un peu « échaudés, » les allonger une seconde fois, tirer un marron, puis deux, puis en escroquer un troisième. » Rapprochez, au livre III, fable XVIII, vers 24-27, la peinture tout autre, mais non moins bien détaillée, du manége des Souris.

Et cependant Bertrand les croque[13].
Une servante vient : adieu mes gens. Raton   25
    N'étoit pas content, ce dit-on[14].

Aussi ne le sont pas la plupart de ces princes
    Qui, flattés d'un pareil emploi,
    Vont s'échauder[15] en des provinces
    Pour le profit de quelque roi[16].   30

13. Ceci paraît à M. Taine, au sens allégorique, moins naturel et moins vrai. « Il est rare, dit-il, que Bertrand les croque, et Raton d'ordinaire n'est pas une dupe, mais un fripon. »
14. Voyez ci-dessus la note 13 de la page 210, et pour l'*aussi* avec négation, du vers suivant, p. 363, vers 26.
15. Métaphore on ne peut mieux choisie. C'est le mot même applicable à l'action du Chat, comme le fait sentir M. Taine (ci-dessus, note 12), que le poëte fait passer du sens propre au sens figuré.
16. Voyez, dans la notice, de quelle manière Chamfort explique cet épilogue, en le critiquant. Noël du Fail se souvient, lui, « des grands princes qui gagent la vie de cinquante mille hommes, où ils ne couchent rien du leur, ressemblants au Singe qui tire les chastaignes de sous la braise avec la patte du Lévrier endormi au foyer. »

FABLE XVIII[1].

LE MILAN ET LE ROSSIGNOL.

Hésiode, Ἔργα καὶ Ἡμέραι, vers 202-212. — Ésope, fab. 3, Ἀηδὼν καὶ Ἱέραξ (Coray, p. 4, 5, 281, sous trois formes, dont la seconde est la fable d'Hésiode que nous citons en tête). — Anonyme de Nevelet, fab. 45, *de Accipitre et Philomela*. — Abstemius, fab. 92, *de Luscinia cantum Accipitri pro vita pollicente*. — G. Cognatus, p. 31, *de Accipitre et Luscinia*. — P. Candidus, fab. 133, *Accipiter et Luscinia*; fab. 135, *même titre*; fab. 134, *Accipiter et Luscinia canens*. — Marie de France, fab. 57, *de l'Ostour et dou Roussegnol*. — Haudent, 2° partie, fab. 3, *d'un Roussignol et d'un Espreuier*. — *Le Théâtre des animaux*, p. 51, *le Milan et le Rossignol*.

Mythologia æsopica Neveleti, p. 87, p. 519, p. 573.

Cette fable est la septième du recueil de *Fables nouvelles*, de 1671. Voyez, à la notice de la fable précédente (p. 443), ce que Mme de Sévigné dit, dans une de ses lettres, de cette fable et de deux autres publiées dans ce recueil.

Saint-Marc Girardin, dans sa 11ᵉ leçon (tome I, p. 25-26), rapproche cet apologue de celui d'Hésiode ; on trouvera à l'*Appendice* de ce volume sa traduction et le commentaire qu'il y ajoute. — Dans la fable ésopique, le Rossignol ne promet pas à l'Épervier de le dédommager par ses chants; il lui dit seulement de chercher des oiseaux plus gros, un régal plus substantiel. Mais l'Épervier répond : « Je serais bien fou de lâcher la proie que j'ai entre les pattes, pour en poursuivre une qui ne se montre pas encore. » C'est aussi l'épilogue d'une des versions de Candidus (Weiss), qui traite de trois manières différentes le sujet, pour en déduire les moralités diverses auxquelles il se prête, et en rattache une double à deux des trois.

1. Cette fable ne porte pas de numéro dans l'édition de 1679, non plus que les deux suivantes, et, au titre courant, *livre I* est substitué, par erreur, à *livre III* (voyez ci-dessus, la note 1 de l'Avertissement du livre VII, p. 79).

M. Taine (p. 195-197) compare Ésope à la Fontaine, pour montrer comment celui-ci change la morale de l'apologue, plutôt que d'altérer le vrai caractère de ces animaux. « Le moraliste ancien, dit-il, n'a trouvé ici qu'un précepte de prévoyance. Le poëte a détesté la grossière gloutonnerie et l'ignorance brutale de la bête sauvage. Il l'a vue, comme nous, les griffes enfoncées dans sa proie, arracher des lambeaux sanglants, et se gorger de chair crue jusqu'à étouffer. Mais il a eu pitié de l'oiseau délicat, musicien, poëte comme lui-même. La frêle et triste créature « qui chante en « gémissant Itys, toujours Itys, » a la sensibilité souffrante, les longs souvenirs d'une femme offensée, et en même temps la fierté innocente et le langage élégant d'un artiste. » Hésiode, après la prudente maxime : « Insensé qui lutte avec plus puissant que soi, » s'apitoie aussi avec une touchante simplicité : Ὕβρις γάρ τε κακὴ δειλῷ βροτῷ, « l'injuste violence est mauvaise pour le pauvre mortel. » Cognatus (Cousin) fait également, avec pitié, contraster la cruauté et l'innocence : *Hæc Accipitris crudelitas ostendit ipsam innocentiam apud tyrannos numquam fore tutam.*

Dans la fable de Marie de France c'est l'Autour qui ordonne au Rossignol de chanter, et le Rossignol lui répond :

> Sire, feit-il, jeo ne porroie
> Tant cum si près de moi vus voie ;
> Mais s'il vus plest à remuer
> E sus un autre fust munter,
> Ce canteroie mult plus bel.

Comme le remarque M. Moland, on croit entendre quelque pauvre trouvère, peut-être Marie de France elle-même, intimidé par la présence de quelque terrible seigneur féodal, d'un de ces mille petits tyrans habitués à abuser de leur pouvoir.

Dans une fable analogue de Kryloff, *le Chat et le Rossignol* (la xiv⁰ du livre VII), c'est pis que le voisinage, la peur inspirée par la simple présence, qui empêche d'obéir : le Chat, pressant l'oiseau sous sa patte, l'invite méchamment à chanter : il le lâchera à cette condition. Mais le pauvre Rossignol, au lieu de chanter, crie, et le Chat le croque.

« Cet apologue est bien inférieur au précédent, dit Chamfort. La seule moralité qui en résulte ne tend qu'à épargner au malheureux opprimé quelques prières inutiles que le péril lui arrache. Cela n'est pas d'une grande importance. » Chamfort ne paraît pas avoir compris ce qu'il y a de touchant dans cette protestation du talent et de l'innocence contre l'injustice brutale. « Il est important, dit M. Soullié (p. 57), de faire rougir la tyrannie de ses procédés insolents ou stupides, d'en faire la satire, et c'est la moralité qui résulte de cet apologue, de celui du *Loup et l'Agneau*, du *Lion qui se fait, comme l'on dit, la part du Lion*, de *l'Homme et la Couleuvre*, etc. »

Après que le Milan, manifeste voleur,
Eut répandu l'alarme en tout le voisinage,
Et fait crier sur lui les enfants du village,
Un Rossignol tomba dans ses mains[2] par malheur.
Le héraut du printemps[3] lui demande la vie.   5
« Aussi bien[4] que manger en qui n'a que le son[5]?
    Écoutez plutôt ma chanson :
Je vous raconterai Térée[6] et son envie[7].

2. « *Mains*, pour *serres* : c'est que tous les milans, dit l'abbé Guillon, ne sont pas oiseaux. » Il oublie, dans sa remarque à qui il ne manque, pour être ingénieuse, que d'être applicable, que *mains* est le terme propre ici, en langage de fauconnerie : voyez le *Vocabulaire* de Lorin, p. 162, et l'*Essai* de M. Marty-Laveaux, p. 13. — Dans la fable d'Haudent, c'est au moment où le Rossignol fait entendre ses chants harmonieux que l'Épervier fond sur lui :

> Ainsi qu'un Roussignol sur champs
> Chantoit de la gorge a plaisir
> Et donnoit harmonieux chantz,
> Un Espreuier, ayant desir
> De le menger, le vint saisir.

3. Cette périphrase rappelle celle de Saint-Amant, qui, dans *Moyse sauvé* (VIIIe partie, tome II, p. 269, de l'édition Livet, 1855), nomme les oiseaux des champs :

> Les petits précurseurs de la saison plaisante.

4. *Aussi bien*, équivalent à « dans le fait, » et pouvant souvent se remplacer par « d'ailleurs », ou « au reste ».

5. Vers d'une concision très-expressive; on voit par le vers 9 combien la raison est déterminante pour l'oiseau de proie.

6. Voyez la fable xv du livre III, et la note 6 de la page 246.

7. Sa passion, *libido*. L'idée est énergiquement reprise dans la réplique suivante du Rossignol.

— Qui, Térée? est-ce un mets propre pour les milans?
— Non pas; c'étoit un roi dont les feux violents 10
Me firent ressentir leur ardeur criminelle⁸.
Je m'en vais vous en dire une chanson si belle
Qu'elle vous ravira : mon chant plaît à chacun. »
  Le Milan alors lui réplique :
« Vraiment, nous voici bien, lorsque je suis à jeun, 15
  Tu me viens parler de musique⁹.
— J'en parle bien aux rois. — Quand un roi te prendra,
  Tu peux lui conter ces merveilles.
  Pour un milan, il s'en rira¹⁰ :
  Ventre affamé n'a point d'oreilles¹¹. » 20

---

8. A remarquer le frappant contraste de cette périphrase en noble poésie avec la brutale brièveté de la question. « Ces deux vers, dit M. Taine (p. 196), de style si correct et si bien tournés, ne conviennent qu'à une dame du temps, à une héroïne du beau monde. Voilà de ces délicatesses qui ne se rencontrent que dans la Fontaine. »

9. Ces deux derniers vers, ainsi que le 9ᵉ, font penser, ce n'est pas à dire qu'ils y aient donné naissance, à la locution populaire : « Cela se mange-t-il? »

10. La grossièreté du glouton est à rapprocher, pour le contraste, de la clémente pitié inspirée par le chant du Cygne (vers 18-19 de la fable XII du livre III) :

Non, non, ne plaise aux Dieux que jamais ma main coupe
La gorge à qui s'en sert si bien!

11. « L'estomach affamé n'a poinct d'aureilles, il n'oyt goutte, » dit Rabelais (chapitre LXIII du quart livre, tome II, p. 494). — Le vieux Caton commençait par ce même proverbe une harangue au peuple romain qui demandait une distribution de blé. Voyez sa Vie dans *Plutarque*, tome I, p. 618, de la traduction d'Amyot (1578). — Chez Candidus (Weiss), le glouton tourne ainsi, dans sa réponse, le dicton populaire :

Explere ventrem curo, non aures, ait.

FABLE XIX.

LE BERGER ET SON TROUPEAU.

Abstemius, fab. 127, *de Pastore gregem suum adversus Lupum hortante*. — *Thresor des recreations* (Rouen, 1611), p. 209-210, *C'est folie d'attendre d'une chose plus que son naturel ne peut porter*. — Lodovico Guicciardini, *Hore di ricreazione* (Paris, 1636), p. 124.
Mythologia æsopica Neveleti, p. 588.

« L'objet de cette fable, dit Chamfort, me paraît, comme celui de la précédente, d'une assez petite importance. « Haranguez de « méchants soldats, et ils s'enfuiront. » Eh bien ! c'est une harangue perdue. Que conclure de là ? Qu'il faut les réformer et en avoir d'autres, quand on peut, ou s'en aller, et laisser là la besogne. Cette fable a aussi le défaut de rentrer dans la morale de plusieurs autres apologues, entre autres, dans celle de la fable IX du XIIe livre, *qu'on ne change pas son naturel.* »

L'abbé Guillon fait remarquer, avec justesse, que « l'apologue ne borne pas ses leçons à offrir des préceptes de vertu ; il fronde les vices et les ridicules de la société. Or n'en est-ce pas un bien commun que cette vaine jactance de nos faux braves, que rien n'intimide, à les en croire, pourvu qu'ils soient loin du danger ? » Il aurait pu, de plus, en réplique plus directe à Chamfort, lui demander où il prend, ce qu'impliquent aussi sa critique de la fable précédente (ci-dessus, p. 448) et celle de la fable I du livre X, que l'objet de la fable doit, pour qu'elle soit bonne, être important ; et qu'est-ce qui interdit au fabuliste de conduire à des fins analogues par des chemins divers. Dans l'apologue, tel que l'entend et le fait la Fontaine, le chemin intéresse plus que le but. La fable ésopique est avant tout conseil de morale ; la sienne surtout poésie.

« Quoi ? toujours il me manquera
Quelqu'un de ce peuple imbécile [1] !

1. Début *ex abrupto*, qui d'abord exprime vivement l'indignation du Berger ; puis, avec naturel et simplicité, sa douleur, par de gra-

Toujours le Loup m'en gobera !
J'aurai beau les compter ! ils étoient plus de mille,
Et m'ont laissé ravir notre pauvre Robin ; 5
  Robin mouton, qui par la ville
  Me suivoit pour un peu de pain,
Et qui m'auroit suivi jusques au bout du monde.
Hélas ! de ma musette il entendoit le son ;
Il me sentoit venir de cent pas à la ronde. 10
  Ah ! le pauvre Robin mouton ! »
Quand Guillot² eut fini cette oraison funèbre,
Et rendu de Robin la mémoire célèbre,
  Il harangua tout le troupeau,
Les chefs, la multitude, et jusqu'au moindre agneau, 15
  Les conjurant de tenir ferme :
Cela seul suffiroit pour écarter les Loups³.
Foi de peuple d'honneur, ils lui promirent tous

cieux souvenirs et des traits de vraie et touchante sensibilité. — *Imbécile* peut bien avoir ici son sens français ordinaire ; mais la circonstance fait penser aussi au sens latin de faible et lâche. — C'est sans doute à Rabelais que la Fontaine a emprunté la locution *Robin mouton*: « Ha, ha ! dit le marchand à Panurge, vous allez voir le monde, vous estes le ioyeulx du Roy, vous auez nom Robin mouton. Voyez ce mouton là, il a nom Robin comme vous. Robin, Robin, Robin. — « Bes, Bes, Bes, Bes. » — Ô la belle voix ! » (Chapitre vi du quart livre, tome II, p. 290.) On sait que *robin*, qui signifie proprement, comme nom commun, terme de dénigrement, « homme de robe, » s'emploie comme nom propre dans certaines locutions (voyez, chez *Littré*, les deux articles RÔBIN) ; c'est sans doute sa robe de laine qui l'a fait appliquer au mouton.

2. Tel est aussi le nom du Berger dans la fable III du livre III, *le Loup devenu berger*. Le mot se lit dans plusieurs des contes, où il désigne des valets, des villageois.

3. On est tenté de se demander comment cela suffirait. Dans la fable d'Abstemius, ce ne sont point seulement des moutons, des brebis, que le Berger conduit, mais aussi des chèvres, et il rappelle à ces dernières, pour leur donner du courage, qu'elles sont armées de cornes, tandis que les loups n'en ont pas.

De ne bouger non plus qu'un terme.
« Nous voulons, dirent-ils, étouffer le glouton⁴ 20
    Qui nous a pris Robin mouton. »
Chacun en répond sur sa tête.
Guillot les crut, et leur fit fête⁵.
Cependant, devant qu'il fût nuit,
    Il arriva noûvel encombre⁶ : 25
Un Loup parut ; tout le troupeau s'enfuit.
Ce n'étoit pas un Loup, ce n'en étoit que l'ombre⁷.

    Haranguez de méchants soldats :
    Ils promettront de faire rage⁸ ;
Mais, au moindre danger, adieu tout leur courage ; 30
Votre exemple et vos cris ne les retiendront pas.

  4. Sans doute en le serrant, le comprimant entre eux, comme on a vu faire, dit-on, dans les préaux des prisons pour se débarrasser d'un compagnon suspect. — Mais c'est là plus qu'on n'attend d'eux. « La lâcheté, remarque Nodier, est volontiers fanfaronne, et les dispositions belliqueuses de ces moutons rendront plus piquant le trait qui doit terminer le récit. »
  5. Même locution au livre I, fable xvii, vers 15.
  6. Mot surtout usité avec *sans*, comme au livre VII, fable x, vers 3 :

Prétendoit arriver sans encombre à la ville.

  7. « Voyez, dit Chamfort, quel effet de surprise produit ce dernier vers, et avec quelle force, quelle vivacité, ce tour peint la fuite et la timidité des moutons. » — Comme cette ombre de loup remplace spirituellement la vague annonce dont se contente Abstemius ! *Quum.... paulo post Lupus adventare nunciaretur.* — La Fontaine s'était servi de l'idée, comme comparaison, dans le *Poëme de la Captivité de saint Malc* (1673), vers 77-78 :

Telle l'ombre d'un loup, dans les verts pâturages,
Écarte les troupeaux attentifs aux herbages.

  8. *Faire rage, faire rage contre* (vers 8 du conte xii de la IIIᵉ partie), « assaillir violemment ». Cette périphrase verbale : « faire rage », a, au figuré, des emplois très-divers : voyez *Littré*. On en trouvera deux exemples aux tomes *M.-L.*, III, p. 429, et V, p. 6.

DISCOURS[1] A MADAME DE LA SABLIÈRE[2].

On pourrait, s'il y avait ici lieu, faire abonder les renvois aux livres qui ont traité la question ou qui prêtent à des rapprochements avec la manière dont le poëte l'a traitée. Il faut citer, avant tout, de Descartes, dont la doctrine est l'occasion et le sujet de notre poëme, le *Discours de la Méthode*, v⁰ partie, p. 56-59 de l'édition de 1637, et la correspondance avec M. Morus (le théologien et philosophe anglais Henri More) dans le tome X des *OEuvres* (édition Cousin[3]); et, après Descartes, Fénelon qui l'a mis aux

---

1. Dans l'édition originale de 1679, et dans nos anciens textes, sauf celui de 1709, cette pièce, dont on a fait, dans presque toutes les éditions modernes, la fable 1 du livre X, se trouve, comme ici, à la suite du livre IX, qui parut sous le chiffre de livre III, dans un volume portant, à la page de titre, « Quatrième partie » : voyez l'*Avertissement* de notre tome I, p. 4. Elle n'a, en tête, que l'intitulé : *Discours à Madame de la Sablière*. Le titre partiel : *les Deux Rats, le Renard et l'OEuf*, dont le commun des éditeurs fait suivre immédiatement le titre général : *Discours*, etc., est mis, précédé d'une estampe qui représente la scène des Rats, à l'endroit où nous l'avons placé, avant le vers 179 :

Deux Rats cherchoient leur vie, etc.

Ni le discours ni ce récit annexe n'ont de chiffre dans les textes de 1679 et de 1688.

2. Marguerite Hessein ou Hessin, femme d'Antoine Rambouillet de la Sablière, née en 1630 (?), morte en 1693. La Fontaine demeurait chez elle au temps où fut composée et publiée cette poésie. Sur cette « secourable amie » de notre fabuliste, voyez la *Notice biographique*, en tête du tome I, p. cvii-cxi et p. cxciv; et la ix⁰ leçon de Saint-Marc Girardin, où il est parlé du rôle joué par elle dans l'histoire littéraire du dix-septième siècle. On trouvera énumérées, ci-après, note 7, les diverses mentions que nous rencontrerons d'elle dans la suite des *OEuvres*.

3. Voyez une lettre de More de 1648, p. 187-190; la réplique de Descartes, de 1649, p. 204-208; la réponse de More, et une autre réplique de Descartes, toutes deux de la même année 1649,

prises avec Aristote dans son dialogue LXXVIII : *Sur la philosophie cartésienne, et en particulier sur le système des bêtes-machines* (« nous plaidons, déclare en finissant le philosophe grec, une cause bien embrouillée »); puis Aristote lui-même, traité *de l'Ame* (περὶ Ψυχῆς), surtout aux premiers chapitres du livre II; *Histoire des animaux*, livre I, chapitre 1, § 26[4]; livre VIII, chapitre 1, §§ 1-3; livre IX, maints chapitres sur les mœurs et l'industrie des bêtes (on en trouvera des citations dans les notes, ainsi que de quelques autres anciens); traité *des Parties des animaux*, livre IV, chapitre x, contenant une comparaison, pleine de vues profondes, entre l'homme et les bêtes; Montaigne, *Essais*, livre II, chapitre XII; Malebranche, *de la Recherche de la vérité*, livre IV, chapitre XI (tome I des *OEuvres complètes*, 1837, p. 157); Bossuet, traité *de la Connoissance de Dieu et de soi-même*[5], chapitre v, p. 301-382, et surtout § XIII, p. 361-374, *de la Différence entre l'homme et la bête*; Bayle, tome I des *Nouvelles de la république des lettres*, mars 1684, article II, p. 20-22, et *Dictionnaire historique et critique*, article PEREIRA (GOMEZIUS),

p. 224-226 et p. 240-241. La correspondance avec More est un ouvrage posthume; la 1re édition parut en 1666, seize ans après la mort de Descartes. — « L'opinion que les bêtes étaient de simples automates, dit l'abbé Guillon, ne fut qu'un fruit de l'extrême jeunesse de l'auteur, auquel ses amis et ses ennemis donnèrent plus d'importance que lui-même. » Descartes écrit, il est vrai, à Morus (tome X, p. 204) : « Quoique je regarde comme une chose qu'on ne saurait prouver qu'il y ait des pensées dans les bêtes, je ne crois pas qu'on puisse démontrer que le contraire ne soit pas. » Mais il faut convenir, avec M. Bouillier (p. 165; voyez ci-après, p. 456), que son hypothèse « découle des principes fondamentaux de sa métaphysique. » Quant à la date où elle remonte, Baillet, dans sa *Vie de Descartes* (1691, livre I, chapitre XI, p. 51-52), nous apprend qu'elle se trouve déjà dans des ouvrages de sa jeunesse, et établit, sur de solides preuves, que « cette opinion lui est venue dans l'esprit » dès 1619 (il avait alors vingt-trois ans), ou, « au plus tard, vers l'an 1625. »

4. Nous renvoyons, pour faciliter les recherches, aux paragraphes de la traduction de M. Barthélemy-Saint-Hilaire.

5. Ce traité de Bossuet ne vit le jour qu'en 1722 (c'est cette première édition que nous citons), dix-huit ans après la mort de l'auteur, mais celui-ci expose le sujet, l'année même où parut le livre IX des *Fables* (1679), dans la lettre où il rend compte au

tome III, p. 2227-2233 de l'édition de 1720; Voltaire, *Traité de métaphysique*, chapitre v, tome XXXVII, p. 306-316. Parmi les ouvrages plus ou moins récents, on y peut joindre : d'abord et principalement l'*Histoire de la philosophie cartésienne*[6] par M. Francisque Bouillier (1868, 3e édition), tome I, chapitre vii, p. 147-170; la thèse de M. Brédif (1863) : *De anima brutorum quid senserint præcipui, apud veteres, philosophi;* et, comme se rapportant directement à notre auteur, la ixe leçon, déjà citée, de Saint-Marc Girardin, et aussi la xviiie, intitulée : « La Fontaine et l'âme des bêtes, » et consacrée à l'examen de cette fable et de la fable ix du livre XI; Damas Hinard, *La Fontaine et Buffon* (Paris, 1861), p. 57-87; le docteur A. Netter, *l'Homme et l'Animal* (Paris, 1883), chapitre iv, p. 61-92, *Argumentation de Descartes dans la question de l'automatisme des Bêtes*, et, à l'Appendice de cet ouvrage, p. 361-379, *La Fontaine et la question de l'automatisme chez les Bêtes;* enfin, dans la *Revue des Deux Mondes*, du 1er décembre 1869, l'article de M. Paul de Rémusat intitulé : *La Fontaine naturaliste*, p. 656-660. A voir aussi, dans la note 34, les spirituelles objections de Fontenelle.

Walckenaer (tome I, p. 314, de son *Histoire de la Fontaine*) explique ainsi l'origine du *Discours à Mme de la Sablière* : « A cette époque, Descartes et ses disciples avaient, par leurs arguments, donné une réputation de nouveauté à une question de métaphysique bien ancienne : celle qui concerne l'âme des bêtes. On avait publié, de part et d'autre, des traités que la Fontaine n'avait pas us. Mais il avait, chez Mme de la Sablière, entendu débattre ces matières par Bernier et par d'autres savants; et, comme une telle question l'intéressait vivement, il y rêva de son côté, et voulut aussi en parler, mais à sa manière, et dans son langage naturel, c'est-à-dire en vers.... On l'a souvent, avec raison, apporté en exemple (ce discours) pour prouver la flexibilité du talent de la Fontaine, et comme le premier essai heureux des muses françaises sur un sujet abstrait. »

pape Innocent XI de l'éducation du Dauphin, pour qui il avait été composé.

6. Aux pages 162-163 de cette savante histoire, sont énumérés les principaux ouvrages écrits pour et contre l'automatisme. Voyez aussi ceux qui sont indiqués en tête de la xviiie leçon, que nous allons citer, de Saint-Marc Girardin.

Le docteur Netter conjecture que c'est à la demande de Mme de la Sablière que la Fontaine a traité ce sujet et mis en vers la théorie de Descartes, dont elle partageait et aimait les doctrines, qu'il doit avoir hésité d'abord à la satisfaire et pris la plume pour ainsi dire malgré lui. A voir comme il s'acquitte de la tâche, il est bien difficile de croire qu'elle ne lui ait point agréé, qu'elle ne soit point de son choix. D'ailleurs l'excuse du vers 24 : « Ne trouvez pas mauvais.... » ne suffirait-elle point à rendre la supposition invraisemblable ? N'eût-il pu, s'il y avait eu lieu, tenir à son amie, et de très-bonne grâce, un langage semblable à celui qu'il adresse à la duchesse de Bouillon, dans ces vers (10-12) du *Poëme du Quinquina* (chant I), dont le dernier fait allusion à ce discours-ci :

>C'est pour vous obéir, et non point par mon choix,
>Qu'à des sujets profonds j'occupe mon génie,
>Disciple de Lucrèce une seconde fois ?

Chamfort va moins loin, mais trop loin encore à notre avis, quand il dit, à propos du vers 28, que « c'est.... par une complaisance dont il ne se rendait pas compte, qu'il s'efforce d'être cartésien, c'est-à-dire de croire que les bêtes étaient de pures machines. Rien n'est plus curieux que de voir comment il cherche, par ses raisonnements, à établir cette idée, et comment son bon sens le ramène, malgré lui, à croire le contraire. » Nous croyons, nous, que Chamfort n'a pas bien compris la pièce, surtout quand nous le voyons la qualifier, à l'occasion de l'apologue suivant (notre fable 1 du livre X), de « si confuse et si embrouillée. » Il était pourtant facile de reconnaître, ce nous semble, rien qu'à la lire attentivement, que le poëte ne nous fait pas voir du tout qu'il eût pris, soit avec son amie, soit avec lui-même, l'engagement de plaider pour le cartésianisme ; il nous fait partout bien sentir, au contraire, que ce n'est point malgré lui, mais de propos délibéré, qu'il fait cet exposé de la théorie, en y joignant les objections du bon sens. La dissertation est très-entremêlée, à dessein sans aucun doute, et la manière, moitié délicate, moitié ironique, dont est fait le mélange le rend à nos yeux très-piquant. Nous croyons pouvoir appliquer à ce poëme aussi le jugement, que nous citions plus haut (p. 390), de Saint-Marc Girardin : c'est un de ces morceaux philosophiques « qu'il aimait tant, qu'il faisait si bien. » M. Bouillier (p. 161) le nomme, à bon droit, « admirable. »

Iris[7], je vous louerois : il n'est que trop aisé[8] ;
Mais vous avez cent fois notre encens refusé[9],
En cela peu semblable au reste des mortelles,
Qui veulent tous les jours des louanges nouvelles.
Pas une ne s'endort à ce bruit si flatteur,   5
Je ne les blâme point ; je souffre cette humeur :
Elle est commune aux Dieux, aux monarques, aux belles.
Ce breuvage vanté par le peuple rimeur,
Le nectar[10] que l'on sert au maître du tonnerre[11],
Et dont nous environs tous les dieux de la terre,   10
C'est la louange, Iris. Vous ne la goûtez point ;
D'autres propos chez vous récompensent ce point[12] :

7. Ce nom revient plusieurs fois, avec même application à Mme de la Sablière, dans les écrits de notre poëte : fable xv du livre XII, vers 8 et 35 ; autre *Discours à Mme de la Sablière* (1684) ; épître à M. de Harlay (1685) ; lettre à Bonrepaus du 31 août 1687, où il est aussi question d'encens, de louanges (tomes *M.-L.* III, p. 267, 380 ; V, p. 154-156).

8. « Mme de la Sablière, dit Chamfort, était, en effet, une des femmes les plus aimables de son temps ; très-instruite et ayant plusieurs genres d'esprit. Elle avait donné un logement dans sa maison à la Fontaine, qu'elle regardait presque comme un animal domestique ; et, après un déplacement, elle disait : « Je n'ai plus, dans « mon ancienne maison, que moi, mon chat, mon chien et mon « la Fontaine[a]. » En même temps qu'elle voyait beaucoup l'auteur des fables, elle était, mais en secret, une des écolières du fameux géomètre Sauveur[b]. »

9. Sur la construction, voyez la note 4 de la page 274.

10. Une métaphore autrement hardie est celle qui se lit au vers 517 du *Poëme de la Captivité de Saint Malc* :

Il y vit dans les pleurs, nectar de pénitence.

11. Même désignation de Jupiter au livre XI, fable II, vers 29.

12. Compensent ce point, en tiennent lieu : voyez, dans le *Dictionnaire de Littré*, 3°, de nombreux exemples de ce sens.

[a] Le mot est rapporté par d'Olivet, *Histoire de l'Académie*, tome II, p. 317, 3° édition 1743. Voyez la *Notice biographique*, en tête de notre tome I, p. cxxx-cxxxi.

[b] Ajoutons : du mathématicien Roberval et du philosophe-médecin Ber-

LIVRE IX.   459

Propos, agréables commerces,
Où le hasard fournit cent matières diverses,
 Jusque-là qu'en votre entretien   15
La bagatelle[13] a part : le monde n'en croit rien[14].
 Laissons le monde et sa croyance.
 La bagatelle, la science,
Les chimères, le rien, tout est bon ; je soutiens
 Qu'il faut de tout aux entretiens :   20
 C'est un parterre où Flore[15] épand ses biens ;
Sur différentes fleurs l'abeille s'y repose,
 Et fait du miel de toute chose[16].

13. « Entendons par là, comme la Fontaine, dit M. Mesnard (p. cx-cxi de sa *Notice*), l'aimable badinage. »

14. Mme de la Sablière était, en effet, soupçonnée de pédanterie, ridicule qu'alors particulièrement le monde ne pardonnait pas : *les Femmes savantes* de Molière avaient été représentées en 1672. « Brossette l'a reconnue, nous dit encore M. Mesnard dans sa *Notice biographique*, p. cviii, dans la femme savante du vers 426 de la satire x de Boileau :

Qu'estime Roberval et que Sauveur fréquente. »

La satire est de 1692-1693, et elle parut, à part, en 1694 ; c'est le 8 janvier 1693 que mourut Mme de la Sablière.

15. Hardi et charmant passage, par le nom de la Déesse, à la métaphore des fleurs et du miel qui va suivre. — Nous avons vu *épandre* aux livres VIII, fable xix, vers 23, et IX, xi, vers 9.

16. La Fontaine développe la comparaison, en ajoutant le papillon à l'abeille, et se l'applique à lui-même, dans son autre *Discours à Mme de la Sablière*, de 1684, vers 66-70 :

Papillon du Parnasse, et semblable aux abeilles....
Je vais de fleur en fleur et d'objet en objet.

Ce sera là surtout le lieu de la rapprocher du passage de l'*Ion* de Platon (tome I, p. 391, édition Didot), si connu par les citations et allusions ; de la strophe d'Horace (livre IV, ode ii, vers 27-32) ; et de maint autre endroit analogue, soit ancien, soit moderne.

nier, qui composa pour elle son *Abrégé de la philosophie de Gassendi* (1678). Voyez les *Documents inédits ou peu connus sur François Bernier*, recueillis par M. L. de Lens, Angers, 1873.

Ce fondement posé[17], ne trouvez pas mauvais
Qu'en ces fables aussi j'entremêle des traits 25
 De certaine philosophie,
 Subtile, engageante, et hardie.
On l'appelle nouvelle[18] : en avez-vous ou non
 Ouï parler[19] ? Ils disent donc
 Que la bête est une machine[20] ; 30
Qu'en elle tout se fait sans choix et par ressorts :

17. Il est à remarquer que, afin de tempérer de son mieux l'idée de *femme savante*, le poëte s'est contenté, pour la partie sérieuse des entretiens, du terme « science, » qui est comme perdu entre « bagatelle, chimères, rien, » puis des mots collectifs « tout, de tout ».

18. C'était la dénomination courante, celle qu'emploie Baillet dans sa *Vie de Descartes*, p. 52, etc. Le philosophe était mort en 1650 ; les dates de ses principaux écrits, à commencer par le *Discours de la Méthode* (1637 à 1647, trente à quarante années seulement avant la publication du *Discours à Mme de la Sablière*), justifient très-bien l'épithète. — Voyez ce qui est dit ci-dessus (note 3) d'écrits antérieurs, non publiés par l'auteur, et où, dès sa jeunesse, il avait exprimé son opinion sur l'âme des bêtes, sans savoir, selon toute apparence (voyez Baillet à l'endroit cité), que d'autres philosophes avant lui, l'Espagnol Pereira, par exemple, en 1554, avaient soutenu la même doctrine que lui. A ce sujet, notre poëte écrit à la duchesse de Bouillon, en 1687 (tome III *M.-L.*, p. 386-387), ces mots où il trouve occasion de bien marquer encore, et beaucoup plus librement que dans le *Discours*, son dissentiment : « Votre philosophe a été bien étonné quand on lui a dit que Descartes n'étoit pas l'inventeur de ce système que nous appelons la machine des animaux, et qu'un Espagnol l'avoit prévenu. Cependant, quand on ne lui en auroit point apporté de preuves, je ne laisserois pas de le croire, et ne sais que les Espagnols qui pussent bâtir un château tel que celui-là. »

19. Délicate ironie, écartant gaiement tout soupçon de pédanterie : voyez la note 14.

20. « Des machines qui aiment, écrivait Mme de Sévigné à sa fille (lettre du 23 mars 1672, tome II, p. 543), des machines qui ont une élection pour quelqu'un, des machines qui sont jalouses, des machines qui craignent ! Allez, allez, vous vous moquez de nous ; jamais Descartes n'a prétendu nous le faire croire. » C'est

Nul sentiment[21], point d'âme ; en elle tout est corps.
   Telle est la montre qui chemine[22]
A pas toujours égaux, aveugle et sans dessein.
   Ouvrez-la, lisez dans son sein :   35
Mainte roue y tient lieu de tout l'esprit du monde.[23] ;
   La première y meut la seconde ;
Une troisième suit : elle sonne à la fin.
Au dire de ces gens, la bête est toute telle :
   « L'objet la frappe en un endroit ;   40
   Ce lieu frappé s'en va tout droit,
Selon nous[24], au voisin en porter la nouvelle.

aussi le lieu de citer l'épitaphe, par Mlle de Scudéry, de Badine, la chienne du duc de Roquelaure :

   Ci-gît la célèbre Badine,
   Qui n'eut ni bonté ni beauté,
   Mais dont l'esprit a démonté
   Le système de la machine.

21. Ici le poëte ignore, ou n'en tient pas compte, que Descartes a dit dans une des lettres citées, à More : « Je ne leur refuse pas même le sentiment, autant qu'il dépend des organes du corps » (p. 208).

22. Rapprochez les vers 28-43 de la fable IX du livre XI :

   Puis, qu'un Cartésien s'obstine
   A traiter ce Hibou de montre et de machine,
   Quel ressort lui pouvoit donner, etc. ?

— C'est la comparaison même de Descartes : « Ainsi qu'on voit qu'un horologe, qui n'est composé que de roues et de ressorts, peut compter les heures et mesurer le temps plus justement que nous avec toute notre prudence, etc. » (*Discours de la Méthode*, p. 59.)

— Pour *ressort*, voyez encore plus haut, p. 282 et note 10.

23. Du principe spirituel, de tout ce qu'on pourrait supposer d'esprit aux bêtes.

24. M. Damas Hinard veut qu'on remplace par *selon eux* la leçon *selon nous*, de toutes les éditions, qu'il regarde comme une faute d'impression. Nous croyons qu'il n'y a rien à changer ; le retour de *selon*, avec *eux*, trois vers plus loin, suffit à le montrer. La dissertation est, nous l'avons dit, très-entremêlée. Ce *selon nous* s'applique à ce en quoi le poëte et le commun des hommes est d'accord avec les Cartésiens, à la manière dont se transmet « la nouvelle, » comme il dit, du frappement par l'objet ; puis, à partir

Le sens de proche en proche aussitôt la reçoit.
L'impression se fait. » Mais comment se fait-elle ?
  Selon eux, par nécessité,   45
  Sans passion, sans volonté :
  L'animal se sent agité
De mouvements que le vulgaire appelle
Tristesse, joie, amour, plaisir, douleur cruelle,
  Ou quelque autre de ces états[25].   50
Mais ce n'est point cela : ne vous y trompez pas. —
Qu'est-ce donc ? — Une montre[26]. — Et nous ? — C'est
Voici de la façon que Descartes l'expose[27], [autre chose.
Descartes, ce mortel dont on eût fait un dieu[28]
  Chez les païens, et qui tient le milieu   [l'homme
Entre l'homme et l'esprit[29], comme entre l'huître et
Le tient tel de nos gens, franche bête de somme[30] :

des mots : « par nécessité, etc. » (vers 45), il cesse d'exprimer assentiment et recommence à ne parler qu'en leur nom.

25. Ceux des animaux que nous pouvons observer, dont la vie a de la durée, dit Aristote, dans l'*Histoire des animaux* (livre IX, commencement du chapitre 1), « ont naturellement une certaine faculté de participer à toutes les affections que l'âme peut éprouver. » Voyez aussi Plutarque, dans l'opuscule qui a pour sujet la *Comparaison des bêtes terrestres et des bêtes aquatiques*, fin du § IV; et dans son Dialogue d'Ulysse et de Gryllus, § IV.

26. Brièveté décisive. « Ne vous l'ai-je pas dit ? » fait entendre le Cartésien, renvoyant à l'explication de tout à l'heure (vers 30-39).

27. Tour à remarquer, d'analyse moins facile que l'équivalent : « Voici de quelle façon », ou l'autre de même sens, mais moins voisin : « Voici la façon dont ».

28. Leibniz nomme son génie « divin », *divini ingenii Cartesio*, dans une lettre citée par M. le comte Foucher de Careil, à la fin de sa préface des *OEuvres inédites de Descartes*, p. XVI.

29. L'esprit pur, tel que l'ange, comme il est défini par la foi chrétienne. — Éloge magnifique dans sa brièveté, fait pour plaire à Mme de la Sablière et racheter les dissentiments du fabuliste, sa difficulté d'adhésion à la théorie cartésienne, en la matière ici traitée.

30. « Cela n'est pas charitable, » remarque plaisamment Geruzez, tout prêt à en dire autant.

Voici, dis-je, comment raisonne cet auteur :
« Sur tous les animaux[31], enfants du Créateur,
J'ai le don de penser; et je sais que je pense[32]; » 60
Or vous savez, Iris, de certaine science[33],
    Que, quand la bête penseroit,
    La bête ne réfléchiroit
    Sur l'objet ni sur sa pensée.
Descartes va plus loin, et soutient nettement 65
    Qu'elle ne pense nullement.
    Vous n'êtes point embarrassée
De le croire; ni moi[34].

  31. C'est-à-dire au-dessus de tous les animaux, seul entre tous.

  32. Vers rappelant le fameux argument du *Discours de la Méthode* (IVᵉ partie, p. 33-34 de l'édition de 1637) : « Je pense, donc je suis. »

  33. De science certaine. Au sujet de cette construction ancienne, inverse de l'actuelle, voyez le *Lexique de Corneille* et la Remarque de Littré, à la suite de l'article CERTAIN.

  34. Ce *ni moi*, immédiatement suivi de *Cependant*, de ces faits qui l'embarrassent tant, fait ici l'effet d'une contre-vérité, à la fois piquante et naïve par le tour, si l'on peut joindre ces deux épithètes. — « Mon embarras, dit Chamfort, est de savoir comment ils faisaient pour admettre de telles idées; » et il continue ainsi (Solvet cite sa remarque en entier d'après un manuscrit mentionné dans sa préface) : « Un des plus zélés partisans du cartésianisme, c'est sans contredit Fontenelle : il l'a prôné dans ses écrits, soutenu dans les conversations, défendu contre la philosophie anglaise; mais il ne fut jamais d'accord avec son maître sur l'âme des bêtes; et c'est dans une de ses *Lettres galantes* qu'on rencontre ce fameux argument que de deux montres placées à côté l'une de l'autre il n'en résultera jamais une troisième [a]. Dans un de ses *Dialogues* on lit ce trait piquant : « On voudroit bien abaisser les Dieux jusqu'à nous, « mais on ne voudroit pas y élever les bêtes [b]. » Enfin, dans un écrit sur l'instinct, il conclut que les bêtes ont la faculté de penser et ne sont point de simples automates [c]. »

  [a] Lettre XI de la 1ʳᵉ partie, tome I des *OEuvres*, p. 312-313, Paris, 1766.

  [b] Voici le texte exact : « Les hommes veulent bien que les Dieux soient aussi fous qu'eux, mais ils ne veulent pas que les bêtes soient aussi sages. » (*Dialogues des morts anciens*, dialogue V, entre Homère et Ésope, tome I des *OEuvres*, p. 27.)

  [c] *Sur l'instinct*, tome IX des *OEuvres*, p. 379-390. L'auteur conclut ainsi :

464   FABLES.

> Cependant, quand aux bois[33]
> Le bruit des cors, celui des voix,
> N'a donné nul relâche à la fuyante proie,   70
> Qu'en vain elle a mis ses efforts
> A confondre et brouiller la voie[36],
> L'animal chargé d'ans[37], vieux cerf, et de dix cors[38],
> En suppose[39] un plus jeune, et l'oblige par force

35. Chez quelques éditeurs modernes, Nodier entre autres, *au bois;* mais le pluriel *aux bois* est bien la leçon de toutes nos anciennes éditions.

36. Pour tromper les chiens; locution de vénerie, s'expliquant bien par les mots pris au sens propre et développée dans les vers 77-78. Buffon se sert des mêmes termes : « Il passe et repasse souvent deux ou trois fois sur sa *voie*, *(empreintes du pied du cerf)*; il cherche à se faire accompagner d'autres bêtes pour donner *le change* » (ci-après vers 78, et vers 34 de la fable citée à la note 40). — Aristote, dans l'*Histoire des animaux*, livre IX, chapitre VI, dit que le cerf n'est certes pas un des moins intelligents des quadrupèdes sauvages et donne plusieurs preuves de son intelligence, mais parmi lesquelles on s'étonne un peu de ne pas rencontrer celle qui est décrite en cet endroit. Dans le dialogue cité de Fénelon, le Stagirite prend aussi un exemple tiré de la chasse : « Lorsqu'un chien suit un lièvre, direz-vous que la machine est ainsi montée? »

37. Même épithète que pour *le Lion devenu vieux* (livre III, fable XIV, vers 2); mais, ainsi que le qualificatif « vieux cerf », elle s'accorde mal ici, d'une part, comme on va le voir dans la note suivante, avec l'expression technique : « dix cors », et, d'autre part, joint à ces mots, avec le long âge, quarante ans, dit-on, auquel peut parvenir le cerf.

38. Les *cors* ou andouillers sont les branches qui poussent sur les deux cornes principales du cerf. A la sixième année, il prend le nom de *cerf dix-cors jeunement.* Un *cerf dix-cors* est au moins dans sa septième année. Ce nom de *dix-cors*, quel que soit le nombre de ses cors ou andouillers, « lui continue plusieurs années, dit de Salnove (*la Vénerie royale*, 1665, p. 91), et jusques à ce qu'il soit reconnu par les veneurs *grand vieil cerf.* »

39. Suppose, *supponit*, met en sa place; autre terme de chasse.

« Je dis : ce que les hommes et les bêtes font également, et ce que les hommes ne font pas machinalement, les bêtes ne le font pas machinalement non plus »

LIVRE IX.

A présenter aux chiens une nouvelle amorce. 75
Que de raisonnements pour conserver ses jours !
Le retour sur ses pas, les malices, les tours,
  Et le change, et cent stratagèmes,
Dignes des plus grands chefs, dignes d'un meilleur sort[40] !
  On le déchire après sa mort : 80
  Ce sont tous ses honneurs suprêmes[41].

  Quand la Perdrix
  Voit ses petits[42]
En danger, et n'ayant qu'une plume[43] nouvelle
Qui ne peut fuir encor par les airs le trépas, 85
Elle fait la blessée, et va, traînant de l'aile[44],
Attirant le Chasseur et le Chien sur ses pas,

---

40. Rapprochez le récit de la chasse dans *les Fâcheux* de Molière, acte II, scène VI (tome III, p. 70-77, et notes); et les vers 32-34 de la fable XXIII du livre XII, où le Renard aux abois est, pour une ruse des plus habiles, comparé à Annibal.

41. « Ces derniers vers sont très-beaux, dit Nodier. Le poëte, après s'être intéressé d'une manière touchante à ce vieux cerf, et l'avoir comparé à un grand chef trahi par la fortune, et qui tente des efforts inutiles pour la ramener, ne pouvait finir par une circonstance plus énergique, » une plainte plus compatissante. — M. Marty-Laveaux cite ce passage sur le cerf au III° paragraphe (p. 19) de son *Essai*, où il montre (p. 17) que « notre poëte emploie fort à propos les termes de l'art (*de la chasse et de la pêche*) » et fait remarquer qu' « il est assez piquant de les trouver » chez lui « dans leurs deux sens, » d'une part le propre, et de l'autre le figuré, qu'ils ont pris dans le langage familier.

42. Nous ne voyons pas pourquoi, dans la métrique librement variée de la Fontaine, ces deux vers, par lesquels nous passons à un autre sujet, sont, pour être petits, taxés de négligence par Chamfort.

43. Exemple du sens collectif de « plumage, » et surtout de plumes des ailes, dont l'absence peut surprendre chez Littré, dans l'article PLUME, 2°.

44. Voyez ci-dessus, la note 21 de la page 365 ; et, pour une ruse analogue de la Chevrette ou Gazelle, livre XII, fable XV, adressée également à Mme de la Sablière, vers 114-116.

J. DE LA FONTAINE. II   30

466   FABLES.

Détourne le danger, sauve ainsi sa famille ;
Et puis, quand le Chasseur croit que son Chien la pille[45],
Elle lui dit adieu, prend sa volée, et rit   90
De l'Homme qui, confus, des yeux en vain la suit[46].

Non[47] loin du Nord[48] il est un monde

45. *La pille*, terme de chasse, se jette sur elle. Voyez au tome III, ivre X, fables VIII, vers 12, et XIV, vers 47.

46. « Je demande, écrit Laharpe, dans son *Éloge de la Fontaine* tome IV, p. 221-222 de ses *OEuvres*, édition de 1820), s'il existe en poésie un tableau plus parfait ; si le plus habile peintre me montrerait sur la toile plus que je ne vois dans les vers du poëte ? Comme le Chasseur et le Chien suivent pas à pas la Perdrix qui *se traîne* avec le vers ! Comme un hémistiche rapide et prompt vous montre le Chien qui *pille!* Ce dernier mot est un élan, un éclair ; et avec quel art l'autre vers est suspendu quand la Perdrix *prend sa volée !* Elle est en l'air, et vous voyez longtemps l'homme immobile, *qui, confus, des yeux en vain la suit ;* le vers se prolonge avec l'étonnement. » — « On a douté de la prosodie de notre langue, ajoute Nodier, qui cite ce passage de Laharpe ; mais jamais, je crois, après avoir lu ces vers. Je n'en connais point où les ressources que peut offrir le nombre soient tournées avec plus d'art à l'avantage de la pensée. » — Plutarque a décrit cette ruse de la tendresse maternelle des perdrix dans son traité *de l'Amour envers la progéniture*, chapitre II. Avant lui, Aristote, dans l'*Histoire des animaux*, livre IX, chapitre IX, § 2, parle de cette même si habile tromperie de l'oiseau, comme il l'appelle, « malicieux et artificieux » (κακόηθες καὶ πανοῦργον). Robert renvoie aussi à Brusonius (*Facetiarum exemplorumque libri* VII, Basileæ, 1559, in-4°, livre II, p. 79), et à Solinus (*Polyhistor*, Antverpiæ, 1572, in-8°, fin du chapitre XIII), qui tous deux citent de remarquables exemples de l'intelligence des perdrix. — Le tableau le plus digne d'être comparé à celui du fabuliste est la peinture, élégamment développée par Buffon, « des moyens combinés (par le mâle et la femelle) pour sauver la couvée. »

47. Pour les travaux du castor, nommé seulement, sans que la clarté en souffre, dix vers plus loin, nous n'avons pas besoin d'avertir qu'on en trouvera une longue et intéressante description chez Buffon. On peut voir, en outre, celle que Chateaubriand en a faite dans son *Voyage en Amérique*, tome VI, p. 121-129, des *OEuvres complètes* (1827).

48. Non loin du pôle nord, dans des contrées que n'habitaient

Où l'on sait que les habitants
Vivent, ainsi qu'aux premiers temps,
Dans une ignorance profonde : 95
Je parle des humains[49] ; car, quant aux animaux,
Ils y construisent des travaux
Qui des torrents grossis arrêtent le ravage
Et font communiquer l'un et l'autre rivage[50].
L'édifice résiste, et dure en son entier : 100
Après un lit de bois est un lit de mortier.
Chaque castor agit : commune en est la tâche ;
Le vieux y fait marcher le jeune sans relâche ;
Maint maître d'œuvre[51] y court, et tient haut le bâton[52].
 La république de Platon[53] 105

encore, clair-semés, que des sauvages. « On trouve des castors en Amérique, dit Buffon.... Ils sont très-communs vers le Nord, et toujours en moindre nombre à mesure qu'on avance vers le midi. »

49. « Voilà un excellent trait de satire déguisé en bonhomie : Swift ou Lucien, voulant mettre les hommes au-dessous des animaux, ne s'y seraient pas mieux pris. » (CHAMFORT.) — Tout à l'heure, dans la fable I du livre X (vers 5-6), la Fontaine dira, avec une égale ironie, pour prévenir une méprise analogue :

 C'est le Serpent que je veux dire,
Et non l'Homme....

50. Ces trois vers, et plus bas le vers 109 sont bien commentés par ce passage de Buffon : « Dans les eaux courantes, et qui sont sujettes à hausser ou baisser,... ils établissent une chaussée (*qui est en même temps une digue*), et, par cette retenue, ils forment une espèce d'étang.... qui se soutient toujours à la même hauteur ; la chaussée traverse la rivière comme une écluse, et va d'un bord à l'autre (*donc elle est* « pont », vers 109). »

51. Maître ouvrier, celui qui commande aux autres dans l'atelier ; « maître de l'ouvrage, » dans *Psyché*, chant II, tome III M.-L., p. 153.

52. Remarquable emploi, avec entier oubli du sens propre et d'origine, d'une très-expressive locution. On peut rapprocher l'énergique usage qu'en fait Saint-Simon (tome III, p. 34) : « Le chevalier de Lorraine.... mena Monsieur le bâton haut toute sa vie. »

53. Qui est organisée de manière à faire tout concourir au bien commun, en associant l'activité de tous.

Ne seroit rien que l'apprentie [54]
De cette famille amphibie [55].
Ils savent en hiver élever leurs maisons,
Passent les étangs sur des ponts,
Fruit de leur art, savant ouvrage ; 110
Et nos pareils ont beau le voir,
Jusqu'à présent tout leur savoir
Est de passer l'onde à la nage [56].
Que ces castors ne soient qu'un corps vuide d'esprit,
Jamais on ne pourra m'obliger à le croire ; 115
Mais voici beaucoup plus ; écoutez ce récit,
Que je tiens d'un roi plein de gloire.
Le défenseur du Nord vous sera mon garant [57] :
Je vais citer un prince aimé de la Victoire ;

54. L'ancienne orthographe du mot est *apprentif, ive*, et la Fontaine a écrit pour le masculin, à la rime, *apprentif* au conte XIII de la IV° partie, vers 3, et dans la LV° des poésies diverses (tome V M.-L., p. 105). Richelet (1689) donne, pour le féminin, *apprentisse;* Furetière, *apprentice;* l'Académie (1694) a la double forme *apprentif, ive,* et *apprenti, isse;* dans sa seconde édition (1718), les seules désinences *if, ie.* Ménage dit, dès 1672, que l'*f* du masculin ne se prononce pas. Au vers 464 de la satire x de Boileau, la première leçon (1694-1701) : *apprentie auteur,* a été changée en *apprentive auteur,* dans l'édition posthume de 1713. Est-ce par Boileau lui-même préparant l'édition ?

55. « Il fait la nuance, dit Buffon, des quadrupèdes aux poissons. »

56. N'oublions pas qu'il ne s'agit toujours, comme plus haut (vers 93-95), que de peuplades sauvages, du Canada, par exemple. — On peut rapprocher de cet endroit ces vers du *Poëme du Quinquina* (213-215 du II° chant) :

.... Qui sait si dans maint ouvrage
L'instinct des animaux, précepteur des humains,
N'a point d'abord guidé notre esprit et nos mains?

— Dans un passage du *Poëme de la Captivité de Saint-Malc* (vers 357-364), le poëte nous montre les fourmis enseignant, par une preuve d'instinct étonnante, mieux que l'industrie, la vertu, au pénitent.

57. Ce mot est écrit diversement dans les anciens textes : *garend,* 1679 et 1682 ; *garent,* 1688 et 1708 ; *garand,* 1709 ; *garant,* 1729.

Son nom seul est un mur à l'empire ottoman[58] : 120
C'est le roi polonois[59]. Jamais un roi ne ment[60].

Il dit donc que, sur sa frontière[61],

58. Ici ce *nom* est un mur, un rempart (*un mur à*, contre, opposé à); dans *l'Illusion* de Corneille (vers 233), dans l'épître IV de Boileau (vers 133), le *nom*, au contraire, *renverse, fait tomber les murailles* : les deux figures sont également expressives.

59. Tour impliquant à la fois l'idée de « roi actuel » et celle de « roi par excellence entre tous les rois polonais. » — Jean Sobieski, que ces mots désignent, vainqueur des Turcs à Choczim, en 1673, élu roi de Pologne, sous le nom de Jean III, en 1674, défendit de nouveau la chrétienté contre l'islamisme, en 1683, sous les murs de Vienne. Avant de monter sur le trône de Pologne, il avait séjourné à Paris, y avait fréquenté les salons, particulièrement celui de Mme de la Sablière, et avait été quelque temps le héros de cette société brillante. Il avait épousé, en 1665, une Française, Marie-Casimire de la Grange d'Arquien. L'abbé Coyer (1761) a écrit son histoire, et Salvandy (1829) l'*Histoire de la Pologne avant et sous Sobieski*.

60. Généralité que semblent contredire les vers 20-24 de la fable 1 de ce livre, mais qui, ainsi placée, n'est pas du tout une gauche flatterie pour les rois. L'incise équivaut simplement à « l'on en peut croire et j'en crois la royale parole, » et elle ne prête nullement à la remarque de Geruzez que « la Fontaine n'y entend pas malice, » ni à cette note de l'abbé Guillon, ici peu sagace : « Plaisante observation que l'on s'étonne de voir sortir du milieu de ces idées si graves et si philosophiques. »

61. Dans l'Ukraine, partie méridionale des Etats de Pologne. On lit dans le *Fureteriana* (1696, p. 321-322) : « Un de mes amis a ouï conter plusieurs fois au roi de Pologne qu'il y a sur les confins de ses États, vers la Moscovie, un petit espace de terre d'environ sept lieues, où il y a des animaux appelés *boubaks*, qui, quoique d'un même genre, sont de deux espèces, les uns de la couleur et de la grandeur des blaireaux, et les autres de celle des renards. Ils ont une antipathie invincible les uns pour les autres, de sorte qu'ils se font une guerre continuelle, et à la manière même des hommes. Ils ont des sentinelles avancées, ils donnent des combats, et ils font des prisonniers, qu'ils traitent en véritables captifs. Ils les font coucher sur le dos, les pattes en haut, et en cette situation, qui ressemble à une espèce de traîneau, ils les chargent de paille, et d'autres provisions dont ils ont besoin. » — On peut

Des animaux entre eux ont guerre de tout temps :
Le sang qui se transmet des pères aux enfants
   En renouvelle la matière[62].   125
Ces animaux, dit-il, sont germains[63] du renard.
  Jamais la guerre avec tant d'art
  Ne s'est faite parmi les hommes,
  Non pas même au siècle où nous sommes.
Corps de garde avancé, vedettes, espions,   130
Embuscades, partis[64], et mille inventions
D'une pernicieuse et maudite science,
  Fille du Styx, et mère des héros[65],
   Exercent de ces animaux
  Le bon sens et l'expérience.   135
Pour chanter leurs combats, l'Achéron nous devroit
  Rendre Homère. Ah ! s'il le rendoit,
Et qu'il rendît aussi le rival d'Épicure[66],

voir aussi, dans l'*Anti-Lucrèce*, aux vers 178-226 du livre VI, consacré tout entier, sans que l'auteur prenne absolument parti, à la question de l'âme des bêtes, une poétique description des combats de ces deux espèces de renards, qui y sont nommés *baubaces;* et, au chapitre IV du dialogue de Plutarque auquel renvoie, plus haut, la note 25, un éloge général de l'étonnant instinct des animaux dans les combats.

62. C'est-à-dire avec le sang est transmise l'inimitié, qui est *la matière* de cette guerre, sa cause, renouvelée de génération en génération. C'est comme une perpétuelle *vendetta*.

63. Parents, appartenant à la même famille de quadrupèdes, au même genre. *Germain, germaine,* s'est dit autrefois, dans le langage général, comme le note Littré, pour « frère, sœur. » C'est le sens qu'ont gardé *germano,* en italien, *hermano,* en espagnol.

64. Troupes de gens de guerre qu'on détache pour battre la campagne, d'où le nom de *partisans*.

65. Juste et poétique antithèse. *Les héros,* les grands capitaines qu'engendre, que forme la *science* de la guerre.

66. Descartes. Il était mort en 1650. Ce qui devait surtout faire paraître alors frappante de justesse la qualification de « rival d'Épicure, » c'est qu'il avait eu pour principal adversaire le célèbre philosophe Gassendi (1592-1655), qui consacra la plus grande partie de sa vie à réhabiliter, en les expliquant et les modifiant sur divers

Que diroit ce dernier sur ces exemples-ci ?
Ce que j'ai déjà dit [67] : qu'aux bêtes la nature 140
Peut par les seuls ressorts opérer tout ceci;
   Que la mémoire est corporelle [68];
Et que, pour en venir aux exemples divers
   Que j'ai mis en jour dans ces vers,
   L'animal n'a besoin que d'elle. 145
L'objet, lorsqu'il revient, va dans son magasin
   Chercher, par le même chemin,
   L'image auparavant tracée,
Qui sur les mêmes pas revient pareillement,
   Sans le secours de la pensée, 150
   Causer un même événement [69].
   Nous agissons tout autrement :
   La volonté nous détermine,
Non l'objet, ni l'instinct. Je parle, je chemine :
   Je sens en moi certain agent; 155
   Tout obéit dans ma machine [70]

points, les théories d'Épicure, et qui combattit, dans plusieurs de ses ouvrages, les systèmes physiques et métaphysiques de Descartes. On peut voir ce qu'il dit, au sujet de la théorie de l'âme des bêtes, dans ses.... *Dubitationes.... adversus.... Cartesii metaphysica* (1644, p. 44 et 73), et dans l'édition des *OEuvres de Descartes*, de Cousin, tome II, p. 111-113.

67. Voyez ci-dessus, vers 29-66. Ce premier exposé de la doctrine que notre fabuliste voudrait qu'on lui mît d'accord avec les faits, et le nouvel exposé qui suit, se complètent réciproquement, et peuvent, rapprochés, servir çà et là à s'expliquer l'un l'autre.

68. C'est-à-dire qu'il n'est pas besoin, pour expliquer la mémoire des bêtes, de supposer une âme, un « principe distinct du corps » (vers 157-158). C'est ce qu'expliquent ces mots de la suite : « l'image tracée dans le *magasin*, le cerveau, et que les nerfs vont chercher. »

69. *Événement*, « effet, » mot à ajouter aux traductions que donne Littré, à 3°.

70. Nous avons la même rime *machine–chemine* aux vers 30-33, dans l'ordre inverse. Elle revient fréquemment (livres I, fable VIII, vers 12 et 17; VII, fables IX, vers 9 et 11; XVIII, vers 22 et 23).

A ce principe intelligent.
Il est distinct du corps, se conçoit nettement,
　　　Se conçoit mieux que le corps même[71] :
De tous nos mouvements c'est l'arbitre suprême.　160
　　　Mais comment le corps l'entend-il ?
　　　C'est là le point. Je vois l'outil
Obéir à la main; mais la main, qui la guide ?
Eh! qui guide les cieux et leur course rapide?
Quelque ange est attaché peut-être à ces grands corps[72].
Un esprit vit en nous, et meut tous nos ressorts ;
L'impression se fait : le moyen, je l'ignore :
On ne l'apprend qu'au sein de la Divinité ;
Et, s'il faut en parler avec sincérité,
　　　Descartes l'ignoroit encore[73].　　　　　170

71. « L'âme par laquelle je suis ce que je suis est entièrement distincte du corps et même.... est plus aisée à connoître que lui. » (*Discours de la Méthode*, p. 34.) — Le vers suivant, où la Fontaine attribue à Descartes l'opinion que « le principe intelligent » est « l'arbitre suprême de *tous* nos mouvements, » sans exception, ne permet-il pas de supposer, comme déjà le vers 32, qu'il ne connaissait pas, quoiqu'elle eût été publiée, nous l'avons dit, en 1666, la correspondance avec More? Voyez le passage cité, plus loin, dans la note 92, sur les deux principes de nos mouvements, l'un que le philosophe considère comme nous étant commun avec les bêtes, et l'autre qu'il refuse à celles-ci. On peut dire qu'aux mots : « arbitre suprême, » s'attache, avec intention, un sens plus fort qu'à « principe »; mais « tous » reste toujours peu d'accord avec l'opinion de Descartes.

72. Quelque ange comme celui que l'apôtre (*Apocalypse*, chapitre XIX, verset 17) voit dans le soleil, comme l'archange Uriel dont Milton, au livre III, vers 690, du *Paradis perdu*, fait le « régent », non de tous les cieux, il est vrai, mais de cet astre. — *Grand corps* est l'expression de Virgile (*Énéide*, livre VI, vers 727), dans l'antique supposition faite pour expliquer, par une âme du monde, le même mystère :

Mens agitat molem et magno se corpore miscet.

73. Dans cette belle et si naturelle digression, où, passant, de sa comparaison de la bête avec l'homme, à tout l'ensemble de

Nous et lui là-dessus nous sommes tous égaux :
Ce que je sais, Iris, c'est qu'en ces animaux
    Dont je viens de citer l'exemple,
Cet esprit n'agit pas : l'homme seul est son temple [74].
Aussi faut-il donner à l'animal un point[75],   175
    Que la plante, après tout, n'a point :
    Cependant la plante respire.
Mais que répondra-t-on à ce que je vais dire ?

LES DEUX RATS, LE RENARD, ET L'ŒUF [76].

Deux Rats cherchoient leur vie ; ils trouvèrent un œuf.
Le dîné suffisoit à gens de cette espèce :   180

l'univers, le fabuliste se demande, d'une manière générale, sans trouver de réponse, « par quel moyen l'impression peut se faire, » de l'esprit sur la matière, Chamfort admire fort justement ce « mouvement très-vif, très-noble, » qui « ne déparerait pas, dit-il, un ouvrage d'un plus grand genre » :

    Eh ! qui guide les cieux, etc. ?

74. Il ne concède point par là que l'animal est un pur automate ; mais se résigne seulement ici à convenir que ce qui « agit en lui » n'est pas « ce principe intelligent, arbitre de tous nos mouvements, ni cette volonté qui nous détermine » (voyez les vers 153-160). — Le mot *temple* rappelle le passage, souvent cité, de Sénèque (épître XXXI, § 9) : « *Quid aliud vocas hunc* (animum) *quam deum in humano corpore habitantem?* »

75. Un je ne sais quoi, qui manque à la plante, bien que la vie lui soit commune avec la bête, chez qui Descartes explique tout par la vie, le jeu des organes. Pour ne pas entrer ici en lutte avec le philosophe, le fabuliste ne définit pas le *point* « qu'il faut donner à l'animal » et se borne, pour le moment, à le déclarer logiquement nécessaire.

76. Nous ignorons et nous ne trouvons pas qu'on ait dit nulle part où la Fontaine a pris cette histoire des *Deux Rats*, que le docteur Netter, dans l'ouvrage cité à la notice, traite (le mot est dur !) d' « extravagante bouffonnerie ». (p. 375). Nous donnons à l'*Appendice* un autre récit, non moins frappant ou, si l'on veut, non moins invraisemblable, du voyageur Challes, déjà cité par M. Marty-Laveaux (tome V, p. 283-286). On peut rapprocher aussi une

Il n'étoit pas besoin qu'ils trouvassent un bœuf[77].
  Pleins d'appétit et d'allégresse,
Ils alloient de leur œuf manger chacun sa part,
Quand un quidam[78] parut : c'étoit maître Renard.
  Rencontre incommode et fâcheuse :   185
Car comment sauver l'œuf? Le bien empaqueter,
Puis des pieds de devant ensemble le porter,
  Ou le rouler, ou le traîner :
C'étoit chose impossible autant que hasardeuse.
  Nécessité l'ingénieuse[79]   190
  Leur fournit une invention.
Comme ils pouvoient gagner leur habitation,
L'écornifleur[80] étant à demi-quart de lieue,

preuve analogue d'étonnant instinct que Pline (livre VIII, chapitre LV, § 37) attribue, mais (énorme différence pour la conclusion philosophique, qui s'en peut tirer) comme ordinaire et non occasionnelle, aux marmottes, qu'il nomme « rats des Alpes » (*mures alpini*). Il raconte que, avant leur sommeil annuel, elles font ensemble, le mâle et la femelle, provision de fourrage, que l'une des deux, chacune à son tour, se couche sur le dos, que l'autre lui met un faix d'herbe sur le ventre, la traîne par la queue, avec les dents, jusqu'à leur gîte. — Nous avons rapporté plus haut un autre exemple tout semblable à la fin de la citation du *Fureteriana*, sur les *boubaks*, note 61.

77. Cette plaisanterie peut bien avoir été, comme on l'a dit, amenée par la rime (la même qu'au livre I, fable III, vers 1-3); mais l'idée que la rime a suggérée au poëte vient là fort à propos, et elle est bien, c'est le meilleur éloge, dans la manière du fabuliste.

78. Même mot aux vers 69 de la fable I du livre III, et 81 du conte IV de la III° partie.

79. « Un être abstrait personnifié, mais avec quel naturel ! » dit Nodier très-justement. Nous trouverons une personnification plus marquée, avec le synonyme *besoin*, au livre X, fable III, vers 11.

80. *Écornifler*, c'est venir prendre indiscrètement sa part de quelque chose ou même la voler. Scarron, dans *le Virgile travesti* (livre III, p. 240 de l'édition de 1695), applique le mot d'*écornifleuses* aux Harpies, et Voltaire, dans une lettre de 1766 (tome LXIII, p. 355), nomme les plagiaires « écornifleurs du Parnasse. »

L'un se mit sur le dos, prit l'œuf entre ses bras[81],
Puis, malgré quelques heurts[82] et quelques mauvais pas,
  L'autre le traîna par la queue.
Qu'on m'aille soutenir, après un tel récit,
  Que les bêtes n'ont point d'esprit[83]!

  Pour moi, si j'en étois le maître,
Je leur en donnerois aussi bien qu'aux enfants[84]. 200

81. Application humanisante, comme celle du mot *doigts* en parlant du Chat, fable XVII de ce livre, vers 21 : voyez la note 11 de la page 445.

82. Comparez livre VII, fable XI, vers 30.

83. Les bêtes ne sont pas si bêtes que l'on pense,

a dit Molière dans le prologue d'*Amphitryon*, vers 108. — Le docteur Netter, p. 373, qui traite, nous l'avons vu (note 76), ce « récit » d'extravagant, se donne la spirituelle licence de prétendre que c'est de lui-même que la Fontaine entend parler dans ces deux derniers vers.

84. Aristote fait la même comparaison dans l'*Histoire des animaux*, livre VIII, chapitre 1, § 3 : « Ces rapprochements (entre l'homme et la bête) sont surtout frappants quand on regarde ce que sont les enfants, et cette période de la vie humaine.... À ce moment, l'âme de l'enfant ne diffère en rien, on peut presque dire, de celle des animaux. » Quant à Descartes, toujours dans ses lettres à More (tome X, p. 241), il n'accorde une âme aux enfants que pour une raison qui ne se peut pas alléguer pour les bêtes : « Je ne croirois pas, dit-il, que les enfants eussent une âme si je ne voyois qu'ils sont de la même nature que les adultes. » — Au sujet de cette pensée, quasi-pensée des bêtes, il y a lieu, croyons-nous, de renvoyer à diverses pièces, d'une poétique originalité, inspirées à M. Leconte de Lisle, dans ses *Poëmes tragiques* et ses *Poëmes barbares* par « les rêves ténébreux, les aspirations confuses, l'âme inachevée de ces créatures rudimentaires dans lesquelles la pensée palpite et se débat, dormeuse qui soupire après son éveil » : nous répétons les termes, ingénieusement approximatifs, employés par M. Paul Bourget, dans un remarquable portrait de ce poëte inséré, tout récemment, au *Journal des Débats* du 13 avril 1884.

Ceux-ci pensent-ils pas dès leurs plus jeunes ans[85] ?
Quelqu'un peut donc penser ne se pouvant connoître.
    Par un exemple tout égal,
    J'attribuerois à l'animal,
Non point une raison selon notre manière,   205
Mais beaucoup plus aussi qu'un aveugle ressort :
Je subtiliserois un morceau de matière[86],
Que l'on ne pourroit plus concevoir sans effort[87],
Quintessence d'atome, extrait de la lumière,
Je ne sais quoi plus vif et plus mobile encor   210
Que le feu[88] ; car enfin, si le bois fait la flamme,

---

85. La même ellipse du *ne* qui seul, dans *ne.... pas*, a originairement valeur négative, revient au vers 213.

86. Cette hypothèse opposée par le fabuliste à l'opinion de Descartes, et dont il paraît très-satisfait, est, comme toute la suite du *Discours*, preuve ingénieuse de bonne volonté, mais rien de plus. Nous n'avons pas à exposer ici les trop solides objections faites à ces conjectures.

87. De plus en plus exigeant et sévère, Chamfort demande : « S'entendait-il.... quand il disait : *Je subtilise*, etc. » Pourquoi donc pas ? Sa supposition, qu'on la croie ou non possible, est parfaitement intelligible et il nous l'explique clairement. Plus sensée et plus juste est la réponse de l'abbé Guillon : « Quelque vague, dit-il, quelque chimérique que soit une pareille transaction, toujours est-elle moins dure que le système des bêtes-machines, et moins déraisonnable que la transformation des diables en bêtes imaginée par le célèbre P. Bougeant » (dans son *Amusement philosophique sur le langage des bêtes*, 1739). Et même, la question que se permet Chamfort au sujet de l'idée du poëte, ne peut-on la faire avec autant, ou, si l'on veut, aussi peu de droit, sur l'opinion de saint Thomas et de toute l'École, sérieusement exposée par Bossuet, à la page 370 du traité cité *de la Connoissance de Dieu et de soi-même*, à savoir sur cette doctrine qui enseigne que l'âme des bêtes n'est ni un esprit ni un corps, mais « une nature mitoyenne » ? A cela peut assurément aussi s'appliquer ce que le poëte dit franchement de son rêve à lui, de matière subtilisée, qu'on ne le peut « concevoir sans effort ».

88. Les Stoïciens, sans chercher ce « je ne sais quoi de plus vif.... », se contentaient du feu même pour l'âme humaine : *Ze-*

La flamme, en s'épurant[89], peut-elle pas de l'âme
Nous donner quelque idée ? et sort-il pas de l'or
Des entrailles du plomb[90] ? Je rendrois mon ouvrage
Capable de sentir, juger, rien davantage,   215
  Et juger imparfaitement,
Sans qu'un singe jamais fit le moindre argument[91].
  A l'égard de nous autres hommes,
Je ferois notre lot infiniment plus fort ;
  Nous aurions un double trésor[92] :   220

noni stoico animus ignis videtur, dit Cicéron dans les *Tusculanes*, livre I, chapitre IX. Par *feu* il entend sans doute le *spiritus igneus*, πνεῦμα ἔνθερμον, « souffle igné, » des Stoïciens (voyez la thèse citée de M. Brédif, p. 26).

89. Devenant, par exemple,

….Un feu pur et net comme le feu céleste,

ainsi que dit Armande, parlant d'un tout autre feu, mais idéal aussi (*les Femmes savantes*, acte IV, scène II, vers 1205).

90. Ce rapprochement satisfait peu. Il ne s'agit pas de substance de prix et haute valeur, mais de substance subtilisée, quasi immatérielle, et l'or sortant du plomb, c'est chose ayant bien peu ce caractère. Si la Fontaine eût écrit de nos jours, ses termes de comparaison auraient été sans doute les fluides impondérables, l'électricité, etc.

91. C'est, pour lui, pousser bien loin la concession : il ne la fait plus dans la fable IX du livre XI, où il dit (vers 34) en parlant d'une bête placée moins haut que le singe dans l'échelle des êtres :

Voyez que d'arguments il fit.

92. Nous trouvons chez Descartes lui-même (lettres à More, tome X, p. 204) l'idée de ce double trésor, développée dans toute la fin de notre *Discours* : « Il faut distinguer deux différents principes de nos mouvements : l'un tout à fait mécanique et corporel, qui ne dépend que de la seule force des esprits animaux, et de la configuration des parties, et que l'on pourrait appeler *âme corporelle*; et l'autre incorporel, c'est-à-dire l'esprit ou l'âme. » Voyez plus haut le vers 159, avec la note 71, qui s'y rapporte, et, pour l'âme corporelle, comparez ci-après, note 98, l'extrait cité sur la troisième des âmes du *Timée* de Platon. — Dans le *Discours à M. de la Rochefoucauld*, fable ou plutôt poésie XIV du livre X (vers 1-8), l'hypothèse de l'*âme corporelle* « qui dépend de la

L'un, cette âme pareille en tous tant[93] que nous sommes,
　　Sages, fous, enfants, idiots,
Hôtes de l'univers, sous le nom d'animaux[94];
L'autre, encore[95] une autre âme, entre nous et les anges
　　Commune en un certain degré;
　　Et ce trésor à part créé
Suivroit parmi les airs les célestes phalanges,
Entreroit dans un point sans en être pressé[96],

seule force des esprits animaux » suggère à notre poëte philosophe une autre idée, qu'il jugeait sans doute ingénieuse, celle d'une *masse* commune où puisent.... les esprits corps :

　　Je me suis souvent dit, voyant de quelle sorte
　　　　L'homme agit, et qu'il se comporte,
　　En mille occasions, comme les animaux :
　　« Le Roi de ces gens-là n'a pas moins de défauts
　　　　Que ses sujets, et la nature
　　　　A mis dans chaque créature
　　Quelque grain d'une masse où puisent les esprits ;
　　J'entends les esprits corps et pétris de matière. »

93. *En tout-tant*, dans les deux textes de 1679 et dans ceux de 1688, 1709. — *En tout tant* (1682, 1729). — *En tous tant* (1708). Nous avons adopté ici cette dernière leçon *tous tant*, parce qu'elle est celle de toutes les éditions aux vers 25 de la fable 1 du livre IX, et 59 de la fable 1 du livre X; mais le *tout* invariable, adverbial, peut à la rigueur se défendre : « tout à fait tant, exactement tant. »

94. « Vainement on s'épuise en subtilités, dit M. Bouillier (p. 168), pour prouver la possibilité d'une substance de l'âme des bêtes qui ne soit ni esprit ni matière ; nous ne pouvons concevoir l'âme de l'animal que comme une force indivisible et simple, de même que celle de l'homme. »

95. Cet *encore* n'est-il pas de trop ? Il semble oublier que l'âme des trois vers précédents est la même qu'il a supposée plus haut pour les bêtes : il n'en compte donc en tout que deux. Peut-être veut-il faire entendre que cette âme corporelle, on la fera telle qu'on voudra, qu'il n'impose pas son hypothèse de la matière subtilisée.

96. « La propriété essentielle de la *matière*, dit le docteur Netter dans l'ouvrage cité (p. 374, note 1), c'est l'*étendue*; or, ce que l'on appelle *point* étant l'*étendue infiniment petite*, dire que l'âme entre dans un point sans en être pressée, c'était dire que l'âme n'avait pas la propriété de l'*étendue*, conséquemment, qu'elle était chose

Ne finiroit jamais, quoique ayant commencé :
     Choses réelles, quoique étranges,   230
        Tant que l'enfance dureroit,
Cette fille du Ciel en nous ne paroîtroit
        Qu'une tendre et foible lumière :
L'organe [97] étant plus fort, la raison perceroit
     Les ténèbres de la matière,   235
        Qui toujours envelopperoit
        L'autre âme imparfaite et grossière [98].

métaphysique, et non chose matérielle, physique. » Le langage du fabuliste n'est-il pas conciliable avec la nature des fluides telle que généralement on se la figure? il est vrai que de ces fluides il n'avait point l'idée, bien nettement du moins.

97. Voyez ci-dessus, p. 396, la note 21 du vers 69 de la fable VII de ce livre.

98. Nous avons vu (note 92) que, pour la double âme, « le double trésor, » la Fontaine eût pu s'appuyer sur l'opinion semblable de Descartes. Platon, dans le *Timée* (p. 232 et suivantes, édition Didot), fait l'âme triple : *Plato triplicem finxit animum*, dit Cicéron à l'endroit cité des *Tusculanes* (livre I, chapitre IX); à la troisième Platon refuse la pensée, le raisonnement, l'intelligence (ᾧ δόξης μὲν, λογισμοῦ τε καὶ νοῦ μέτεστι τὸ μηδέν, p. 238). Mais saint Augustin, dans son traité : *de l'Esprit et de l'Ame* (chapitre XLVIII), se prononce très-affirmativement pour l'unité : « .... Nous ne pensons pas, comme beaucoup l'ont écrit, qu'il y ait en chaque homme deux âmes, l'une animale, qui, mêlée au sang, anime le corps; et l'autre spirituelle, qui dirige la raison. Mais nous disons qu'il n'y a dans l'homme qu'une seule et même âme, laquelle, associée au corps, le vivifie, et se gouverne elle-même par sa propre raison. »

Quant au système des bêtes-automates, qui fait le principal et véritable objet de ce *Discours*, s'il agréa à quelques esprits éminents tels que Pascal [a], Bossuet nous dit, avec raison, au chapitre cité, p. 372, qu'il « entre peu dans l'esprit des hommes, » d'où ceux qui combattent cette opinion croient pouvoir conclure « qu'elle est contraire au sens commun. » Il ressort très-clairement de l'en-

[a] « Cette opinion des automates, écrit Baillet (*Vie de Descartes*, p. 52), est ce que M. Pascal estimoit le plus dans la philosophie de Descartes. » Sans aller si loin, Marguerite Périer, nièce de Pascal, nous dit, dans ses mémoires (*Lettres, Opuscules...*, p. 458), qu'il « étoit de son sentiment (du sentiment de Descartes) sur l'automate. »

semble du poëme, aussi bien des récits qui prouvent l'intelligence des animaux que des réflexions dont ils sont entremêlés, que la Fontaine en jugeait certainement ainsi et qu'il ne pouvait ni ne voulait, pour plaire à son amie, se ranger, sur ce point, à l'avis du grand philosophe. Il le dira plus résolûment encore dans sa fable IX du livre XII. Au reste, cette profession de foi était bien superflue. Ses bêtes, telles qu'il les aimait et les peignait, de pures machines! S'il eût voulu dire toute sa pensée à l'aimable cartésienne, il y avait là, pour lui, matière à un plaidoyer bien autrement fort et vif. Une telle doctrine n'était-elle pas comme un grief personnel, une atteinte directe à ses personnages, à sa manière, qui faisait sa gloire, de les concevoir et de les mettre en scène?

Aux renvois faits dans la notice nous en ajouterons ici deux, en finissant, au *Port-Royal* de Sainte-Beuve (livre II, chapitre XVI, tome II, p. 316-317, et livre VI, chapitre V, tome V, p. 352). Il est parlé dans l'un et dans l'autre de l'automatisme; d'une manière fort agréable dans le premier, à propos de ce que l'auteur appelle, au second endroit cité, un « essai d'inoculation et petite fièvre passagère de cartésianisme » dans le « saint désert ».

APPENDICE

APPENDICE.

I. — Page 19.

(Livre VI, fable VI.)

D'UN SINGE ET D'UN REGNARD.

Le Singe plain de grand finesse (*sic*
Feist quelque iour tant de soupplesses,
De petitz saulx et mommeries,
De bons tours et de singeries,
Qu'en effect par commun ottroy
Toute beste l'esleust pour roy,
Fors le Regnard, lequel tout seul
En son cœur en conceut grand deul.
Faignant toutesfoys que ioyeux
En estoit et non ennuyeux,
Par faincte et couuerte fallace
Au Singe vne fosse tresbasse
Monstra, luy disant que dedans
(Mais il mentoit parmy ses dentz
Voulant causer au Singe encombre)
D'or et d'argent estoit gros nombre :
A quoy le Singe adioustant foy,
Sans penser aultrement en soy,
Dedans la fosse est descendu,
Qu fut bien tost confuz rendu
Et fort miserable approuué,
Car or ou argent n'a trouué
Dedans la fosse, mais vn lacqs
Ou il fut prins, criant : « Helas !
I'encours yci vn gros dommage
Pour auoir creu ton faulx langage,
O Regnard traistre et desloyal,
Tout adonné a faire mal !
Iuppiter te puisse confondre. »

Auquel le Regnard peust respondre,
De luy se truffant et mocquant
Et en ire le prouocquant :
« Mais toy mesmes, qui penses estre
Des aultres bestes roy et maistre,
Qui n'a guere estoys tant agile
Et de faire saulx si habile,
Que ne trouues tu le moyen
D'eschapper hors de ce lyen
Par faire quelque souple sault
Depuis le bas jusque yci hault?
En ce faisant, estime et croy
Que digne seras d'estre roy;
Aultrement, soit a droict ou tort,
Dy pour certain que tu es mort. »

LE MORAL.

La fable monstre euidamment
Que gentz fiers et orgueilleux
Entreprennent imprudamment
Souuent a eulx cas perilleux.

(*Trois centz soixante et six Apologues d'Esope, tres excellent philosophe, premierement traduictz de grec en latin par plusieurs illustres Autheurs..., et nouuellement de latin en rithme françoyse par* maistre Guillaume Haudent, Rouen, 1547, 2º partie, fable XXI[1].)

II. — Page 88.

(Livre VII, fable I.)

Sic Leo vocavit Lupum, Vulpem et Asinum ad capitulum ut confiterentur peccata sua, ut eis juxta delicta penitentia injungeretur. Venit Lupus ad capitulum et sic confessus est, « Ego, inquiens, male feci quia quamdam comedi ovem que ad me non pertinebat; sed hoc habeo ex legitimis juribus patrum meorum, qui ita ex omni etate usi sunt, ut pater, avus abavus et attavus : ita ut nulla sit memoria hominum quin semper lupi comederint oves. » Ad quem Leo : « An verum sit quod ita habeas prescriptum ex omni antiquitate sic comedere oves ? » Cui dicenti quod sic, pro tanto crimine imposuit semel dicere Pater noster. *Supervenit Vulpes et*

---

[1]. La Société des Bibliophiles normands a publié, à Rouen, en 1877, un fac-similé de cette première édition, tiré à quarante exemplaires.

confessa est se male egisse, quia capones et galinas comederat non suas ; sed tamen ex omni evo (sicut supra dictum est de Lupo) in possessione erat comedendi illas. Idem et cetera que similiter propter unum Pater noster *absoluta est. Supervenit Asinus, tria confessus in capitulo fecisse peccata. Primum, quia comederat fenum quod in ripis et dumis ab aliorum quadrigis seu carrucis fortuito derelictum erat. Cui Leo :* « *Grande peccatum est, o Asine, quia aliena comedisti que tui magistri non erant.* » *Secundo confessus est Asinus quia stercoraverat claustrum fratrum. Cui Leo :* « *Grande peccatum est fedare terram sanctam.* » *Tertium peccatum vix potuit ab eo extorqueri : quod postquam cum ejulatu et gemitu dixisset Asinus quia ruderat et cantaverat cum fratribus et cum eis melodiam fecerat, respondit Leo gravissimum esse peccatum eo quod fratres in discordiam miserat. Et sic graviter flagellatus est Asinus propter peccata parva, et dimissa Vulpes et Lupus in possessione maiorum cum absolutione. Et ita Leo et similes eius non ponderaverunt hec peccata ad pondus sanctuarii, quod est qui plus peccavit et plus demeruit magis puniatur.*

(*Itinerarium Paradisi religiosissimi patris artium ac sacre pagine professoris parisiensis magistri Joannis Raulin*, Paris, 1524, chez Jehan Petit [*Joannes Parvus*], sermon xiij[e] sur la Pénitence, et sur la Confession le viij[e], fol. xL v°.)

III. — Page 90.

(Livre VII, fable I.)

DE LA CONFESSION DE L'ASNE, DU REGNARD, ET DU LOUP.

Iadis vn Asne, vn Regnard et vn Loup
En quelque lieu se trouuerent vn coup
Tous trois ensemble, ou promisrent la foy
L'vn enuers l'aultre et chascun endroict soy :
C'est a sçauoir de leur accompaigner
Pour les pardons a Romme aller gaigner.
Or ce pendant qu'ilz cheminoient ensemble
Le Regnard dict : « Bon seroit (ce me semble)
Nous confesser l'vn a l'aultre des maulx,
Iniquitez et crimes anormaulx
Qu'auons commis. Par ainsi que i'entends,
Les cardinaulx et le Pape en ce temps
Sont tellement et si fort empeschez

Qu'a nous ouyr confesser noz pechez
Certainement ilz ne pourroyent entendre,
Dont suffira pour ceste heure pretendre
D'obtenir d'eulx pleine absolution. »
Cestuy conseil pour resolution
Les aultres ont approuué et tenu.
Par quoy le Loup au Regnard est venu
Tout le premier, luy disant a genoulx :
« Beau pere a Dieu me confesse et a vous
Qu'vn iour passé dessus vne terrasse,
Ie rencontray vne coche fort grasse
Que ie mengeay, pour aultant qu'en l'estable,
Comme cruelle et mere detestable,
Ses cochonnetz laissoit mourir de faim.
Considerant encoire lendemain
Iceulx cochons orphelins demourez
De leurs parentz, ie les ay deuourez
Par la pitié que i'ay peu auoir d'eulx
En les voyant estre ainsi souffreteux ;
Se i'ay peché en ces deux cas icy,
I'en quiers pardon en vous criant mercy,
Et suppliant par grand deuotion
De m'en donner vostre absolution,
Ayant regard a ma grand repentance,
Pour m'en adioindre et bailler penitance. »
Quand le Regnard eust bien ouy ce Loup,
Il luy a dict (voire mais bien a coup) :
« Touchant cela certes vous n'auez pas
Fort offencé n'aussi commis grand cas,
Veu que la coche (ainsi comme i'entends)
Estoit aux champs ou prenoit passe temps
Sans tenir compt' ny auoir soing et cure
De ses cochons, estantz sans nourriture
Seulz en l'estable, ou de faim ilz mouroient ;
Considerant aprez qu'ilz demouroient
De pere et mere orphelins, par pitié
Qui vous tenoit, non par inimitié,
Vous les auez tous mengez en la fin.
— Il est certain, dict ce Loup. — Or, affin,
A repliqué le Regnard, de me faire
Vn cas pareil, se vous dis mon affaire,
Ie vous absoux entierement de tout,
Vous enioignant dire de bout en bout
Pater noster vne foys seullement. »
Ce qu'il promit tresliberallement.

Or, aussitost que le Loup eust cessé,
Cestuy Regnard a luy s'est confessé
En luy disant : « Il est certain, beau pere,
Que ie trouuay l'aultrier en vn repaire

APPENDICE.

Vn fier coq, despit et orgueilleux,
Fort importun et si tresmerueilleux,
Qu'il meurdrissoit de ses griz et ses croqz
Et debelloit pour vray tous aultres coqz,
Et oultre plus, tant le iour que la nuict,
Estourdyssoit par impetueux bruict
Petitz et grandz, et en especial
Lesceulx a qui la teste faisoit mal.
Par quoy voyant de cestuy coq l'orgueil,
Eu mon courage en conceuz vn tel deul
Que ie l'ay prins, comme il se pourmenoit
Enmy les champs, ou ses poulles menoit,
Puis l'ay mengé en luy teurdant le col,
Pour et affin qu'il ny feist plus du fol.
Or, peu apres, il aduint que ses femmes
M'en peurent dire opprobres et diffames,
Dont fut contrainct en effect les menger
L'une aprez l'aultre, affin de m'en venger.
S'en ce cas i'ay faict dissolution,
I'en quiers pardon et absolution,
M'adioindre aussi penitance du faict. »
Surquoy le Loup respond qu'il n'auoit faict,
Touchant ce cas, grand crime ny offence,
Veu qu'il disoit, pour excuse et deffence,
Que cestuy coq tous aultres meurdrissoit
Et que de bruict chascun estourdissoit,
Et oultre plus que ses poulles sans cesse,
Quand il passoit, luy vouloyent faire oppresse,
Le mauldissant de toute leur puissance.
Pourtant le Loup, pour toute penitance,
Luy enchargea qu'il s'abstint voluntiers
De menger chair par trois iours tous entiers
De vendredy, mais cestoit a sçauoir
S'il n'en trouuoit ou n'en pouuoit auoir :
Ce que promist faire de poinct en poinct
Cestuy Regnard, et sans y faillir point;
Et par ainsi fut absouz bel et bien,
En luy rendant (comme est dict) tien pour tien.
  Tout cela faict, le poure Asne est venu
A confesser son cas par le menu,
A tous les deux, leur disant ; « Mes amys,
Vous congnoissez que nature m'a mis
Sur terre affin de porter peine et fais
Et endurer trauail, ce que ie faictz
Patiamment, ce nonobstant encoire
Le plus souuent (ainsi qu'il est notoire)
Ie suis bastu et me faict on ieusner,
Dont quelquefois, comme sans desiuner
Vn scruiteur au moulin me menoit,

Et que lyé apres luy me menoit,
Peuz aduiser lors, en marchant mon train,
C'est a sçauoir deux ou trois brins d'estrain
Oultre le bord de ses soulliez passantz;
Quand ie les veis estre ainsi surpassantz,
Ie vins iceulx a tirer et haller
Pour les menger. Depuis, à vray parler,
Ie ne sçay pas qu'il en est aduenu,
Mais, s'aulcun mal luy en estoit venu,
Ie pry a Dieu de me le pardonner,
Et que veuillez m'en absouldre et donner
Et encharger penitance condigne,
Iouxte et selon que le cas en est digne,
Lequel vous ay a present diffiny. »
Pas n'eust sitost ce poure Asne fini
Sondict propos, que le Regnard et Loup
Ne soient venus a crier bien acoup :
« O meurdrier et larron tout ensemble,
Tu as commis vn cas (comme il nous semble)
Irremissible et bien digne de mort,
Veu et congnu le grand exces et tort
Que tu as faict au poure seruiteur,
Lequel par toy, o meschant proditeur,
A souffert mort (possible est) grefue et dure
En endurant en ses piedz la froidure,
Par luy auoir cestuy feurre arraché,
Lequel estoit en ses soulliez caché
Pour luy tenir sesdictz piedz en chaleur.
Or affin donc qu'auec ton grand malheur
Nous punissions ton offence et peché
Par nous seras a present despesché. »
Incontinent, cela conclu entre eulx,
Ilz vous ont prins ce poure Asne tous deux
Et puis vous l'ont tellement deuouré
Qu'vn seul morceau de chair n'est demouré.

LE MORAL.

Par la fable on voit qu'en leurs vices
Souuent les grandz s'entresupportent,
Ou les petis souffrent et portent
De leurs maulx peinnes et supplices.

(Guillaume Haudent, *Apologues*, 2e partie, fable LX.)

APPENDICE.

IV. — Page 94.
(Livre VII, fable 1.)

Les riches sont supportés et les poures oppressés.

> Du riche le forfait
> N'est point reputé vice;
> Si le poure mal fait,
> Mené est au supplice.

FABLE MORALLE DU LYON, DU LOUP, ET DE L'ASNE.

Le fier Lyon cheminant par la voye
Trouua vn Loup et vn Asné basté.
Deuant lesquelz tout court s'est arresté.
En leur disant : « Iupiter vous conuoye! »
Le Loup voyant ceste beste royalle
Si pres de soy, la salue humblement;
Autant en fait l'Asne semblablement,
Pour luy monstrer subiection loyalle.
« O mes amis, maintenant il est heure,
Dist le Lyon, d'oster les grands pechez
Desquelz noz cœurs se trouuent empeschez :
Il est besoing que chascun les siens pleure;
Et pour auoir de la maiesté haute
Du Dieu des Cieux pleine remission,
Il sera bon qu'en grand contrition
Chascun de nous confesse icy sa faute. »
Ce conseil feust de si grand vehemence
Qu'il feust soudain des autres approuué,
Dont la Lyon fort ioyeux s'est trouué;
Et ses pechez à confesser commence;
Disant qu'il ha par bois, montaigne et plaine,
Tant nuict que iour, perpetré diuers maux,
Et deuoré grand nombre d'animaux,
Beufz et cheureaux, et brebis portant laine :
Dont humblement pardon à Dieu demande
En protestant de plus n'y retourner.
Ce fait, le Loup le vient arraisonner,
Luy remonstrant que l'offence n'est grande :
« Comment, dist-il, Seigneur plein d'excellence,
Puisque tu es sur toutes bestes roy,
Te peut aucun establir quelque loy,
Veu que tu as sur icelle puissance?
Il est loysible à vn prince de faire
Ce qu'il luy plaist sans contradiction,

Pourtant, Seigneur, ie suis d'opinion
Que tu ne peux en ce faisant mal faire. »
Ces mots finis, le Loup, fin de nature,
Vint reciter les maux par luy commis :
Premierement comme il ha a mort mis
Plusieurs passants, pour en auoir pasture ;
Puis que souuent trouuant en lieu champestre
Moutons camus, de nuit enclos es parcs,
Il ha bergier et les troupeaux espars,
Pour les rauir, affin de s'en repaistre ;
Somme, qu'il ha (ensuyuant sa coustume)
Fait plusieurs maux aux iuments et cheuaux,
Les deuorant et par monts et par vaux :
Dont il en sent en son cœur amertume.
Sur ce respond (en faisant bonne mine)
Le fier Lyon : « Cecy n'est pas grand cas,
Ta coustume est d'ainsi faire, n'est pas?
Outre, à cela t'a contraint la famine. »
Puis dist à l'Asne : « Or compte nous ta vie,
Et garde bien d'en obmettre vn seul point,
Car, si tu faux, ie ne te faudray point :
Tant de punir les menteurs i'ay enuie. »
L'Asne, craignant de receuoir nuisance,
Respond ainsi : « Mauuais sont mes forfaitz,
Mais non si grands que ceux la qu'auez faitz ;
Et toutesfois i'en reçoy desplaisance.
Quelque temps feust que i'estoye en seruage
Sous vn marchant qui bien se nourrissoit,
Et au rebours pourement me pensoit,
Combien qu'il heust de moy grand aduantage.
Le iour aduint d'vue certaine foyre
Ou (bien monté sur mon dos) il alla,
Mais, arriué, ieun il me laisse la,
Et s'en va droit à la tauerne boire.
Marry i'en feus (car celuy qui trauaille
Par iuste droit doit auoir à menger).
Or ie trouuay, pour le compte abreger,
Ses deux souliers remplis de bonne paille :
Ie la mengeay sans le sceu de mon maistre,
Et ce faisant i'offençay grandement,
Dont ie requiers pardon treshumblement,
N'esperant plus telle faute commettre.
— O quel forfait ! O la fauce pratique !
(Ce dist le Loup fin et malicieux)
Au monde n'est rien plus pernicieux
Que le brigand ou larron domestique.
Comment ? la paille aux souliers demeuree
De son seigneur menger à belles dents ?
Et si le pied eust esté la dedans,

Sa tendre chair eust esté deuoree.
— Pour abreger, dist le Lyon à l'heure,
C'est vn larron, on le void par effect;
Pource il me semble et i'ordonne de faict,
Suyuant noz loix anciennes, qu'il meure. »
Plustost ne feust la sentence iettee
Que maistre Loup le poure Asne estrangla;
Puis de sa chair chascun d'eux se saoula :
Voila comment cl' feust executee.

Parquoy appert que des grands on tient compte,
Et malfaisants qu'ilz sont fauorisez;
Mais les petits sont tousiours mesprisez,
Et les fait on souuent mourir a honté.

(*Le Premier liure des Emblèmes*, composé par Guillaume Gueroult, à Lyon, par Balthazar Arnoullet, M.D.XXXXX, p. 40-44, emblème 15.)

V. — Page 94.

(Livre VII, fable I.)

Les deux vieilles fables (d'Haudent et de Gueroult) sont charmantes. La confession du Loup au Renard, du Renard au Loup, et l'absolution réciproque qu'ils se donnent, sont de vraies scènes de comédie. Quelle hypocrisie comique que celle du Loup s'agenouillant devant le Renard et se confessant à Dieu et à lui!

    Vn iour passé dessus vne terrasse....
    Ayant regard a ma grand repentance....

Qui ne serait touché d'un pareil repentir et d'un pareil pénitent? Qui ne serait disposé à lui pardonner? Aussi voyez avec quelle bénignité le Renard confesseur traite le Loup pénitent!

    . . . . . Certes vous n'auez pas....
    Ce qu'il promit tresliberallement.

Voilà-t-il pas un habile casuiste? Décidément, la coche n'a pas été dévorée par gloutonnerie; elle a été condamnée par justice, et le Loup n'a fait qu'exécuter un arrêt équitable. Il a continué sa bonne action en dérobant les cochonnets aux conséquences de leur abandon. Pauvres orphelins de père et de mère, pouvaient-ils vivre? Ils seraient morts de faim; quelle souffrance! Il valait mieux que le Loup les mangeât.

Une fois le Loup devenu confesseur, il n'est pas moins habile casuiste. Il est vrai que le Renard, devenu pénitent à son tour, est plein de bons sentiments; il avoue qu'il a trouvé

> . . . . L'aultrier en vn repaire....
> Pour et affin qu'il ny feist plus du fol.

Le coq tué, il a bien fallu tuer les poules, qui ne cessaient d'accuser et d'injurier le Renard. Après cette confession sincère, le Loup absout le Renard, non sans lui imposer une pénitence :

> . . . . Le Loup, pour toute penitance,....
> Ce que promist faire de poinct en poinct....

Voilà déjà deux pénitents absous l'un par l'autre. Reste le troisième, c'est-à-dire l'Ane.

> Tout cela faict, le poure Asne est venu....,
> Qu'vn seul morceau de chair n'est demouré.

La fable de Gueroult n'est pas moins plaisante ni moins significative. C'est le Lion qui commence par se confesser au Loup et qui avoue tous ses méfaits,

> Disant qu'il ha par bois, montaigne et plaine,...
> Que tu ne peux en ce faisant mal faire.

Le Loup ici n'est pas seulement un casuiste, c'est un publiciste : il sait les droits de la toute-puissance. Le Roi peut tout sur son peuple, et le peuple ne peut rien sur le Roi. Ce Loup-là sans doute a lu la consultation que Louis XIV, forcé de mettre de gros impôts sur le peuple et ayant des scrupules, demanda à des docteurs de Sorbonne, qui déclarèrent que le Roi étant propriétaire de tous les biens de ses sujets, il ne devait pas se faire scrupule de leur prendre une partie de leurs biens par l'impôt, puisque tout ce qu'il leur en laissait était de pure grâce.

Ayant si bien défendu le principe de l'autorité dans le Lion, le Loup est sûr maintenant de trouver faveur auprès de lui, quelques péchés qu'il ait commis. Il avoue donc qu'il a dévoré des moutons, des juments, des chevaux; à quoi le Lion répond négligemment :

> . . . . Cecy n'est pas grand cas,
> Ta coustume est d'ainsi faire, n'est pas?
> Outre, à cela t'a contraint la famine.

Et alors le Lion dit à l'Ane de faire, à son tour, sa confession :

. . . . Or compte nous ta vie,

Voila comment el' feust executee.

(Saint-Marc Girardin, viiie leçon, tome I, p. 265-272.)

VI. — Page 129.

(Livre VII, fable vii.)

DE LEONE VOLENTE REGNUM SUUM DIMITTERE LUPO.

Cum Leo quondam disponeret in terram longinquam peregre proficisci, convocatis bestiis, monuit ut Regem eligerent loco sui. Quæ Lupum communi consilio elegerunt, quem contra adversarios fortem esse dicebant, asperum et audacem. Quibus Leo : « Valens, inquit, animal elegistis, dum tamen animum adaptet justitiæ et mansuetudini, prout decet. Ut autem sub ipso vitam securam ducere valeatis, jurejurando se vobis astringat, quod nullum vestrum lædat injuste, et quod nunquam de cetero carnes edat. Quæ cum a Lupo requirerent, hæc et alia multa eis sub juramento concessit. Cum autem, post recessum Leonis, se securum et in dominio firmatum vidisset, cogitabat quo ingenio ab ipsis bestiis optineret ut ipsum debere carnes comedere judicarent. Tunc petiit a quodam Capreolo ut sibi an fetidum haberet an[h]elitum judicaret. Qui respondit tantum ejus esse fetorem, quod eum tolerare non posset. Quo audito, Lupus bestias ad judicium convocavit, quærens ab eis quid deberet fieri de illo qui, in Regis irreverentiam, verba probrosa et ipsum deshonestantia protulisset. Responderunt quod talis, tanquam reus læsæ majestatis, mori deberet. Tunc per illud judicium interfecit Capreolum, intimans quid dixisset, et ad suæ palliationem nequitiæ sectum in frusta suis distribuit baronibus, partem sibi ipsi retinens pinguiorem. Alias, cum esuriret, quæsivit a Damula quid sibi de ejus an[h]elitu videretur. Quæ, magis eligens mentiri quam mori, dixit se nunquam odorem sensisse in aliquo ita dulcem. Tunc, convocatis baronibus, quæsivit quid de illo esset agendum qui, a Rege requisitus dicere veritatem, mentitur eidem et loquitur fraudulenter. At illi decreverunt hujus modi morte dignum. Damulam ergo occidit et, nullo increpante, comedit. Postmodum videns quamdam Simiam teneram atque pinguem, quæsivit ab ea de anhelitus sui odore. Quæ dixit quod nec multum gravis erat, nec multum suavis, sed medio modo se habens. Videns itaque Lupus se adversus eam accusationem rationabilem non habere, lecto decumbens se finxit infirmum. Visitantes ergo eum, bestiæ secum pariter et medicos adduxerunt, qui dixerunt nullum in eo vitæ periclum imminere, dum tamen aliquid comederet quod ejus appetitui complaceret. Ille autem dicebat nullum cibum nisi carnes Simiæ sibi placere, sed citius vellet mori quam Simiæ nocens infringeret jusjurandum, « nisi forsitan talem ad hoc causam haberem quod barones mei hoc decernerent rationabiliter faciendum. » Tunc dixerunt communiter quod hoc facere posset secure, nec aliquod esse sacramentum contra salutem sui corporis observandum. Quo audito, interfecit Simiam et comedit. Istud autem judicium in capita ipsorum judicantium post modum redundavit, quia ex tunc nulli fidem aut juramentum servavit.

Hinc monet sapiens hominem nequam nullatenus ad dominandum debere admitti : talis enim, promissiones quaslibet parvipendens, suam tantummodo conabitur assequi voluntatem.

(ROMULUS *de Marie de France*, chez Robert, tome II, p. 561-562 ; et dans *les Fabulistes latins depuis le siècle d'Auguste jusqu'à la fin du moyen âge*, par M. Léopold Hervieux, 1884 [1], tome II, p. 496-497.)

VII. — Page 129.

(Livre VII, fable VII.)

Oserai-je dire qu'ici encore je préfère la fable du moyen âge à celle de la Fontaine? Le Lion de la Fontaine est un tyran de mauvaise humeur, qui se sert du sophisme pour tuer tour à tour l'Ours et le Singe, l'un parce qu'il dit la vérité, l'autre parce qu'il dit le mensonge. Le Loup du moyen âge est un tyran plus habile, qui se sert du sophisme pour éluder ses serments et satisfaire ses passions. De plus, l'hypocrisie s'ajoute en lui au sophisme et compose un tyran complet. Enfin, à ne considérer encore que la supériorité dramatique, combien le drame du moyen âge n'est-il pas plus intéressant! Le Loup a juré solennellement de ne plus manger d'aucun animal. Son serment l'embarrasse : les flatteurs et les courtisans sont là pour le délivrer de cet embarras.

---

1. Au sujet de ce fort estimable ouvrage, voyez ce qui est dit ci-dessus, à la fin de l'*Avertissement*. C'est à M. Hervieux que nous empruntons la dénomination, bien motivée (voyez son tome I, p. 583 et suivantes), de ROMULUS *de Marie de France*.

Que mérite celui qui injurie le Roi? La mort! — Que mérite celui qui ment au Roi? La mort! — Grâce à ce double arrêt, voilà déjà le Chevreau et la Biche sacrifiés et mangés. Mais le Singe, qui élude la question et ne dit ni oui ni non, puisqu'on périt également sur le oui et sur le non, comment le condamner? Les flatteurs lâches

> Et prodigues surtout du sang des misérables

sauront bien tirer encore le Loup d'embarras. Le Roi n'a plus d'appétit que pour la chair de singe : s'il n'en mange, il mourra peut-être. La santé du Roi! la santé du Roi! Y a-t-il serment, ou loi, ou justice qui puisse tenir contre un pareil mot? — Mangez le Singe, Sire, et vivez! — Le Roi mangea le Singe, et plus tard ceux qui lui avaient conseillé de le manger. Le drame est complet : le tyran hypocrite, le despote sophiste, les courtisans sans honneur et sans justice, les juges sans conscience et sans courage, le mépris du serment, l'empressement de la peur, enfin la lâcheté frappée elle-même, tout y est. Et ne croyez pas que ce soit une peinture d'imagination. Le sophisme du Loup est de l'histoire. Caligula, ayant perdu sa sœur Drusilla, la fit déesse, et cette apothéose fut pour lui l'occasion d'un cruel sophisme; car si quelqu'un s'affligeait de la mort de Drusilla, Caligula le faisait périr pour n'avoir pas cru à la divinité de la nouvelle déesse; et si quelqu'un se réjouissait de l'apothéose, Caligula le faisait périr pour n'avoir pas pleuré la mort de sa sœur. C'est le même Caligula qui, voulant trouver les consuls en faute, disait, quand ceux-ci eurent à célébrer, selon l'usage, les jeux de la victoire d'Actium : « Comme Auguste et Antoine sont l'un et l'autre mes bisaïeux, j'ai droit de me tenir pour offensé, quand les consuls célèbrent des réjouissances pour la défaite d'Antoine, ou qu'ils n'en célèbrent pas pour la victoire d'Auguste. »

(SAINT-MARC GIRARDIN, VIIe leçon, tome I, p. 219-221.)

VIII. — Page 145.

(Livre VII, fable x.)

LE BRÂHMANE QUI BRISA LES POTS.

Dans la ville de Dévîkota, il y avait un Brâhmane nommé Dévasarman. Pendant l'équinoxe du printemps, ce Brâhmane trouva un plat qui était plein de farine d'orge. Il prit ce plat; puis il alla coucher chez un potier, dans un hangar où il y avait une grande quantité de vases. Pour garder sa farine, il prit un bâton, qu'il tint dans sa main, et, pendant la nuit, il fit ces réflexions : « Si je vends ce plat de farine, j'en aurai dix kapardakas ; avec ces dix kapardakas, j'achèterai des jarres, des plats et d'autres ustensiles, que je revendrai. Après avoir ainsi augmenté peu à peu mon capital, j'achèterai du bétel, des vêtements et différents objets. Je revendrai tout cela, et quand j'aurai amassé une grande somme d'argent, j'épouserai quatre femmes. Je m'attacherai de préférence à celle qui sera la plus belle; et, lorsque ses rivales jalouses lui chercheront querelle, je ne pourrai pas retenir ma colère, et je les frapperai ainsi avec mon bâton. » En disant ces mots, il se leva et lança son bâton. Le plat d'orge fut mis en morceaux, et une grande quantité de vases furent brisés. Le potier accourut à ce bruit, et, voyant ses pots dans un pareil état, il fit des reproches au Brâhmane, et le chassa de son hangar.

.... Celui qui se réjouit d'avance en songeant à une chose qu'il ne peut pas acquérir reçoit un affront....

(*Hitopadésa ou l'Instruction utile*, recueil d'apologues et de contes, traduit du sanscrit par M. É. Lancereau, Paris, 1882, p. 239-240.)

IX. — Page 145.

(Livre VII, fable x.)

Un négociant riche et charitable combloit de bienfaits un pauvre Santon son voisin. Chaque jour, il lui envoyoit une certaine quantité de miel et d'huile. Le miel servoit à la nourriture du Santon, et il mettoit à part l'huile dans une grande et large cruche. Quand elle fut pleine, il songea à l'emploi qu'il en pourroit faire. « Cette cruche, dit-il en lui-même, contient plus de dix mesures d'huile, et, en la vendant, je puis acheter dix brebis. Chaque brebis me donnera, dans le cours d'une année, deux agneaux; ainsi, en moins de dix années, je me verrai possesseur d'un nombreux troupeau. Devenu riche, je ferai bâtir un superbe palais ; une compagne aimable, que je choisirai, en fera le principal ornement. Au bout de neuf mois, elle comblera mes vœux en mettant au monde un enfant. L'éducation de mon fils sera mon ouvrage; je lui apprendrai les sciences; il répondra à mes soins paternels. Si cependant, emporté par la fougue de l'âge et des passions, il s'écartoit du chemin que je lui tracerai, s'il osoit me désobéir, je lui ferois sentir mon courroux. Il dit, et en même temps, s'imaginant corriger ce fils rebelle, il déchargea un grand coup d'un bâton qu'il tenoit à la main, sur la cruche placée au-dessus de sa tête : la cruche vole en éclats; l'huile coule sur la barbe et sur les cheveux du Santon, qui, revenu à lui, voit avec douleur ses moutons, son palais, et toutes ses richesses disparoître.

(*Contes et fables indiennes*, de Bidpaï et de Lokman..., 1778, tome III, p. 50-52.)

X. — Page 145.

(Livre VII, fable x.)

COMPARAISON DES ALQUEMISTES A LA BONNE FEMME
QUI PORTOIT UNE POTÉE DE LAICT AU MARCHÉ.

Chascun sçait que le commun langaige des alquemistes est qu'ilz se promettent vn monde de richesses, et qu'ilz sçauent des secrets de nature que tous les hommes ensemble ne sçauent pas ; mais à la fin tout leur cas s'en va en fumée, tellement que leur alquemie se pourroit plus proprement dire : *Art qui mine*, ou *Art qui n'est mie;* et ne les sçauroit-on mieux comparer qu'à vne bonne femme qui portoit vne potée de laict au marché, faisant son compte ainsi : qu'elle la vendroit deux liards ; de ces deux liards elle en achepteroit vne douzaine d'œufs, lesquelz elle mettroit couuer, et en auroit vne douzaine de poussins ; ces poussins deuiendroient grands, et les feroit chaponner; ces chapons vaudroyent cinq solz la piece : ce seroit vn escu et plus, dont elle achepteroit deux cochons, masle et femelle, qui deuiendroyent grands et en feroyent vne douzaine d'autres, qu'elle vendroit vingt solz la piece après les auoir nourriz quelque temps : ce seroyent douze francs, dont elle achepteroit vne iument, qui porteroit vn beau poulain, lequel croistroit et deuiendroit tant gentil : il saulteroit et feroit *hin*. Et, en disant *hin*, la bonne femme, de l'aise qu'elle auoit en son compte, se print à faire la ruade que feroit son poulain, et, en ce faisant, sa potée de laict va tomber et se respandit toute. Et voilà ses œufs, ses poussins, ses chapons, ses cochons, sa jument, son poulain, tous par terre. Ainsi les alquemistes, après qu'ilz ont bien fournayé, charbonné, lutté, soufflé, distillé, calciné, congelé, fixé, liquefié, vitrefié, putrefié, il ne fault que casser vn alembic pour les mettre au compte de la bonne femme.

(BONAVENTURE DES PÉRIERS, *les Nouuelles recreations et ioyeux deuis*, Paris, 1572, in-16, nouvelle XIV, fol. 48-49.)

XI. — Page 146, note 4.

(Livre VII, fable x.)

(*Isti sunt*) *similes cuidam vetule que, dum in urceo terreo ad forum lac portaret, cepit cogitare in via quomodo posset fieri dives. Attendens autem quod de suo lacte tres obolos habere posset, cepit cogitare quod de illis tribus obolis emeret pullum galline, et nutriret, ita quod fieret gallina ex cujus ovis multos pullos acquireret. Quibus venditis emeret porcum, quo nutrito et impinguito venderet illum ut inde emeret pullum equinum, et tamdiu nutriret ipsum quod aptus esset ad equitandum, et cepit intra se dicere :* « *Equitabo equum illum et ducam ad pascua et dicam ei* io! io! » *Cum autem hec cogitaret, cepit movere pedes et, quasi calcaria in pedibus haberet, cepit talos movere et pre gaudio manibus plaudere, ita quod motu pedum et plausu manuum urceum fregit, et, lacte in terram effuso, in manibus suis nichil invenit, et sicut prius pauper fuerat, ita postea pauperior fuit.*

(JACQUES DE VITRY, manuscrit *Latin* 17509[1] de la Bibliothèque nationale, fol. 46º. — La fable se trouve, sous cette même forme, mais abrégée, qu'elle a chez Jacques de Vitry, dans un manuscrit de Tours, d'après lequel M. Léopold Delisle l'a publiée dans la *Bibliothèque de l'École des chartes*, 6º série, 1868, tome IV, p. 601, en note.)

XII. — Page 177.

(Livre VII, fable xiv.)

Fortune est plussors foiz blasmée
Et laidie et difamée,
Quant aucuns chiet an mal trespas.

1. Et non 17589, comme on a imprimé plus haut par erreur.

APPENDICE.

El plusseurs foiz ne le fet pas.
Elle an est a tort mescrehue;
Mes jo ne l'an blasme ne hue.
Se tu faus a t'antaneium,
Regarde ta condicium,
Ta fol' ouvre, cum dit, cum fait,
Qui te peut bien avoir sé fait;
Blasme ta laingue ou ta folie,
Ou quelque mal fait qui te lie;
Car qui bien se regarderoit
Ja fortune ne blasmeroit.
Chascuns crie, cum aucuns tame :
« S'a fait la roe de Fortune,
Qui tost a à honneur monté,
Et quant li plest, tost ahonté. »
Mes se bien parler vossisient,
La fortune ne blasmisient
Ne ne l'an portassent mal non.

(*Renart le contrefait*, cité par Robert, tome II, p. 101, et revu sur le manuscrit de la Bibliothèque nationale aujourd'hui coté *Français* 1630[1], fol. 21 v°, col. 1.)

Nous donnons à la suite de ces vers la traduction qu'a bien voulu en faire pour nous notre savant romaniste M. Paul Meyer, de l'Institut :

Fortune est souvent blâmée, maltraitée, diffamée, quand il arrive que quelqu'un tombe en un mauvais pas (*éprouve des revers*). Mais, souvent aussi, elle n'en est pas cause. On la mécroit à tort; mais je me garde de la blâmer ou de la huer. Si tu ne réussis pas à ton propos, examine ta condition, ton œuvre folle, en dits ou en faits; c'est là ce qui peut bien t'avoir fait cela (*causé le malheur que tu attribues à la Fortune*). Blâme ta langue; blâme ta folie, ou quelque méfait qui te lie (*un méfait antérieur dont tu dois payer la peine*). En effet, qui ferait pleinement son examen de conscience s'abstiendrait de blâmer Fortune. Chacun crie, quand un homme tombe : « C'est la roue de Fortune qui a fait cela, elle qui a bien vite fait d'élever aux honneurs, et, quand cela lui plaît de précipiter dans la honte. » Mais si on voulait parler justement, on ne blâmerait pas la Fortune, on ne lui donnerait pas un mauvais renom.

1. Outre le manuscrit du quatorzième siècle d'où nous avons tiré ce morceau, la Bibliothèque nationale possède une copie de *Renart le contrefait* (cotée *Français* 369, fol. 21 v°), qui a été prise, fort exactement, sur un manuscrit, de la même époque, conservé à Vienne en Autriche. Les deux leçons présentent de notables différences, qui peuvent étonner quand on considère que l'un et l'autre texte sont de très-peu postérieurs à l'auteur, qui écrivait vers 1330.

XIII. — Page 216.

(Livre VIII, fable II.)

VOM REICHEN VND ARMEN MANN.

Zu Lübeck in der schönen stadt,
    Ein alter Bürger sasz im Rath;
Der war gar reich an gut vnd Hab.
    Damit sich nit zu frieden gab.
Er het ein Fraw vnd keine Erben,
    Dennoch hört er nit auff mit werben,
Allzeit dem Gelt vnd Gut nach tracht.
    Dauor er weder tag noch nacht
Kein ruh nit het, so sehr jn plagt
    Der Geitz, wie der Poet auch sagt,
Das sich gleich mit dem Gelt vnd Gut
    Die lieb des Gelts vermehren thut.
Nun ist am selben end der brauch
    Wie sonst in andern Stedten auch,
Da sind viel tieffer Keller graben,
    Darinn viel Leut jr wonung haben,
Die sich nur von dem Taglohn nehren,
    Nach kleinem gut auch messig zeren.
Also sasz auch desselben gleichen
    Ein armer vnter diesem Reichen,
Pflag den Leuten die Schuhe zu flicken,
    Mit Holtz vnd Henffen drat zu sticken,
Dauon er sich, sein Weib vnd Kindt
    Ernehrt, wie man viel armen findt.
Jedoch war er seins mutes frey,
    Sang vnd war stets fröhlich dabey.
Des abends er daheime blieb,
    Vnd seine zeit also vertrieb.
Des wundert sich der reich gar sehr;
    Er dacht : « Was ists doch immermehr,
Das diesen armen Mann erfrewt?
    Nun weisz ich doch, das er offt kewt
An armetey, die jn besessen,
    Vnd hat offt kaum das Brodt zu essen.
Vorwar ich keinen fleisz nit spar,
    Bisz ich sein wesen recht erfahr. »
An einem Sontag kurtz darnach
    Also zu seiner Frawen sprach :

« Du must dichs nit verdriessen lassen,
   Daniden vnsern Hauszgenossen
Zu gast bitten heut dissen tag
   Mit seiner Frawen, das ich mag
Von jm werden einr frag bericht,
   Die mich bekümmert vnd anficht. »
Er schickt baldt seinen Knecht hinunder,
   Bat jn zu gast; das nam grosz wunder
Denselben armen Mann; gedacht :
   « Wer hat den jetzt so kostfrey gmacht? »
Doch gieng er hin, versagts jm nit.
   Nach essens sprach der Wiert : « Ich bitt,
Vmb ein ding hab ich euch zu fragen,
   Drauff wöllet mir die warheit sagen.
Ich weisz, das euch am gut zerrinnet,
   Vnd mit ewrm thun nit viel gewinnet,
Mit grosser arbeit jr euch nehrt,
   Vnd dennocht kaum des hungers wehrt,
Vnd trincket auch gar selten Wein,
   Vnd dennocht allzeit fröhlich sein
Beid, tag vnd nacht, abents vnd morgen,
   Als ob jr hetten nichts zu bsorgen.
Nun hab ich gelts vnd gutes gnug,
   An essen, trinken guten fug,
Mit gutem Wein thu mich offt kröpffen;
   Kan dennocht solchen muth nit schöpffen. »
Er sprach : « Warumb solt mich betrüben?
   Mein gut ist sicher vor den Dieben
Zu Wasser vnd zu Landt; derhalb
   Stirbt mir kein Pferdt, noch Kuh, noch Kalb.
Es kan kein Kauffmann mich betriegen,
   Oder in der handlung vorliegen.
Vnd wie ich hab ein kleine nerung,
   So halt ich auch eine kleine zerung,
Verzer nit mehr, denn ich erwerb,
   Sorg nit, das ich dabey verderb,
Vnd steck mein fusz nit weiter nab,
   Denn ich wol zu bedecken hab,
Vnd mich zu frieden geb damit.
   Was ich nit hab, entfellt mir nit.
Ich lasz mir an demselben gnügen,
   Was mir Gott teglich thut zufügen,
Gedenck : morgen ist auch ein tag,
   Der vor sich selber sorgen mag. »
Mit solcher red wardt er bewogen,
   Das ern vorhasz nit mehr dorfft fragen,
Vnd dacht : « Er ist recht willig arm;
   Billich, das ich mich sein erbarm. »
Lieff hin, vnd bracht baldt hundert gulden,

Vnd sprach : « Damit bezalt ewr schulden :
Damit ich euch jetzt will begaben,
　　Das jr ewr not zu schützen haben. »
Der Mann wardt fro, gieng damit hin,
　　Vnd dacht baldt, das ers auff gwin
Vnd auff Kauffmanschafft möcht anlegen,
　　Damit noch hundert brecht zu wegen;
Vnd tracht mit fleisz drauff tag vnd nacht :
　　Damit jm selb viel sorgen macht,
Das er vor mühe den Kopff stets hieng,
　　Vnd auff der Gassen trawrig gieng;
Des singens er dabey vergasz.
　　Den reichen sehr verwundert das.
Er bat jn abermal zu gast.
　　Der Mann die hundert gülden faszt
In einen Beutel, brachts jm wider
　　Vnd sprach : « Von der zeit an vnd sider
Das jr mir habt die gülden geben,
　　Ist mir vergahn mein bestes leben.
Seht hin, fahrt wol mit ewrem gut,
　　Ich nem dafür ein guten muth.
Desselben ich viel basz geniesz :
　　Das Gelt macht mir bekümmernisz. »

Solch einfalt ist gar vnderkommen,
　　Vnd hat der Geitz das Landt eingnommen.
Ich kenn auch jetzt viel armer leut,
　　Doch halt ich nit, das man jetzt heut
Vnder jn allen einen findt,
　　Der gleich wie dieser sey gesinnt.
Es sind viel Wiert auff allen strassen,
　　Die Leut bey jn herbergen lassen;
Doch solt man schwerlich ein bekommen,
　　Der dem Gast zu seim nutz vnd frommen
Ein Kopff von Silber oder Golt
　　In sein Sack heimlich stecken solt,
Wie man sagt, das ehe sey geschehen.
　　Ists war, weysz nit; habs nit gesehen.
Vielleicht man sonst wol ein bekem,
　　Der eim eh etwas auszher nem,
So gar ist jetzt die gantze Welt
　　Gericht auff das verfluchte Gelt.
Dennoch so ists gewiszlich war,
　　Es zeugt die Schrifft so hell vnd klar,
Das man nit zgleich dem Gelt kan dienen,
　　Vnd dennocht sicht mit Gott versünen.
Denn wer sein Datum dahin richt,
　　Das er sich nur dem Gelt verpflicht,
Vnd darinn all' sein wollust hat,

Der macht das Gelt zu einem Gott,
Vnd felt baldt in des Teuffels strick :
Derhalben sich ein jeder schick,
Das er seins guts ein Herre sey,
So ist er vieler sorgen frey.

(BURKHARD WALDIS, *Ésopus*, livre IV, fable LXXXII.)

DE L'HOMME RICHE ET DE L'HOMME PAUVRE[1].

A Lübeck, dans la belle ville, un vieux Bourgeois siégeait au conseil. Il était très-riche en bien, en avoir, ne s'en tenait pas satisfait. Il avait une femme et pas d'héritiers; pourtant il ne cessait pas d'acquérir. Sans cesse il aspire à l'argent, au bien : aussi ni jour, ni nuit, n'a-t-il de repos, tant le tourmente l'avarice; car, comme dit le Poëte, avec l'argent et le bien s'accroît, en même temps, l'amour de l'argent.

Or, en ce lieu, la coutume est la même qu'ailleurs dans d'autres villes : beaucoup de caves y ont été creusées, où logent bien des gens qui ne se nourrissent qu'au moyen de leur salaire quotidien et vivent modestement sur leur petit gain. Ainsi demeurait, d'après cet usage, un Pauvre sous ce Riche; il faisait métier de raccommoder les souliers pour autrui, de les réparer avec du bois et du fil de chanvre, se nourrissant de la sorte, lui, femme et enfants, comme on voit faire beaucoup de pauvres. Toutefois il était de cœur libre, chantait et toujours était gai à l'ouvrage. Le soir, il restait à la maison et passait ainsi son temps. Le Riche s'en étonnait fort. Il songeait : « Qu'est-ce donc enfin que ce peut être qui réjouit ce pauvre homme? Je sais pourtant que souvent il gronde contre la pauvreté qui a pris possession de lui, que souvent c'est tout juste s'il a du pain à manger. En vérité, je n'épargnerai aucune peine jusqu'à ce que je sache ce qu'il en est vraiment de lui. »

Un dimanche, peu après, il parla ainsi à sa femme : « Il ne faut pas te fâcher si j'invite, aujourd'hui même, à notre table, avec sa femme, notre voisin d'en bas, parce que je voudrais être instruit par lui sur un point qui me chagrine et me tourmente. » Aussitôt il envoie en bas son valet et invite l'homme à dîner. Cela étonna

---

1. Cette fable, où la traduction efface l'attrait que lui donnent dans l'original la mesure, la rime, le vieux langage, nous a paru pouvoir être un frappant objet de comparaison. La simplicité, le ton de bonhomie y sont communs à Burkhard Waldis avec la Fontaine, mais de combien d'autres qualités les assaisonne notre incomparable fabuliste!

fort le Pauvre. « Qu'est-ce qui le fait, pense-t-il, hôte si généreux? » Pourtant il y va, ne lui refuse point. Après le repas, l'hôte dit : « J'ai, je vous prie, à vous questionner sur une chose. Veuillez là-dessus me dire la vérité. Je sais que chez vous l'argent file aussi vite qu'il vient, et qu'avec votre ouvrage vous ne gagnez guère. Vous vous nourrissez avec force travail, et pourtant vous défendez à peine de la faim, et buvez très-rarement du vin, et pourtant êtes tous deux toujours gais, le soir et le matin, comme si vous n'aviez à vous inquiéter de rien. Eh bien, moi, j'ai en quantité argent et bien ; à boire, à manger à foison ; me gorge souvent de bon vin : et cependant ne puis me faire une telle bonne humeur. » Le Pauvre répond : « Pourquoi me troublerais-je ? Mon bien est assuré contre les voleurs, sur eau et sur terre ; il ne me périt ni cheval, ni vache, ni veau ; aucun négociant ne me peut tromper, ni me dépasser dans le commerce. Et, comme je n'ai que petite nourriture, j'observe aussi petit régime, ne consomme pas plus que je ne gagne, n'ai pas la peur de me faire mal, et n'étends pas le pied en avant plus loin que ne va la couverture. Et avec tout cela je me tiens satisfait. Ce que je n'ai pas, je ne le puis perdre. Je parviens à me contenter de ce que Dieu m'octroie journellement, et pense que demain est aussi un jour, qui n'aura, à son tour, qu'à pourvoir à soi. »

Un tel discours émut le Riche, au point qu'il n'osa plus l'interroger. Il pensa : « C'est un pauvre de très-bon vouloir ; il est juste que j'aie pitié de lui. » Il courut à sa caisse et vite lui apporta cent florins, et dit : « Avec cela, payez vos dettes. Je veux vous en faire don, pour que vous ayez de quoi pourvoir à vos besoins. » L'homme devint tout joyeux et s'en alla avec ses florins, et songea bientôt qu'il les pouvait placer à profit et dans le commerce, de façon à leur en faire produire cent autres. Il y réfléchit diligemment jour et nuit, et se fit ainsi beaucoup de soucis, de façon que toujours il penchait la tête et s'en allait triste par la rue. Aussi oublia-t-il de chanter.

Cela étonna fort le Riche. Il l'invita de nouveau à sa table. Alors notre homme enferme les cent florins dans une bourse, les lui rapporte et dit : « Depuis que vous m'avez donné les florins, ma meilleure vie s'en est allée. Tenez, bon voyage avec votre argent. Je reprends à la place ma bonne humeur ; l'argent me cause du souci. »

Une telle simplicité a disparu, et l'avarice a pris possession du pays. Je connais à présent aussi beaucoup de pauvres gens ; mais je ne crois pas qu'aujourd'hui, parmi eux, on en trouve un seul qui ait les sentiments de celui-ci. Il y a bon nombre d'hôteliers sur toutes les routes qui logent chez eux les gens; mais malaisément on en trouverait un, qui, pour le bien et dans l'intérêt de son hôte, lui mettrait secrètement dans son sac une coupe d'argent ou d'or, comme on dit que cela arriva jadis. Est-ce vrai? Je ne sais : je ne l'ai pas vu. Peut-être bien on en rencontrerait qui plutôt du sac vous déroberaient quelque chose : tant aujourd'hui tout le monde a l'âme fixée sur le maudit argent. Pourtant il est si certainement vrai, l'Écriture le témoigne si clairement, qu'on ne peut à la fois être esclave de l'argent et en paix avec Dieu. Car qui n'a en vue, n'a pour maître que l'argent, et y trouve tout son plaisir, celui-là se fait de l'argent un dieu, et tombe bientôt dans le piège du diable. Que chacun donc s'arrange de manière à être le maître, non l'esclave de son bien : il sera libre ainsi de bien des soucis.

XIV. — Page 222.

(Livre VIII, fable III.)

DE LEONO INFIRMO.

Ægrotante quondam Leone, ceteræ visitantes bestiæ dicebant perito ei medico opus esse. Consultæ super hoc ulterius ubi talis posset medicus reperiri, dixerunt se nullum scire peritiorem Renardo, qui tam bestiis quam volucribus loqui novit et diversa frequenter tractabat negotia cum utrisque. Citatus ergo Renardus ut ad regem veniret, per dies aliquos se subtraxit. Quadam vero nocte, clam de caverna sua exiens, in scrobe quadam prope regis cavernam se abscondit. Inde auscultans, audivit regem de moræ suæ causa circumstantes bestias alloquentem. Responsa quoque ipsarum diligentius annotabat. Cumque diversa a diversis in regis audientiam dicerentur, venit Ysengrinus et ait : « Nichil impedit Renardus (sic) venire ad curandum dominum nostrum regem, nisi sola protervitas animi sui nequam; propter quod ipsum, tanquam salutis regiæ contemptorem, pronuntio morte dignum. » Tunc Renardus, vultu gravis et incessu maturus, cameram regis intravit, ipsumque ex parte magistrorum in urbe Salernitana commorantium salutavit. Cumque rex sibi mortem comminaretur pro mora quam fecerat, ait regi : « Quid facerem apud te, Domine mi rex, antequam certum salutis tuæ remedium mecum ferrem? Postquam autem tuum audivi mandatum, terras diversas peragrans, Salernæ medicos adii consulendos, qui, cognito sintòmate morbi tui, hoc unum pro recuperanda salute tibi denuntiant remedium singulare, ut pelle lupina de corpore Lupi recenter extracta, ex ipso adhuc sanguine calida et fumante, pectus tuum involvas. Hæc medicina te infra triduum reddet sanum. » Quo audito, jussu regis captus est Lupus et vivus excoriatus, ac pellis cum sanguine pectori regis applicata. Dimissus tandem a regis satellitibus, Ysengrinus cum in silvas fugeret sine pelle, sequens eum Renardus a longe clamitabat : « O beati regis consiliarii, qui sic purpuram induunt et scarletam. Sed quia absentem proximum linguæ aculeo pupugisti, patere nunc culicum stimulos et vesparum. »

Sic evenit frequenter invidis et iniquis quod, dum aliis mala fabricant, propriis laqueis innectuntur.

(ROMULUS *de Marie de France*, chez Robert, tome II, p. 559; et dans *les Fabulistes latins*..., par M. L. Hervieux, tome II, p. 495.)

XV. — Page 243.

(Livre VIII, fable vII.)

A Lyon, ce 21 décembre 1706.

.... Vous connoissez, Monsieur, la fable de la Fontaine intitulée *le Chien qui porte à son cou le dîner de son Maître*. Le sujet en est tiré d'une des lettres de M. Sorbière, qui assure que l'aventure décrite dans cette fable étoit arrivée à Londres, du temps qu'il y étoit[1]. Avant que la Fontaine composât sa fable, M. de Puget (*sic*) avoit déjà mis ce sujet en vers, pour faire allusion à la mauvaise administration des deniers publics dont on accusoit nos magistrats. La Fontaine étant venu à Lyon chez un riche banquier de ses amis, il y voyoit souvent M. de Puget, qui lui montra la fable qu'il avoit composée. La Fontaine en approuva fort l'idée, et mit ce même sujet en vers à sa manière. Vous pouvez remarquer l'application qu'il fait, quand il dit à la fin de sa fable (vers 30-40) :

Je crois voir en ceci l'image d'une ville....

Voici la fable de M. de Puget :

---

1. Le fait, fort croyable, a pu se reproduire plus d'une fois ; nous avons dit dans la notice de la fable qu'on a prétendu l'avoir observé à Strasbourg au seizième siècle et que le premier récit de cette histoire date de 1522. — Sur Sorbière, voyez l'article qui lui est consacré dans la *Biographie universelle* de Michaud.

APPENDICE.

LE CHIEN POLITIQUE.
(Fable.)

Un grand Mâtin, fort bien drëssé,
Chez un Boucher de connoissance,
D'un pas diligent et pressé,
Portoit souvent tout seul un panier par son anse ;
Le Boucher l'emplissoit avec fidélité
Des mets les plus friands qu'il eût dans sa boutique ;
Et le Mâtin, malgré son ventre famélique,
Les portoit à son Maître en chien de probité.
Toutefois il advint qu'un jour un certain Dogue
Fourra dans le panier son avide museau,
  Et d'un air insolent et rogue
  En tira le plus gros morceau.
Pour le ravoir, sur lui notre Mâtin s'élance.
  Le Dogue se met en défense ;
  Et pendant qu'ils se colletoient,
  Se mordoient, se culebutoient,
De chiens une nombreuse et bruyante cohue
Fondit sur le panier des deux bouts de la rue.
  Le Mâtin s'étant aperçu,
  Après maint coup de dent reçu,
Qu'entre tant d'affamés la viande partagée
  Seroit bientôt toute mangée,
Conclut qu'à résister il n'auroit aucun fruit.
Il changea donc soudain de style et de méthode,
  Et, devenu souple et commode,
Prit sa part du butin, qu'il dévora sans bruit.

Ainsi, dans les emplois que fournit la cité,
Tel des deniers publics veut faire un bon usage,
Qui d'abord des pillards retient l'avidité,
Mais après s'humanise et prend part au pillage.

J'ai l'honneur d'être, Monsieur, votre, etc.

         BROSSETTE.

(*Correspondance entre Boileau Despréaux et Brossette...*, publiée....
par Auguste Laverdet, Techener, 1858, p. 234-236.)

XVI. — Page 256.

(Livre VIII, fable x.)

Il y avoit un Jardinier qui avoit employé toute sa vie à faire des jardinages. Son jardin sembloit une image du Paradis. Le bonhomme, n'ayant point d'enfants ni de famille, prenoit plaisir à élever les arbres et les plantes de son jardin aussi soigneusement que des petits enfants, et passoit ainsi ses jours dans cette solitude. À la fin, s'étant ennuyé d'être seul, sans aucune société, il se résolut de sortir de son jardin pour chercher compagnie, et s'alla promener au pied d'une montagne pour rencontrer quelqu'un. Par hasard, il aperçut un Ours, dont le regard étoit capable de faire avorter les femmes. Cet Ours, ennuyé pareillement d'être seul, étoit descendu de la montagne. Aussitôt qu'ils s'entrevirent, ils eurent quelque joie intérieure l'un pour l'autre. Le Jardinier desira d'accoster l'Ours, et l'Ours se voyant abordé si franchement, fit le même; et, s'étants approchés l'un de l'autre, ils témoignèrent une grande consolation de leur rencontre. Le Jardinier fit signe à l'Ours de le suivre, ce qu'il fit, il le mena dans son jardin, lui donna des plus beaux fruits qu'il avoit gardés par rareté; et ainsi se lièrent d'une étroite amitié. Toutes les fois que le Jardinier étoit las de travailler, il dormoit au pied d'un arbre, pour prendre la fraîcheur de l'ombre; et l'Ours, pour la grande amitié qu'il lui portoit, demeuroit auprès de lui, et chassoit les mouches, de peur qu'elles ne l'éveillassent. Un jour le Jardinier se coucha selon sa coutume, tout fatigué, et l'Ours auprès s'amusoit à chasser les mouches. Par hasard, une plus obstinée se vint poser sur la bouche du Jardinier; et autant de fois que l'Ours la chassoit d'un côté, elle revenoit de l'autre, ce qui le mit en telle colère, qu'il prit une grosse pierre avec dessein de la tuer, et ayant trop bien visé (pour ce pauvre homme), la jeta droit sur sa bouche, et lui écrasa la tête. C'est à cause de cela que les gens d'esprit disent qu'il vaut mieux avoir un sage ennemi qu'un ignorant ami.

(*Livre des lumières ou la Conduite des Rois*, composé par le sage Pilpay Indien..., Paris, M.DC.XLIV, p. 135-137.)

XVII. — Page 264.

(Livre VIII, fable xi.)

On dit qu'un certain personnage alla un jour frapper à la porte de son ami en une heure fort indue. Le maître du logis ayant appris qui c'étoit fut extrêmement surpris, le voyant si tard heurter à la porte. Il se mit à rêver un peu en soi-même, et, après avoir bien songé, il se lève, s'habille, prend son épée avec une bourse d'argent, et par-après commande à sa servante d'allumer de la chandelle et de le suivre, ce qu'elle fit incontinent, et en cet équipage alla trouver son ami. « O cher ami, lui dit-il, en l'abordant, votre venue à cette heure ici m'a fait conjecturer trois choses : ou que vous auriez affaire d'une somme d'argent; ou que vous aviez quelque ennemi à combattre; ou bien que vous desiriez quelque compagnie pour vous désennuyer. Voilà pourquoi j'ai mis ordre à tout cela : si vous avez besoin d'argent, voilà ma bourse; s'il faut repousser un ennemi, voilà mon épée et mon bras; et si c'est que vous ayez envie de vous divertir, voilà ma servante, qui est assez agréable, qui vous pourra contenter. En un mot, moi et tout ce qui dépend de moi, tout est à votre service. — Je ne desire rien moins que tout cela, répond l'autre; je venois seulement m'assurer de l'état de votre santé; car je craignois que le mauvais songe que je viens de faire ne fût véritable. » Voilà les effets des vraies affections.

(*Livre des lumières ou la Conduite des Rois*, p. 224-226.)

XVIII. — Page 346.

(Livre VIII, fable xxvii.)

LE CHASSEUR, LE DAIM, LE SANGLIER, LE SERPENT, ET LE CHACAL.

Dans la ville de Kalyânakataka habitait un Chasseur nommé Bhaïrava. Cet Homme, voulant manger de la viande, prit un jour son arc et alla chasser le daim au milieu des forêts du Vindhya. Comme il s'en allait emportant un Daim qu'il avait tué, il aperçut un Sanglier d'un aspect redoutable. Il déposa le Daim à terre, et décocha une flèche au Sanglier. L'animal fit entendre un grognement sourd et terrible, et atteignit le Chasseur dans la région des testicules. Celui-ci tomba, comme un arbre coupé.

Toute créature vivante périt par l'eau, le feu, le poison, les armes, la faim, la maladie, ou en tombant du haut d'une montagne, où enfin par quelque autre cause.

Leurs pieds écrasèrent un Serpent. Cependant un Chacal nommé Dirgharâva, qui errait en ces lieux et cherchait sa nourriture, vit le Daim, le Chasseur, le Serpent et le Sanglier morts. « Ah! se dit-il, en les regardant, je trouve aujourd'hui de quoi bien manger. »

De même que le malheur, le bonheur vient aux mortels sans qu'ils s'y attendent; aussi je crois que, dans ce monde, c'est la destinée qui l'emporte.

« Eh bien! avec leur chair, j'aurai de quoi me nourrir comme il faut pendant trois mois. L'Homme me fera subsister un mois, le Daim et le Sanglier deux mois, et le Serpent un jour; aujourd'hui je vais manger la corde de l'arc. Pour satisfaire mon premier appétit, je vais, laissant ces chairs délicieuses, manger cette corde sans saveur qui est attachée à l'arc. » En disant ces mots, il se mit à ronger la corde. Dès que celle-ci fut coupée, l'arc se détendit; Dirgharâva fut frappé au cœur et mourut.

(*Hitopadésa*, traduction de M. Lancereau, 1882, p. 68-69.)

XIX. — Page 352.

(Livre IX, fable 1.)

Je trouve, dans le vingt-deuxième volume de l'*Histoire littéraire de la France*, un fabliau ou un récit qui raille, comme celui de la Fontaine, l'exagération des voyageurs. Le vieux fabliau est un petit drame qui amène le menteur à se rétracter de la façon la plus comique :

« Un Chevalier, allant avec son Écuyer en pèlerinage à Saint-Jacques de Compostelle, venait d'entrer en Espagne. Parti de grand matin, il espérait arriver le soir à Miranda, sur l'Èbre. Un renard, cherchant les aventures, croise le chemin qu'avait pris le

Chevalier. « Voilà, s'écrie celui-ci, un renard de belle taille. — « Oh! Monseigneur, dit l'Écuyer, dans les pays que j'ai parcourus « avant d'être à votre service, j'en ai vu, par la foi que je vous « dois, d'une taille bien plus grande, et, un, entre autres, gros « comme un bœuf. — Belle fourrure, répond le Chevalier, pour « un chasseur habile; » et il chemine en silence. Au bout de quelque temps, élevant tout à coup la voix : « Seigneur, préserve- « nous aujourd'hui tous deux de la tentation de mentir, ou donne- « nous la force de réparer notre faute, pour que nous puissions « traverser l'Èbre sans danger. » L'Écuyer surpris demande au Chevalier pourquoi cette prière. « Ne sais-tu pas, lui répond son « maitre, que l'Èbre, qu'il faut passer pour aller à Saint-Jacques, « a la propriété de submerger celui qui a menti dans la journée, « à moins qu'il ne s'amende? » On arrive à la Zacorra. « Est-ce « là, Monseigneur, cette rivière? — Non; nous en sommes encore « loin. — En attendant, Sire Chevalier, ce renard que j'ai vu n'é- « tait peut-être que de la grosseur d'un veau.... — Eh! que m'im- « porte ton renard? » Bientôt l'Écuyer dit : « Monseigneur, l'eau « que nous allons maintenant passer à gué, ne serait-elle pas « celle...? — Non, pas encore. — En tout cas, Monseigneur, ce « renard dont je vous parlais n'était pas, je m'en souviens main- « tenant, plus gros qu'un mouton. » Voyant que l'ombre des montagnes s'allongeait déjà, le Chevalier presse le pas de sa monture, et découvre enfin Miranda. « Voilà l'Èbre, dit-il, et le « terme de notre première journée.... — L'Èbre! s'écrie l'Écuyer; « ah! mon bon maître, je vous proteste que ce renard était tout « au plus aussi gros que celui que nous avons vu ce matin[1]. »

Que dites-vous de cette piquante réfutation de la menterie, à l'aide de la superstition, je l'avoue? Mais quelles bonnes superstitions que celles qui nous corrigent! Et si, sur la route des pèlerins de Saint-Jacques de Compostelle, il y avait, aux diverses étapes, quelques légendes superstitieuses de ce genre contre les péchés capitaux, heureux les pèlerins qui, grâce à leur pieuse crédulité, arrivaient, déjà repentants et purs, à l'église du saint qui devait achever leur conversion!

(SAINT-MARC GIRARDIN, VIIe leçon, tome I, p. 191-193.)

---

1. Il y a un récit analogue dans le recueil de fables du moyen âge nommé *Fabulæ extravagantes* (fable XVII). Robert l'a transcrit dans son tome I, p. CI-CIII.

XX. — Page 358.

(Livre IX, fable II.)

J'ai ouï dire qu'il y avoit deux Pigeons qui vivoient heureux dans leurs nids, exempts de toutes les injures du temps, et contents de leurs petites provisions. L'un se nommoit l'*Aimé*, l'autre l'*Aimant*. Un jour, l'Aimé eut envie de voyager; il communiqua son dessein à son compagnon. « Jusques à quand, dit-il, serons-nous enfermés dans un trou? Pour moi, j'ai pris résolution de rôder quelques jours par le monde, parce que, dans les voyages, on voit tous les jours des choses nouvelles, on fait beaucoup d'expériences, et les grands ont dit que les voyages sont des moyens pour acquérir des victoires; si l'épée ne sort de son fourreau, elle ne peut montrer sa valeur, et si la plume ne fait sa course sur l'étendue de la page des cahiers, elle ne montre point son éloquence. Le ciel, à cause de son perpétuel mouvement, est par-dessus tout, et la terre, pour ne bouger de sa place, sert de marchepied à toutes les créatures. Si un arbre pouvoit se transporter d'un lieu en l'autre, il n'auroit pas la crainte d'être si maltraité des menuisiers. » Mais l'Aimant lui dit : « O cher compagnon ! vous n'avez jamais enduré les fatigues des voyages, et ne savez pas ce que c'est d'être dans les pays étrangers. Le voyage est un arbre qui ne donne autre fruit que des inquiétudes. » L'Aimé répondit : « Quoique les fatigues des voyages soient bien grandes, si est-ce que le plaisir qu'on a de voir force raretés empêche de les ressentir, et après qu'une fois on s'est accoutumé à ces travaux, on ne les trouve plus étranges. — Le plaisir des voyages, répliqua l'autre, n'est agréable qu'avec les amis, et lorsqu'on est séparé d'eux, on a double tourment, l'un de ressentir la douleur de la séparation de ce qu'on aime, et l'autre, d'endurer les injures du temps. Ne quittez donc point le lieu de votre repos, et ne vous séparez point de l'objet que vous aimez. » L'Aimé répondit : « Si je trouve que je ne puisse endurer ces peines, en peu de temps je me rendrai ici. » Leurs discours finis, ils s'entr'embrassèrent, et l'Aimé dit adieu à l'Aimant, et ainsi ils se séparèrent.

L'Aimé sortit de son trou comme un oiseau qui sort de la cage, s'élança en l'air, et regardoit de tous côtés, considérant les hautes montagnes et les beaux jardins. Mais tout d'un coup il aperçut au pied d'une colline un lieu qui ressembloit au paradis terrestre, à cause des belles prairies arrousées de plusieurs fontaines bordées de beaux arbres. Ce lieu lui plut, et il se résolut d'y passer la nuit. Il n'étoit pas encore posé sur un arbre pour prendre son repos, quand il s'éleva une nuée épaisse, suivie d'éclairs et de tonnerres, qui faisoient retentir toute la campagne. La force de la pluie et de la grêle faisoit voltiger de branche en branche ce pauvre Pigeon, qui ne savoit là où se mettre pour éviter les coups qu'il recevoit. Enfin il passa la nuit avec mille peines et meurtrissures, regrettant autant de fois le lieu de repos qu'il avoit quitté. Le matin venu, le soleil dissipa toutes les nuées avec sa chaleur. L'Aimé prit le vol pour s'en retourner au logis. Pendant qu'il s'entretenoit en soi-même, voici un Épervier qui s'élève en l'air, avec un bon appétit, et une résolution de ne pardonner à aucun gibier qu'il pourroit rencontrer. Apercevant notre voyageur, il s'élança pour le prendre, et en faire un bon repas. A cette vue, le pauvre Pigeon commença à trembler, et désespérer de revoir jamais son cher compagnon, regrettant de n'avoir pas suivi ses conseils, et protestant que, s'il pouvoit échapper ce danger, il ne songeroit jamais à voyager. Comme sa résolution étoit ferme, sa demande réussit : de sorte que, lorsque l'Épervier étoit prêt à le mettre en pièces, voici d'un autre côté paroître un Aigle affamé, devant lequel rien ne pouvoit se sauver. Lorsqu'il aperçut le Pigeon, il dit en soi-même : « Quoique ce gibier ne soit pas capable de contenter mon appétit, si est-ce qu'il pourra me servir d'un petit goûter et amusera, en quelque façon, ma grande faim. » Il se jeta donc sur l'Épervier, pour empêcher qu'il ne poursuivît sa chasse, et la lui ravir. L'Épervier ne voulut pas céder à la force de l'Aigle, et volèrent l'un contre l'autre. Le Pigeon cependant, se servant de l'occasion, se jeta dans un trou où à peine un passereau se pouvoit fourrer, et y passa la nuit avec force inquiétude. Le lendemain que la pointe du jour commença à paroître, le pauvre Pigeon étoit si foible de faim, qu'à peine pouvoit-il voler. Enfin il se résolut de sortir de sa citadelle et se mit en l'air tout tremblant, et regardant de tous côtés. Il aperçut, par hasard, un Pigeon, auprès duquel il y avoit force grain, dont il se donnoit au cœur joie. Cette vue le réjouit fort, et, voyant son semblable, sans autre considération s'approcha ; mais il n'avoit pas encore commencé à becqueter un grain, qu'il se vit attrapé par les pieds. C'est le piége du diable, que les plaisirs de ce monde; il ne faut pas permettre que notre âme s'en approche.

L'Aimé se mit à blâmer le Pigeon, en lui disant : « O frère ! nous sommes d'une même espèce, et cet accident ne m'est arrivé qu'à ton occasion. Pourquoi ne m'as-tu pas averti de cette tromperie? Tu m'eusses fait un acte d'hospitalité, et j'eusse pris garde à moi, et ne fusse pas tombé dans ces lacs. » L'autre lui répondit : « Ne tiens pas ce langage; personne ne peut prévenir son destin : toutes les diligences n'y servent de rien. » L'Aimé enfin le pria de lui enseigner quelque remède pour se délivrer de cette prison, et qu'il lui en auroit une obligation éternelle. « O innocent, lui répondit l'autre, si je savois quelque artifice, je m'en servirois pour me délivrer moi-même, et je ne serois pas cause de la prise de mes semblables. Tu ressembles à ce petit chameau qui, las de marcher, en pleurant disoit à sa mère : « O mère sans affection, au « moins arrête un peu que je prenne haleine pour me délasser. » Sa mère lui dit : « O fils sans considération, ne vois-tu pas que ma « bride est entre les mains d'un autre? Si j'étois libre, je jetterois « ce fardeau que je porte, et j'empêcherois ta lassitude. » Enfin le pauvre voyageur, désespéré, se mit à trémousser et à se tourmenter tellement qu'ayant encore un peu de force et de vie, il rompit le filet qui tenoit son pied, et, profitant de ce bonheur inespéré, s'envola du côté de sa patrie. La joie qu'il avoit d'être échappé d'un si éminent péril lui fit oublier la faim. En volant, il passa par un village, et se mit sur une muraille, qui étoit vis-à-vis d'un lieu qu'on avoit nouvellement semé. Un garçon du village qui étoit là assis, pour garder ses graines, de peur que les oiseaux ne les vinssent manger, aperçut le Pigeon, et le galand eut envie de manger du gibier rôti. Il mit, pour cet effet, une pierre dans sa fronde, qu'il jeta au pauvre Pigeon, qui ne songeoit à rien moins qu'à cela, et s'amusoit à regarder dans le jardin. Il frappa si rudement le pauvre malheureux, qu'il tomba tout étourdi dedans un puits qui étoit au pied de la muraille, si profond qu'en tout un jour et une nuit on n'eût pu descendre, avec une corde, au bas. Ce villageois, voyant que ce qu'il demandoit étoit au fond de ce puits, où la corde de ses inventions ne pouvoit pas arriver, laissa dans cette (sic) abime cette pauvre bête à demi morte. Le pauvre Aimé passa encore vingt-quatre heures au fond de ce puits, le cœur triste, et l'aile à demi rompue, regrettant un million de fois l'heureux séjour de son cher compagnon : « Chère mémoire, dit-il, de ce séjour si agréable, où mes yeux étoient éclairés d'un objet que je ne devois jamais quitter! Que puis-je faire, puisque mes efforts sont inutiles pour le revoir? »

Le lendemain, avec mille peines et autant d'artifices, il sortit hors du puits, languissant et soupirant, et enfin arriva, à la dînée, aux environs de son nid. L'Aimant entendant le bruit de l'aile de sa compagne, sortit au-devant avec une extrême joie; mais le voyant si foible et si défait, il lui en demanda la cause. L'autre lui raconta toutes ses aventures, protestant n'y retourner jamais et de ne faire plus de voyages.

(*Livre des lumières ou la Conduite des Rois*, p. 19-27.)

XXI. — Page 389.

(Livre IX, fable vii.)

Erat Heremita qui habebat quod quærebat a Deo; et venit Mus, et fuit captus a quadam ave. Tunc Heremita, quando avis tenens Murem aderat, ipse accepit Murem, et dixit : « Ego rogo ut sis mulier. » Et immediate Mus effectus est mulier, et voluit maritari. Et dixit Mulier : « Ego nolo homines de parlamento, sed volo habere illum qui est magis fortis. » Et tunc cogitavit Heremita quis hic esset, et cogitavit quod esset Sol. Et venit ad Solem et dicit ei : « Oportet quod habeas filiam meam, quia tu es fortior omnium. » Et dixit Sol : « Ego non sum fortior omnium, quia, quando Nubes veniunt, amitto vim. » Et tunc venit ad Nubes et rogavit ut acciperent filiam suam. Tunc dixerunt Nubes quod non erant fortiores, quia, « quando Ventus veniebat, ipse projicit nos longe. » Tunc venit ad Ventum, et dicit ei quod oportet quod habeat filiam suam. Et Ventus dicit ei quod non erat fortior, sed quod erat unum Castrum fortius eo. Post venit ad Castrum, et Castrum dicit quod non erat fortius; sed erat Mus qui erat fortior, quia perforabat Castrum. Tunc venit ad Murem, et dixit Mus : « En quod sum parvus, ipsa vero magna, ego nolo. » Et Heremita dixit : « Ipsa fuit alias ita parva sicut tu, et alias fuit mus sicut tu. Dicit Mus : « Si esset sicut ego sum, ego bene vellem. » Tunc Heremita rogavit ut illa Mulier iterum deveniret Mus; et Mus cepit illam.

(*Sermones latini Jacobi de Lenda*, Paris, 1501, in-4°, fol. 41, col. 2-3.)

XXII. — Page 431.

(Livre IX, fable xv.)

Erat Vir antiquus et Mulier juvenis simul uxorati, et unus non curabat de alio. Vir dixit Mulieri suæ : « Faciatis mihi bonum vultum. » Tunc Mulier dixit : « Quid diaboli faciam vobis? » Et irascebatur. Tunc dixit ei Vir : « Ego dabo vobis unam pulchram zonam. — Ego, inquit illa, pecuniæ satis habeo. » Iste Vir non poterat gaudere de Muliere sua, nec in lecto, nec alibi, nisi cum difficultate. Tunc ille venit ad Vicinum suum et narravit ei omnia. Tunc dixit Vicinus : « Si velis mihi dare unum scutum, ego faciam quod, quando tu eris in lecto, Mulier tua non dimittet te, sed amplexabitur te et diliget te multum. » Immediate ille dedit sibi unum scutum. Dixit Vicinus : « Dimitte mihi ostium apertum, et ego de nocte intrabo ad lectum tuum, et fac bonam minam. » Quod fuit factum. De nocte ille venit ad lectum alterius, et cepit stramen lecti, et fecit timorem Mulieri, et dicebat ille : « Occide Mulierem, occide Mulierem. » Immediate illa Mulier cepit Virum suum ita fortiter ut non poterat eum dimittere. Tunc Vir ejus dixit : « Nunc ego faciam de te meum placitum postquam ego teneo te. »

(Sermones latini Jacobi de Lenda, fol. 74, col. 3.)

XXIII. — Page 447.

(Livre IX, fable xviii.)

Hésiode, dans son poëme des *Travaux et les Jours*, raconte la fable de *l'Épervier et le Rossignol* : « Un Épervier parlait ainsi à un Rossignol mélodieux qu'il avait pris dans ses serres et qu'il emportait à travers les nues. Celui-ci gémissait, déchiré par les ongles aigus de l'oiseau de proie, qui lui disait d'une voix cruelle : « Pourquoi tant de bruit, beau chanteur? Tu es au pouvoir d'un « plus puissant que toi; tu vas où je t'emporte; je ferai de toi ce « que je voudrai, soit que je te mange, soit que je te lâche. Im- « prudent quiconque veut lutter contre les puissants! il est vaincu

« et livré à l'outrage et à la souffrance. » Ainsi parlait l'Épervier aux ailes étendues. »

Voilà une des mille scènes de violence et de tyrannie qui se passent dans le monde des animaux, comme dans le monde des hommes ; mais où est la fable, où est la moralité, où est la leçon ? Hésiode fait parler les animaux : cela ne suffit pas à la fable. La fable ne date pas seulement du *temps où les bêtes parlaient,* mais du temps aussi où les bêtes, par leurs aventures, enseignaient les hommes. L'Épervier d'Hésiode nous dit que c'est imprudence que de vouloir lutter contre les puissants ; mais est-ce que le pauvre Rossignol a voulu lutter contre l'Épervier ?

La Fontaine, qui a imité Hésiode, a voulu donner à son récit une moralité quelconque. Il nous montre donc « le héraut du printemps qui demande la vie » au Milan :

Aussi bien, que manger en qui n'a que le son ?

Ventre affamé n'a point d'oreilles.

Il y a ici une leçon peu élevée et peu généreuse, puisqu'elle dit aux faibles qu'il faut courber la tête sous la force, et que la plainte même est inutile et presque ridicule. Mais enfin cette moralité, qui est conforme à celle de beaucoup d'autres fables d'Ésope et de la Fontaine, donne au vieux récit d'Hésiode un air d'apologue qu'il n'a pas dans le poëte grec.

(Saint-Marc Girardin, 11º leçon, tome I, p. 25-26.)

XXIV. — Page 473.

(Discours à Mme de la Sablière, à la suite du livre IX.)

Il y avoit très-longtemps que notre chirurgien accusoit ses garçons de manger les œufs des malades : il avoit beau les compter, il s'en trouvoit toujours à dire le lendemain deux ou trois, et quelquefois quatre, quoiqu'il eût lui-même la clef du réduit qu'on lui avoit fait dans le fond de cale en avant de l'eau, où il y a toujours une lampe allumée. Il alla jusqu'à les accuser d'avoir une fausse clef, et même en frappa un, qui ailleurs se seroit défendu autrement que sur son innocence.

Celui-ci, peu accoutumé à de semblables caresses, s'est mis en tête de découvrir le voleur, et en est venu à bout. Il a dit à la

Forgue ce qu'il avoit vu; et celui-ci a encore pensé le battre. Il ne s'est pas rebuté, et est revenu à la charge hier matin, comme nous déjeunions. Il a été traité de fou et de visionnaire : cependant, si son opiniâtreté ne nous a pas convaincus de la vérité de son rapport, elle nous a du moins inspiré l'envie de nous en éclaircir. Pour ce sujet, on a percé, avec une vrille de charpentier, à cinq endroits différents, la cloison de ce réduit du chirurgien; et nous sommes descendus dans le fond de cale, à la fin du premier horloge du quart de la nuit, c'est-à-dire à minuit et demi. Le garçon chirurgien, qui avoit toujours été en sentinelle, nous a fait signe que les voleurs n'étoient pas encore venus. Nous n'avons fait aucun bruit, et avons pris chacun possession de notre trou, au nombre de six spectateurs, qui sont le Commandeur, M. de la Chassée, Boüy, capitaine des matelots, la Fargue, Bainville, son garçon, et moi.... Voici ce que nous avons vu :

Trois gros rats, qui sont arrivés en même temps, et qui se sont approchés du baril où étoient les œufs. Ce baril étoit à demi vuide. L'un de ces rats est descendu dedans; un autre s'est mis sur le bord, et l'autre est resté en bas en dehors. Nous n'avons point vu ce que faisoit celui qui étoit dans le baril, les bords en étoient trop hauts; mais, un moment après, celui qui étoit au haut a paru tirer quelque chose en se retirant de dedans, où il s'étoit baissé. Celui qui étoit resté en dehors, en bas du baril, a monté sur les cercles, et, appuyé sur ses pattes de derrière, s'est élevé et a pris dans sa gueule ce quelque chose que celui qui étoit sur le bord en haut tenoit. Celui-ci, après avoir lâché prise, a replongé dans le baril, et a encore tiré à lui quelque chose, qui a été aussi repris par celui qui étoit sur les cercles en dehors. On a pour lors reconnu que c'étoit la queue d'un rat; et, à la troisième tirade, le rat voleur a paru, tenant entre ses quatre pattes un œuf, le dos appuyé contre le dedans du baril, et la tête en bas. Ses deux camarades l'ont mis en équilibre sur le dos, appuyé sur le bord du baril. Celui qui étoit en bas l'a repris par la queue, et celui qui étoit en haut retenoit le voleur par une oreille; et l'un et l'autre le soutenant, et le conduisant par les deux extrémités, et descendant peu à peu, et de cercle en cercle, ils l'ont doucement mis à bas, lui toujours sur le dos, l'œuf, comme j'ai dit, posé sur son ventre entre ses quatre pattes. Ils l'ont ainsi traîné jusque sous un vuide, entre la cloison et la doublure du vaisseau, où nous les avons perdus de vue.

M. de Porrières nous a fait signe de ne faire aucun bruit, et de rester. Les voleurs ont fait trois fois la même manœuvre, et ont ainsi emporté trois œufs : c'est chacun le sien. Ils n'ont pas été plus d'un bon quart d'heure à leur travail; et en ayant encore resté autant pour les attendre, et voyant qu'ils ne revenoient pas, nous nous sommes retirés fort contents de notre curiosité.

Voilà ce que j'ai vu la nuit dernière du jeudi 23 à aujourd'hui 24 novembre 1690. Qu'on nomme cela raison, instinct, ou mouvement nécessaire d'une machine; qu'on dise que c'est une fable; qu'on dise avec l'italien : *Non è vero, ma bene trovato;* je le répète encore, cela m'est très-indifférent. Il suffit pour moi que je l'aie vu.

(*Journal d'un voyage fait aux Indes Orientales, par une escadre de six vaisseaux, commandez par M. du Quesne;* à la Haye, M.DCC.XXI, 3 vol. in-12, tome II, p. 323-326. — Cité en appendice par M. Marty-Laveaux, tome V, p. 283-286.)

TABLE DES MATIÈRES

CONTENUES DANS LE SECOND VOLUME.

Avertissement.

FABLES.

LIVRE SIXIÈME.

Fables i et ii.	Le Pâtre et le Lion.....................	1
	Le Lion et le Chasseur.................	6
Fable iii.	Phébus et Borée......................	8
Fable iv.	Jupiter et le Métayer..................	12
Fable v.	Le Cochet, le Chat, et le Souriceau.......	15
Fable vi.	Le Renard, le Singe, et les Animaux......	19
Fable vii.	Le Mulet se vantant de sa généalogie.....	23
Fable viii.	Le Vieillard et l'Ane..................	25
Fable ix.	Le Cerf se voyant dans l'eau............	28
Fable x.	Le Lièvre et la Tortue.................	31
Fable xi.	L'Ane et ses Maîtres...................	35
Fable xii.	Le Soleil et les Grenouilles.............	38
Fable xiii.	Le Villageois et le Serpent.............	40
Fable xiv.	Le Lion malade et le Renard............	44
Fable xv.	L'Oiseleur, l'Autour, et l'Alouette.......	48
Fable xvi.	Le Cheval et l'Ane....................	52

Fable XVII.	Le Chien qui lâche sa proie pour l'ombre..	55
Fable XVIII.	Le Chartier embourbé.................	58
Fable XIX.	Le Charlatan......................	62
Fable XX.	La Discorde.......................	68
Fable XXI.	La jeune Veuve....................	72
Épilogue...................................		77

LIVRE SEPTIÈME.

Avertissement (de la Fontaine)...................		79
A Madame de Montespan.......................		84
Fable I.	Les Animaux malades de la peste.........	88
Fable II.	Le mal marié........................	101
Fable III.	Le Rat qui s'est retiré du monde.........	106
Fables IV et V.	Le Héron...........................	110
	La Fille............................	114
Fable VI.	Les Souhaits........................	119
Fable VII.	La Cour du Lion....................	127
Fable VIII.	Les Vautours et les Pigeons............	134
Fable IX.	Le Coche et la Mouche................	139
Fable X.	La Laitière et le Pot au lait............	145
Fable XI.	Le Curé et le Mort...................	155
Fable XII.	L'Homme qui court après la Fortune, et l'Homme qui l'attend dans son lit......	160
Fable XIII.	Les deux Coqs......................	169
Fable XIV.	L'ingratitude et l'injustice des hommes envers la Fortune.....................	173
Fable XV.	Les Devineresses....................	178
Fable XVI.	Le Chat, la Belette, et le petit Lapin......	183
Fable XVII.	La Tête et la Queue du Serpent.........	192
Fable XVIII.	Un Animal dans la lune...............	196

LIVRE HUITIÈME.

Fable I.	La Mort et le Mourant.................	205
Fable II.	Le Savetier et le Financier.............	215

TABLE DES MATIÈRES.

Fable III.	Le Lion, le Loup, et le Renard..................	222
Fable IV.	Le Pouvoir des fables.........................	229
Fable V.	L'Homme et la Puce...........................	235
Fable VI.	Les Femmes et le Secret.......................	238
Fable VII.	Le Chien qui porte à son cou le dîné de son Maître..	242
Fable VIII.	Le Rieur et les Poissons......................	248
Fable IX.	Le Rat et l'Huître.............................	251
Fable X.	L'Ours et l'Amateur des jardins...............	256
Fable XI.	Les deux Amis................................	264
Fable XII.	Le Cochon, la Chèvre, et le Mouton............	269
Fable XIII.	Tircis et Amarante............................	273
Fable XIV.	Les obsèques de la Lionne.....................	279
Fable XV.	Le Rat et l'Éléphant..........................	285
Fable XVI.	L'Horoscope...................................	290
Fable XVII.	L'Ane et le Chien.............................	299
Fable XVIII.	Le Bassa et le Marchand.......................	302
Fable XIX.	L'Avantage de la science......................	307
Fable XX.	Jupiter et les Tonnerres......................	312
Fable XXI.	Le Faucon et le Chapon........................	318
Fable XXII.	Le Chat et le Rat.............................	323
Fable XXIII.	Le Torrent et la Rivière......................	328
Fable XXIV.	L'Éducation...................................	332
Fable XXV.	Les deux Chiens et l'Ane mort.................	336
Fable XXVI.	Démocrite et les Abdéritains..................	340
Fable XXVII.	Le Loup et le Chasseur........................	346

LIVRE NEUVIÈME.

Fable I.	Le Dépositaire infidèle.......................	351
Fable II.	Les deux Pigeons..............................	358
Fable III.	Le Singe et le Léopard........................	369
Fable IV.	Le Gland et la Citrouille.....................	374
Fable V.	L'Écolier, le Pédant, et le Maître d'un jardin...	380
Fable VI.	Le Statuaire et la Statue de Jupiter..........	384

TABLE DES MATIÈRES.

Fable VII.	La Souris métamorphosée en Fille............	389
Fable VIII.	Le Fou qui vend la sagesse..................	398
Fable IX.	L'Huître et les Plaideurs...................	401
Fable X.	Le Loup et le Chien maigre.................	407
Fable XI.	Rien de trop...............................	411
Fable XII.	Le Cierge..................................	416
Fable XIII.	Jupiter et le Passager......................	420
Fable XIV.	Le Chat et le Renard.......................	425
Fable XV.	Le Mari, la Femme, et le Voleur............	431
Fable XVI.	Le Trésor et les deux Hommes..............	435
Fable XVII.	Le Singe et le Chat........................	441
Fable XVIII.	Le Milan et le Rossignol...................	447
Fable XIX.	Le Berger et son troupeau..................	451
Discours à Madame de la Sablière...................		454
Les deux Rats, le Renard, et l'œuf....................		473
Appendice..		481

FIN DE LA TABLE DES MATIÈRES.

15581. — Imprimerie A. Lahure, rue de Fleurus, 9, à Paris.

PARIS. — IMPRIMERIE A. LAHURE
Rue de Fleurus, 9

www.ingramcontent.com/pod-product-compliance
Lightning Source LLC
Chambersburg PA
CBHW051358230426
43669CB00011B/1688